21세기를 위한 경영학

21세기를 위한 경영학

조동성 저

도서출판 서울경제경영

머리말

2002년 월드컵으로 우리 나라 국민은 하나가 되었다. 2002년 5월 기준으로 세계축구협회(The Federation of International Football Associations: FIFA) 랭킹 40위였던 한국 팀은 월드컵 시작 전만 해도 1승이 목표였다. 그러나 거스 히딩크(Guus Hiddink) 감독에 의해 조련 받은 우리 선수들은 조별 리그에서 세계 랭킹 38위인 폴란드를 꺾고, 세계 랭킹 13위인 미국과 비기면서 목표를 한 등급 향상시킨 후, 세계 랭킹 5위인 포르투갈을 이김으로써 조 1위로 당당히 16강에 진출하였다. 그 후 세계 랭킹 6위인 이탈리아를 월드컵 사상 가장 극적인 역전승으로 제쳐서 8강에 성큼 올라섰고, 세계 랭킹 8위인 스페인에 대해서도 승부차기에서 5대 3으로 완승을 거두어 4강에 진출한 것이다.

그 과정에서 국민들은 시청 앞에서, 한강 둔치에서, 학교 강당에서, 병원 대합실에서 함께 모여 게임을 즐기고 열띤 응원전을 펼쳤다. 4강전에서 만난 세계 랭킹 11위 독일은 월드컵 우승 3회에 빛나는 축구 명문이었다. 한국 팀 23명은 연이은 연장전으로 물에 젖은 솜처럼 무겁고 지친 몸을 무릅쓰고 투혼을 불살랐지만, 결국 전차군단 독일의 벽을 넘지 못하고 말았다. 우리 대표팀은 비록 결승 문턱에서는 좌절했지만,한국 축구가 가진 무한한 가능성을 세계만방에 떨친 것이다. 그리고 이 과정에서 한반도에 사는 7천만 우리 국민은 물론, 182개 국가에 퍼져있는 7백만 동포가 조국에 대한 자부심과 자신에 대한 자존심을 갖게 해주는 혁혁한 공을 세웠다. 이제 우리는 자부심과 자존심으로 무장한 선진국민으로써 새롭게 태어난 것이다. 21세기는 명목상 2000년 1월에 시작했지만, 한국의 21세기는 2002년 6월 2002 월드컵을 계기로 해서 시작했다.

경영학은 기업은 물론, 정부, 학교, 병원, 가정 등 모든 조직을 효율적으로 운영해서 각 조직이 추구하는 목적을 달성하는데 기여하는 학문이다. 모든 조직은 그 조직이 속한 사회와 환경 속에서 그에 맞는 목적을 추구한다. 또한 조직과 조직 구성원들이 가지고 있는 능력과 기대수준 범위 내에서 운영방식이 결정된다. 그런 의미에서 20세기 개도국 수준을 벗어나지 못하던 경영방식과 선진국 진입을 전제로 하면서 21세기에 들어온 오늘날 경영방식은 달라야 한다.

이 책은 우리가 21세기에 들어온 오늘날 선진국이 되기 위한 경영방식을 제안하기 위해서 2000년 모두에 만들었고, 월드컵 결승진출을 통해서 보다 확실하게 선진국 진입이 가시권으로 들어온 2002년 6월 개정판을 내게 되었다.

이번 개정판에서는 초판의 경영관리론과 경영구조론을 통합하여 경영관리론으로 재구성하여 내용을 대폭 보강하였고, 인터넷 시대 새로운 사업방식으로 등장한 E-비즈니스 경영에 대해서 집중 조명하였다. 또한 지식정보화 시대에 각광 받는 유망 직업, 최근 여성의 사회적 지위와 역할 변화에 따라 핵심 이슈로 부각된 여성과 경영 문제, 1997년 경제위기 이후 한국경제에서 큰 자리를 차지하게 된 주한 외국인 투자기업과 컨설팅산업, 그리고 선진경제로 전환할수록 중요성이 부각되는 문화 컨텐츠산업에 대해서도 각부 말미에 지면을 할애하였다.

그러나 21세기 선진경제에서 과거와 가장 확실하게 차별화할 수 있는 요소는 고정관념을 타파하고 창조적인 자세를 유지하는 경영자의 의식구조라 할 수 있다. 특히 기본에 충실하고, 관행을 과감하게 타파하는 히딩크 감독을 벤치마크로 삼은 새로운 CEO 상이야 말로 우리가 선진화하는데 필요조건이라 할 수 있다. 따라서 이 책에서는 이런 변화를 요소요소에 포함시켜 새로운 경영자상을 정립하는데 도움이 되도록 하였다.

개정판을 내는데 있어 여러분이 도움을 주었다. 서울대 경영대학의 석사과정에 재학중인 김홍필 군, 박재찬 군, 이윤창 군, 정성은 군, 한은미 양은 새로운 이슈에 대한 자료를 수집하고 정리하는데 큰 도움을 주었고, 조현덕 서울대 경영학 박사는 좀더 큰 범주에서 저자와 의견을 나누면서 개정판의 틀을 짜는데 큰 역할을 했다.

그리고 서울경제경영의 김성미 실장은 지지부진한 원고 작성과정을 무한한 인내와 이해심으로 기다려주었다. 책을 출판하는 작업이 종합예술이란 것을 다시 한번 실감하면서 개정판 인사에 대한다.

관악산 정봉에 있는 연주대를 바라보면서,
2002. 6. 27
조동성

차례

제 2 부 경영구성론

제 3 부 경영계획론

제 4 부 경영실행론

제 5 부 경영평가론

제 6 부 경영혁신론

제 1 부

서 론

제 1 장

경영학의 기초

경영학을 어떻게 이해할 것인가?

진리를 이해하기 위해서 사람은 매우 영리해야 하고 정확해야 하며 맑은 마음을 가져야 한다. 그런데 그것은 교활한 마음이 아니라 어떤 왜곡이 없이 사물을 볼 수 있는 마음이며, 순진하고 유연한 마음이어야 한다

- 크리슈나 무르티 -

제 1 절 경영학의 의의

1. 경영학의 본질

과연 경영학이란 무엇인가? 성숙된 자본주의 시대에 살고 있는 우리들은 이제 '기업' 이나 '경영' 이라는 용어를 쉽게 접할 수 있다. 간단히 말해서 경영학은 기업을 연구대상으로 하여 기업경영을 연구하는 학문이다.[1)]

좀 더 엄밀하게 정의를 내리면, 경영학이란 경영체의 경영활동을 합리적으로 수행하기 위한 제법칙을 연구하는 학문이라고 할 수 있다. 즉, 경영학은 기업을 경영하는 근원적인 목적 또는 목표를 달성하는데 필요한 경영활동을 보다 효율적으로 수행하기 위해 필요한 원리를 종합적이고 체계적으로 연구하는 학문이다.

2. 경영학의 대상

모든 학문은 독자적인 연구대상을 가짐으로써 학문의 정체성을 확보하고 있다. 이와 마찬가지로 경영학도 다른 학문과 구별되는 독자적인 연구대상을 지니고 있는데, 그것은 바로 기업이다. 그러나 경영학의 연구대상을 '기업' 으로 한정한다면, 90년대 후반에 접어들면서 우리 나라에서 유행처럼 퍼졌던 각종 기관 및 단체들의 '경영마인드' 도입에 대해서는 어떻게 설명할 수 있을 것인가?

일반적으로 경영학은 독일경영학과 미국경영학의 양대산맥으로 대별되는데, 미국경영학에서는 자본주의 경제체제 하에서 가장 중요한 가치창출의 역할을 담당하는 '기업' 을 주된 경영학의 연구대상으로 삼고 있다. 반면 독일경영학은 국가경제를 구성하고 있는 모든 경제주체 가운데 정부를 제외한 나머지 경제주체들 모두를 경영학의 연구대상으로 삼고 있다.

아래그림에서 보듯이 오늘날 경영학의 연구대상은 매우 광범위한데, 과거에는

1) '기업' 에 대해서는 다음에 이어질 제2장에, '경영' 에 대해서는 제3장에 자세히 설명되어 있다.

경영학이 '기업' 에만 국한되었다. 그러나 90년대 후반부터 우리 나라에서도 본격적으로 효율성 중심의 조직운영이 중요시되면서, 넓은 의미에서의 경영학 연구가 필요하게 되었고, 현재 많은 분야에서 경영마인드 도입이 활발히 진행되고 있다.

〈그림 1-1〉
경영학의 연구대상

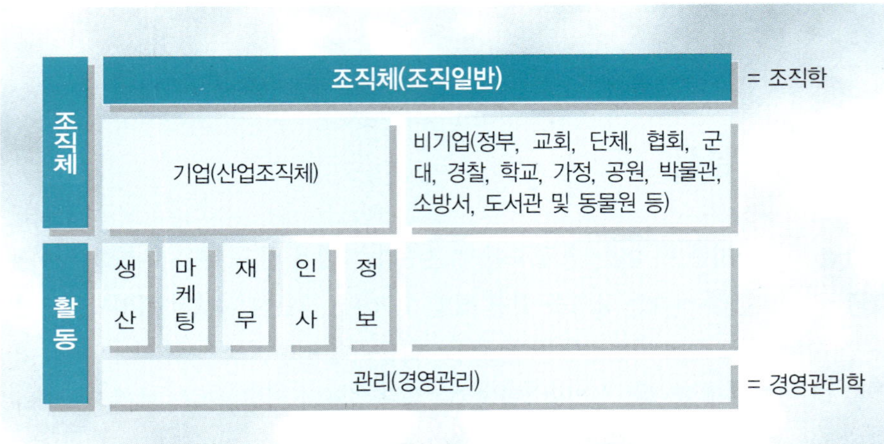

자료: 김원수, 『입문 경영학원론』, 경문사, 1993, p.14.

3. 경영학의 연구방법

경영학이 사회과학으로서의 정체성을 확보하기 위해서는 연구대상 뿐만 아니라 연구방법 측면에 있어서도 체계적인 접근법이 확립되어야 한다. 앞서 설명한 대로 경영학은 넓은 의미에서 조직체의 경영활동을 대상으로 하므로 몇 가지 접근법을 종합적으로 적용하는 것이 보통이다. 일반적으로 사회과학 분야에서 공통적으로 활용되는 연구방법론과 이론성 및 실천성을 모두 포함하고 있는 경영학의 특수한 연구방법론에 대해 살펴보도록 하자.

(1) 일반적 연구방법

일반적 연구방법은 사회과학 분야에서 널리 활용되는 연구방법들을 말한다. 자연과학이나 공학과는 달리 사회과학 분야에서는 아래의 다섯 가지 방법론이 일반적으로 적용된다.

1) 관찰적 방법

경영학 연구방법으로서 관찰적 방법은 다른 사회과학에서와 마찬가지로 사실의 관찰로부터 출발한다. 즉, 사실을 관찰하여 자료를 수집하고 이를 해석하여 결론에 이르는 과정을 거치는 것이다.

2) 귀납적 방법

귀납적 방법은 개별적인 사실이나 사건으로부터 일반적인 원리나 법칙을 도출해 내는 것이다. 실천성보다는 이론성이 강한 독일경영학에서 주로 적용되는 연구방법이다.

3) 연역적 방법

이는 귀납적 방법과는 반대로 널리 알려진 일반적인 원리나 보편적인 명제로부터 특수한 법칙이나 개별적 명제를 도출해 내는 방법이다. 경우에 따라서는 귀납적 방법과 혼용되어 적용되기도 한다.

4) 직관적 방법

직관적 방법은 논리적인 추론이나 증명과정을 거치지 않고 대상을 파악하는 직접적인 인식작용을 의미한다. 일반적으로 직관적 방법은 비과학적이며 비논리적이라는 거센 비판을 받아 왔지만, 그 중요성은 점차 증가되고 있다. 실제 기업경영 또는 조직체의 의사결정과정을 자세히 살펴보면 경영자나 관리자의 직관이 매우 중요한 역할을 하고 있음을 알 수 있다.

5) 역사적 방법

경영학을 체계적으로 연구하기 위해서는 경영학의 역사를 이해하는 것이 우선 전제되어야 한다는 데서 역사적 방법은 그 의미를 갖는다. 왜냐하면, 경영학의 생성 및 발전 과정을 살펴보고, 학설 및 학파의 주장이나 논거를 이해해야만 체계적인 경영학 연구가 가능하기 때문이다.

(2) 특수적 연구방법

특수적 연구방법에서 다루고 있는 아래 네 가지 방법론은 사회과학에서 보편적으로 적용되는 일반적 연구방법과는 그 성격이 조금 다르다. 왜냐하면, 특수적 연구방법은 과학성을 중시하는 현대 흐름의 특성상 자연과학, 공학 등의 영향을 많이 받았기 때문이다. 여기에는 실험적 방법, 통계적 방법, 모형적 방법, 사례적 방법 등이 있다.

1) 실험적 방법

실험적 방법은 경영학의 실천과학성을 잘 드러내 주는데, 현실에 가깝게 여러 가지 변수와 상황을 통제한 실험을 통해 결과를 얻어내는 방법이다. 이러한 실험적 방법은 이론성을 강조하는 독일경영학에서보다 실천성을 강조하는 미국경영학에서 주로 적용되고 있으며, 미국경영학의 기초가 된 '테일러 시스템' 도 이 방법에 근거를 두고 있다.

2) 통계적 방법

통계적 방법은 특정 집단의 구성 및 분포특성을 수치화하여 나타낸 것으로, 사회과학에서 보편적으로 적용되는 대표적인 연구방법 중 하나이다. 사실 이러한 연구방법은 오늘날 모든 과학에 적용되는 방법으로서 온갖 사회현상 및 기업경영 분석에서 계량화된 정보가 풍부하게 제공되고 있기 때문에 중요한 위치를 차지하고 있다.

3) 모형적 방법

모형적 방법은 일반적으로 어떤 현상이나 사건을 설명하거나 표현하기 위해 설계된 모델을 활용한 것이다. 모델을 구성하고 있는 각 변수들은 다른 변수들과 일정한 관계를 지니게 되며, 이러한 방법론은 통계적 방법론과 함께 보다 과학적 연구를 가능하게 만들어 준다.

4) 사례적 방법

사례적 방법은 일반적으로 사례연구(case study)라고 불리는 연구방법으로서 법학에서의 판례나 의학의 임상연구에서 그 기원을 찾을 수 있다. 이 방법은 오늘날 미국경영학에서 매우 중요한 연구방법으로 자리잡고 있는데, 실패하거나 성공한 개별기업 또는 조직체의 사례를 통해 다양한 경영학적 시사점을 도출해 내는 방식으로 연구가 진행된다.

제 2 절 경영학의 학문적 성격

이 절은 경영학의 학문적 성격을 다루고 있다. 사람들은 흔히 '경영학이 과학인가, 아니면, 단순한 기술에 불과한 것인가?' 를 두고 논란을 벌인다. 이 절에서 이에 대한 해답을 찾아보자.

1. 경영학의 과학성(이론성)

경영학도 사회과학으로서 궁극적으로 인간과 사회를 대상으로 하는 학문이다. 본래 사회과학이란 경제, 사회, 도덕, 법률, 예술, 종교 등의 측면에서 인간과 관련하여 일어나는 현상을 연구하는 학문을 말한다. 그러므로 사회의 일부인 기업조직체의 제반 경영현상을 연구하는 학문인 경영학도 당연히 사회과학의 한 분야로 간주된다.

경영학이 하나의 학문으로 인정받기 위해서는 학문적 성격 뿐만 아니라 그 연구방법도 과학적이어야 하는데, 이때 연구방법이란 일반적으로 연구대상을 관찰하여 그 현상을 기술, 설명, 예측함으로써 어떤 법칙이나 이론을 도출해 내는 일련의 과정을 말한다. 일반적으로 인간의 상호작용에 관한 사회현상을 연구하는 사회과학은 객관적인 관찰을 통해서 사회현상을 분석한 후, 일정한 규칙성을 찾아내고 이를 통해 보편타당한 이론을 도출하는 학문이다.

2. 경영학의 기술성(실천성)

현실과 유리된 이론개발은 그 타당성을 상실하므로 경영학의 입장에서는 현실문제해결을 위해 구체적인 실천방안을 제시하는 것이 특히 중요하다. 왜냐하면 기업경영은 끊임없이 변화하는 경영환경 속에서 이루어지는 것이고 이론 속에 담기 힘든 복잡한 상호작용관계를 내포하고 있기 때문이다. 특히 기업에서는 의술이나 설계와 같이 기존에 구축된 이론만 가지고 현실의 모든 문제를 해결할 수 없고, 경영자의 경험과 직관에 의존해야 하는 경우가 많다.

경영학은 기업의 경영자들이 부딪치는 모든 문제에 대한 구체적 해결 방안이나 기법을 완벽하게 제시할 수는 없지만, 새롭게 부딪치는 문제에 대한 해결의 기본방향을 제시해 줄 수는 있다. 이렇듯 경영학은 실제적용 측면에서 경영자의 의사결정에 대한 지침을 제시해 준다. 따라서 경영자들이 경영학에서 제시하는 기본개념과 원리를 잘 숙지하고 있을 경우, 새로운 문제에 부딪치더라도 근본원리 및 개념을 적용하면 문제해결의 방향을 찾을 수 있게 된다.

3. 이론과 실천의 양면성

이와 같이 경영학은 정확한 문제인식을 바탕으로 과학적인 이론구축을 추구하면서, 동시에 실천적 적용을 통한 창의적인 문제해결을 강조하고 있다. 즉, 경영학은 하나의 과학으로서 이론개발을 통해 체계적인 경영이론을 구축하고자 하며, 동시에 의술이나 예술과 같은 기술로서 실제적용을 통해 현실문제의 해결지침을 제시하고자 하는 학문이다.

이렇듯 경영학은 '왜(why?)' 라는 인과적 관계를 강조하는 과학적 이론지향성의 성격과 함께, '어떻게(how?)' 문제를 해결할 것인가라는 실천지향성을 동시에 추구하고 있다.

제 3 절 경영학의 발전과정

경영학은 크게 독일경영학과 미국경영학으로 구별된다. 독일경영학은 14~16세기 이탈리아에서 생성된 상학이 유럽으로 건너가 독일에서 정착하여, 경영경제학으로 발달한 것이다. 반면 미국경영학은 유럽경영학의 영향을 받지 않고 자생적으로 발달하여 독자적인 모습을 갖추고 있다. 오늘날의 경영학은 주로 미국경영학을 중심으로 전개되고 있다.

1. 생산관리시대(20세기 초 제1차 세계대전)

20세기에 들어오면서 공장의 능률향상을 위한 획기적 연구가 활발히 일어났는데, 그 중 하나가 테일러(Frederic Taylor)가 제안한 과학적 관리이다. 과학적 관리는 노동능률을 좌우하는 작업량, 작업속도, 작업동작, 작업방법 등을 과학적으로 분석하여 공장관리 및 작업관리체계를 확립시켰다. 그리고 기업에서는 이를 통해서 종전의 주먹구구식 경영을 탈피하여, 생산성의 향상을 실현시켰다. 이 과학적 관리법은 경영관리에 커다란 변혁을 가져왔으며, 이를 기점으로 하여 대량생산체계가 이룩되었다.

이러한 과학적 관리의 대표적인 사례가 헨리 포드에 의한 대량생산체계로서, 일명 '포드 시스템(Ford System)' 이라고 불리우는 것이다. 이 체계는 테일러가 분석방법으로 삼았던 시간연구(time study) 및 동작연구(motion study)에서 한층 진보한 것이다. 포드 시스템은 자동차 생산이 4S[2]를 기반으로 한 컨베이어 시스템(conveyor system)에 의해 일괄적으로 이루어지게 함으로써 공장에서의 생산성을 극대화시키는 데 큰 기여를 하였다. 이러한 시점과 때를 같이 하여 미국의 각 대학에 처음으로 상학부 내지 경영학부가 설치되어 미국경영학의 기초가 형성되었다.

---

2) 기계의 전문화(specialization), 부품의 규격화(specification), 작업의 단순화(simplification), 제품의 표준화(standardization)를 4S라고 한다.

2. 조직관리시대 (제1차 세계대전~제2차 세계대전)

테일러 시스템(Taylor System)에서 포드 시스템(Ford System)에 이르는 과학적 관리체계는 기술적 접근방법(engineering approach)에 의해 일선노무자의 능률을 향상시키는 데 중점을 두었다. 그 결과 공장 생산성의 극대화는 가져왔지만 인간을 기계의 노예로 전락시켜, 감정을 가진 동물로서 가진 심리적, 사회적 측면을 경시하게 되었다. 이러한 관리방식은 1918년에 끝난 제1차 세계대전 이후 두 가지 측면으로부터 도전을 받게 되었다.

첫째는 노동조합의 대두이다. 즉, 전쟁으로 말미암아 군수품생산을 능률적으로 수행하기 위해 각종 생산관리제도는 비약적으로 발전하였으나, 전시의 노동력 부족과 전후 노동자의 인격을 중시하는 새로운 '관리제도'의 개발이 요구되었다. 이러한 움직임으로 인해 전후에는 강력한 노동조합이 형성되어 기업으로 하여금 노무자를 인간적, 인격적으로 대우하도록 요구하게 된 것이다.

둘째는 전후의 민주화 사조이다. 노동자들이 그 동안의 노예와 같은 상태에서 벗어나 자신의 인권을 찾고자 몸부림친 것은 지극히 당연한 일이었으며, 이러한 상황에서 경영자들은 노동자들을 단순한 생산성 향상의 수단이 아니라 기업의 구성원으로 인격적인 대우를 하지 않을 수 없게 되었다.

이 때에 새로운 인간관계의 측면에 초점을 두어 과학적인 실험을 통해 인간은 경제적 조건 뿐만 아니라 심리적 조건이나 사회적 조건에 의해 영향을 받는 다면적인 존재라는 것을 파악한 학자들이 있었다. 이들은 호손실험(Hawthorne Experiments)으로 유명한 메이요(Elton Mayo)와 레슬리스버거(F.J. Roethlisberger)등으로, 후에 인간관계론(human relations approach) 학파를 이루게 된다.

그런데 인간관계론은 인간을 중시하는 바탕 위에서 지나치게 심리적이며 감정적인 방향으로 전개되었고, 이러한 일면적인 한계를 보완하려는 노력의 일환으로 버나드(Chester I. Barnard), 사이몬(Herbert A. Simon) 등에 의해 조직이론(organizational theory)이 탄생하였다. 그들은 근대적인 인간관을 전제로 하여 일정한 공통목적의 달성을 지향하는 조직에 관한 이론, 다시 말해서 조직을 구성하는 인간에 대한 새로운 견해를 피력한 조직이론을 개발하였다.

3. 마케팅관리시대 (제2차 세계대전~이후 1950년대)

미국은 제2차 세계대전으로 전례없는 경제 성장을 이루어 막대한 부를 축적하였다. 그래서 전쟁이 끝날 때에는 영국의 1인당 GNP가 1,200달러 수준이었음에 반해 미국은 세계 1위인 3,000달러 수준으로 엄청나게 큰 격차를 나타내었다. 그러나 전시 특수수요의 종식은 생산시설의 유휴화를 초래하며 새로운 문제를 야기시켰다. 이런 상황에서 기업의 당면과제는 생산시설을 가동시키는 것이었다. 따라서 기업경영자들은 높은 소득수준에 바탕을 두고 있는 미국소비자들의 잠재구매력을 실제의 구매행위로 나타나게 하는데 관심을 가지게 되었다.

그러나 평상시 같으면 기업에게 유리한 조건이었을 높은 국민 소득이 이 당시에는 전시 국민이 체질화했던 절약과 내핍생활로 인하여 직접 소비로 연결되지 않았다. 따라서 단순한 판매활동을 넘어서 소비자가 원하는 상품이 무엇인가를 파악하고, 이러한 요구에 부응하는 상품을 개발, 능동적으로 구매력을 창조해 나가는 마케팅활동이 새로운 학문으로 등장하게 된 것이다. 이러한 경영자들의 노력에 의하여 1945년에서 58년에 이르는 동안 미국경제는 연 4.8%라는 고도성장을 이룰 수 있었다.

4. 기획관리시대 (1960년대~제1차 석유위기)

전후 순탄한 성장을 지속해 오던 미국경제는 경기순환의 결과 나타난 구조적인 수급의 일시적 불균형으로 인하여 1959년에 불황국면에 들어서게 되었고, 그 결과 미국의 GNP도 하락하게 되었다. 이러한 경제적 불황기를 맞아 기업들은 미래의 시장경기 예측에 지대한 관심을 쏟지 않을 수 없게 되었고, 이에 따라 미래환경의 측정과 경영계획 수립을 담당하는 기획실제도를 많은 기업들이 도입하였다.

그러나 1960년대 초 기획실에서 수행한 경기예측은 통계적 기법을 통한 계량적인 예측으로 신규업종에의 참가 및 기존업종의 폐쇄 등과 같은 질적, 전략적 성격의 것은 아니었다. 즉, 단기적으로는 투하된 생산시설의 조업도를 경기예측에 따라 효율적으로 조정하여 수급을 조절하고, 장기적으로 생산시설의 증설 및 감축과 이에 따른 자금수요를 예측하고 효율적인 자금조달원을 선택하는데 초점을 맞춘 계획업무였다.

이러한 방식을 통해 미국경제는 1960년대에 또다시 비교적 순탄한 성장을 이룰 수 있었으나 1950년대의 성장과는 근본적인 차이가 있었다. 즉, 1950년대의 경제성장은 인플레이션을 수반하지 않은 것인데 비해(1959년의 1달러 구매력과 같았다.) 1960년대는 인플레이션을 수반한 값비싼 성장이었던 것이다. 그러나 인플레이션은 고정자산에 대한 투자를 지속적으로 하는 제조기업으로서는 환영할 만한 일이다. 이러한 호황이 계속되자 1960년대 초반 성급하게 도입되었던 기획실중심의 경영관리체계는 다시 마케팅중심의 경영관리체계로 대체되었다.

5. 전략경영의 시대 (석유위기 이후~)

1973년의 석유위기는 미국경제에 커다란 충격을 주었으며, 1959년의 불황보다도 훨씬 심각한 경기침체를 몰고 왔다. 이에 따라 각 기업은 다시 기획실을 찾게 되었으며, 1974, 75년에 가서는 웬만한 중소기업까지도 기획실제도를 도입, 운영하게 되었다.

그러나 이 시기에 등장한 기획실과 1960년대 초의 기획실 업무에는 근본적인 차이가 있었다. 즉, 1959년의 경기침체가 자연스러운 경기순환의 한 국면이었던 것과 달리 1973년 이후의 경기침체는 유가의 갑작스런 상승과 석유 공급중단이라는 외생변수의 영향으로 인해 발생한 것으로, 기업의 본질적이고 전략적인 문제와 직결되었던 것이다.

외식산업을 예로 들어 석유위기가 기업의 본질과 전략에 어떠한 영향을 주었는가를 살펴보기로 하자. 1920년대 이후 자동차 및 도로망의 발달로 도시 외곽으로 주거지가 옮겨지는 대신 도심이 빈민촌으로 바뀌면서 도심에 모여있던 호화스런 고급음식점들 역시 도시 외곽으로 이동하였다. 그러나 1973년 석유위기 이후 휘발유 구입도 원활하지 못하고 가격도 엄청나게 상승하여 자동차 유지가 힘들게 되자 이들 고급음식점들은 다시 시내 중심지로 모이게 되었다. 음식점 위치의 변동은 각 음식점이 단순한 매출액의 증감에만 영향을 미치는 것이 아니라 그 음식점의 사활을 좌우하는 본질적인 문제를 제기하게 된 것이다.

제 4 절 경영학의 위기와 미래

1. 경영학의 인접과학

경영학은 다양한 관련학문의 연구성과를 수용하고 있는 종합과학적 또는 학제적(interdisciplinary) 성격을 지니고 있다. 그 이유는 경영학의 연구대상인 경영현실이 가지는 복잡성과 복합성, 그리고 다차원적인 성격 때문이다.

경영학의 인접과학으로서 경영학의 학문적 체계정립에 일조를 한 대표적인 학문에는 경제에 대한 이해를 도모하는 경제학, 사회에 대한 이해를 촉진하는 사회학, 인간에 대한 이해를 도모하는 심리학, 그리고 수리에 대한 이해를 촉진하는 수학, 통계학 등이 있다. 공학, 법학 등의 응용과학도 경영학의 성립에 기여하고 있다.

경제학은 크게 미시경제학과 거시경제학으로 구분되는데, 주로 미시경제학이 경영학과 관련이 깊다고 할 수 있다. 미시경제학은 개별경제주체인 기업의 생산, 공급, 소비자행동, 가격기구 등과 같은 자원배분에 관한 문제를 다루어 기업이 행하는 의사결정 – 이윤, 비용, 수요 분석, 제품가격, 광고 등 – 을 이해하는데 도움을 준다.

사회학은 사회, 조직, 집단에서의 인간행동을 체계적으로 연구하는 학문으로서 조직 내에서의 권력작용, 역할과 규범, 상호작용 등과 같은 인간행동 및 사회행동에 대한 기초지식을 경영학에 제공한다.

심리학은 개인의 행동을 관찰하고 이를 기초로 학문적 체계를 형성하는 것으로서 경영자 및 노동자, 소비자의 구매심리, 조직구성원 개인과 집단의 행동과 같은 경영조직내의 인간관계, 리더십, 모티베이션 등 여러 분야에서 경영학에 기초적 지식을 제공해 왔다.

수학과 통계학은 불확실한 환경 하에서 확률의 개념을 이용하여 예측 및 의사결정에 도움을 주고 경영현상을 계수적으로 설명하여 경영정책수립과 사업수행에 필요한 도구가 되고 있다.

〈그림 1-2〉
경영학의 종합과학성

자료: 김원수, 『입문 경영학원론』, 경문사, 1993, p.14.

2. 경영학의 정체성과 그 위기론

경영학이 다양한 학문을 수용함으로써 그 학문적 깊이와 범주를 풍부하게 하는 면이 있는 반면, 한편으로 이러한 관련분야가 모두 제거될 경우 독자적으로 남는 경영학의 정체성은 무엇인가라는 의문이 제기되는 것도 사실이다. 즉, 경영학이 다양한 학문에서 올린 성과의 단순한 종합에 지나지 않고 그 자체의 고유한 학문적 독자성이 없다는 전제하에 위기론이 제기되는 것이다. 이것을 경영학의 정체성 위기론이라고 한다.

그러나 앞에서 보았듯이 경영학은 독자적 연구대상으로서 기업이라는 실체를 연구대상으로 하여, 경영문제해결과 예측이라는 실천적 존립근거와 미시경제학적 토대 위에서 생산주체인 기업의 행동연구라는 이론을 갖추고 있는 행동과학이므로 경영학의 정체성 위기론은 기업의 발전과 더불어 사라지고 있다.

제 5 절 본서의 구성

본서는 전부 6부, 20장으로 구성되어 있다. 제1부 서론에서는 어떻게 경영학을 이해할 것인가에 초점을 두었다. 기업과 기업경영의 과거와 현재, 그리고 미래에 대한 것으로 경영학 학습의 기초를 제공하기 위한 부분이다.

제2부 경영구성론에서는 기업을 구성하는 4가지 요소에 대해 설명하였다. 기업은 경영자와 경영자원, 경영환경 그리고 이들 사이의 보이지 않는 경영메커니즘으로 이루어져 있다. 여기서는 경영자가 주어진 경영환경, 속에서 경영자원을 활용하여 어떠한 경영메커니즘을 통해 기업을 성장 · 발전시켜 나갈 것인가에 대해 다루었다.

제3부 경영계획론, 제4부 경영실행론, 제5부 경영평가론에서는 경영과정으로서의 계획(plan), 실행(do), 평가(see)를 차례로 다루었다.

제3부 경영계획론에서는 기업경영의 목표, 기업의 경영전략 및 기업의 창업에 대해 중점적으로 언급했고, 제4부 경영실행론에서는 의사결정, 조직구조 및 경영관리에 대해 설명하였다.

제5부 경영평가론에서는 경영통제와 전략평가 및 지배구조에 대해 설명하였고, 마지막 제6부 경영혁신론에서는 최근 들어 중요한 이슈로 부각된 경영혁신과 구조조정및 E-business 경영혁명에 관해 살펴보았다.

Recommended Readings

김원수, 『입문 경영학원론』, 경문사, 1993.

신유근, 『현대경영학 -원론적 접근-』, 다산출판사, 1996.

조동성, 『21세기 경영 패러다임』, 민음사, 1995.

——, 『이제는 전략경영시대』, 민음사, 1994.

Aldag, R. & Sterns, T. M., *Management,* South-Western, 1991.

Holt, D. H., *Management -Principles and Practices-,* Prentice-Hall, 1993.

Plunkett, W. R. & Attner, R. F., *Introduction to Management,* International Thomson Publishing, 1994.

Robbins, S. P. & De Cenzo, D. A., *Fundamentals of Management,* Prentice-Hall, 1998.

Schermerhorn, J. R., *Management,* John Wiley & Sons, 1996.

Van Fleet, D. D., *Contemporary Management,* Houghton Mifflin, 1991.

Column 조동성 교수의 경영 · 시사 칼럼

선진국형 대학교육

지난 18년동안 서울대학교에서 4학년 학생들을 대상으로 경영학의 여러분야를 종합하는 마지막 과목인 경영정책을 가르쳐 오다가, 올해 처음으로 1학년 첫 과목인 경영학원론을 함께 가르치게 되었다. 나는 강의보다도 학생들이 대화와 논쟁을 통해 스스로 결론에 도달하는 토론식 학습방법을 쓰기로 했다. 첫시간에는 경영학이 어떤 학문인가를 다루었다. '경영학은 사람들이모여 만든 기업이라는 특수한 조직에 대한 학문이다. 여러분 견해는 어떠한가?' 한 학생이 손을 들더니 다음과 같이 말하는 것이었다. '경영학의 연구대상을 기업으로 국한하면 학문의 폭이 너무 좁아지는 것 아닙니까? 오늘날과 같이 새로운 조직이 끊임없이 나타나는 상황에서는 경영학의 연구대상을 기업뿐 아니라 사람들이 모여 만든 모든 조직으로 폭넓게 보는 것이 어떻습니까?' 내가 답변 하기도 전에 다른 학생이 손을 들었다. '그처럼 경영학을 확장해서 연구한다면 기존에 존재하는 정치,행정,사회학등 다른 학문과 충돌이 나타날 수도 있고, 학문에 초점이 잡히지 않으면 깊게 연구할 수도 없을 것입니다. 따라서 경영학이 학문적 독자성을 갖추려면 가능한 한 그 범위를 좁혀야 합니다'. 그러자 세번째 학생이 손을 들더니 다음과 같이 주장했다. '학문에는 발전단계가 있는 법입니다. 경영학이 학문으로 발전하던 초기에는 연구대상을 기업으로 좁혀서 접근했겠지만, 어느정도 이론이 정립된 후에는 다른 대상으로 적용분야를 넓혀나간 것이 아니겠습니까?' 또 한 학생이 손을들더니 '학문이란 결국 우리가 살아가기 위한 수단으로 우리가 무엇을 목적으로 하느냐에 따라서 경영학도 얼마든지 바뀔 수 있다고 봅니다. 예컨대 기업만을 연구하는 사람이라면 경영학의 연구대상을 기업으로 제한하면 되고, 사회 전반을 연구하는 사람이라면 이를 넓혀서 다룰 수도 있을 것입니다. 경영학을 획일적으로 좁게, 또는 넓혀서 이해할 것이 아니라, 학자의 필요에 따라 얼마든지 신축적으로 조절할 수 있는 것 아닙니까' 라는 의견을 말했다. 이같이 1학년 학생들이 토론을 진행해 나가는 과정중에 자연스럽게 도출한 결론은 어떤 경영학자나 경영학 교과서에서도 찾아보기 어려운 훌륭한 내용이었다.

나는 4학년 경영정책 수업에 들어가서도 경영학원론에서와 마찬가지로 '경영학이란 무엇인가?' 라는 질문을 하였다. 질문이 워낙 쉬웠던 탓인지 '경영학은 기업에 관한 학문입니다' 라는 답이 금방 나왔다. 그리고 이 답변에 대해 어느 학생도 이의를 제기하지 않는 것이었다. 그래서 나는 다시 질문을 던졌다. '경영학은 꼭 기업에만 적용해야 하는 것인가?' 한 학생이 손을 들더니 '아닙니다. 기업뿐 아니라 사람들로 구성된 어떤 조직에도 똑같이 적용 될 수 있습니다' 라고 대답했다. 강의실은 다시 조용해졌다. 나는 대화를 연결하기 위하여 또 다른 질문을 던져야 했다. '그러면 경영학이 적용되는 범위에 대한 두가지 답변 중 어느 것이 더 타당한가?' 한 학생이 대답했다. '과거에는 경영학을 기업에만 적용했지만, 학문이 발전하면서 경영학을 다른 대상에 적용하여 이제는 국가경영, 대학경영,병원경영이라는 말이 나오는 것 아닙니까?' 이 답변에 대해 모든 학생들은 고개를 끄덕였다.

나는 또다시 질문했다. '나는 요즈음 경영학을 모든 인간조직에 다 적용시키려 하지만 동료교수 중에는 기업만을 연구대상으로 삼는 분도 상당수 있다. 그렇다면 내 경영학은 선진화된 것이고, 다른 교수들이 다루는 경영학은 옛날 것인가?' 여기에 대해서도 '학문이란 어차피 우리 삶을 더 낫게하기 위해 존재하는 수단입니다. 따라서 학자들이 필요에 따라 경영학을 넓게 쓸수도 있고 좁게 쓸수도 있는 것이지 연구목적에 관계없이 획일적으로 정할 필요는 없다고 봅니다' 라는 대답을 끝으로 학생들의 반응은 또 멈춰지는 것이었다. 1학년 학생들이 진행한 토론과 4학년 학생들이 진행한 토론에는 과연 어떤 차이점이 있는가. 우선 1학년 학생들은 경영학에 대한 관심은 많은 반면 지식이 별로 없기 때문에 내 질문에 대해 고민하면서 자기견해를 만들어낸다. 반면에 4학년 학생들은 각 질문에 대한 정답이 무엇일까를 먼저 생각한다. 자기 의견을 만들어 내기보다는 교과서적인 정답을 찾아 내는 것이다. 그리고 정답이 한번 나오면 더이상 고민할 필요를 느끼지 않는다. 이 수업을 통해 나는 어슴푸레 느껴왔던 대학교육의 문제점을 처음으로 깨달았다. 그동안 대학은 학생들이 창조적으로 생각할 수 있도록 하는 교육기회를 제공한 것이 아니라, 기존 지식을 주입하여 똑같이 행동하는 병정들을 훈련시킨 것이다. 그리고 이러한 훈련은 한국이 후진국에서 중진국으로 발돋움하는데 꼭 필요했다. 그러나 한국이 중진국에서 선진국으로 발돋움하는데 필요한, 창조적인 아이디어를 갖고 새로운 일을 시도하는 능동적인 인재를 길러내는데는 완전히 역행해 온 것이었다.

이제 우리 젊은이들이 갖추어야 할 자질은 기본지식과 이를 현장에 적용하는 기술, 그리고 미지에 대한 탐구심을 갖고 새로운 발상을 통해 어느 누구도 시도하지 못했던 일에 과감히 몸을 던지는 진취적인 자세이다. 이때 대학이 맡아야 할 역할은 학생들이 자유로운 환경 속에서 창조적인 아이디어를 낼 수 있는 교육기회를 제공해 주는 일이다.

〈조선일보, 1996. 5. 25〉

미국 경영대학의 변신

지난달 실리콘밸리로 유명한 미국 새너제이 "e비즈니스 세미나"에서 UCLA의 윌리스 경영대학원장으로부터 다음과 같은 얘기를 들었다.

경영학이란 학문은 여러 차례 수정작업을 거쳤음에도 불구하고 과거 대량생산 체제가 시작된 1930년대 성립한 생산 마케팅 재무 인사와 같은 기능별 체계를 벗어나지 못했습니다.

그 동안 우리 대학에선 21세기 사회에 필요한 경영학이 무엇인가를 검토한 끝에 기존 틀로부터 벗어나는 커리큘럼을 개발했습니다.

새로운 커리큘럼은 핵심분야 5개로 구성되어 있습니다.

첫째, 기술(technology)입니다. 이제 공학기술,특히 컴퓨터 정보통신 유전자분야에서 일어나는 변화를 이해하지 못하는 경영자는 생존할 수 없는 시대가 되었습니다.

둘째, 기회(opportunity)입니다. 지금까지 우리들은 "기회"란 기업에 찾아오는 것으로서 이런 기회를 놓치지 않는 것이 경영자의 역할이라고 생각했습니다. 그러나 기회는 경영자에게 찾아오는 것이 아니라, 경영자가 찾아나서야 하고 찾아도 안 보이면 만들어내야 하는 것입니다. 경영자는 기회를 창조하는 사람입니다. 우리는 경영학 교과과정에 창조 능력을 함양할 수 있는 과목을 포함시키려고 합니다.

셋째, 자세(attitude)입니다. 경영자는 적극적인 자세로 기회를 능동적으로 찾아나서야 합니다. 이와 동시에 경영자는 여러 사람과 팀워크를 이루어 협력하는 자세를 가져야 합니다. 또 전문적 능력을 가진 기업들로부터 도움을 받는, 소위 아웃소싱 없이는 어느 기업도 경쟁력을 가질 수 없는 때가 됐습니다.

넷째, 분석(analysis)입니다. 분석은 지난 1백년 동안 경영대학원에서 가장 큰 비중을 두었던 내용입니다. 경영대학원 교과과정은 학생들에게 생산 마케팅 재무 인사 등 기능별로 현상을 분석하고 해답을 찾아내는 능력을 키우는 과정이라고 해도 과언이 아니었습니다. 그러나 생산 마케팅과 같은 기능은 학자들이 현실세계에서 다양하게 이루어지는 경영활동을 임의로 구분한 것에 불과합니다. 우리는 경영자들이 복잡한 문제를 있는 그대로 이해하고 해답을 찾아내는 분석능력을 갖출 수 있도록 도와 주어야 합니다.

다섯번째 요소는 이런 네 가지 요소를 잘 통합해 새로운 고객,새로운 서비스를 만들어내는 작업으로서 우리는 이를 스토리라인(storyline)이라고 부르기로 했습니다.

어느 학생이 탄 비행기 옆자리에 대규모 자금을 운용하는 창업투자회사 사장이 앉아 있다고 가정해 봅시다. 비행기를 내릴 때까지 남은 시간은 단 1시간. 이 시간 안에 우리 학생이라면 준비하고 있는 사업계획을 흥미진진하게 설명해 창투사 사장으로 하여금 솔깃하게 만들어야 합니다. 그래서 헤어지기 전에 그로부터 1천만 달러를 투자하겠다는 언질을 받아내야 합니다. 이를 위해서는 자신이 계획하는 사업을 어느 누구도 생각하지 못한 스토리라인으로 설명할 수 있어야 합니다.

우리 경영대학원은 이러한 다섯 가지 요소를 중심으로 커리큘럼을 짜 미래를 꿈꾸는 학생들이 가장 오고 싶어하는 학교로 탈바꿈할 것입니다.

윌리스 학장이 제시한 다섯 가지 요소 중 분석과 자세는 대부분의 경영대학이 그동안 가르쳐 온 내용이다.

물론 구체적 내용에 있어서는 큰 차이가 있다.

프로크러스테스의 침대 같은 기능별 모델을 갖고 정형화된 경영문제를 분석하는 것이 아니라 통합적인 접근방법으로 현실에 접근한다든가, 필요성은 모두 인정해 왔지만 본격적으로 접근하지 못했던 적극적이고 협력적인 자세를 교육과정에 포함시킨다는 것은 분명 새로운 시도다.

그러나 UCLA가 구상하는 새로운 교과과정 중 진정으로 획기적인 변화는 '기술', '기획', 그리고 '스토리라인'이다.

그리고 바로 이 세가지 새로운 요소는 오늘날 미국 기업들이 변하고 있는 모습과, 이러한 변화를 수용하고 앞서 가기 위한 대학사회의 피나는 노력을 여실히 보여주고 있다.

미국 기업사회의 변화는 바로 우리 나라에서 일어나고 있는 현실이다. 인터넷혁명으로 국경선이 무너진 오늘날, 한국 기업이 세계적인 기업을 피해서 숨을 수 있는 국내시장은 더 이상 존재하지 않는다.

이제 미국기업의 경영문제는 그대로 한국 경영자의 과제인 것이다.

마찬가지로 미국 경영대학의 고민은 바로 한국 경영대학이 극복해야 할 과제인 것이다.

UCLA가 자신만의 독특한 스토리라인을 만들었듯이 우리는 어떤 스토리라인을 만들 것인가 고민하면서 귀국길에 올랐다.

〈한국경제 신문, 2000. 6. 22〉

제 2 장

기업론

기업이란 무엇인가?

기업은 사회의 것이다. 인류사회의 번영은 물론 관련 산업의 번영과 그곳에서 일하는 사람들의 행복을 지켜야 될 의무가 있다. 그같은 의무를 수행해야 할 사람은 그 기업에서 일하는 사람들이다.

– 요시다 다다오 –

PRINCIPLES OF MANAGEMENT

제 1 절 기업의 개념

1. 경영자들이 느끼는 견해

저자가 재직하고 있는 서울대학교 경영대학에는 학부, 석사, 박사과정 이외에 최고경영자과정이라는 교육과정이 있다. 이 과정은 최소한 2, 30년간 기업에서 경영을 담당해 온 70여명의 중역들을 대상으로 하고 있다. 얼마 전 저자는 '기업이란 무엇인가' 라는 제목을 가지고 이 과정에서 강의를 하게 되었다.

'기업이란 무엇인가' 라는 질문이 워낙 밑도 끝도 없는 것이어서 그런지 처음에는 별로 입을 떼는 사람이 없었으나 곧 여러 목소리가 나오기 시작하였다. 저자는 이들이 피력하는 견해를 사전에 생각해 둔 체계에 따라 기술하였으며, 그 모습은 〈그림 2-1〉과 같았다.

〈그림 2-1〉
기업이란 무엇인가 (분류)

미시적 관점	거시적 관점
• 돈 버는 곳 • 이윤을 극대화하는 기관 • 최소자원으로 최대효과를 추구 • 여러 자원을 조합해 상품을 생산	• 사회가 필요로 하는 것을 제공 • 국력의 기본, 세금을 내는 기관 • 고용기회를 창출하는 곳 • 새로운 기술의 산실 • 인간생활을 윤택하게 해주는 곳
• 자신의 자아를 실현하는 수단 • 스트레스 또는 보람을 주는 곳 • 사람들이 공동목적을 추구하는 곳 • 구성원의 능력을 개발시키는 곳	

〈그림 2-1〉의 내용을 종합해 보면 다음과 같이 정리할 수 있다. 즉, 기업의 내부가 어떻게 생겼는가를 '현미경' 을 통해 들여다보면 좌측의 내용이 나오고, 기업이

사회에서 어떠한 위치를 차지하고 있는가를 '망원경'을 통해서 내다보면 우측의 내용이 나올 수 있다는 것이다. 학술용어로는 좌측에 제시된 내용을 기업을 보는 미시적 견해, 우측에 제시된 내용을 기업을 보는 거시적 견해라고 할 수 있다. 이러한 견해들은 모두 기업을 규정하는데 있어 유용한 개념들이다. 다음에서는 '기업이란 무엇인가'를 이러한 두 가지 관점에서 좀 더 구체적으로 살펴보자.

2. 미시적 관점에서의 기업

〈그림 2-1〉에서 왼쪽 부분이 미시적 관점에 대한 견해인데, 이러한 주장에 대해 살펴보기로 하자.

(1) 생산중심적 개념(Milton Friedman)

'기업의 사회적 책임은 이윤을 극대화하는 것'

〈그림 2-2〉에 나타난 바와 같이 기업을 블랙박스(black box)라고 볼 때, 이 블랙박스는 노동, 자본, 물자, 기술, 에너지 등의 투입물(input)을 물리적, 화학적으로 가공하여 투입물과는 모습이나 성질, 가치가 전혀 다른 제품 또는 서비스라는 산출물(output)로 바꾸는 역할을 한다. 이때 산출물과 투입자원의 가치를 화폐로 환산한 것을 수익과 비용이라 부를 수 있고, 기업은 바로 수익을 극대화하고 비용을 극소화함으로써 차액인 이윤을 극대화하기 위해 만들어진 조직이라 할 수 있다.

〈그림 2-2〉
기업에 대한 미시적 견해 (1)

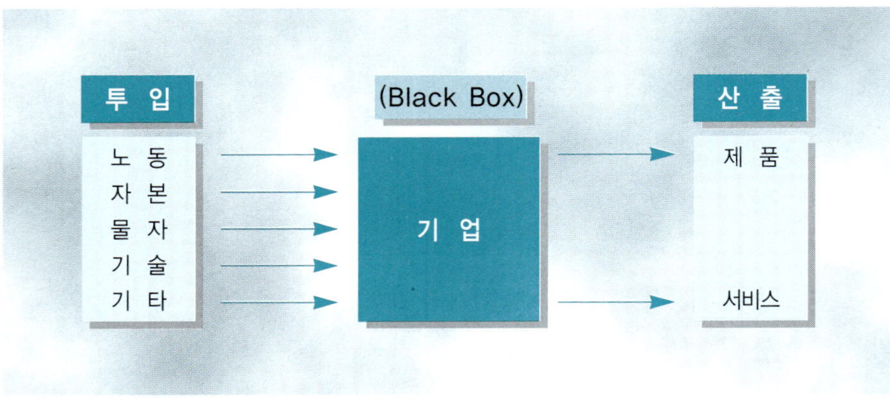

따라서 〈그림 2-1〉의 내용 중 좌상단에 기술된 것으로 기업을 정의해 보면, '기업이란 사람, 돈, 물자 등 여러 자원을 조합해서 제품과 서비스를 만들어 내되, 최소자원으로 최대효과를 냄으로써 이윤을 극대화하는 기관'이라 할 수 있다. 이 표현은 대부분의 경영학 교재에서 설명하고 있는 기업의 개념과 비슷한 것이다.

그러나 근래에 들어와서 기업의 개념에 대한 이러한 전통적 견해에 대해 문제가 생기게 되었다. 기업을 〈그림 2-2〉와 같은 방식으로 운영해 보니 파산하더라는 것이다. 기업이 제아무리 노동, 자본, 물자, 기술 등 투입물을 효율적으로 활용해서 좋은 제품과 서비스를 생산해 내더라도 이것이 제대로 팔리지 않으면, 재고품은 창고에 쌓이고 서비스는 팔리지 않으며 기업에서는 돈이 돌지 않게 되어 임금도 주지 못하고 채무도 갚을 길이 없어 결국 문을 닫을 수 밖에 없다는 것이다.

기업이란

… 돈 버는 곳

기업이란

…사람, 돈, 물자, 기계를 투입해서
제품과 서비스를 뽑아내는 믹서

〈그림 2-3〉
기업이란 (1)

(2) 마케팅 중심적 개념(Peter Drucker)

'기업의 역할은 고객을 창출하는 것'

그렇다면 〈그림 2-2〉에 숨어 있는 구조적인 문제점은 과연 무엇인가? 그것은 바로 첫번째 견해가 기업을 생산시스템으로만 보고 있다는 점이다. 〈그림 2-4〉에서 보는 바와 같이, 기업이 제아무리 투입물보다 커다란 가치를 지닌 산출물을 생산하더라도 정작 이 산출물을 이용하고자 하는 고객, 즉 소비자가 이를 찾고, 구매하고, 소비해 주지 않는다면 기업은 원활하게 돌아갈 수 없고, 따라서 영속적인 실체

(going concern)로서 기능을 수행할 수 없게 된다. 즉, 기업이 내놓은 상품과 고객이 내놓은 돈이 맞바뀌어야 비로소 기업은 그 돈을 가지고 다음 단계에서 필요한 투입물을 구입하여 다시 그 생산활동을 수행할 수 있는 것이다.

〈그림 2-4〉
기업에 대한 미시적 견해 (2)

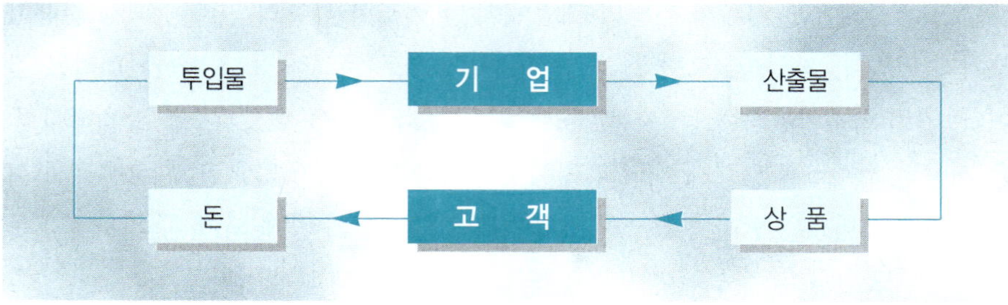

미국 캘리포니아주 클레어몬트 대학의 경영학 교수인 피터 드러커(Peter Drucker)는 이러한 기업에 대한 견해를, '기업의 역할은 고객을 창출하는 것' 이라고 간명하게 표현하고 있다. 그는 제2차 세계대전이 종식되면서 미국경제에 나타났던 현상을 가지고 이러한 변화를 설명하였다.

그에 따르면, 전쟁을 치르는 동안 독일, 이탈리아, 일본 등 패전국들은 물론이고 영국, 프랑스 등 승전국들마저도 생산시설이 파괴된 반면, 미국 본토는 유럽과 태평양 전선에서 연합군측이 사용할 군수물자를 조달하기 위하여 생산시설이 오히려 늘어났다는 것이다. 그 결과 전쟁이 끝난 1945년 영국의 1인당 국민 소득이 당시 화폐로 1,200 달러, 프랑스가 900 달러였을 때 미국은 3,000 달러로 세계 최고의 1인당 국민 소득을 올릴 수 있었다고 한다.

이같이 소득수준이 높아진 미국 소비자들이 충분한 잠재구매력을 갖고 있으리라는 판단 하에 미국 기업들은 엄청나게 늘어난 생산시설을 이용하여 일반 소비자를 위한 제품을 대량으로 만들어 내게 되었다. 그러나 미국 국민들은 전쟁 중에 익혔던 절약과 내핍생활방식을 그대로 유지하여 소비를 자제한 결과, 기업은 만들어 낸 제품을 팔 수가 없어서 결국 망할 수밖에 없었다는 것이다.

이러한 상황에서 기업경영자들이 찾아낸 경영비법이 바로 마케팅이었다. 즉 과거부터 만들어 오던 제품을 무턱대고 만들어 낼 것이 아니라, 우선 충분한 시장조사를 통해 소비자들이 어떤 상품을 원하는가를 정확히 판단하고 이를 기초로 소비자에게 맞는 신상품을 개발 · 생산한 후, 이런 상품이 존재한다는 사실을 잠재적 구매자에게 선전, 광고를 통해 널리 알리고, 공장문 앞에서부터 소비자의 현관문에까지 이르는 유통시스템을 개발하여 소비자로 하여금 구매의욕을 일으키게 하는 것이 마케팅이며, 이를 담당하는 주체가 경영자이고 기업은 바로 경영자가 마케팅활동을 수행하는 무대라는 것이다.

기업이란

… 고객을 만족시키는 주체

기업이란

…고객창조
에스키모인에게 냉장고를 사라고
설득해야 하니까…

〈그림 2-5〉 기업이란 (2)

(3) 인간중심의 개념(Alvin Toffler)

'기업의 사명은 사람의 능력을 개발하는 것'

제2차 세계 대전 이후 경영학자들이 갖게 된 기업에 대한 새로운 견해는 1970년대에 이르러 또다시 도전을 받게 되었다. 미래학자 앨빈 토플러(Alvin Toffler)는 『제3의 물결』이란 그의 저서에서, 8천년 전 인간이 춘하추동을 깨닫게 되면서 시작된 농경사회가 18세기 후반 산업혁명이 도화선이 되어 산업사회로 넘어왔는데, 이 사회에서는 기업이란 조직체를 만들어 산업활동에 가장 효과적인 수단으로 삼았다고 설명하고 있으며, 70년대 이후 산업사회가 다시 정보화사회로 변화하는 과정에서 기업을 둘러싼 사회환경이 변화함에 따라 기업의 운명도 크게 바뀌리라고 예언하였다.

그에 따르면, 산업사회에서는 기업이 건물과 공장을 자산으로 삼아 여기에 인적 자원과 물적 자원을 비용으로 투입하여 이윤을 창출하고 있다고 한다. 즉, 물자와 함께 사람은 단순한 비용으로 인식된다는 것이다. 그러나 정보화 시대에서는 사람들이 창조적인 두뇌활동을 벌여 새로운 아이디어를 내놓고 이를 기초로 하여 가치가 창조될 것이기 때문에, 사람이야말로 건물과 공장을 대신해서 이윤창조활동에 가장 중요한 자산이 되어야 한다고 그는 주장한다.

그렇다면 기업의 경영자는 기업이 앞으로 다가올 정보화 사회에서도 살아남기 위해서는 어떻게 해야 할 것인가? 이에 대한 대답은 명확하다. 새로운 환경에 맞추어 기업을 변신시켜야 하는 것이다. 보다 구체적으로 기업은 지금까지 비용항목으로 처리해 오던 사람을 자산으로 삼고, 지금까지 자산으로 취급해 오던 건물이나 공장은 오히려 비용항목으로 처리해야 한다. 이러한 변신의 핵심은 다음과 같은 한마디로 요약할 수 있다. 즉, 미래의 사회에서 '기업의 사명은 사람의 능력을 개발하는 것' 이어야 한다.

〈그림 2-6〉
기업이란 (3)

기업이란

…온갖 정성을 쏟아야 잘 자라는 나무

기업이란

…전세계를 무대로 하는 주체

3. 거시적 관점에서의 기업

한편, 〈그림 2-1〉의 오른쪽에 쓰여진 내용은 두 부분으로 구분되어 있는데, 이것은 기업에 대한 거시적 견해를 두 가지로 나눌 수 있다는 뜻이다. 미시적 견해가 연구대상에 대한 사실판단(right or wrong)을 내리는 것이라면, 거시적 견해에서는 연구대상에 대한 가치판단을 내리게 된다. 그러므로 기업에 대한 거시적 견해는 긍정론과 부정론의 두 갈래로 나뉘어지는 것이다.

이를 보다 구체적으로 설명하기 위해 〈그림 2-7〉을 보자. 〈그림 2-7〉은 사회 안에서 정부, 가계, 기업, 학교, 병원과 같은 집단이 어떠한 역할을 수행하는가를 보여주고 있다. 여기에서 정부는 대외적으로 국가를 대표하여 외교와 국방을 책임지고, 대내적으로는 사회질서를 유지하며 공공복리를 증진시키는 역할을 수행한다. 가계는 사회에서 생산되는 제품과 서비스를 소비하는 동시에 사회에 노동력을 제공한다. 학교나 병원은 국민의 교육수준 향상과 질병의 예방 및 치료와 같은 역할을 수행한다.

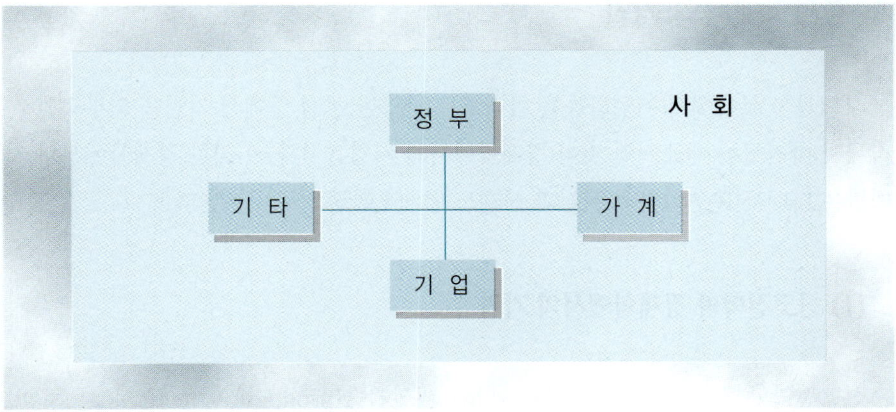

〈그림 2-7〉
기업에 대한 거시적 견해

그러면 기업은 어떠한 사회적 역할을 수행하는가? 우선 긍정론에서는 '기업이란 사회에 존재하는 제한된 자원을 가장 효율적으로 배분하여 그 가치를 극대화시킴으로써 사회의 경제수준 향상에 이바지하는 조직'이라고 규정한다. 사회내의 다른 어떤 조직도 그 사회가 가지고 있는 제한된 자원을 효율적으로 활용하는 데 있어서는 기업만 못하므로, 이러한 점에서 기업의 고유한 가치가 사회에서 긍정적으로 평가될 수 있다는 것이다.

그러나 부정론에서는 시각이 다르다. 즉, 사회 내에 있는 다른 조직체인 정부, 가계, 학교 등은 사회로부터 부여받은 역할을 수행하는 과정에서 창출하는 가치를 사회 전반에 골고루 퍼뜨리는 반면, 기업은 사회로부터 부여받은 역할인 가치극대화를 추구하는 과정에서 창출하는 이윤을 사회에 내놓지 않고 그대로 기업 안에 축적하면서 거대한 힘을 형성한다.

이러한 가운데 시간이 흐르면서 사회 성립 초기에 사회내의 각 집단간에 존재하던 균형이 깨지고, 기업은 이 과정에서 축적한 힘으로 다른 집단을 지배하려는 현상이 나타난다. 부정론에서는 예컨대 소비자를 우롱하거나, 근로자를 착취하고, 환경공해를 유발하며, 정부를 부패시키는 등 기업의 이기적 목적을 위해 다른 사회조직을 짓밟음으로써 궁극적으로는 사회 자체의 존재를 와해시킬 것이라고 보고 있다.

이러한 우려는 실제 19세기말~20세기초에 걸쳐 미국을 비롯한 많은 선진국가에서 현실적인 문제로 나타났고, 우리 나라의 경우는 오늘날 재벌의 기형적 비대화라는 현상으로 나타나 사회문제의 초점이 되고 있다.

4. 경제학에서의 기업

사회과학 분야에서 기업활동을 바라보는 다양한 관점 중에서 기업을 외부적인 시각에서 바라보는 대표적인 것이 경제학에서의 기업관이다. 이러한 경제학에서의 기업관은 다시 신고전학파의 관점과 신제도학파의 관점으로 구분된다.[1]

(1) 신고전학파 경제학에서의 기업

신고전학파 경제학에서 기업은 하나의 생산기술(production technology)로 인식된다. 즉, 기업의 가치창출 과정은 블랙박스와 같이 내부를 들여다 볼 수 없는, 또는 인식할 수 없는 과정을 통해서 이루어진다고 가정함으로써, 생산함수로서의 기업의 본질에 대해서는 언급하고 있지 않다.

이러한 신고전학파 세계에서 기업의 존재가치는 규모의 경제논리와 범위의 경제논리에 그 뿌리를 두고 있다. 규모의 경제논리는 생산규모가 커지면 제품단위당 생산원가가 감소한다는 한계비용함수에 근거한 논리이다. 한편 규모의 경제논리는 다양한 제품을 생산하는 기업에 있어서는 범위의 경제논리로 발전하게 되는데, 이는 동질적인 생산활동의 결합에 따른 시너지효과에 근거한 것이다. 이와 같이 블랙박스로서의 기업이 규모 및 범위의 경제에 의해 존재한다는 논리는 결과적으로 생산함수인 기업의 경계가 시장에서 주어지는 것으로 인식하므로 외부결정론적 기업관을 형성하게 된다.

(2) 신제도학파 경제학에서의 기업

신고전학파의 기업관이 단지 주어진 생산함수로서의 기업을 상정하고 있는 반

---

1) 이윤철, "일본기업의 전략적 해외네트워크 확장에 관한 연구", 서울대학교 박사학위 논문, 1995, pp.32~35의 내용을 요약정리하였음.

면, 코스(Coase)로 대표되는 신제도학파에서는 시장의 불완전성을 상정하고 기업의 존재를 시장기능의 보완이라는 관점에서 접근하고 있다.

이렇듯 기업조직을 시장과 비교하면서 대체적 제도로 인식한 연구는 코스에 의해 시작되어 윌리암슨의 시장실패모형(market failure model)으로 집대성되면서 경제학적 기업관은 일대 전환을 맞이하였다. 이러한 신제도학파의 기업관은 다양한 활동을 수행하는 개인간의 계약이 결합된 것이 기업이라는 논리이다. 즉, 가격으로 조정되는 것이 비효율적일 때 계약에 의해 기업조직이 형성된다는 것이다.

> "시장에는 거래에 수반되는 비용, 즉 거래비용(transaction cost)이 존재하고 이로 인해 시장기구에는 기업이라는 조직이 존재하게 된다. 만일 가격이 시장정보의 효율적인 전달체라면 시장에 참여하는 각각의 주체는 하나의 개인으로 구성될 것이다. 그러나 정보전달 체제로서의 시장에서는 필요한 정보를 획득하는데 많은 비용이 소요된다. 따라서 거래에 필요한 정보의 시장교환비용이 거래의 집중화에 따르는 비효율성을 초과하는 거래를 내부화하는 조직체로서 기업이 존재하게 된다."

그러나 일단 기업조직이 성립되면 거래비용은 피할 수 있으나, 기업 내부적으로 이를 조정하는 비용이 발생하게 된다. 따라서 기업의 활동범위는 외부적인 거래비용과 내부적인 조정비용(coordination cost)이 조화를 이루는 접점에서 결정된다고 할 수 있다.

5. 한국 경영자들이 가지고 있는 기업관의 특징

지금까지 기업이 무엇인가에 대해서 미시적 견해(경제학적 관점 포함)와 거시적 견해로 나누어 살펴보았다. 그런데 최고경영자들이 제시했던 견해를 〈그림 2-1〉에서 다시 살펴보면, 이들의 견해가 미시 · 거시에 걸쳐 골고루 분산되어 있으나, 미시적 견해 중 기업을 고객창출의 수단으로 보는 입장과 거시적 견해 중 부정적인 입장에 대해서는 별로 언급이 없었다. 그 이유는 무엇인가?

우선 기업을 고객창출의 수단으로 보는 견해가 피력되지 않았던 이유는, 1970년대와 80년대에 걸쳐 우리 경제가 대량생산시설을 바탕으로 내수시장보다는 해외의 대형 도매상과 제조업체를 상대로 한 수출활동에 초점을 맞춰온데서 찾아볼 수 있다. 그 결과 고객을 전제로 하는 마케팅에 대한 관심과 이해가 상대적으로 적었던 것이다.

그러나 주지하다시피 오늘날의 우리 경제는 제품보다 고객이, 그리고 생산보다 마케팅이 더 중요하게 등장하는 구조적 변화를 겪고 있다. 따라서 공장보다는 시장과 고객, 그리고 생산보다는 마케팅에 관한 경영자의 능력이 더 중요한 세상이 되었다. 그러나 이러한 변화에 대한 경영자의 인식은 아직 그들의 머리에서 가슴으로 내려와 자리잡고 있지 못한 것이 우리의 현실이다.

사회 안에서 기업이 가진 부정적 역할에 대한 지적이 미흡했던 이유는 최고경영자들이 기업에 대해 가진 자세가 '긍정적'이기 때문이라고 할 수 있다. 다시 말해서, 이들 경영자들은 기업이 사회에 제공하고 있는 기능과 역할에 대해서 자부심을 가지고 있으며, 또 그렇기 때문에 경영자로서의 보람을 느끼고 이를 천직으로 삼고 있는 것이다.

그러나 경영자들은 자신이 몸담고 경영하는 기업이 자칫 잘못하면 사회의 균형을 깨뜨리고 사회적 비판의 대상이 될 수도 있다는 점을 깊이 인식해야 한다. 그리하여 기업의 부정적인 측면이 현실로 나타나지 않게 주의하면서 가치창조라는 사회에 대한 기업의 긍정적 역할을 성실히 수행할 때, 경영자들은 이러한 비판론을 한낱 기우로 만들어 버리고 바람직한 사회건설의 주역이 될 수 있을 것이다.

〈그림 2-8〉
기업이란 (4)

기업이란

…공해유발의 주범

기업이란

…국가경제를 끌고 가는 기관차

제 2 절 기업의 형태

기업의 형태를 구분하는 일반적인 기준은 기업자본의 원천에 따라 구분하는 법률적 형태와 실질적인 출자관계 및 이에 따른 책임의 정도에 따라 구분하는 경제적 형태가 있다. 이러한 일반적인 두 가지 기준을 적용하여 기업을 분류하면 〈그림 2-9〉와 같이 크게 사기업과 공기업으로 구분할 수 있다.

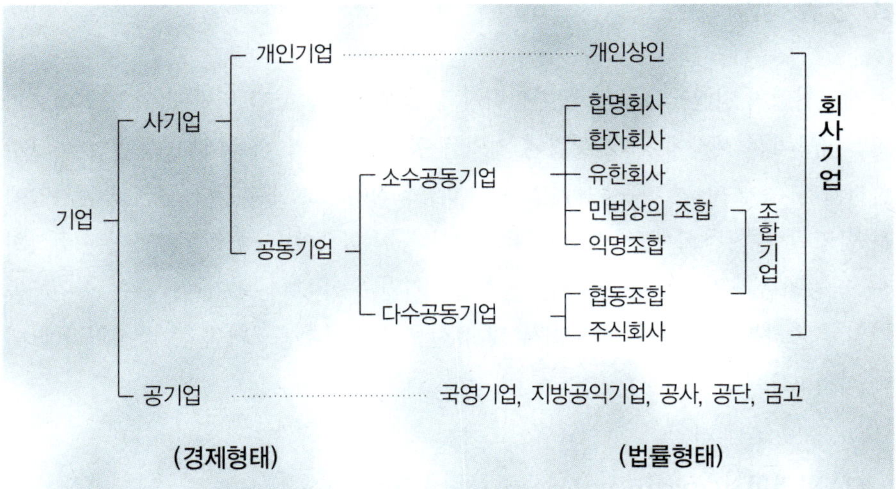

〈그림 2-9〉
기업형태의 분류

자료: 신철우, 『경영학원론』, 삼영사, 1997에서 수정인용.

사기업은 민간인이 출자한 영리추구를 목적으로 하는 기업을 말하며, 국가, 지방자치단체 또는 공공단체가 출자하고 영리추구를 목적으로 하지 않는 기업을 공기업이라 한다. 한편 공사합동기업은 공기업의 성격과 사기업의 성격이 혼합되어 있는 경우를 말한다. 일반적으로 기업이라 하면 사기업을 지칭하는 경우가 많으므로, 여기서는 사기업의 여러 가지 유형에 대해서 살펴보도록 하자.

사기업은 출자자가 1명의 개인인지 2명 이상의 공동인지에 따라 개인기업과 공동기업으로 나눌 수 있다. 또한 공동기업은 합명회사, 합자회사, 유한회사 등 소수의 사람들이 모여 구성한 소수공동기업과 여러 사람이 모여 구성한 다수공동기업이 있다.

1. 개인기업

개인기업은 기업형태 중 가장 오래된 사기업의 원형으로써, 기업자본을 1명의 개인이 출자하여 그 개인이 기업을 소유 및 경영하는 회사를 말한다. 따라서 이러한 형태는 자본, 기술, 생산능력상 한계가 있지만 설립 및 운영이 어렵지 않고 변화하는 시장상황에 유연하게 대처할 수 있다는 장점이 있다. 이러한 개인기업은 그 기업의 소유주이자 경영자인 개인의 능력에 따라 성과가 좌우되기 때문에 가까이는 소매상점과 작은 공장 등의 생업 · 가업 차원에서 최근의 벤처(venture)[2)]에 이르기까지 매우 다양하다.

2. 공동기업

개인기업의 자본, 기술 및 생산능력상의 한계를 극복하기 위한 기업의 형태로써 2명 이상의 출자자에 의해 설립된 기업을 공동기업이라 하는데, 공동기업은 다시 출자자의 수에 따라 소수공동기업과 다수공동기업으로 구분된다. 소수공동기업에는 합명회사, 합자회사, 익명조합, 유한회사 등이 있으며, 다수공동기업에는 주식회사, 협동조합과 상호회사, 공기업, 공사공동기업 등이 있다.[3)] 아래에서는 소수공동기업에 속하는 합명회사, 합자회사 및 유한회사와 다수공동기업 중 주식회사에 대해 살펴보도록 하자.

(1) 합명회사(ordinary partnership)

합명회사는 회사의 재산으로 회사의 채무를 완제할 수 없는 경우 각 사원이 직접 · 연대 · 무한 변제책임을 지는 무한책임사원만으로 이루어지는 회사이다(상법 제212조). 사원의 출자목적은 노무 · 재산 · 신용 등 제한이 없고, 그 이행도 회사성립전임을 요하지 아니하며, 사원은 업무집행권과 회사대표권을 가지는 것을 원칙으로 하고(상법 제200조, 제207조), 사원의 변경에는 다른 사원 전원의 동의가 요구된다(상법 제197조). 이사와 감사는 임의기관이다.

---

2) 벤처에 대해서는 제11장 기업창업론에서 자세히 다루었다.
3) 한창희, 『회사법』, 정문사, 1986.

(2) 합자회사(limited partnership)

합자회사는 합명회사의 사원과 같이 직접무한책임을 지는 사원과 회사채권자에 대하여 출자액을 한도로 책임을 지는 유한책임사원으로 이루어지는 이원적 회사이다. 무한책임사원은 합명회사의 사원과 같다. 유한책임사원은 재산출자만을 할 수 있고, 노무 · 신용출자를 하지 못하며(상법 제272조), 지분의 양도도 비교적 자유로워 무한책임사원만의 동의를 요하고(상법 제283조), 업무집행권을 부여할 수 없고 업무감시권만이 인정된다(상법 제277조).

(3) 유한회사(private company)

유한회사는 물적회사 중 소규모인 회사이고 지분의 양도에는 사원총회의 특별결의가 필요하다. 사원의 책임이 유한임에도 불구하고 법의 간섭이 비교적 완화되어 있고 공시주의가 완화되어 있다. 유한회사는 주식회사가 간이화한 형태로서 중소기업의 경영에 많이 이용된다.

(4) 주식회사(stock company)

각자가 가진 주식의 인수가액을 한도로 하는(상법 제331조) 간접 · 유한책임을 부담하는데 불과한 사원으로 이루어지는 회사이다. 사원의 책임이 유한임에 비추어 기본적 사항의 결정에는 참가하지만 업무집행에 참가하지 아니하고 사원의 지위는 주식으로 세분화되고 단위화되며 원칙적으로 그 양도가 자유롭기 때문에 누구라도 용이하게 회사에 참가할 수 있다. 이와 같이 주식회사는 원칙적으로 사원의 개성이 문제되지 아니하고 다수 사원의 결집이 가능하며, 따라서 대규모의 기업경영에 적합한 회사이다.

3. 기업집단

기업형태 가운데 기업결합(또는 기업집중)은 결합방법에 따라 일반적으로 카르텔, 트러스트, 콘체른의 세 가지 형태로 분류된다.

(1) 카르텔(Cartel)

카르텔은 생산 및 판매에 있어 경쟁을 방지하고 수익을 확보하기 위해 시장통제를 주목적으로 동종상품이나 상품군을 생산하는 독립기업들간의 수평적 결합을 의미한다. 카르텔 참가기업들은 법적, 경제적 독립성을 유지하며, 오직 협정사항을 자발적으로 지켜야 비로소 카르텔은 경제적 효력을 지닐 수 있다. 이러한 의미에서 카르텔을 이른바 신사협정(gentlemen's agreement)이라고도 한다. 우리 나라에서 카르텔은 독점규제 및 공정거래법에 의해 원칙적으로 금지되어 있다.

(2) 트러스트(Trust)

트러스트는 시장을 지배할 목적으로 동종 혹은 이종 기업이 자본적 결합에 의해 완전히 하나의 기업이 된 형태이다. 트러스트는 독점의 가장 강력한 형태로 그 경제적 효력 역시 가장 강력하다.

(3) 콘체른(Conzern)

콘체른은 일반적으로 대기업이 자본지배를 목적으로 여러 산업에 속한 중소기업의 주식을 보유하거나 이들에게 자금을 대여하여 금융적으로 결합한 형태이다. 따라서 콘체른에 속한 기업들은 실질적으로는 독립성을 상실하게 되지만 외형상으로는 독립성이 유지되는 형태이다.

지주회사(holding company)

지주회사는 자회사 주식을 50~100% 소유하고 이를 지배하는 회사로 사업지주회사와 순수지주회사로 구분할 수 있다. 사업지주회사는 생산 및 판매 등 자신의 사업을 영위하면서 자회사의 주식을 소유해 이들 기업을 거느리는 회사를 말한다. GE, Citicorp, ABB, IBM, 포드, P&G, 펩시, 바이엘, 글락소 등 글로벌기업 대부분이 여기에 속한다. 순수지주회사는 뚜렷한 실체도 없고 독자적인 사업부문도 없이 전략수립, 인사, 재무 등 자회사의 경영활동을 총지휘하는 본부기능만 한다.

순수지주회사의 장점으로는 첫째, 전략적 의사결정활동과 기능별 관리활동이 모든 부문에서 분리되어 효율성을 높일 수 있다. 둘째, 순수지주회사를 설립할 경우 사업회사의 경영을 전문경영자에게 위임할 수도 있고 구성원들에게 내부승진의 기회를 제공하므로 의식개혁을 이룰 수 있다. 셋째, 현재의 사업책임자에게 기존의 관리책임과 이익책임 외에 자본효율에 대한 책임이 추가되므로 보다 효율적인 책임경영이 가능하게 된다. 넷째, 순수지주회사제도를 채택하면 자율적인 기업문화를 유지할 수 있다. 다섯째, 기업이 새로운 사업에 진출할 경우 신규사업진출과 관련된 업무가 순수지주회사로 집약되며 관련경험을 조직적으로 활용할 수 있어 성공확률이 높아진다.

자료: 이동기 역, 『지주회사의 원리와 경영전략』, 상공회의소, 1997.

재벌(Chaebol)

재벌이란 여러 산업으로 크게 다각화되어 있는 한국의 주요 기업집단에 대해 경영권을 가진 특정개인이나 그 가족을 말한다. 그리고 재벌기업과 재벌그룹은 재벌이 경영권을 행사하는 기업과 그 집단을 지칭한다. 각각의 재벌그룹은 많은 계열회사로 구성되어 있는데, 각각의 계열회사는 법률적으로는 독립적 실체지만 실질적으로는 하나의 사업단위 또는 사업부로 경영된다. 재벌은 대개 창업자와 친족이 주요 계열회사의 주식을 소유함으로써 계열회사들을 지배하고, 나머지 주식은 계열회사들이 소유한다. 이런 식으로 재벌은 상대적으로 적은 수의 주식만을 소유하고도 그룹을 효과적으로 지배할 수 있다.

계열기업을 맡고 있는 전문경영인의 영향력과 역할은 재벌의 특성에 따라 또는 재벌그룹 내에서 그 기업의 상대적인 중요도에 따라 다르다. 전문경영인의 영향력과는 상관없이 재벌은 재벌그룹의 경영측면에서 절대적인 영향력을 행사한다. 그리고 이러한 영향력은 원칙적으로 다음 세대에는 맏아들에게 승계된다.

한편 재벌이 국가경제발전에 상당한 공헌을 했음에도 불구하고 재벌자신들은 사회로부터 극심한 비판의 대상이 되어 왔다. 또한 경제위기의 주범으로 인식되면서 정부는 재벌에 대해 사업구조조정, 부채비율 축소 등을 강력하게 요구하고 있을 뿐만 아니라, 재벌은 존립을 위해서 스스로 이러한 변화를 시도하고 있다.

자료: 조동성, 『한국재벌』, 매일경제신문사, 1997.

Recommended Readings

손태원 역, 『살아있는 기업』, 세종서적, 1998.

신유근, 『한국 대기업의 경영특성』, 세경사, 1995.

신철우, 『경영학원론』, 삼영사, 1997.

조동성, 『21세기 경영 패러다임』, 민음사, 1995.

——, 『이제는 전략경영시대』, 민음사, 1994.

——, 『한국재벌』, 매일경제신문사, 1997.

Daft, R. L., *Management,* Dryden Press, 1991.

Mondy, R. W., Sharplin, A. & Premeaux, S. R., *Management: Concepts, Practices and Skills,* Allyn and Bacon, 1991.

Plunkett, W. R. & Attner, R. F., *Introduction to Management,* International Thomson Publishing, 1994.

Robbins, S. P., *Management,* Prentice-Hall, 1991.

Stoner, J. A. F., *Management,* Prentice-Hall, 1986.

Straub, J. Attner, R., *Introduction to Business,* PWS-Kent, 1991.

조동성 교수의 경영 · 시사 칼럼

Column

국가경쟁력과 대통령의 힘

이따금 이런 질문을 받곤 한다. 김대중 대통령이 여당 총재직을 포기하고 국정에 전념키로 한 작년 말 결정만으로도 우리 나라 국가경쟁력이 높아지지 않았겠느냐고. 그러면 필자도 한국의 국가경쟁력이 현재 세계 64개국 중 24위에서 10위권으로 올라갈 수 있는 가능성이 충분히 생겼다고 대답한다.

학자로서 이런 판단을 하게 된 데는 합리적 근거가 있다. 우선 이론적으로 보면 국가경쟁력을 결정하는 요소 9가지 중 정치지도자와 행정관료라는 항목이 있다. 즉 대통령이 비전을 갖고 국정에 전념하고 행정관료가 정치지도자의 비전을 행정적으로 뒷받침할 수 있는지 여부가 그 나라의 경쟁력을 좌우한다는 것이다. 총재직을 포기하면서까지 정치 대신 경제회생에 전념하겠다고 선언한 김 대통령이 국가경쟁력을 높이기 위해 할 수 있고, 해야 할 일이 무엇인지를 살펴보자.

첫째, 여당에 대한 애착을 버린 대통령으로서는 정권 재창출이라는 목적을 더 이상 추구할 필요가 없다. 그렇게 되면 각종 선거에 필요한 정치자금을 탈법적으로 조달해오던 기존 관행을 대통령이 나서서 뿌리뽑을 수 있다. 이 조치만으로도 기업들이 부담하던 준조세적 비용은 크게 줄어들고, 돈은 생산적인 방향으로 흘러가게 된다.

둘째, 수많은 정치인들은 대통령의 스타일에 따라 자신의 행태를 조절하는 법이다. 그 동안 우리 정치인들은 정치자금을 조달하기 위해 각종 이권사업에 개입하고 행정에 영향을 미쳐왔다. 이 과정에서 정치인들은 시장거래의 효율성을 떨어뜨리고 행정의 투명성을 깨는 결과를 초래했다. 그러나 대통령이 가부장적인 한국 문화 속에서 올바른 방향으로 모범적인 자세를 보일 때, 정치인들은 그 동안의 행태를 변화해 나갈 것이다.

셋째, 행정관료들의 역할은 대통령이 추구하는 비전과 의지에 크게 좌우된다. 대통령이 당리당략에 매여 있고, 개인적인 목적을 추구하는 모습을 보이면 행정관료는 제각기 기회주의적 소집단으로 변하여 행정력을 이기적인 목적에 사용하게 된다. 그러나 대통령이 미래에 대한 비전을 제시하면서 이를 실천할 수 있는 자세와 능력을 가진 행정관료를 적재적소에 활용하는 인사관행을 확립하면 관료들은 국가와 민족에 대한 소명감을 갖고 불철주야 국민의 머슴으로 봉사하는 위상을 확립하게 된다.

이렇듯 대통령이 한 나라의 국가경쟁력을 높이기 위해 할 수 있는 일은 엄청나게 많고, 특히 정치인과 행정관료에 미치는 직접적 효과는 지대하다. 대통령의 판단과 행동은 국가경쟁력을 결정하는 9개 요소에 포함되는 근로자, 기업가, 전문경영자 등 다른 인적 요소의 능력을 향상시켜, 이들이 국가경쟁력 강화에 공헌하게 하는 간접적인 효과를 올리기도 한다.

첫째, 근로자를 보면 민주노총 같은 강성 노조가 출현하여 각종 노사분규를 통해 기업의 생산성을 저하시킨 것은 분명하다. 그러나 대부분의 건전한 근로자들이 강성 노조에 적극 참여한 이유는 상대적 박탈감 때문이다. 사회 지도층이 기득권을 고집하는데 왜 우리만 희생해야 하는가 하는 인식이 저변에 깔려 있는 것이다. 그러나 대통령이 직접 나서서 부패 정치인과 불투명한 관행에 익숙한 대기업 경영자들을 척결한다면 근로자들은 노사화합과 생산성 향상으로 화답할 것이다.

둘째는 기업가들이다. 정부가 1970년대에 사용했던 선심 외교정책이나, 대북정책을 실천하기 위해 기업들을 과시성 사업에 끌어들이던 관행을 버리면 기업가들은 정치적 배려를 더 이상 기대하지 않고 엄밀한 투자분석기법을 이용해 합리적인 의사결정을 내리게 된다. 이 과정에서 기업의 투자는 정상화되어 소위 무모한 투자가 기업과 경제의 발목을 잡는 과거 유산은 사라질 것이다.

셋째는 전문경영자이다. 그 동안 정권을 잡은 정치지도자들은 주변 지인들을 관변단체나 정부 투자기업의 요직에 낙하산 식으로 임명하는 습관에 젖어왔다. 이런 인사들이 해당 조직에서 능력 발휘에는 관심이 없고 조직을 이용, 임명권자의 마음에 드는 행동을 해 더 좋은 자리로 소위 '영전'하려는 자세를 보이는 것은 너무나 당연하다. 앞으로 대통령이 각 기관의 고유업무에 정통하고 국민경제를 최우선으로 고려하는 전문경영자를 객관적으로 선발, 임명한다면 이들 조직의 효율성은 크게 개선될 것이다.

〈문화일보, 2002. 1. 29〉

국력과 전문경영인

우리 나라가 외국에 알려져 있다면, 그것은 우리 나라 군대가 강해서가 아니고, 정치인이 지도력을 가지고 있어서도 아니다. 해외 주요 도시 대로를 질주하는 현대자동차, 응접실 구석을 차지하고 있는 LG전자의 TV, 호주머니에 들어있는 삼성전자의 애니콜 핸드폰을 통해서 한국을 알고 있는 것이다.

이같이 현대사회에서 한 나라를 대표하고, 국력을 결정하는 요소는 바로 대기업이다. 대기업의 힘을 평가하는 기준에는 매출액, 총자산, 시가총액 등이 있다. 이 중 시가총액은 주주가 기업의 주인이라는 오늘날의 시대정신을 정확하게 반영하기 때문에 가장 바람직한 기준이다.

특히 기업이 시가총액을 늘리려는 노력은 그대로 국민의 재산 증가로 이어져 국력 상승으로 귀결된다는 점에서 국가적으로도 의미가 있다. 시가총액을 늘리기 위한 경영방식은 외형을 늘리는 전통적 경영방식과 크게 다르다.

전통적인 다각화전략은 외형을 늘리지만, 시가총액에는 부정적 효과를 가져오는 것이 보통이다. 반면 부실채권 처분이나 조기 감가상각, 사업 구조조정 등은 단기적으로 순이익을 줄여 손익계산서를 열악하게 만들지만, 증시에서는 미래 이익구조를 개선시킨다는 관점에서 긍정적으로 받아들이고, 그 결과 주가를 상승시켜 시가총액을 증가시킨다.

그러나 구조조정은 쉬운 일도, 반가운 일도 아니다. 이 일이 어렵기에 투자자들은 구조조정 능력을 갖춘 경영자를 높은 보수로 끌어들여 그 이상으로 시가총액을 늘리는 역할을 맡긴다.

미국에서 구조조정으로 시가총액을 높인 경영자로는 최근 GE에서 은퇴한 잭 웰치, IBM을 공룡에서 기동력 있고 효율적인 조직으로 탈바꿈시킨 루 거스너, 스카트제지회사를 구조조정해 주주들에게 높은 이익을 안겨준 앨버트 던랩 등을 든다.

이들은 경영을 책임진 회사의 시가총액을 적게는 수십억 달러에서 많게는 수천억 달러까지 늘려주고, 주주들은 이들에게 천만 달러가 넘는 높은 보수로 화답한다.

구조조정으로 탁월한 업적을 낸 경영자가 회사를 옮기면, 그가 가는 회사 주식은 순식간에 가격이 상승한다.

한국에서도 구조조정 전문가들이 부상하고 있다. 그 대표적인 존재가 1997년 12월 파산 직전상태에 있던 한국전기초자를 3년 만에 증권시장에서 성장성, 수익성, 안전성, 유동성 등 모든 지표에서 1등 회사로 만든 서두칠 사장이다.

서 사장이 노사합의를 바탕으로 열린 경영, 독자기술 개발, 사업부문 구조조정, 솔선수범, 비전 제시 등의 경영혁신을 통해 업적을 올린 결과 이 회사 주가는 3천8백원에서 13만3천원으로 35배 상승했고, 시가총액은 2백28억원에서 47배인 1조6백40억원으로 증가하면서 주주들의 재산을 1조4백12억원 늘려주었다.

서 사장이 제조업 부문에서 구조조정 전문가의 귀감이라면, 금융업부문 구조조정의 벤치마킹 대상은 단연 98년 8월부터 주택은행을 이끈 김정태 행장이다. 김 행장은 부실 채권을 과감히 정리하고, 기업 신용대출을 정착시켜 기업대출 연체율을 2%대로 떨어뜨렸다. 그 결과 김 행장이 부임한 시점에 3천5백50원이던 주가는 3년 뒤 3만3천7백50원으로 10배 상승했다. 그 과정에서 김 행장 취임 당시 3천2백10억원에 불과하던 시가총액은 3년 만인 2001년 10월 4조5백억원으로 13배 늘어났다.

그러나 아직 우리 나라에서는 최고경영자의 연봉에 대해 인색하다. 주택은행과 국민은행이 통합한 뉴국민은행의 초대 행장으로 취임한 김 행장에 대해 외국 투자자들은 최소한의 예우로 1백만 달러에 해당하는 13억원을 제안했으나, 국내 투자자를 대표하는 관계자들은 국민정서를 이유로 8억원으로 낮추었다고 한다.

시가총액으로 기업을 평가할 수 있다면, 한 나라의 재산가치, 즉 국력도 그 나라 기업의 시가총액 합계로 계산할 수 있다.

이제 국력을 증진하기 위해서는 기업의 시가총액을 늘리는 능력을 가진 전문경영자가 필요한 시대가 되었다. 우리가 서두칠 사장이나 김정태 행장과 같은 경영자들을 10명만 더 가진다면 우리 나라는 능히 선진국 대열에 낄 수 있다.

그리고 이러한 경영자들을 찾아내려면 우리 모두 국민정서라는 사회주의적 굴레에서 벗어나 전문경영자의 공헌에 상응한 대우를 해야 한다.

〈한국경제신문, 2001. 12. 18〉

제 3 장

경영론

경영이란 무엇인가?

19세기를 되돌아보면 대부분의 위대한 발명가들이 경제적으로 실패했다는 사실에 충격을 받는다. 이는 그들이 경영을 할 줄 몰랐기 때문이다. 에디슨은 19세기 가장 위대한 발명가였지만 경영을 할 줄 몰랐기 때문에 곤란을 겪었다.

– 피터 드러커 –

PRINCIPLES OF MANAGEMENT

제 1 절 경영이란 무엇인가?

1. 경영을 어떻게 정의할 수 있을까?

(1) 경영에 대한 잘못된 생각

우리는 경영학을 공부하기 위해 이 책을 읽고 있다. 그런데 우리가 배우려는 경영이란 과연 무엇일까?

- 생산은 경영인가, 아닌가?
- 마케팅은 경영인가, 아닌가?
- 인사는 경영인가, 아닌가?
- 재무는 경영인가, 아닌가?

기업경험이 없는 사람들은 물론, 기업에서 잔뼈가 굵은 전문경영자 중에도 위의 질문에 대해 경영이라고 답을 한다. 얼핏보면 이러한 것들을 경영이라고 생각하기 쉽다. 이렇게 생각하게 된 주된 이유는 경영대학에서 가르치는 과목들이 대체로 위와 같이 나뉘어 있기 때문일 것이다. 그러나 생산, 마케팅, 인사, 재무 자체는 경영이 아니다. 왜 그럴까? 예를 들어 생산을 보자. 우리는 경영대학에서 제품을 생산하는 방법 그 자체를 배우지는 않는다. 제품을 개발하고 만들어 내는 과정은 경영대학에서 배우는 것이 아니라 공과대학에서 배우는 것이다. 경영대학에서는 어떠한 제품을 언제 생산할 것인지, 또 제품을 생산하기 위해서 어떤 부품을 언제 공급받을 것인지 등에 대한 계획을 세우고 이를 실행에 옮기는 방법을 강구하며, 실행결과를 분석하여 다음 계획에 반영할 수 있도록 하는 방법을 배우는 것이다.

(2) 경영을 이루는 것

그러면 경영이란 무엇인가? 이에 대해서는 여러 사람들이 제각기 다른 표현을 한다. 그러나 가장 포괄적이면서도 체계적인 표현은 '경영자가 수행하는 조직의 목적을 달성하기 위한 전략, 관리, 운영 활동'이라고 할 수 있다.

경영을 보다 구체적으로 이해하기 위해서는 경영의 구성요소인 경영대상으로서의 조직, 경영내용으로서의 전략 · 관리 · 운영 및 경영주체로서의 경영자에 대해서 좀 더 자세히 살펴 보자.

2. 경영의 구성요소

(1) 경영대상으로서의 조직

로빈슨 크루소와 같이 무인도에 혼자 남겨진 사람이 아니라면 사람들이 어디에 살건 무슨 일을 하건 조직속에서 생활을 하게 된다. 조직이란 특정한 목적을 달성하기 위해 함께 일하는 사람들의 모임이다. 우리가 여기서 주의 깊게 보아야 할 것은 목적을 가지고 있다는 것과 그러한 목적을 중심으로 사람들이 모였다는 것이다. 만약 다른 조직과 구별할 수 있는 공통된 목적이 없다면 그것은 조직이 아니라 단순한 무리일 뿐이다. 사람들은 무언가를 얻기 위해서 조직에 참여하게 된다. 우리가 관심을 가지고 있는 기업도 이러한 조직 가운데 하나이다.

조직이란 한마디로 '사람들의 모임'이라 할 수 있다. 그러나 만일 하나씩의 힘을 가진 사람 열 명이 모여서 조직체를 만들었을 때, 그 힘의 합계가 열밖에 되지 않는다면 그것은 조직으로서의 가치를 지니지 못한다. 조직은 열 명이 모여 열이 아니라 백, 천, 만 아니 백만 이상의 힘을 발휘할 수 있어야 한다. 이를 위해서는 〈그림 3-1〉과 같이 사람과 사람 사이를 실선과 점선으로 연결시켜 각자의 위치와 서로의 관계를 정립시켜야 한다.

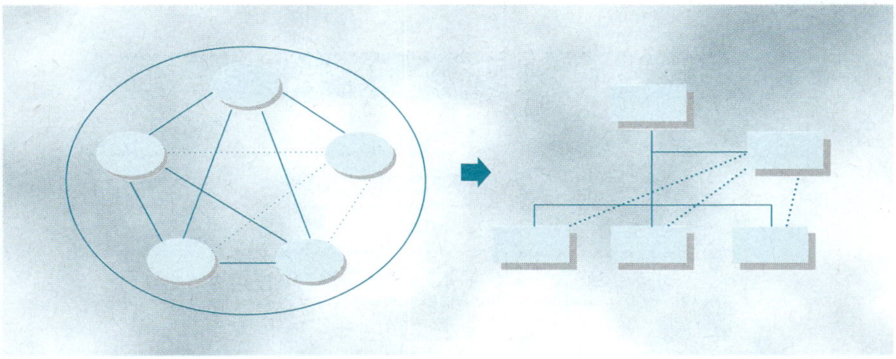

〈그림 3-1〉
조직의 모습

1) 조직의 형태

조직 중에서도 경제활동을 수행하는 조직으로는 정부, 기업, 가계가 있다. 정부는 중앙정부와 지방정부로 나눌 수 있고, 기업은 정부가 경영권을 가지고 있는 공기업과 민간인이 경영권을 가진 사기업으로 나눌 수 있는데, 사기업은 다시 영리기업과 비영리기업으로 나뉘어진다.

〈표 3-1〉
경제활동을 수행하는
조직의 형태

조 직	정 부	• 중앙정부 – 행정부, 사법부, 입법부 • 지방정부 – 시청, 도청, 군청, 각급 교육위원회 등
	기 업	• 공기업 – 정부투자기관, 정부출자기관 • 영리기업 – 합명회사, 합자회사, 유한회사, 주식회사 • 비영리기업 – 재단법인(학원, 병원 등), 사단법인(연구소, 학회 등)
	가 계	• 1인 가계, 핵가족, 3세대 가족 등

경영은 여러 가지의 조직이 가진 각각의 성격이나 목적의 특수성과 관계없이 모든 조직에 공통적으로 적용할 수 있는 요소를 추출한 개념이다. 다만 이같이 모든 조직에 적용될 수 있는 '일반경영' 체계와 달리, 특수한 목표를 가진 특정 조직체에 대한 경영을 '특수경영' 이라고 부를 수 있는데 〈표 3-2〉에 그 대표적인 예가 나타나 있다.

〈표 3-2〉
경제활동을 수행하는
특정조직체의 경영

특정조직체		특수경영
정부		• 행정
기업	공기업	• 공기업경영 / 관리
	영리기업	• 기업경영
	비영리기업	• 학교경영 / 관리 • 병원경영 / 관리 등
가계		• 가정경영/관리

과거에는 경영을 관리라고 불렀는데, 지금도 공기업, 학교, 병원, 가계와 같은 조직에 대해서는 〈표 3-2〉에서 보는 바와 같이 경영(administration) 대신에 관리(management)라는 표현을 흔히 사용하고 있다. 그 이유는 경영을 구성하는 요소인 전략, 관리, 운영 중에서 과거에는 관리가 가장 중요했기 때문에 두 가지 표현이 혼용되어 사용된 것이다.

그러나 관리는 전략과 운영이라는 중요한 요소를 포함하고 있지 않다는 점에서 경영과 엄격히 구분되어야 한다. 오늘날 기업경영을 기업관리라고 부르는 경우는 거의 없다. 그러나 그 이론적 체계와 엄밀성이 미흡한 다른 조직의 경영에 대해서는 경영 대신 관리란 표현이 아직도 사용되고 있다.

2) 조직의 목적

모든 조직은 부여받은 역할에 따라 제각기 다른 목적을 추구하게 된다. 아래 〈표 3-3〉에는 여러 가지 조직의 대표적인 목적이 나타나 있다. 〈표 3-3〉에 언급된 세 가지 경제적 활동을 수행하는 조직 가운데 이 책에서의 주된 관심사는 기업이고, 그 중에서도 특히 영리기업이라고 할 수 있다. 영리기업이 추구하는 목적에는 수익성, 안정성, 성장성이 대표적인 것이지만 그 외에도 여러 가지가 있을 수 있다

위의 형태 중 어느 종류에 속해 있는 조직이더라도 그 조직을 이끄는 사람은 그 조직의 목적을 달성하기 위하여 능력을 발휘하게 된다. 이러한 능력을 발휘하는 사람을 경영자라고 하는데 경영자와 그 조직은 내 · 외부로부터 그 조직의 목적이 어느정도 달성되었는지 그리고 얼마나 효율적으로 달성되었는지에 대한 평가를 받게 된다.

〈표 3-3〉
경영활동을 수행하는 조직의 역할과 목적

조직		역할 / 목적
정부		• 공공성(공공목적의 달성)
기업	공기업	• 공공성 • 수익성 • 안정성 등
	영리기업	• 수익성 • 안정성 • 성장성 등
	비영리기업	• 특정 목적의 달성 • 정부 재정 자금의 조달 • 공공재의 효율적인 조달, 분배
가계		• 수입지출의 균형 • 장기적 안정, 성장을 위한 저축 등

(2) 경영내용으로서의 전략, 관리, 운영

경영의 내용으로서 전략(strategy), 관리(management), 운영(operation)의 세 가지 활동에 대해서 알아보자. 우선 그 정의부터 살펴보면, 전략은 조직체의 사회적 역할에 따라 목적을 설정하고 그 목적을 달성하기 위하여 외부환경으로부터 주어진 기회를 포착하는 의사결정활동을 말한다. 관리란 결정된 전략을 실행하는데 투입되는 자원을 최소화하거나 주어진 자원을 이용하여 추구하는 목표의 달성도를 최대화하는 활동 또는 이 두 가지를 동시에 추구하는 활동을 말한다. 마지막으로 운영이란 관리활동을 사전적으로 정해진 방식과 체계에 따라 수행하는 것을 말한다.

예를 들어 최고경영자가 자동차산업에 진출할 것인지 아닌지를 결정하는 것은 전략적 차원의 문제이며, 자동차를 만드는데 어떻게 하면 원가를 줄일 수 있을까하는 것은 관리적 차원의 문제이다. 또한 운영은 미리 정해진 방식에 따라 자동차를 생산하는 것을 말한다.

경영의 내용을 이루는 이상의 세 가지 개념 중 '관리'는 1970년대 이전까지만 해도 가장 중요한 경영활동으로 인식되어 왔다. 반면에 '전략'은 1973년 석유위기 이후 기업환경이 급변하면서 비로소 그 중요성이 강조되기 시작하였다. 따라서 1970년대 중반까지만 해도 경영학계에서는 전략의 중요성이 널리 인식되지 못했던 까닭에 경영과 관리라는 두 가지 다른 용어가 적당히 혼용되어 왔던 것이다. 그러나 전략이 경영에서 중요한 내용으로 부각된 오늘날에는 경영과 관리를 같은 개념으로 쓰는 것은 옳지 않으며, 이제부터는 전략을 경영의 중요한 요소로 받아들여야 한다.

다만 논리적으로는 경영을 전략, 관리, 운영이라는 세 가지 개념으로 나누어 볼 수 있지만, 실제로는 그 구별이 어렵거나 조직의 상대적 위치에 따라 분류가 바뀔 필요가 생긴다. 예컨대 커다란 기업그룹 안에 여러 계열사가 있고, 각 계열사 안에 또 다시 여러 기능부서가 있다고 하자. 이때 그룹 전체의 목적이 '성장 및 수익성 극대화'이고, 이러한 목적을 달성하기 위한 전략이 '사양산업으로부터의 철수' 및 '유망산업으로의 진출'이라면, 이러한 전략을 효과적으로 집행하기 위하여 '인재양성' 또는 '투자자금조달' 등의 관리활동을 전개할 것이다.

그러나 그 그룹에 속해 있는 각 계열사에서는 소관산업이 사양산업인가 유망산업인가에 따라 '철수' 또는 '진출'이라는 목적을 설정할 것이고, 이러한 목적을 달성하기 위하여 '인재양성', '투자자금조달' 등의 전략을 세울 것이며, 이러한 전략을 효과적으로 집행하기 위하여 '우수 신입사원 채용'이나 '현장교육 강화' 또는 '신주발행'이나 '은행차입'과 같은 관리적 수단을 마련할 것이다.

또한 기능부서 중 하나인 인사부서에서는 '인재양성'을 목적으로 하여 '우수 신입사원 채용', '현장교육 강화' 등의 전략을 세울 것이고, 이러한 전략을 효율적으로 집행하기 위하여 '공개채용', '신입사원 교수추천 제도'와 같은 관리적 수단을 마련할 것이다. 이 경우 그룹 전체의 관리수단인 '인재양성'이 계열사에서는 전략이 되고, 인사부서에서는 목적이 된다. 이러한 예에서 보듯이 경영의 내용을 전략, 관리, 운영이라는 세 가지 개념으로 획일적으로 나누어 모든 조직에서 그대로 받아들이는 것은 옳지 않다.

(3) 경영주체로서의 경영자

경영자란 조직체의 전략, 관리 및 운영활동을 능동적으로 주관하는 사람으로 조직체의 수직적 체계에서 놓여진 위치에 따라 최고경영자, 중간경영자 및 하부경영자로 나뉘어진다. 경영자에 대해서는 제5장에 자세히 다루도록 한다.

3. 경영에 대한 이해

(1) 경영의 개념

여기서는 지금까지 많은 학자들에 의해 정의되어 온 경영의 개념에 대해서 정리해 보고자 한다. 먼저 기능에 초점을 맞춘 경영의 개념을 살펴보고 다음으로 과정적 흐름으로서의 경영에 대해서 살펴보자.

1) 기능적, 정태적 관점 : 역할로서의 기능

기업은 먼저 조직체계가 성립되고, 상하 · 좌우 정보를 전달하는 정보시스템이 확립된 기반 위에서 실제적인 경영활동을 수행한다. 이것은 기업경영을 생산관리, 재무관리, 인사관리, 마케팅관리 등 4대 기능에 중점을 두고 설명하는 관점이다.

생산관리는 재화나 서비스를 만들어 내는 과정으로서 자원을 조달하고 결합, 변형시키는 과정을 말하며, 재무관리는 기업활동 즉 생산, 인사, 판매 등에 필요한 자본을 조달하고 관리, 운영하는 과정을 말한다. 인사관리는 기업활동에 필요한 인력을 채용, 교육, 배치하고 개발, 보상, 유지하는 인적자원의 운영과 관리과정을 말하며, 마케팅관리는 기업이 생산할 혹은 생산한 제품과 서비스의 구성, 가격, 유통, 촉진 등에 관련된 활동을 말한다.

이와 같이 기업의 핵심적인 기능을 중심으로 경영의 개념을 정의함으로써 기업이 어떠한 일을 하는지에 대해 설명해 줄 수는 있지만, 이와 같이 정의할 경우 경영이라는 개념을 기업외로 확장하는데 많은 어려움이 있다. 그리고 기업을 하나의 전체로 파악하기보다는 조각조각 나누어서 생각하게 된다는 약점이 있다.

그리고 오늘날과 같은 불확실한 경영환경 속에서는 이런 관리기능만으로는 기업경영이 완성될 수 없다. 그러므로 경영전략이라는 부분이 추가될 필요가 있는데, 이것은 제 10장에서 자세히 설명하기로 한다.

〈그림 3-2〉
기업경영의 4가지 기둥과
2가지 기반

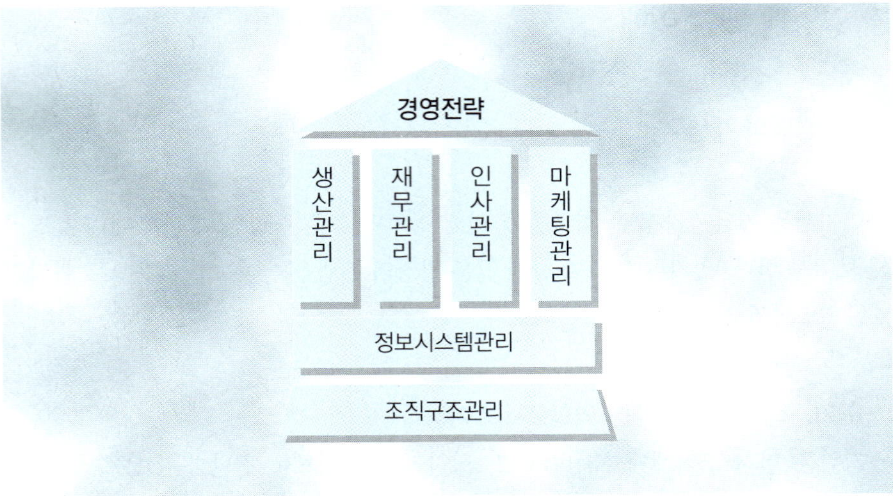

2) 과정적, 동태적 관점 : 흐름으로서의 경영

전통적인 경영의 개념은 관리 '과정'의 관점에서 이해되어 왔다. 즉, 경영자가 경영목표를 설정하고 경영자원을 조달 · 배분하여 경영활동을 수행하고 이러한 것들을 통제하는 일련의 '과정'으로 이해되었다. 이를 일컬어 우리는 PDS순환이라 한다.

계획(plan)이란 목표설정과 목표에 이르는 경로를 설계하는 것을 말하며, 실행(do)이란 설정된 목표와 경로에 따라 자원을 조달하고 배분하며 경영활동을 수행하는 단계를 말한다. 평가(see)란 수행된 활동을 감독하고 교정하는 것을 가리킨다.

① 계획

경영에 있어서 첫 번째 과정은 계획이다. 이는 조직의 목적을 결정하고 그것을 달성하기 위한 방법을 개발하는 것이다. 또한 조직의 미래 상황을 설정하고, 이를 이루기 위한 대안들을 분석하며, 분석을 통해 가장 좋은 실행 방안들을 선택하는 것이다.

계획단계에서 이러한 목적을 달성하기 위한 실행방안들을 원활하게 수행하기 위해 기존의 조직구조를 변화시키거나 새롭게 설계한다. 그리고 어떤 일을 해야 하는지를 결정하고 이에 따라 사람과 자원을 할당하는 작업까지를 계획과정에서 하게 된다.

② 실행

경영의 다음 과정은 실행이다. 이 과정에서는 조직의 목적을 달성하기 위해 조직구성원들을 동기부여시킨다. 일단 조직구성원들이 과업을 맡게 되면 경영자는 그들이 조직의 목적을 이해하고 이를 성취하도록 해야 하며, 이와 함께 조직구성원들의 행동을 지휘하고 구성원들간의 갈등을 해결할 수 있도록 도와주어야 한다. 이러한 경영자의 노력은 구성원들로 하여금 최대한의 성과를 낼 수 있도록 이끄는 힘이 된다.

③ 평가

경영과정의 세 번째 단계는 평가이다. 이것은 작업표준을 설정하고 그 진척도를 파악하며 조직의 목적을 유지하기 위해 필요한 수정을 하는 곳이다. 이 과정에서는 원래의 목적과 실제성과를 비교해 무엇이 잘못되었는지, 그리고 이를 어떻게 개선시켜야 하는지에 대해서 생각하는 단계이다. 이러한 평가는 다음 계획을 세우는데 반영되어야 하는데, 이를 피드백(feedback)이라고 한다.

지금까지의 논의를 종합해서 경영에 대한 정의를 내려 본다면 경영은 조직의 목적을 효과적으로 달성하기 위해 경영자원을 효율적으로 활용하는 것으로서, 계획(plan), 실행(do), 평가(see)의 과정을 거쳐서 이루어지는 활동이라고 할 수 있다.

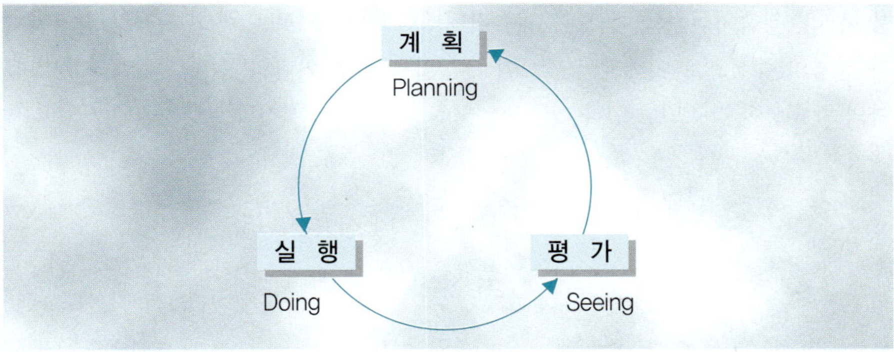

〈그림 3-3〉
경영관리과정 (PDS)

생활 속에서의 plan, do, see

우리는 계획(plan), 실행(do), 평가(see)라는 경영과정을 어려서부터 연습해왔다. 과연 무엇일까? 바로 초등학교 다녔을 때 누구나 한번쯤 해 보았던 일이다. 방학이 시작되면 학생들은 컴퍼스와 자, 그리고 연필을 들고 생활계획표를 만든다.

우리는 보통 아침 7시부터 저녁 9시까지의 시간을 조각조각 잘라 7시부터 7시30분까지 기상 및 아침체조, 7시30분부터 8시까지 운동, 8시부터 9시까지 아침 식사..... 9시 잠자리에 들기와 같은 생활 계획표를 세웠다. 이것이 바로 계획이다. 그리고 이를 실행하기 위해 다른 사람들과 운동 약속을 하고, 책상머리에 '생활 계획표를 준수하자.' 라는 글을 써 놓고 스스로 동기부여를 하며 실행을 할 수 있도록 주변 상황을 정돈한다. 이것이 실행과정이며, 잠자기 전에 하루를 반성하면서 쓰는 일기가 바로 평가에 해당한다고 할 수 있다. 이와 같이 우리는 어려서부터 모르는 사이에 경영과정을 연습해 왔던 것이다.

(2) 기업경영

경영을 앞에서와 같이 정의한다면 경영이란 우리가 생각하듯 기업에서만 이루어지는 것이 아니라는 점을 알 수 있을 것이다. 즉, 어떤 조직에서 목적을 갖고 그 목적을 효율적으로 달성하기 위해 계획을 세우고 실행하고 그 결과를 평가하는 과정을 거치게 되면 경영이라고 할 수 있다. 따라서 경영이란 기업에서만 이루어지는 것이 아니라 위와 같은 조건을 만족하는 모든 곳에서 이루어진다고 할 수 있다.

예를 들어 학교 같은 곳도 훌륭한 인재양성을 목표로 설정하고, 이를 달성하기 위해 계획하고 실행하고 평가하게 되면 이것이 곧 학교경영이 되는 것이다. 이렇게 해석하면 국가를 이끌어 가는 것은 국가경영이 되는 것이고 가정을 이끌어 가는 것은 가정경영이 되는 것이다. 즉, 경영은 모든 조직에서 쓰일 수 있는 것이다. 그러나 경영학의 주된 연구 대상은 사적 이윤을 추구하는 사기업이다. 그래서 '이윤추구성'이라는 기업의 기본적인 목적에 의해 앞에서 말했던 다른 경영개념과 구별된다.

결국 기업경영이라는 것은 환경의 영향(기회 및 위협)으로부터 기업이 자원을 활용, 관리, 창출하여 성과를 도출하는 것인데, 그 내용으로는 종래 기능적 경영관리가 경영의 중심으로 이해되어 왔으나 오늘날은 환경 변화의 중요성에 따라 경영전략의 중요성이 강조되고 있다.

〈그림 3-4〉
기업경영의 구성요소

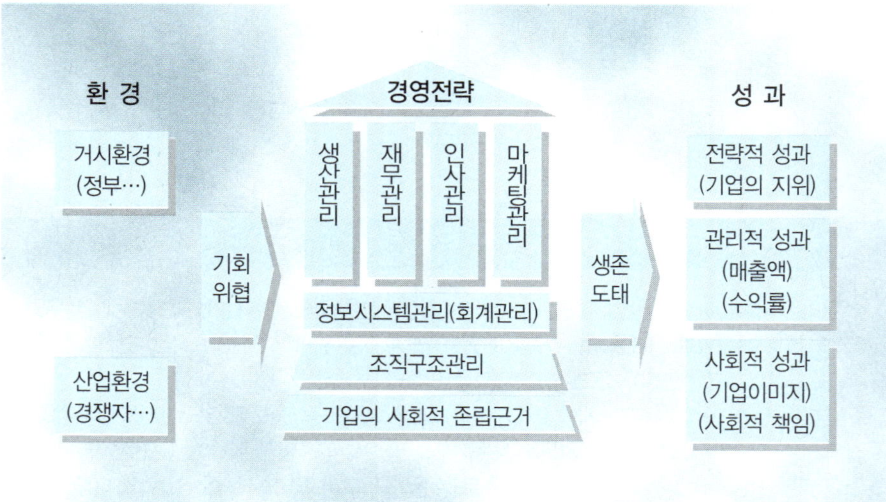

제 2 절 경영이론의 과거와 현재

1. 경영이론을 공부해야 하는 이유

경영학을 배우려고 하는 우리는 왜 과거의 경영이론들에 대해 공부해야 할까? 그 이유는 경영능력을 향상시킬 수 있는 많은 아이디어를 얻을 기회를 가지기 때문이다. 사람들은 사회가 어떻게 이루어졌는지, 그리고 왜 그렇게 이루어졌는지에 대해 알기를 원하기 때문에 정치학이나 경제학을 공부한다. 같은 이유로 우리는 오늘날의 문제에 대해서 좀 더 잘 이해하고 이를 해결하기 위한 열쇠를 얻기 위해 경영이론을 배우는 것이다.

2. 고대의 경영학적 사고

비록 경영이론이 체계적으로 등장한 것은 19세기 말 무렵이지만, 그 이전에도 경영학적 사고는 존재하였다고 볼 수 있으며, 고대의 지도자들은 오늘날 연구되고 적용되는 많은 경영기능을 실행에 옮기고 있었다.

기원전 5000년 경 수메르인 승려는 세금제도를 통제하기 위하여 기록을 남겼고, 고대 이집트인들은 계획과 실행, 평가의 경영과정을 거쳐 피라미드를 세울 수 있었다고 한다. 세계에서 가장 오래된 비정부조직의 하나인 가톨릭 교회는 오랫동안 경영활동을 해왔다.

산업혁명 이전에는 가족들이 몇몇 특정한 상품을 만들고 이를 다른 사람들에게 제공하는, 상대적으로 규모가 작은 사업을 하였다. 그러나 산업혁명 이후에는 소유자들이 이전의 가내수공업 형태에서 사용하던 관리기술로는 대규모화된 사업장을 관리할 수가 없었다. 대규모 조직을 맡게 된 경영자는 새로운 도전에 직면하게 된 것이다. 결국 대규모화된 조직을 관리하기 위한 새로운 방법을 모색할 필요성이 경영이론을 발전시키는 계기가 되었다.

3. 고전적 경영기법

19세기 말에 이르러 산업 확장의 속도는 더욱 빨라졌다. 날마다 새로운 기술이 개발되는 시기였다. 그런데 이러한 빠른 기술의 진보에 비해 종업원들의 생산성은 상대적으로 낮은 상태에 머물러 있었다. 따라서 낮은 생산성을 높이기 위한 방안들이 연구되었는데, 이것이 바로 고전적 경영기법이 탄생하게 된 배경이 되었다. 현대 경영학의 뿌리는 바로 이 고전적 경영기법에서 찾을 수 있다. 이 방법은 그 동안 많은 비판을 받아 왔지만 여전히 우리에게 많은 시사점을 주고 있다.

〈그림 3-5〉
고전적 경영기법

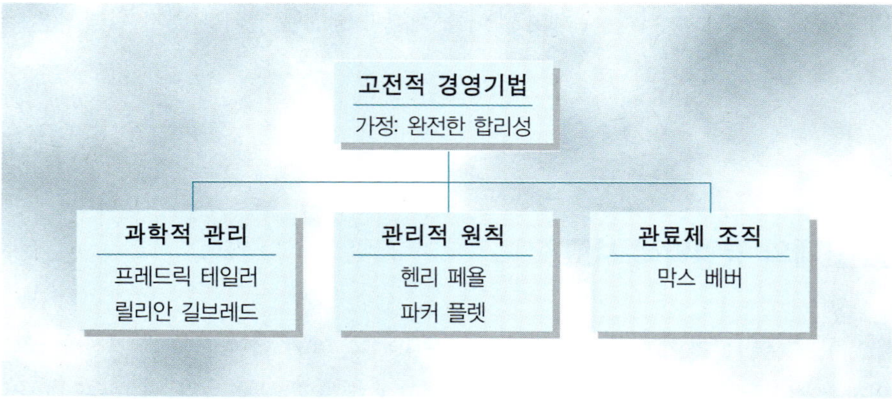

(1) 과학적 관리(scientific management)

과학적 관리기법이란 종업원의 생산성을 향상시키기 위해 작업에 대한 객관적이고도 과학적인 연구를 강조하는 고전적 경영기법의 하나이다.

1911년 프레드릭 테일러(Frederick W. Taylor)는 『과학적 관리원칙』이라는 책을 통하여 경영의 중요한 목적은 종업원을 최대한 활용할 수 있도록 하는 것이다 라며, 많은 사람들이 그들의 진정한 능력을 발휘하지 못하고 있다고 주장했다. 그는 이러한 문제는 경영에 대한 체계적인 접근을 통해 해결할 수 있다고 믿었으며, 해결책의 하나로 시간개념을 도입한 보상제도를 생각해 냈다. 테일러는 보상제도와 더

불어 동작연구라 불리는 관찰을 통해 작업의 과학화, 능력있는 종업원의 활용, 종업원에 대한 지원 등을 강조했다.

테일러는 작업장에서 사람들의 생산성을 향상 시키기 위해서 과학적 기법들을 사용하려고 노력했다. 이러한 그의 노력은 오늘날에도 많은 경영현장에서 활용되고 있으며, 다음과 같이 정리할 수 있다.

과학적 관리원칙의 실용적인 교훈

- 결과에 바탕을 둔 보상제도를 만들어라.
- 효율적인 작업방식으로 과업을 설계하라.
- 특정작업을 수행할 수 있는 능력을 가진 종업원을 주의 깊게 선발하라.
- 종업원이 자신의 능력을 최대한 발휘하여 일할 수 있도록 훈련시켜라.
- 종업원들이 능력을 최대한 발휘할 수 있도록 도와줄 수 있는 감독자를 훈련시켜라.

테일러가 관찰방법으로 활용했던 동작연구라는 기법은 일하는 사람의 과업을 기초적이고 물리적인 행동으로 나누는 과학적 기법이다. 테일러와 같은 시대의 사람으로서 프랭크(Frank)와 릴리안 길브레드(Lillian Gilbreth)는 동작연구의 주창자였다. 그들은 벽돌공에 대한 동작연구를 통해 그가 수행하는 동작의 수를 줄임으로써 생산성을 세 배로 높였다. 길브레드의 작업은 지금도 경영현장에서 많이 사용되고 있는 기술인 작업단순화, 작업표준화, 임금 및 보상제도 등 많은 분야의 기초를 형성했다.

(2) 관리적 원칙(administrative principles)

경영에 대한 두 번째 고전적 접근은 성공적인 경영자들의 경험을 문서로 만들고 이를 이해하는 것에 기초를 두고 있다. 관리적 원칙이란 계획, 조직화, 명령, 조정, 통제 등을 통해 조직과 경영의 기능적인 측면을 강조하는 접근방법이다.

헨리 페욜(Henri Fayol)은 교육을 통해 가르칠 수 있고 배울 수 있는 경영의 체계적인 방법을 개발한 프랑스의 기술자이다. 그는 프랑스의 한 광산회사에서 일하면서 이러한 방법들을 개발했다. 그는 테일러가 조직을 아래에서부터 분석해 연구했던 것과는 대조적으로 위에서부터 아래로 내려가는 방법을 취했다. 그는 경영의 원칙이 모든 종류의 조직에 적용될 수 있다고 생각하면서 경영의 보편성에 대한 믿음을 가졌다. 페욜의 연구는 관리적 원칙으로 잘 알려져 있는데, 이는 조직구조의 기능적인 측면을 강조하는 것이다. 그의 견해에 따르면 기업활동은 생산과 같은 기술활동과 구매, 판매와 같은 상거래 활동, 재무활동, 회계활동 및 관리기능으로 나누어진다. 그는 경영을 계획, 조직화, 명령, 조정, 통제의 다섯 가지 기능으로 파악했는데, 이것이 오늘날 경영과정의 시초라고 할 수 있다.

(3) 관료제 조직(bureaucratic organization)

관료제 조직이라고 하는 것은 논리와 질서 및 입법적 권위를 바탕으로 의도적으로 조직된 이성적이고 효율적인 형태의 조직을 말한다.

막스 베버(Max Weber)는 경영과 조직사회학에 많은 영향을 미친 독일인이다. 그는 사람들이 작업과 관련된 능력 때문이 아니라 사회적 지위로 인해 권위가 결정된다는데 관심을 가졌다. 그는 이러한 문제 때문에 조직에서 개인의 잠재능력을 전부 발휘할 수 없다고 주장했다. 따라서 그는 이러한 문제의 해결책으로써 새로운 형태의 조직을 구상했다. 베버는 이상적이고 효율적인 형태의 조직으로써 관료제 조직을 고안했는데, 관료제 조직의 특징은 다음과 같다.

〈표 3-4〉
관료제 조직의 특징

항 목	내 용
노동의 분화	작업이 분명하므로 종업원들은 숙련된 능력을 가지게 된다.
권한의 정의	권한과 책임이 지위에 따라 분명히 정의된다.
공식적인 규칙	문서화된 가이드라인이 구성원의 행동과 결정을 지휘한다.
공평한 대우	규칙과 절차는 동등하게 적용되므로 예외는 없다.
경력제도	종업원들은 능력과 과업에 따라 선발되고 승진된다.

베버는 관료제 조직이 과업을 잘 수행할 것이라고 생각했는데, 그 이유는 자원이 효율적으로 배분되고 종업원이나 고객들을 공정하게 대하는 등 많은 이점을 가지고 있기 때문이었다. 하지만 오늘날 실제생활에서 우리는 '관료화' 라는 말을 주로 부정적인 의미로 사용하고 있다. 베버가 이상적이라고 생각했던 관료제 조직은 과다

한 서류와 문제 해결에 있어서의 기민성 부족, 변화에 대한 저항, 고객지향성 결여, 종업원에 대한 무관심 등 많은 문제점들을 나타내고 있다.

그러나 베버의 작업은 과학으로서의 경영학에 많은 영향을 주었다. 우리는 언제, 어느 상황에서 관료제 조직이 적절한 효과를 낼 수 있는지, 그리고 상황의 변화에 따른 대안으로 어떠한 조직들이 있는지 살펴볼 필요가 있다.

(4) 고전적 경영기법에 대한 평가

고전적인 경영기법은 경영학 연구에 있어 과학적인 기반을 형성하였으며, 많은 시사점을 주었다. 또한 고전적 경영기법은 경영자들이 실제 기업 경영에서 점점 커지고 복잡해져가는 조직을 어떻게 경영할 것인가에 대해 많은 도움을 주었다.

하지만 고전적 경영기법은 다음과 같은 점에서 비판을 받는다. 우선 조직을 기계의 집합체로 다루었고, 개개인을 인격체로 인정하기 보다는 기계의 부품으로 간주하는 경향이 있었다. 그리고 고전적 경영기법은 세밀한 면이 부족하다. 따라서 실제로 활동을 어떻게 조정해야 하는지, 기능적인 과업을 어떻게 할당해야 하는지, 경영기능을 어떻게 수행해야 하는지에 대한 구체적인 아이디어를 제공하지 못한다. 또한 조직의 내부활동에만 관심을 두어 조직을 둘러싸고 있는 외부환경을 고려하지 않았다는 지적을 받고 있다.

오늘날 경영자들은 고전적 경영기법들을 현실에 맞게 수정 · 보완하여 자신들이 처한 문제점들을 해결하도록 노력해야 할 것이다.

4. 행위과학적 관점

고전적 경영기법은 생산성을 높이는데 많은 공헌을 하였다. 하지만 환경이 복잡해지면서 기계적인 원칙들은 그 유용성이 떨어지게 되었다. 조직이 점점 성장해가는 동시에 노동력이 부족해지면서 관심의 초점은 종업원들의 고용과 훈련에 맞춰지기 시작했다. 이렇게 사회가 변화하면서 20세기 초반에는 개개인에 대한 새로운 관점이 생겨났고 작업장에 있어서의 인간행동에 대한 연구가 시작되었다. 행위과학적 관점은 이전의 고전적 경영기법과는 달리 인간 그 자체와 조직 속에서의 그룹행동에 대해서 많은 관심을 가졌다.

(1) 호손실험(The Hawthorne Studies)

호손실험은 1924년에 조명의 변화가 생산성에 어떠한 영향을 미치는지를 연구하기 위해 시작되었다. 1924년부터 1927년까지 메이요(Elton Mayo)를 비롯한 연구자들은 전화교환기를 조립하고 있는 여종업원들의 성과에 미치는 조명의 영향에 대해서 연구했다. 연구자들은 한 작업실 안에서는 조명의 밝기를 다양하게 조절했고, 다른 작업실에서는 조명을 계속 일정하게 유지했다. 그리고 나서 그 집단의 성과를 비교하였는데 놀랍게도 두 집단 모두 성과가 증가한 것을 발견하였다. 심지어 더욱 당혹스러운 것은 조명의 밝기를 낮추었음에도 불구하고 생산성은 양쪽에서 모두 향상되었다.

1927년 메이요는 종업원의 피로와 산출물간의 관계에 대해 계속 연구하였다. 지난번 조명실험에서 복합적으로 작용되었다고 생각되는 '심리적 요인'을 없애기 위해서 새롭게 연구를 디자인하였다. 교환기를 조립하는 여섯 명의 종업원은 특정 실험 장소에 고립되어 있었는데, 그들에게는 다양한 휴식시간, 하루 작업 시간, 일주일 작업 시간이 주어졌다. 그리고 생산량은 규칙적으로 측정되었다. 그러나 연구자들은 물리적인 작업환경과 산출물간의 직접적인 관계를 찾아내는데 또 다시 실패하고 말았다. 생산성은 종업원들에게 주어진 다양한 조건에 관계없이 증가했다.

메이요는 실험실안에 있는 종업원들에게 생긴 새로운 '사회적인 환경'이라는 것이 생산성을 증가시킨다고 결론지었다. 두 가지 요인이 중요한 것으로 지목되었는데, 하나는 집단 분위기이다. 종업원들은 서로서로 좋은 사회적 관계를 나누고 있어서 그들이 일을 잘 하기를 원했다는 것이다. 또 다른 하나는 더 많은 관찰자의 관심이다. 실험실에서 일하는 사람들은 자신들이 매우 중요한 사람들이라고 느끼고 많은 정보를 받고 있다고 생각했으며, 또 많은 질문을 받음으로 해서 자신이 중요한 인물이라고 생각하게 되었다는 것이다.

다른 학자들에 의해 호손실험은 부실한 연구계획, 결론을 도출하기에 부족한 실증자료, 지나친 일반화 경향 등과 같은 점 때문에 비판을 받는다. 하지만 경영학적 사고의 전환점으로써 이 연구의 중요성은 매우 크다. 호손실험의 결과는 경영자의 관심을 사회적, 인간적인 요소로 돌리는데 결정적인 역할을 했다는 점에서 의의를 찾을 수 있다.

(2) 인간관계운동

호손실험은 1950년대와 60년대 경영학적 사고에 많은 영향을 미쳤던 인간관계 운동을 태동시키는데 결정적으로 기여했다. 이 운동은 작업장에서 좋은 인간관계를 유지하고 인간적인 배려를 해주는 경영자들이 높은 생산성을 얻을 수 있다는 생각을 바탕으로 한다.

1) 매슬로우(Maslow)의 욕구 5단계설

인간관계운동에서 얻을 수 있는 시사점 중 인간의 '욕구' 측면에 있어서 아브라함 매슬로우(Abraham Maslow)의 연구는 중요한 위치를 차지한다. 욕구란 인간의 신체적, 심리적 욕망이 결핍되어 있는 상태로 이것을 충족시켜주게 되면 만족상태에 이르게 된다는 것인데, 이는 경영자들에게 매우 중요한 개념이다. 왜냐하면 욕구는 인간의 작업 태도나 행동에 영향을 줄 수 있는 긴장감을 만들어 내기 때문이다. 매슬로우는 이러한 인간의 욕구를 생리욕구, 안전욕구, 소속욕구, 존경욕구, 자아실현욕구 등 5개 단계로 구분하였다.

매슬로우는 사람들이 다섯 가지의 욕구를 순차적으로 만족시키려고 한다고 주장했다. 결핍된 욕구는 개인의 지각에 영향을 미치게 되고 그것이 충족될 때까지 행위를 하도록 하는 요인이 된다. 그러다가 자아실현욕구 단계에 이르게 되면 이러한 결핍과 충족작용이 멈추게 되고 자아실현욕구가 충족될수록 이에 대한 욕구가 더 강해진다는 것이다

인간관계적 사고와 더불어 매슬로우의 이론은 높은 생산성을 이루기 위해서 종업원들의 욕구를 만족시켜 주어야 한다는 점을 제시하고 있다. 비록 지금에 와서는 이러한 욕구단계설이 많은 비판을 받고 있지만 이는 경영자들이 인간의 욕구를 체계적으로 인식하도록 하는데 도움을 주었다.

2) 맥그리거(McGregor)의 X이론과 Y이론

맥그리거는 호손실험과 매슬로우에 의해 많은 영향을 받았다. 그는 작업장에서의 사회적 욕구 및 자아실현욕구에 대해 더 많은 관심을 가져야 한다고 지적했다. 그리고 그는 경영자들에게 인간의 본성에 대한 관점을 제시했는데, 이것이 바로 X이론과 Y이론이다.

그는 경영자가 인간에 대해 X이론적 관점을 가지고 있느냐 Y이론적 관점을 가지고 있느냐에 따라 현장에서 종업원을 대하는 방식이 달라진다고 했다.

〈표 3-5〉
X이론과 Y이론

X 이론적 관점	Y 이론적 관점
• 일을 싫어한다.	• 일하기를 좋아한다.
• 야망이 부족하다.	• 자신을 통제할 수 있다.
• 책임감이 없다.	• 책임감이 강하다.
• 변화에 대해 저항을 한다.	• 상상력과 창조력이 강하다.
• 비자발적으로 행동한다.	• 자신의 행동을 이끌어 간다.

X이론에서는 사람은 게으르고 야망이 없으며 수동적이고 책임감이 없다고 본다. 따라서 경영자는 그들에게 적당한 과업을 부과하며 성과를 통제하게 된다. 이에 비해 Y이론은 사람들이 일하기 좋아하며, 책임감이 있고, 혁신에 대한 의욕이 있으며, 문제해결을 위해 노력하는 적극적인 자세를 가지고 있다고 본다. Y이론의 관점을 가지고 있는 경영자는 외부의 압력에 의한 통제보다는 개개인의 과업을 스스로 통제하여 성과를 이루어 내려고 한다.

(3) 행위과학적 관점에 대한 평가

일반적으로 고전적 경영이론에서는 개개인이나 종업원의 창조적인 능력을 무시해왔던 것에 비해 행위과학적 관점에서는 개인과 집단의 중요성을 강조했다. 행위과학적 관점은 고전적 경영이론을 완전히 무시한 것이 아니라, 경영자와 종업원의 개인적인 역할에 대하여 중요한 단서들을 제공하였다는 점에서 진전을 이루었다고 볼 수 있다.

5. 정량적 접근방법(quantitative approach)

많은 학자들이 인간관계 및 행위과학적 접근법을 연구하는 동안, 다른 학자들은 효율적으로 의사결정을 내릴 수 있도록 하는 정량적 접근방법에 대해 연구하기 시작했다. 정량적 접근방법은 수학적 기술들이 문제해결과 의사결정 향상을 위해 사용될 수 있다는 가정에 기초하고 있다.

(1) 경영과학(management science)

경영과학은 의사결정자들에게 특히 계획을 세우는 과정에 있어서 여러 가지 대안들을 분석하여, 최적의 대안을 선택할 때 기초를 제공한다. 경영과학이란 경영상황에 수학적이고 통계적인 모델을 적용하는 것이다. 한 예로 서비스 시스템에 있어 한 사람이 서비스를 받기까지 걸리는 시간을 줄이기 위해 고객과 공급자의 관계와 그 수에 만들어진 대기 시간 이론과 같은 것을 경영과학적 접근법이라고 할 수 있다. 제조업체에서 원활한 재고관리를 목적으로 만들어 낸 재고관리 모델, 네트워크 모델 등이 대표적인 운영경영기법이다.

(2) 운영경영(operation management)

운영경영이란 제품이나 서비스의 생산에 있어 효율성과 생산성을 증가시키기 위해 수학적 모델을 사용하는 접근방식이다. 여기에는 조직이 품질을 통제하기 위한 방법이나 경영자가 생산계획을 수립하는 기법들도 속한다.

(3) 경영정보시스템(management information system)

경영정보시스템이란 정보를 수집하고 가공하여 이를 필요한 곳에 다시 전달하는 시스템을 말한다. 경영자들은 조직, 고객, 그리고 급변하는 환경에 대한 정보를 적시에 제공받기 위하여 경영정보시스템을 이용한다. 이러한 경영정보시스템을 통해 경영자들은 좀 더 정확하게 목표소비자들에게 접근할 수 있다.

(4) 정량적 접근방법에 대한 평가

행위과학적 접근법과는 달리 정량적 접근방법은 하드웨어적인 측면과 이성적인 측면, 그리고 공식적인 측면을 강조하고 있다. 경영자들은 계획을 수립하고, 의사결정을 내리며, 성과를 통제하는 유용한 도구들을 얻을 수 있다. 그러나 이러한 정량적인 접근방법은 경영활동을 분석하는데 필요한 폭넓은 시야를 제공하지는 못한다.

6. 현대의 경영학

(1) 시스템 이론(system theory)

시스템이라는 개념은 적용 범위가 광범위하지만 모든 시스템은 다음과 같은 공통된 특징을 지니고 있다. 시스템의 공통된 특징은 일정한 목적하에 운영되는 전체가 있고, 그 전체를 구성하는 하위 구성부분이 있으며, 이러한 전체는 환경과 끊임없이 상호작용하며 또한 그 구성부분들도 상호작용을 지속함으로써 전체와 구성인자가 통일적으로 목적을 추구하고 유지된다는 것이다.

이러한 시스템의 개념에 기초하여 기업의 경영현상을 연구하면, 무엇보다도 복잡한 경영현상을 체계적으로 분류하여 인식할 수 있다는 이점이 있다. 왜냐하면 인간의 인지능력에는 한계가 있기 때문에 이와 같은 분류기준이 없다면 복잡한 경영현상을 도저히 이해할 수 없기 때문이다. 또한 전체와 부분의 관계는 물론 전체에 속한 하위부분간의 관계를 이해할 수 있게 된다.

즉, 기업 전체를 한꺼번에 이해하기는 어렵지만, 그 구성단위(예컨대 사람, 물자, 자본 혹은 인사, 생산, 재무, 마케팅, 국제경영학 등)로 나누어 파악하면 기업을 좀 더 쉽게 이해할 수 있다. 그리고 우리는 실제로 경영학을 이러한 방법으로 배우고 있다.

(2) 상황이론(contingency theory)

또 다른 현대경영학에 대한 관점은 상황이론이다. 이는 경영자가 주어진 각각의 상황에서 특정 조직의 환경에 맞게 경영활동을 적합시키는 것이다. 이러한 관점은 고전적 경영이론이 추구했던 방법과는 다르다. 왜냐하면 고전적 경영이론에서는 경영이론이 조직을 둘러싸고 있는 특수한 환경에 관계없이 모든 상황에 적합하다고 가정했기 때문이다.

상황이론을 연구하는 학자들은 환경 및 조직에서 사용되고 있는 기술 등에 따라 경영활동이 달라져야 한다고 주장한다. 이는 과거의 경영관리기법들을 무시하는 것이 아니라 경영자들이 효과적으로 기업을 경영할 수 있도록 적절한 이론들을 모두 포함시켜 설명한 것이라 볼 수 있다.

Recommended Readings

마크 맥닐리, 『경영자를 위한 6가지 전략원칙』, 석정, 1998.

조동성, 『이제는 전략경영시대』, 민음사, 1994.

——, 『21세기 경영 패러다임』, 민음사, 1995.

Matteson, M. T. & Ivancevich, J. M. (ed.), *Management Classics*, Goodyear, 1981.

Ouchi, W. G., *Theory Z: How American Business Can Meet the Japanese Challenge*, Addison-Wesley, 1981.

Peters, T. J. & Robert H. W., *In Search of Excellence: Lessons from America's Best-Run Companies*, Harper & Row, 1985.

Plunkett, W. R. & Attner, R. F., *Introduction to Management*, International Thomson Publishing, 1994.

Schermerhorn, J.R., *Management*, John Wiley & Sons, 1996.

Wren, D. A., *The Evolution of Management Thought*, Wiley, 1987.

조동성 교수의 경영 · 시사 칼럼

Column

미래를 선택하는 경영

나의 마음속에는 항상 나에게 삶의 의미와 살아가는 자세에 대해 가르침을 주신 두분이 있다. 한분은 나의 아버님인 趙孝源박사요, 또 한분은 하버드경영대학원 박사과정 당시 지도교수이던 로버트 스토보 박사이다.

아버님은 조실부모(早失父母)했으나 독학으로 대학과정을 끝내셨다. 그후 미국으로 건너가 정치학박사 학위를 받고 귀국, 오랜기간 교수와 공직자 생활을 지내셨다. 아버님을 생각할 때마다 내게 떠오르는 모습이 있다. 아버님은 항상 미래에 대한 말씀만 하시지 과거에 대한 말씀을 단 한번도 하신 적이 없다는 점이다. 다만 어머님을 통해서만 아버님이 과거에 무엇을 하셨으며, 어떻게 지내오셨는지 들었을 따름이다.

아버님은 과거보다는 미래를 향해 계획하고 준비하면서 사셨다. 또한 아무리 어려운 순간에도 결코 좌절하지 않으셨다. 일례로 1970년대 초반 국회의원에 출마했다가 낙선하신 경험이 있었다. 그러나 그 사실을 확인하는 순간 앞으로 한국이 통일을 이루어내는데 가장 중요한 정보는 당시 소련으로부터 얻어내야 하고, 이를 위해서는 러시아어를 완벽하게 구사해야 한다는 말씀과 함께 미국유학시절 부전공으로 선택했던 러시아어 공부를 다시 시작하셨다. 아버님의 사전에는 '절망' 이라는 단어 대신 미래, 희망, 계획과 같은 단어만 있었던 것이다.

나에게 삶의 방향을 제시한 또 다른 한 분으로 로버트 스토보 교수에 관한 일화를 소개하고자 한다. 1975년 캐나다의 북쪽 끝에 위치한 노바스코시아라는 지역에 캐나다의 한 회사와 일본의 아타카라는 회사가 합작으로 정유공장을 세웠으나 곧 실패하고 파산을 하게된 일이 있었다. 나는 당시 국제경영전략을 전공하고 있었으며 박사학위 논문을 쓰기위해 논문주제를 선정하던 시기였다. 나로서는 석유도 안나고 시장도 없는 노바스코시아에 왜 그렇게 큰 회사들이 정유공장을 짓겠다고 결정했는지 의문이 생겼다. 그래서 두 회사가 어떻게 그곳을 공장부지로 선택했으며 왜 실패로 돌아갔는지를 논문주제로 삼아 연구하기로 했다.

이러한 연구계획을 들은 스토보 교수는 다음과 같은 이야기를 들려주었다. 10층 건물옥상에 다섯 사람이 서 있었다. 그들은 어떻게 하면 안전하게 땅바닥에 떨어질 것인가를 연구하고 있었다. 첫번째 사람은 우산을 들고 뛰어 내리면 안전할 것이라고 여기고 뛰어 내렸으나 우산이 뒤집혀 죽고 말았다. 두번째 사람은 침대 매트리스에 앉아 뛰어내렸으나 매트리스가 뒤집혀 죽었고, 세번째 사람은 천으로 몸을 감싸고 뛰어내렸으나 역시 죽었다. 이같이 5명 모두 나름대로 독특한 시도를 해보았으나 다 죽고 말았다.

스토보 교수는 "5명의 실패사례에서 우리는 무엇을 배울 수 있겠는가. 그 실패사례를 연구했다고 해서 우리가 그 건물에서 안전하게 뛰어내릴 방법을 찾아냈는가" 라고 덧붙였다. 이 이야기로부터 나는 스토보교수가 뜻하는 바를 알아차렸다. 실패사례로부터는 성공하는 방법을 배울 수 없으며, 성공하는 방법을 배우기 위해서는 성공사례를 연구해야 한다는 것이었다. 이후 나는 캐나다의 그 사례를 포기하고 다른 주제로 논문을 끝냈다.

내가 전공하는 경영학의 연구대상은 기업과 경영자다. 따라서 대기업이나 중소기업의 경영자들을 만나서 대화를 할때가 많다. 그런데 요즈음 중소기업을 경영하는 분들을 만나게 되면 거의 예외없이 하소연을 한다. 한동안 잠잠하던 근로자들의 목소리가 올해에는 다시 커지기 시작하고, 올 하반기 경기는 6월의 지자체선거 후유증으로 인해 침체국면을 벗어나지 못할 것이며, 이미 7%이상 진행된 환율절상이 어디까지 갈지 예측하기 어려운 상황에서 부도율이 급증하여 자금사정이 여간 어렵지 않다는 것이다. 이같은 경영자들에게 나는 다음과 같이 말한다. "기업가란 미래를 낙관적으로 보는 불치병을 앓고 있는 사람이다."

사실 경영자들이 하소연하는 말들은 대부분 사실이거나 곧 현실로 나타날 일이다. 그러나 이같은 상황은 나뿐만 아니라 나의 경쟁자도 똑같이 부딪치게 된다. 이때 경쟁자가 미처 예측을 못하거나 대비를 소홀히 한다면 이야말로 하늘이 나에게 주는 둘도 없는 기회가 된다.

경쟁자들이 근로자에 대한 대우를 소홀히 하고 있을때 내가 이들과 충분한 대화를 통해 공감대를 형성하고 화합을 이루어 놓는다면, 경쟁자들이 다가올 경기침체를 감지하지 못하고 방만한 경영을 하고 있을때 내가 비용을 줄이고 손익분기점을 낮추어 몸을 가볍게 해 놓는다면, 그리고 경쟁자가 기존의 사업구조를 고수하고 있을때 내가 사업구조를 조정하여 수출입을 균형상태로 가져간다면 내가 경영하는 기업은 능히 경쟁자를 이기고, 더 나아가 업계를 선도할 수 있을 것이다.

나는 이같이 위기를 기회로 만들고 과거보다는 미래를 향해서 나아가는 경영자들을 발굴해서 이들의 성공사례로 부터 새로운 경영이론을 만들어 보려고 한다. 조선산업의 정주영 회장, 반도체산업의 이병철 회장은 물론이고 광주은행을 파산지경으로부터 구해낸 송병순 행장, 침몰하는 동양그룹을 탄탄하고 인기있는 금융그룹으로 변신시킨 현재현 회장 등 주변에 우리가 배울 수 있는 경영자들은 얼마든지 있다.

삶을 살아가는데 있어서 과거에 연연하기보다는 미래를 보아야 하며 또한 실패보다는 성공한 경험으로부터 배움을 얻어야 한다고 나는 믿는다. 세상을 살아가는데 있어서 과거에 무엇을 했는지에 연연하다 보면 발전이 있을 수 없다. 항상 미래에 무엇을 할 수 있을까를 생각하고 노력해야 하며, 실패한 사람을 비판하고 흠집내는 일보다는 성공한 사람을 존경하고 그로부터 무언가를 배우려는 자세를 갖는것이 세상을 살아가는 지혜라고 굳게 믿기 때문이다.

〈한국경제신문, 1995. 5. 10.〉

경영학을 기초 필수과목으로

학부 정원이 235명인 서울대학교 경영대학에 예년에 없던 새로운 현상이 나타났다.

경영학원론에 850명이 넘는 학생이 몰려들고, 조직행위론에 657명이, 재무회계에 653명이 수강신청을 한 것이다.

그 결과 300명이 넘는 학생들이 대강당에 빽빽하게 앉아서 교수로부터 연설형식의 강의를 듣게 되었다.

이런 현상이 일어난 원인을 알아보니 다음과 같았다.

첫째, 서울대학교는 올해부터 일부 학생들에게 다른 분야를 복수전공으로 선택하여 원하는 공부를 할 수 있도록 허용해 주었다. 그 결과 경영학과가 가장 인기 있는 학과로 부상하여 수많은 학생들이 경영학과목을 듣게 된 것이다.

둘째, 최근 여러 기업에서 입사 지원자들에게 어떤 경영학 과목을 수강 했는가를 물어보기 시작했다고 한다. 그리하여 입사 준비를 하는 학생들은 경영학 과목을 일부러 선택한다는 것이다.

이 얘기를 처음 들었을 때 에는 취업을 희망하는 대학생들이 기업 현장에서 필요로 하는 경영학을 공부한다는 것은 지극히 당연한 일이라고 생각했다.

그러나 대기업의 인사 담당자들로부터 다소 의외의 얘기를 듣게 되었다.

“직원들은 회사 안에서 수많은 직무교육을 받아야 하기 때문에 신입사원이 경영학을 한 두 과목 더 들었다고 해서 큰 차이가 있는 것은 아닙니다. 그러나 학부에서 경영학을 한 과목이라도 들은 학생들은 그렇지 않은 학생들과 비교해 볼 때 기업에 대해서 근본적으로 다른 자세를 가지고 있습니다.

경영학을 전공하지 않은 대부분의 신입 사원들은 입사 후에도 한동안 자신이 근무하는 기업에 대해서 부정적인 시각을 가지고 있는 것이 보통입니다. 그래서 신입사원 교육에서 시간을 가장 많이 할애해서 강조하는 내용이 바로 자본주의 사회에서 기업이 수행하는 가치창출 역할일 정도입니다. 그런데 경영학을 전공한 신입사원은 물론이고, 경영학 과목을 단 한 과목이라도 택했던 신입 사원들은 기업을 부정적으로 보는 시각이 훨씬 덜하답니다. 그래서 우리는 입사 지원자들이 경영학 과목을 얼마나 들었는가를 신입사원 선발기준으로 채택했습니다."

이 말을 들으면서 일전에 어느 외국인 사업가로부터 들은 다음과 같은 표현이 생각났다.

"중국인은 사회주의를 채택하고 있으면서도 가장 자본주의적인 사고를 하는 국민이고, 한국인은 자본주의를 채택하고 있으면서도 가장 사회주의적인 사고를 하는 국민입니다."

한국인들은 자본주의 체제의 기본 구성 요소인 기업에 대해서 부정적인 시각을 가지고 있다는 것이다.

필자도 "기업의 목적이 이윤추구인가, 사회봉사인가"라는 질문에 대해서 학부 1년생들이 2대 8 정도의 비율로 후자를 선택하는 것을 보면서 이러한 외국인의 시각이 틀리지 않는구나 하는 생각을 한 적이 있다.

사람들이 기업에 대해서 부정적인 시각을 갖게 된 이유로는 기업 자신의 잘못이 더 크다. 기업이 순수하게 내부 경영능력, 즉 소비자가 원하는 제품이 무엇인가를 정확하게 예측한 후, 사전에 과감한 투자를 하여 제품을 개발하고, 효율적으로 제품을 생산하여 제조원가를 줄이며, 적극적인 마케팅으로 제품을 널리 알리고 판매하여 이익을 낸다면 어느 누구도 기업을 탓하지 않을 것이다.

그러나 지난 40년 동안 정부가 경제개발과 고속성장이라는 명분 하에 일부 기업에게 특정 사업에 대한 배타적 권리를 주어 독점이익을 보장해 주고, 이들에게 시중금리의 3분의 1밖에 안 되는 정책금리로 필요자금을 제공해 주어 특혜성 이득을 발생시키는 모습을 수 없이 본 사람들로서는 기업에 대해서 부정적인 시각을 갖게 되는 것이 너무나 당연하다.

그러나 한국이 1995년에 국제무역기구(WTO)에 가입하고 1996년에 경제 협력개발기구(OECD)에 가입한 이후 정부의 보호막이 걷힌 국내시장은 본격적인 경쟁체제로 들어섰고, 특혜성 정책금융 역시 모두 사라졌다.

이런 상황에서 기업이 불로소득을 올릴 수 있는 가능성은 거의 없어졌다. 기업 경영자는 기업 내적 능력만을 가지고 경쟁에서 살아 남으면서 이윤을 추구할 수 밖에 없게 된 것이다.

정부의 시장 개입이 빠른 속도로 줄어들면서 한국경제는 자본주의에 충실한 모습으로 탈바꿈하고 있다.

이제 우리는 더 이상 기업을 부정적인 시각에서 바라볼 이유가 없다. 기업이 자신의 능력을 가지고 국내 시장은 물론이고, 해외 시장에서 세계적인 기업과의 경쟁에서 이기고 이익을 내면, 국민들은 이러한 기업을 사랑하고 존경해 주어야 한다.

그런 의미에서 경영학은 모든 국민이 기업을 긍정적으로 바라보고 그 바람직한 역할에 대해서 정확하게 파악할 수 있게 해주는 기초 학문이자, 필수과정이 된 것이다.

학부에서 경영학을 기초 필수과목으로 선정하는 것도 한국경제의 미래를 위한 한 방법이 될 것 같다.

〈매일경제신문, 2001. 4. 10〉

제 4 장

기업경영의 새로운 모색

21세기 기업경영을 어떻게 이해할 것인가?

이 세상에서 가장 중요한 사실은 우리가 어디에 있는가가 아니라 어디로 향하고 있는가 하는 것이다.

– 올리버 원델 홈즈 –

'성공'은 단순한 종착역이 아니다. 그 뒤에는 무엇인가가 존재하고 있다. 성공한 누군가가 자신의 일에서 손을 거둔다고 해서 세상이 끝나거나 그의 인생이 끝나는 것은 아니다. 그리고 그가 얻은 성공의 종류나 성공을 바라보는 그의 태도는 성공 이후의 상황을 결정하는 요인이기도 하다.

– 존 듀이 –

PRINCIPLES OF MANAGEMENT

제 1 절 새로운 경영패러다임의 필요성

1. 의의

환경의 변화와 더불어 기업의 경영 요소 또한 변화해야 한다. 이는 기업이라는 시스템이 외부환경 뿐만 아니라 내부환경에 의해서도 영향을 받기 때문이다. 그러므로 빠르게 변화하는 외적 · 내적 환경변화에 탄력적으로 적응하기 위해서는 기업경영 전반에 대한 새로운 인식과 변화가 필요하다.

수많은 기업 중에서 어떤 기업을 성공한 기업이라고 할 수 있을까? 기업을 하나의 생산함수로 가정하는 신고전학파 경제학(neoclassic economics)에서는 장기적인 관점에서 기업의 성공은 존재하지 않는다고 생각한다. 단기적으로 특정기업이 평균이상의 수익을 올릴 수 있을지라도 신규경쟁자의 진입과 기존경쟁자의 대응 때문에 시간의 흐름에 따라 초과수익은 결국 평균수준에 접근하기 때문이다. 따라서 독점시장을 제외하고는 기업이 장기적으로 평균이상의 수익을 유지한다는 것은 불가능하다. 이처럼 신고전학파 경제학은 기업이 평균수익을 달성하는 균형점을 중시하므로 균형점에서 벗어나 산업 내에서 평균이상의 수익을 달성하는 경우를 예외적인 현상으로 간주한다.

그러나 현실은 어떠한가? 화학산업의 듀폰(Du Pont), 생활용품 산업의 P&G(Procter & Gamble), 식품산업의 필립모리스(Philip Morris), 전기 · 전자산업의 GE(General Electric), 자동차 산업의 GM(General Motors) 등은 독점기업이 아님에도 불구하고 거의 100년이 넘는 기간 동안 자신이 속한 산업에서 평균수익이상의 초과수익을 유지하고 있다. 신고전학파 경제학의 논리로 충분히 설명될 수 없는 이러한 현상은 과연 운(luck) 때문인가? 아니면 체계적인 원인 때문인가? 지금까지 경영이론들은 특정기업이 장기적으로 평균이상의 수익을 올릴 수 있다는 전제하에 이를 가능하게 하는 요인을 밝히는데 주력하였다.

2. 기존의 경영패러다임

기업을 성공으로 이끄는 요인에 대한 견해는 학자에 따라 다양하지만 1971년 앤드류즈(Andrews)가 규범론적 관점에서 외부여건, 내부능력, 기업철학, 사회적 책임 등 네 가지 요소를 전략의 핵심개념으로 제시한 이래 전략이론은 다음과 같이 크게 세가지 관점에서 발전되어 왔다.

(1) 경영주체 중심의 패러다임

기업의 성공요인을 설명하는 첫 번째 관점은 전략을 수립하고 이를 실행하는 주체(subjects; s)의 사고방식과 행동이 기업의 성공을 결정짓는 가장 중요한 요인이라는 주장이다. 특히 기업의 최고경영자는 의사소통패턴이나 전략 및 조직구조 등을 통해 기업의 성공에 간접적인 영향을 미칠 수 있을 뿐만 아니라 기업의 미래모습인 비전을 제시하고 이를 구성원들에게 전파시키는 과정에서 조직구성원의 몰입도를 높힘으로써 기업의 성공에 직접적인 영향을 미친다.

(2) 경영환경 중심의 패러다임

두 번째 관점은 특정기업이 속해 있는 산업의 구조적 특성, 국가의 경영환경, 동일한 기업의 집합인 개체군의 밀도나 분포 혹은 정부의 산업정책 등과 같이 기업을 둘러싼 환경(environment; e) 요인이 기업의 성공을 결정짓는다는 것이다. 이 패러다임에 의하면 기업의 성공여부는 기업내적 요인보다는 기업이 속한 산업이나 국가의 구조적 특성, 정부정책 등과 같은 기업외적 요인에 의해 좌우된다.

(3) 경영자원 중심의 패러다임

세 번째는 이와 반대로 기업의 성공은 기업을 둘러싼 환경요인이 아니라 기업이 보유하고 있는 내부의 특수한 자원(resource; r)에 의해 결정된다는 자원준거관점(resource-based perspective)이다. 동일한 산업에 속한 기업이라 할지라도 기업마다 환경변화에 대응하는 방식이 다른데, 그 이유는 바로 기업이 보유한 자원이 저마다 다르기 때문이다.

따라서 기업이 성공하기 위해서는 환경변화를 빨리 파악하고 이에 적합한 전략을 수립하는 것도 중요하지만 수립된 전략을 실행하는 것이 더 중요하다. 그리고 전략을 성공적으로 실행하기 위해서는 이에 필요한 자원을 보유하고 있거나 창출해야만 한다.

(4) 동태적인 패러다임의 필요성

이처럼 위에서 설명한 기존의 전략 패러다임들은 각기 주체(s), 환경(e), 자원(r)의 관점에서 기업의 성공요인을 설명하고 있다. 그러나 세 가지 관점 모두 지속적으로 성공을 거두고 있는 기업을 설명하는데는 한계가 있다. 현실세계에는 기업을 둘러싼 환경이 변화하고 최고경영자가 교체되며, 기업이 보유한 자원이 바뀜에도 불구하고 특정산업에서 지속적으로 경쟁우위를 유지하는 기업이 있기 때문이다. 따라서 경쟁우위의 지속성(sustainability)을 충분히 설명하기 위해서는 특정시점에서 기업의 성공요인을 설명하는 정태적(static) 이론이 아니라 시간이 흐름에 따라 기업의 성공요인을 설명하는 동태적(dynamic) 이론이 필요하다.[1)]

3. 기존 패러다임의 평가 및 새로운 패러다임 모색

(1) 기존 패러다임의 평가

기존 패러다임에 대한 평가는 다음과 같이 세 가지로 정리할 수 있다.

첫째, 패러다임은 경쟁우위를 지속적으로 유지시켜 주는 근본원인을 규명하고, 또한 이러한 요인들이 시간이 흐름에 따라 어떻게 상호작용해서 경쟁우위의 지속성에 영향을 미치는지를 분석해야 한다. 그러나 기존의 패러다임들은 근본적인 성공요인을 파악하지 못하고 있다. 예컨대, 환경중심 패러다임의 경우 산업구조의 매력성은 특정시점에서 기업의 성공을 설명하는 요인에 불과하며, 자원중심의 패러다임에서 주장되는 것과는 달리 기업의 성공에 있어 중요한 것은 기업이 보유한 자원이 아니라 그러한 자원을 창출하는 능력(capability)이다. 기업이 어떠한 자원을 보유

1) 여기에서 말하는 정태적(static) 이론이란 특정시점에서의 성공요인을 설명하는 이론을 말하며, 동태적(dynamic) 이론이란 시간이 흐름에도 불구하고 유지될 수 있는 기업의 성공요인을 설명하는 이론을 말한다.

하고 있느냐 하는 문제보다 그러한 자원을 획득하고 축적할 수 있는 능력이 무엇이며, 그 능력이 어떤 과정을 통해 창출되었느냐는 것이 보다 근원적인 문제이다.

둘째, 기존의 패러다임들은 주체, 환경, 자원 등 각 요인간의 상호작용을 충분히 인식하지 못하고 있다. 이들 요인들을 별도로 고려하는 것은 의미가 없다. 예컨대 환경변화에 의해 자원의 가치는 바뀔 수 있다. 기업이 보유한 자원은 그 자체로 가치가 있는 것이 아니라 시장에서 자원의 가치가 실현될 때 의미가 있다. 따라서 기술, 경쟁자의 행동, 소비자의 욕구 등이 변화함에 따라 자원의 가치가 증가할 수도 있고 감소할 수도 있다.

환경과 주체도 고려하지 않을 수 없는 요인이다. 환경변화가 기업에 미치는 영향은 무엇이며, 환경이 앞으로 어떻게 변할 것인가라는 문제는 최고경영자가 갖고 있는 사고의 틀에 따라 다르다. 따라서 기업에게 객관적으로 주어지는 환경 그 자체는 의미가 없으며, 최고경영자가 환경변화를 어떻게 해석하고 이에 대응하는가에 따라 기업간 전략의 차이가 나타난다.

그리고 자원과 주체도 함께 고려되어야 한다. 일반적으로 최고경영자들은 제한된 합리성(bounded rationality)하에서 행동하기 때문에 환경변화를 완전히 이해할 수 없을 뿐더러 전략수립에 필요한 자원이 무엇인가를 정확히 파악할 수도 없다. 동일한 환경에 있는 기업들이 자원을 획득하고 축적하는 과정에서 차이를 보이는 것은 바로 이러한 이유 때문이다.

셋째, 기존의 패러다임들은 주체, 환경, 자원 등 각 요인들간의 상호작용을 고려하지 못할 뿐만 아니라 각 요인의 상충된 측면도 고려하지 못했다. 기업은 자신을 둘러싼 환경이나 보유한 자원에 의해 제약을 받을 수도 있지만 아울러 자신에게 유리한 환경이나 필요한 자원을 창조할 수도 있다. 예컨대 주체의 경우 최고경영자의 제한된 합리성과 같은 소극적인 측면 뿐만 아니라 미래에 기업이 달성하고자 하는 모습인 비전을 제시하고 이를 전파시키는 적극적인 측면도 고려해야 한다. 또한 환경의 경우 기업이 환경에 적응하는 측면과 더불어 환경을 자신에게 유리하도록 창조하는 측면도 포괄해야 한다.

(2) 새로운 패러다임의 모색

이상을 종합해 볼 때 기업의 지속적인 성공을 설명하기 위해서는 주체(s), 환경(e), 자원(r) 등 각각의 요인들을 상호독립적인 별개의 요소로 고려하지 않고 이를 유기적 관계로 보는 동태적 전략이론이 필요하다. 기업은 지속적으로 성공하기 위해 끊임없이 환경과 상호작용하게 되는데 이 때 기업의 최고경영자(s)는 환경(e)의 의미를 파악하고 그 변화에 적합하거나 변화를 선도할 수 있는 방향으로 전략을 수립 · 실행하기 위해 필요한 자원(r)을 활용하거나 창출하게 된다. 환경변화에 대응해 주체가 자원을 활용하거나 창출하는 과정에서 메커니즘(mechanism; M)이 형성된다. 메커니즘은 주체, 환경, 자원 등의 요인들이 상호작용하는 과정에서 형성된 것으로 이 메커니즘이야말로 기업의 지속적 성공을 설명하는 새로운 패러다임의 중심개념일 것이다.[2)]

2) 메커니즘에 대해서는 제8장에 자세히 설명되어 있다.

제 2 절 기업경영의 새로운 모색

1. 경영주체(경영자)의 변화방향

(1) 권위적 경영의 탈피

급변하는 기업환경의 변화와 도전은 경영자에게 과거와는 다른 모습을 요구하고 있다. 전통적인 다단계 계층구조는 사라지고 조직의 계층 수가 줄어들면서 경영자들의 권위적인 모습은 사라지고 있다. 경영자는 종업원과 외부이해관계자의 요구에 균형을 유지하면서 문제를 해결해야 한다. 또한 문제해결을 위해서 상대방의 입장에서 생각하고, 의견이 충돌하는 경우에는 솔직한 태도로 해법을 찾기 위해 적극적으로 토론하고 상대방을 설득할 수 있는 자세를 지녀야 한다.

(2) 인재의 활용에서 인재의 발굴

경영자는 미래를 위해 숨어 있는 인재를 발굴하여 그들을 훈련, 교육시켜야 하는 의무가 있다. 과거에는 보유하고 있는 인재를 어떻게 활용할 것인가에 대한 비중이 높았으나, 최근의 경쟁환경은 보다 더 적극적인 인재 발굴 및 육성을 요구하고 있다.

(3) 여성인력의 정당한 평가

여성 및 소수그룹과 같은 노동력이 기업 내에서 차지하는 비중이 증가함에 따라 경영자는 편견없는 자세를 가져야 한다. 또한 경영자는 세계화에 따라 여러 나라의 문화를 긍정적으로 받아들일 수 있는 자세를 견지해야 하며, 어느 한 측면에서만 생각하여 사고의 균형을 잃어서는 안된다. 다국적기업은 이러한 문제가 발생하는 것을 방지하기 위해서 현지문화에 밝은 현지경영자를 채용하는 경우도 있다.

(4) 자율적 운영 촉진

기업의 성공을 위해서는 모든 회사내 계층 사이에서 자유로운 의사교환이 가능하고, 종업원 스스로가 위험을 부담하면서 창조적인 회사생활을 할 수 있게 해야 한다. 필연적으로 발생하는 오류에 대한 관대한 태도 또한 기업의 성장과 발전을 위해서 필요하다.

(5) 참여적 경영의 확대

종업원에게 의사결정권한을 주고 그들과 정보를 공유하는 것에서 더 나아가 경영자는 종업원을 신뢰하고 그들의 사기를 진작시키며 고충을 들어주어야 한다.

2. 경영환경의 변화방향

(1) 사업환경

조직이 거대화되어 갈수록 보다 더 나은 성과를 위해 아웃소싱(outsourcing)을 하거나 계열회사를 독립시키는 사례가 늘고 있다. 또한 사업환경에 있어서 정보공유를 통한 권한위양이 증가하고 있다. 따라서 종업원의 작업범위가 넓어질 것이며 동시에 그에 대한 책임 또한 증가할 것이다. 한편 기업들은 운송수단의 발전과 통신기술의 발전에 따라 이동성이 증대되어 세계에서 가장 가격경쟁력이 있고 현대적 사회기반시설을 갖추고 있으며 우수한 노동력을 가진 지역으로 옮겨가고 있다.

(2) 국제화

국제화 현상은 이제 필연적인 것으로 받아들여지고 있다. 다국적기업이 증가함에 따라 기업경영은 본국과는 다른 인종과 문화적 배경 속에서도 이루어지고 있어 다양한 환경에 대한 적응과 조화가 더욱 필요하다. 또한 생존을 위해 국내기업 또는 국외기업과의 합작투자 및 제휴에 대한 요구가 증대되고 있다.

(3) 기업윤리와 사회적 책임

기업은 내부 이해 관계자 뿐만 아니라 외부 이해관계자와의 상호 관계 속에서 경영활동을 함으로써 이윤을 창출한다. 그러나 과거에 기업들은 창출한 이윤과 권리에만 관심을 두었고 책임과 의무는 소홀히 해 부정적인 외부효과를 발생시켰다. 하지만, 오늘날 소비자들은 기업의 경영윤리와 사회적 책임에 대한 요구의 목소리를 키우고 있어 기업의 윤리와 사회적 책임이 강조되고 있다.

3. 경영자원의 변화방향

(1) 인적자원의 변화

각국간의 교류가 활발해지고 다국적기업이 증가함에 따라 기업내 다양한 문화적 배경을 가진 종업원이 증가함에 따라 여러 문화에 대한 교육훈련 및 언어프로그램에 대한 필요성이 커지고 있다.

또, 최근 다국적기업들은 한명의 리더가 아닌 여러명의 리더에 의한 팀리더경영을 하고 있다. 최고경영층 뿐만 아니라 여러 계층에서의 권력분산 및 권한위양이 가속화 될 것이라는 것을 예상할 수 있다. 따라서 오늘날 기업의 인적자원관리체계에서 중요한 것은 새로운 책임감과 일에 대한 동기부여 체계라 할 수 있다.

(2) 정보기술 개발의 가속화

정보기술의 급격한 발전에 따라 팩스, 전자우편과 같은 새로운 의사교환 수단이 등장하였다. 또한 정보산업의 발달은 통신 및 인터넷과 같은 정보네트워크 시스템의 확산을 가속화하고 있다.이는 무어의 법칙(Moore's Law)[3]으로 대표되는 기술발전 양상에서 그 경향을 찾아 볼 수 있다. 또한 이같은 정보기술의 발전에 따라 문서위주의 작업방식이 컴퓨터위주, 네트워크 위주로 바뀌고 있어 문서처리에 있어서 발생하는 비효율성과 작업처리의 지연은 급격히 사라져가고 있다.

3) 반도체 칩의 가격은 오르지 않으면서 컴퓨터의 성능은 18개월 마다 2배 증가, 다양한 기술 분야에 적용

4. 경영메커니즘의 변화방향

기업경영에 있어 새로운 환경에 대응해서 주체가 자원을 활용하거나 창출하는 과정에서 형성되는 메커니즘과 관련한 새로운 흐름을 살펴보기로 하자.

(1) 조직계획

과거에 10 ~15년 주기로 바뀌던 조직체계가 최근에는 2년 주기로까지 단축되었다. 그러나 조직의 전략 계획은 이 기간 내에서도 연동되고 있다. 왜냐하면 현재의 시장상황이 종종 예상치 못한 방향으로 흘러가거나 새로운 환경변수가 돌발적으로 발생하기 때문이다. 그리고 기업경영의 국제화가 가속화되어 이동성과 동시성이 증대됨에 따라 환경에도 더 많은 변동요소가 잠재되어 있다.

(2) 조직설계

기업간 경쟁이 심화되는 환경에서는 조직의 빠른 대응이 성공의 열쇠이다. 이를 위해서는 의사결정의 분권화 및 권한위양을 증가시켜야 한다. 하위계층으로 권한을 위양함으로써 조직은 유연성을 높일 수 있으며, 생산성 향상과 종업원의 몰입 및 기업의 성장 등 유용한 효과를 발생시킬 수 있다. 권한위양의 증가는 종업원들에게 그들의 행동, 결정 그리고 결과에 대한 책임감을 증가시킨다.

조직의 유연성을 높이기 위한 또 한가지 주요한 이슈는 조직구조의 단층화이다. 경쟁이 심화된 기업경영환경에서 시간차원도 경쟁에서 중요한 요소이다. 따라서 회의 및 결과작성, 전달, 보고가 계층을 따라 이동하는 시간을 줄여야 한다. 조직구조가 단층화되면 의사결정이 아래로 위임됨에 따라 의사결정이 시장에서 그리고 업무현장에서 즉각적이고도 효과적으로 이루어질 수 있다.

(3) 통제 및 평가

분권화와 권한위양이 가속화되면서 계획 · 조직 · 지휘 · 조정 · 통제 · 평가에 대한 종업원의 욕구가 증가했다. 현실적으로 많은 종업원들은 점차적으로 구체적인 작업에서 벗어나 창조적이며 광범위한 임무를 수행해야 할 필요가 있다. 따라서 종업원들은 새로운 기술과 도구의 변화에 대한 자신의 훈련 필요성을 느끼게 될 것이고 개별적인 작업에 대한 책임감과 자기평가가 중요하다고 생각할 것이다.

한편, 급변하는 환경속에서 많은 기업들은 다기능적인 팀체제를 구축하고 있다. 이러한 대표적인 예가 프로젝트 그룹(project group)이다. 이것은 단기적으로 특정 사업을 수행하기 위해서 임시적으로 존재한다. 팀체제의 확산은 학습 환경을 조성하며, 팀의 창조적이고 혁신적인 성격은 새로운 기술, 방법론, 운영의 개선을 가져온다. 또한 팀체제는 종업원에게 권한을 부여하고, 자기교육 및 통제, 더 나아가 자기평가까지 가능하게 한다.

(4) 조직문화

기업에게 가장 중요한 요소 중 하나는 외부환경의 변화를 지속적으로 감지하고 새로운 변화에 대처할 준비가 되어 있는 조직문화이다. 즉 기업은 상황이 변화함에 따라 역동적인 전략을 개발하고 창의성과 혁신능력을 촉진시키는 조직문화를 개발해야 한다. 이를 위해서 기업은 주도적이고 환경에 유연한 리더십을 배양해야 하고, 종업원들이 적시에 정확한 정보를 획득할 수 있는 정보시스템을 설계해야 하며, 변화에 능동적인 조직구성원을 보유하기 위해 개방적인 조직문화를 창조해야 한다.

Recommended Readings

루스 밀크맨, 『공장이여 잘 있거라』, 황금가지, 1998.

변지석, 『정보기술과 미래경영』, 한국언론자료간행회, 1996.

조동성, 『21세기를 위한 국제경영』, 경문사, 1997.

———, 『21세기를 위한 전략경영』, 서울경제경영, 2002.

Cho, D. S. & Lee, D. H., "A Proposed Industrial Classification System Based on Core Competences", *Industry and Innovation*, Vol. 5, December 1998.

Cho, D. S. & Lee, D. H. "A New Paradigm in Strategy Theory: ser-M", *Monash MT Eliza Business Review*, Vol. 1, 1998.

March, J., "Exploration and Exploitation in Organizational Learning", *Organizational Science*, Vol. 2, 1982.

Nonaka, I. & Takeuchi, H., *The Knowledge Creating Company*, Oxford University Press, 1995.

Porter, M. E., "Toward a Dynamic Theory of Strategy", *Strategic Management Journal*, Vol. 12, 1991.

Reed, R. & Defillippi, R., "Causal Ambiguity, Barriers to Imitation, and Sustainable Competitive Advantage", *Academy of Management Review*, Vol. 15, 1990.

조동성 교수의 경영 · 시사 칼럼

Column

국가경쟁력 강화전략

얼마전 산업정책연구원(IPS)은 스위스의 경영대학원 IMD와 경제연구소 WEF에 이어 세계에서 세 번째로 국가경쟁력 보고서를 발표했다. 앞의 두 기관에서 각각 발표하는 보고서는 경쟁력을 결정하는 요소로 국내경제, 국제화, 정부, 경영, 재무, 인프라, 과학기술 등 주로 물적 조건을 들고 있다.

반면 IPS가 발표한 보고서는 물적 요소 외에 근로자, 정치지도자와 행정관료, 기업가 전문경영자 등 네 가지 인적 요소를 들고 있다. IPS보고서의 종합 순위에서 한국은 64개 국가 중 중상위권인 22위에 자리매김돼 있지만 선진국 23개국 중에서는 최하위권인 20위에 불과하다. 이 자료만 보면 한국이 선진국과 경쟁을 한다는 일이 만만치 않다는 것을 깨닫게 된다.

그러나 요소별 순위를 보면 한국이 앞으로 선진국 중에서도 중간 수준인 10위권까지는 올라갈 수 있는 가능성을 확인할 수 있다. 한국은 부존자원에서는 43위, 경영여건에서는 30위, 인프라 등 지원산업에서는 26위, 그리고 시장의 크기와 질에서는 19위를 차지했다. 그리고 근로자에서 38위, 정치지도자 및 행정관료에서 27위, 기업가에서 15위, 전문가에서 21위를 차지했다.

이 결과는 한국이 경쟁력을 강화하는데 필요한 부존자원과 경영여건, 그리고 근로자와 정치지도자, 행정관료의 경쟁력 수준에서는 뒤처지지만, 준선진국과 선진형 경쟁력을 갖추는데 필요한 인프라 등 지원산업, 시장의 크기와 질, 기업가, 전문가 면에서는 높은 순위를 나타내고 있다.

한국이 선진국과 경쟁해서 이길 수 있는 능력을 갖기 위해서는 다음의 네 가지가 고려되어야 한다.

첫째, 천연자원, 자본, 노동, 기술의 부족은 해외직접투자 및 문화개방 등의 국제화 정책으로 얼마든지 극복할 수 있다. 다시 말해 부존자원이 있고 없고는 한국이 선진국으로 나가는데 있어서 제약조건이 될 수 없다. 바람직한 경쟁은 자본, 노동, 기술과 같은 생산요소 시장이 완전 개방되어 경쟁체제가 되는 것이다.

둘째, 경영여건이다. 공평한 지배구조와 뼈를 깎는 근본적인 구조조정 없이는 한국이 개도국 수준을 절대로 넘어설 수 없다. 물론 투명한 경영은 선진화의 필요조건이다.

셋째, 인프라 등 지원산업이다. 정부는 교통, 통신, 금융, 교육 등 인프라와 지원산업에 대해 책임의식을 갖고 그 육성에 초점을 맞추어야 한다. 반면에 정부는 산업구조 조정 역할은 능동적으로 하지 말아야 한다. 바람직한 산업구조는 기업가들이 치열한 경쟁을 하는 가운데 저절로 만들어져야 한다.

넷째, 소비자는 질이 좋지 않은 제품을 용납하지 말아야 한다. 정부는 고급 외국제품의 수입을 더욱 개방해 소비자들의 수준을 향상시키고, 이들이 선택할 수 있는 폭을 넓혀 주어야 한다. 또 외국제품과 경쟁할 수 없는 국산품은 시장에서 퇴출시켜야 한다.

그 다음 인적자원에 대해서 검토해 보면 첫째, 근로자 문제다. 세계화는 노동시장에서도 예외가 아니다. 한국근로자는 한국경영자를 경쟁자로 볼 것이 아니라, 외국의 근로자를 경쟁자로 보아야 한다. 노사문제를 적당히 타협한다면 한국의 경쟁력 제고는 불가능하다.

둘째, 정치가 및 행정관료이다. 무조건 작은 정부만을 요구하는 것은 잘못된 일이다. 경제발전이 진행됨에 따라 정부의 역할은 더욱 증가하기 때문이다. 다만 기업인이 정치세력을 이용해서 사업을 하겠다는 사고방식은 버려야 한다. 마찬가지로 정부도 경제를 정치적으로 이용해서는 안 된다.

셋째, 기업가이다. 진정한 기업가정신이란 위험부담이 아니라 혁신에 의해 새로운 가치를 창조하는 것이다. 정부는 벤처사업을 직접지원하기보다 벤처기업인들이 가진 창조정신을 제대로 평가할 수 있는 시장 메커니즘을 만들어야 한다.

넷째, 전문가 집단이다. 한 나라가 추구할 수 있는 경제발전의 최종단계는 경쟁력 있는 전문가가 제대로 대우 받는 건강한 사회를 만드는 것이다. 보다 구체적으로는 전문가에 대한 보수를 국제수준으로 제고해야 한다. 한국에서 흔히 사용하고 있는 하후상박원칙은 세계적으로 경쟁력 있는 우수한 전문가를 해외로 쫓아내는 결과만을 초래할 따름이다.

〈한국경제신문, 2001. 6. 14〉

21세기 경영 화두는 '3D'

드디어 20세기가 가고 21세기가 눈앞에 성큼 펼쳐졌다. 이제 새 시대에 경영자가 화두로 삼아야 할 단어를 논의해보는 것도 의미 있는 일일 듯 싶다. 20세기 후반부에 일어난 기업 경영의 특징을 나타내는 단어로 많은 사람들이 3C를 꼽는다. 즉 C로 시작하는 컴퓨터(computer), 통신(communication), 경쟁(competition) 이다.

컴퓨터를 20세기 최대의 발명품으로 선정한 타임지의 기사를 인용하지 않더라도 컴퓨터는 이미 기업 경영은 물론 우리 삶의 핵심에 깊게 자리잡고 있다.

가히 혁명적인 통신 기술의 발달은 지구상에 존재하는 인간 사이의 공간적 간격을 좁혀주었다. 그 과정에서 인간의 의식구조와 생활양식 자체를 바꿔놓았고 거대한 단일 문화권을 형성했다. 이제 세계 인류는 하나의 문화를 누리는 지구촌 생활을 하게 된 것이다.

경쟁 역시 20세기 후반의 산물이 아닌가 싶다. 20세기 초반까지만 해도 세계는 인류가 원하는 만큼의 재화를 공급하지 못하는 만성적인 공급부족 상황에 있었다. 그리하여 대부분의 산업에서 기업들은 공장을 짓고, 기계를 돌려 물건을 만들기만 하면 모든 제품이 저절로 팔리는 손쉬운 시대를 즐겼다.

그러나 대량생산의 길이 열리면서 제조기술과 유통의 발전으로 인해 이젠 오히려 시장에서 만성적인 수요부족 현상이 나타나기 시작했다. 즉 공급능력을 지나치게 가진 기업간에 치열한 경쟁이 시작된 것이다. 경쟁에서 살아남지 못하는 기업은 구조조정을 당하거나 자연도태의 길을 강요 받게 된 것이다.

지난 20여 년 동안 컴퓨터 통신 경쟁은 더 이상 새삼스러운 것이 아닐 정도로 우리 생활 한가운데에 자리잡았다. 그렇다면 새 시대에 기업 경영자가 화두로 삼아야 할 과제는 무엇인가.

첫째 화두는 디지털(Digital) 혁명의 완성이다. 이미 컴퓨터, 정보통신 분야는 20세기에도 괄목상대할 정도로 발전했다. 하지만 컴퓨터와 통신이 결합해서 새롭게 창출해내는 인터넷 세계는 이제 막 꽃망울이 달린 정도의 새로운 분야다. 인터넷 산업은 공장 중심의 고정관념을 탈피할 때 본격적인 성장을 하겠지만 어떻든 향후 5년 안에는 우리 삶의 모든 부문에 깊숙이 자리를 차지할 것으로 기대된다. 우리 주변에 우후죽순격으로 자라나는 새롭고도 다양한 분야를 하나의 미래산업으로 엮어줄 수 있는 키워드는 디지털화라고 할 수 있다.

둘째 화두는 유전자(DNA) 공학이다. 이미 우리 식탁은 유전자가 변형된 곡물과

야채에 상당부분 의존하고 있다. 세계 다섯번째로 동물 복제에 성공한 동시에 사상 최초로 복제소를 대량생산하여 한국의 축산업에 이바지하고 있는 서울대 수의과대학의 황우석 교수에 의하면 현재 동물 복제를 시행할 수 있는 연구소는 전세계에 1천군데가 넘는다고 한다. 또 인간 복제는 아직 어디에서도 시작하고 있지 않지만 기술적 가능성은 이미 확인돼 있다고 한다. 더 나아가 인간과 동일한 DNA 구조를 가지고 있는 돼지를 이용한 인간 장기의 배양도 가능하다고 한다. DNA를 이용한 각종 동.식물의 사육과 인간 수명의 연장은 더 이상 공상의 세계가 아니다. 이러한 변화는 기업에 무한한 성장기회를 제공해 줄 것이다.

셋째 화두는 디자인(Design)이다. 지난 한 세기 동안 경제활동에 가장 중요한 역할을 한 분야인 동시에 세계에서 가장 큰 발전을 이룬 학문은 단연 경영학이었다. 20세기 초반만 해도 과학적 관리법에 의존해 대량생산의 길을 연 기업 경영자들은 그 후 인간관계론, 시스템론, 마케팅관리, 투자론, 전략이론 등으로 이어지는 학문발전을 통해 기업의 부가가치를 창출하는 방법을 모색해왔다. 그 결과 공장에서의 생산활동보다는 시장에서 소비자 행태를 분석해서 고객 만족을 도모하는 마케팅의 중요성을 깨닫게 됐다.

그러나 새로운 시대에는 단순히 고객이 원하는 바를 충족시키는 수동적인 방법으로 기업이 경쟁력을 가질 수는 없게 됐다. 이제는 고객이 깨닫지 못하고 있는 욕구를 찾아내 충족시킬 수 있는 새로운 상품을 창조해야 한다. 또 기업 구성원들이 근로활동에서 보람을 느낄 수 있도록 창조적인 역할을 부여해 줘야 하는 것이다.

더 나아가 기업은 이제 단순한 제품과 서비스를 창출하는 조직이 아니라 새 시대를 창조하는 역동적 주체가 돼야 한다. 기업에서 일어날 이러한 창조과정은 오로지 더 나은 세상, 더 나은 삶을 추구하는 디자인을 통해서 이뤄낼 수 있다. 즉 디자인 능력을 갖춘 경영자만이 기업을 선두주자로 이끌어 올릴 수 있는 시대가 온 것이다.

이제 새로운 시대, 21세기를 맞아 경영자들은 3C 대신 디지털(Digital), 유전자(DNA), 디자인(Design)으로 구성된 3D를 새로운 화두로 삼아 구성원과 함께 원하는 비전을 달성하기 바란다.

〈한국경제신문, 2000. 1. 6〉

읽을거리

각광 받는 새로운 직업들 (1)

해방 이후 우리 사회는 짧은 기간 동안 많은 변화를 보였다. 특히 21세기를 전후로 이러한 변화는 더욱 거세지고 있다. 지난 세기가 산업화의 시대였다면 우리가 살아가고 있는 이 시기는 정보화의 시대라 할 수 있다. 이는 이미 앨빈 토플러, 다니엘 벨 등 미래학자들이 예견한 것이기도 하다. 이러한 정보화 사회는 과거의 소유중심 사회와는 달리, 정보를 얼마나 많이 보유하고 이를 빠르게 접근하여 활용할 수 있는 것인가가 경쟁의 척도가 될 것으로 예견되고 있다. 즉, 제러미 리프킨의 '소유의 종말' 에서도 보여지듯이 물질이 부의 중심이 아니라 지식과 정보, 디자인이 부의 핵심으로 자리잡게 될 것이다.

이러한 견지에서 미래의 유망한 직업 역시 지식과 정보, 창의성이 결합된 직업의 형태를 보일 것이다. 최근 한류열풍과 함께 방송과 관련된 직종이 각광을 받는 것도 이러한 영상분야가 위에서 언급한 3요소가 결합된 분야이기 때문이다.

이렇게 미래사회의 유망직업은 우리 사회구조가 선진국형으로 변화하고 있는 시점에서 선진국 사회에서 현재 인기 있는 직업이 곧 우리 사회에 유망한 직업으로 부각될 가능성이 높다. 또한, 사회구조 전체가 소프트화, 서비스화 되면서 유통, 레저, 아동, 노인관련 산업이 발전하고 이에 대한 수요도 증가하고 있다.

직업의 선호도 역시 시대별로 많은 변화를 보였다. 60년대에는 화이트 컬러로 대변되는 은행원이 안정된 월급과 지위를 뽐내던 직업이었다. 더욱이 자본이 절대적으로 부족하던 시기에 대출심사권을 가지고 있던 은행원은 더욱 선망의 대상이 되기도 했다. 70년대부터는 대기업 위주의 경제정책으로 대기업 직장인이 직업선호도 1순위를 보였다. 80년대에는 중동 진출의 확대와 후반기의 증권 바람으로 정유, 석유화학 업종의 회사원들과 소위 말하는 증권맨들의 주가가 높았다. 90년대 중반에 들어서는 컴퓨터와 인터넷의 발달로 웹마스터, 인터넷 무역딜러, 인터넷 강사, 전자 상거래 전문가 등에 관심이 모아졌다. 최근 4~5년에는 IMF구제금융과 세계화, 정보화 물결에 맞춰 경영컨설턴트, 외환딜러, 국제변호사 등이 부각되고 있고, 기업들의 구조조정으로 인해 M&A전문가들이 특수를 누리고 있다. 증권시장에 대한 지속적인 관심으로 애널리스트나 펀드매니저, 공인회계사의 영역도 관심이 집중되고 있다.

이러한 직종은 과거부터 각광을 받아 오던 것들도 있지만 대부분이 최근 10년동안 새로 발생한 직업들로 일부 사람들에겐 이름조차 생소한 것도 있다. 이러한 직업 중 경영학과 관련이 있는 직업들을 보면 펀드매니저, 경영컨설턴트, 투자상담사, 애널리스트 등이 있는데, 장차 직업을 선택해야 하는 중요한 시기에 이를 판단하기 위한 정보를 제공하는 관점에서 이러한 직업들의 특성과 자격요건 등을 살펴보기로 하겠다.

〈표 1〉
21세기 유망직종과 사양직종

사양직종	유망직종
경리, 타자원, 속기사, 교정사무원, 문서송달원, 조산원, 인쇄공, 제본원, 벽돌공	정보통신분야 : 시스템엔지니어, 프로그래머, 시스템컨설턴트, 네트워크전문가, DB관리자, 웹마스터, 정보통신기기 조작원 금 융 분 야 : 선물거래사, 외환딜러,증권중개인, 펀드매니저, 보험계리인 의 류 분 야 : 패션디자이너, 텍스타일 디자이너 유 통 분 야 : 머천다이저, 마케팅 리서처

자료: 노동부고시 1999.1.4, 중앙일보

1. 펀드매니저

1) 주요업무

투자신탁운용회사 또는 자산운용회사 등에서 근무하면서 투자자들이 간접투자 방식으로 맡긴 돈을 주식이나 채권에 투자해서 수익을 올리는 전문가로서 수익증권[1] 이나 뮤추얼펀드[2]와 같은 간접투자상품을 개발하여 투자 고객들에게 판매하고 그 상품을 잘 관리해서 높은 투자수익을 고객들에게 되돌려 주는 일을 한다.

2) 자격요건[3]

증권투신업법 시행령 등에 펀드매니저(공식명칭 : 자산운용전문인력)의 요건이 명시되어 있는데 이 요건에 충족되어 등록되어 있는 사람만 자산을 운용할 수 있다. 자산운용전문인력의 요건은 우선 증권관계기관에서 3년 이상 일한 사람으로 신탁재산의 운용 또는 투자일임 업무에 2년 이상 종사해야 하고, 증권관계분야 석사학위 이상 소지자로 2년 이상 증권관계기관 운용전문업무에서 근무했거나 운용자산규모가 10조원 이상인 외국금융기관에서 2년이상 운용업무를 맡은 사람이어야 한다.

이 같은 경력이 없는 사람은 한국증권협회에서 시행하는 운용전문인력시험에 합격해야만 한다. 시험에 응시하기 위해서는 먼저 투자신탁협회나 증권업협회에서 주관하는 소정의 연수과정을 이수하고, 시험에 합격한 후 투자신탁회사별로 실시되는 내부훈련과정을 거쳐야 하므로 결과적으로 펀드매니저가 되기 위해서는 최소한 5년의 시간이 소요된다.

이외에도 증권과 관련된 자격증들 즉, 금융자산관리사, 증권분석사, 재무분석

---

1) 원금 또는 신탁재산의 운용에서 생긴 이익을 받을 권리

2) 투자자들의 자금을 모아 투자회사를 설립해 주식이나 채권 · 선물/옵션 등에 투자한 후 이익을 나눠주는 증권투자회사

3) Tieger, Paul D 저, 백영미 역, 「나에게 꼭 맞는 직업을 찾는 책」, 황금자리, 2002
(주)웍스포 (www.worxpo.co.kr) 자료

사 자격증도 펀드매니저가 되는데 도움이 된다. 실제로, 지난 2000년 6월 수협에서 수협자금을 운용할 펀드매니저를 공개 채용했을 때 5년 이상의 경력과 경영학석사(MBA), 증권분석사, 선물중개사 등 관련 자격증 소지자를 우대했다.

3) 직업특성

2000년 1월 8일 투자신탁협회에서 조사한 자료를 보면, 자산운용사를 제외한 국내 투신사와 종금사들이 운용하는 펀드수는 14,103개, 펀드매니저는 347명으로 집계됐다.

펀드매니저는 애널리스트와 함께 '자본주의의 꽃' 으로 불리는 주식시장을 주도하며, 고액의 연봉을 받는다. 업계 특성상 정확한 연봉은 밝힐 수 없으나 5년 정도의 경력을 가진 펀드매니저는 1억 원에서 5천만 원 정도를 받고 운용 실적에 따라 성과금을 받는 것으로 알려져 있다.

펀드매니저는 수익률에 따라 개인별 순위가 매겨지므로 높은 스트레스와 장세의 흐름을 놓치지 않기 위해 고도의 집중력과 순발력이 요구된다. 따라서 보통의 업계 수명은 2~3년 정도이며, 5년 이상 장수하는 사람은 드물다. 더구나 실적이 부진한 펀드매니저는 고객의 항의는 물론 소송에까지 휘말릴 수 있다.

4) 직업전망

정부의 자본시장 육성정책과 각종 투자상품의 개발로 간접투자가 활성화되고 이로 인해 펀드매니저의 역할이 증대되고 있다. 최근에는 증권시장이 침체되면서 주식투자 열기가 줄어들어 펀드매니저에 대한 관심도 줄어들고 있지만 증시란 원래 활황과 침체를 반복하므로 이러한 상황은 쉽게 바뀔 수 있다. 직업이 더욱 세분화되고 전문화됨에 따라 일반 투자자들이 재테크를 위해 자신이 직접 주식투자에 집중할 시간적 여유가 줄어들고 있기 때문에 간접투자시장은 갈수록 확대될 것으로 예상된다. 규모뿐만 아니라 더욱 전문화된 상품개발의 질적인 변화로 인해 펀드매니저의 역할은 더욱 확대되고 있다.

2. 경영컨설턴트

1) 주요업무

기업의 의뢰를 받아 해당기업의 경영상태를 조사하고 문제를 진단하여 구체적인 해결방안을 제시하는 일을 한다.

2) 자격요건

관련된 분야에 폭 넓고 전문적인 지식을 가지고 있어야 하며, 상대방을 설득할 수 있는 논리력과 분석력이 필요하다. 경영학이나 경제학, 공학 계통의 학위가 일반적으로 요구되며, 영어와 컴퓨터 활용능력이 필요하다. 현재 이와 관련된 공인된 자격증은 없고 관련 업체에 일하며 경력을 쌓는 것이 일반적이다. 외국의 MBA과정을 이수하는 것이 도움이 된다.

3) 직업특성

IMF관리체제 이후 컨설팅 업체가 증가하고 있는 추세이나, 아직까지는 다국적 컨설팅 업체가 대부분이다. 인지도 측면이나 대상기업을 분석하는 틀, 다른 나라에서의 유사한 경험을 바탕으로 한 노하우 등이 외국계 기업이 우위를 점하고 있기 때문이다. 초봉은 2~3천만원에서 시작하여 5년 이상의 경력을 쌓으면 1억 이상의 연봉을 받는 사람이 늘고 있다. 이후 몸값을 올려 타 기업의 기획실 등에 진출하는 경우도 있다.

4) 직업전망

특성화된 소규모 컨설팅 업체나 종합적인 경영서비스를 제공해 주는 대규모 컨설팅업체, 다국적 컨설팅기업 등에서 전문지식과 컨설팅 능력을 구비한 인재의 수요가 더욱 늘어날 전망이다. 국제화로 인해 각 기업들이 복잡한 환경에 적응하기 위해서는 전문적인 경영자문과 정보운용능력 등을 위해 외부 컨설팅업체 도움의 필요성이 증가하고 있기 때문이다.

제 2 부

경영구성론

제 5 장

경영자론

성공하는 경영자의 유형과 자질은 무엇인가?

매니저는 관리하지만 리더는 혁신한다.
매니저는 모방하지만 리더는 창조한다.
매니저는 현상을 유지하지만 리더는 발전시킨다.
매니저는 구조에 초점을 맞추지만 리더는 사람에게 초점을 맞춘다.
매니저는 통제에 의존하지만 리더는 신뢰를 쌓는다.
매니저는 단기적인 관점을 갖지만 리더는 장기적인 전망을 가진다.
매니저는 어떻게, 언제를 묻지만 리더는 무엇과 왜를 묻는다.
매니저는 시야를 발 끝에 두지만 리더는 먼 수평선을 본다.
매니저는 현상을 받아들이지만 리더는 자기의 의지에 따라 움직인다.
매니저는 일을 올바르게 하지만 리더는 올바른 일을 한다.

- 버트 나누스 -

제 1 절 경영자에 대한 이해

1. 경영자의 정의 및 중요성

(1) 경영과 경영자의 관계

경영은 기업의 비전과 목표를 달성하기 위해 계획하고 실행하고 이를 평가하는 일련의 동태적 과정이다. 그러나 비인격체인 기업은 이와 같은 활동들을 스스로 수행하지는 못한다. 그래서 기업의 방향을 결정짓고 경영활동을 직접 수행하는 주체가 있어야 하며, 이러한 역할을 담당하는 인격체가 바로 경영자이다. 따라서 경영자는 경영을 총괄하면서 경영에 대한 책임을 지게 된다.

(2) 경영자의 중요성

경영자는 기업내 구성원의 역할 및 행동을 규정하는 사람으로서 기업경영에 없어서는 안되는 가장 중요한 요소이다. 왜냐하면 사회는 조직 없이 움직일 수 없고, 조직은 경영자 없이 그 어떤 것도 할 수 없기 때문이다. 여러 사람이 공동의 목적을 달성하기 위해 고안된 것이 조직이며, 조직의 방향을 결정하는 사람이 바로 경영자다.

(3) 경영자의 정의

경영자에 대한 정의는 다양하다. 경영자는 조직체의 전략, 관리 및 운영활동을 능동적으로 주관하는 사람 또는 타인 활동을 조정하고 여러 조직이 목표를 달성할 수 있도록 방향을 제시하고 조정기능을 수행하는 사람 등으로 여러 가지 분류기준에 따라 경영자 유형도 달라진다. 예컨대, 경영자를 최고경영자, 중간경영자, 하부경영자로 구분하는 것은 경영자를 수직적 위계에 따라 분류한 것이다.

2. 경영자의 유형

(1) 수직적 위계에 따른 분류[1]

각 수준별 경영자는 책임 정도와 속성에 따라 역할이 다르다. 즉 경영자는 자신의 위치에 따라 역할과 책임이 달라질 수 있는 것이다.

〈그림 5-1〉
수직적 위계에 따른 분류

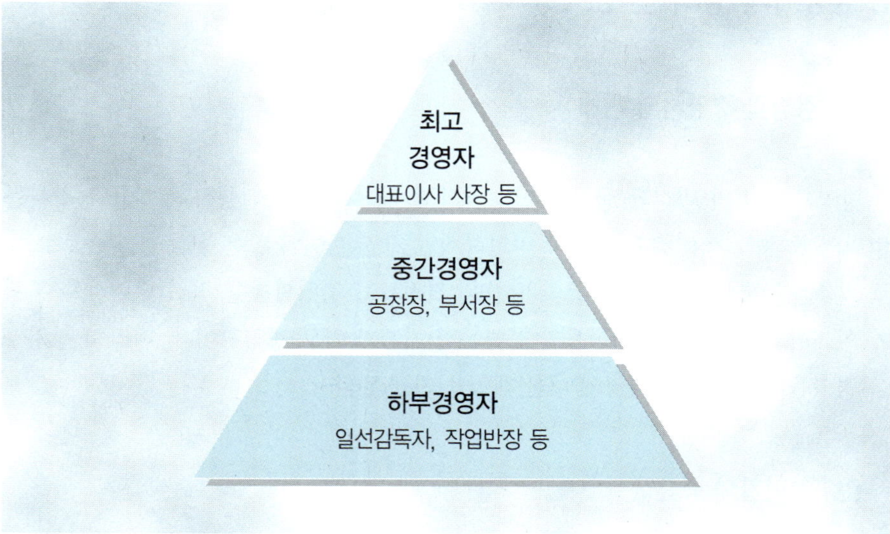

자료: Holt, D., Management, Prentice-Hall, 1993.

1) 최고경영자(top manager)

최고경영자에 속하는 사람은 최고경영자(CEO; chief executive officer), 임원(COO; chief operating officer; 영업담당 임원, CFO; chief financial officer; 재무담당 임원, CIO; chief information officer; 정보담당 임원, CDO; chief design officer; 디자인담당 임원, CKO; chief knowledge officer; 지식담당 임원) 등이 포함된다. 이들의 주요 책임은 기업의 중장기 목표와 전략의 결정, 회사방침과 비전의 설정, 사회적 · 법률적으로 우호적인 관계의 형성 등에 대한 것이다.

1) Plunkett, W. R. & Attner, R. F., *Introduction to Management*, International Thomson Publishing, 1994.

2) 중간경영자(middle manager)

중간경영자들은 최고경영자 아래에서부터 하부경영자 위까지를 포함하는 개념으로 여기에는 공장장(plant manager), 마케팅 담당임원(marketing or sales manager), 부서장(section manager) 등이 포함된다. 이들의 핵심역할은 최고경영층의 철학이 회사 전체에 전달될 수 있도록 사원들과 상호작용하는 것이다.

3) 하부경영자(first-line manager)

하부경영자에는 일선감독자(supervisor), 작업반장(line manager) 등이 포함된다. 이들은 기술적인 능력을 갖추고 있으면서 주로 사원들의 고충, 일정계획 및 사원들의 행위에 대한 관리책임을 지게 된다.

(2) 수평적 차원의 분류

1) 기능경영자(functional manager)

이들은 생산이나 판매 등과 같이 담당 기능부서를 직접 관리하는 경영자로서 우리가 주변에서 흔히 볼 수 있는 영업부장, 담당, 주임, 작업반장 등이 여기에 해당된다. 이들은 맡고 있는 임무에 따라 부장, 차장, 과장이나 대리로 나누어지는데 대기업에서는 이들을 중간관리자라고 부르기도 한다.

2) 전반경영자(general manager)

하부 조직 및 사원들의 전체적인 행위와 결과를 총괄하면서 감독하는 역할을 담당하는 경영자로서 주로 이사급 이상이 여기에 해당된다. 이들은 특정 역할이나 기능에만 국한하지 않고 회사전체의 전략방향을 결정하고, 다수의 조직과 기능을 총괄한다.

(3) 조직의 발전 과정에 따른 분류[2)]

1) 소유경영자

기업을 소유하고 있는 사람, 즉 출자자 또는 대주주가 직접 경영에 참여하여 운영, 관리하는 경영자를 말한다. 기업설립 초기에는 소유경영자에 의한 경영이 대부분이다.

2) 김문중, 『경영학원론』, 청목출판사, 1997.

2) 고용경영자

기업의 규모가 커지고 기능과 역할이 확대됨에 따라 소유경영자를 보조하여 특정 분야에 대한 지원역할을 수행하는 경영자를 말한다. 이들은 경영자의 속성보다 종업원의 속성을 더 많이 가졌다고 할 수 있다.

3) 전문경영자

경영에 있어서 고도의 기술과 대규모화된 자본이 필요함에 따라 소유와 경영이 분리되는 현상이 나타났으며, 이때 경영의 역할을 담당하는 사람이 전문경영자다. 이들은 종업원의 속성보다 경영자의 속성을 더 많이 지녔다.

(4) 연구대상에 따른 분류

1) 경영자(manager)

대기업에서 상대적으로 안정적이고 정형화된 임무를 수행하는 사람으로서 기존 사업을 담당한다는 점에서 새롭게 기업을 일으킨 창업자와는 구분된다. 우리들이 일반적으로 연구하고 고려대상으로 생각하는 사람들은 대부분 경영자라고 할 수 있다.

2) 기업가(entrepreneur, 창업자)

신규사업, 신제품 또는 서비스 개발을 시작하는 위험을 부담함으로써 자유로운 기업시스템 내에서 상대적으로 높은 수익을 추구하는 사람이라고 할 수 있다. 최근 경영승계, 벤처산업, 중소기업, 창업 등에 대한 연구가 활발히 진행되면서 기업가(entrepreneur)에 대한 연구가 활발해지고 있다.

3. 전반경영자와 최고경영자의 관계

(1) 구분의 타당성 및 의의

우리 나라에서는 흔히 높은 것이 좋다는 생각에서 전략의 담당자로서 최고경영자라는 표현을 선호한다. 그러나 엄격한 의미에서 최고경영자는 경영자의 계급 또는 직위를 나타낸 표현이고, 전반경영자는 그의 역할 또는 직책을 나타낸 표현이라는 점에서 우리는 최고경영자와 전반경영자의 의미를 구분하여 사용할 필요가 있다.

〈그림 5-2〉는 경영자와 경영의 상관관계를 나타낼 뿐만 아니라 우리가 흔히 혼동하기 쉬운 최고경영자와 전반경영자의 개념을 명확히 구분해 주고 있다. 〈그림 5-2〉에서 보는 바와 같이 최고경영자는 문자 그대로 경영자의 폭에서 최상단을 점하는 최고경영자층을 지칭한다. 따라서 그 역할은 주로 전략을 담당하지만 관리 및 업무에 대한 것도 포함되어 있다. 이에 비해 전반경영자는 기업의 궁극적인 책임자로서 기업의 목표를 설정하고 이를 달성하기 위한 전략을 담당한다.

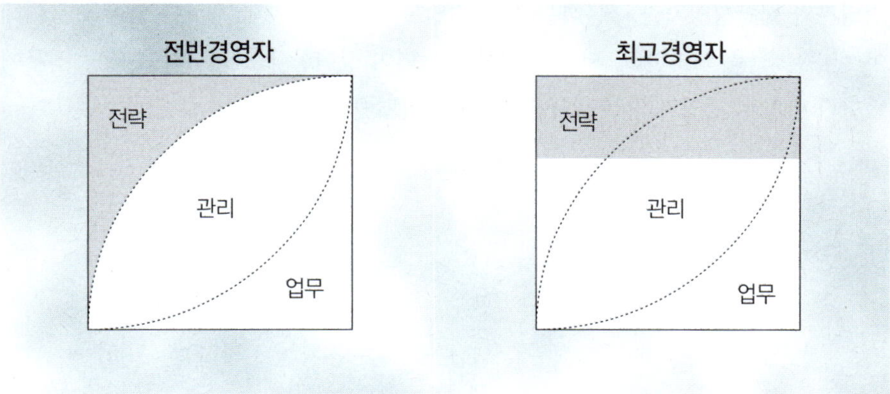

〈그림 5-2〉 전반경영자와 최고경영자의 역할

자료: 조동성, 『21세기를 위한 전략경영』, 서울경제경영, 2002.

(2) 위상 및 역할의 차이

1) 전반경영자(general manager)

전반경영자는 전략의 궁극적인 책임자로서 결과 및 성과에 대한 책임을 질 뿐만 아니라, 전략실행에 대한 책임을 진다. 이러한 역할이 바로 전반경영자가 높은 보수를 받게 되는 이론적 근거를 제공한다.

또한 전반경영자는 조직이 설정한 목표를 달성하기 위해 한 방향으로 조직의 자원을 집중해야 한다. 이러한 집중의 방향을 제시하는 것이 바로 기업의 비전이자 중장기 전략이라고 할 수 있는데, 전반경영자는 전략이 올바로 수립되어 실행되는지에 대하여 지속적으로 관심을 기울여야 한다.

2) 최고경영자(top manager)

최고경영자와 전반경영자와의 가장 큰 차이점은 바로 전략적 과업에 대한 비중이라고 할 수 있다. 최고경영자는 전반경영자와 달리 전략에만 치우치는 것이 아니라 하부조직에 대한 관리 및 일상업무를 모두 담당하게 된다.

3) 시사점

경영자의 위상과 역할을 구분하는 이유는 다음 세 가지 내용 때문이다. 첫째, 전반경영자가 반드시 최고경영자일 필요는 없다. 조직의 규모가 커지고 경영활동 범위가 글로벌화됨에 따라 한 사람이 다양한 역할을 모두 수행할 수는 없기 때문이다. 둘째, 환경변화가 심화됨에 따라 전반경영자의 위상강화가 필요한데, 그 이유는 환경변화에 대한 예측능력과 전략수립기능이 강화되어야 하기 때문이다. 셋째, 최고경영자와 전반경영자를 구분하는 것은 경영자의 능력에 따라 올바른 역할을 부여해야 한다는 것을 의미한다. 서로의 역할과 능력이 상이함에도 불구하고 해당 직무에 적합하지 않은 경영자가 부임되면 조직으로서도 큰 손실이 아닐 수 없다.

제 2 절 경영자의 역할

1. 경영자의 역할

계획, 조직, 충원, 통제 등은 경영자가 수행해야 할 다양한 역할들이다. 여기서 역할(role)은 경영자의 행위에 대한 기대치라고 정의할 수 있는데, 경영자가 자신의 직무를 잘 수행하고 조직구성원들과 상호작용하기 위해서는 다음과 같은 역할이 요구된다.

(1) 조동성 교수에 따른 경영자의 역할[3)]

1) 전략수립

① 이념과 미션(philosophy & mission)

기업이 무엇을 추구하며 어떤 시장과 고객을 대상으로 활동할 것인가를 명확히 밝혀주며, 현재와 미래에 기업이 지향하여야 할 활동에 대한 윤곽을 제시해준다. 이념과 미션은 전략수립의 시금석이라고 할 수 있으며, 수립된 전략이 기업목적에 적합한지를 판단하게 해준다.

② 경영목표(objectives)

기업의 경영목표란 외부적으로는 고객의 만족, 제품의 성능 또는 사회적 요구의 충족과 결부되어야 하며, 내부적으로는 바람직하게 여겨지는 조직의 성과, 예를 들어 시장점유율, 기업성장, 수익성, 현금흐름, 투자수익률, 경쟁력 등과 직결되어야 한다.

3) 조동성, 『21세기를 위한 전략경영』, 서울경제경영, 2002.

2) 전략실행

① 조직화(organizing)

조직구조는 전략에 따라 결정되며 전략이 성공적으로 수행될 수 있도록 뒷받침하는 기능을 수행한다. 특히 경영자는 전략을 수립하고 이를 실행에 옮기는데 있어 전략과 조직의 관계를 고려해야만 적합한 조직구조를 설계할 수 있게 된다.

② 동기부여(motivation)

경영자는 종업원들에게 동기부여하기 위해서 먼저 자신의 열정과 추진력, 그리고 애사심을 보여주어 부하들의 귀감이 될 수 있도록 솔선수범해야 한다. 수립된 전략을 실행하는 과정에 많은 종업원을 참여시키고 재량권과 금전적, 신분적 보상을 공정하게 수행하여 종업원들을 동기부여시켜야 한다.

③ 조정 및 통합(coordination & integration)

경영자는 조직내 갈등과 세력 다툼 등에 대처하기 위해 설득과 타협 및 조정활동을 해야 하며, 기업구성원의 무기력과 무사안일 풍토를 극복해야 한다. 또한 마케팅, 생산, 재무, 인사, 연구개발 등 여러 부문의 활동을 적절히 통합하여 수립된 전략이 계획대로 성과를 낼 수 있도록 지속적으로 자신의 능력을 발휘해야 한다.

3) 전략평가

① 평가(evaluation)

계획된 경영목표를 제대로 달성하였는지를 객관적이고 공정한 기준에 따라 평가하는 활동은 경영자가 수행해야 할 중요한 역할 중 하나이다. 평가는 계획에 대한 실행정도를 판단하는 기준이 될 뿐만 아니라 다음 목표와 전략 수립에 중요한 근거가 된다는 점에서 의의를 지니므로, 경영자는 반드시 수립된 전략에 대한 실행결과를 평가해야 한다. ,

② 피드백(feedback)

평가된 결과를 면밀히 분석하여 성공 또는 실패의 원인을 철저히 밝히고 결과에 대한 책임을 져야 한다. 또한 이를 다음 계획 수립시 반드시 참조하여 목표를 개선하고 전략을 수정 · 변경하여야 한다.

피드백의 중요성

번개통신(주)에서는 2000년부터 임원들에 대하여 평가결과에 따라 보상을 차등지급하기로 결정하였는데 그 내용은 경제적 부가가치(EVA)에 따라 스톡옵션을 부여하는 것이었다. 예를 들어 최고등급을 획득한 임원은 스톡옵션을 10,000주 부여받게 되어 있는데, 실질적으로 3년 뒤 이를 행사한다고 가정했을 때 임원 자신의 연봉과 맞먹는 효과를 가져온다.

평가는 보상이라는 피드백과 연결될 때 막강한 힘을 발휘하게 된다. 이 회사는 평가결과를 금전 또는 비금전적인 피드백에만 국한시키지 않고 제도적 차원에서도 고려하고 있다. 즉, 평가결과는 차기년도의 목표설정, 전략수립 등에 반드시 반영되는데, 이는 평가결과의 피드백을 위한 촉진제가 되기도 한다.

(2) 민쯔버그 교수에 따른 경영자의 역할[4)]

1) 대인관계역할(interpersonal roles)

① 대표자(figurehead)

경영자는 회사를 대표하는 여러 가지 행사를 수행하는데, 이 때 그는 조직의 상징적 역할을 수행하게 된다. 예컨대, 창립기념일 행사, 경영이념 및 비전 선포, 내빈접대 등이 있다.

② 리더(leader)

리더로서의 역할에는 경영목표 달성을 위한 종업원 동기부여, 업무지침 제시, 종업원 격려, 갈등해소 등을 포함한다. 모든 계층의 경영자는 자신의 수준에 맞는 리더로서 역할을 수행하게 된다.

③ 연결자(liaison)

경영자는 상하(상사와 부하)간, 좌우(사업부와 사업부, 라인과 스탭)간, 내외(공급자와 고객)간 관계에 있어서 연결고리 역할을 하게 된다. 물론 계층에 따라 대상별 중요성의 정도는 다르지만 모든 계층에서 수행해야 할 경영자의 역할이다.

2) 정보역할(informational roles)

① 감시자(monitor)

경영자는 외부환경과 관련되어 있는 정보를 지속적으로 직·간접적인 방법을 통

4) Holt, D., *Management*, Prentice-Hall, 1993.

해 수집하고 이를 관찰한다. 정보가 많은 경영자는 의사결정을 신속하고 정확하게 할 수 있으며 이를 통해 기업성과를 증진시킬 수 있게 된다.

② 전달자(disseminator)

경영자는 수집된 정보를 조직구성원들에게 충실하게 전달하는 역할을 수행해야 한다. 조직구성원들은 경영자들에 비해 상대적으로 정보력 및 정보의 질이 낮으므로 경영자는 이러한 차이를 줄이도록 노력해야 한다.

③ 대변인(spokesperson)

경영자는 기업외부인들에 대하여 투자를 유치하고 기업을 홍보하기 위하여 기업내부의 객관적인 사실을 대변하는 역할을 수행한다.

3) 의사결정역할(decisional roles)

① 기업가(entrepreneur)

경영자는 새로운 아이디어를 창출하고 이를 종업원들과 공유하기 위해 자원활용과 기술개발에 대한 의사결정을 과감하게 내려야 한다. 경영자가 직접 새로운 사업을 시작하지는 않더라도 조직내에서 혁신적인 방법을 모색할 필요가 있다.

② 갈등해결사(disturbance handler)

경영자는 노사관계, 일정계획, 계약관계 등에 관한 문제를 취급한다. 경영자가 조직내 갈등을 극복하기 위해서는 문제해결능력을 겸비해야 하며, 조직의 효익과 조화에 항상 신경써야 한다.

③ 자원분배자(resource allocator)

자원분배 역할에는 기능부문 역할, 즉 인사, 재무, 생산, 판매 등이 관련되어 있다. 경영자원은 언제나 한정되어 있으므로 경영자는 주어진 자원을 최대한 효율적으로 활용해 경영목표를 달성하기 위해 이를 신중히 배분해야 한다.

④ 협상자(negotiator)

협상은 상호 다른 기대수준을 가지고 있는 개인 또는 집단간의 협의과정이라고 할 수 있으며 갈등과는 구분된다. 경영자는 협상을 위한 노력에 시간을 아끼지 말아야 하는데, 이는 경영자만이 협상할 수 있는 정보와 권위를 지니고 있기 때문이다. 특히 외부와의 협상에 있어서 경영자는 회사의 이익에 불리함이 없도록 최선을 다해야 한다.

2. 경영자의 역할 변화 방향

기업경영환경의 변화는 경영자로 하여금 조직 내에서의 역할을 변화시킨다. 이러한 여건 변화는 경영자들에게 자신의 역할 변화에 대한 새로운 인식을 가지게 하였는데 역할의 변화는 그 대상에 따라 다음과 같이 구분할 수 있다.

(1) 기업내부에 대한 역할의 변화[5)]

1) 기업목적/비전설정 중시

전략을 수립하고 전략대안에 대한 우선순위를 결정하는 것은 최고경영자의 영역이자 오랜 과업이었다. 그러나 아무리 최고경영자가 수립한 전략이라 하더라도 그것이 조직전체의 목적에 연결되어야만 구성원의 자발적 동기를 유발하고 소기의 성과를 창출할 수 있게 된다. 따라서 전략을 수립하기 이전에 경영자는 기업목적을 올바로 정립하고 이를 구성원들에게 알려야 한다.

2) 관리과정 중시

조직은 일련의 과정들을 모아놓은 집합체로 인식할 수 있다. 실제로 진취적인 기업은 조직을 구조로 파악하지 않고 과정으로 파악하여 수직적 계층구조를 중시하던 경향에서 탈피함으로써 수평적 정보전달 과정을 중시하고 있다.

3) 종업원 육성 중시

경영자는 종업원을 단순한 경영자원이 아니라 중요한 전략적 자산으로 인식하고 육성해야 한다. 또한 현재까지 임원들의 몫이었던 직무들이 보다 낮은 계층의 실무자들에게 이양되도록 조직구성원들의 역할과 책임을 재조정해야 한다. 그리고 기업의 경쟁력을 창출하는 핵심은 종업원이 지니고 있는 경험과 노하우를 바탕으로 한 지식에 있다고 보아야 한다. 따라서 경영자는 이러한 경영자원을 개발하기 위해서 종업원의 역량을 지속적으로 육성해야 한다.

4) 리더십

기업의 목표는 신뢰받는 경영자가 올바른 목표를 제시하고 그 목표를 달성할 수

5) 조동성, 『21세기를 위한 전략경영』, 서울경제경영, 2002.

있도록 구성원들의 역량을 배양하고 효과적으로 조직화할 수 있을 때 달성된다. 경영자는 자신의 리더십을 십분 발휘해 종업원들과 공동으로 목표를 달성할 수 있도록 노력해야 한다.

(2) 기업외부환경에 대한 역할의 변화[6)]

1) 인식 범위 확대

경영자의 활동영역이 확대되고 경영환경의 영향이 커짐에 따라 경영자가 인식해야 할 범위도 넓어진다. 경영자는 정부의 법적규제, 종업원의 기대, 외부이해관계자들의 요구사항 등을 다루어야 하며 이와 관련된 의사결정사항을 예측해야 한다. 이러한 능력은 지속적인 경영자 교육과 경력개발 프로그램, 연수 등을 통해 개선될 수 있다.

2) 통합능력

조직전체의 프로세스는 통합되어야 한다. 경영자에 따라서 그 책임범위가 다를 수 있지만, 기본적으로 각 수준별 기능을 조정(coordination)하는 것은 핵심적인 역할이다. 조직이 복잡해질수록 이와 같은 통합능력은 더욱 더 힘들어지고 중요해진다.

3) 효과적인 의사소통

세계적으로 네트워크를 가지고 있는 경우에 효과적인 의사소통수단이 기업의 성공에 결정적인 역할을 한다. 따라서 경영자는 첫째, 종업원들에게 일정한 기대치를 제시해주어야 할 뿐만 아니라 종업원들이 가지고 있는 다양한 기대치들을 합리적으로 구분해 주어야 한다. 둘째, 경영자는 자신이 생각하고 계획한 내용을 다른 사람에게 설득할 수 있어야 한다.

4) 지식습득능력

오늘날 경영자가 다양한 역할을 성공적으로 수행하기 위해서는 과거보다 높은 수준의 지적 능력이 요구된다. 특히 세계화되어가는 경영환경 아래서 경영자는 기술적인 지식 뿐만 아니라, 문화적 차이, 국제사업관행 등에 대한 지식도 습득할 필요가 있다.

6) Holt, D., *Management*, Prentice-Hall, 1993.

기업개혁의 성공조건

기업개혁은 리더십을 가진 유능한 경영자가 개혁프로그램을 제시하여 새로운 시스템을 제도화하는 등 일련의 과정을 주도해야 성공할 수 있다고 한다. 병든 거인 IBM을 구한 루 거스너 회장, 쇠퇴해 가는 공룡 GM을 회생시킨 존 스미스 회장, 영국항공(BA)의 체질을 바꾼 콜린 마셜 회장 등이 경영위기에서 기업개혁을 주도한 유능한 최고경영자의 전형이라는 것이다. 기업개혁을 성공으로 이끌기 위한 조건은 다음과 같다.

1. 변화에 저항하는 내부의 적을 경계하라

최고경영자는 개혁을 지지하는 연대세력을 확보하고 상시 대화채널을 가동해 잠복한 개혁 반대 세력을 통제할 필요가 있다. 포드는 80년대 구조조정 과정에서 개발, 생산, 영업부서의 공동미팅을 통해 신차 개발기간을 8년에서 5년으로 단축하고 품질도 개선했다.

2. 일시적인 성공에 자만하지 마라

최고경영자에게는 '전투에서의 승리'와 '전쟁에서의 승리'를 구분하는 혜안이 필요하다. 환경변화로 인한 일시적 성과를 개혁의 결과로 오인하고 고삐를 늦추면 개혁은 일거에 와해된다. 일차목표를 달성하면 승리를 선언하기보다 더욱 큰 목표를 제시해야 한다.

3. 성과지향적인 개혁에 치중하라

개혁이 성과를 내지 못하면 냉소주의와 소극적인 분위기가 확산되기 쉽다. 최고경영자는 개혁을 위한 투자를 '눈으로 확인가능한 성과'와 연결지어 평가해야 하며 유통시간, 재고관리, 고객만족도, 개발기간 등과 더불어 수익률 및 현금흐름을 주목해야 한다.

4. 개혁역량을 조직내에 체질화하라

최고경영자를 체계적으로 육성하고 선발하는 시스템을 갖춰야 개혁성향의 유능한 리더를 발탁할 수 있다. 개혁을 주도할 수 있는 전략형 최고경영자의 선발 및 육성, 능력에 의한 과감한 발탁인사와 외부영입, 성과에 따른 파격적 보상프로그램 등을 체계화해야 한다.

5. 개혁은 장기적 과정이다

개혁은 일과성 행사가 아니라 장기적 과정이다. 유능한 경영자에게 장기적 개혁과정을 주도할 수 있는 권한 및 재임기간을 보장하는 것도 개혁의 성공 가능성을 높여준다.

자료: 매일경제신문, 1998. 10. 22에서 수정인용.

(3) 한국경영자들의 역할 변화 방향[7)]

1) 60년대에서 90년대까지 한국경영자의 역할

지난 60년대에서 70년대까지 한국의 경영자들은 국민의 잘 살아 보겠다는 소망과 정부의 경제발전에 대한 의지를 연결시키는 역할을 하였다. 입신출세를 지향하는 한국인의 인생관은 경제적 지위의 향상이라는 구체적 목적과 이를 위해 어떠한 노력도 불사하는 적극적인 자세로 나타났다. 이런 여건 하에서 경영자는 근로자를 조직화하여 정부의 지침을 실행하는 역할을 담당하였고, 정부는 전략결정자의 역할과 결과책임자의 역할을 하게 되었다.

80년대와 90년대에 들어오면서 국내 및 해외 경쟁상황이 치열해지고 삶의 질 향

7) 조동성, 『21세기를 위한 전략경영』, 서울경제경영, 2002.

상이 중요한 가치기준으로 인식되었다. 이에 따라 경영자는 안으로는 근로자에 대한 동기부여와 생산성 제고를 위해 역량을 집중하는 한편, 밖으로는 치열해지는 경쟁과 높아가는 해외장벽을 극복하기 위해 경쟁력 강화에 전력하게 되었다.

2) 기존 역할의 심화

경영자는 첫째, 전략결정자의 역할을 담당해야 한다. 경영자는 전략가로서의 사고능력을 길러야 하고, 장기전략계획과 같은 체계적인 제도를 정착시켜야 한다. 둘째, 경영자는 종업원의 태도, 희망, 불만 등에 주의를 기울임으로써 그들의 지지와 협조를 얻는 격려자의 역할을 담당해야 한다. 셋째, 경영자는 결과책임자로서 자신이 실행한 전략의 결과에 대해 책임지는 역할을 맡아야 한다.

3) 역할의 확장

경영자에게는 기존의 전략, 구조, 시스템의 경영논리를 뛰어 넘는 자세와 역할이 요구된다. 3M이나 ABB사는 기존의 경영논리를 뛰어 넘은 좋은 사례인데, 이런 기업의 경영자는 다음과 같은 역할을 공유하고 있는 것으로 나타났다.

첫째, 이들 기업의 경영자들은 명확한 전략을 수립하는 것 외에 기업의 목적과 비전을 설정하는데 보다 충실했다. 둘째, 이들은 조직구조의 설계보다 효과적 관리과정을 더 강조해 왔다. 셋째, 이들은 종업원의 행위를 통제하는데 관심을 두기보다는 종업원의 능력을 개발하고 그들의 시야를 확장시키는데 더 많은 관심을 두었다는 점이다. 이를 표로 나타내면 〈표 5-1〉과 같다.

〈표 5-1〉
경영자의 역할

60-90년대	21세기	
	기존역할의 심화	역할의 확장
• 근로자를 조직화하여 정부 지침을 실행 • 근로자에 대한 동기부여와 생산성 제고 및 경쟁력 강화에 전력	• 전략, 구조, 시스템에 기초한 경영논리 • 정책결정자, 격려자, 실행자, 결과책임자의 역할 수행	• 기업의 목적 및 비전 설정 및 종업원의 능력개발을 중시 • 보다 신뢰받는 리더십의 발현

자료:조동성, 『21세기를 위한 전략경영』, 서울경제경영, 2002.

제 3 절 경영자의 능력과 자질

1. 경영자에게 필요한 세 가지 능력

(1) 지식

경영자가 자신의 직무를 수행하는데 있어 전문성이 부족하면 구성원이나 조직에 영향력을 행사하지 못할 뿐만 아니라, 이들을 변화시키는 것이 불가능하다. 따라서 경영자는 특정 분야에 대한 전문지식을 반드시 갖추어야 한다. 여기서 강조하는 지식의 의미는 단순히 많이 아는 것 보다는 관련지식을 많이 알고 있다는 것을 의미한다. 관련지식이라 함은 미래예측과 관련되어 있어 의사결정에 도움을 줄 수 있는 정보, 전략실행에 효과적인 기법, 경영통제 및 피드백을 위해 요구되는 사실 등과 같은 지식을 말한다.

(2) 기술

개발된 기초이론을 현실에 적용하는데 초점을 둔다는 관점에서 경영학을 바라보면 특수한 방법론을 추구하는 기술이 강조된다. 특히 경영자가 갖추어야 할 기술은 크게 분석적 기술(analytical skill)과 관리적 기술(administrative skill)로 나누어진다. 분석적 기술은 상황을 신속하고 정확하게 포착하여 환경변화와 조직의 강 · 약점을 분석함으로써 기회와 위협요인을 식별하는 능력이다. 관리적 기술은 기업의 목표를 결정하고 이를 달성하기 위한 경영과정, 예컨대 계획, 조직화, 실행, 통제, 피드백 등을 지속적으로 관리, 통제하는 능력이다.

(3) 자세

경영자의 자세는 간접적으로 성과에 많은 영향을 미치는데, 경영자가 갖추어야 할 자세는 크게 세 가지이다. 첫째, 경영자가 지닌 성취 또는 수용력에 대한 자세로서 실패에도 굴하지 않고 이를 재기의 기반으로 생각하는 것이다. 둘째, 사고력과 창의력을 가진 행동가의 자세로서 경영자는 한마디로 실용적이고 결과지향적이며 실제적이어야 한다는 것이다. 셋째, 현실유지보다 능동적인 지도력을 통해 변화에 적응하고 한걸음 더 나아가 경영환경을 창조하는 자세이다.

2. 경영능력[8)]

(1) 개념적 능력

개념적 능력은 사고를 통해 추상적인 관계를 다룰 수 있는 정신적 능력으로, 이는 경영자로 하여금 조직을 거시적이고 전체적인 안목에서 바라볼 수 있게 하며, 조직이 다른 요소와 상호종속적으로 관련되어 있다는 것을 알게 해준다. 예컨대, 어떤 프로젝트가 추진된다고 할 때, 이를 회사차원에서만 보는 것이 아니라 주변의 이해관계자 및 지역사회단체의 공익을 미리 점검할 수 있는 능력이라고 할 수 있다.

(2) 인간적 능력

인간적 능력은 다른 구성원들과 상호작용하고 의사소통할 수 있는 능력으로, 이는 경영자로 하여금 구성원들을 리드하고 동기부여시키며 이들에게 영향력을 행사할 수 있도록 해준다. 예컨대, 부하직원이 고민이나 슬럼프에 빠졌을 때, 자신의 경험이나 충고 등을 이야기해 주어 다시 용기를 얻을 수 있게 하는 것 등이 이러한 능력에 해당된다.

(3) 기술적 능력

기술적 능력은 경영기법, 수단, 운영 프로세스 등을 활용할 수 있는 능력으로, 이는 경영자로 하여금 구체적이고 기술적인 문제를 해결할 수 있게 해줄 뿐만 아니라, 종업원의 과업을 감독하고 평가할 수 있도록 해준다. 예컨대 이병철 회장이 반도체에 대하여 박사급과 맞먹는 해박한 지식을 가진 것이라든지 설계사, 기술사, 공인회계사 등과 같은 분야의 기술적 기능을 가지고 있는 것과 유사하다.

---

8) Holt, D., *Management*, Prentice-Hall, 1993.

(4) 경영단계별 능력의 중요성 정도

이미 언급한 바와 같이 경영자는 그 수준과 위상에 따라 다른 유형을 가질 수 있으며, 단계별로 요구되는 능력 및 그 능력의 중요성도 다르다. 즉 최고경영자, 중간경영자, 하급경영자에 따라 요구되는 개념적, 인간적, 기술적 능력은 다르다고 할 수 있다. 이를 그림으로 나타내면 〈그림 5-3〉과 같다.

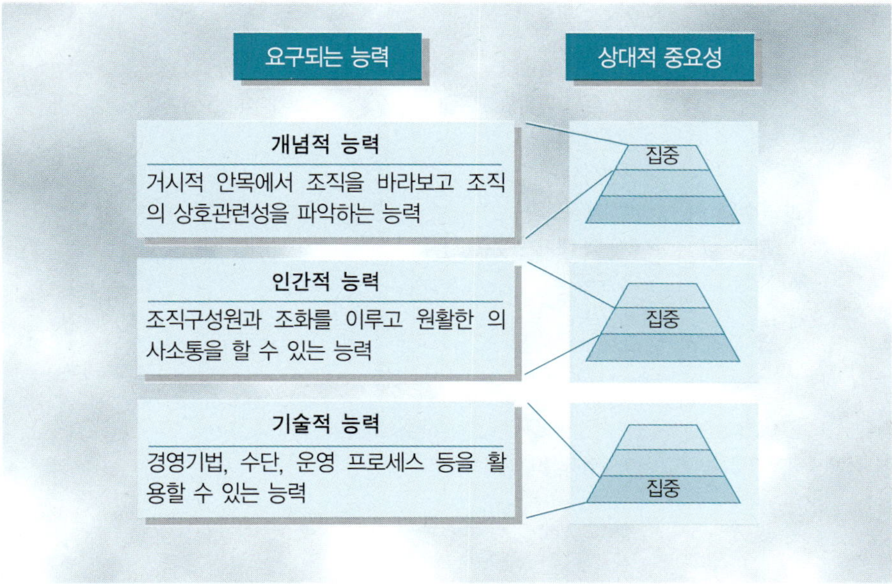

〈그림 5-3〉
경영자에게 요구되는 능력

자료: Katz, R. L., "Skills as An Effective Administrator", *Harvard Business Review*, September-October 1974.

3. 성공하는 경영자와 실패하는 경영자

오늘날의 경영자는 경영능력을 배양하면서 사회제도화된 기업의 목표를 달성하기 위해 기업경영에 종사하고, 사회적 책임의식을 가지고 활동해야 한다. 따라서 경영자가 어떤 자세를 가지는지, 또는 경영자가 어떤 속성과 특성을 가지는지에 따라 성공하는 경영자와 그렇지 못한 경영자로 구분된다.

〈표 5-2〉
성공하는 경영자와
실패하는 경영자

특 성	성공적인 경영자	실패하는 경영자
개인적 특성	• 헌신적인 태도 • 지구력이 강함 • 강한 개성 • 경쟁심이 강함 • 독립적 • 위험감수 • 현실적 목표 • 논리	• 자기 중심적 • 타인에 귀기울이지 않음 • 크고 작은 위험 부담 • 불분명한 목표 • 돈을 더 중시함
과업수행 태도	• 스스로의 가치와 표준 • 일에 열중 • 희생정신 • 기업제일주의 • 기업에 대한 풍부한 지식 • 팀 구축자 • 장시간 근무 • 혁신과 창의	• 거의 갖추지 못함

자료: 백방선, 『경영학원론』, 무역경영사, 1995.

4. 존경받는 경영자, 성공하는 경영자가 되기 위한 자질[9)]

(1) 존경받는 리더의 자질

제임스 쿠즈와 배리 포스너의 연구에 의하면 경영자가 갖추어야 할 자질로서 정직성, 비전 제시, 선도성, 능력 등을 제시하고 있다.

9) 조동성, 『21세기를 위한 전략경영』, 서울경제경영, 2002.

〈표 5-3〉
존경받는 리더의 자질
(단위: %)

자 질	1993년 응답률	1987년 응답률	자 질	1993년 응답률	1987년 응답률
정직성	81	83	신뢰감	32	32
비 전	78	62	협조성	30	25
선도성	68	58	창의력	28	34
능 력	58	67	배 려	27	26
공정성	49	40	성숙도	14	23
지원력	46	32	결단력	13	20
관대함	41	37	야 망	10	21
지 성	38	43	충성심	10	11
솔직성	34	34	자제력	5	13
대담성	33	27	독립성	5	10

자료: 신유근, "한국기업 최고경영자의 행동특성과 리더쉽 스타일", 인사조직연구, 1996.

(2) 성공하는 경영자가 되기 위한 경영자의 행동특성

우리 나라의 경우 성공기업의 경영자가 지니는 행동특성으로 가장 강조되는 것은 구성원에 대한 인간적 배려이다. 즉 인간중심의 경영, 솔선수범하는 자세 등이 중요한 경영자의 행동특성으로 나타났다.

〈표 5-4〉
성공기업 최고경영자의 행동특성(단위: %)

순 위	60 ~ 90년대	역할의 확장
1	인간중시의 경영	30.4
2	솔선수범의 자세	22.8
3	집념과 소명의식	20.8
4	대인관계 능력	13.6
5	실력주의	12.4

자료: 신유근, "한국기업 최고경영자의 행동특성과 리더십 스타일", 인사조직연구, 1996.

마음이 따뜻한 사람이 성공한다.

웨스턴 항공의 최고경영자는 사람을 사귀는데 명수였다. 그는 부하직원들과 시간을 보내면서 얼굴을 익히고 업무에 관한 이야기를 듣기도 했다. 그는 회사의 주식을 사는 대신 봉급 삭감안을 받아들이도록 설득하는데 성공했다. 종업원들의 이같은 양보로 그 항공사는 흑자가 쌓여 8억6천만 달러를 받고 델타 항공사에 매각될 수 있었다.

델타 항공의 최고경영자는 부하직원을 동료들 앞에서 꾸짖고 인력을 3분의 1이나 줄여 잔류 직원들의 반감을 사 결과적으로 그 회사는 고객서비스에 대한 평판이 떨어지고 유능한 간부들이 줄줄이 회사를 떠나는 수난을 겪었다. 결국 그는 인력관리에 잘못이 있었음을 시인했으며, 웨스턴 항공에서 최고경영자를 역임한 인물이 의장으로 있는 델타 항공 이사회는 그를 해임했다.

금융 지식, 경영 원리, 혹은 지능지수 면에서 이 두 최고경영자의 실력은 막상막하였을 것이다. 그러나 이 두 사람의 차이점은 인간관계를 다루는 능력이었다고 대니얼 골먼은 그가 쓴 '감성지능과 직장생활'에서 주장했다. 심리학자로 뉴욕 타임스 기자를 지낸 골먼은 78주 동안 베스트셀러 리스트에 올랐던 95년 히트작 '감성지능'(Emotional Intelligence; EI)을 바탕으로 이번에는 감성능력과 직업세계의 관계를 탐색하고 있다. 이 책의 핵심은 1백 50개 이상의 기업체에서 수집한 자료를 바탕으로 평범한 사람과 출세한 사람의 차이점이 무엇인가를 분석한 대목이다. 그 결과는 지능지수(IQ)를 신봉하는 사람들에게 큰 충격을 안겨주었다. 통상적인 지능은 '업무수행 능력에서 감성지능 다음 요인인 것'으로 밝혀졌기 때문이다.

골먼이 밝혀낸 바에 따르면 성공과 실패의 요인 가운데 지능지수가 차지하는 비중은 25%에 지나지 않는다. 또 놀라운 것은 업무가 어려울수록 지능지수의 기여도는 줄어드는 반면 감성지능(EI)의 기여도는 올라간다는 점이다. 회사에서 말하는 우수사원과 그렇지 못한 사원을 구별하는 특징을 바탕으로 할 때 최고의 위치에 오르는 성공 요인 가운데 감성지능(EI)은 IQ보다 훨씬 더 큰 비중을 차지한다고 골먼은 결론지었다.

자료: 뉴스위크, 1998. 10. 28에서 발췌인용.

제 4 절 경영자의 사회적 책임

1. 경영자를 둘러싸고 있는 환경요인[10)]

(1) 개방시스템으로서의 기업과 환경

경영자가 직면하고 있는 경영환경은 내부환경과 외부환경으로 구분된다. 조직의 내부환경은 조직의 경계안에 존재하는 것을 말하는데, 이러한 요소들에는 사명, 리더십 스타일, 경영철학, 조직구조, 기업문화, 획득가능한 자원 등이 있다.

외부환경에는 조직의 경계를 넘어서는 요소들이 포함된다. 직접적이면서 단기간에 영향을 미치는 요소에는 고객, 주주, 공급자, 경쟁자, 노동조합, 정부규제 등이 있다. 간접적이면서 장기간에 영향을 미치는 요소에는 경제환경, 법률적 · 정치적 환경, 사회문화적 환경, 기술환경 및 세계경제환경 등이 있다.

(2) 내부환경

내부환경은 주로 인적요인에 의해 발생되는 것이며, 상당부분은 경영자가 통제할 수 있는 영역에 포함된다. 따라서 내부환경은 경영자가 통제할 수 있는 부분에 의해 직접 또는 간접적으로 조직특성에 영향을 미친다.

1) 사명

조직의 중심이 되며 조직이 공통적으로 추구하는 목적의 외부적 표현이다.

2) 경영철학

경영자들이 경영활동을 수행하면서 가지는 행동에 대한 신념 및 가치체계이다.

---

10) Plunkett, W. R. & Attner, R. F., *Introduction to Management,* International Thomson Publishing, 1994.

3) 리더십 유형

리더십은 경영자가 문제해결이나 의사결정에 개입하여 종업원에게 영향을 미치는 정도를 말한다.

4) 회사방침

방침은 경영자나 종업원이 지속적으로 업무를 수행하는데 필요한 전반적인 지침을 의미한다.

5) 조직구조

회사의 공식적인 구조는 조직이 어떻게 행동해야 하는지를 결정한다.

6) 기업문화

구성원들의 공유된 가치, 신념, 철학, 경험, 기대 등이 동태적(dynamic)으로 조합된 조직의 독특한 특성이다.

7) 자원

인적자원, 정보, 설비, 하부구조, 기계 및 장비, 원료 및 부품, 자금 등이 기업의 중요한 자원이다.

(3) 외부환경

기업의 외부환경은 경영자에게 기회요인과 위협요인을 동시에 가져다 줄 수 있는 요소로 구성되어 있다. 비록 겉으로 보기에는 경영자가 외부환경에 대해 아무런 통제권이나 영향력을 행사할 수 없는 것처럼 보일지라도 경영자의 예측능력에 따라 외부환경은 중요한 정보원이 될 수 있다. 외부환경 가운데 소유자, 고객, 공급자 및 파트너, 경쟁자, 노동조합 등은 직접적이고 단기적인 영향을 미치며, 경제환경, 법률적 · 정치적 환경, 사회문화적 환경, 기술환경, 글로벌환경 등은 간접적이고 장기적인 영향을 미친다.

1) 소유자

소유자는 기업경영에 직접적으로 개입할 수도 있고 그렇지 않을 수도 있다. 주식회사에서는 기본적으로 이사회가 소유자인 주주에 대한 책임을 지고 있다.

2) 고객

제품이나 서비스를 구매하고 사용하는 개인 또는 집단을 고객이라고 한다. 고객은 내부고객과 외부고객으로 구분할 수 있으며 내부고객은 종업원을 말하고, 외부고객은 공급자, 유통업체, 개인 및 법인 등을 말한다.

3) 공급자 및 파트너

공급자는 기업에서 필요로 하는 중요한 자원들을 제공한다. 공급자의 중요성이 점차 증대되면서 공급자와 파트너십을 형성하는 사례가 증가하고 있다. 1992년 IBM이 11개의 주요 공급자와 제휴(alliance)한 것은 파트너십 형성의 좋은 예이다.

4) 경쟁자

경쟁기업은 동일하거나 유사한 제품 또는 서비스를 제공하는 기업을 말한다.

5) 노동조합

노동자 또는 노동조합은 조직이 필요로 하는 적절한 수준의 자격요건을 갖춘 사람들의 공동체이다.

6) 경제환경

경제환경에는 임금, 이자율, 실업률, 세금, 저축률, 인플레이션률 등이 포함된다.

7) 법률적 · 정치적 환경

법률적 · 정치적 환경에는 전체 기업경영에 적용되는 법률과 판례가 있으며, 특정 사업부문에만 적용되는 특별법이 있다.

8) 사회문화적 환경

사회문화적 환경으로 인한 압력은 개인, 단체, 공동체로부터 경영자 및 기업에 대한 것을 포함한다.

9) 기술환경

기술환경에 대한 요인은 원료, 제품, 시스템, 신규사업기회, 기술 등에 대하여 전반적으로 영향을 미친다.

10) 글로벌환경

글로벌환경은 경영자에게 의사결정, 문제해결 등에 다양한 영향을 미친다.

2. 경영자의 사회적 책임

(1) 의의

개인이나 조직은 타인을 보호하기 위해서 지켜야 할 책임이 있는데, 이를 사회적 책임이라고 한다. 기업운영을 책임지고 있는 경영자가 사회적 책임을 다해야 하는 이유는 간단하다. 기업은 기업을 둘러싸고 있는 사회와 지속적으로 상호작용하는 개방시스템이기 때문이다. 또한 기본적으로 사회시스템이 기업으로 하여금 무한한 가능성과 능력을 부여하였을 뿐만 아니라 반대로 사회는 기업으로 인해 개인 및 조직의 다양한 요구를 충족시킬 수 있기 때문이다.

(2) 타당성

1) 긍정적 측면

기업의 사회적 책임을 적극적으로 추구하려는 경영자들은 사회구성원들과 지속적으로 접촉하고, 그들의 요구를 감지하면서 그들을 지원하기 위한 방안을 모색하기 위해 노력한다. 결국 사회적 책임에 앞장서는 기업의 경영자들은 그들이 속해 있는 사회시스템에 효익을 제공한 것 이상으로 다시 돌려받는다는 사실에 주목할 필요가 있다.

2) 부정적 측면

경영활동 초기에 기업들은 상대적으로 정부규제도 덜 받았고 노동력도 싸고 풍부했으며, 지역사회, 산업, 정부에 엄청난 영향력을 행사하고 있었다. 이러한 이유로 인해 경영자들은 정부의 개입이나 기업의 사회적 책임을 부정적으로 보고 저항하려는 경향을 보이게 되었다. 이러한 경영자들은 기업의 목적을 오로지 이윤을 극대화하는 것, 소유자의 부를 챙기는 것으로 보았다. 이들은 오늘날 규제환경이 발달되고 사회의 요구도 다양하게 증대되었음에도 불구하고 최소한의 사회적 책임과 의무만을 수동적으로 수행하는 경향이 있다.

(3) 사회적 책임의 내용[11)]

기업의 사회적 책임에 대한 내용은 매우 다양한데 여기에는 기업의 외부환경이 전부 포함되어야 한다. 즉, 환경, 에너지, 소비자운동, 사회활동, 정부관계, 소수집단, 노사관계, 주주와의 관계, 기업의 자선활동, 경제활동 등이다.

1) 기업의 유지 · 발전에 대한 책임

영속성을 지닌 계속기업으로서의 건전성을 유지 · 존속하는 것이 무엇보다도 중요한 경영자의 '본원적 사회적 책임'이라고 할 수 있다. 이러한 책임은 기업을 둘러싸고 있는 사회경제적 환경과 연관되어 있기 때문에 매우 중요하다. 따라서 경영자는 기업을 유지 · 발전시켜 경제에 있어서 성장이라는 핵심기능을 수행해야 한다.

2) 종업원의 복지증진에 대한 책임

종업원은 단순히 경영목표를 달성하기 위한 수단이 아니라 하나의 전략적 자산이다. 따라서 경영자는 내부고객인 종업원에게 인간적이고 사회적인 만족을 높여주어야 한다. 특히 종업원의 복지증진을 통해 경영안정화를 도모하고 경영에 참가할 기회를 넓혀 주는 것이 경영자의 책임이다.

3) 이해조정 책임

이해집단 사이에 발생하는 갈등에 대한 조정책임은 기업의 관계가 복잡해지면서 그 중요성이 강조되고 있다. 예컨대 노동조합과 경영협의회와의 갈등, 기업지배를 위한 주식의 대량 인수, 지역 사회단체와 기업과의 갈등 등은 기업존립에 위협을 주는 요인들이다. 경영자에게는 여러 이해집단과 이러한 이해관계를 조정해야 하는 책임이 있다.

4) 공해방지에 대한 책임

산업공해는 지역사회에 악영향을 주면서 궁극적으로는 기업에도 피해를 주게 된다. 이는 기업이 하나의 개방시스템으로서 외부환경요소와 항상 상호작용을 하기 때문이다. 따라서 경영자는 기업내부의 오염방지시설, 노후화 시설 등에 대해 정기

---

11) 백방선, 『경영학원론』, 무역경영사, 1995.

적인 점검을 해야 한다.

5) 후계자 육성에 대한 책임

기업은 영속성을 지니지만 기업내부의 경영자는 지속적으로 교체된다. 특히 한국도 100년이 넘는 역사를 가진 기업이 탄생하고 기업의 연령이 높아짐에 따라 체계적인 경영자 육성이 요구되고 있다. 또한 기업이 성공적으로 지속되기 위해서 현재의 경영자는 반드시 자신의 후계자를 육성할 책임을 져야 한다. 그래야만 원활한 기업승계가 이루어질 수 있다.

Recommended Readings

김문중, 『경영학원론』, 청목출판사, 1997.

백방선, 『경영학원론』, 무역경영사, 1995.

벤턴, 『그들은 어떻게 최고경영자가 되었을까』, 세종서적, 1997.

이광재, 『21세기형 신경영자의 조건』, 미래경영사, 1995.

임승환, 『5대 그룹 총수의 성격분석 보고서』, 중앙 M&B, 1998.

조동성, 『21세기를 위한 전략경영』, 서울경제경영, 2002.

——; · 피터 드러커, "어떤 기업이 살아남는가?", 『세계석학에게 듣는다』, 사회평론, 1994.

Bartlette, C. A. & Ghoshal, S., "Changing the Role of Top Management: Beyond Strategy to Purpose", *Harvard Business Review*, November-December 1994.

Block, P., *The Empowered Manager: Positive Political Skills at Work*, Jossey-Bass, 1991.

Hambrick, D. C. & Maison, P. A., "Upper Echelons: The Organization as a Reflection of Its Top Managers", *Academy of Management Review*, Vol. 9, 1984.

Holt, D., *Management*, Prentice-Hall, 1993.

Kanter, R. M., "Six Certainties for CEOs", *Harvard Business Review*, March-April, 1992.

Plunkett, W. R. & Attner, R. F., *Introduction to Management*, International Thomson Publishing, 1994.

Senge, P. M., "The Leader's New Work: Building Learning Organizations", *Sloan Management Review*, Fall, 1990.

Westley, F. & Mintzberg, H., "Visionary Leadership and Strategic Management", *Strategic Management Journal*, Vol. 10, 1989.

Column

조동성 교수의 경영 · 시사 칼럼

새 시대에 필요한 CEO의 역할

일반적으로 Chief(C)란 조직과 운명을 같이 하고 책임을 지는 최고위 직책, Executive(E)란 결단을 내리는 임무, 그리고 Officer(O)란 개인이 아닌 공적 책임을 가진 사회적 기관의 책임자를 의미한다. 따라서 CEO(Chief Executive Officer)는 조직 내에서 이루어지는 모든 활동에 대한 실질적이고도 최종적인 의사결정권과 책임을 가지는 사회적 기관의 최고위 책임자를 말한다. 우리 사회에서 볼 수 있는 대표적인 CEO로서는 국가의 통수권자인 대통령, 서울대학교를 비롯한 주요 대학교 총장, 주요 언론기관의 장, 기타 주요 사회단체 장 등을 들 수 있다.

경제계에서도 공적 기관이라고 보기 어려운 중소기업의 사장을 CEO라고 부르지는 않지만 국가경제에 큰 영향을 미치는 대기업의 최고경영자는 당연히 CEO이다. 대기업의 CEO는 그 기업의 사활을 좌우하며, 특히 위기에 처한 기업에서는 소생을 위한 향도(嚮導)의 역할을 수행해야 한다.

기업 설립 초기에는 주주 1인이 직접 경영하는 소유경영 체제로 시작하므로, 구태여 CEO 체제를 논할 의미가 없다. 그 후 기업이 성장함에 따라 외부로부터 자본을 조달하는 과정에서 주주 구성이 확대되고, 대주주 1인이 가진 능력에 의존한 경영에 대해서 한계가 나타난다. 이에 따라 전문적인 능력을 갖춘 경영 대리인이 등장한다.

한국에서도 지난 40년간 한국경제를 지배해온 소위 오너 경영이라고 불리는 지배주주 경영 체제가 한계를 맞게 되면서 이를 변화하도록 강제하는 요인들이 동시다발적으로 나타났다. 특히 창업자들이 경영을 장악하던 시절과 달리 글로벌스탠더드가 지배하는 오늘날에는 경영 방식이 완전히 달라졌다. 정부 영향력이 강한 과거에는 정부라는 한 채널만 상대해도 기업을 이끌어 갈 수 있는 지배주주 경영이 가능했지만 소액주주, 채권자, 고객, 하청업자, 근로자 등 수많은 이해당사자가 제각기 자기 몫을 주장하는 오늘날에는 다양한 이해관계를 전문적으로 다룰 수 있는 전문경영자가 필요하다.

1997년 우리 나라에서 경제위기가 터졌을 때, 미국의 경제지인 월스트리트에서는 위기가 발생한 원인을 CEO부재에서 찾았다. 만일 우리 나라 대기업을 전문경영자로서 원칙을 지키는 자세와 전문적인 경영능력을 갖춘 CEO가 맡고 있었다면, 부채비율이 300퍼센트를 넘는 상태에서 새로운 부채를 조달해서 신규사업에 진출하는 무리한 경영은 하지 않았을 것이라는 분석이었다.

이제 우리에게 필요한 CEO는 경영원칙에 따라 기업을 이끌어가는 전문가이다. 이들은 전략, 구조, 시스템에 기초한 경영논리를 중시하고 이에 충실한 방향으로 능력을 발휘해야 한다. 그리고 이러한 능력은 정책 결정자, 격려자, 조직자, 실행자, 결과책임자라는 다섯 가지 역할로서 구체화된다. 그리고 이런 역할을 수행하기 위한 기본 전제로서 CEO는 기업의 비전을 설정하고, 종업원의 능력을 개발해야 한다. 그러나 CEO의 궁극적인 덕목은 모든 노력을 결과로 나타내는 것이다. 종업원을 행복하게 하고, 소비자를 만족시키며, 시가총액을 증가시켜 주주들의 재산을 늘려주는 CEO만이 인정 받을 수 있다.

우수한 차의 성능은 매끈한 고속도로를 달릴 때보다 울퉁불퉁한 시골길을 달릴 때 나타난다. 마찬가지로 CEO의 능력은 위기 시 더욱 빛을 발한다. 지난 4년 동안 우리나라 경제가 위기를 극복하고 대기업들이 구조조정을 통해서 새로운 모습으로 태어나는 과정에서 이들 기업의 CEO는 나름대로 큰 역할을 하였다. 그러나 선진국으로의 진입이라는 대한민국 최고의 국가적 과제를 앞둔 오늘날 우리는 과거 어느 때보다도 높은 기대를 CEO에 대해 하고 있다.

〈한국경제신문, 1999. 8. 26〉

CEO 대통령과 MBA과정

국가경쟁력 이론에 의하면 개도국은 정치 지도자와 정부 관료가 주도하는 나라이고, 중진국은 창업자가 주도하는 나라이며, 선진국은 전문경영자가 주도하는 나라다. 미국만 해도 현재 기준으로 개도국에 불과하던 18세기 말에는 워싱턴, 제퍼슨 등이 당시 사회의 영웅이었지만, 중진국이었던 19세기에는 록펠러, 카네기 등의 창업자들이, 그리고 선진국으로 도약한 20세기에 들어와서는 GM의 앨프리드 슬로언, GE의 잭 웰치 등 전문경영자들이 대표적 인물이 되었다.

한국 역시 개도국 수준이던 1960~70년대에는 박정희 대통령, 중진국으로 부상한 1980~90년대에는 이병철, 정주영, 최종현 회장이 그 시대를 주도한 인물이었다. 앞으로 우리 나라를 선진국으로 발전시키자는 데 대해 이의를 제기하는 한국인은 없을 것이다.

그러나 그 선결 조건인 전문경영자 양성에 있어서는 매우 미흡한 것이 현실이다. 전국 1백60여 개 대학에서 소위 MBA라고 불리는 경영학석사를 매년 3천4백 명 배출하고 있지만 MBA교육의 세 가지 조건인 학생, 교수, 커리큘럼 면에서는 선진국 경영대학 수준에 크게 못 미치고 있다.

선진국에서는 이론과 실무를 겸비한 전문경영자를 양성하기 위해 3년 이상의 실무를 경험한 사람 중에서 MBA 입학생을 선발한다. 학생들은 자신이 현장에서 고민했던 문제들을 학교에서 지도교수, 동료 학생들과 함께 고민하는 가운데 마른 스펀지가 물을 빨아들이듯이 경영학 이론을 습득하게 된다. 이런 교육과정을 끝낸 졸업생들은 이론과 실무를 겸비한 전문경영자가 되어 입학 이전보다 2~3배 높은 연봉을 받고 중견간부로 입사한다.

그러나 우리 나라에서는 실무경험이 없는 학부 졸업생들이 MBA과정에 입학한다. 따라서 이런 학생들이 받게 되는 2년의 MBA교육은 학부교육의 연장선에 불과하다.

선진국 경영대학에서는 경영이론뿐 아니라 이론을 실무에 적용하는 분석기술, 사람을 다루는 관리기술, 그리고 위험에 대한 도전적 정신과 적극적 자세를 종합적으로 가르치기 위해 교수 1명당 학생 15명을 넘기지 않는다.

하버드 경영대학원은 교수 2백20명이 학생 1천5백 명을 가르치고, 우리와 비견되는 싱가포르 국립대학도 교수 1백80명이 학생 2천명을 가르친다. 그러나 우리 나라 대학에서는 칠판과 분필만으로 가르칠 수 있는 것이 경영학이라는 잘못된 인식 때문에 교수 증원에 인색하다.

서울대 경영대학만 해도 학부, 석사, 박사 과정에 복수전공 학생을 포함한 1천6백여명을 가르치는 전임교수 수가 불과 32명으로 교수 1인당 학생수가 50명이 넘고, 경영학 원론은 교수가 마이크를 잡고 3백명 앞에서 대중연설 하듯 강의한다.

경영교육 커리큘럼 역시 논문 작성을 중심으로 하는 일반 학술분야와는 크게 다르다. 선진국의 MBA과정에서는 논문 대신 60학점을 요구하는 것이 보통이다. 단, 교수의 일방적인 강의는 반도 안되고 사례토론, 역할연기, 비즈니스 게임, 프로젝트 등 다양한 교육이 토의실, 게임룸, 공장, 시장 등 경영현장에서 깊이 있게 이루어진다. 그러나 우리 나라에서는 학생이 학술 논문과 함께 24학점만 이수하면 졸업장을 받는다.

전문경영자를 양성하는 데 어려움이 많지만 이를 해결하는 길은 있다. 우선, 선진국형의 MBA과정을 개설해야 한다. 이 과정에는 실무경험자의 입학을 권장하고 교수진을 대폭 늘려야 한다. 성공한 창업 경영자들을 심층 분석해 한국적 경영학을 정립, 교육교재로 삼아야 하며 현장경영자들을 겸임교수로 활용해야 한다.

방학 중에는 기업에서 근무하는 인턴제도를 통해 학생들에게 현장과의 교류기회를 제공해야 하며, 선도적인 대학에서는 세계 수준의 경영대학원에 대한 공인기구인 AACSB로부터 인증을 받아야 한다. 그리고 해외 대학들과의 교환학생 협정을 통해 우리 학생들이 더욱 다양하게 해외경험을 하고 세계적인 안목을 기를 수 있도록 해야 한다.

한국의 경영학 교육이 가야 할 길은 멀다. 그러나 한국의 경영대학이 변신과 구조조정을 이룬다면 탄탄한 실력을 갖춘 전문경영자들을 배출해서 한국이 선진국으로 발전하는 데 일익을 담당할 수 있을 것이다.

〈중앙일보, 2002. 1. 25〉

CEO, 주주의 머슴돼라

배에는 선주와 선장이 있다. 선주는 배를 소유하는 사람이고 선장은 배를 목적지까지 운항을 책임지는 사람이다. 나룻배나 모터보트라면 선주가 선장 역할을 하겠지만 대형 유조선이나 호화 유람선에서는 선주가 전문적인 능력을 필요로 하는 선장직을 맡지도 않고, 맡을 수도 없다.

기업에도 선주에 해당하는 주주와 선장에 해당하는 최고경영자(CEO)가 있다. 주주는 기업을 소유하는 사람이고, CEO는 기업을 원하는 방향으로 움직여 나가는 책임을 진 사람이다. 흔히 CEO를 사장이라고 부르지만 엄밀한 의미에서 CEO는 책임의 성격을 나타내는 직책이고 사장은 조직에서의 계급, 즉 직급이다.

어느 사람이 명함에 공장장 겸 부사장이라고 쓰는 경우 공장장은 직책이고, 부사장은 직급이다. 일반적으로 CEO는 사장, 회장의 직급을 갖지만 전무나 상무가 CEO가 될 수도 있고, CEO가 아닌 사장도 있다.

배와 마찬가지로 나룻배에 해당하는 중소기업이라면 주주 중에서 제일 지분을 많이 가지고 있는 지배주주가 사장직을 맡겠지만 대형 유조선에 해당하는 대기업에서는 전문경영자를 CEO로 임명해 기업경영 책임을 맡기는 것이 선진국의 관행이다.

그러나 우리 나라에서는 소위 개발연대라고 불리는 60년대 초반부터 90년대 중반까지는 대기업에서도 지배주주가 직접 CEO를 맡아서 운영하는 경우가 많았다. 그리고 경영능력이 부족한 지배주주가 전문경영자보다 더 높은 경영성과를 내는 경우도 비일비재했다. 이런 역설적인 현상이 나타났던 이유는 무엇인가.

기업이 매출액, 이익 등에서 높은 경영성과를 내는 데에는 두 가지 방법이 있다. 하나는 기업 내부에 경쟁 기업보다 더 나은 능력이 있어서 이를 가지고 경영성과를 내는 것으로, 이를 내부 효과(Internal Effect)라고 부른다. 효율적인 생산시스템을 가지고 경쟁 기업보다 1원이라도 싸게 제품을 생산하든가, 새로운 발상으로 시장을 개척해 경쟁 기업보다 한 개라도 제품을 더 팔 수 있는 유통망을 구축하면 되는 것이다.

또 하나의 방법은 기업 외부에 존재하는 특수한 조건에 의해 성과를 올리는 것으로, 이를 외부 효과(External Effect)라고 부른다. 정부에서 인허가권을 받아서 시장을 독점하는 기업이나 은행에서 시장금리보다 낮은 정책금융을 제공받는 기업은 독점이익, 또는 정부지원만큼 높은 경영성과를 올릴 수 있는 것이다.

내부 효과와 외부 효과 중 보다 손쉽고, 효과 크기가 큰 쪽은 외부 효과이다. 따라서 외부 효과가 존재하는 시장에서는 내부 효과보다 외부 효과를 극대화할 수 있는 사람이 CEO로서 기업을 이끌어가는 것이 더 효율적이다. 그런데 외부 효과를 극대화할 수 있는 능력은 전문경영자가 아니라 도박같이 과감한 승부수를 던지는 지배주주가 가지는 것이 보통이다. 따라서 외부 효과가 도처에 존재하던 개발연대에는 지배주주들이 CEO직을 맡았던 것이다.

한국이 95년 세계무역기구(WTO)에, 96년 경제협력개발기구(OECD)에 가입하면서 기업이 누려왔던 외부 효과는 급격하게 사라졌다. 그 결과 외부 효과에만 의존해 왔던 한국기업들이 줄줄이 무너지는 97년 경제위기가 발생했고, 살아남은 기업들은 내부 효과를 올릴 수 있는 전문경영자를 CEO로 영입하기 시작했다.

경제위기가 발생한 후 지난 4년 동안 전문경영자로서 CEO가 된 사람 중에서 탁월한 능력을 발휘하는 경영자가 하나 둘 나타났다. 구시대의 유물인 지배주주의 머슴이 아니라 지도자 역할을 하는 CEO 시장이 서서히 형성되기 시작한 것이다.

국민은행의 김정태 행장, 이스텔시스템즈의 서두칠 사장, 농업기반공사의 문동신 사장처럼 능력있는 CEO는 부실기업을 건전한 기업으로 탈바꿈시키고, 사양산업에서 성장산업을 찾아내며, 첨단기술을 첨단산업으로 구체화해 부가가치를 올림으로써 해당 기업의 국가경쟁력을 강화하는 역할을 수행하고 있다.

이들은 전통적인 경영지표인 성장성, 수익성뿐 아니라 새로운 시대에 필요한 재무 건전성, 투명성, 지배구조의 공정성과 같은 첨단적 경영분야에서 탁월한 능력을 발휘해 궁극적으로 CEO 역할을 수행하게 된다.

이제 특정 지배주주의 재산을 지키는 머슴이 아니라 모든 주주의 재산을 지키는 머슴으로 기업의 마지막 보루 역할을 하는 전문경영자 CEO 시대가 열렸다. 우리도 전문경영자가 기업의 CEO로서 국가 경제를 이끌고 가는 선진국으로의 첫 발을 내디딘 것이다.

〈매일경제신문, 2002. 6. 13〉

경영자로서의 항우와 유방

경영학원론 시간에 항우와 유방이 등장하는 '西楚霸王(서초패왕)'이라는 중국 영화를 감상하였다. 이 영화에서 항우는 의리를 존중하고 약속을 지키며 우미인이라는 한 여인에게 모든 사랑을 바치는 인간적인 사람으로 묘사되어 있는 반면, 유방은 의리를 배반하고 약속도 지키지 않으며 여치라는 아내가 있음에도 불구하고 많은 여자들을 거느리는 비인간적인 사람으로 그려져 있었다.

그 한 예로 유방과의 싸움에서 연전연승하던 항우는 백성들이 전쟁으로 인해 도탄에 빠져 있다는 한 부하의 간언에 따라 결단을 내린다. '백성들이 도탄에 빠져 있는데 내가 천하를 통일해서 무엇하겠는가? 중국 천하를 둘로 갈라 유방과 나누어 다스리면서 사이좋게 지내리라.' 그리고는 유방에게 다음과 같이 제안하였다. '이제는 싸움을 끝내고 강을 중심으로 하여 동쪽은 내가 서쪽은 당신이 다스려 평화롭게 살아갑시다.' 계속해서 싸움에서 지고 있던 유방은 꿇어 엎드리며 항우에게 고마움을 표시하고, 두 사람은 피의 맹세를 한 후 헤어졌다. 그러나, 항우 군대가 모처럼 평화를 즐기고 있는 틈을 타 유방은 뒤에서 덮쳤다. 결국 유방은 항우 군대를 섬멸하였고 항우와 그를 따르던 부하들은 모두 자결하고 말았다.

'항우와 유방 중 누가 더 바람직한 경영자인가?' 영화감상 직후에 있은 거수 투표에서는 7:3 정도의 비율로 항우가 유방보다 더 바람직한 경영자라는 결과가 나왔다. 이어서 진행된 토론에서도 여러 학생들은 항우를 인간적이고 의리가 있으며 그를 믿고 뒤따르는 수많은 부하를 거느리는 지도자로 평가하였다. 특히 상황이 나빠졌을 때, 항우 부하들이 항복하지 않고 그를 따라 전원 목숨을 버린 사실에 감동하여 그러한 부하가 있다면 지도자로서 더 이상 행복할 수가 없으리라는 의견을 내 놓는 학생도 여럿 있었다.

그러나 토론이 무르익어 가면서 유방이 더 훌륭한 경영자가 아니냐 하는 의견이 서서히 고개를 들기 시작하였다. '경영자는 자기 부하를 행복하게 만들어 줄 책임이 있다. 전쟁에서 패하여 자신은 물론, 자기만을 따르던 부하들을 모두 죽음으로 이끈 경영자를 어떻게 훌륭한 경영자라고 할 수 있겠는가? 범증이라는 참모가 유방을 죽여야 된다고 주장하는데도 의리와 가치관만을 내세우며 독선에 빠지는 경영자는 바람직한 경영자라고 할 수 없다. 경영자라면 주위 사람의 의견을 충분히 수렴한 후에 올바른 결정을 내려야 하는 것이 아닌가? 유방은 비록 약속은 지키지 않았지만 그가 추구한 목적, 즉 천하를 통일하여 자신의 이상을 펼치는 데에는 일관성이 있었다. 더구나 전쟁이라는 특수한 상황에서는 적군과 한 약속을 지키는 것이 무슨 가치 있는 일인가?' 하는 반론이 나왔다. 또한 '유방이라고 해서 약속을 지키고 싶지 않았겠는가? 그러나 더 큰 목적을 위해, 보다 큰 뜻을 위해 보통 사람으로서의 가치 기준을 버릴 수 있었던 것이다. 자신의 감정을 철저히 자제하고 부하들의 의견을 충분히 들어가면서 전쟁을 승리로 이끈 유방이야말로 진정한 경영자이다.' 이처럼 토론이 진행되어 갈수록 유방을 긍정적으로 보는 견해가 많아졌다.

그러자, 세 번째 의견이 나오기 시작하였다. '결국 항우나 유방이나 나름대로 특성을 지닌 경영자이다. 따라서 시대가 무엇을 요구하고 기업이 어떠한 상황에 처해 있는가에 따라 항우같은 경영자가 필요할 수도 있고 유방 같은 경영자가 어울릴 수도 있다. 예컨대 창업기에는 항우 같이 강한 개성을 가진 사람이 기업을 이끌어 나가야 하지만, 규모가 커지고 경영내용이 복잡해지면 유방 같은 관리능력을 지닌 사람이 필요하게 된다.' 라는 의견이 학생들간에 공감대를 형성하기 시작하였다.

그러는 가운데, 또 다른 학생이 네 번째 의견을 냈다. '결국 유방이나 항우는 서로 다른 인물이지만, 모든 경영자가 지니고 있는 성격의 이중성을 상징적으로 보여주는 것이 아니겠는가? 경영자는 항우가 가진 성품과 유방이 가진 성품 두가지를 겸비하고 있지만, 필요에 따라 항우의 능력이 나타나기도 하고, 유방의 능력이 나타나기도 하는 것이다. 따라서 가장 바람직한 경영자는 항우의 인간적인 면과 유방의 합리적인 면을 겸비하면서 상황에 따라 적절하게 대응할 수 있는 사람이라 할 수 있다.'

이러한 인물들 속에 강조되어 나타나는 인간적인 면과 합리적인 면을 동시에 갖추기 위해서, 그리고 상황에 따라 두 가지 면 중 어느 편 능력을 발휘해야 하는지를 알기위해서 지금 공부하는 것이 아니겠느냐하는 결론을 내리면서 학생들은 토론을 끝마쳤다.

〈동아일보, 1996. 12. 4〉

제 6 장

경영환경론

경영자가 생각해야 할 네 가지 차원이란?

일생에 있어서 기회는 적은 것이 아니다. 그것을 볼 줄 아는 눈과 붙잡을 수 있는 의지를 가진 사람이 나타날 때까지 기회는 잠자고 있는 것이다. 비록 재난이라 할지라도 그것을 휘어잡을 의지가 있는 사람 앞에서는 재난은 도리어 건설적인 귀중한 가능성을 품고 있는 것이다.

– 로런스 굴드 –

기회는 어디에나 있다. 낚시대를 던져 놓고 항상 준비 태세를 취하라. 없을 것 같아 보이는 곳에도 언제나 고기는 있는 법이다.

– 오비디우스 –

PRINCIPLES OF MANAGEMENT

제 1 절 경영환경에 대한 이해

1. 개방시스템으로서의 기업

(1) 경영시스템에 대한 이해

경영환경을 이해하기에 앞서 우선 시스템이라는 개념을 이해할 필요가 있다. 시스템이란 통합된 하나의 '전체' 를 구성하는 부분들이 동일한 목적을 달성하기 위해 사전에 정해진 계획대로 각자의 역할을 수행하는 서로 관련된 부분들의 집합이다. 이런 관점에서 보면 조직이란 하위시스템들(subsystems)로 구성된 하나의 시스템이며, 하위시스템에서 일어나는 변화는 적어도 하나 이상의 다른 하위시스템에 영향을 미치게 된다.

기업은 내부와 외부로부터 영향을 받는 동적인 시스템(dynamic systems)이다. 다음 그림은 폐쇄시스템(closed system)에서 투입과 산출의 흐름을 나타내는데 이 시스템에서는 내부경로를 통해 각 요소간 피드백을 할 수 있다. 이 때 피드백은 조직의 운영이나 의사결정에 있어서 변화의 필요성을 일깨워주는 역할을 한다.

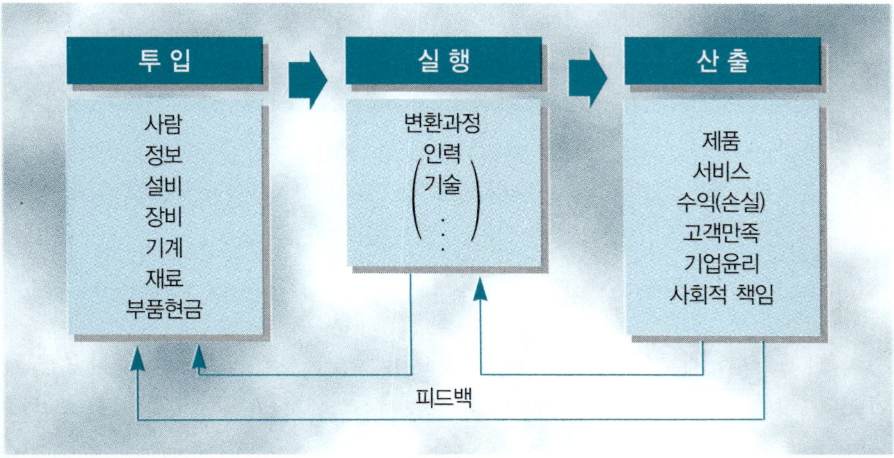

〈그림 6-1〉 폐쇄시스템으로서의 조직

자료: Plunkett, W. R. & Attner, R. F., *Introduction to Management,* International Thomson Publishing, 1994.

(2) 폐쇄시스템과 개방시스템

폐쇄시스템은 외부의 영향요인에 구애받지 않고 독립적으로 운영되는데, 오랫동안 기업의 경영활동은 폐쇄시스템으로 여겨져 왔다.

폐쇄시스템으로서의 경영활동

고전경영이론에서는 일의 성패 및 성과가 시스템 내부의 통제에 의해 미리 정해져 있는 것으로 보았다. 이러한 폐쇄시스템에서는 주어진 목표를 달성하는데 필요한 구성요소들을 파악하는 것이 어렵지 않다. 왜냐하면 이러한 구성요소들은 한정된 경계내에 존재하며 그 시스템의 통제하에 놓여 있기 때문이다. 그러므로 폐쇄시스템에서는 경계와 통제를 벗어나는 모든 행위들을 외부환경으로 간주한다.

자료: Bittel, L. R. & Ramsey, J. E. (ed.), *Handbook for Professional Managers*, McGraw-Hill, 1985.

고전경영학자들이 경영시스템을 폐쇄시스템으로 생각한데는 다음과 같은 이유가 있다. 이들이 이론을 정립할 시기에 유럽과 미국 정부는 기업의 경영활동에 대한 통제를 거의 하지 않았고, 외국 기업과의 경쟁도 그다지 심하지 않았으며 노동력도 풍부했다. 또한 원재료도 쉽게 구할 수 있었으며 해외로 시장이 확대되어 유럽과 미국의 공장에서 생산된 제품들은 전부 소비되었다. 그러나 이러한 상황은 오래 전에 끝이 났고, 이제 폐쇄시스템은 교과서에서만 살아있는 내용이 되고 말았다. 최근의 경영학자들은 모든 운영시스템(operating systems)을 개방시스템(open system)이라고 여긴다. 또한 개방시스템은 끊임없이 변화하며 외부환경을 구성하는 요소들과 지속적으로 상호작용을 한다.

개방시스템으로서의 경영활동

조직을 보는 최근의 관점에 따르면 조직은 환경에 의지하고 환경의 영향력에 의해 통제되는 등 환경과 지속적인 상호작용을 하는 개방시스템이다. 개방시스템에는 대개 사람도 포함되는데, 이 때 사람은 개방시스템을 개발, 운영, 사용하는 역할을 한다.

자료: Bittel, L. R. & Ramsey, J. E (ed.), *Handbook for Professional Managers*, McGraw-Hill, 1985.

〈그림 6-1〉의 폐쇄시스템에 개방시스템이라는 현대적인 관점을 도입하려면 그림을 〈그림 6-2〉와 같이 수정하면 된다. 개방시스템에서는 두 가지 단계의 외부환경과 이들 사이의 연결고리가 덧붙여지는데, 이 연결고리는 시스템과 외부환경의 경계사이에 걸쳐 있다.

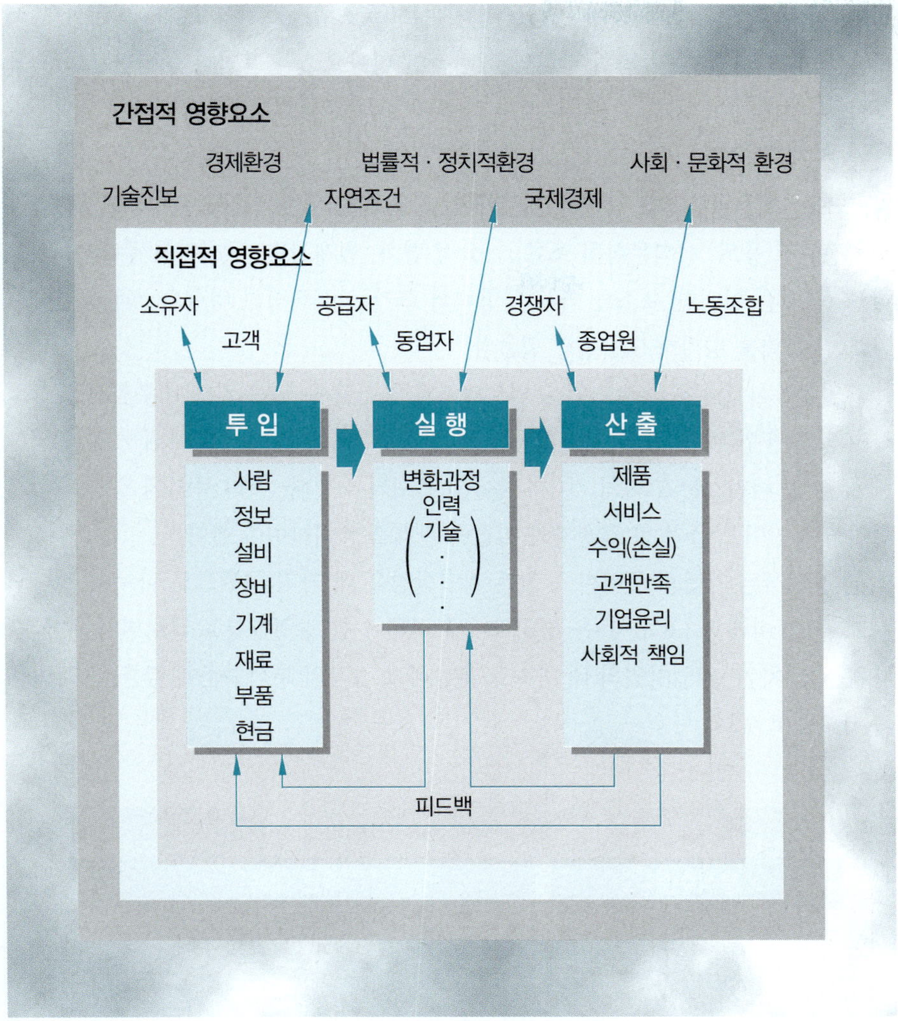

〈그림 6-2〉
개방시스템으로서의 조직

자료: Plunkett, W.R. & Attner, R. F., *Introduction to Management,* International Thomson Publishing, 1994.

2. 경영환경

기업을 운영하면서 접하게 되는 환경을 구성하는 요소에는 내부요소와 외부요소가 있다. 조직의 내부환경은 경계 내의 요소들로 구성된다. 이러한 요소에는 조직이 추구하는 사명, 리더십 스타일, 경영철학, 조직구조, 정책, 문화, 풍토, 이용가능한 자원 등이 있다. 조직의 외부환경은 경계 밖에 존재하면서 직 · 간접적으로 조직구성원, 프로세스, 시스템 등에 영향을 미치는 모든 요소들로 구성된다. 이러한 요소들은 영향력의 강도 및 범위에 따라 직접적인 영향요소와 간접적인 영향요소로 구분할 수 있다.

우선, 직접적인 영향요소에는 고객, 경영권이 없는 소유주, 구매자, 공급자, 경쟁자, 노동조합, 정부규제 등이 있다. 한편, 간접적인 영향요소에는 경기변동, 법률적 · 정치적 풍토, 사회문화적 조류, 기술적 변화, 천재지변, 국제적인 주요 사건 등이 포함된다. 이러한 요소들 역시 영향력의 크기는 직접적인 영향요소와 동일하지만 그 영향력을 평가하기는 훨씬 힘들다.

기업활동이 성공하려면 기업은 외부세계와 양립할 수 있는 기업 내부환경을 창조하지 않으면 안 된다. 또한 기업활동의 모든 과정은 합법적이어야 하며 기업이 생산한 제품 및 서비스는 고객의 기대수준을 충족시켜야 한다. 이와 동시에 경영자는 기업경영에 있어 공급자 및 경쟁자와 밀접한 관계를 유지하여야 한다.

본 장에서는 기업을 둘러싸고 있는 기업환경을 네 가지 차원으로 나누어 살펴보려고 한다. 아래의 〈표 6-1〉은 경영자가 고려해야 할 경영환경을 글로벌차원, 국가차원, 산업차원, 기업차원의 네 가지로 분류하고 각각의 분석수준에 따른 주요 내용을 나타내고 있다.

〈표 6-1〉
경영자가 생각해야 할 네 가지 차원의 문제

분석수준	주요 내용
글로벌차원	경쟁환경의 변화
국가차원	국제경쟁력
산업차원	산업구조
기업차원	경쟁기업 분석

제 2 절 글로벌차원: 경쟁환경의 변화

1. 글로벌차원의 품질 및 원가경쟁

경쟁환경의 변화 가운데 첫 번째는 품질과 원가에 기반을 둔 글로벌 경쟁이다. 일반적으로 기업은 가격이 약간 다르고 품질도 약간 다른 제품을 출시함으로써 글로벌 시장에서 경쟁한다. 품질이 중요한 경쟁요소가 아닌 경우에는 가격이 유일한 경쟁무기이므로 치열한 가격전쟁이 전개된다. 그러나 글로벌 경쟁이 점차 확대됨에 따라 기업은 다른 기업과 차별화하기 위해서 품질과 서비스라는 새로운 경쟁요소를 도입할 수밖에 없다. 몇몇 기업들은 다양한 가격과 품질의 제품을 만들어 고가격 고품질의 차별화전략과 저가격 저품질의 원가우위전략을 모두 활용하기도 한다. 예를 들면 GM은 시보레에서 캐딜락에 이르는 다양한 자동차를 시장에 출시하고 있으며, 마이크로소프트는 DOS에서 Windows, NT에 이르는 소프트웨어들을 시장에 내놓고 있다.

그러나 글로벌시장에서는 여전히 틈새시장(niche market)을 개척하여 적절한 전략을 구사하기만 한다면 시장을 확보할 여지가 남아 있다. 그러나 기업들이 너도나도 이러한 틈새시장을 개척하게 되면 다시 기업간 경쟁이 치열해지기 마련이다. 즉, 확대된 시장이 다시 기존시장과 같이 되어버려 글로벌 경쟁을 더욱 어렵게 하는 것이다.

미국 항공사간 품질, 원가경쟁

아메리칸 항공이 1992년 4월, 가격체계를 완전히 뜯어고치면서 요금을 38%나 인하했을 때, 이는 격렬한 가격경쟁을 몰고 왔다. 한달 후, 노스웨스트항공은 "two-for-one"이라는 새로운 서비스를 제공하기 시작했고, 이에 맞서 아메리칸 항공은 50% 요금할인으로 대응하기에 이른다. 이러한 경쟁은 품질측면에서도 예외가 아니어서 각 항공사들은 좌석배열을 새롭게 하였고 승객을 대하는 태도 또한 개선하기에 여념이 없었다. 그런데 이러한 경쟁우위들은 재빠르게 경쟁기업들에 의해 모방된다. 따라서 일단 경쟁우위가 사라질 기미가 보이면, 기업은 반드시 새로운 경쟁우위를 창출하기 위해서 노력해야만 한다.

2. 글로벌차원의 타이밍과 노하우

글로벌차원의 품질 및 원가경쟁을 극복하는 한 가지 방법은 그 어떤 기업도 관심을 갖지 않았던 지구촌의 새로운 시장에 진입하거나 새로운 제품을 출시하는 것이다. 시장진입의 적절한 타이밍과 이를 가능케 하는 노하우는 글로벌차원의 경쟁환경에서 두 번째로 중요한 요소이다.

가장 먼저 시장에 진입한 선발기업은 그 시장을 독점적으로 지배할 수 있지만 시간이 흐름에 따라 대개는 경쟁기업에 의해 쉽게 모방된다. 후발기업을 방어하기 위해서 선발기업은 일부러 모방이 어려운 장애물을 설치할 수도 있다. 그러나, 후발기업 또한 이러한 장애물을 극복하려고 시도하기 마련이며, 점점 더 빠른 속도로 모방을 하게 되므로 선발기업은 기존 전략을 수정하지 않을 수 없게 된다.

이러한 후발기업의 추격에 대해 선발기업은 완전히 새로운 자원과 노하우가 필요한 기술진보를 이룩할 수도 있다. 이렇게 함으로써 다른 기업들이 모방하기 힘들어지는 것은 사실이나 결국 모방기업들은 선발기업을 따라잡게 된다.

마이크로소프트사는 회사 특유의 노하우를 구축하면서 지속적으로 새로운 제품을 출시하고 있다. 그러나 제품개발에 드는 비용은 계속해서 상승하였다. 윈도우즈를 개발하는데는 1억 달러가 소요되었으며, 새롭게 개발중인 데이터베이스 소프트웨어인 시러스(Cirrus)는 앞으로 수 년 동안 훨씬 더 많은 돈을 투자해야 성공적으로 개발할 수 있을 것으로 예상된다.

3. 자국시장에서의 글로벌 경쟁

정보기술이 발달하면서 글로벌차원의 기업간 경쟁은 타이밍, 노하우 경쟁 단계를 거쳐 새로운 우위를 창출하려는 시도로 전환되고 있다. 신기술 및 신제품의 모방속도가 더욱 빨라져 혁신성과를 오랫동안 누린다는 것은 이미 과거 이야기가 되어버렸기 때문이다. 따라서 글로벌차원에서는 기업의 근거지(일반적으로 자국시장)를 기반으로 이 시장만큼은 경쟁기업으로부터 지켜내야 한다는 식의 경쟁상황이 전개되고 있다.

자국시장을 방어하려는 노력은 특정지역, 특정산업 혹은 특정 세분시장에 대한 진입장벽을 구축하는 것에서 시작되는데, 이러한 진입장벽은 경쟁기업의 모방 및 추격을 어느 정도 방어할 수 있는 힘이 되기도 한다. 그러나 이러한 전략은 오래 지속되기 어렵다. 왜냐하면 경쟁기업이 금방 진입장벽을 피할 수 있는 우회전략이 있다는 것을 알게 되고, 다시 새로운 경쟁이 필연적으로 전개되기 때문이다.

이렇게 경쟁기업이 근거지까지 공격하게 되면, 공격당한 기업이 가만히 있을 리 없다. 역습기회를 노려 다시 공격하게 되며, 공격과 역습이 계속 반복되면서 근거지를 활용한 우위는 사라져 버리게 된다.

4. 축적된 자원을 활용한 글로벌 경쟁

기업들이 원가 및 품질, 타이밍과 노하우를 활용한 우위를 전부 소모한 후, 근거지마저 무너져 버리게 되면, 대부분의 기업들은 축적된 자원에 의존하게 된다. 전략적 우위를 확보하기 위한 네 번째 경쟁 무기는 축적된 자원이다. 보유 자원이 충분한 기업들은 이를 이용해서 경쟁기업이 더 이상 버티지 못하고 포기할 때까지 제품을 훨씬 더 싸게 팔 수도 있다. 그러나 그렇다고 이런 기업에 비해 소규모 기업들이 완전히 무방비상태인 것은 아니다. 이들은 이러한 대기업의 행위에 대해 정부규제에 호소할 수도 있고, 소규모 기업들간에 공식적 혹은 비공식적 제휴를 맺을 수도 있으며, 자원이 풍부한 기업과의 직접적인 경쟁을 피할 수도 있다. 이러한 경쟁을 통해 자원을 다 소모하게 되면 결국 그 기업은 축적된 자원을 바탕으로 한 경쟁우위를 잃게 된다. 또한 소규모의 기업들이 합작투자나 전략적제휴를 통해 자원보유능력을 극대화한다면 대기업과 소규모기업연합의 능력이 거의 비슷해 질 수 있을 것이다.

아메리칸항공과 마이크로소프트: 축적된 자원을 통한 경쟁

아메리칸항공은 축적된 자원을 활용해 경쟁기업과의 가격전쟁에서 우위를 점할 수 있었다. 그러나 아메리칸항공이 대규모로 보유하고 있는 항공기의 운항기령이 높고 지리적으로 복잡하게 흩어져있다는 점 때문에 효과적인 가격우위가 지속될 수 없었다. 아메리칸항공에 비해 훨씬 규모가 작은 사우스웨스트는 운항편수를 늘리면서 이에 대응했는데, 경쟁사인 아메리칸항공에 비해 43%의 원가우위를 누릴 수 있었다. 마이크로소프트 역시 DOS와 윈도우즈를 팔아 벌어들인 이익을 차세대 소프트웨어개발에 투자하고 있다.

제 3 절 국가차원: 국제경쟁력

1. 경영자는 왜 국가차원의 경쟁력에 관심을 가져야 하는가?

국제경쟁력의 개념에 대해서는 논란이 있을 수 있으나 기본적으로 한 나라의 국제경쟁력은 경쟁력 있는 산업에 의해서 유지되고, 경쟁력 있는 산업은 결국 경쟁력 있는 기업들에 의해서 지탱된다는 사실에 대해서는 이론의 여지가 없다. 따라서 기업의 사회적 역할 및 책임 측면에서, 경영자는 기업을 육성하여 경쟁력 있는 산업과 국가를 이루어야 하는 것이다.

강한 기업이 강한 산업과 국가를 이루는 것과 마찬가지로 경쟁력 있는 국가와 산업이 강한 기업을 육성한다. 예컨대 정부가 기업활동에 유리한 환경을 조성하는 한편 산업정책을 효과적으로 운용하여 공정경쟁과 협력을 유도한다면 이는 기업성장의 좋은 밑거름이 될 수 있다. 이런 점에서 경영자는 기업의 성장기반인 국가경제에 대해서 지속적인 관심을 가져야 한다. 그런데 경영자의 관심이 결코 국수주의나 민족주의 혹은 애국심이라는 차원에서의 본국에 대한 관심만을 의미하는 것은 아니다. 외국으로 진출하는 기업에게도 국가에 대한 관심은 매우 중요하다. 외국에 진출하는 기업의 경우 진출하는 국가가 기업활동의 무대가 되기 때문에 진출국의 국제경쟁력과 경쟁우위를 파악하려는 노력이 기업활동의 매우 중요한 요소라는 사실은 이미 널리 인식되어 있다. 국제경쟁력은 어디서 나오는 것인지 살펴보도록 하자.

2. 국제경쟁력의 9가지 원천

한 나라의 국제경쟁력을 올바로 평가하고 국제경쟁력이 강화되는 과정을 이해하기 위해서는 특정 시점에서 그 나라의 물적자원, 경영환경, 관련산업, 국내수요라는 네 가지 물적요인 뿐만 아니라 국제경쟁력을 변화시키는 역할을 담당하는 인적요인을 고려해야 한다. 즉, 국가경제의 저변을 형성하는 숙련된 근로자, 경제발전 계획을 세우고 경제성장을 실질적으로 주도하는 정치가와 행정관료, 위험을 무릅쓰고 과감한 투자를 행하는 기업가, 높은 교육수준을 바탕으로 실제 기업경영에서 다양한 능력을 발휘하는 전문경영자와 새로운 기술에 대해 끊임없이 도전해 온 기술자 등이 국제경쟁력을 형성하는 인적요인이라 할 수 있다. 이러한 여덟 가지 변수 외에 석유위기, 올림픽과 같은 외부요인으로 발생할 기회변수도 고려해야 하는데 국제경쟁력을 형성하는 9가지 원천을 좀 더 구체적으로 살펴보도록 하자.

(1) 물적요인

국제경쟁력을 형성하는 원천 중 물적요인이란 국내에 존재하면서 상품 및 서비스를 생산 · 판매하는데 직 · 간접으로 영향을 미치는 요인을 말한다. 여기에는 물적자원, 경영환경, 관련산업, 국내수요 등 네 가지 요소가 있다.

1) 물적자원

물적자원은 크게 부존자원과 창출자원으로 나눌 수 있다. 우선, 부존자원은 특정 국가에서 별다른 노력 없이 취득할 수 있는 것으로 광물자원과 농림수산자원, 자연자원 등을 말한다. 광물자원은 고갈성 자원으로 석탄, 석유, 천연가스 등 에너지 자원과 철광석, 금, 은 등 비에너지 자원으로 구분되며, 농림수산자원은 농산물, 임산물, 수산물 등 재생산이 가능한 자원을 지칭한다. 자연자원은 토지, 기후, 경치, 물, 공기 등으로 구성되어 있으며, 이러한 자원은 경제활동의 기본적인 재료가 된다. 이에 반해 창출자원은 투자에 의해 만들어지는 자원을 말한다. 창출자원은 정부나 기업 혹은 대학이 단독 혹은 공동투자를 함으로써 창출된다. 지식자원이 창출자원의 가장 대표적인 예이다.

2) 경영환경[1)]

경영환경은 국가차원, 산업차원, 기업차원으로 나누어 분석할 수 있다. 국가차원의 경영환경은 가시적 요소와 비가시적 요소로 나눌 수 있는데, 가시적 요소는 도로, 항만, 통신시설 등 경제활동에 필요한 사회간접자본을 의미하며, 비가시적 요소는 국민의 자본주의에 대한 긍정적 인식과 시장 메커니즘에 대한 이해, 생산자, 상인, 소비자 등 시장구성원의 상거래 질서와 신용 등을 포함한다. 산업차원의 경영환

1) 여기서 말하는 경영환경과 본장의 주제(경영환경론)에서의 경영환경은 다소 그 의미를 달리한다. 여기서는 기업경영에 직 · 간접적 영향을 미치는 요소를 경영환경이라 하는데, 본장의 주제인 경영환경론은 기업경영자가 고려해야 할 요소라는 의미이다.

경으로는 경쟁자의 수와 규모, 진입장벽의 종류와 높이, 제품의 차별화 정도 등을 들 수 있다. 기업차원의 경영환경은 기업의 전략과 조직, 기업구성원의 조직에 대한 자세 등이 있다.

〈그림 6-3〉
국제경쟁력의 9가지 원천

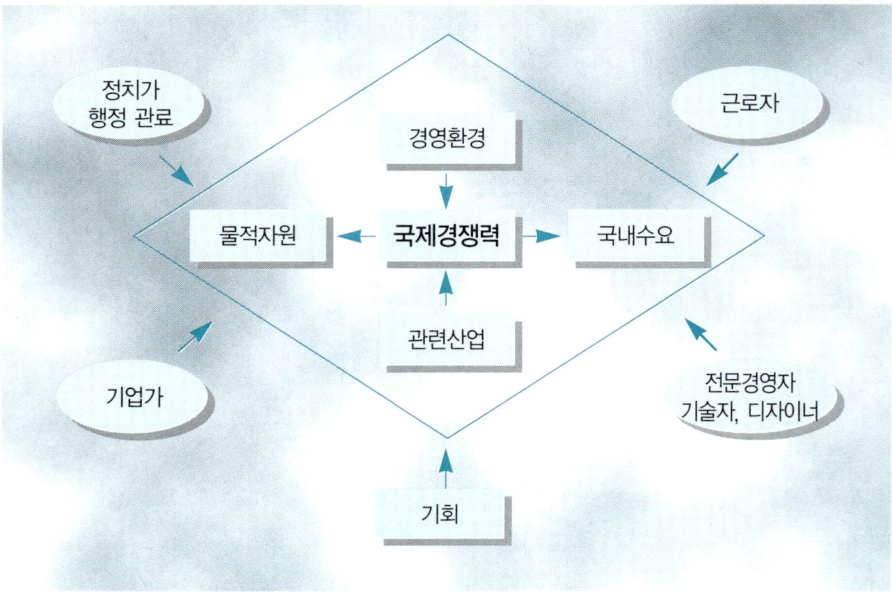

자료: 조동성, 『21세기를 위한 국제경영』, 경문사, 1997.

3) 관련산업

관련산업은 수직적 관련산업, 수평적 관련산업 및 지원산업으로 나누어 볼 수 있다. 수직적 관련산업은 다시 상류부문과 하류부문으로 나눌 수 있고, 수평적 관련산업은 같은 기술이나 원재료, 유통, 마케팅 등을 활용하는 산업을 들 수 있다. 지원산업은 금융산업을 비롯하여 보험, 정보, 수송 등 서비스 부문을 지칭한다.

4) 국내수요

국내수요는 시장규모라는 양적 요인과 개별 시장마다 나타나는 소비자의 질적인 특성을 포함한다. 시장규모는 안정적인 경제활동을 가능케 하며, 해외시장에 진출하기 전에 활용하는 실험시장(test market)의 역할을 수행할 수 있게한다. 그러나 국내수요가 보다 큰 의미를 갖는 부분은 질적인 측면에서이다. 즉 소비자의 제품품질에 대한 기대수준이나 평가능력이 제품을 공급하는 기업에게 자극을 줌으로써 경쟁력을 향상시킨다는 것이다.

(2) 인적요인

인적요인이란 위의 네 가지 물적요인을 움직여 국제경쟁력을 강화시키는 인적자원을 말하는데 근로자, 정치가와 행정관료, 기업가, 전문경영자와 기술자 등 네 가지 변수를 들 수 있다. 인적자원은 물적요인을 배열 · 결합하여 국제경쟁력을 강화시키는 역할을 한다.

1) 근로자

근로자는 노동생산성에 영향을 주는 모든 변수, 즉 낮은 임금 뿐만 아니라 높은 교육수준, 조직에 대한 소속감, 상급자에 대한 복종심, 근로에 대한 열정, 풍부한 인력 등을 말한다.

2) 정치가와 행정관료

경제발전을 자신의 정권창출 및 유지수단으로 선택하는 정치가를 지도자로 선택한 국가 및 국가의 경제발전을 위해 자신의 정치적 목표를 포기할 수 있는 정치가를 가진 국가는 그렇지 못한 국가보다 강한 경쟁력을 가지게 된다. 한편, 행정관료는 정치가의 정책을 현실경제에 적용시키는 사람으로서 마치 자동차의 변속장치와 같은 역할을 담당한다.

3) 기업가(entrepreneur)

기업가는 미래를 예측하기 어려운 상황에서 커다란 위험부담을 갖고 스스로의 책임하에 사업을 시작하여 기업을 일으키는 사람이다. 어느 국가든 경제발전 초기단계에서 산업혁명을 이끌어나가는 주체로서 기업가가 나타나게 되며, 이들이 높은 위험을 극복하고 이윤을 창출하는 과정에서 그 나라의 국제경쟁력이 향상된다.

4) 전문가(전문경영자, 기술자, 디자이너)

경쟁이 치열한 상황에서는 기업가의 위험부담만으로 경쟁력이 형성되지 않는다. 원가를 단 0.1%라도 절감하고 납기를 단 한시간이라도 단축하려는 전문경영자들의 피나는 노력과, 품질을 개선하고 새로운 제품을 개발하기 위한 기술자와 디자이너들의 헌신적인 열정이 기업의 경쟁력, 산업과 국가의 경쟁력을 좌우하게 된다.

(3) 외부요인: 기회

기회란 국내여건과 무관하게 발생하는 신기술 · 신발명품의 등장, 석유위기, 세계자본시장 및 국제환율의 급변, 외국정부의 정책변화, 국제 수요량의 변동, 전쟁발발 등을 말한다. 이러한 기회는 국제경쟁력을 결정짓는 한 나라의 물적, 인적 요인을 변화시키기 때문에 국제경쟁력을 분석하고 예측하는데 있어 반드시 고려되어야 한다. 그런데 기회는 한 나라가 보유하고 있는 물적, 인적요소가 주어진 기회를 포착하여 활용할 수 있을 만큼 역량을 갖추었을 때만 적절하게 실천으로 연결되어 국제경쟁력을 강화시킬 수 있으며 반대로 역량이 모자라는 경우에는 오히려 국제경쟁력을 약화시키는 위협요인으로 작용할 수도 있다.

제 4 절 산업차원: 산업구조 분석

1. 산업조직론적 관점에서 파악한 산업구조

산업구조에 관한 문제는 전통적으로 경제학의 한 분야인 산업조직론에서 다루어 왔다. 산업조직론에서는 기업을 현실 경제 안에서 생동하는 유기체로 인식하여 기업의 투입, 산출 과정을 시장 여건에 대한 기업의 조직적 반응으로 인식하고 있다. 여기에서 시장(market)이란 재화를 거래하는 판매자와 구매자의 집단을 말하는데, 산업(industry)은 보통 시장의 공급자 측면을 의미한다. 그러므로 우리가 분석하고자 하는 산업구조(industry structure)란 시장에 참가하고 있는 기업간의 경쟁 양상을 결정하는 구조이다. 그러면 산업구조는 어떻게 구성되며, 구성요소들은 어떻게 관련되어 산업구조 유형을 형성하는지, 그리고 시간이 지남에 따라 산업구조는 어떻게 변화하는지에 대해 살펴보도록 하자.

(1) 집중도

산업구조를 기업의 수와 규모의 관점에서 설명하는 것이 집중도이다. 즉 집중도는 과점의 정도를 말하는 것으로, 집중도가 높다는 것은 과점기업들간의 상호의존성이 높다는 뜻이 된다. 이와 같이 집중도가 높은 산업에서는 과점기업들이 아무리 유기적으로 협조하더라도 결합된 여러 기업의 시장지배력은 동일한 시장점유율을 지닌 단일기업이 갖게 되는 시장지배력보다 약하게 나타난다는 사실은 분명하다.

(2) 진입장벽

한 산업 내에서 기업이 거둘 수 있는 성과는 장기적으로 볼 때 기존 기업간의 경쟁 뿐만 아니라 이 산업에 참여할 가능성이나 구체적 의사를 지닌 새로운 기업들에 의한 잠재적 경쟁에 의해서도 영향을 받는다. 그런데 현실적으로 대다수의 산업에는 새로운 기업이 들어오는 것을 어렵게 하는 진입장벽이 존재하여 진입장벽의 높이에 따라 일정한 범위 내에서 시장지배력을 행사하게 되는 경우가 많다. 이러한 진입장벽은 다양한 경제적 요인에 의해 결정되는데 대표적인 것은 다음과 같다.

1) 비용상의 우위

기존기업의 경우 특허를 통해 생산기법을 독점하거나 생산에 필수적인 자원을 독점소유하는 반면, 새로 진입하려는 기업은 경영자의 자질, 노동, 장비, 원료 등 필요한 생산요소나 투자에 필요한 자금을 기존기업만큼 유리한 조건으로 얻을 수 없다. 따라서 기존기업은 신규진입기업에 비해 비용상의 우위를 가지게 된다.

2) 제품차별화

제품차별화는 지속적인 광고 및 기업 이미지에 의한 선호현상, 우수한 제품 디자인의 독점적 지배, 유통경로 장악 등을 통해서 이루어진다. 제품차별화를 이룩했을 경우 새로 진입하는 기업은 소비자를 흡수하기 위해 평균비용 이하의 가격을 책정하거나, 더 많은 판촉비용을 지급하거나, 새로운 유통경로를 개척하는 등의 불리함을 감수해야 한다.

3) 규모의 경제

기존기업의 경우 절대생산량이 늘어남에 따라 제품 단가가 떨어지는 규모의 경제를 실현하여, 새로 진입하려는 기업으로 하여금 대규모로 뛰어들어 기존기업들의 강력한 반발의 위험을 무릅쓴다든가, 소규모로 진입하여 원가상의 불이익을 감수하든지 둘 중의 하나를 택하게 한다.

4) 경험곡선

규모의 경제는 생산량이 증가함에 따라 한계생산비는 낮아지나 일단 최적 생산규모를 초과하면 다시 상승할 것을 전제로 하는 데 반해, 텍사스 인스트루먼트 회사가 휴대용 전자계산기 가격책정시 도입하여 큰 성공을 거두었던 경험곡선(experience curve)은 누적된 경험에 따라 한계생산비가 무한히 낮아짐을 상정한다.

(3) 산업구조의 동태성

산업구조는 이상에서 고찰한 구성요소의 배합에 따라 몇 가지 유형이 나타난다.

경제학에서는 가장 전통적 방법인 기업의 수에 따라 독점, 과점, 경쟁으로 나누는데, 앞에서 살펴본 바와 같이 실제 세계에서는 과점이 많으므로, 기업체의 수와 기업의 상대적 규모를 고려한 집중지수로써 산업구조를 분류하는 방법이 널리 쓰이고 있다.[2)]

한편, 산업구조를 제대로 파악하기 위해서는 시간이 지남에 따라 기업간의 경쟁관계가 어떻게 변화하는지를 동태적으로 살펴보는 것이 필요하다. 현실을 자세히 관찰해 보면 많은 산업들은 제품개발에서 수요가 급격히 늘어나는 단계를 거쳐 성숙한 산업으로 진화해간다. 이 때 신제품을 개발한 기업은 초기에 독점적으로 시장을 지배하지만, 특허기간이 끝나거나 기술이 표준화되어 널리 퍼지는 단계에 이르게 되면 수요가 증가하게 되어 많은 기업이 이 제품을 경쟁적으로 생산한다. 따라서 제품을 처음 개발한 기업의 시장점유율은 점차 떨어지게 되며, 이 산업은 성숙단계에 이르러 경쟁이 심화된다.

한편 기존상품보다 편리하고 성능이 뛰어난 제품이 개발되어 상업화되면 대체관계에 있는 기존상품은 급격히 사양화된다. 예를 들어, 비디오 카메라에 밀려 일반카메라 산업이 사양길에 접어든 것이나 철도산업이 자동차와 항공수송에 뒤져 침체일로에 있는 현상이 이를 잘 설명해 주고 있다. 그러므로 현실여건을 잘 살펴 전략을 수립해야 하는 경영자는 산업구조를 파악할 때 단순히 현재상태만 보아서는 안되며, 제품 또는 산업의 주기에 입각하여 산업의 동태적인 측면을 고려하여야 한다.

2. 기업전략적 관점에서 파악한 산업구조

앞에서 우리는 산업조직론의 연구 결과를 통해 산업구조를 파악하는 방법에 대해 간략히 살펴보았다. 그런데 80년대 이후 산업구조를 기업전략 관점에서 연구하여 경영자에게 보다 유용한 분석틀을 제공하려는 시도가 활발히 이루어지고 있다.[3)] 여기에 따르면, 각 산업의 경쟁강도는 우연히 결정되는 것이 아니라 산업 구조와 경쟁자들의 상호대응방식에 의해 결정된다. 이 때 산업내 기업간 경쟁강도를 결정하여 투자결정 및 이익률에 영향을 주는 요소는 다음 그림에서 보듯이 잠재적인 진출기업, 산업내 경쟁기업, 공급자, 구매자, 대체품이다.

---

2) 집중지수에 대해 더 자세히 공부하고 싶은 독자는 Shepherd, W. G. 저, 정병휴 역, 『산업조직론』, 박영사, 1982, pp.238~240을 참조

3) Porter, M. E., *Competitive Strategy*, Free Press, 1980.

〈그림 6-4〉
산업내 경쟁을 유발하는 요인들

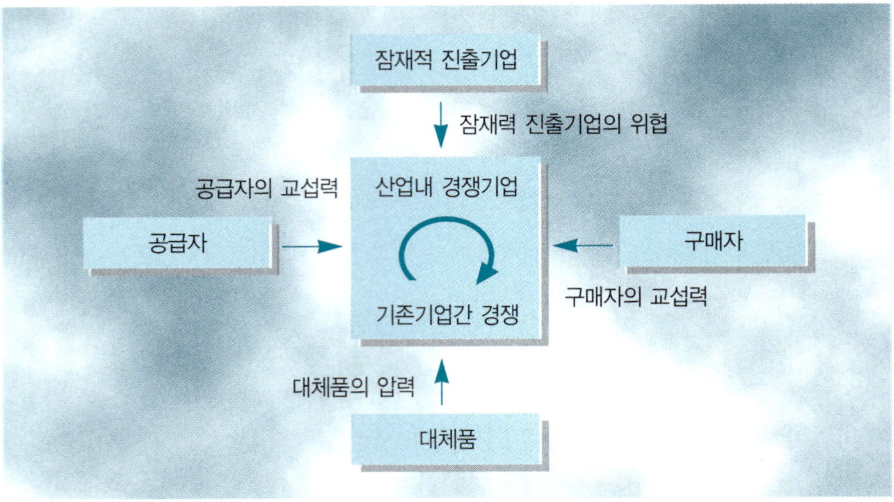

자료: 조동성, 『21세기를 위한 전략경영』, 서울경제경영, 2002.

이와 같이 기업전략 관점에서 산업구조를 파악하는 것은 고객 및 공급자, 대체품, 잠재적인 진출기업 등 모두를 기업의 경쟁자로 간주하여 기업간 경쟁만을 대상으로 하는 산업조직론적 관점보다 경쟁범위를 넓게 잡는데 그 특색이 있다. 다만 상황에 따라 산업의 경쟁강도와 투자수익률을 결정짓는 5개 요소 중 보다 큰 영향을 미치는 요소를 중시해야 함은 물론이다. 예를 들어, 잠재적 진출기업이 위협적이지 않을 만큼 확고한 기반을 다져 놓은 기업이라 할지라도 품질이 더 좋고 값이 싼 대체품이 등장하면 수익률이 저하되기 때문이다. 그러므로 경영자들은 다섯 가지 경쟁요소를 면밀히 검토하여 자기 기업이 속한 산업구조를 분석함으로써 그 결과 나타난 경쟁요소간의 상호관계를 정책 수립시 반영하여야 할 것이다. 이들 다섯 가지 요소가 산업의 경쟁강도에 미치는 영향을 차례로 살펴보자.

(1) 잠재적 진출기업의 위협

어떤 산업에 새로운 진출기업이 등장했을 때는 진입장벽과 기존기업들의 대응에 따라 진출기업이 주는 위협의 크기가 결정된다. 즉, 진입장벽이 높고, 기존기업의 대응 강도가 높을 경우에는 새로운 기업이 진입할 가능성이 낮다.

다시 말해서 기존 기업에 비해 새로 진출하려는 기업은 규모의 경제, 제품 차별

4) 교체비용(switching costs)은 소비자가 제품 및 서비스의 구매선(구매처)을 변경하는 경우 발생하는 모든 물리적, 심리적 비용을 뜻한다.

화, 투자자본의 크기, 교체비용(switching costs)[4], 유통경로 확보의 어려움, 생산기술, 기존기업의 원자재 독점 및 경험곡선 등과 같은 규모와 무관한 원가상의 불리함 등을 겪게 된다. 진입장벽의 몇 가지 속성에 대해서 자세히 알아보자.

진입장벽은 여건이 바뀌면 형태가 달라진다. 예를 들어 폴라로이드사가 독점한 즉석사진 기술은 특허시효가 만료되면서 진입장벽이 무너졌고, 이에 따라 코닥이 시장에 뛰어들었다. 이처럼 진입장벽은 기존기업들이 통제할 수 없는 이유로 인해 바뀌는 경우도 있지만, 기업의 전략에 의해서도 크게 영향을 받는다. 예를 들어 일본의 반도체 생산기업들은 한국의 삼성, LG 등이 64KD램, 256KD램을 양산하자 가격을 대폭 낮추어 시장잠식을 막으려했는데, 이는 단기적으로 손해를 보더라도 신규진출에 따르는 위협을 없애려는 전략이라 하겠다.

그러나 일부 기업들은 특수한 자원이나 기술을 지니고 있어 다른 기업보다 훨씬 적은 비용으로 진입장벽을 넘을 수 있다. 예를 들면, 우리 나라의 유수한 건설 회사들이 자체건설한 아파트라는 안정된 수요를 가지고 가구산업에 진출한 경우나, 면도기와 면도날의 유통경로를 확실히 장악하고 있는 미국의 질레트사가 다른 기업보다 훨씬 적은 비용으로 일회용 가스라이터 산업에 뛰어든 경우가 이를 잘 설명해 준다. 새로운 산업에 진입하려는 경영자는 진입장벽을 고려할 때, 반드시 기존 경쟁기업들이 어떠한 형태의 반응을 보일 것인가를 예상해야 한다.

(2) 기존기업간 경쟁

기존기업간 경쟁은 흔히 유리한 위치를 차지하기 위해 가격경쟁이나 광고경쟁, 신제품 개발 및 서비스 경쟁 등 여러 가지 형태로 나타나는데, 각 기업들은 서로 상호의존적인 관계를 맺고 있어 어느 한 기업이 경쟁적인 조치를 취할 경우 자연히 보복적인 조치나 대응조치를 불러일으키게 된다. 특히 가격경쟁의 경우에는 곧 경쟁자의 보복조치를 유발하게 되고, 그 결과 산업의 수요탄력성이 그리 높지 않은 한 모든 기업의 수익성이 떨어지게 마련이다. 다만 광고경쟁이 벌어졌을 때는 시장 자체를 확대시킬 수도 있고, 각 기업이 제품차별화에 성공하는 경우 모든 기업에 이익을 가져다 줄 수도 있다.

한편 경쟁강도를 결정하는 요인들은 시간이 지남에 따라 변화하는데, 산업이 성숙되면 경쟁이 격화되어 성장률 및 수익률이 떨어지게 되며, 새로운 경쟁자가 나타날 경우 새로운 방식의 경쟁을 유도할 수 있음이 그 좋은 예이다.

(3) 대체품의 압력

특정 산업에 속한 기업들은 넓은 의미에서 대체품을 생산하는 산업과도 경쟁을 벌이고 있는 셈이다. 대체품의 가격은 기업들이 자사제품의 가격을 결정하는데 영향을 미침으로써 산업의 잠재적 수익성을 결정한다. 예를 들어 철강파이프와 플라스틱파이프 또는 동파이프 그리고 기차와 고속버스간에는 대체성이 존재하고 있으므로 한쪽의 가격 수준은 다른 쪽의 가격 수준에 영향을 주게 된다.

대체품이 기존제품과 가격 및 효능면에서 대체성을 계속 향상시키거나 새로운 대체품이 개발되면 경영자는 기업의 운명을 걸고 이에 대해 관심을 기울여야 한다. 미국에서 가장 큰 수동타자기 회사였던 언더우드사의 예는 이를 잘 보여주고 있다.

대체품의 압력을 무시하여 실패한 언더우드사

950년대까지만 해도 미국에서 가장 큰 수동타자기 회사였던 언더우드사의 사장은 진보된 기술을 갖추고 있는 스웨덴의 화씨트나 이탈리아의 올리베티 정도만을 경쟁자로 생각하였다. 당시 IBM의 전동타자기 개발노력에 대해 어떤 중역이 우려를 나타냈을 때 그는 전동타자기와 수동타자기는 전혀 그 성격이 다르며, 전동타자기는 고도로 전문화된 사무실에 극히 제한적으로 쓰여질 것이므로 시장성이 없을 것이라고 단언했다. 그러나 그후 IBM의 전동타자기가 폭발적으로 팔리자, 언더우드사는 IBM을 경쟁사로 인식하지 못한 경영진의 잘못으로 인해 이탈리아의 올리베티사에 합병되고 말았다.

(4) 구매자의 교섭력

구매자의 교섭력은 최근 들어 그 비중이 더욱 높아지고 있다. 대부분의 기업에서 고객만족경영을 선언하고 고객제일주의를 펴나가고 있는 것은 그만큼 구매자의 교섭력이 높아졌다는 것을 의미한다.

구매자들은 가격을 인하시키거나 품질향상, 서비스향상을 독촉하고 경쟁기업들간의 경쟁을 부추겨 이득을 보는 등의 행동으로 구매대상산업과 경쟁을 벌이고 있다고 볼 수 있는데, 이러한 행동이 많아질수록 그 산업의 경쟁강도가 높아지며, 이에 따라 산업의 수익성은 저하된다.

(5) 공급자의 교섭력

공급자들이 교섭력을 발휘하는 방법은 가격인상이나, 공급제품의 품질저하 등을 들 수 있다. 교섭력이 강하다면 이들은 특정산업의 수익성을 잠식할 수 있다. 공급자들의 교섭력이 높아지는 경우는 구매자의 교섭력이 높아지는 경우와 서로 상관관계를 가지고 있는데 그 이유는 공급자를 기존산업으로 생각한다면 기존업체들이 구매자가 되기 때문이다.

다시 말해서 공급자의 교섭력이 높아진다는 것은 구매자의 교섭력이 낮아진다는 것을 의미하고, 구매자의 교섭력이 높아진다는 것은 공급자의 교섭력이 낮아진다는 것을 의미한다. 따라서 전략을 수립할 때는 공급자의 교섭력과 구매자의 교섭력에 영향을 미치는 요소를 상호 비교하여 교섭력을 완화시킬 수 있어야 한다.

공급자가 유리한 경우

주요 부품을 일본으로부터의 수입에 의존하고 있는 우리 나라의 기계·전자산업의 경우, 1986년 엔화가치가 크게 상승하여 부품구매비용이 증가하였음에도 불구하고 부품가격을 조정할 수 없어 엔화 상승분을 모두 추가부담하게 되었던 예는 공급자의 교섭력이 얼마나 중요한가를 보여주고 있다. 당시 우리 나라 기업들은 일본의 기계와 부품을 사용하지 않을 수 없는 여건에 처해 있었기 때문에, 일본의 공급자가 유리한 위치를 차지하게 되었던 것이다.

제 5 절 기업차원: 경쟁기업 분석

1. 경쟁기업 제대로 파악하기

경쟁기업은 외부여건 중 가장 직접적으로 기업활동에 영향을 미치는 요소이다. 따라서 경영자는 경쟁자가 누구인지를 파악한 후, 경쟁자가 취할 법한 전략 및 그 전략의 성공 여부, 산업환경의 변화에 대한 경쟁자들의 대응방식 등을 분석해야 한다.

이러한 경쟁기업 분석에 있어서 가장 중요한 질문은 과연 경쟁기업이 누구인가 하는 것이다. 이 질문은 얼핏보면 쉽게 답할 수 있는 것처럼 느껴진다. 즉 같은 업종에 종사하는 기업 중에서 규모가 비슷하거나 약간 큰 기업체가 경쟁기업이라고 일반적으로 대답하기 마련인데, 대개 자존심이 강한 경영자들이 자기보다 규모가 작은 기업을 경쟁자로 간주하지 않는 경향을 감안하였을 때 이러한 대답은 맞는 것 처럼 보일지도 모른다. 그러나 다음의 예를 보자.

이토츄의 경쟁자

일본의 종합상사 가운데 이토츄와 마루베니라는 기업이 있다. 이 두 기업은 계열기업도 별로 없이 약 450억 달러 수준의 매출액을 올려 높은 평가를 받고 있는데, 공교롭게도 매출액뿐만 아니라 이익률, 상품구조, 활동스타일 등이 비슷하며 같은 뿌리에서 나온 회사라는 공통점을 지니고 있다.

이에 흥미를 느낀 저자는 1981년 어느날 이토츄의 한 중역에게 저자가 당연히 이토츄의 경쟁자라고 생각한 마루베니에 대한 경쟁전략을 물어 본 적이 있다. 이 때 저자는 경쟁자의 이름을 언급하는 것이 실례라고 판단되어 “당신 회사의 경쟁기업은 누구입니까?”라는 질문으로 말을 시작하였는데, 놀랍게도 그 중역은 경쟁자로 마쓰시타, 도요타, 신일본제철을 열거하였던 것이다. 이에 놀란 저자는 “마루베니는 경쟁자가 아닙니까?”라고 물었는데, 이에 대해 그는 “마루베니는 파트너라고 생각합니다.”라는 의외의 대답을 하였다.

사실 1960년대에 같은 질문을 하였다면, 그는 마루베니를 경쟁자로 지적했을 것이다. 그러나 60년대와는 달리 도요타나 신일본제철 등이 종합상사를 통해 수출하는 대신 해외 지사망을 구축하여 직접 판매에 나서게 된 지금은 과거 제조업체의 물건을 서로 차지하기 위해 싸우던 종합상사, 특히 이토츄와 마루베니는 파트너 체제를 갖추어 서로 공존하는 길을 택할 수 밖에 없었던 것이다.

이처럼 경쟁기업은 쉽게 파악할 수 있는 대상이 아니다. 또한 경쟁기업이란 항시 변하는 것이어서 노출된 경쟁자 뿐만 아니라 표면에 나타나지 않고 있더라도 앞으로 등장할 잠재적 경쟁자까지 예견해야 한다. 예컨대 앞에서 언급한대로 IBM을 경쟁자로 인식하지 못해 결국 이탈리아의 올리베티사에 합병되어버린 언더우드사의 경우가 대표적인 예 그대로 이와 같이 경쟁기업을 파악하고 나면 경영자는 일정한 틀에 맞추어 경쟁기업을 본격적으로 분석해야 하는데, 이러한 경쟁기업 분석에는 장래목표, 현행전략, 미래에 대한 가정, 강점과 약점 등 4가지 요소들이 있으며, 이 요소들을 정확히 파악할 수 있다면 경쟁기업들의 행동을 예측할 수 있다.

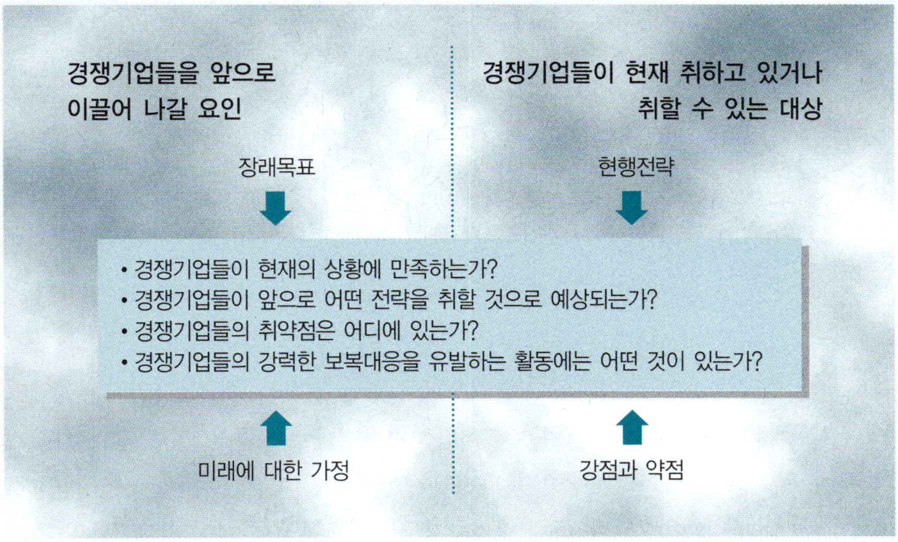

〈그림 6-5〉
경쟁기업 분석 요소

자료: 조동성, 『21세기를 위한 전략경영』, 서울경제경영, 2002.

예를 들어, 현재의 상황에 비추어 볼 때 경쟁기업이 전략적 변화를 시도할 가능성은 어느 정도이며, 경쟁기업의 목표나 가정, 능력을 고려해 볼 때 취할 가능성이 높은 조치는 무엇이며, 그 조치들의 강도와 중요성은 어느 정도일까를 추측할 수 있는 것이다. 또한 경쟁기업 분석을 통해 경쟁기업을 속속 파악했다고 자신하는 경영자라면, 경쟁기업들이 제대로 대비를 못하거나 경쟁하기 어려운 시장을 찾아낼 수 있으며, 그 부문에서 상대적 강점을 가지고 있다면 이를 경쟁영역으로 선택하여 전략을 수립할 수 있을 것이다. 한편, 기존기업 또는 잠재적 경쟁기업을 자세히 분석하면 미래산업구조를 예측하는 자료를 얻을 수 있음은 두말할 나위가 없다.

2. 전략집단을 활용한 경쟁기업 분석

전략집단을 활용하여 산업구조를 분석하는 첫 번째 단계는 우선 모든 경쟁기업들의 전략을 여러 가지 차원에 따라 유형화시키는 것이다. 이러한 유형화 작업을 통해 산업 내부의 모든 기업을 '전략집단'으로 분류할 수 있다. 전략집단이란 특정 산업 내에 속해 있는 기업들 가운데 기업차원에서 동일하거나 유사한 전략을 추구하는 기업군을 말한다.

국내 PC산업 및 의류업계의 전략집단

국내 PC산업의 경우, 폭넓은 제품라인, 높은 상표이미지, 넓은 판매망, 재벌그룹의 계열사라는 점 등에서 동일한 특성을 나타내는 삼성전자, LG전자, 대우전자 등이 하나의 전략집단을 이루고 있으며 좁은 제품라인, 가전 3사보다는 낮은 상표이미지, 중소기업이라는 점에서 비슷한 현주컴퓨터, 삼보컴퓨터 등과 같은 PC전문업체들이 다른 하나의 전략집단을 형성하고 있다.

의류업계의 경우도 마찬가지다. 삼성물산(에스에스패션, 제일모직), LG패션처럼 주로 고가격 전략을 펼치는 기업들이 있고, 이랜드로 대표되는 기업들과 같이 저가격 · 저마진 전략을 추구하는 기업들도 있다.

특정 산업에서 모든 기업들이 기본적으로 동일한 전략을 추구한다면, 그 산업에는 오직 하나의 전략집단만이 있는 셈이다. 이와 반대로 모든 기업이 저마다 각기 다른 전략을 추구한다면 개별기업 하나하나가 별도의 전략집단이 되는 극단적인 경우도 생각해 볼 수 있다. 그러나 일반적으로 산업 내에는 몇 개의 전략집단이 존재하는 것이 보통이다.

(1) 전략집단에 관한 기존연구

산업조직론 분야에서 창안된 전략집단 개념은 1972년 헌트에 의해 처음으로 실증연구가 시작되었다. 그 연구에서 헌트는 1960년대 미국 가전산업을 연구하여 전략 특성에 따라 제조업자 상표를 취급하는 기업군, 유통업자 상표를 취급하는 기업군, 전국적인 소매유통망을 갖고 있는 기업군의 세 가지 전략집단으로 구분하였다. 이후 여러 학자들에 의해 연구가 진행되면서 헌트가 제기한 가설, 즉 '동일한 산업 내에도 전략이 다른 집단이 존재한다'는 가설은 점차 보편성을 인정받게 되었다.

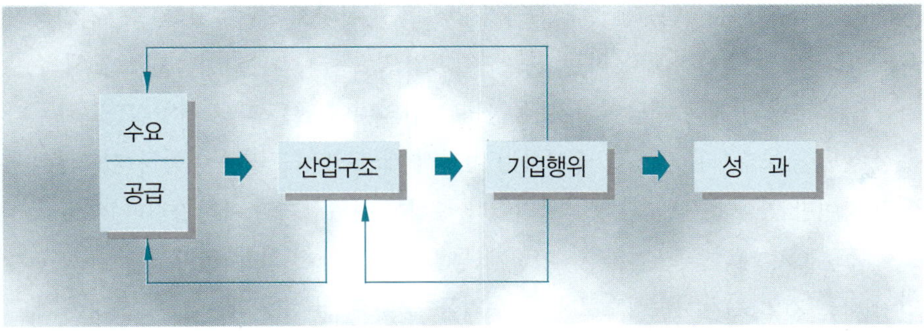

〈그림 6-6〉
산업구조와 성과에 대한 고전적 모델

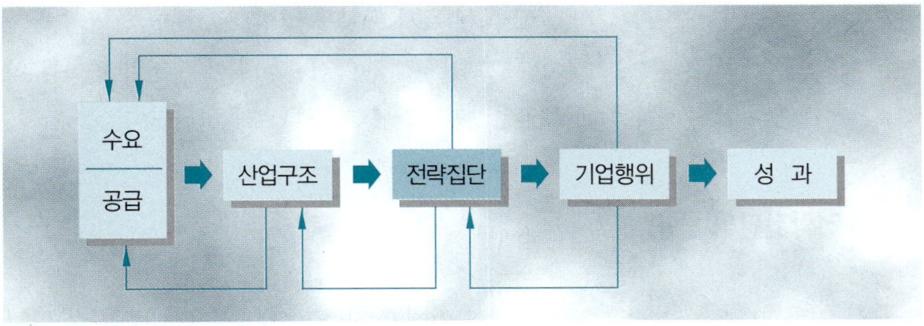

〈그림 6-7〉
산업구조와 성과에 관한 새로운 모델

자료: 조동성, 『21세기를 위한 전략경영』, 서울경제경영, 2002

이러한 일련의 연구들은 산업조직론에서 신봉되어 온 고전적인 이론에 반하는 결과를 보였다는 점에서 의의를 찾을 수 있다. 사실 1970년대 초까지만 해도 기업 경영은 단순히 산업구조를 반영하기 때문에 성과도 산업의 특성에 의해 결정된다는 고전이론이 지배적이었다.

고전이론에 따르면 특정산업내의 기업들은 모두 동질적인 산업구조를 반영하여 동일한 전략을 구사하게 되므로 기업능력의 차이만 배제된다면 모든 기업들이 거의 똑같은 성과를 거둘 것이라는 결론에 도달하게 된다. 그러나 헌트를 비롯한 여러 학자들은 현실이 그렇지 못함을 인식하고, 동일한 산업내에서도 상이한 전략을 구사하는 여러 개의 전략집단이 존재하기 때문에 서로 다른 경영형태를 보인다는 것을 실증함으로써 산업분석에 새로운 시각을 제시하였다.

헌트 이후 전략집단에 관한 연구는 1977년 케이브스와 포터가 산업조직론에서 다루어 온 진입장벽 개념을 이동장벽 개념으로 확장시킴으로써 보다 이론적인 틀을 갖추게 되었다. 그들은 동일한 산업에 속한 기업이라도 기업별 특성이 다르기 때문에 이질적인 구조를 지닌 다른 집단에 속한 기업으로부터 자신들을 보호하는 이동장벽을 갖게 된다고 주장함으로써 전략집단의 존재를 논리적으로 설명하려 하였다. 그들의 견해에 따르면 이동장벽이란 한 기업이 특정 전략집단에서 다른 전략집단으로 이동하는 것을 억제시키는 '산업내의 진입장벽' 을 뜻한다고 볼 수 있다. 즉, 진입장벽은 어떤 산업에 진출하고자 하는 신규진입기업으로부터 기존기업들을 보호해 주는 기능을 강조한 거시적 개념이고, 이동장벽은 산업내에 있는 다른 기업집단으로부터 특정 집단을 보호하는 역할을 중시하는 미시적 개념이다. 그러나 이동장벽도 분석대상의 차이만 있을 뿐 장벽의 생성원천이나 특성은 진입장벽과 마찬가지다.

이동장벽의 개념을 도입하면 '어떻게 동일 산업내에서 특정 전략집단에 속한 기업이 다른 기업보다 지속적으로 높은 수익을 올릴 수 있는가' 라는 질문에 대한 해답을 얻을 수 있다. 만약 이동장벽이 존재하지 않는다면 특정 전략집단의 성공적인 전략은 다른 전략집단에 속한 기업들에 의해 즉시 모방될 것이므로 동일 산업에 속한 모든 기업의 수익성은 같아질 것이다. 그러나 각 전략집단 사이에는 전략 변화를 억제하는 이동장벽이 존재하기 때문에 전략집단간 성과가 다르게 나타난다.

(2) 전략집단의 활용

우선 전략집단을 구분함은 물론 개별기업에게 전략적 시사점을 제공할 수 있는 세부적인 분석까지도 가능한 전략집단도(strategic group map)의 내용을 알아보자. 전략집단도란 산업내 기업들을 특징지울 수 있는 포괄적인 변수 두 가지를 각각 횡축과 종축에 표시한 후 산업내 기업들을 대상으로 이들 두 가지 전략변수의 활용정도를 측정하여 해당기업들을 몇 개의 전략집단으로 그룹화한 것이다. 이는 논리적 엄밀성보다는 간단한 그림을 통해 많은 전략적 시사점을 얻을 수 있다는 점에서 학계 뿐만 아니라 실무에서도 많이 이용되고 있다. 〈그림 6-8〉은 전략집단도를 활용하여 오디오산업의 전략집단을 유형화한 것이다.

기업경영자는 이러한 전략집단 분석을 통해 기업의 장단점과 그 산업이 제공하는 기회나 위협요소를 훨씬 구체적이고 명확하게 알 수 있다. 그러나 한 가지 유의해야 할 것은 이러한 기업의 장단점은 고정되어 있는 것이 아니라는 점이다. 산업이 진화되어 전략집단들의 상대적인 위치가 재편성되거나 혹은 기술혁신이나 대규모 투자가 이루어질 경우 각 기업의 구조적 위치나 장단점은 변화할 수 있는 것이다. 따라서 기업들은 자신이 속한 산업 내에서 다음과 같은 전략적 행동을 함으로써 기업의 위치를 강화하여 수익성을 증대시킬 수가 있다.

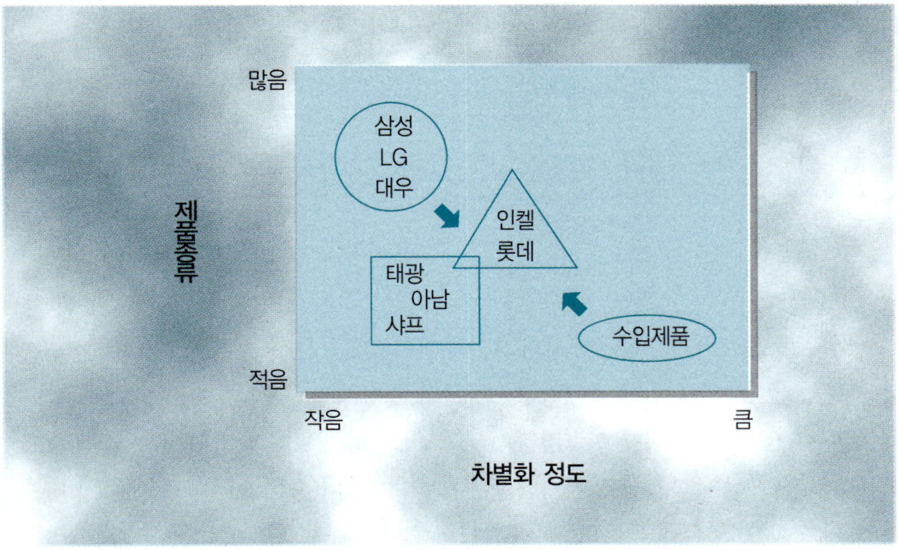

〈그림 6-8〉
오디오산업의 전략집단도

자료: 조동성, 『21세기를 위한 전략경영』, 서울경제경영, 2002.

첫째는 새로운 전략집단을 형성하는 것이다. 기술혁신 및 산업구조의 변화는 종종 전혀 새로운 전략집단을 형성시킨다. 이 과정에서 선견지명이 있는 기업은 경쟁기업들이 인식하지 못하는 사이에 새롭고 유리한 전략집단을 형성할 기회를 포착할 수 있다. 두번째는 특정 산업 내에서 보다 유리한 기반을 지닌 전략집단을 선택해서 파고 들어가는 것이며, 세번째는 소속된 전략집단의 구조나 자신의 입지를 강화하는 투자를 하는 것이다. 가령 진입장벽을 높이거나 대체품에 대비하거나 또는 판매능력을 강화하는 것 등을 통해 새롭고 보다 경쟁우위에 있는 전략집단을 형성할 수 있다.

Recommended Readings

미셸 초스도프스키, 『빈곤의 세계화』, 당대, 1998.

조동성, 『21세기를 위한 국제경영』, 경문사, 1997.

——, 『21세기를 위한 전략경영』, 서울경제경영, 2002.

——, 『기업의 환경창조 메커니즘』, 아이비에스, 1997.

하워드 가드너, 『20세기를 움직인 11인의 휴먼파워』, 살림, 1997.

Bleeke, J. & Ernst, D., "The Way to Win in Cross-Border Alliances", *Harvard Business Review*, November-December 1991.

Bourgeois, L. J., "Strategy and the environment: A conceptual integration", *Academy of Management Review*, Vol. 5, 1980.

Jennings, D. F. & Lumpkin, J. R., "Insights Between Environmental Scanning Activities and Porter's Generic Strategies: An Empirical Analysis", *Journal of Management*, Vol. 18, 1992.

Morita, A., "Partnering for Competitiveness: The Role of Japanese Business", *Harvard Business Review*, May-June 1992.

Porter, M. E., *Competitive Strategy*, Free Press, 1980.

Schaffer, R. H. & Thomson, H. A., "Successful Change Programs Begin with Results", *Harvard Business Review*, January-February 1992.

Shepherd, W. G. 저, 정병휴 역, 『산업조직론』, 박영사, 1982.

Wood, D. J., *Business and Society*, Harper Collins Publisher, 1990.

조동성 교수의 경영 · 시사 칼럼
Column

수입선 다변화 포기의미

해외 도시를 다녀보면 일본 자동차가 길거리를 휩쓸고 다니는 모습을 수없이 보게 된다. 그러나 외국 도시에는 그렇게 널려 있는 일본자동차가 서울거리에서는 눈을 씻고 보아도 안 보인다. 이를 한국자동차 산업이 경쟁력이 있기 때문이라고 해석한다면 큰 착각이다. 그 이유는 한국 정부가 일본제품의 수입억제를 타겟으로 하는 수입선 다변화정책을 채택해왔기 때문이다.

7월 1일 한국 정부는 1978년에 시작된 수입선 다변화정책을 폐기했다. 이제 품질과 가격 면에서 막강한 경쟁력을 가진 일본상품이 한국시장으로 진출하기 위한 필요조건이 갖추어진 셈이다. 이 정책변화는 앞으로 두 나라 경제에 어떤 결과를 가져올 것인가?

지금까지 한국과 일본은 이웃 나라임에도 불구하고 경제교류면에서 상당한 제약이 있었다. 만일 두 나라 사이에 이러한 제약이 없었다면 두 나라 경제는 지금과 달리 보완적인 모습을 가졌을 것이다. 물론 그 과정에서 경제력이 약한 한국 경제는 일본 경제에 종속될 가능성도 충분히 있었다. 이를 회피하기 위해 한국은 두 나라 사이에 비관세 장벽과 같은 제도를 만드는 한편, 일본을 모델로 삼아 보완적인 관계보다는 비슷한 모습, 즉 경쟁적인 관계로 발전해 왔다.

따라서 이번의 정책변화는 앞으로 한국과 일본의 경제와 기업에 커다란 변화를 가져올 가능성이 크다. 다만 한국과 일본은 경제력면에서 1대 10정도의 차이를 가지고 있다. 따라서 정책변화는 일본경제 보다 한국경제에 훨씬 더 큰 충격을 줄 것이다. 이러한 충격은 부정적인 면과 긍정적인 면을 동시에 가지고 있다.

부정적인 면은 한국기업보다 규모도 크고 경쟁력도 강한 일본기업이 한국에서 한국기업이 차지하고 있던 시장을 빼앗고, 한국시장에만 의존하고 있던 한국기업을 도산시킬 수도 있다는 점이다.

긍정적인 면은 한국기업이 일본기업이 다루기 어려운 틈새시장, 조립형 일본기업에 대한 부품 공급, 제조형 일본산업에 대한 서비스 제공 등 일본기업에 보완적인 새로운 모습으로 변화할 경우 정부의 그늘 속에서 안주해 오던 구각(舊殼)을 떨쳐내고 본격적인 경쟁력을 가질 수 있게 되리라는 점이다.

부정적인 면과 긍정적인 면 중 어느 편이 현실로 나타날 것인가는 한국기업이 자기 변신을 위한 노력을 얼마나 열심히 하는 가에 달려있다. 아마도 대부분 재벌그룹 계열기업인 조립형 제조기업들은 변신에 어려움을 겪을 것이고, 그 과정에서 몰락하는 기업들이 여러 개 있을 것이다. 반면에 중소기업, 벤처기업들 중에는 이번의 정책변화를 도약의 계기로 삼아 크게 성장하는 회사가 다수 나타날 것이다.

일본은 한국만큼 큰 변화를 겪지는 않을 것이다. 그러나 일본도 유의할 점이 있다. 그것은 한국을 제품시장으로만 보지 말고 전세계를 향한 아시아의 경쟁력을 제고하는데 파트너로 삼아야 한다는 점이다.

그동안 일본은 기술이전 정책에 있어서 미국과 극히 대조적인 모습을 보여왔다. 미국은 여러 개의 폭포로 구성된 천제연 같은 다단계 폭포형 기술이전 정책을 써왔다. 즉 미국은 기존의 기술을 미국보다 한단계 수준이 낮은 일본으로 끊임없이 이전하면서 자신은 새로운 기술을 기반으로 한 첨단 분야로 계속 진출한 것이다. 그리고 유럽과 일본도 마찬가지로 한국, 대만 등 그 다음 수준에 있는 나라로 기술이전하기를 기대하였다.

그러나 일본은 미국과 달리 순차 이주형 기술이전 정책을 채택해 왔다. 즉 처음에는 기존기술을 한국과 대만에게 주었지만 소위 부메랑 효과, 즉 이들 국가가 위협적인 경쟁자가 되는 것을 겁내고는 기술이전 대상국을 태국, 말레이지아로 바꾼 것이다. 그리고 이들 국가가 다시 경쟁자로 올라오면 인도네시아, 베트남으로 기술이전 대상국을 순차적으로 바꾸는 정책을 써온 것이다.

이러한 일본의 기술이전 정책은 적어도 단기적으로는 효과를 보았다. 미국은 일본이라는 호랑이 새끼를 경쟁자로 키운 반면, 일본은 대부분의 산업에서 한국과 대만의 도전을 성공적으로 막아냈기 때문이다. 그러나 장기적으로 볼 때 미국은 일본의 도전을 극복하기 위해 처절한 노력을 한 끝에 이제는 일본이 도저히 따라잡을 수 없는 경쟁력을 구축한 반면, 일본은 아시아에서 도전자가 없는 위치를 구축했음에도 불구하고 미국과의 경쟁에서 밀려나 추락하고 있는 국가경제를 방어하지 못하고 있는 것이다.

이제라도 일본은 미국으로부터 교훈을 얻어야 한다. 즉 한국과 대만을 경쟁자로 키워 이들 국가와의 건전한 경쟁을 통해 새로 태어나야 하는 것이다. 한국은 바보가 아니다. 일본이 한국을 시장으로만 이해한다면 한국은 곧 일본에 대해서 실망하고 돌아설 것이다. 반면에 일본이 한국을 진정한 파트너로 생각하면서 경쟁국으로 키운다면 한국은 마음을 열고 일본과 진정한 협력관계를 구축할 것이다.

순망치한(脣亡齒寒)이라는 표현이 한일 관계에서 보다 더 적절하게 쓰일 수가 있을까?. 한국과 일본은 서로의 밀접한 관계를 깊이 인식하고 한국의 수입다변화정책 포기라는 계기를 삼아 21세기 아시아의 경쟁력을 갖추기 위한 경쟁자, 협력자, 그리고 동반자로서의 위상을 정립해야 한다.

〈한국경제신문, 1999. 7. 22〉

이제는 지역경쟁력 시대

1995년 한국은 수출 천억달러를 달성하였고 경제성장율도 세계 최고 수준인 9%대를 기록하였다. 그러나 이로부터 불과 8개월이 지난 96년 중순에 접어들면서 우리는 연말까지 200억달러에 이를 무역적자와 7%이하로 떨어질 경제성장율을 걱정해야 하는 신세로 전락하였다. 최근 조사에 의하면 국민 88%가 앞으로 1년간 경기를 어둡게 보고 있다고 한다. 이렇듯 순식간에 위기상황으로 몰린 한국 경제는 과연 국제경쟁력을 잃어버렸는가?

이를 판단하기 위해서는 국제경쟁력과 무역수지, 그리고 국민소득과의 관계를 정확히 이해할 필요가 있다. 결론부터 얘기하면 국제경쟁력은 무역수지, 국민소득과 다른 개념이다. 따라서 무역수지가 적자이거나 국민소득 성장률이 낮다고 해서 반드시 국제경쟁력이 떨어지는 것은 아니다. 무역수지는 가정의 현금 출납부와 같다. 현금 지출을 억제하고 보유 재산을 내다 팔면 그 가정의 현금 보유량이 늘어나듯이, 인위적으로 수입을 억제하고 모든 수단을 동원해서 수출을 늘리면 그 나라의 무역수지는 적어도 일시적으로는 개선된다. 그러나 자녀교육비를 줄이고 헐값으로 재산을 처분해 현금을 확보한다고 해서 그 가정의 미래가 밝아지는 것은 아니다. 마찬가지로 기계, 원자재, 기술 등 국가발전에 필요한 생산요소에 대한 수입을 억제하고, 환율 평가절하로 수출상품가격을 낮추어 해외시장에 내다판다고 해서 그 나라의 경쟁력이 강화되는 것은 아니다.

국민소득은 한 나라 경제의 크기를 보여주는 지표이다. 그러나 국민소득이 반드시 그 나라의 내적 충실도를 보여주는 것은 아니다. 사우디 아라비아가 원유수출로 높은 국민소득을 올린다고 해서 그 나라 경제가 경쟁력을 갖고 있다고 할 수는 없다. 더구나 1인당 국민소득을 높이는 일환으로 인구수를 줄이는 산아제한 정책을 쓴다고 해서 그 나라의 국제경쟁력이 강화되는 것은 더더욱 아니다.

이같이 한 나라의 국제경쟁력, 즉 국가경쟁력은 인위적으로 무역수지를 흑자로 전환하고 단기적으로 국민소득을 높인다고 해서 강화되는 것이 아니다. 국가경쟁력은 장기간에 걸쳐 국민경제를 형성하는 각종 산업이 기본에 충실한 방법으로 경쟁력을 갖추게 될 때 형성되는 것이다. 보다 구체적으로는 한 나라가 다음 세가지 조건을 충족할 때 국가경쟁력을 형성한다. 첫째 국제경쟁력을 갖춘 산업이 그 나라에 존재하고 있고, 둘째 이러한 산업이 여러 지역에 걸쳐 다수 있으며, 셋째 이러한 산업의 국제경쟁력이 그 나라안에 존재하는 고유한 원천때문에 형성되어야 한다.

예컨대 스리랑카에 홍차재배 및 가공산업이 발달했고, 아이슬란드가 수산물에서 세계공급의 일각을 차지하고 있지만 어느 누구도 스리랑카나 아이슬란드를 국제경쟁력이 있는 국가라고 얘기하지는 않는다. 따라서 한 나라가 국제경쟁력을 갖기 위해서는 그 나라 경제내에 경쟁력이 있는 산업이 다수 있어야 한다. 또한 경쟁력 있는 산업이 다수 있다고 할지라도 그들 산업이 우연히, 또는 외부조건에 의해 국제경쟁력을 가지게 되었다면 그러한 나라를 국제경쟁력이 있다고 얘기할 수는 없다. 한 나라가 국제경쟁력을 갖기위해서는 이들 산업에 공통적으로 작용하는 경쟁력의 원천이 그 나라안에 있어야 한다.

위의 세 가지 기준을 갖고 한국경제를 평가해보면 철강을 비롯하여 전자, 자동차 등 경쟁력이 있는 산업이 꽤 포진하고 있다는 것을 알 수 있다. 한국경제 역시 국제경쟁력을 갖기 위해서는 경쟁력 있는 산업을 다수 키워야 한다. 그런데 각 산업은 지역 별로 산재해 있다. 섬유산업은 대구지역이, 신발산업은 부산지역이, 기계산업은 창원지역이, 그리고 전자산업은 수원, 구미지역이 중심이 되어 발전해 온 것이다.

앞으로 전국 각 지역이 제각기 몇 개 산업에 특화하여 그 산업을 통해 경쟁력을 갖추게 된다면 한국은 무난히 선진 경제권에 진입하게 될 것이다. 특히 지방자치제가 본격적으로 확산되고 있는 상황에서 지역별로 특화산업을 육성강화하는 일은 지방정부에게 있어 가장 중요한 과제이다. 이제 경쟁력에 관한 논의는 국가차원에서 벗어나 지역차원에서 진행해야 할 때가 되었다.

〈중앙일보, 1996. 9. 24〉

제 7 장

경영자원론

기업의 생존, 성장을 위한 자원은 무엇인가?

원인의 10%를 알면 그 결과의 90%를 지배할 수 있다.

- 피터 드러커 -

PRINCIPLES OF MANAGEMENT

제 1 절 자원의 의의와 중요성

1. 자원의 개념

기업은 제품을 생산하여 이를 소비자에게 판매한다. 이 때 기업을 무엇인가를 만들어 내는 유기체라고 이해하는 경우, 자원이란 기업이 생산물을 만들어 내기 위하여 투입하는 요소들을 의미하게 된다. 예를 들어 외부로부터 구입하는 원재료, 기계설비 등 물적자원, 자본시장으로부터 조달하는 재무자원, 노동시장으로부터 고용하는 인적자원, 산업 또는 국가 전체 차원의 기술자원, 기업경영에 도움이 되는 지식 · 정보 등 정보자원, 자연환경과 같은 생태적 자원 등이 여기에 해당된다.

종래의 기업경영에서 기업은 3M, 즉 물적자원(material), 재무자원(money), 그리고 인적 자원(man)을 중시해 왔다. 물론 이러한 자원들은 아직도 기업경영에 절대적으로 필요한 것이지만, 현대에 들어오면서 과거와는 다른 형태의 경영자원, 즉 기능과 기술 및 특허권과 같은 기술자원, 외부로부터 수집된 정보나 학습을 통해 축적된 지식과 같은 정보자원, 그리고 원활한 생산활동을 가능하게 해주는 충분한 양의 용수나 공기 등과 같은 생태적 자원의 중요성이 커지고 있다.

우리가 자원의 개념을 이해할 때 유의해야 할 점이 있다. 우리는 흔히 눈에 보이는 것만을 자원으로 생각하는 경우가 많은데 눈에 보이지 않는 것도 자원이 될 수 있다는 것이다. 오히려 이런 무형자원이 기업이 성공하는데 더 많은 기여를 하기도 한다.

2. 자원의 중요성

기업경영에서 경영자원이 중요한 이유는 무엇보다도 필요한 경영자원을 확보하지 못할 경우 기업경영의 영속성을 보장받을 수 없기 때문이다. 은행과 같은 자금원으로부터 필요한 양만큼 자금을 대출받지 못해 수많은 기업들이 도산하는 예, 또는 생산설비는 크게 확충했지만 원료수입국의 수출금지 조치로 인해 원재료를 확보하지 못해 대기업이 망하는 예를 통해 알 수 있듯이 기업경영의 영속성을 보장받기 위해서 기업은 필요한 경영자원을 반드시 확보하여야 한다.

더 나아가 자원은 다른 기업들과의 경쟁에서 이길 수 있는 무기 역할을 한다. 전쟁에서도 우수한 무기가 승리에 많은 기여를 하듯 기업에게 있어 우수한 경영자원은 경쟁에서 이길 수 있는 원천이 된다.

무형자원의 중요성: 두산베어스

무형자원에 대한 이해를 돕기 위해 두산베어스의 예를 들어보자. 야구를 하기 위해서는 여러 가지 자원이 필요하다. 우선 야구장비가 필요하고 연습장도 필요하며 선수와 감독 및 스탭들도 필요하다. 이런 것은 과연 어떤 자원일까? 장비나 시설 및 선수들은 우리가 눈으로 볼 수 있는 유형자원들이다. 그러면 무형자원에는 어떤 것이 있을까? 베어스를 이야기할 때 과거에 흔히 '뚝심과 끈기의 OB' 라고 했다. 두산의 경기모습을 보면 끝까지 포기하지 않고 열심히 싸우는 모습이 나타나는데 이는 바로 두산의 팀분위기이다. 이는 우리가 눈으로 볼 수는 없지만 경기에서 이길 수 있는 중요한 자원이다. 이와 같이 무형자원도 팀이 좋은 성적을 낼 수 있는 중요한 자원으로서의 역할을 한다.

3. 자원과 전략

외부여건을 분석하여 여러 개의 기회가 포착되었을 때 그 중 하나를 선택하기 위해 경영자가 해야 할 첫 번째 일은 과연 기업이 이러한 기회를 성공적으로 현실화할 수 있는 능력이 있는지를 판단하는 것이다. 기업의 내부여건을 분석하는 일차적 목적은 기업이 보유한 자원과 능력을 평가하여 경쟁우위의 원천이 되는 강점과 약점을 파악하는데 있으며, 보다 궁극적으로는 외부기회에 대해 강점을 활용하거나 또는 핵심역량 및 능력의 개발·축적을 통해 강점을 계속 유지하고 약점을 보완하는 데 있다.

어떤 조직에도 강점과 약점은 동시에 존재한다. 따라서 그 기업의 약점을 가능한 한 드러내지 않고, 강점만을 효과적으로 발휘하게 할 수 있는 전략이 수립되어야 한다. 이를 위해서는 기업이 가지고 있는 자원과 능력을 파악하여 강점과 약점을 분석할 수 있어야 한다. 그러나 기업의 능력 및 한계점을 파악한다는 것은 변화하는 외부환경을 살피는 것 만큼이나 어려운 일이다. 왜냐하면 기업의 강·약점을 이해하는 데 있어서 자신의 주관적 편견을 배제하기 어려울 뿐만 아니라 기업에서 어떤 기회를 선택하느냐에 따라 강 · 약점에 대한 판단 자체가 달라질 수 있기 때문이다.

자원과 전략 사이의 적합성

자원이 중요한 것은 사실이다. 하지만 자원을 가졌다고 해서 그 기업이 계속적으로 발전하는 것이 아니다. 가치있는 자원은 단지 그것이 효과적인 전략과 어우러졌을 때 기업이 얻을 수 있는 수익을 이론적으로 늘려 주는 것일 뿐이다. 전략은 외부적으로 기업의 강점을 극대화할 수 있고, 약점을 최소화시킬 수 있는 것이기 때문이다. 이러한 전략은 기업이 가지고 있는 자원을 최대한 활용할 수 있는 방향으로 이루어져야 하는데, 만약 전략이 효과적이고 지속적이지 못하면 기업이 가지고 있는 자원의 가치가 소멸되면서 어려움에 빠지고 만다.

또한 기업은 전략을 통해 그들에게 최적인 방식으로 자원을 형성해 나가도록 힘써야 하는데, 전략과 그것을 지원하는 자원 사이의 관계는 어느 한 순간에만 이루어지는 것이 아니라 지속적인 것이어야 하며 상호보완적인 관계라는 것을 잊어서는 안된다. 가치있는 자원은 효과적인 전략을 세우는데 도움을 주고, 효과적인 전략은 또한 가치있는 자원을 형성하는 토대가 되기 때문이다.

제 2 절 내부자원의 종류

1. 일반적 분류

내부자원이란 기업이 전략을 수립하고 실행하는데 있어 도움이 되는 것으로 기업이 보유하고 있는 모든 자산, 능력, 정보, 지식 등을 포함한다. 기업이 누리는 경쟁우위의 원천이 무엇인가를 정확하게 파악하기 위해서는 내부자원의 종류와 개념에 대한 정확한 이해가 필수적인데, 내부자원을 분류하는 기준 또한 내부자원의 종류만큼이나 다양하다. 가장 일반적인 분류방법은 기업이 보유한 자원을 유형자원과 무형자원으로 나누는 것이다.[1]

(1) 유형자원(tangible resources)

유형자원이란 쉽게 알 수 있듯이 우리가 눈으로 볼 수 있는 자원이다. 유형자원은 기업의 대차대조표에서 쉽게 찾을 수 있는 자원들이며, 그 자원이 얼마나 가치가 있는지도 계산하기 쉽다. 유형자원의 예를 든다면 부동산, 생산 시설, 원자재, 자금 등이 있다.

비록 유형자원이 사업을 수행하는데 있어 없어서는 안 될 것들이지만, 유형자원의 성격상 이것들은 한 기업이 다른 기업에 대해 계속적으로 유지할 수 있는 경쟁우위의 원천이 되는 경우는 드물다. 대부분의 유형자산은 교환수단만 가지고 있으면 우리가 시장에서 쉽게 구할 수 있기 때문이다. 물론 여기에도 예외는 있다. 고객과의 접촉이 중요한 산업에서는 목표로 하는 고객들이 많이, 그리고 쉽게 접근할 수 있는 장소가 중요한 자원이 될 수도 있기 때문이다.

1) Collis, D. J. & Montgomery, C. A., *Corporate Strategy*, Richard D. Irwin, Inc., 1997.

(2) 무형자원(intangible resources)

무형자원은 회사의 명성, 브랜드, 기업의 문화적 · 기술적 지식, 특허권 및 경험과 같은 것으로 우리가 눈으로 볼 수 없는 자원들이다. 이러한 자원들은 흔히 기업에게 경쟁우위를 가져다 주며 기업가치를 높일 수 있는 중요한 자원으로서 역할을 한다.

무형자원의 또 다른 특징 중 하나는 그것을 사용한다 하더라도 소멸되지 않는다는 것이다. 돈이나 기계설비와 같은 유형자원은 사용하게 되면 그 가치를 잃거나 없어지게 된다. 하지만 회사의 명성, 특허권, 지식 및 경험과 같은 것은 이를 이용한다고 해서 그 가치가 소멸되지는 않는다. 오히려 어떤 것은 사용함으로써 소멸되기보다는 오히려 가치가 증가하는 경우도 있다. 이런 이유에서 무형자원은 기업이 사업영역을 확장하고자 할 때에도 가치있는 자원의 원천이 된다.

2. 핵심역량, 조직능력, 관리유산

콜리스는 여러 가지 자원 중에서도 전략 결정에 있어 핵심적 역할을 하는 내부자원으로 핵심역량, 조직능력, 관리적 유산을 지적하고 있다.[2)]

(1) 핵심역량(core competence)

핵심역량은 경쟁기업에 비해 특별히 뛰어난 능력을 의미한다. 즉, 핵심역량이란 특정 기업이 보유하고 있는 우월적 내부역량으로 경쟁사와 차별화될 뿐만 아니라 사업성공의 핵심요인으로 작용하는 힘을 의미한다. 이러한 핵심역량은 자원준거관점(resource-based perspectives)에서 특히 강조되는 개념이다. 기업의 내부자원에서 핵심역량이 차지하는 비중이 매우 크므로 다음 절에서 구체적으로 살펴보기로 하자.

(2) 조직능력(organizational capability)

조직능력이란 기업의 효율성과 효과성을 지속적으로 개선하고 증진시킬 수 있는 경영능력을 의미한다. 조직능력은 자산과 사람, 그리고 조직이 투입물(input)을 산

2) Collis, D. J., "A Resource-based Analysis of Global Competition: The Case of Bearings Industry", *Strategic Management Journal,* Vol. 15, 1991, pp. 49~68.

출물(output)로 변환시키기 위해 사용하는 과정들의 복잡한 조합이다. 이것이 회사의 물리적 생산 기술에 적용된다면 이는 회사 활동의 효율성을 지배하게 된다. 잘 다듬어진 조직능력은 경쟁 우위의 원천이 될 수 있다. 훌륭한 조직능력을 가지고 있는 회사는 경쟁사와 똑같은 투입물을 가지고서도 이를 재화나 서비스로 전환하는데 있어 더 높은 효율성을 보이거나, 완성된 제품에 있어 더 좋은 품질을 가지게 된다.

조직능력은 기업의 효율성이나 효과성을 높일 수 있는 능력 – 예를 들어 좀 더 빠르게 환경에 적응하는 능력, 좋은 품질을 유지하는 능력, 생산 원가를 낮추는 능력 등 – 을 말한다. 이러한 것들은 제품 개발에서부터 제조, 마케팅에 이르기까지 기업의 경영활동에서 발견될 수 있는 것이다.

예를 들어 지난 몇 십 년간에 걸쳐서 일본의 자동차 회사들은 뛰어난 조직능력을 많이 개발해 왔다. 먼저 그들은 '린(lean)' 생산 방식을 도입하여 비용을 낮추었으며 높은 품질을 유지할 수 있는 능력을 갖추고, 최근에는 빠르게 제품을 개발할 수 있는 능력을 키웠다. 이러한 조직능력들은 경쟁회사에 비해서 효율적인 이익을 얻을 수 있게 하였으며, 회사의 경쟁력으로서 중요한 역할을 하였다.

(3) 관리유산(administrative heritage)

관리유산은 무형적 문화유산과 물질적 유산으로 나눌 수 있다. 관리유산은 전략 선택에 있어서 조직의 제약조건으로 주로 작용한다. 왜냐하면, 관리유산은 누적적인 성격을 가지고 있어 기업의 자산구성을 외부환경에 맞추어 한순간에 최적화할 수 없기 때문이다.

무형적 문화유산은 최고경영자의 리더십과 비전, 조직문화, 조직구조 등을 의미한다. 이는 전략을 변화시키려는 기업의 의도적 노력에도 불구하고 전략변화의 속도와 방향을 제약하는 타성으로 작용하기도 한다. 한편 물질적 유산은 공장 입지, 공장설비, 통신시스템, 장비 등을 의미한다. 공장의 최초입지가 후속설비의 입지 결정에 영향을 미치는 것처럼 물질적 유산도 역시 전략 결정에 영향을 미친다.

제 3 절 내부자원의 특성

1. 내부자원의 특성[3)]

다른 기업과의 경쟁에서 기업이 보유하고 있는 자원이 경쟁우위의 원천으로 작용하기 위해서는 다음과 같은 특성이 있어야 한다.

(1) 유용성

보유한 자원이 유용할 때 그 자원은 지속적인 경쟁우위의 원천이 될 수 있다. 자원이 유용하다는 것은 기업의 효율성과 생산성을 증대시키기 위한 전략을 수립하고 실행하는데 도움이 된다는 것을 의미한다.

(2) 희소성

어떤 기업이 보유한 자원을 다수의 경쟁기업과 잠재적 경쟁기업이 보유하고 있다면 그 자원은 경쟁우위의 원천이 될 수 없다. 즉, 어떤 자원의 유용성이 높다고 하더라도 희소성이 없을 경우 그 자원은 경쟁우위의 원천이 되기 어렵다. 이런 점에서 다른 기업이 그 자원을 보유하고 있지 않을수록 자원의 희소성이 증대되고, 그러한 자원을 보유한 기업은 보유하지 않은 기업에 비해 경쟁우위를 갖게 된다.

(3) 불완전한 모방성

유용하면서 희소한 자원이라 하더라도 장기적으로 다른 기업들이 이들 자원을 획득할 수 없을 때, 즉 완전하게 모방할 수 없을 때 비로소 경쟁우위를 지속적으로 유

3) Barney, J. B., "Firm Resources and Sustained Competitive Advantage", *Journal of Management*, Vol. 17, 1991, pp.99~120.

지할 수 있다. 모방의 불완전성에 영향을 주는 요인으로는 독특한 역사적 조건(기업의 독특한 성장과정과 기업문화 조성), 기업이 보유하고 있는 자원과 기업의 지속적 경쟁우위간의 연관성에 대한 인과관계의 모호성, 경쟁우위의 사회적 복잡성 등이 중요하다.

(4) 불완전한 대체성

기업의 자원이 경쟁우위의 원천이 되기 위해서는 대체자원이 존재하지 않아야 한다. 즉, 기업이 보유하고 있는 자원과 동등하게 취급되는 대체재가 존재하지 않을 때 비로소 그 자원이 지속적인 경쟁우위를 가질 수 있는 것이다. 아무리 유용한 자원이라도 그것을 동등하게 대체할 수 있는 자원이 있다면 그 자원은 상대적으로 경쟁력을 잃게 되는 것이다.

지금까지 설명한 자원들의 특성과 경쟁지위간의 관계를 간단히 요약하면 〈표 7-1〉과 같다.

〈표 7-1〉
자원의 특성과 경쟁지위

자원의 특성				경쟁지위
유용성	희소성	불완전한 모방성	불완전한 대체성	
×	×	×	×	경쟁열위
○	×	×	×	동등한 경쟁
○	○	×	×	일시적 경쟁우위
○	○	○	○	지속적 경쟁우위

자료: Barney, J. B., *Gaining and Sustaining Competitive Advantage*, Addison-Wesley Publishing, 1997.

2. 핵심역량

(1) 핵심역량의 개념

기업을 한 그루의 나무라 할 때, 줄기와 가지들은 핵심제품이 되고 잎과 꽃, 그리고 열매는 최종제품이 될 것이다. 기업의 핵심역량이란 바로 이들 제품에 영양을 보충해주면서 튼튼히 자랄 수 있는 토대를 마련해 주는 뿌리라 할 수 있다. 따라서 기업의 꽃과 열매인 최종제품의 풍성하고 알찬 수확을 위해서는 그 기업의 뿌리인 핵심역량, 즉 전략적 자산의 확보와 증식이 이루어져야 한다.

핵심역량(core competence)이란 가치를 창조하는 기업활동의 특정요소에 대한 기술 및 생산능력을 강조하는 핵심능력(core capability)과는 달리 기업활동 전체를 포괄하는 광범위한 개념이다. 핵심능력의 개념에서 보면, 오토바이에서 잔디깎는 기계, 소형선박용 모터, 자동차 등과 같은 상이한 사업분야로 진출한 혼다의 성공요인은 엔진과 동력 전달기관에 대한 핵심능력의 보유 때문으로 설명될 수 있다. 그러나 혼다의 엔진에 대한 핵심능력이 중요하긴 하지만 이것만으로는 이 회사가 과거 20년에 걸쳐 광범위한 사업분야에서 성공을 거두어온 사실을 모두 설명할 수 없다. 왜냐하면 GM과 같은 경쟁기업도 엔진에 관해서는 탁월한 디자인 및 제조능력을 확보하고 있기 때문이다.

〈그림 7-1〉 핵심역량의 개념

자료: Prahalad, C. K. & Hamel, G., "The Core Competence of the Corporation", *Harvard Business Review*, May-June 1990, p.81.

혼다가 이러한 기업과 구별될 수 있는 것은 바로 핵심능력 외에 '대리점 관리능력', '제품 구현능력'과 같은 보다 광범위한 핵심역량에서 강점을 가지고 있기 때문이다. 즉, 핵심역량은 하드웨어 기술 뿐만 아니라 소프트웨어 기술(마케팅, 고객서비스 등)까지도 포함하는 특정회사만의 차별적 강점을 의미하는 것으로 이해되어야 할 것이다. 이처럼 핵심역량은 남들이 쉽게 모방할 수 없는 차별적 능력을 의미하기 때문에 시장에서의 리더십 장악을 가능하게 해주며, 또한 기업이 특정 사업분야에서 뿐만 아니라 그것을 바탕으로 관련되는 사업 분야에서도 성공할 수 있는 기회를 제공해 준다.

(2) 핵심역량 확보방안

핵심역량은 남이 개발해 놓은 제품을 뒤쫒아가는 시장 추종적 차원이 아닌 새로운 수요 창출, 시장 포지션의 개선 등 시장창조의 차원으로 기업활동을 격상시켜주는 역할을 한다. 이러한 점에서 핵심역량은 적극적으로 환경을 개척해 나가는 초일류 선진기업으로 발전하기 위해 갖추어야 할 필수요건이다. 그렇다면 과연 핵심역량을 어떻게 구축할 것인가?

첫째, 자사의 내부역량에 대한 치밀한 분석과 투자가 이루어져야 한다. 기업전략은 제품이나 시장을 대상으로 하는 것이 아니라 경영시스템을 대상으로 한다. 따라서 내부역량을 강화하기 위해서는 반드시 자사의 경영시스템을 파악하여 장기적인 관점에서 집중적으로 투자해야 한다. 이때 특히 주의해야 할 점은 관리시스템, R&D, 생산, 마케팅과 같은 포괄적이고 일반적인 개념이 아닌 구체적인 기능을 도출해야 한다는 것이다. 월마트의 경우를 예로 들면, 월마트는 경영시스템 중 적하장 교차연결(cross docking)이란 재고보충시스템에 집중 투자함으로써 최소한의 재고수준을 유지하면서 가장 효율적으로 제품을 공급할 수 있는 역량을 갖출 수 있었던 것이다.

둘째, 자사에 적합한 핵심역량을 육성하기 위해서는 비전과의 정합성을 고려해야 한다. 먼저 비전이 명확해야 이에 따른 핵심역량의 구축 방향이 도출되기 때문이다. 다시 말해서 비전은 자사가 선택한 사업영역 내에서 경쟁우위 확보를 위해 어떤 핵심역량을 어떻게 육성, 발전시켜 나가야 하는가를 제시할 수 있어야 하며, 기업경영자는 이러한 전략적 비전과 차별화된 핵심역량을 연계 · 조화시키는데 각별한 노력을 기울여야 한다.

셋째, 핵심역량은 기업의 전기능, 전부문과 관련이 있기 때문에 핵심역량을 강화하기 위해서는 최고경영자를 포함한 관리자의 역할이 절대적으로 중요하다. 왜냐하면 이들만이 핵심역량을 창출하기 위해 전구성원의 관심을 결집시킬 수 있으며, 동시에 핵심 역량 창출을 위한 하부 지원시스템 분야에 체계적 투자를 가능케 할 수 있기 때문이다.

넷째, 핵심역량은 단기간에 확보하기 어려우므로 인내심이 필요하다. 단기적이고 근시안적인 계획은 핵심역량 확보노력을 저해할 우려가 높다. 기업의 미래 경쟁우위 원천인 핵심역량을 확보하는데는 그만큼 많은 시간과 노력이 소요된다는 점을 간과해서는 안된다.

제 4 절 내부자원 중시 이론: 자원준거관점

1. 자원준거관점의 개념

기업의 차별적 성과를 설명하는 최근의 관점은 개별기업의 특이성에 중점을 두는 자원준거관점(resource-based perspectives)이다. 자원준거관점의 이론적 핵심은 기업을 유형자원과 무형자원의 독특한 집합체로 파악하는 것이다. 즉, 기업은 장기간에 걸쳐 나름대로 독특한 자원과 능력을 결합하고 구축해가는데, 바로 이들 자원과 능력의 차별적 역량에 근거하여 경쟁우위를 얻을 수 있다는 것이다.

특히 자원준거관점은 기존연구들이 상대적으로 등한시하였던 조직능력, 핵심역량, 기업문화, 경영자의 능력 등과 같은 무형자산을 중요하게 다루고 있다. 이러한 자산은 대부분 무형이며 경쟁기업이 쉽게 구입하거나 모방하기가 어렵다. 따라서 기업의 경쟁우위는 바로 이러한 특징을 지닌 자원과 능력에 의해서 뒷받침될 때에만 지속될 수가 있다는 것이다.

자원준거관점은 또한 경쟁우위의 원천이 되는 자원에 있어서 기업간 동질성과 이동성을 인정하지 않는다. 즉, 자원준거관점은 우선 기업이 통제가능한 전략적 자원은 동일산업에 속하는 기업간에도 이질적이라는 것을 전제로 하며, 두번째로 이들 자원은 기업간에 완전하게 이동할 수는 없다고 본다.

이러한 이유로 자원의 이질성은 장기간 지속될 수 있으며, 이것이 경쟁우위의 지속성을 뒷받침한다고 본다. 자원준거관점은 경쟁우위의 지속성에 있어 위와 같은 두 가지 가정, 즉 자원의 이질성과 자원의 비이동성이 어떤 의미를 갖는가 하는 점에 초점을 맞추어 이론을 발전시키고 있다.

(1) 자원의 이질성

자원준거관점의 첫번째 전제는 기업이 보유하고 있는 자원의 조합과 능력이 기업마다 다르다는 자원의 이질성이다. 자원의 이질성이란 본질적으로 개별기업이 보유한 자원이 효율성과 생산성에 있어서 차이가 발생한다는 것을 의미한다. 개별기업이 보유한 자원은 각 기업의 특성에 따라 그 자원의 효율성 측면에서 차이가 발생함을 알 수 있다. 경쟁기업보다 효율성이 뛰어난 자원과 능력을 보유한 기업이 고객의 요구를 충족시키는데 있어서 훨씬 유리하다.

(2) 자원의 비이동성

개별기업에 있어 경쟁기업의 성공적인 전략을 모방하는 가장 쉽고 일차적인 방법은 성공적인 전략의 수행에 필요한 자원이나 능력을 요소시장에서 구입하는 것이다. 이때 중요한 개념이 자원의 이동성이다. 즉, 자원과 능력의 이동이 용이하면 그만큼 모방이 쉽고 빠르다.

그러나 어떤 자원은 쉽게 모방되지 않는다. 경영자의 탁월한 리더십, 종업원의 학습능력, 독특한 기업문화 등과 같은 자원은 기업특유의 자원이므로 기업간 모방이 용이하지 않다. 이와 같이 자원이나 능력이 독특하여 모방이나 구입이 어려워 자원의 기업간 이동이 제약을 받는 것을 자원의 비이동성이라 한다.

자원의 비이동성은 본질적으로 자원의 이질성에 의해서 초래되는데, 화폐, 단순원재료같이 이질적이지 않은 자원의 이동성이 제한되는 경우는 드물기 때문이다. 즉, 자원이 독특하고 기업 특유의 속성을 지닐수록 기업간의 이동성은 제한을 받는 것이다.

2. 자원준거관점의 전략

기업경영의 핵심은 기업이 좋은 성과를 거둘 수 있도록 자원을 개발하는 것 뿐만 아니라 이러한 자원을 효과적으로 활용할 수 있도록 전략을 개발하는 것에 있다. 전략을 수립하는 과정은 가치있는 자원들이 어떤 것인지 판별하고 이를 계속 개선시켜 나가며 더 나아가 이러한 자원을 바탕으로 더 높은 효과를 얻을 수 있도록 하는 것이다.

(1) 자원에 대한 가치판단

자원준거 관점의 전략을 세우기 위해서 기업은 우선 그 기업이 미래에 어떠한 자원을 경쟁력의 기반으로 삼을 것인지 평가하고 판별해야 한다. 이 과정에서는 회사가 가지고 있는 자원이 어떤 것인지 정의하고, 그 중에서 어떤 것이 정말로 가치있는 것인지를 결정하기 위해 일정기준을 가지고 테스트해야 한다.

이 과정에서 중요한 것은 자원을 분해하는데 있어 적절한 수준을 유지해야 한다는 것이다. 일반적으로 자원이 가지고 있는 능력의 범주를 세밀하게 잡는 것이 범주를 크게 잡는 것보다 자원을 분석하는데 있어 더 많은 도움을 준다. 이는 세밀한 수준의 구분이 자원과 그것이 주는 경쟁우위를 측정하는데 있어 더 직접적으로 관련되기 때문이다.

한 소비자가 어떤 기업에 대해 마케팅 기술이 뛰어나다고 이야기하는 것은 우리에게 거의 아무런 정보도 주지 못한다. 그러나 마케팅 기술을 좀 더 세밀하게 구분하여 브랜드 관리가 잘 되었다라고 하든지, 제품종류가 잘 구성되었다라고 하든지 혹은 쿠폰제를 잘 이용한다고 평가한다면 이는 우리에게 좀 더 유용한 정보가 될 것이다. 그리고 이를 통해 회사가 진정으로 어떤 측면에서 경쟁적인 우월성을 가지고 있는지 판단할 수 있을 것이다.

(2) 자원에 대한 투자

모든 자원은 소멸하는 속성이 있다. 따라서 기업이 지속적으로 성공을 거두기 위해 핵심 자원을 유지하고 확대시키는데는 계속적인 투자가 필요하다. 브랜드의 명성도 지속적인 광고가 이루어지지 않는다면 차츰 사라질 것이다. 그리고 기술적인 노하우 역시 일순간에 시대에 뒤쳐지게 된다. 조직의 능력 또한 경직되어 버린다면 다른 환경에 적응하기 어렵다.

자원에 대한 투자에 있어서 중요한 것은 자원에 대한 투자를 통해서 회사가 증가시키기를 기대하는 초과이윤이 자원을 얻기 위한 경쟁적인 싸움에서 낭비되어서는 안 된다는 것이다. 만약 많은 회사들이 특별한 자원에 있어서의 가치를 인식한다면 효율적인 시장에서는 그 자원의 가격이 그 수요를 반영할 것이다.

자원에 대한 투자는 자기 회사의 전략적인 위치, 경쟁회사의 투자 등 여러 면에 있어서의 세심한 분석이 선행되어야 한다. 그러나 이러한 분석을 한다고 해서 우리가 어느 자원에 투자해야할지가 명확하게 드러나는 것은 아니다. 우리는 현실적으로 두 가지의 해결하기 힘든 상충관계(trade-off)에 직면하게 된다. 하나는 계속성과 적응성 사이의 딜레마이며, 다른 하나는 집중성과 유연성 사이의 딜레마이다.

(3) 자원의 개량

우리가 지금 논의하고 있는 자원이 가지고 있는 가치는 영속적인 것이 아니다. 한때는 중요한 자원으로 여겨지던 것도 중요성에 변화가 오게 마련이다. 따라서 기업들은 결승점이 없는 경주에서 그들의 자원을 개량하기 위해 끊임없는 노력을 해야 하는 것이다. 그렇지 않으면 슘페터가 이야기했던 '창조적 파괴의 물결'에 의해 제압당하게 될 것이다.

인텔(Intel)의 예를 들면 이 회사는 기존에 가지고 있던 자원, 즉 기술력에다가 브랜드 인식이라는 새로운 자원을 추가했다. 인텔은 유명 컴퓨터 제조업체에 "Intel Inside"라는 마크를 찍게 하고 또 광고를 통해 이를 소비자들에게 인식시키고 있는데 이는 그 회사의 기술적인 기반을 보완하기 위해서 취해진 것이다. 이러한 자원은 기술적인 측면에서 인텔을 추격하고 있는 AMD와 같은 경쟁자로부터 브랜드 명성을 통해 우월성을 보호하는 수단이 된다.

(4) 자원 레버리지

자원준거관점의 전략을 세우는데 있어서 마지막 단계는 기업에게 가치있는 자원들을 다른 분야와 다른 산업으로 확장시키는 것이다. 이렇게 하지 못하면 기업이 보유하고 있는 자원을 충분히 활용하지 못하는 결과를 가져오며, 이는 곧 기업가치가 극대화될 수 없다는 것을 의미한다. 또한 새로운 시장에서 자원을 활용한다는 것은 기업의 규모를 변화시키는 요인이 되기도 한다.

Recommended Readings

조동성, 『알기쉬운 경영전략』, 비봉출판사, 1993.

——— · 신철호, 『경영전략의 이해와 실천방법 상 · 하』, 국제기업전략연구소, 1995.

Barney, J. B., "Firm Resources and Sustained Competitive Advantage", *Journal of Management*, Vol. 17, 1991.

Collis, D. J., "A Resource-based Analysis of Global Competition: The Case of Bearings Industry", *Strategic Management Journal*, Vol. 15, 1991, pp. 49~68.

——— & Montgomery, C. A., "Competing on Resources: Strategy in the1990s", *Harvard Business Review*, July-August 1995.

———, *Corporate Strategy*, Richard D. Irwin, Inc., 1997.

Dierickx, I. & Cool, K., "Asset Stock Accumulation and Sustainability of Competitive Advantage", *Management Science*, Vol. 35, 1989.

Grant, R. M., "The Resource-Based Theory of Competitive Advantage: Implications for Strategy Formulation", *California Management Review*, Spring, 1991.

Lippman, S. & Rumelt, R. P., "Uncertainty Imitability: An Analysis of Interfirm Differences in Efficiency under Competition", *Bell Journal of Economics, Vol. 13, 1982.*

조동성 교수의 경영 · 시사 칼럼

Column

기업생존 새 전략을 짜자

기업은 이윤창출이란 목표를 가진 조직이다. 그런데 이윤은 수익에서 비용을 뺀 것이므로, 이윤을 창출하려면 수익을 높이거나 비용을 줄여야 한다. 따라서 기업 목표를 달성하는 수단인 기업 전략 역시 수익을 늘리는 성장전략과 비용을 줄이는 생존전략으로 나눌 수 있다.

성장전략이란 수익, 즉 매출액을 높이는 전략으로 시장심화전략, 다양화전략, 국제화전략, 다각화전략 등이 있다. 반면에 생존전략은 비용을 줄여서 이익을 도모하는 전략으로 성장 전략만큼 이론적인 틀이 형성되어있거나, 구체적인 방법론이 제시되지 못하고 있다. 단지, 기업 구성원 모두가 열심히 일하고 절약해야 한다는 캠페인적인 표현 이외에는 찾아보기 어렵다.

사실 경영전략을 전공하는 학자들은 성장전략을 중심으로 해서 학문을 발전시켜 온 반면, 생존전략에 대해서는 관심을 가지고 집중적인 연구를 해본 적이 없다. 그 이유는 자명하다. 그 동안 세계 경제는 1945년 이후 꾸준히 성장세를 유지해왔고, 한국 경제 역시 지난 30여 년간 줄기차게 성장해왔기 때문이다. 학문은 시대가 필요로 하는 이론을 제시하기 마련이고, 경영전략 역시 예외는 아니었다.

그러나, 한국 경제가 성장의 시대에서 생존의 시대로 옮겨가고 있는 오늘날, 경영전략은 새롭게 태어나야 한다. 이제 당분간 한국 기업의 경영자가 풀어야 할 숙제는 얼어 붙어있는 시장 속에서 어쩔 수 없이 매출액이 줄어들더라도 이익을 내고 살아남을 수 있는 전략을 찾아내는 것이다. 이 새로운 전략을 우리는 생존전략이라고 일컫는다.

그렇다면, 생존전략이란 과연 무엇인가? 생존전략이란 한마디로 손익분기점을 매출액이하로 낮추는 전략이다. 생존전략에는 3가지 단계가 있다.

생존전략의 1단계는 모든 부분에서 비효율성을 제거하는 것이다. 이는 고정비와 변동비를 포함한 모든 비용을 절약함으로써 가능해진다. 기업이 흑자를 내다가 적자 상황으로 바뀌게 되면 고정비를 줄이거나, 생산단위당 변동비를 줄여서라도 원가를 절감시켜야 한다. 이 과정에서 기업은 매출액이 아무리 낮더라도 원가절감을 통해 손익분기점을 낮춤으로써 흑자를 발생시킬 수 있다. 현재 대부분의 한국 기업들은 1단계 생존전략을 추구하고 있다. 그리고 많은 경영자들은 1단계 생존전략이 생존전략의 전부인 것으로 착각하고 있다. 그러나 진정한 생존전략은 2단계부터 시작한다.

1단계를 거쳐 비용항목에서 불필요한 거품을 모두 뺀 기업들은 생존전략의 2단계로 비용구조 조정전략을 시작해야한다. 이 단계의 핵심은 고정비를 변동비로 변환하는 것이다. 즉, 모든 비용항목이 각기 효율적으로 사용되고 있을 때, 즉 더 이상의 효율성 제고가 불가능한 때에도 기업은 고정비를 변동비로 전환함으로써 손익분기점을 더 낮추어 더 많은 이익을 남길 수 있다. 구체적으로는 부품을 직접 생산하는 대신 외부로부터 구매하거나, 유통경로를 직판시스템에서 대리점으로 옮기는 방법이 있다. 또한, 임금을 기본급 대신 상여금 형식으로 바꾸고, 부채비율을 낮추어 고정비 성격인 이자 부담을 줄일 수도 있다.

생존전략의 3번째 단계는 경쟁력 향상전략으로서 생존 이상을 추구하는, 말하자면 생존 플러스 알파를 얻자는 전략이다. 생존전략은 기업이 생존에 성공한 후에 본래의 목적으로 돌아가 진정으로 추구하는 비전, 기업 이념을 달성하기 위해서 필요한 것이지, 단순히 살아남는데 초점이 놓여서는 안된다. 따라서 생존전략의 3단계에서는 기업의 비전을 장기적으로 추구하기 위한 준비작업으로서 경쟁력을 갖추는 과정이 포함되어 있어야 한다.

만약 기업이 오로지 원가절감에만 초점을 두어 1, 2단계를 거쳐 모든 것을 정리한 결과 아무 것도 가진게 없는 상태가 된다면, 시장 상황이 다시 좋아지더라도 이를 활용할 수 없게 된다. 따라서, 진정한 생존전략을 이루기 위해서는 3K, 즉 교육비, (연구)개발비, 광고비 등 기업의 장기경쟁력 강화를 위한 투자성 비용을 증대시켜가야 한다.

생존전략의 1, 2단계를 통해 얻은 작은 흑자를 3K에 투자한다면 총비용을 높게 하여 일시적으로는 적자를 낳게 될 지도 모른다. 하지만, 꾸준한 연구개발투자로부터 고객이 제품 수준과 품질을 인정하게 되면 단위당 가격을 높일 수 있으며, 꾸준한 광고로 소비자의 인지도를 높임으로써 시장을 개척할 수도 있다. 따라서, 기업은 단기적인 적자상황을 다시 큰 흑자로 전환할 수 있다.

미국 자동차회사인 아메리칸 모터즈(AMC)를 예로 들어보자. AMC는 1954년 여러 군소자동차 회사들을 합병하여 만든 회사로서, 당시 사장으로 취임한 조지 롬니는 3단계 과정을 걸쳐 큰 성공을 거두었다. 먼저, 제1단계에서는 화장실 휴지를 갱지로 바꾸는 등 모든 비용을 절감하고, 2단계에서는 부품자급률을 감소, 직판점을 판매대리점으로 전환, 고정급을 보너스로 지급하는 등 고정비를 변동비로 전환하는 작업을 했으며, 마지막 3단계에서는 상당한 부담을 감수하면서도 축소형 자동차를 개발하고 꾸준하게 광고비에 투자했다. 그 결과, AMC는 생존확보 후, 축소형 자동차를 가지고 시장점유율을 1%에서 6.4%로 증가시켰다.

그러나, 1962년 롬니 사장의 후임으로 취임한 애버내티 사장은 중대형 자동차 생산으로 제품다양화를 시도했다. 그 결과 이 회사는 1964년, 파산지경에 이르게 되었다. 그후 새로 취임한 경영자가 다시 생존을 위한 1,2단계 전략을 구사했으나, 3단계 전략을 결여한 비용절감 일변도 전략으로 인해 인력, 제품, 소비자 면에서 경쟁력을 잃고 말았고, 결국 1972년 프랑스 르노(Renault)사에 흡수합병 당했다. 이 사례는 생존전략이란 반드시 3단계를 모두 추구했을 때에만 의미를 가진다는 것을 보여주고 있다.

한국기업에게는 더 이상 '다각화' 나 '국제화' 가 최선의 전략이 아니다. 이들은 기업과 시장환경이 좋을 때에나 쓰이는 전략 대안이다. 이제는 새로운 시대에 맞는 전략, 구조조정 시대에 맞는 경영전략을 구축해야 할 때이다. 한국 기업들은 그 동안 추구하던 성장전략으로부터 생존전략으로 초점을 바꾸어 1, 2, 3단계를 효과적으로 연계하는 새로운 전략적 틀을 짜야한다.

〈내외경제신문, 1998. 5. 11〉

2002년은 3C의 해

올해는 두 차례 선거와 월드컵이 있는 해이다. 선거와 월드컵은 '경쟁' 이란 공통점을 가지고 있다. 선거는 한 자리를 놓고 여러 사람이 경쟁을 벌이는 경기이고, 월드컵은 매 경기가 두 팀이 이기기 위해서 벌이는 경쟁이다. 경쟁에서 이기기 위해서는 상대방을 지게 하거나 내가 이겨야 한다. 상대방을 지게 하려면 요행이나 사술이 필요하지만, 내가 이기려면 나에게 실력이 있어야 한다.

내 실력으로 경쟁에서 이길 수 있는 능력을 경쟁력(competitiveness)이라고 한다. 선거이건, 월드컵이건 이기는 게 중요한 것이 아니라 올바르게 이겨야 하고, 이를 위해서는 경쟁력이 있어야 한다.

그래서인지 몰라도 올해 벽 두에 국내 언론은 한국 국민이 열심히 노력한다면 현재 24위 권에 있는 국가경쟁력이 5년 안에 11위, 10년 후에는 3위까지 올라갈 수 있다는 산업정책연구원의 연구결과를 널리 소개해서 국민에게 희망과 자신감을 불어넣어 주었다.

같은 맥락으로 히딩크 감독이 이끄는 우리 월드컵 축구 팀이 상대의 실수와 같은 요행이 아니라 자신의 진정한 실력과 전략으로 16강, 그리고 8강에 올라가기를 우리는 염원한다.

두 차례 선거에서도 우리는 참가자들이 상대방을 중상 모략하지 않고, 실력을 정정당당하게 유권자에게 보임으로써 당선되기를 바란다. 그런 의미에서 올해 화두의 첫 머리에는 경쟁력을 내세우고 싶다.

작년 말 국제무역기구(WTO)에 가입한 중국(China)은 올해부터 세계 시장에 당당한 주역으로서 화려하게 등장할 것으로 보인다. 중국은 우리 나라 인구의 30배가 되는 13억, 영토로는 우리의 50배를 자랑하는 세계 최대의 잠재력을 가진 나라이다. 현재 중국이 채택하고 있는 성장정책은 바로 우리가 40년 전 일본을 모델로 해서 배운 저비용 고효율에 입각한 수출촉진 정책이다.

일본이 철강, 조선, 가전 등 여러 산업을 어쩔 수 없이 우리에게 내주었던 것 같이, 중국이 우리와 같은 정책으로 우리를 쫓아올 때 그 결과는 뻔하다. 중국 반대편에 있는 미국의 최대 기업인 제너럴 일렉트릭에서 지난 9월까지 회장을 역임한 잭 웰치도 회사 기획서 반을 공백으로 비우고 중국과의 사업으로 채우라고 했다고 한다.

이런 마당에 우리 기업, 우리 경제는 향후 계획의 3/4를 중국으로 채워야 할지도 모른다. 이제 중국에 대한 대응은 기업차원이 아니라, 국가경제, 국민 모두의 과제가 되었다.

소련이 초강대국으로 부상하던 1945년 소련 서쪽 변방에는 핀랜드와 에스토니아라는 경제수준에 있어서 엇비슷한 나라가 있었다. 이 당시 에스토니아는 소련 위성국이 되어 소련과 비슷한 경제 정책을 썼다.

반면 핀랜드에서는 께코넨이라는 대통령이 소련 경제에 필요한 첨단 기술을 제공하는 엔지니어링 컨설팅 회사와 소련-서유럽을 연결하는 중계무역 기업을 여럿 창설하여 핀랜드를 첨단 기업 연합체로 만들고 이 연합체를 이끌어 가는 최고경영자 역할을 몸소 담당하였다. 이러한 국가전략의 차이점에서 나온 결과는 충격적이다.

소련과 비슷한 정책을 채택한 에스토니아는 세계에서 가장 가난한 나라가 되었고, 소련보다 한발자국 앞선 기술로 공룡과 같은 소련경제를 적절히 활용한 핀랜드는 세계 3위권의 경쟁력을 가진 강국으로 탈바꿈한 것이다.

올해 마지막에 치르게 되는 대통령선거는 한국의 최고경영자를 뽑는 행사이다. 냉전체제가 무너진 이후 미국, 영국, 중국 등 전 세계 주요국에 서는 국가지도자로 정치 전문가, 국방 전문가가 아닌 기술 전문가, 경영 전문가가 등장하고 있다.

클린튼은 1992년 "바보들아, 이젠 경제야!"라는 구호를 내세워 부시와의 대통령 선거전을 승리로 이끌었다고 한다. 중국의 지도자인 장쩌우민은 전기 기술자 출신이다.

그런 의미에서 우리는 국가를 이끌어가는 대통령으로 CEO라고 불리는 기업 최고경영자형 지도자를 뽑아야 한다.

올해 우리 과제는 경쟁력(Competitiveness)을 제고하는 일이고, 경쟁력 제고에 있어 가장 중요한 중국(China)을 전략적으로 활용하는 일이며, 이러한 일을 주도할 최고 경영자 (CEO)인 대통령을 뽑는 일이다.

그런 의미에서 올해는 우리 모두 3C를 화두로 삼아 열심히 살아가면 어떨까 한다.

〈매일경제신문, 2002. 1. 31〉

제 8 장

경영메커니즘론

선택, 학습, 조정 메커니즘이란 무엇인가?

시시각각 변화하는 환경에서 최상의 경영이란 존재하지 않는다. 다만 최적의 문제해결을 위해 변화하는 지적 생명체만 존재할 뿐이다.

– 요게시 말호트라 –

제 1 절 경영메커니즘의 의의[1)]

1. 경영메커니즘에 대한 논의의 배경

(1) 기업의 성공과 실패에 대한 의문

수많은 기업들이 경영활동을 수행하고 있지만 어떤 기업은 성공하고 어떤 기업은 실패한다. 특히 동일산업에서 유사한 규모의 경영자원과 시장점유율을 가지고 대등하게 경쟁하다가 어느 기업은 패배하고 어느 기업은 승리한다. 나아가 소규모 후발기업이 경쟁이 불가능할 정도로 큰 격차를 극복하고 대규모 선발기업을 제압한 경우를 우리는 자주 보게 된다.

미국 자동차산업의 역사를 보면 후발주자이던 GM이 독점적 선두주자였던 포드를 제압한 역사가 그러하고, 수많은 벤처기업의 꿈인 Microsoft가 세계정보통신업계에서 공룡이 되기까지의 역사가 그러하다. 반면에 과거의 강한 기업이 수십년 수백년 동안 그 아성을 깨뜨리지 않고 여전히 강자로 남아 있는 경우도 있다. 수많은 경쟁자의 도전과 환경적 역경에도 불구하고 여전히 거대한 강자로 남아있는 GE, IBM, 코카콜라 등이다.

우리 나라의 경우를 보더라도 1960년대 10대 재벌 중에서 오늘날까지 10대 재벌로 여전히 남아있는 기업은 1개 뿐이라는 사실에서도 기업의 흥망이 거듭된다는 것을 알 수 있다. 이러한 기업의 흥망의 역사를 통해 경영학을 공부하는 학생들이 가지는 의문은 매우 많지만 한편으로는 간단하다.

> "왜, 어떤 기업은 성공하고 어떤 기업은 실패하는가?"
> "기업을 성공적으로 경영하기 위해서는 어떻게 해야 하는가 ?"

1) 조동성, 『21세기를 위한 전략경영』, 서울경제경영, 2002, 제4장을 참고하였음.

(2) 기존 연구의 흐름과 그 한계

지금까지 이러한 기업의 성공을 설명하려는 학문적 시도는 매우 다양하게 전개되었다. 그러한 설명들을 살펴보면 탁월한 경영자의 존재, 환경변화에서 주어진 기회, 우수한 기술이나 원료 혹은 노동력과 같은 경영자원의 존재 등으로 설명되는 경우가 많다. 하지만 실제 경영현상이 경영자, 환경, 자원 가운데 어느 하나만의 결과가 아니라 이들간의 상호작용에 의해서 일어나는 것임은 주지의 사실이다.

또한, 어떤 기업의 성공을 단순히 어느 하나의 요소만으로 설명할 수 있다 하더라도 그 요소가 기업의 지속적 성공을 설명하기는 어렵다. 왜냐하면 그러한 요소는 경쟁자에 의해 신속하게 모방되기 때문이다. 따라서 이렇게 경영자, 환경, 자원 등을 개별적으로 살펴보는 것도 중요하지만 이러한 요소들이 서로 상호작용하는 관계 속에서 성공을 창출하는 과정과 구조 혹은 시스템이 훨씬 중요한 문제가 된다. 우리는 이러한 것을 메커니즘이라고 부르는데, 메커니즘의 특성을 파악하면 그 기업의 특성 및 성공과 실패 원인을 이해할 수 있게 된다.

2. 메커니즘의 의의

이처럼 기업의 경영주체(s; subject)인 최고경영자가 환경(e; environment)의 의미를 파악하고 그 변화에 적합하거나 변화를 선도할 수 있는 방향으로 전략을 수립, 실행하기 위해 필요한 자원(r; resource)을 활용하거나 창출하는 과정에서 메커니즘(M; mechanism)은 형성된다. 그리고 이 메커니즘이야말로 기업의 지속적 성공을 설명하는 'ser-M' 패러다임의 중심개념이라 할 수 있다.[2)]

기업의 지속적 성공을 설명하는 동태적인 전략이론으로서의 메커니즘 패러다임을 구성하는 기본구조는 내용, 과정 및 시간의 세 가지 차원으로 이루어진다. 이하에서는 이러한 메커니즘의 기본구조와 특성에 대해서 구체적으로 살펴본 다음, 경쟁전략, 다각화전략 및 산업정책에 메커니즘 패러다임을 적용하여 보기로 하자.

2) Cho, D. S. & Lee, D. H., "A New Paradigm in Strategy Theory: ser-M", *Monash MT Eliza Business Review*, Vol. 1, 1998.

제 2 절 경영메커니즘의 구조

1. 조정메커니즘

(1) 조정메커니즘의 의의

기업의 의사결정 주체는 환경변화에 대응하여 기업이 보유한 자원을 활용하는 과정을 통해 효율적인 자원배분을 달성하는데, 이러한 관점에서 기업의 본질은 시장을 대신해서 여러 가지 경제적 활동을 조정하는 메커니즘이라 할 수 있다.

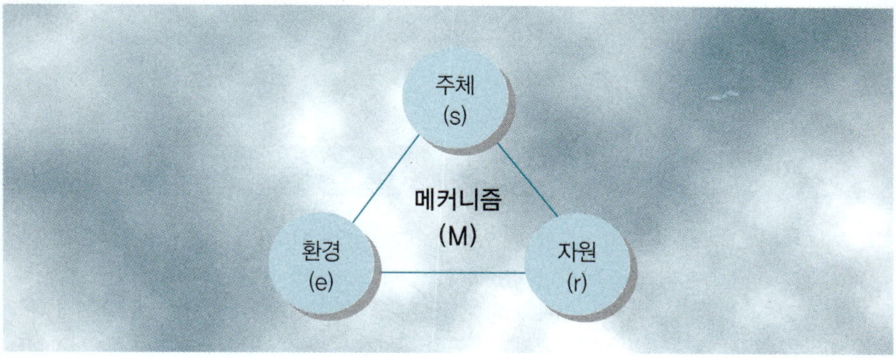

〈그림 8-1〉
메커니즘의 본질

그런데 기업마다 직면한 환경, 의사결정 주체, 활용할 수 있는 자원 등이 서로 다르기 때문에 메커니즘도 기업마다 차이가 있다. 이는 특정 기업이 다른 기업보다 경제활동을 훨씬 효율적으로 조정할 수 있다는 뜻이다. 즉, 주체가 환경변화에 대응해서 자원을 활용하는 메커니즘이 경쟁기업보다 효율적이면 지속적으로 경쟁우위를 유지할 수 있는 것이다.

한 기업내에 여러 개의 메커니즘이 존재할 수도 있다. 한 기업이 여러 개의 사업부를 가지고 있는 경우는 의사결정 주체나 직면한 환경, 활용할 수 있는 자원이 사업부별로 다르기 때문에 각기 별도의 메커니즘이 형성된다.

(2) 조정메커니즘의 특성: 경쟁우위의 원천[3)]

기업이 보유한 특유의 메커니즘이 지속적인 경쟁우위의 원천임을 보여주는 예를 들어보자. 후지제록스, 혼다, 캐논, NEC, 엡손의 신제품 개발과정을 살펴보면, 이들 기업이 경쟁사에 비해 유연하고 신속한 신제품 개발을 할 수 있었던 것은 촉매자로서의 최고경영자의 역할, 자율적인 프로젝트팀, 중복된 개발단계(overlapping development phases), 지속적인 학습, 정교한 통제체제, 부품업체나 외부 R&D 기관과의 유연한 관계 등과 같은 요인들 때문이었다.

신제품 개발과정에서의 메커니즘

자동차산업의 신제품 개발과정을 보더라도 위와 유사한 결과를 발견할 수 있다. 신제품을 개발하는 과정이 중복적이고 쌍방적 커뮤니케이션 경로를 갖고 있으며, 대면접촉을 통해 그때 그때 정보를 전달하는 메커니즘을 가진 기업이 순차적이고 일방적 커뮤니케이션 경로를 갖고 있으며, 서류(컴퓨터 네트워크 포함)를 통해 한꺼번에 정보를 전달하는 메커니즘을 가진 기업보다 원가, 속도, 품질면에서 우수했다. 또한 자동차 기업간의 이러한 차이는 오랜 시간에 걸쳐 축적된 기업 특유의 요인 때문에 생긴 것으로 쉽게 변하지 않는 성질을 갖고 있었다.

자료: Clark, K. B. & Fujimoto, T., *Product Development Performance,* Harvard Business School Press, 1991.

마쓰시타, 혼다, 캐논의 경영메커니즘

일본기업들이 세계시장에서 성공할 수 있었던 것은 새로운 지식을 창출하는 그들만의 독특한 경영메커니즘 때문이라는 주장이 받아들여지고 있다. 마쓰시타, 혼다, 캐논과 같은 기업들은 R&D 뿐만 아니라 생산, 마케팅, 기획, 서비스, 품질관리 등 다양한 배경을 가진 사람들로 신제품 개발팀을 구성하고 신제품 개발단계를 중복적으로 운영하며, 부품업체와의 밀접한 관계를 통해 공동으로 프로젝트를 운영하면서 새로운 제품을 지속적으로 시장에 출시할 수 있었던 것이다. 이러한 주장은 지식활용과 지식탐색을 적절히 조화시킴으로써 기업이 성공할 수 있다는 가설을 일본 기업의 성공사례를 통해 뒷받침하는 것이라고 볼 수 있다.

---

3) Itami, H., Nonaka, I. & Takeuchi, H., "Managing the New Product Development Process: How the Japanese Companies Learn and Unlearn", in Clark, K. B., Hayes, R. H. & Lorenz, C. (ed.), *The Uneasy Alliance,* Harvard Business School Press, 1985.

특히 대부분의 미국 기업들이 순차적인 단계에 따라 신제품 개발과정을 진행시키는 반면 일본의 기업들은 신제품 개발단계를 중복시킴으로써 신속하게 신제품을 개발할 수 있었다. 일반적으로 신제품 개발단계를 중복시키면 부서간의 갈등이나 마찰 때문에 개발속도가 늦어질 수 있지만 일본 기업들은 이를 효율적으로 조정하는 메커니즘을 정립함으로써 신제품을 오히려 빨리 시장에 출시할 수 있었다. 이는 결국 기업 특유의 메커니즘이 지속적인 경쟁우위의 원천임을 입증하는 것이다.

2. 학습메커니즘

(1) 학습메커니즘의 의의

메커니즘은 환경변화에 주체가 대응하여 자원을 활용하는 과정에서 학습되고, 이 학습과정에 의해 메커니즘도 진화하게 된다. 여기서 말하는 학습에는 개인의 학습과 조직의 학습이 모두 포함된다. 예컨대 의사결정 주체가 최고경영자 한 사람이라면 개인학습의 과정을 거치게 되지만, 습득되는 경험과 지식이 조직에 전파되어 메커니즘에 체화된 후에는 조직학습의 과정을 거치게 된다.[4)]

메커니즘은 환경변화에 대응해서 주체가 기존의 자원을 이용하는 지식활용 과정에 의해 형성될 수도 있고, 기존자원을 새롭게 배합하거나 실험을 통해 새로운 자원과 능력을 개발하는 지식탐색과정에 의해 형성될 수도 있다. 이때 지식활용 과정은 기업이 이미 보유하고 있는 자원을 활용하므로 새로운 자원을 개발하는 지식탐색과정보다 상대적으로 투입에 대한 결과를 확실히 예측할 수 있고 효과도 빨리 나타난다. 따라서 단기적으로는 기존자원을 활용하는 것이 새로운 자원을 개발하는 것보다 비용이나 효과면에서 훨씬 유리하다.

(2) 학습메커니즘의 특성

한 기업내에 여러 개의 메커니즘이 존재할 경우, 학습과정을 통해 메커니즘간에 차이가 발생할 수도 있다. 같은 기업내에 존재하는 메커니즘들은 각기 직면한 환경

4) 이때 개인의 학습이 두뇌에 저장되는 반면 조직의 학습은 규칙, 절차, 전통, 정책 등 제도적 메커니즘에 축적되는데, 이러한 제도적 메커니즘을 '루틴(routines)' 이라고 한다.

과 의사결정 주체, 자원 등이 조금씩 다르기 때문에 별도의 진화과정을 거치지만 동일한 주체나 공동의 자원을 사용할 경우는 서로 영향을 미치게 된다. 메커니즘들은 공동의 자원을 놓고 서로 경쟁하게 되는데 학습과정이 진행됨에 따라 상대적으로 환경변화에 적합한 메커니즘은 강화되고 환경변화에 부적합한 메커니즘은 약화된다. 따라서 학습과정은 시간이 흐름에 따라 메커니즘들을 서로 차별화시키고 이들 간의 격차를 벌려 놓을 것이다.

학습메커니즘은 급속하게 변하기보다는 점진적으로 변하는 특성을 갖고 있는데, 메커니즘은 외부충격에 의해 급작스럽게 변하기보다는 의사결정 결과에 의해 파생된 경험과 지식이 축적되면서 조금씩 변한다. 공부를 못하는 학생이 하루 아침에 공부를 잘 할 수 없으므로 지속적인 노력이 필요하듯이 기업 특유의 메커니즘도 지속적인 투자와 경험에 의해 점진적으로 변한다.

3. 선택메커니즘

(1) 선택메커니즘의 의의

메커니즘은 환경변화에 적응하기 위해 경영주체가 경영자원을 활용하는 과정에서 형성되고 이렇게 형성된 메커니즘이 학습을 통해 진화하지만 장기적으로는 환경과의 상호작용과정에서 생성, 변화, 생존, 도태, 소멸을 거듭한다. 결국 선택메커니즘에는 환경에 적응하는 소극적 차원과 유리한 환경을 창출하여 생존조건을 형성하는 적극적 측면이 혼재되어 있으며, 생존과 도태의 과정까지 포함되어 있다. 그리고 이처럼 환경과 관련하여 메커니즘이 형성되고 강화, 소멸되는 과정을 설명하는 것이 기존의 자원을 이용하는 지식활용 과정과 새로운 자원을 개발하는 지식탐색 과정에 관한 것이다.

(2) 선택메커니즘의 특성

그런데 지식활용과 지식탐색은 본질적으로 상반된 특성을 갖고 있다. 지식활용은 주체가 이미 보유하고 있는 자원을 활용하는 것이므로 투입에 대한 결과를 비교적 확실하게 예측할 수 있고 효과도 단기간에 나타난다. 반면 지식탐색은 주체가 아직 알지 못하는 자원을 개발하는 것이므로 투입에 대한 결과를 예측하기 힘들고 효과도 장기간에 걸쳐 나타난다. 따라서 제한된 의사결정 주체들은 일반적으로 미래의 불확실한 높은 성과보다 현재의 낮지만 확실한 성과를 선호하게 되고, 이에 따라 메커니즘도 지식탐색보다는 지식활용에 의해 지배적으로 형성된다. 그런데 단기적인 성과를 지향하는 지식활용에 의해 형성된 메커니즘은 미래의 새로운 환경에 적응할 수 없으며 새로운 환경에 적합한 다른 메커니즘에 의해 대체되는 것이다.

지식활용이 지식탐색을 지배하는 경우 외에도 메커니즘은 학습이 가지는 '축적(cumulativeness)'이라는 특성 때문에 환경 변화에 유연하게 대응하기 어렵다. 지식활용이든 지식탐색이든 학습과정은 '자기강화' 되는 특성이 있다. 환경, 주체, 자원간의 상호작용에서 나온 결과들은 피드백되어 메커니즘을 강화시키는데, 이러한 상호작용의 결과들이 축적될수록 메커니즘은 전문화, 특화, 제도화된다. 그런데 메커니즘이 특화되면 될수록 효율성은 증가하나 환경변화에 대한 유연성은 떨어지므로 새로운 환경변화에 의해 도태될 가능성이 높아진다.

4. 메커니즘의 기본구조

이상에서 설명한 메커니즘 패러다임의 기본구조를 정리하면 〈그림 8-2〉와 같다.

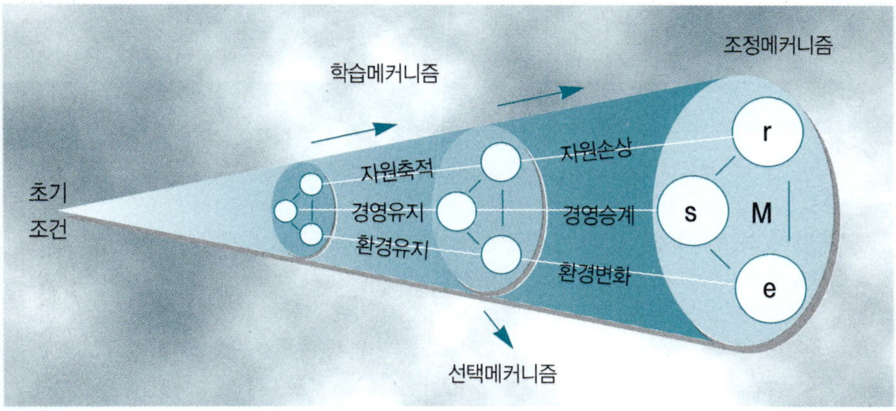

〈그림 8-2〉
메커니즘 패러다임

〈그림 8-2〉에서 보는 바와 같이 환경에 대응해서 주체가 자원을 활용하는 과정에서 창출된 메커니즘은 시간이 흐름에 따라 경험과 지식이 축적되면서 진화하는데, 각 단계마다 새로이 직면하는 환경에 의해 선택된다. 이 모델에 의하면 비록 동일한 산업에서 동일한 초기상태에서 시작한 기업이라 할지라도 시간이 흐름에 따라 학습, 선택과정을 거치므로 점점 더 차이가 커지게 된다.

제 3 절 경영메커니즘의 특성

1. 인과적 모호성(causal ambiguity)

메커니즘은 환경, 주체, 자원간의 복잡한 상호작용에 의해 형성된다. 미시경제학에서는 경제주체들이 완전한 합리성, 완전한 정보를 갖고 있는 것으로 가정하지만, 경영이론의 세계에서 의사결정 주체는 제한된 합리성(bounded rationality)을 갖고 있다. 따라서 그들은 미래의 환경변화를 정확히 예측할 수 없을 뿐만 아니라 과거의 역사나 현재 환경으로부터도 정확하게 정보를 추론하거나 분석할 수 없다.

또한 주체는 기업이 보유하고 있는 다양한 자원을 정확히 파악할 수도 없다. 특히 시간이 흐름에 따라 메커니즘은 학습이나 선택을 거쳐 진화하거나 도태되는데, 이 과정에서 살아남은 메커니즘은 점점 더 복잡해지고 이에 따라 인과적 모호성도 더욱 증가하게 된다. 이처럼 특정 시점에서 환경, 주체, 자원 등 세 가지 요인이 어떤 과정을 거쳐 메커니즘을 형성하는지를 인과적으로 규명하는 것은 매우 어렵다.

모토롤라, 소니의 사례

무선전화기를 처음 시장에 내놓은 모토롤라나 휴대용 녹음기 워크맨(Walkman)을 처음 발명한 소니의 경우, 혁신적인 제품개발로 각각의 산업에서 선도적인 위치를 확보했지만 그후 많은 경쟁자들이 비슷한 제품을 출시하는 바람에 경쟁우위를 계속 유지할 수 없었다. 이들 기업이 경쟁우위를 계속 유지할 수 없었던 이유는 혁신적인 아이디어가 신제품을 탄생시켰지만 이러한 신제품 개발과정이 메커니즘에 체화되기도(embedded) 전에 경쟁자들이 벤치마킹이나 리버스 엔지니어링(reverse-engineering) 등을 통해 모토롤라와 소니의 경쟁우위를 모방했기 때문이다.

자료: Williams, J. R., "How Sustainable is Your Competitive Advantage?", *California Management Review*, Vol. 34, 1992.

이러한 인과적 모호성 때문에 적어도 단기적으로는 경쟁자들이 성공한 기업이 보유하고 있는 메커니즘을 완벽하게 모방하는 것이 불가능하다. 따라서 단기적으로 메커니즘은 인과적 모호성이라는 특성 때문에 경쟁자들과 차별화되는 경쟁우위를 유지할 수 있는 기반이 된다. 그러나 만약 특정시점에서 형성된 메커니즘을 지속적으로 개선하지 않는다면 경쟁자들이 성공요인을 모방하기 위해 기업의 행동을 계속 관찰하고 추론하는 과정에서 메커니즘이 내포하고 있는 인과관계가 점차 밝혀질 것이다.

2. 경로의존성(path dependence)

메커니즘들은 저마다 기업 고유의 역사를 갖고 있는데, 학습과정을 통해 과거의 메커니즘이 현재의 메커니즘에 영향을 미치므로 메커니즘은 경로의존성이라는 특성을 갖게 된다. 미시경제학에서는 제품 가격이나 생산요소가격이 변하면 기업도 자신의 이익을 극대화하는 방향으로 민첩하게 생산방식과 기술을 바꿀 수 있다고 가정한다. 그러나 실제로 과거의 경험 및 투자 등에 의해 메커니즘이 영향받기 때문에, 급격한 환경변화에 쉽게 적응할 수 없다. '세 살 버릇 여든까지 간다'는 속담이 있듯이 환경이 변하더라도 과거에 해온 습관이나 스타일은 쉽게 변하지 않는다는 원리이다.

메커니즘이 경로의존성이라는 특징을 갖게 된 원인 중 하나는 의사결정 주체가 가진 몰입(commitment) 현상 때문이다. 의사결정 주체는 완전한 합리성을 갖지 못하기 때문에 자신이 내린 과거의 의사결정에 얽매일 수가 있다. 예컨대 대규모 신규투자를 했을 경우 프로젝트가 진행되는 과정에서 프로젝트가 경제적 타당성이 없는 것으로 결론내려졌다 할지라도 매몰비용(sunk cost) 때문에 경영자가 프로젝트를 포기하지 않을 수 있다.

메커니즘의 경로의존성은 경쟁자들이 성공기업을 모방하는 것을 어렵게 만드는 요인 중 하나이다. 다시 말해서 경쟁자들이 현재 시점에서 성공기업의 메커니즘을 분석했다고 할지라도 그 기업의 메커니즘을 충분히 이해할 수는 없다. 왜냐하면 메커니즘은 기업 역사의 산물이기 때문에 현재의 메커니즘을 이해하기 위해서는 과거에 그 기업이 어떻게 해왔는지도 분석해야 하기 때문이다.

3. 관성(inertia)

관성은 메커니즘의 경로의존성과 관련이 있다. 메커니즘은 과거의 행동에 제약을 받기 때문에 쉽게 기존 경로에서 다른 경로로 변화하기가 힘들다. 또한 과거에 투자된 매몰비용도 메커니즘을 쉽게 변할 수 없게 만드는 요인 중 하나이다. 메커니즘은 학습과정을 통해 환경에 적응하는 과정에서 특화되고, 메커니즘이 특화되면 될수록 효율성은 증가하나 환경변화에 대한 유연성은 떨어지므로 관성은 높아지게 된다.

메커니즘이 가지고 있는 관성이라는 특성은 기업차원 뿐만 아니라 사회 전체적인 차원에서 시사점을 던져 준다. 우선 기업 차원에서는 특정시점에서 형성된 메커니즘이 시간이 지남에 따라 관성을 갖게 되므로 환경변화에 의해 메커니즘이 도태되지 않고 지속적으로 경쟁우위를 유지할 수 있도록 메커니즘의 유연성을 제고시켜야 한다.

특히 지식활용보다는 지식탐색에 노력을 기울임으로써 지식활용에 의해서만 메커니즘이 형성되는 것을 방지하고 새로운 환경에 적응하는데 필요한 지식과 자원을 확보할 수 있어야 한다. 사회 전체적으로 볼 때 관성은 한 가지 메커니즘에 의해 시장이 지배되는 것을 방지한다.

제 4 절 경영메커니즘의 적용

1. 경쟁전략(competitive strategy)

포터(M. E. Porter)에 의하면 두 가지 본원적 전략인 원가우위전략과 차별화전략은 양립될 수 없다. 왜냐하면 원가우위전략은 낮은 원가를 유지하기 위해 추가적인 제품 특성이나 서비스를 없앤 표준화된 제품을 소비자에게 제공해야 하는 반면, 차별화전략은 소비자에게 독특한 혜택을 제공하기 위해 추가적인 비용이 필요하고 차별화된 이미지를 유지하기 위해서는 상대적 시장점유율이 낮을 수밖에 없기 때문이다. 그러나 경쟁우위가 시장지배력에 의해 창출된다는 산업조직론이나 기업이 처한 상황과 전략간의 적합성에 의해 기업의 성과가 결정된다는 상황론적 관점과 달리 메커니즘의 관점에서 보면 원가우위전략과 차별화전략은 일시적이 아니라 지속적으로 양립될 수 있다.

원가우위와 차별화는 단순히 기능별 전략이 아니라 기업구성원의 공감대, 조직구조, 업무절차, 제도 등 전사적인 지원이 필요한 전략이다. 즉, 경영자가 경쟁우위를 확보하기 위해 기업이 보유한 내부자원을 활용하여 원가를 낮추거나 차별화를 달성하는 전략이다. 따라서 특정시점에서 원가우위전략이나 차별화전략을 수립·실행하면 이에 적합한 기업특유의 메커니즘이 형성된다.

이런 상황에서 고객의 선호가 저가격에서 고품질 또는 그 반대로 변하거나, 아니면 자신의 전략을 모방하는 경쟁자가 나타난다면 그 기업은 자신의 경쟁적 지위를 유지하기 위해 기존의 경쟁우위를 계속 유지하든지, 전략 변화를 통해 부족한 경쟁우위를 추가로 확보하고자 할 것이다. 예컨대 원가우위전략을 성공적으로 실행해서 원가우위를 획득한 기업은 자신의 전략을 모방하는 경쟁자나 차별화를 추구하는 경쟁자로부터 자신을 보호하기 위해 계속 원가절감에 힘쓰거나 아니면 차별화를 추구하게 된다. 마찬가지로 차별화를 달성한 기업도 차별화를 계속 추구하거나 연계, 규모의 경제, 학습 효과 등에 의해 원가를 절감하고자 할 것이다. 이 때 기업은 자신이 보유하고 있는 경쟁우위를 바탕으로 다른 경쟁우위를 추구할 수 있으며, 이 과정에서 메커니즘이 갖는 경로의존성과 관성의 특성 때문에 하나의 경쟁우위가 다른 경쟁우위에 의해 대체되는 것이 아니라 두 가지 경쟁우위가 상호보완적으로 결합된다.

2. 다각화전략(diversification strategy)

(1) 다각화의 의의

기업을 연구하는 학자들 사이에 가장 관심이 있는 연구주제 중의 하나는 다각화에 관한 연구이다. 특히 최근의 전략이론은 다각화 연구를 통해 기업의 본질과 행동, 즉 기업의 성장원리를 규명하는데 초점을 두고 있는데, 이러한 연구경향에 따라 새로운 시장에 진입하거나 기존시장에서 철수하는 기업의 행동원리를 분석하는 연구가 관련 · 비관련 다각화, 기업인수와 합병, 리스트럭처링 등 다양한 제목하에 연구되고 있다.

(2) 다각화에 대한 기존연구와 그 한계

다각화에 관한 대부분의 연구는 다각화의 유형과 성과간의 상관관계를 규명하는데 그칠 뿐 다각화를 하는 기업의 행동원리를 규명하는 데는 실패했다. 다각화에 관한 기존연구는 지금까지 아래와 같은 연구흐름에 의해 진행되어 왔다.

첫번째 연구흐름은 다각화의 유형과 성과 간의 관계에 관한 연구이다. 다각화 유형을 구분하거나 성과를 측정하는 방법, 조사대상 산업 등이 연구자에 따라 다를 뿐이지 다각화 유형을 관련 · 비관련으로 나누고 각각의 유형별로 성과를 살펴보는 것이 이들 연구의 공통된 분석틀이다. 다각화 연구의 주류를 이루는 이러한 연구들은 대부분의 경우 관련다각화가 비관련다각화보다 높은 성과를 가져온다는 결론을 제시하고 있다.

이러한 유형의 연구는 다각화의 원인 혹은 근본적인 원동력을 규명하는데 미흡하다. 대부분 연구가 이질적인 기업을 대상으로 횡단적인 분석에 치중했기 때문에 기업의 행동원리로서의 다각화는 설명하지 못했기 때문이다.

두번째 연구흐름은 기업의 성과는 기업이 가진 독특한 자원에 의해 결정된다는 자원거점이론(resource-based theory)에 입각하여 기업이 보유한 자원과 다각화 간의 관계를 분석하는 연구이다. 이러한 연구는 다각화 유형과 성과 간의 관계를 피상적으로 연구하기보다는 왜 그러한 유형의 다각화를 했는지를 기업이 가진 자원과 연결시켜 연구했다는 점에서 의의를 찾을 수 있을 것이다. 자원을 기계설비와 같은 물적자원, 기술이나 마케팅 노하우와 같은 지식자원, 내부 유보금이나 부채와 같은 재무자원 등 세 가지 유형으로 구분하면 물적자원, 지식자원 및 기업외부에서 조달된 재무자원은 관련다각화와 관련이 깊고 기업 내부에서 조달된 재무자원은 비관련다각화와 관련이 깊다는 연구결과를 도출하였다. 이 주장에 의하면 기업이 보유한 자원에 의해 기업의 다각화 유형이 결정된다.

그러나 기본적으로 두번째 유형의 연구도 첫번째 유형의 연구와 마찬가지로 단순히 자원을 유형별로 구분하고 이들과 다각화 유형간의 관계를 살펴본 것이기 때문에 기본적인 분석틀은 첫번째 유형의 연구와 다를 바가 없다. 따라서 이 연구도 첫번째 연구와 마찬가지로 기업의 행동원리로서의 다각화 과정을 분석하는 데는 한계가 있다.

(3) 메커니즘에 기반한 다각화의 이해

단순히 다각화 유형이나 자원의 유형을 구분하여 성과와 연결시키는 횡단적인 연구를 뛰어 넘어 기업의 행동원리로서 다각화 현상을 종합적이고 동태적으로 파악하는데는 메커니즘 패러다임이 유용하다. 메커니즘 패러다임하에서는 다각화를 단순히 사업영역을 넓히거나 축소시키는 과정이 아니라 기업이 보유한 메커니즘을 이전시키거나 새로운 메커니즘을 습득하는 과정으로 파악한다. 또한 관련다각화는 단순히 제품이나 기술, 마케팅 측면에서 유사한 산업으로 진출하는 것이 아니라 기업이 보유하고 있는 메커니즘을 활용할 수 있는 혹은 유사한 메커니즘을 확보할 수 있는 산업으로 진출하는 것을 뜻한다. 반면에 비관련다각화는 기업이 새로운 메커니즘을 습득하거나 기업이 보유한 메커니즘과 다른 새로운 메커니즘을 확보할 수 있는 산업으로 진출하는 것을 뜻한다.

메커니즘 패러다임은 정부의 정책결정자들에게 기업의 다각화를 바라보는 새로운 시각을 제공해 줄 수 있다. 최근 정부가 추진하고 있는 업종 전문화 정책의 주된 내용은 공학적 업종분류에 의해 관련다각화와 비관련다각화를 구분한 후 관련다각화는 장려하고 비관련다각화는 규제하는 것이다. 그러나 실제 기업 입장에서 중요한 것은 공학적인 업종분류가 아니라 기업이 가지고 있는 메커니즘에 의한 분류일 것이다. 공학적 분류에 의해 비관련다각화로 분류되는 산업이라 할지라도 산업에 진출하는데 필요한 메커니즘이 유사하다면 이는 관련다각화로 보아야 할 것이다. 반대로 공학적 분류에 의해 관련다각화로 분류되는 산업이라도 산업에 진출해서 경쟁하는데 필요한 메커니즘이 서로 다르다면 이는 비관련다각화로 간주하는 것이 타당할 것이다. 이처럼 메커니즘 패러다임에 의하면 다각화는 눈에 보이는 제품공학적 분류가 아니라 눈에 보이지 않는 메커니즘에 의해 관련다각화와 비관련다각화로 구분될 수 있다.

3. 환경창조메커니즘

(1) 환경창조메커니즘의 의의

현실을 바라보면 각 산업마다 선두주자가 존재하고 있음을 알 수 있다. 선도기업과 후발기업을 구분하는 가장 큰 차이는 미래에 대한 과제라 할 수 있다. 선도기업이 되고자 하는 기업은 누구의 발길도 닿지 않았던 처녀지와 같은 상황에서 앞으로 나아갈 길을 스스로 개척해 나가야 한다. 반면에 후발기업은 선도기업이 숱한 시행착오를 거쳐 어렵게 만들어 놓은 길을 조심스럽게 따라가기만 하면 된다. 여기서 선도기업의 경우와 같이 새로운 사업기회를 개척하면서 그 분야의 새로운 환경을 만들어 나가는 과정을 환경창조메커니즘이라고 한다.

〈그림 8-3〉
환경창조메커니즘

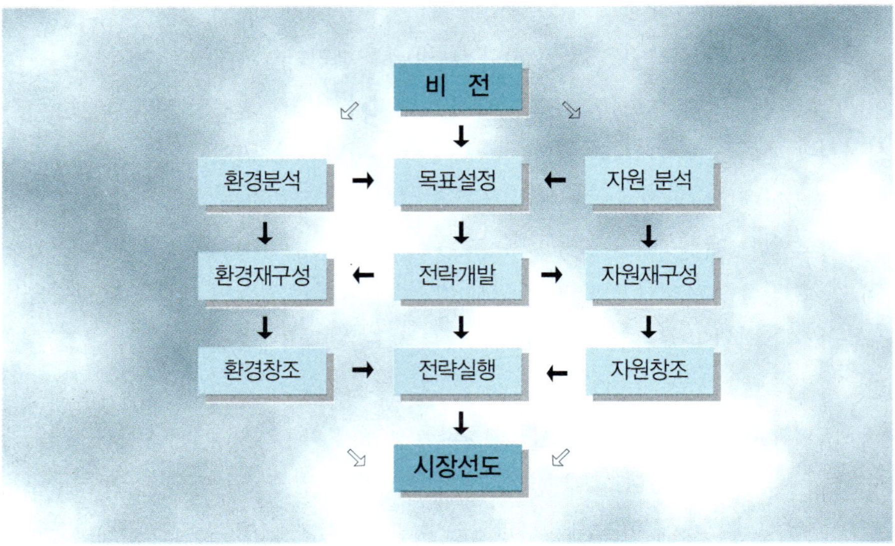

(2) 환경창조메커니즘의 내용

1) 비전

미래를 창조하고자 하는 선도기업이 새로운 길을 만들어 나가는 과정에서 그 기업의 경영자는 창조적 혁신을 일으켜야 하고, 이를 구성원에게 주지시켜 구성원 모두가 단합하여 따라올 수 있도록 간결하면서도 명료한 개념으로 표현해야 하는데, 이런 창조적 혁신의 구체적 표현을 '비전(vision)'이라고 한다.

2) 목표

비전이 보다 추상적이고 장기적인 성격을 가진다면, 이를 달성하기 위한 구체적이고 단기적인 평가가능한 과제로써 제시되는 것이 바로 목표이다. 환경창조기업에 있어서 목표설정은 환경적응과정에서의 목표설정과는 성격을 달리한다. 환경적응과정에서의 목표는 내부자원을 최대한 활용하여 환경변화에 효과적으로 적응하는 것을 그 내용으로 한다. 즉, 환경분석과정을 통해 파악한 환경변화에 효과적으로 적응하기 위해 자원을 활용하는 방안을 모색하는 과정에서 목표와 전략이 수립되는 것이다. 결국 환경적응과정에서의 목표는 환경변화에 대한 가장 효과적인 적응을 추구하는 것으로서 환경에 대한 최적의 적응으로 구체화된다.

그러나 환경창조기업의 목표는 환경분석의 산물이 아니라, 비전달성을 위한 구체적이고 평가가능한 목표로서 비전의 산물이며 이는 환경창조를 전제로 한다. 따라서 환경창조메커니즘에서의 환경분석은 주어진 환경과 기업내부에 보유하고 있는 자원을 파악하는 데 그치지 않고 비전과 목표의 달성을 전제로 이를 성취하기 위해 활용가능한 내부자원과 환경요소를 발굴하고, 비록 지금은 존재하지 않지만 필요한 환경요소를 파악하는데까지 확장된다.

초일류기업의 비전

초일류기업의 비전으로는 소니의 '종합 오락그룹(total entertainment group)', 동경화재해상보험의 '종합안전보장회사(total security provider)', 텔리다인(Teledyne)의 '최대가 아니라 최고(not the biggest, but the best)', 3M의 '5년 후 매출액의 절반 이상을 신규사업에서 담당할 것(at least a half of the revenue in the next fifth year from new businesses)' 등을 들 수 있다. 또한 이들 회사의 경영자가 제시하는 비전은 지금까지 다른 기업에서는 한번도 생각하지 못했던 아이디어를 포함하고 있다. 다시 말해서 다른 어떤 기업에서도 시도하지 않았던 새로운 길을 가겠다는 기업경영자의 꿈과 의지가 담겨있는 것이 바로 '비전'이라 할 수 있다.

자료: 조동성, 『기업의 환경창조 메커니즘』, 아이비에스, 1997.

3) 환경재구성

이렇게 볼 때 환경을 창조하는 선도기업의 경영자는 명확한 비전을 통해 경쟁기업의 경영자와 똑같은 환경변화에 처하더라도 경쟁기업의 경영자가 분석하는 것과는 다른 시각에서 환경을 재해석함으로써 단순히 주어진 환경여건에 적응하는데 그치는 것이 아니라 적극적으로 환경을 재구성함으로써 미래의 고객욕구를 창조해 나가게 된다.

이렇게 환경을 재구성하기 위해서 기업은 자신이 보유하고 있는 자원을 최대한으로 활용해야 하는데 환경재구성에 필요한 자원이 없다면 기존 자원을 재배합하고 의미를 재부여하여 재구성해야 한다.

닌텐도의 내부능력 재구성 사례

1970년대에 오락기구 제조산업이 처해 있던 경영환경은 모든 기업이 똑같은 상황이었지만 닌텐도만은 오락기구 제조산업을 당시에 급속도로 성장하던 PC산업과 연결시켜 그 당시로서는 어느 누구도 생각해 내지 못했던 전자오락게임 소프트웨어 공급산업으로 재구성하였다. 그리고 닌텐도는 이러한 산업의 재구성을 위해 기업내부에 갖고 있던 노하우에 PC소프트웨어 개발능력을 접목시켜 인간이 가진 오락욕구를 충족시킬 수 있는 내부능력을 재구성한 것이다.

자료: 조동성, 『기업의 환경창조 메커니즘』, 아이비에스, 1997.

4) 자원재구성

이와 같이 기업의 경영자가 사전에 설정한 목표를 달성하기 위해 외부환경과 내부능력을 재구성하는 과정을 거칠 때, 진정한 의미에서 전략개발과 실행이 이루어진다. 즉, 기존능력을 활용하여 환경변화에 적응하는 과정으로 끝나는 것이 아니라 기존에 갖고 있지 못한 능력을 새롭게 개발하거나 외부로부터 도입하여 기존능력과 연결시켜 새로운 내부능력을 만들어내는 것이다. 이렇게 기업이 환경을 재구성하는 과정에서 외부환경은 서서히 그 기업에게 유리한 환경으로 창조 · 정립되며, 이를 실현하는 과정에서 내부능력 역시 재구성 단계를 거쳐 새로운 내부능력으로 창조된다.

이 과정을 통해 자연스럽게 달성된 성과는 궁극적으로 그 기업을 업계에서 선도적인 위치로 만들어 주며, 다른 경쟁기업이 모방만으로는 도저히 따라잡을 수 없는 우위를 형성시켜 준다. 결국 기업의 사활을 좌우하는 관건이 환경적응능력이라면 기업의 경쟁우위, 즉 모든 경쟁기업을 물리치고 업계 선두위치를 유지할 수 있는 조건은 환경창조능력이다. 그리고 환경창조능력의 핵심은 그 기업을 이끌어 가는 최고경영자의 비전과 그 비전을 현실과 연결시켜 환경과 내부자원을 재구성하는 능력이다.

제 5 절 기업경영에의 시사점

메커니즘 패러다임은 기업의 본질을 탐구하는 패러다임이다. 따라서 앞으로 전략연구에 있어 분석단위는 최고경영자도, 자원도 아니며, 기업이 성장하는 과정에서 형성된 메커니즘이어야 할 것이다. 메커니즘 패러다임은 환경, 주체, 자원이라는 세 가지 요소를 중심으로 구성된 동태적 이론으로서 기업단위(corporate level)의 연구인 다각화 연구 뿐만 아니라 사업단위(business level)의 연구인 경쟁전략이나 국가단위(country level)의 연구인 산업정책 연구에도 적용될 수 있다.

메커니즘 패러다임이 기업경영자에게 주는 시사점은 다음과 같다.

첫째, 단순히 경쟁자를 모방하는 것만으로는 장기적인 관점에서 경쟁우위를 가질 수 없다. 최고경영자의 뚜렷한 비전하에 당면한 환경과 가능한 자원을 활용해서 기업 특유의 메커니즘을 구축해야만이 그 산업을 이끌어가는 선도기업이 될 수 있다.

둘째, 기업의 지속적인 경쟁우위는 단기간에 형성되는 것이 아니라 끊임없는 노력을 통해 형성되는 것이다. 메커니즘은 단기간에 형성될 수도 있지만 이것이 지속적인 경쟁우위를 갖기 위해서는 경쟁자가 모방할 수 없고 새로운 환경변화에도 적합하도록 이것을 끊임없이 개선시키는 것이 중요하다.

셋째, 진정한 경영혁신은 메커니즘을 혁신시킴으로써 비로소 달성된다. 최근 경영혁신이라는 이름하에 많은 기법들이 실제 경영에 적용되고 있다. 그러나 단순히 종업원을 해고하고 부서를 통폐합시키며 생산라인을 재조정한다고 경영혁신이 달성되는 것은 아니다. 이러한 접근법은 부분을 수정할 수 있을지 몰라도 전체를 변화시킬 수는 없다. 기업의 행동을 결정하는 메커니즘을 바꾸어야만 진정한 경영혁신이 이루어질 수 있을 것이다.

'한 송이 국화꽃을 피우기 위해 봄부터 소쩍새는 그렇게 울었나 보다.' 라는 시의 한 구절처럼 이제 전략이론가들이나 기업경영자, 정부의 정책담당자들이 주목해야 할 영역은 눈에 보이는 국화꽃이 아니라 눈에 보이지는 않지만 국화꽃을 피우게 만든 자연의 섭리를 포함한 모든 조건, 즉 "s, e, r, M"인 것이다.

Recommended Readings

조동성,「기업의 환경창조메커니즘」, 아이비에스, 1997.

Cho, D. S. & Lee, D. H., "A Proposed Industrial Classification System Based on Core Competences", *Industry and Innovation,* Vol. 5, December 1998.

———, "A New Paradigm in Strategy Theory: ser-M", *Monash MT Eliza Business Review,* Vol. 1, 1998.

———, Ryu, S. J. & Cho, D. H., "A Comparative Study of Korean and Japanese Industrial Policies through Content Analysis of Official Documents", *Hitotsubashi Journal of Commerce and Management,* Vol. 31, 1996.

Itami, H., Nonaka, I. & Takeuchi, H., "Managing the New Product Development Process: How the Japanese Companies Learn and Unlearn", in Clark, K. B., Hayes, R. H. & Lorenz, C. (ed.), *The Uneasy Alliance,* Harvard Business School Press, 1985.

Levinthal, D. A. & March, J. G., "The Myopia of Learning", *Strategic Management Journal,* Vol. 14, 1993.

March, J., "Exploration and Exploitation in Organizational Learning", *Organizational Science,* Vol. 2, 1982.

Reed, R. & Defillippi, R., "Causal Ambiguity, Barriers to Imitation, and Sustainable Competitive Advantage", *Academy of Management Review,* Vol. 15, 1990.

Stata, R., "Organizational Learning-The Key to Management Innovation", *Sloan Management Review,* Spring 1989.

Column 조동성 교수의 경영 · 시사 칼럼

바람직한 업종전문화 방향

지난주 통상산업부는 30대 재벌에 대한 업종전문화정책을 대폭 완화하겠다고 발표했다. 재벌의 지나친 다각화를 억제하겠다는 좋은 취지에도 불구하고 그 효과에 대해 문제점이 제기되었던 이 제도가 드디어 폐기직전에 이른 것이다.

그러면 재벌의 사업다각화는 피할 수 없는 길인가. 그리고 업종전문화정책은 시대착오적 발상이었는가. 이 문제에 접근하기 위해서는 재벌이 생성된 역사적 과정을 살펴볼 필요가 있다.

영국, 미국, 일본 등 자본주의를 채택한 선진국의 경제발전사를 보면 산업혁명 초기에 예외없이 재벌이 등장한 사실을 알게 된다. 한국 역시 60~80년대 산업화과정에서 필요한 대규모 투자를 감당할 수 있는 민간기업을 육성했고, 이들은 갖고 있는 자산을 보다 효율적으로 활용하기 위해 여러 산업으로 다각화해 재벌을 형성하였다. 이렇게 형성된 재벌기업은 한국이 후진국에서 개도국 수준까지 발전하는데 큰 공헌을 했다.

그러나 개도국의 재벌기업은 세계시장에서 선진국 기업과 대등한 경쟁을 할 수 있는 전문적 기술과 효율적인 경영능력을 충분히 갖추지 못하고 있다. 따라서 근로자에게 생산성보다 낮은 임금을 주거나 정부로부터 금융 세제면의 지원을 받고, 경우에 따라서는 폐쇄된 국내시장에서 품질수준에 비해 높은 가격을 소비자에게 부담시켜 얻게 되는 이윤을 가지고 선진국 기업과의 경쟁에서 처하게 되는 불리한 조건을 극복할 수밖에 없게 된다.

반면 선진국에서는 근로자가 희생하지도 않고, 정부가 기업에 차별적 혜택을 주지도 않으며, 국내 소비자가 맹목적인 애국심으로 국산품 애용을 부르짖지도 않는다. 다시 말해 선진국이란 누가 누구에게 희생당하는 사회가 아니라 구성원 모두가 자신의 이익을 극대화하기 위해 합리적으로 사고하고 행동하는 사회이다.

따라서 선진국과 재벌은 동시에 존재할 수 없는 운명을 갖고 있다. 즉 재벌이 경제를 지배하면서 그 나라를 선진국으로 만든 경우는 없었고, 또 어느 선진국에서도 재벌이 경제를 지배하지는 않는다.

한국 역시 선진국으로 발전하기 위해서는 기업이 근로자, 정부, 소비자의 도움없이 전문적 기술과 경영능력을 가지고 세계시장의 치열한 경쟁에서 살아 남아야 한다. 그리고 이를 위해서는 각 산업에 전업화한 기업이 나타나야 한다. 그러나 재벌의 계열사들은 이미 확보하고 있는 시장지배력이나 다른 계열사로부터의 지원 등을 통해 전문화된 기업의 출현을 막거나 상당기간 지연시킬 수 있고 또 그렇게 하고 있다. 이러한 재벌의 행태는 한국이 선진국으로 발전하는 것을 저해하며 스스로를 한국경제 발전의 걸림돌로 전락시킨다.

분명히 재벌은 한국경제를 후진국에서 중진국으로 발전시키는데 큰 공헌을 했다. 그러나 또 하나 분명한 것은 재벌이 경제를 지배하는 한 한국은 선진국이 될 수 없다는 사실이다.

이제 한국기업이 앞으로 선택해야 할 길을 스스로의 기술과 경영력만을 가지고 국제경쟁력을 갖추고 또 이를 위해 한 분야로 전문화하는 것이다. 재벌 역시 정부가 업종전문화를 강요해서가 아니라 스스로 살아남기 위해 자발적으로 전문화를 추구해야 한다. 다만 어떻게 업종을 구분하고 선택할 것인가는 기업이 스스로 판단하고 결정해야 한다.

그런데 정부가 93년에 채택한 업종전문화정책은 기업실정을 무시한 채 독선적으로 업종구분을 하고 있다. 즉 표준산업분류체계의 대분류와 중분류를 혼합하여 업종을 15개로 나누고 10대 재벌은 3개, 11~13대 재벌은 2개를 선택하여 전문화하도록 유도하고 있는 것이다.

그런데 표준산업분류체계는 주로 생산원료와 제조방식을 기준으로 산업을 분류한 것으로서, 이 체계를 업종분류에 사용한다는 것은 기업이 생산활동에서만 핵심능력을 가지면서 부가가치를 창조한다고 보는 것과 다름이 없다.

그러나 최근 선진국 기업들은 생산보다 신제품개발, 유통, 마케팅 등에서 더 큰 핵심능력을 갖고 이러한 능력을 1백% 활용하는 사업전략을 전개하고 있다. 예컨대 일본의 소니는 그동안 축적해온 고객에 대한 정보를 기초로 오디오 · 비디오 기기 제작뿐 아니라 영화제작 놀이공원 등 소위 종합적인 오락제공자로 탈바꿈하고 있다.

겉으로 볼 때 소니는 분명히 전기 및 전자, 기타 서비스업, 건설업 등 세가지 산업으로 다각화했지만 내부적으로는 고객의 오락요구 이해라는 핵심능력을 바탕으로 전문화하여 부가가치를 극대화하고 있는 것이다.

한국에도 이러한 예는 얼마든지 있다. 예컨대 웅진그룹은 출판, 정수기, 화장품, 인삼제품 등 여러 산업에 진출하고 있지만, 사실은 창업자인 윤석금회장이 브리태

니커 백과사전 판매사원 시절에 축적한 방문판매에 관한 노하우를 최대한 활용하는 전략의 일환으로 보아야 한다.

대부분 재벌그룹도 겉으로는 관련이 없는 여러 산업으로 다각화한 것 같지만 사실은 치밀한 조직관리능력이나 임직원의 근면성이라는 핵심능력을 활용하는 과정에서 섬유, 봉제 등 경공업에도 진출하고 TV조립 등 가전산업에도 진출한 것이다. 다만 재벌의 문제점은 자금능력, 對정부 섭외능력 등 특정 기업의 고유한 핵심능력이라고 보기 어려운 능력을 잡다하게 가지고 초점을 잃은 경영을 하는데 있다.

이제 한국 재벌기업은 전문화 방향으로 나아가야 한다. 그러나 위 예에서 본 것처럼 눈에 보이는 생산활동이나 제품을 기준으로 업종전문화를 추구할 것이 아니라 기업이 가진 핵심능력을 중심으로 하여 부가가치를 극대화시킬 수 있는 관련분야로 진출하는 '핵심능력 전문화'를 추구해야 한다.

정부도 재벌에 대해 써오던 업종전문화정책을 무작정 포기할 것이 아니라 이들이 핵심능력을 기초로 경쟁력을 쌓도록 유도해야 한다.

〈매일경제신문, 1995. 1. 24〉

환경창조기업

'시대가 영웅을 만드는가, 영웅이 시대를 만드는가' 언뜻 나폴레옹을 연상케하는 이 구절은 우리들이 고등학교 1, 2학년 시절에 친구들과 어울려 논쟁할 때 주제로 삼았던 단골메뉴였다. 18세기말 프랑스 대혁명 이후의 혼돈과 불안이 나폴레옹과 같은 독재자를 가능케했다는 주장과, 나폴레옹과 같은 강한 의지와 집념의 소유자가 없었다면 프랑스가 19세기초 유럽의 패자로 등장할 수 없었으리라는 주장이 평행선을 그으면서 이러한 토의는 결론없이 끝나곤 했었다.

그후 대학에 들어와 경영학을 전공하고, 석 · 박사 과정을 거치면서 필자는 이와 유사한 주제를 다루게 되었다. '조직이 전략을 따르는가, 전략이 조직을 따르는가' 필자가 참여했던 어떤 모임에서도 전략을 먼저 개발한 다음에 이를 실천에 옮길 수 있도록 조직을 바꾸어야 한다는 주장과, 기존의 조직이 수용할 수 있는 범위내에서만 전략을 선택할 수 있다는 주장은 항상 팽팽하게 대립된 채 결론없이 끝나곤 했었다.

그후 필자는 미국 · 유럽 · 일본 등지에서 경영자, 컨설턴트, 교수로 활동하는 가운데 여러 기업체를 방문하게 되었고, 그 과정에서 위의 두 주제와 관련이 있는 세번째 주제를 갖고 고민에 빠져들기 시작하였다. '환경이 기업을 적응케 하는가, 기업이 환경을 창조하는가'

지금까지 경영학 중에서도 기업과 이를 둘러싼 환경간의 관계를 다루는 경영전략 분야에서는 환경이 급변하는 상황에서 기업이 어떠한 대응을 해야 하는가만을 연구해 왔다. 그리고 그 결론은 '환경변화에 적응하는 기업만이 생존할 수 있다' 는 지극히 당연한 것이었다.

과연 환경적응만이 기업이 선택할 수 있는 최선의 전략인가. 물론 필자가 경험한 기업중에는 환경변화에 제대로 적응하지 못해 공룡같은 몸체를 유지하지 못하고 쓰러져 버린 걸프오일같은 회사도 있고, 유행의 확산 흐름에 따라 패션의류에서 실내장식 · 가구등으로 변신을 해가며 생존하고 있는 핀란드의 마리메코같은 회사도 있다.

그러나 자신이 보유하고 있는 뛰어난 신제품개발기술과 정교한 생산능력을 가지고 조립완구 시장을 창조한 덴마크의 레고나, 대담한 발상과 불굴의 정신으로 직판시스템을 개발하여 구태의연한 재래시장에서 유통혁명을 일으킨 일본의 가오(花王) 같은 회사를 보자. 이들 회사는 단순히 환경변화에 적응한 것만이 아니라 자신의 능력에 맞는 방향으로 새로운 산업을 창조하거나 기존의 산업을 재편성해 왔다. 그리고 그 과정에서 이들 기업은 경쟁사가 도저히 쫓아올 수 없는 독점적인 우위를 확보했고, 그 결과 업계를 선도하기에 이른 것이다.

물론 이들 몇 개 기업의 사례만으로 필자가 앞에서 제기했던 환경과 기업에 관련된 문제의 해답이 나오는 것은 아니다. 사실 시대 · 영웅이나 조직 · 전략과 마찬가지로 환경 · 기업문제도 숙명적인 인과관계를 연역적으로 해석하는 '여건론' 과 개체의 의지를 강조하는 '주체론' 이 팽팽한 평행선을 그을 수 밖에 없는 주제이다.

또한 이 문제는 시대(환경)-영웅(개인)이라는 기업 밖의 외연적(外延的)인 관계와 조직(기업)-전략(개인)이라는 기업안의 내포적(內包的)인 관계를 연결시키는 고리가 된다는 점에서 순환논리를 벗어날 수 없는 주제라고도 할 수 있다.

그러나 기업을 이끌어가는 주체인 경영자는 주어진 환경을 수동적으로 받아들이는 환경적응 사고방식보다는 능동적으로 환경을 창조해 나가면서 자신의 모습을 주체적으로 만들어 나가는 환경창조적 자세를 가져야 한다고 믿는다. 이러한 환경창조기업이 하나 둘 자리잡게 되는 날, 우리 경제는 주체성을 찾고 글로벌 시대의 세계 경제를 이끌어 나갈 수 있을 것이다.

경영학은 관념론 속에서 안주할 수 있는 순수철학이 아니라 세상 속에서 현실과 부딪쳐 가며 경영자와 함께 호흡해야 하는 실천과학이다. 따라서 필자도 여건론에 따라 외국의 기존 학자들이 개발한 이론과 기술을 그대로 받아들이고 한국 현실에 적응시키는 데 만족할 것이 아니라, 주체론에 입각해서 환경창조를 추구하는 기업이 갖추어야 할 기본 조건과 환경창조의 프로세스를 연구함으로써 새로운 시대를 여는 우리의 영웅, 기업 경영자들을 도와드려야겠다고 다짐해 본다.

〈서울경제신문, 1993. 4. 18〉

읽을거리

각광 받는 새로운 직업들 (2)

1. 투자상담사

1) 주요업무

증권 회사에서 주식투자를 하는 사람들에게 투자방법과 종목 등을 가이드하는 등 투자 상담을 한다.

2) 자격요건[1)]

① 2종투자상담사 : 2종투자상담사 자격시험에 합격한 자로 증권협회장이 정하는 소정의 교육과정(투자상담사 등록과정)을 이수한 자(다만, 증권회사에서 1년 이상 근무한 경력이 있는 자는 동 과정을 이수한 것으로 본다.) 증권관계기관에서 과장급 이상으로 5년이상 근무한 경력이 있는 자. 주로 주식 및 채권의 현물거래에 관해 상담을 한다.

② 1종 투자상담사 : 2종 투자상담사의 요건을 구비한 자로서 1종 투자상담사 자격시험에 합격한 자. 주식이나 채권과 아울러 선물, 옵션거래까지 업무영역의 폭이 넓다.

3) 직업특성

외환위기 이후 연봉제와 성과급을 도입하면서 계약직 고용이 크게 늘었다.

---

1) 한국증권업협회 증권연수원 (www.ksti.or.kr) 자료

1999년 1월말 현재 30개 증권사의 임직원 2만2천여명 가운데 계약직 사원이 4,700여명으로 21%가 넘는다.[2] 계약직은 원칙적으로 약간의 기본급 외에 영업 실적에 따라 성과급이 지급되고, 6개월~1년단위로 재계약을 해야 한다.

기본급은 보통 100만원을 넘지 못하고 20~30만원만 주는 곳도 있다. 이로 인해 거래수수료의 20~50% 사이에서 결정되는 성과급이 주급여가 되기 때문에 고객위탁금 유치와 빈번한 매매를 유도할 수 밖에 없다. 현대, 삼성, LG, 동양 등 주요 증권사의 투자상담사의 월수입은 2,000~3,000만원 선이다.[3] 최근에는 투자추천으로 원금손실을 입을 경우 투자자가 분쟁조정신청을 내서 분쟁에 휩싸이는 경우가 증가하고 있다.

4) 직업전망

1999년 2월 기준으로 증권업협회가 자격이 없는 사람은 증권사 영업장에서 고객에게 투자상담을 할 수 없도록 증권거래법에 명시하여, 증권회사에서는 영업직 신입사원으로 투자상담사 자격증이 있는 사람만 뽑는 경우가 많아졌다. 은행이나 다른 금융기관에서도 증권분야 진출로 인해 직원들에게 투자상담사 자격증 취득을 적극 권장하고 있어 투자상담사의 인력수요는 갈수록 늘 것으로 전망된다.

---

2) 한국증권업협회 발표자료, 1999.
3) 조선일보. 2000. 3. 14 참조

2. 애널리스트

1) 주요업무

개별기업의 가치분석을 전문으로 하며 현재가치와 그 기업의 미래전망, 경기흐름속의 개별기업의 손익구조를 분석해서 기업의 적정 주가를 산출한다. 영향력 있는 애널리스트는 개별기업 뿐만 아니라 전체 주식시장에 영향을 미치기도 한다. 단적인 예로 지난 95년 전세계 반도체 관련주가가 급등세에서 급락세로 반전된 계기가 월스트리트의 유명한 애널리스트인 토머스 쿨럭이라는 사람이 쓴 2페이지 짜리 보고서라는 것은 유명한 일화이다.

2) 자격요건

국내 애널리스트를 위한 자격증은 아직 없지만, 국내 및 세계경기 데이터를 바탕으로 기업의 재무제표를 분석하고 각 산업들의 향후 경기를 예측하는 능력이 필요하므로, 재무분석 능력과 회계학적 지식, 환율과 금리의 흐름을 볼 수 있는 경제학적 지식이 필요하다. 따라서 공인회계사, 투자상담사, 각종 증권분석사 자격증이 도움이 된다. 이외에도 보통 증권사나 은행등 금융기관에 입사한 뒤 기업관련 업무를 하면서 경력을 쌓는 것이 일반적이다. 최근 들어서는 사내에서 3년 이상의 실무교육을 시킨 후 실전에 배치되는데, 나이가 들수록 집중력, 판단력이 떨어지므로 보통 30대 중 후반이 주류를 이룬다.

3) 직업특성[4)]

애널리스트의 몸값은 철저히 시장평가에 따라 매겨진다. 펀드매니저와 아시아머니, 이머징마켓, 유로머니, 그린위치 등과 같은 외국투자전문지는 물론 국내의 경제주간지에서도 업종별로 최고의 애널리스트를 선정하고 있고, 이를 통해 우수하다는 평가를 받으면 몸값이 뛰지만 그렇지 못할 경우에는 퇴출의 길을 걸어야 한다. 전통적으로 여성들에게 문이 좁았지만 최근들어 여성 특유의 섬세하고 치밀한 감각을 통해 음식료, 제약, 화장품과 같은 내수업종을 위주로 여성의 진출이 증가하고 있다. 뿐만 아니라 빠른 기술의 발전과 각 기업의 기술수준에 대한 정확한 판단을 내리는데 이공계 출신의 애널리스트가 두각을 나타내고 있다. 따라서 기업의 실질가치판단과 경영학적 분석을 접목시킬 수 있는 이공학부 졸업 후 경제경영분야 석사학위 취득자의 관심이 높아지고 있다.

4) 직업전망

몇해전 H증권사가 유명한 애널리스트를 조사본부장으로 스카우트하면서 제시한 연봉은 9억원이었다. 3년 계약으로 스카우트했기 때문에 최소 27억은 보장한 것이다. 이는 애널리스트의 몸값을 단적으로 보여준다.

최근 우리 주식시장에서는 두가지 큰 변화가 있었다. 수수료의 자유화와 사이버 트레이딩의 확산으로 인해 매매수수료 수익이 극히 미미해짐으로써 더 이상 단순히 투자자의 매매수수료로 수익을 얻기는 힘든 시대가 온 것이다. 즉, 증시의 분석과 적극적인 자료의 확보를 통한 양질의 정보 없이는 투자자들을 자사의 사이버거래로 끌어들이기 어려워졌다. 이와 같은 연유로 애널리스트의 수요는 더욱 확대될 것으로 전망할 수 있다. 최근 리서치만을 전문으로 하는 리서치펌의 등장이 이러한 추세를 단적으로 보여준다.

4) Tiger, Paul D저, 백영미 역, 「나에게 꼭 맞는 직업을 찾는 책」, 황금가지, 2002
(주)웍스포(www.worxpo.co.kr) 자료

3. 헤드헌터

1) 주요업무

기업이 필요로 하는 인재를 가장 빠른 시간에 찾아낼 수 있도록 돕고, 고급 인력들은 별도의 비용 부담 없이 능력에 맞는 대우를 받으면서 실력을 발휘할 수 있게 양자를 중개하는 일을 한다. 대부분 현직 종사자들 중 관리자급 이상에 해당되는 고급 인력을 스카우트한다는 점이 일반 직업상담사와 구별된다.

2) 자격요건

대인 커뮤니케이션과 영어 구사능력을 바탕으로 고급인력을 상대하기 위해서는 해당 업계를 잘 이해하는 제너럴리스트가 되어야 하고, 아울러 해당 인원을 검증하기 위해서는 특정분야의 컨설팅능력까지 갖추어야 하므로 스페셜리스트가 되어야 한다. 이와 같은 연유로 금융, 회계, 법률, IT분야 등의 현직 종사자들이 헤드헌터로 전향하는 경우가 많다.

일부 신문사에서 시행하는 단기 실무교육 코스를 제외하고는 국내에는 이를 위한 교육기관은 없다. 따라서 국내 대기업이나 외국계 회사의 인사과에서 경력을 쌓다가 헤드헌팅으로 전업하거나 헤드헌팅 업체에 입사하여 실무를 익히는 방법이 있다. 통상 외국기업을 위주로 하는 만큼 영어에 능통해야 하고 섬세한 여성에게 더욱 유리한 분야이다.

3) 직업특징[5)]

대부분의 업체는 금융이나 IT, CEO 등 자신만의 영역이 정해져 있다. 고급인

---

5) 한국경제신문, 2000.12.21 / 2001.2.19 참조

력을 상대해야 하는데 있어, 특화하는 것이 상대적으로 유리하기 때문이다. 각 분야의 경력이 풍부한 인력에 대한 방대한 데이터를 구축하고 이를 체계적으로 관리하고 유지해야 한다.

수수료는 구인을 의뢰한 기업체에서 전적으로 부담한다. 직종이나 연봉에 따라 차이가 있지만 통상 수수료는 대상자 연봉의 15~25% 선에서 결정된다. 헤드헌터의 수입은 능력에 따라 많은 차이를 보이지만 대개 업계에서 10년 이상의 경력을 가지면 연 1억~3억 원 정도가 된다.

4) 직업전망

90년초에는 헤드헌팅 업체수가 10여개에 불과하던 것이 2000년에 들어서면서 200여 개가 넘었고, 2002년 시장규모는 500억원 수준으로 치솟을 전망이다.[6] 구조조정으로 인해 전체적인 인원은 줄이고 우수인력 위주로 회사를 재편하는 과정에서 헤드헌터의 역할이 더욱 커지고 있고, 최근 IT업계의 인력부족으로 산업자원부에서 '골드카드제'[7]를 시행함에 따라 헤드헌팅업계가 활황을 보일 것으로 전망된다.

지금까지 소개한 이러한 유망직업은 과거와는 다른 특징을 보인다. 과거의 유망직업은 직업 자체가 어느정도 안정된 수입과 조건을 보장해 주었으나 요즘의 유망직업은 비록 인기 직업이라 하더라도 개인의 축적된 지식과 창의성이 가미되어 남과 차별되는 특징이 없고서는 고소득을 보장받기 어렵다. 최근들어 인기직종으로 부각되고 있는 애널리스트라 하더라도 개인의 능력에 따라 수입은 수십배가 차이나는 경우가 일반적이다.

6) 한국일보, 2002.3.11 참조

7) 국내 벤처기업에 취업하려는 외국인에게 해당국가와의 협약에 관계없이 3년 기간의 복수사증을 발급하고 기간이 지난 후에도 추가연장이 가능하도록 하는 제도

변호사 시장도 그 동안 기득권에 대한 진입장벽이 없어지고 개방이 가속화 되고 서비스의 개선을 위해 절대인원 자체가 대폭 증가하고 있기 때문에 단순히 민 · 형사 사건만 맡는 변호사와 국제법, 국제경영, M&A, 조세 등 자신만의 영역을 가지고 있는 변호사의 수입차는 더욱 커지고 있다.

이렇게 앞으로의 직업은 우등직업과 열등직업으로 나뉘는 2분적 구조에서 벗어나 각 직업간의 다양성을 인정하는 견지와 각 직업내의 개인간 격차가 더욱 커지는 상황으로 변화하고 있다.

제 3 부

경영계획론

제 9 장

경영목적론

기업경영을 통해 무엇을 추구하는가?

오직 이익만을 위하는 경영은 마치 공은 보지 않고 스코어보드만 보며 테니스를 치는 것과 같다.

– 케네쓰 블랑차드 –

PRINCIPLES OF MANAGEMENT

제 1 절 경영목적론의 의의

1. 경영목적에 대한 정의

(1) 정의

기업이 경쟁력을 강화하고 사회적 정당성을 제고하기 위해서는 우선 올바른 경영목적의 정립이 요구된다. 일반적으로 목적(goal)이라 함은 개인 또는 조직체가 성취하고자 하는 최종상태나 결과를 지칭한다. 다시 말해 기업의 경영목적은 '기업이 경영행동을 통해 실현하려는 상태' 라고 정의할 수 있다.

(2) 의의

경영목적은 경영환경 및 조직여건에 적합한 방향으로 설정해야 하는데, 이러한 요건을 '경영목적의 적합성' 이라고 한다. 적합성이 높은 경영목적은 다음과 같이 여러 가지 우위를 지니고 있다.

1) 가치전제 및 지도원리

경영목적은 의사결정을 하는데 있어 필요한 가치전제 내지 지도원리가 되며, 이는 의사결정에 따르는 경영활동을 좌우한다.

2) 행동대안의 원천

경영목적은 의사결정과정에 있어 대안을 만들어 내는 원천이 된다. 목적이 명확하지 못하다는 것은 대안을 설계하는데 있어 근거가 없는 것과 마찬가지이다.

3) 대안의 평가기준

대안의 합리성 내지 만족도는 경영목적의 예상달성도에 의해 평가되며, 의사결정자는 이를 근거로 특정 대안을 선택한다.

4) 업적평가기준

경영목적은 경영활동의 결과인 업적 또는 성과를 평가하는 기준이 된다. 이는 향후 목표설정 및 달성도 측정의 근거자료로 활용될 수 있다.

2. 현대 기업시스템과 경영목적

(1) 현대 기업시스템의 양면성[1)]

1) 경제 · 기술적 생산시스템

경제 · 기술적 생산시스템으로서의 경영개념은 경영현상이 최소의 비용으로 최대의 재화와 용역을 생산하도록 하는 경제적 활동이라는 점이다. 즉 현대기업은 자본, 노동, 원료라는 투입요소를 재화와 용역이라는 산출요소로 변화시키는 주체가 된다. 이에 따라 경영조직은 경제적 목적을 실현하기 위해서 경영활동을 합리적이고 효율적으로 체계화시키고, 생산수단을 조절하고 이용하며 변화시키기 위한 경제 · 기술적 구조를 형성한다.

2) 사회 · 심리적 협동시스템

사회 · 심리적 협동시스템으로서의 경영개념은 경영현상의 사회적, 심리적, 문화적 측면에 초점을 두는 것이다. 이는 기업을 성공적으로 운영하기 위해서 구성원으로서 개인과 사회기관으로서 기업이 상호작용을 하면서 협력적 관계를 형성해야 한다는 것을 강조한다. 특히 기업시스템의 핵심적 부분은 인적요소를 통해 운영되고 있다. 그런데 이는 기술 · 경제적 개념의 노동력으로서 생산을 위한 투입요소가 되는 것 외에도 인간적 유대관계가 크게 작용한다는 측면에서 중요시되고 있다. 이에 따라 인간관계, 리더십, 동기부여 등이 경영활동의 성공을 좌우하는 요인으로 인식되기도 한다.

---

1) 신유근, 『기업윤리와 경영교육』, 세경사, 1992.

(2) 경영목적에 대한 시사점

기업이 재화와 용역을 산출하려면 자본가, 경영자, 종업원, 소비자 등 전체 사회시스템을 형성하고 있는 구성집단의 협력을 필요로 한다. 즉 주주는 위험을 무릅쓰고 자본을 투자한 대가로 적정한 이윤을 얻는 것이고, 종업원은 노동력이라는 에너지 및 지식을 공여한 대가로 금전적 수입과 심리적 만족을 얻는 것이다. 또한 소비자는 임금 및 이윤의 원천인 수익에 기여하는 대가로 생산된 재화와 용역을 얻는 것이다. 만일 어느 한 집단이라도 자신이 기대한 것 이하의 것을 얻게 된다면 자신들이 공헌한 가치의 양이나 질을 줄이게 될 것이다. 이러한 의미에서 경영시스템은 상호의존적인 협동시스템인 것이다.

이와 같은 경제 · 기술적 생산시스템과 사회 · 심리적 협동시스템의 속성은 오늘날 기업의 본질을 구성하게 된다. 또한 이러한 양자의 속성이 기업목적이나 경영이념에 반영되어 상호보완적으로 결합될 때 시스템적 실체로서 현대기업의 위상이 바로 설 수 있게 된다.

3. 상황적 경영목적의 설정

현대기업의 경영자는 경영목적을 설정할 때 기업이 직면하고 있는 여러 가지 상황의 우선 순위나 비중을 고려하게 되는데, 이러한 요소는 크게 상황특성과 조직특성으로 나눌 수 있다. 상황특성과 조직특성은 매우 다양한데, 이러한 요인 중에서 특히 사회적 목적과 경제적 목적을 비중있게 고려해야 한다. 이를 그림으로 나타내면 〈그림 9-1〉과 같다.

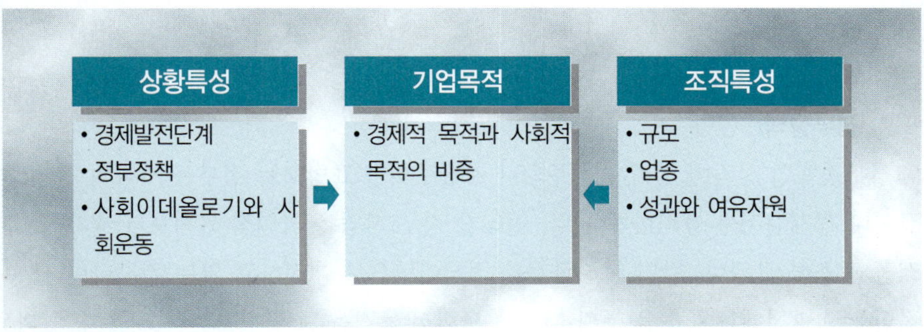

〈그림 9-1〉
상황적 경영목적의 설정모형

자료: 신철우, 『경영학원론』, 삼영사, 1997.

(1) 상황특성에 따른 경영목적

1) 경제발전단계

〈그림 9-2〉
제품수명주기(PLC)에 따른 경영목적의 변화

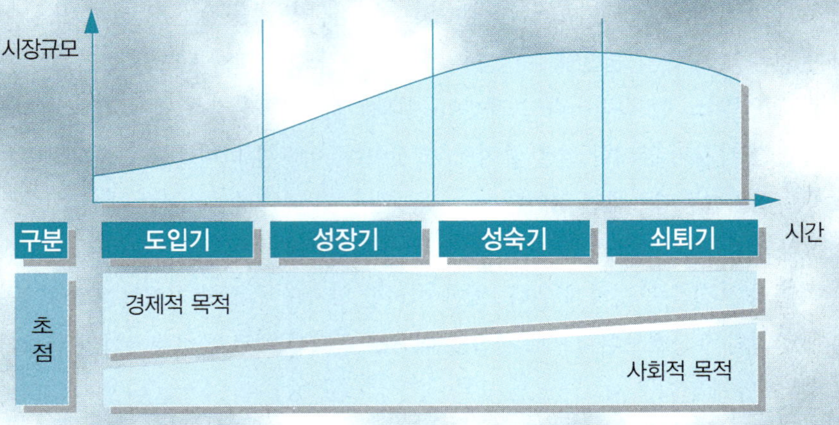

주: PLC는 제품이 출시되어 성장하고 성숙단계를 거쳐 쇠퇴하는 전과정을 나타내는 말로서, 이 개념은 전략수립 및 마케팅 계획 수립시 매우 유용하게 적용될 수 있다.

경제발전단계는 제품수명주기(PLC; product life cycle)와 같이 초기단계, 성장단계, 성숙단계 등으로 구분될 수 있다. 경제발전이 초기단계에서 성장단계에 있을 때는 기업의 사회적 목적보다 경제적 목적이 우선시된다. 그러나 성장단계에서 성숙단계로 넘어감에 따라 기업의 경제적 목적보다 사회적 목적이 강조된다. 우리 나라의 경우 1960년대에서 1980년대까지는 경제의 양적 성장에 초점을 두었다고 볼 수 있으며, 1990년대 이후에는 기업들의 경영목적이 사회적 목적에 많은 비중을 두고 있다. '환경친화경영', '장학지원사업' 등은 기업의 사회적 목적을 나타내는 좋은 사례다.

2) 정부정책

정부정책의 성격에 따라 중상주의나 자유주의를 표방하는 정부는 자국의 경제성장이나 경제질서를 중시하게 된다. 이러한 경우 기업은 사회적 목적보다 경제적 목적을 강조하게 된다. 반면 복지국가를 정책이념으로 책정하고 있는 정부라면 균형적인 사회발전에도 중점을 두기 때문에 사회적 목적을 보다 강조한다고 할 수 있다. '기업의 무의탁 노인 방문'이나 '고아원 위문' 등은 사회적 목적의 좋은 사례다.

사랑의 징검다리를 아십니까?

신한생명에 몸담고 있는 직원들은 대부분 '사랑의 징검다리' 활동에 참가한 경험을 갖고 있다. 사랑의 징검다리 운동은 '고객에게 기쁨을 주는 행사' 실현을 위한 구체적인 실천 운동으로 지난 1995년부터 신한생명 임직원 및 설계사가 자발적으로 모금에 동참하면서 태동한 사회봉사단체이다.

이 운동은 보험업의 기본인 상부상조 정신을 실천하고 공익기업으로서 사회적 역할을 수행하기 위한 것으로 이제는 전사차원의 사회공익운동으로 자리잡았다. 사랑의 징검다리는 체계적이고 과학적인 봉사활동을 위해 법인등록까지 되어 있다. 조직운영은 추진본부와 사무국, 그리고 실질적 봉사활동 단위인 57개 지부를 두고 있다. 자체적이고 자율적인 사회봉사기관과의 자매결연을 통해 정기적으로 봉사활동을 전개하고 있다.

본인의 신청에 따라 월급에서 공제되는 성금이 매월 600만원 정도이며, 봉사활동 참가인원은 연간 400명에 달한다. 사랑의 징검다리는 사회봉사기관뿐 아니라 수재 등 천재지변 현장, 일손이 부족한 영세농가 등 도움이 필요한 곳이라면 어디든지 마다하지 않는다.

사랑의 징검다리는 지속적으로 사회 소외계층 구석구석을 찾아 봉사활동을 전개할 계획이다. 특히 심장병 어린이 수술비 지원, 혼자 사는 노인과 소년소녀 가장 돕기 운동을 중점적으로 벌일 계획이다. 이웃을 생각하는 보험인과 보험회사가 되기 위해 태동된 사랑의 징검다리 정신이 이제 신한생명의 정신으로 뿌리를 내리고 있다.

자료: 매일경제신문, 1998. 9. 28에서 발췌인용

3) 사회이데올로기와 사회운동

기업을 둘러싼 사회이데올로기는 기업목적은 물론 경영이념을 정립하고자 할 때 매우 중요한 영향을 미치는 요인이 된다. 노동운동, 소비자운동과 같은 사회운동이 활성화될수록 기업의 사회적 목적이 더욱 강조된다. 경제정의실천시민연합회, 한국소비자보호원 등에서 소비자의 권리보호를 강조함에 따라 기업에서 사회적 목적을 적극적으로 고려해야 한다.

(2) 조직특성에 따른 경영목적

1) 규모

경영목적은 기업규모에 따라 많이 달라지는데, 대기업의 경우 중소기업이나 벤처기업보다 사회적 목적을 강조해야 한다. 중소기업이나 벤처기업의 경우 불가피하게 시장점유율, 매출액, 생산성 또는 재무적 안정성 등과 같은 경제적 목적을 중시할 수밖에 없다. 특히 한국과 같이 대기업들이 재벌이라는 거대한 기업집단을 형성하는 경우에는 사회적 목적이 보다 강조될 필요가 있다.

2) 업종

기업이 속해 있는 업종이 무엇이냐에 따라 기업목적이 달라질 수 있다. 고객들과 직접 접촉하는 유통, 금융, 오락, 교육 등의 서비스 업종에서는 기업이미지 관리를 위해 사회적 목적에 치중하는 경향이 있으며, 이와 반대로 제조업의 경우 치열한 시장경쟁에서 살아남기 위해 생산성, 원가, 효율성 등과 같은 경제적 목적에 많은 관심을 가지고 있다.

3) 성과와 여유자원

기업의 성과나 보유하고 있는 여유자원의 내용에 따라 경영목적이 다르게 설정될 수 있다. 예를 들어 전년도의 기업성과가 예상보다 좋지 않았을 경우 다음 연도에는 불가피하게 사회적 목적보다 경제적 목적을 강조하게 된다. 반면 전년도에 좋은 성과를 얻어 여유자원이 많은 경우에는 상대적으로 사회적 목적에 더 많은 관심을 가질 수 있게 된다. 이는 기업이 장기적인 관점에서 경쟁력을 확보하고 정부 및 지역사회와 조화로운 관계를 가지기 위해 반드시 요구되는 것이기 때문이다.

제 2 절 현대기업과 단일목적론

1. 단일목적론

(1) 개요

기업이 추구하는 경영목적은 전통적인 기업경영에서 기업가의 경제적 이윤추구를 유일한 목적으로 하는 단일목적론에서, 소유와 경영의 분리에 의한 전문경영자가 등장하여 기업의 비경제적 목표까지 포함하는 다원목적론으로 변화되어 왔다.

(2) 의의

기업을 지배하고 있는 것은 소유경영자이며, 그들의 행동원리는 자신들이 출자한 자본과 경영에 의한 수익성 추구이므로 그들의 이념과 목표인 이윤추구가 기업의 경영목적이 되는 것이다.

'경제인 가설(the theory of economic man)' 에서 파악하는 인간은 전지적 존재이며, 완전한 정보를 이용하여 경제적 합리성을 추구한다는 것이다. 즉, 의사결정시 완전한 정보를 토대로 최적의 결정을 내릴 수 있다고 본다. 이를 바탕으로 단일목적론을 추구하는 학자에는 졸 딘(Joel Dean), 보몰(W. J. Baumol), 매리스(R. Marris)가 있다.

2. 졸 딘(Joel Dean)의 제한이윤설[2)]

그의 주장에 따르면 기업은 다음과 같은 전략적 이유에서 이윤극대화를 경영목적

2) 정수영, 『신경영학원론』, 박영사, 1997.

으로 하지 않고 '적정이윤(reasonable profit)'을 추구한다는 것이다.

(1) 잠재적 경쟁자의 시장진입 저지

전략적 자원과 특허 등과 같은 보호장벽이 없는 시장에서는 경쟁자가 진입하여 이윤을 저하시킨다. 따라서 기존업체들은 현재 시장상황에서 적정이윤밖에 얻을 수 없다고 경쟁자들에게 알림으로써 과열 경쟁을 방지할 수 있다.

(2) 대중의 지지획득과 반트러스트주의자의 행동 억제

대중은 이윤추구를 윤리적으로 판단하는 경우가 많다. 특히 특정기업에서 과도한 이익을 실현한 경우 이유없는 심리적 저항감을 가질 수 있다.

(3) 노동자들의 임금인상 요구 억제

기업에서 높은 이익을 실현했을 경우 내부고객이라 할 수 있는 종업원 혹은 노동자들은 당연히 임금인상을 요구하게 될 것이다. 그러나 임금은 자체적으로 하향경직적 속성, 즉 일단 상승하면 하락하지 않는 특성이 높으므로 신중하게 결정해야 한다. 특히 안이한 임금인상은 경쟁사들과의 싸움에서 과중한 원가부담을 갖게 할 수 있다.

(4) 고객의 호의적인 태도 유지

고객은 기업이 초과이윤을 달성했다는 사실에 대하여 부정적인 입장을 견지한다. 왜냐하면 자신들이 구매한 재화나 용역에 대해 부당한 가격을 지불했다고 생각하기 때문이다. 따라서 기업은 고객의 호의적인 태도를 유지하기 위해 적정이윤을 추구할 필요가 있다는 것이다.

(5) 경영자의 지배력 유지

경영자가 지위를 유지하기 위해서는 재무구조를 건전하게 가져가야 한다. 즉, 발생된 이익의 일부를 유보이익으로 전환함으로써 경영자는 자기자본금을 확대시킬 수 있으며, 결과적으로 자신의 입지를 강화시킬 수 있다.

(6) 쾌적한 노동조건의 유지

기업의 사회적 책임에 따라 내부종업원의 쾌적한 근무환경 및 복리후생을 개선시키기 위해서는 자금이 소요된다. 결국 비생산적인 활동에의 자금투입은 수익성을 저하시키는 요인으로 작용한다.

어느 정도의 이윤을 추구하는 것이 바람직한가?

- 외부자본을 유인할 만한 충분한 이윤율
- 유보이익만으로 기업의 발전자금을 조달하는데 필요한 이윤액
- 자기자신 내지는 비교가능한 기업이 실현하고 있는 정상이윤
- 일반적으로 대중이 생각하는 적정이윤

3. 보몰(W. J. Baumol)의 매출액 극대화설

보몰은 다음과 같은 이유에서 기업은 매출액 극대화를 추구한다고 주장한다.

(1) 정보 불완전성

정보가 불완전한 자본시장에서는 매출액 규모가 큰 기업에 자금이 유입되는 경향이 나타난다. 기업에 대한 정보가 상대적으로 모자라는 상황에서 투자자들은 위험이 낮은 곳에 투자하려 하는데, 그 이유는 매출액 규모가 크면 위험이 적다고 인식하기 때문이다.

(2) 고객 심리

고객은 매출액이 큰 기업의 제품이 인기가 있다고 믿는 경향이 있다. 특히 대기업은 안정성 측면에서 중소기업보다 더 우월하다고 생각하는 경향이 있다.

(3) 규모의 경제

매출액 증대는 광고, 판촉, 홍보 등 제반 마케팅 활동에 있어서 규모의 경제 달성을 가능케 한다. 예컨대 동일한 비용으로 TV 광고를 수행한다고 할 때 매출액이 높은 기업에서는 제품에 부과되는 단위당 비용이 상대적으로 낮다.

규모의 경제(economy of scale)

규모의 경제란?

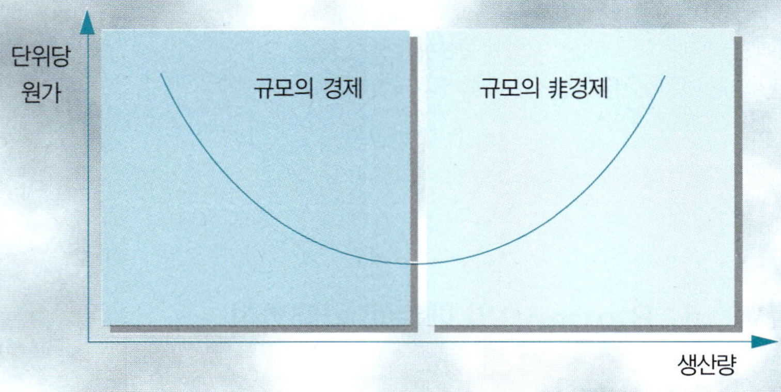

주) 규모의 경제란 생산량이 증가함에 따라 단위당 생산원가가 감소하는 현상을 말한다. 이는 고정비성 비용이 제품원가에 분산되기 때문에 발생한다. 예를 들어 동일한 규모의 자동차 공장에서 연간 1만대를 생산할 때와 10만대를 생산할 때는 그 원가에 있어서 큰 차이가 발생하게 된다. 따라서 규모의 경제는 손익분기점(BEP: break even point)을 판단하는데 있어서 유용한 자료가 된다.

(4) 경영자주의(managerialism)

경영자주의 경영자 특히 전문경영자가 자신의 위치와 권력을 남용하여 기업의 가치보다는 개인적 이익을 추구하는 현상이다. 즉, 전문경영자는 자신의 입지를 공고히 하고 인센티브를 추구하기 위해 매출액을 높이려는 경향이 있다.

(5) 종업원 동기부여

매출액 규모의 증대는 조직구성원의 인간관계에 활력을 준다. 그리고 대외적으로 경쟁사에 대한 자신감과 자부심을 갖게 함으로써 기업성장의 원동력이 되도록 한다.

(6) 객관적 평가기준

여러 제품을 생산하는 기업에서는 각 제품별 이익기여도를 명확하게 산출할 수 없기 때문에 극대이윤액의 설정이 곤란하다. 이러한 경우 매출액이 성과측정 지표로서 가장 정확하다.

4. 매리스(R. Marris)의 성장률 극대화설

(1) 의의

매리스의 주장에 따르면 기업은 인적자원과 물적 · 재무적 자원이 조직을 통하여 결합된 것이다. 이와 같은 기업의 특징은 기업목적이 경영자의 자율적 의사결정에 따라 많은 영향을 받게 됨을 의미하는데, 경영자는 기업과 자기의 일체화, 계급 지향, 권력의 욕망, 지위, 부 등 여러 가지 심리적, 사회적, 경제적 요인을 고려한 의사결정을 수행한다는 것이다. 이러한 의사결정에 미치는 요인을 경영자의 효용함수라고 하며, 여기에는 세 가지 요소가 있다.

(2) 경영자 효용함수

경영자의 효용함수란 경제적 제요소를 결합하여 함수로 표현한 것이다.

경영자 효용함수식: 경영자 의사결정 = f(심리적, 사회적, 경제적 요인)

1) 심리적 요인

경영자는 의사결정시 위험에 대한 부담을 회피하려고 한다. 경영자가 직면하고 있는 위험의 크기는 기업규모가 커질수록 상대적으로 줄어들게 된다. 예컨대 매출액이 큰 기업은 사회경제에 미치는 여파가 상대적으로 크기 때문에 정책적으로 부도를 방지하게 된다. 결국 경영자는 자신의 위치를 보장받는 효과를 누릴 수 있다.

2) 사회적 요인

평판, 지위 등과 같은 사회적 명성은 경영자의 의사결정에 많은 영향을 미친다. 예를 들어 업계에서 매출액 순위 또는 성장률 순위 등은 경영자의 명성을 높이는 중요한 요소가 된다. 따라서 경영자는 자신의 명성과 지위를 높일 수 있는 방향으로 의사결정을 내리게 된다.

3) 경제적 요인

기업 이윤은 경영자가 추구해야 할 가장 중요한 요소다. 경영자는 자신의 보수를 극대화하기 위해 기업규모를 확대하려 한다. 왜냐하면 경영자의 보수를 결정하는 중요한 기준은 기업의 자산규모 혹은 매출액, 매출액 성장률 등과 같은 규모이기 때문이다. 따라서 경영자들은 기업의 성장을 극대화하는 방향으로 의사결정을 내린다.

(3) 시사점

일반적으로 대기업의 경영자가 되는 것이 중소기업의 경영자가 되는 것보다 많은 효용을 얻을 수 있다. 그러나 가장 효과적인 효용획득 수단은 자신이 속한 기업의 성장을 촉진시키는 것이다. 이렇게 함으로써 경영자는 자신의 지위와 명예를 상승시킬 수 있기 때문이다. 결론적으로 경영자의 효용을 극대화하는데 있어 결정적인 변수는 규모의 변화, 즉 성장률이다. 따라서 경영자는 경영목적 수립시 성장률 극대화를 지향하게 된다.

제 3 절 현대기업과 다원목적론

1. 개요

(1) 단일목적론의 한계

다원목적론은 단일목적론의 전제에 대한 비판과 외부환경주체의 다양성, 기업시스템의 발전 등에 따라 경영자의 비경제적 목적까지도 포함시켜야 한다는 다원적 목적관에 따라 등장하게 되었다. 기존의 단일목적론에 대한 한계는 다음과 같다.

1) 이윤추구 위주의 경영활동에 대한 제약

기업이 현대화됨에 따라 소유와 경영이 분리되고 경영자의 지배력이 강화되면서 다양한 주체들의 요청에 부응하지 않을 수 없게 되었다. 특히 기업에 대한 사회적 책임 논의는 이윤추구 위주의 경영활동에 강력한 제약을 가하고 있다.

2) 경제인 가설의 비현실성

인간은 정보의 불완전성, 예측의 곤란성, 행동의 제약성 등으로 인해 제한된 합리성을 가진다. 즉, 한계효용함수 원칙에 따라 어느 정도까지 정보를 수집한 후 더 이상의 합리성은 추구하지 않는다. 따라서 인간은 경제적 합리성을 가지고 행동하기보다 주관적이고 비합리적인 의사결정을 수행하게 되어 이익극대화나 최적화가 불가능하다.

3) 환경변화에 적응

현대기업은 다양한 이해관계자 집단과 상호작용하면서 규모가 커질수록 그들의 압력을 반영한 목적달성 행동을 추구한다. 따라서 현대기업은 현실적으로 다양한목적을 추구하게 된다.

(2) 다원목적론 의의

기업은 생존 · 성장하기 위해서 경제적 목적과 비경제적 목적을 동시에 추구한다. 경제적 목적에는 성장성, 수익성, 탄력성이 있으며, 비경제적 목적은 사회적 책임이라고 할 수 있는데 이와 관련된 대상은 이해관계자, 경영환경, 주주들이 있다. 현대기업이 경제적 목적 뿐만 아니라 비경제적 목적을 추구한다는 점에서 다원목적론의 의의가 있다.

〈그림 9-3〉
다원목적론의 개념

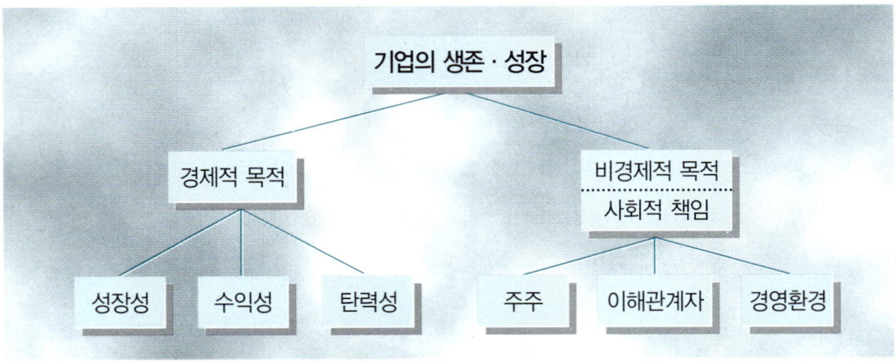

자료: 백방선, 『경영학원론』, 무역경영사, 1995.

2. 투자수익률목표시스템[3]

(1) 경제적 목적과 비경제적 목적

앤소프는 기업의 내부적 관점에서 바라본 복수목적론을 전개하였는데, 그에 따르면 기업의 경영목적에는 자원의 전환과정을 극대화하기 위한 경제적 목적과 이해관계자의 상호작용을 반영한 비경제적 목적(사회적 목적)이 있다고 주장한다. 이 중에서 기업의 전략적 의사결정에 주된 영향을 미치는 것은 전자인 경제적 목적이다. 비경제적 목적은 중요한 목적이기는 하나 어디까지나 2차적이며 수정적 또는 제약적 영향을 준다는 것이다. 실제 거의 대부분의 기업에서 최상위 목표로 되어 있는 것은 경제적 목적이며, 경제적 목적의 대표적인 내용은 투자수익률이다.

3) Ansoff, H. I., *Corporate Strategy*, McGraw-Hill, 1965.

(2) 주요 내용[4)]

1) 목표기간

경제적 목적의 설정과 관련하여 기업의 존속기간을 중기와 장기로 양분할 수 있다. 중기란 ±20%의 정확성에서 투자수익률을 예측할 수 있는 기간(일반적으로 3~5년)이며, 그 이후의 기간을 장기(일반적으로 5~10년, 10년 단위)로 구분하고 있다.

2) 중기목표

기업이 장기투자수익률을 유지, 증대시키기 위해서는 중기부터 필요한 활동을 하지 않으면 안된다. 그러나 장기투자수익률 자체를 측정하여 목표로 설정한다는 것은 곤란하다. 왜냐하면 장기목표 설정시 여기에 영향을 미칠 수 있는 요인이 다양하기 때문이다. 따라서 장기투자수익률의 유지 및 증대에 기여하는 기업내외의 여러 가지 특성들을 측정하여 이를 목표로 설정하는 것이 바람직하다.

3) 목표탄력성

예측불능의 사태에 대응하기 위해 탄력성 있는 목표를 설정할 필요가 있다. 외부적 탄력성 목표는 크게 환경의 영향에 따라 두가지로 구분된다. 즉, 위기를 최소화하기 위한 방어목표와 기회를 최대화하기 위한 공격목표로 나누어 진다. 내부탄력성 목표는 예상치 못한 상황에 대한 완충장치를 마련하는 것인데, 이는 기업의 재무적 체질강화가 주요 목적이 된다.

4) 기타

이상과 같은 내용에도 불구하고 기업고유의 목표시스템에 영향을 주는 사회적 목표, 책임 및 구속이 기업목적 설정시 반드시 고려해야 할 사항이다.

4) 정수영, 『신경영학원론』, 박영사, 1997.

3. 존속목표 시스템[5)]

(1) 드러커의 기업관

드러커는 기업을 제도적 존재라고 보고, 이러한 관점에서 이윤극대화라는 기업의 단일목적론은 비현실적이라고 부정했다. 그에 따르면 기업이 존속, 성장하기 위해서는 기업에 부과된 제도적인 목적을 중심으로 다원적 목적을 추구해야 한다는 것이다. 즉, 경제적 자원을 부(wealth)로 바꾸어 주는 존재는 고객밖에 없으며, 기업의 생존여부는 고객이 기업의 가치를 찾아내는지의 여부에 달려있다는 것이다.

따라서 드러커에 의하면 고객이야말로 기업을 유지, 존속시켜주는 기반인 것이다. 사회가 기업이라는 제도적 장치에 대하여 부(wealth)를 생산하도록 자원을 위탁하는 것은 기업이 고객에게 가치를 제공하는 역할을 수행하기 때문이다. 결국 이 기능을 다하지 못하는 기업은 사회적으로 존립할 수 없다.

(2) 고객창조설

이와 같은 기업관의 결과 기업의 경영목적은 '고객창조'가 된다고 그는 주장한다. 따라서 그의 경영목적론은 고객창조설이 되는 것이다. 다만 이 경우 주의할 것은 그의 경영목적론에 있어 최상위 목표로서의 이윤은 부정하고 있으나, 이윤 그 자체의 존재와 기능은 결코 부정되지 않고 오히려 적극적으로 인식되어 하위목표의 일부로서 존재하게 된다.

고객창조라는 최고목표는 사회에 있어 기업이 수행해야 할 직무이며, 기업에 있어서 제목표를 정당화하고 통합하는 근거가 된다. 따라서 기업내부에서 보면 최고목표가 된다. 다른 한편으로 기업의 존속 및 성장은 기업의 근본 목표이며 여러 하위목표와 균형있게 설정된다. 따라서 고객창조목표의 존재 의의는 기업이 존속, 성장하기 위한 여러 목표의 정당화와 균형화를 유도하는데 있다고 할 수 있다. 이를 그림으로 나타내면 〈그림 9-4〉와 같다.

5) Drucker, P. F., *Innovation and Entrepreneurship: Practice and Principles*, Harper & Raw, 1985.

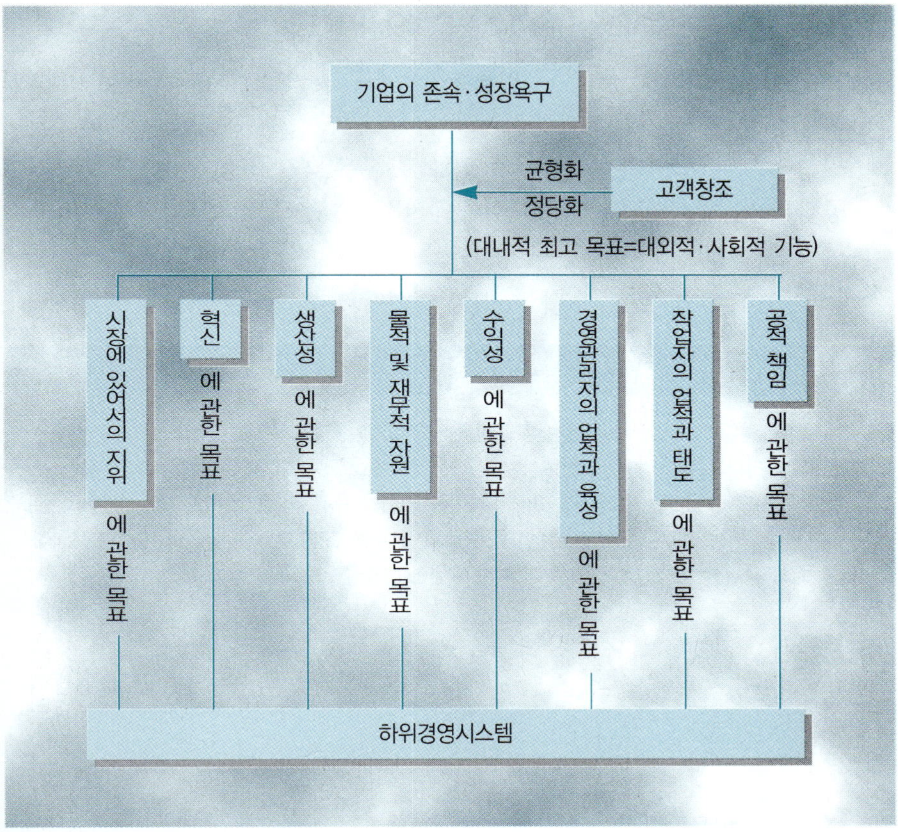

〈그림 9-4〉
드러커의 존속목표시스템

자료: 정수영, 『신경영학원론』, 박영사, 1997에서 수정인용.

(3) 드러커의 이윤 혹은 수익성

1) 이윤

전통적 경영목적과 차이를 명확히 하기 위해 이윤 내지 수익성에 대한 드러커의 견해는 첫째 이윤을 최상위 목표로 하는 것은 틀린 것이며, 둘째 이윤을 굳이 부정할 필요가 없으며, 셋째 이윤에는 업적과 재무의 2가지 척도, 즉 업적측정 척도, 존속 · 성장의 재무적 원천으로서의 척도가 있다는 것이다. 특히 이윤이 가지고 있는 존속 · 성장의 재원조달 기능과 관련하여 기업의 비용은 당기비용과 미래비용으로 양분될 수 있다.

2) 시사점

기업에서 발생된 이윤이 당기비용과 미래비용을 극복하는 수준을 상회하지 못한다면 기업은 존속할 수 없게 된다. 드러커의 경영목적론은 기본적으로 현대기업의 특성에 가장 적합하다고 할 수 있는데 그 이유는 다음과 같다.

- 존속 · 성장을 최상위 목표로 설정하고 있다는 점
- 기업의 특징을 고객창조라는 경제적 기능에 따라 정의하고, 이를 기업에 적합한 여러 하위목표의 정당화와 균형화의 기준으로 설정한 점
- 이윤은 최소수준을 확보하는 주관적 하위목표로 한 정
- 공적 책임, 즉 기업의 사회적 책임을 부차적으로 두지 않고 명확하게 하위목표 영역으로 나타낸 점

당기비용과 미래비용

당기비용은 일반적으로 사용되는 실제 비용을 의미하며, 당기의 생산, 판매 등의 경영활동 결과로서 나타나는 매출액에 의해 보상된다. 매출액과 당기비용의 차인 이윤은 미래비용을 보상할 재원이 되지 않으면 안되는데, 미래비용이란 기업을 존속 · 성장시키기 위한 비용이며 존속비용과 성장비용으로 구분된다. 존속비용은 대체, 진부화, 위험 불확실성 등의 비용과 사회적 비용을 말하며, 성장비용은 혁신과 확대를 하기 위한 비용을 말한다.

제 4 절 기업비전[6)]

기업의 궁극적인 방향과 모습을 나타낸 비전은 경영목적과 일관성을 가져야 한다. 여기서는 경영목적론에 대한 이해를 토대로 기업비전의 정의와 내용에 대해 알아보도록 하자.

1. 기업비전의 개념[7)]

일반적으로 비전은 단순한 미래가 아닌 특정 시간의 연속선상에서 설정되는 것이 보통이다. 즉, 비전은 "기업이 미래에 달성하고자 하는 기업상"이며 사회 속의 기업위상과 미래를 향한 기업의 꿈을 실현시키기 위해 기업이 갖추어야 할 자기역할과 발전의 기본방향을 구체화시킨 것을 의미한다.

2. 기업비전의 역할

(1) 가치방향 제시

기업의 현재와 미래를 연결시켜주는 고리로서 기업이 추구해야 할 가치가 무엇인지를 제시해 줄 뿐만 아니라 이를 통해 기업구성원들에게 활력을 불어넣고 담당업무에 의미를 부여한다.

6) 조동성 · 신철호, 『14가지 경영혁신기법의 통합모델』, 아이비에스, 1996.
7) 신유근, 『기업윤리와 경영교육』, 세경사, 1992

(2) 창조적 혁신

창조적 혁신을 위해서 경영자는 구성원이 한마음 한뜻으로 똘똘 뭉쳐 따라올 수 있도록 간결하면서도 의미가 명료한 개념을 사용해야 하는데, 비전은 이런 창조적 혁신을 구체적으로 표현한 것이다. 이때 경영자가 제시하는 비전은 다른 기업에서 지금까지 한 번도 생각하지 않았던 독창적 아이디어를 포함하는 것이 일반적이다.

GM의 경영혁신

"우리는 슬로아니즘(Sloanism)과 결별할 수밖에 없습니다."

GM의 잭 스미스 회장은 이렇게 말하면서 '제2창업'을 선언하는 동시에 대대적인 구조조정 방안을 발표했다. 부품 생산공장을 매각하고 전세계 마케팅 라인을 일원화한다는 것 등이 주요 골자다. 회사의 경영방식을 근본적으로 뜯어고치겠다는 혁명을 선언한 것이다. 이는 곧 80년 가까운 세월동안 고집했던 GM의 경영방식인 '슬로아니즘'을 포기한다는 뜻이기도 한다. GM이 슬로아니즘을 포기한다는 것은 회사의 취약한 경쟁력을 복원하자는 취지에서다. 부품생산공장을 매각해 수직적 통합을 포기하기로 했으며, 전세계 영업과 서비스 망을 통합하는 등 조직 슬림화에도 착수했다.

문제는 의식변화였다. '우리가 최고'라는 자만심 속에 시대의 흐름을 외면하던 타성이 가장 큰 걸림돌이라는 지적이다. 그런 의식이 바뀌지 않으면 GM의 제2창업은 생각대로 이뤄지지 않는다는 것이 전문가들의 지적이다. 또한 노조와의 뿌리깊은 갈등도 해소해야 할 문제로 남아 있다. 이제 GM은 혁신을 위해 시동을 걸었다고 할 수 있다.

자료: 한국경제신문, 1998. 10. 28에서 수정인용.

(3) 동태적 개선

비전은 조직창설단계 뿐만 아니라 조직의 전체 라이프 사이클(life cycle)을 통해서 중요한 역할을 수행한다. 거센 변화의 물결 속에서 방향을 상실한 기업들은 새로운 비전 만들기가 반드시 필요하다. 비전 만들기는 근본적인 변화가 요구되거나 변화가 진행중인 조직에서 모든 구성원을 일깨우고 조직의 방향을 재설정하거나 완전히 새롭게 변신할 수 있도록 하는데 꼭 필요하다.

3. 비전의 구성요소

(1) 환경에 대한 통찰력

기업의 최고경영자 혹은 리더는 자신이 가지고 있는 독창적 통찰력을 통해 기업을 둘러싼 환경변화를 파악하고 예측하여 기업이 나아갈 방향을 결정한다. 이때 최고경영자는 경쟁기업의 경영자와는 다른 관점에서 그들이 미처 파악하지 못한 변화를 감지하여 새로운 사업기회를 포착할 수 있어야 한다. 미래에 대한 불확실성은 최고경영자가 가지고 있는 통찰력에 따라 달라지게 되며, 이러한 예측의 차이가 기업간 전략의 차이를 가져오고 이는 다시 성과의 차이로 연결된다.

(2) 보편적 가치

비전을 구성하고 있는 두 번째 요소는 어떤 행동이 바람직하고 가치있는 것인가를 결정하는데 도움을 주는 인간의 보편적인 가치이다. 본래 가치란 개인의 선호에 바탕을 두고 선택된 규범이지만 여기서 말하는 가치란 특정개인의 선호가 아니라, 모든 기업구성원들의 공유된 선호에 바탕을 둔 규범형태를 띠고 있다. 따라서 가치는 기업의 모든 구성원들에게 공통적인 방향감각과 일상행동의 가이드라인을 제공하는 역할을 한다. 보편적 가치를 공유하고 있는 기업만이 환경변화와 기업의 변화에 맞게 새롭게 결정된 전략을 실행할 수 있는 힘을 모으게 된다.

(3) 정보와 지식

개념적 틀과 가치로 구성된 비전은 순간적인 발상이나 영감에 의해 우연히 발생되는 것이 아니라 방대한 정보수집 및 분석, 다양한 경험과 지식의 습득을 통해 형성되는 것이다.

즉, 비전은 무한한 가능성의 세계인 미래에 대한 끊임없는 물음과 이에 답하기 위한 정보와 지식을 수집하고 축적하는 과정에서 창조된다. 이때 가치는 미래에 대한 물음에 직접적인 영향을 줄 뿐만 아니라 어떤 정보를 수집할 것이며 수집된 정보 중에서 어떤 것이 적합한가를 평가하는데도 영향을 미친다.

4. 비전의 속성

(1) 이상향

장기적 관점에서 기업구성원들에게 미래의 이상향, 꿈을 제시해야 한다. 이 때 비전은 기업이 아무리 노력해도 영원히 도달할 수 없는 환상도 아닐 뿐더러 미래에 대한 완벽한 예언도 아니다. 비전에 담긴 미래는 현재 존재하지 않고 불확실하지만 믿음을 가지고 추구하면 언젠가 도달할 수 있는 가능성의 세계이다.

(2) 통찰력

비전은 사물이나 현상의 본질을 꿰뚫어 보는 통찰력을 필요로 한다. 경쟁사의 비전을 단순히 모방한다고 해서 성공적인 비전이 되는 것은 아니다. 또한 비전은 당장 눈에 보이는 전략과 전술에 급급해서는 안된다. 나무보다는 숲, 부분보다는 전체, 눈에 보이는 것보다는 눈에 보이지 않는, 근본적인 게임 규칙 또는 경쟁 원리를 파악해야 한다.

(3) 공감대

기업의 비전은 꿈과 통찰력만으로 현실화되지 않는다. 개인의 비전은 개인의 의지만으로 실천할 수 있지만 기업에서는 모든 기업구성원에게 비전에 대한 공감대가 형성되어야 하기 때문이다. 따라서 비전이 되기 위한 마지막 속성은 기업구성원들의 공감대다. 즉 최고경영자가 가진 미래에 대한 꿈과 본질을 파악하는 통찰력은 모든 기업구성원들에게 전파되고 그들과 공유될 때 개인차원에서 집단차원으로 승화되면서 비로소 하나의 비전으로 완성되는 것이다.

〈표 9-1〉
세계 주요 기업의 비전

기 업	변경전 비전	변경후 비전
소니	오디오, 비디오기기 제작사	종합오락그룹 (total entertainment)
NEC	컴퓨터 통신 (computer & communication)	super 경영 21
아사히 글라스	최고품질의 유리제조회사	행동적이고 글로벌한 회사 (AGC; active global corporation)
NTT	국제정보통신회사	세계적 시야의 생활과 문화창조에 기여
동경화재해상보험	보험회사	종합 안전보장 제공자
벤츠	고품질 자동차 회사	국제적 하이테크 회사
Citicorp		전세계 곳곳에 위치하는 독특한 글로벌 은행
듀폰		인간을 통한 위대한 글로벌 회사의 창출

제 5 절 경영이념

1. 경영이념(managerial creed)의 개념

(1) 이데올로기

이데올로기라 하면 '좋은 삶' 또는 '좋은 사회'에 대한 기본적인 신념체계를 의미한다. 다시 말해서 이데올로기는 기본적인 가치와 목적에 대한 일관적이고 체계적인 주장이라고 할 수 있다. 또한 이데올로기는 특정집단에 의하여 옹호되고 있는 여러 가지 가치의 집합을 의미한다. 이데올로기는 우리가 누구이며, 무엇을 하고 있으며, 왜 이런 식으로 행동해야 하는지에 대한 체계적인 해답을 제시해 준다. 즉, 이데올로기는 특정집단의 구성원이 그들 자신이나, 자신의 행동을 다른 사람들에게 설명해주는 근거를 제공해 준다.

(2) 경영이념

일반적인 이데올로기의 정의에서 볼 때, 경영이념은 '좋은 삶', '좋은 사회'를 위한 기업의 바람직한 모습에 대해 전체 구성원이 공유하는 가치와 신념의 집합이라고 정의할 수 있다. 이를 좀 더 구체적으로 이야기하면 '기업이 추구하는 정의로운 가치를 선택적으로 표시함으로써 사회로부터의 감정적인 수용을 이끌어내고 기업목적을 비롯해 기업과 사회와의 동태적 관계 및 기업 내부구성원의 상호작용관계를 설명해 주는 일련의 신념체계'라고 정의할 수 있다. 즉, 경영이념은 우리회사는 무엇 때문에 존재하는가 그리고 우리기업을 어떤 목적으로, 어떤 방식으로 경영해 나가야 할 것인가에 대한 신념체계를 제시해 준다.

2. 한국적 경영이념의 방향과 과제

(1) 경영이념 정립의 기본 방향

1) 가치체계의 구조

한 사회의 이데올로기는 그 사회의 독특한 사회 문화적 특성을 형성하는 고유의 가치체계와 경제발전과정에서 유입되는 외부의 가치체계로 구성된다. 모든 사회의 고유가치체계는 쉽게 변화하지 않으며 외부로부터 다른 가치체계가 유입될 때 이를 그 사회의 것으로 내재화할 수 있는 힘이 된다.

2) 사회적 가치체계의 양면성

경영이념의 정립을 위해서는 가급적 사회이데올로기의 긍정적 측면을 계승, 발전시켜 나가야 할 필요가 있다. 또한 사회의 가치변화는 항상 바람직한 방향으로만 진행되는 것은 아니며, 모든 사회적 가치에는 긍정적인 요소와 부정적인 요소가 공존하기 마련이다. 따라서 경영이념에 사회적 가치를 반영하고자 하는 경우, 사회적 가치의 긍정적인 요소를 강화하고 부정적인 요소를 약화시키도록 해야 한다.

3) 경영이념의 정립방향

서구의 보편적인 사회이데올로기와 한국의 전통적 사회사상을 바탕으로 한국기업이 추구해야 할 바람직한 경영이념의 정립 방향은 〈표 9-2〉에 잘 나타나 있다.

(2) 경영이념 정립을 위한 과제

1) 경영자의 개방적 사고와 자율적 기업경영방식

지금까지 한국기업은 전통적 가족주의 문화의 영향을 받아 소유경영자가 절대적 권한을 행사하면서 독단적으로 의사결정하는 것이 일반적이었다. 그러나 이러한 경영방식은 21세기 이후의 한국사회에 나타날 것으로 예상되는 정치, 경제, 사회적 변화에 적합하지 않다. 따라서 이러한 경영환경의 변화에 능동적으로 대처하기 위해 경영자, 특히 소유경영자는 사회적 가치변화에 대응할 수 있는 개방적 · 자율적 방식을 기업경영에 도입해야 할 것이다.

〈표 9-2〉
바람직한 한국적 경영이념의 정립방향

서구의 이데올로기		한국의 전통사상		한국적 경영이념
자본주의		**경세제민사상**		**과정과 성과의 조화**
성과중시 • 개인의 사적 관리 • 자유 경쟁 • 정당한 이윤추구	+	과정중시 • 조화와 공생 • 창조성과 주체성 • 근면·성실성	➡	정도와 혁신경영으로 최적이윤 창출
민주주의		**민본사상**		**상향과 하향의 균형**
상향중시 • 자율주의 • 참여주의 • 분권주의	+	하향중시 • 민의중시 • 창조성과 주체성 • 근면·성실성	➡	사회적 기대에 따르는 고객지향경영
다원주의		**공동체사상**		**전체와 개체의 통합**
개별목표 • 권력의 분산 • 이해관계 중시 • 통합과 조정추구	+	전체목표 • 화합·협동정신 • 희생과 봉사정신 • 집단목표 강조	➡	자율적 경영공동체를 통한 인간존중의 경영

자료: 신유근, 『기업윤리와 경영교육』, 세경사, 1992.

2) 경영철학의 변화

기존의 소유경영자들은 자신들의 가치를 강조하고 있을 뿐, 사회적 가치를 인식하지 못하고 있다. 진정한 의미의 경영철학은 기업의 역할을 다하기 위해 추구해야 할 사회적 차원의 가치를 포함해야 하며, 장기적 목표 역시 제시해야 한다. 따라서 경영자는 정부에 의존하는 소극적인 사고보다는 스스로 기업을 성장 · 발전시켜나가는 적극적이고 정도 지향적인 경영철학을 정립하여 장기적이고 실리적인 입장에서 성장을 추구해야 할 것이다.

3) 미래지향적 경영비전의 정립

경영자는 경영비전을 경영정책에 반영하여 전략적으로 실천해 나가야 한다. 향후 발전방향을 제시해 주는 경영비전은 단기적, 경제적 가치 뿐만 아니라 장기적, 사회적, 인간적 가치도 동시에 실현시켜줄 수 있는 방향으로 정립해야 한다.

Recommended Readings

신유근, 『기업윤리와 경영교육』, 세경사, 1992.

——, 『현대의 기업과 사회』, 경문사, 1994.

정수영, 『신경영학원론』, 박영사, 1997.

조동성, 『21세기 경영 패러다임』, 민음사, 1995.

——, 신철호, 『14가지 경영혁신기법의 통합모델』, 아이비에스, 1996.

Andrews, K. R. (ed.), *Ethics in Practice,* Harvard Business School Press 1989.

Ansoff, H. I., *Corporate Strategy,* McGraw-Hill, 1965.

Bary V., *Moral Issues in Business,* Wadsworth, 1986.

Blanchard, K. & Peale, N. V., *The Power of Ethical Management,* William Morrow, 1988.

Buchholz, R. A., *Fundamental Concepts and Problems in Business Ethics,* Prentice-Hall, 1989.

Drucker, P. F., *Innovation and Entrepreneurship: Practice and Principles,* Harper & Raw, 1985.

Henderson, V. E., *What's Ethical in Business?,* McGraw-Hill, 1992.

Madsen, P. & Shafritz, J. M, (ed.), *Essentials of Business Ethics,* Oxford University Press, 1988.

경영권보다 '주주이익' 중시를

최근 미국 하버드 경영대학원에서 개최한 "Breaking the Code of Change(변화 암호의 해독)" 세미나에 참석하였다. 다소 묘한 주제를 내세운 이 세미나에는 저명한 경영학자와 주요 컨설팅 회사 사장, 그리고 대기업의 대표이사들 100명이 한자리에 모여 21세기를 위한 전략과 조직변화에 관한 이론을 도출해내는 연구작업을 진행하였다. 참가자들은 오늘날과 같은 변혁기에 기업이 생존을 유지하려면 구조조정이 필수 불가결하다는 전제하에 이를 성공적으로 수행하기 위한 비결을 찾아내는 작업을 벌였다.

세미나 첫 날 학교에서 준비한 자료에는 사례가 두 개 있었고, 모든 참가자들은 학생 신분으로 돌아가 전날 밤에 읽은 이 사례를 가지고 토론을 벌였다. 첫 사례는 챔피언 인터내셔널(Champion International)이라는 제지회사에 관한 것으로 리차드 올슨(Richard Olson) 회장이 직원을 한명도 줄이지 않으면서 산하 제지공장의 생산성을 최고 수준으로 가져가는 피나는 과정을 묘사하고 있었다. 그러나 미국의 제지산업이 가지고 있는 과잉시설로 말미암아 치열한 가격경쟁이 벌어지는 가운데, 이 회사는 높은 경쟁력에도 불구하고 이익을 내지 못했고 그 결과 주가는 바닥권을 헤어나지 못하고 있었다.

두 번째 사례는 스카트 페이퍼(Scott Paper)라는 또 다른 제지회사에 관한 것이었다. 이 회사는 최고경영자가 미래에 대하여 지나친 낙관을 한 탓으로 시설확장과 기업인수를 통해 삼림, 펄프사업으로 수직적 결합을 이루는 동시에 세계에서 시장점유율이 1등인 화장지에서 인쇄용지로 다각화를 시도했다. 그러나 이 과정에서 자금난에 봉착함으로써 회사의 신용도는 최하수준으로 떨어지고 말았다.

그리하여 이사회에서는 최고경영자를 퇴임시키고 앨버트 던랩(Albert Dunlap)이라는 구조조정 전문가를 영입하였다. 던랩 회장은 삼림, 펄프사업, 인쇄용지사업 등을 매각해서 확보한 돈으로 부채를 상환하여 금융권으로부터 신용을 되찾은 후,

화장지 사업에 특화하였다. 이 과정에서 기존 임직원의 80%가 해고되었으나, 화장지 시장에서 이 회사가 차지한 점유율은 꾸준히 상승했다. 그러는 가운데 화장지 시장을 장악하려는 킴벌리 클라크(KimberlyClark)사와 협상을 벌여 높은 프레미엄을 받고 회사 전체를 매각하였다.

그 결과 던랩 회장 취임 전에 14억 달러에 불과하던 이 회사의 시가총액은 불과 2년 후에 단행된 기업 매각 시점에 46억 달러로 상승하였다. 주주들은 32억 달러에 해당하는 이익을 얻었고, 던랩 역시 사전에 치밀하게 작성한 계약에 따라 8,700만 달러를 받았다.

둘째 날에는 세미나에 참석한 모든 학자, 컨설턴트, 최고경영자들이 두 회사의 경영자들 중에서 누가 더 사회에 공헌을 했는가 하는 주제를 놓고 난상토론을 벌였다. 챔피언 인터내셔널의 올슨 회장은 종업원을 해고하지 않은 채 공장의 생산성을 최고 수준으로 가져간 반면, 주가는 조금도 상승시키지 못했다. 스카트 페이퍼의 던랩 회장은 화장지 사업에 특화한 후 경쟁사에 의한 인수합병을 통해 주주들에게 32억 달러라는 이익을 가져온 반면, 회사는 없어지고 여러 공장이 문을 닫았으며 수많은 종업원이 직장을 잃고 말았다.

여러분은 두 사람 중에 누구를 더 바람직한 경영자로 평가하겠는가?

필자가 전공하고 있는 전략경영에 의하면 최고경영자의 역할은 생산, 마케팅, 인사, 재무 등의 활동을 유기적으로 조정하면서 기업 내부의 핵심역량을 구축하여 경쟁력을 강화하는 것이다. 따라서 전략 이론대로 한다면 챔피언 인터내셔널의 경영자를 바람직하다고 볼 수 밖에 없다.

그러나 세미나에 같이 참석했던 경영학자, 컨설턴트, 그리고 기업의 대표이사들은 이론과 전혀 다른 결론을 끌어내었다. 즉 챔피언 인터내셔널보다는 스카트 페이퍼의 경영자가 주주들에게는 물론 사회에 대해서도 훨씬 큰 긍정적 역할을 한다는 것이었다. 참석자들의 이러한 자세는 필자에게 엄청난 충격을 주었다. 그리고 주주만이 기업의 주인이라는 미국식 경영의 현주소를 피부로 이해하게 되었다.

세미나를 끝내고 귀국하면서 필자는 미국의 경영 전문가들이 내린 결론이 한국 기업에도 그대로 적용될 것인가 하는 문제를 놓고 고민에 빠졌다. 아마도 손쉬운 답변은 미국과 한국은 다르다는 것이리라. 그러나 이 답은 냉정한 분석에 따른 합리적 결론이 아니라 다분히 국수적인 태도에서 나온 감정적인 반응이라고 볼 수 밖에 없다.

그러는 가운데 과연 미국에서도 던랩 회장식의 경영이 항상 옳은 것인가 하는데 생각이 미쳤다. 사실 올슨 회장의 경영은 주가가 침체하고 있다는 사실만 빼면 누가 보기에도 바람직한 모습이다. 다만 과잉시설이 만연한 제지산업에서는 산업의 구조조정, 즉 생산시설과 시장규모 간의 균형이야말로 개별 기업이 전략경영을 통해 이익을 내기 위한 필요조건이었던 것이다. 그러나 자본집약적인 제지산업의 성격상 투자를 끝낸 경쟁자 중 자신의 시설을 줄여 산업내의 수요공급을 조정하려는 선도적인 회사가 없었던 것이다.

반면에 던랩 회장은 전문화를 통해 화장지라는 한정된 사업에서 시장지배력을 갖춘 후 자신의 시설을 경쟁사로 하여금 인수케 함으로써 산업 내 수급을 조절하는 역할을 감당하였다. 그리고 그 과정에서 시장지배자로서의 높은 협상력을 이용해 자신이 책임지고 있는 회사의 주주에게 높은 투자이익을 안겨 준 것이다.

이 분석을 통해 필자는 커다란 교훈을 얻었다. 즉 경영자가 선택하는 기업전략의 잘잘못은 진공상태에서 판단할 것이 아니라, 그 기업이 속한 산업구조의 특수성을 감안하면서 이루어져야 한다는 것이다. 이를 한국기업에 적용해보자.

한국의 경영자는 한국은 미국과 다르니까 미국식 경영을 받아들이면 안된다고 무조건 배타적인 자세를 가질 것이 아니라, 우선 해당산업의 수급상태를 분석해야 한다. 이 분석에서 기업의 어려움이 산업의 과잉시설에 기인한 것이라는 결론이 나오면 먼저 구조조정을 통해 산업내의 수급균형이라는 필요조건을 갖추어야 한다. 그 다음에 생산성 향상을 통해 경쟁력을 구축하면 자연히 시장지배력이 생기는 것이다. 그러면 수급이 균형 상태인 해당 산업 안에서 시장을 지배하는 기업의 이익은 자연히 올라갈 것이고, 증권시장에서도 독점이익을 올릴 수 있는 기업의 경쟁력을 높이 평가하여 주가를 상승시켜, 결국 기업의 시가총액이 높아지는 것이다.

이 세미나에 참가하고 온 이후 필자는 한국에서 진행되고 있는 빅딜, 즉 재벌 그룹간의 사업 맞바꾸기 작업을 새로운 시각으로 보게 되었다. 현재 우리나라 기업들의 가치를 보면 700여 개 상장회사의 시가총액을 다 합쳐도 마이크로소프트 한 회사의 20%도 안 되는 한심한 수준이다. 이는 한국 회사들이 기술 집약적인 산업에서 시장지배력을 가지고 높은 시가총액을 구가하고 있는 많은 미국 회사들과 달리 자본 집약적인 산업에서 중복, 과잉투자를 해놓은 결과 세계 시장에서는 물론, 한국 내에서도 시장지배력을 가지지 못하고 있기 때문이다. 그런데 퇴거장벽이 높은 자본집약산업의 특징 상 어느 기업도 자진해서 퇴출하지 않고 있기 때문에 서로 힘겨루기만 계속하면서 출혈경쟁을 하고 있는 것이다. 그런 의미에서 정부가 주도하고 있는 재벌그룹의 빅딜은 자본집약적 산업에서 시장메커니즘만으로는 수급조절이 안 되는 구조적 취약점을 보완하는 작업이라고 볼 수 있다.

다만 정부가 고려해야 하는 것은 빅딜에 포함시킬 산업의 성격이다.. 산업은 크게 다지역산업(multidomestic industry)과 세계산업(global industry)으로 나눌 수 있다. 전자는 각국시장을 제각기 별개로 취급해서 지역전략을 세워야 하는 산업이고, 후자는 세계를 한 시장으로 보고 체계적이고 포괄적인 세계전략을 세워야 하는 산업이다. 산업구조조정을 하는 경우 다 지역산업에 대해서는 한국 내에서의 시설과잉 여부만을 판단하면 된다. 그러나 세계산업에 대해서는 세계적으로 과잉시설이 있더라도, 해외 경쟁기업들이 어떤 방향으로 구조조정을 하는가를 치밀하게 관찰한 후에 한국의 비전과 전략적 위치를 고려하면서 장기적으로 구조조정 여부를 결정해야 한다.

앞으로 우리 경제가 선진 경제를 향한 궤도에 올라서기 위해서는 재벌그룹을 비롯한 한국 기업들의 경쟁력이 강화되어야 한다. 이를 위해서는 이미 논의한대로 빅딜을 위시한 사업구조조정이 순조롭게 진행되어 각 기업이 경쟁력을 가진 만큼의 시장 지배력을 갖고 독점 이익을 올려야 한다. 이러한 기업의 전략이 독점시장의 폐해를 시정하려는 정부의 공정거래제도 범위내에서 이루어져야함은 물론이다.

재벌그룹의 대주주 경영자야말로 빅딜의 성공 여부에 관건을 가진 주체이다. 그런데 재벌들이 계열 기업에 대한 경영지배권에 집착하는 한, 이들은 재벌그룹 간에 사업교환을 통해 기업의 수를 줄이고 시설을 축소하는 정부주도의 빅딜을 받아들이려고 하지 않을 것이다. 따라서 빅딜이 성공하기 위해서는 재벌들이 기업의 시가총액을 올려 얻어지는 주주 이익을 가장 중요한 기준으로 삼고, 이것이 시장지배력에 의해 결정된다는 사실을 빨리 이해해야 한다. 이 때 주주 이익을 중시한다는 의미는 주주만을 위한다는 뜻이 아니라, 주주가 추구하는 기업의 시가총액 증가야말로 산업구조조정, 인력구조조정 등 선진화를 향해서 우리가 실천해야 하는 모든 경영활동의 결과이기 때문이다.

재벌들이 외형보다 내실을, 매출액보다 이익을, 그리고 기업의 의사결정과정에서 행사하는 권력보다 의사결정 결과 발생하는 기업의 가치증가를 먼저 생각할 때, 재벌그룹 간의 빅딜은 한국경제의 구성원 모두가 기대하는 방향으로 진행될 것이다.

〈한국경제신문, 1998. 10. 31〉

제 10 장

경영전략론

동일한 여건에서 기업의 성과는 왜 다른가?

사업은 경쟁이며 아무리 복잡한 경쟁일지라도 대개는 머리싸움이다. 사업의 승부수는 사업의 모순을 이해하는데 있다. 현재 자신이 하고 있는 일을 훌륭하다고 생각하면 할 수록 근심은 그만큼 커지게 된다. 자신이 이룩한 성과물에 대해 만족하면 할 수록 발전가능성은 그만큼 줄어들게 된다.

– 마크 멕코막 –

사람이 일생을 살아가면서 가장 필요한 것은 권력도 아니며 돈도 아니다. 각자가 생각해 낸 독자적인 비결만이 든든한 밑거름이 되어 줄 것이다. 남이 흉내낼 수 없는 독특한 비결만이 언제 어떠한 상황에서건 도움이 될 것이다.

– 아베 마아아키 –

PRINCIPLES OF MANAGEMENT

제 1 절 경영전략의 개념

1. 경영전략의 의미와 수준

(1) 경영전략의 의미

전략은 조직이 생명력 있는 영속성을 유지하도록 하며 동시에 변화하는 환경에의 적응을 촉진시키는 기본적인 틀이라고 할 수 있다. 그러므로 전략의 본질은 기업이 참여하고 있는 모든 사업에서 경쟁우위를 확보하고자 하는 목적을 가진 경영이 된다. 또한 거기에는 기업 행동의 수혜자들이 광범위한 이해관계자를 가지고 있다는 공식적인 인식이 있어야 한다. 따라서 전반경영자는 전략수립을 위해서 〈그림 10-1〉과 같은 요소들간의 적합관계를 창출해야 한다.

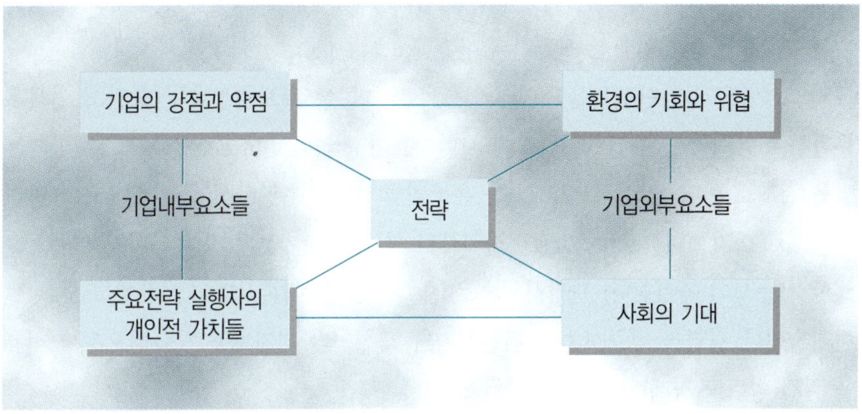

〈그림 10-1〉
전략수립의 고려요소

예컨대, 동일산업에서 기업들은 서로 다른 기회에 맞추어 각기 자신의 내부 강점과 약점을 연결시키는 전략을 추구함으로써 성공할 수 있다. 이와 반대로 설령 어떤 기업이 성공한 기업과 유사한 전략을 택한다고 하더라도 그 전략이 기업의 기술과 자원에 적합하지 않다면 성공할 수 없을 것이다

무원칙한 모방전략으로 인한 실패

가정용기기 산업에서 GE와 디자인 & 매뉴팩쳐사는 둘 다 성공적인 기업이었다. GE의 전략은 전제품계열에 걸쳐서 고품질, 고유상표 제품을 만드는 것이었던 반면, 디자인 & 매뉴팩쳐사는 협소한 제품 계열에서 개인상표(private-label) 제품을 만드는 전략을 추구했다. 웨스팅하우스(Westinghouse)사는 GE의 전략을 모방하고 있었는데, 그들이 갖고 있던 기술과 자원은 GE의 것과 차이가 있었다. 결국 웨스팅하우스사는 계속적인 낮은 수익률로 고전했고, 이로 인하여 가정용기기 산업에서 결국 철수하고 말았다.

자료: Hamermesh, R. G. (ed.), *Strategic Management*, John Wiley & Sons, 1983.

(2) 경영전략의 수준

조직에서 여러 가지 위계수준들은 기업의 전략을 정의하는데 주요한 역할을 할 뿐만 아니라 각기 수준에 맞는 경영책임을 가진다. 경영자가 당면하는 의사결정의 수준과 범위에 따라 전략은 기업전략(corporate strategy), 사업전략(business strategy), 기능별 전략(functional strategy)으로 나누어진다.

1) 기업전략

기업 전체 수준에서는 주로 기업의 사명을 정의하고, 사업수준과 기능수준에서 나오는 제안들을 검토하며, 관련된 사업단위들 사이의 연계성을 발견하고 전략적 우선순위에 의한 자원할당과 관련된 이슈들을 다룬다.

기업전략은 사업단위들을 독립기업으로 운영하는 것보다는 다각화된 사업들을 통합하여 운영하면 사업단위들간에 시너지효과(synergy effect)를 얻을 수 있다는 것을 전제로 한다. 일반적으로 기술, 유통채널, 고객, 운영방식 등에서 유사한 관련 사업으로 다각화하는 것이 비관련사업으로 다각화하는 것에 비해 시너지효과가 발생할 가능성이 높아진다. 관련사업으로 진출할 경우, 기존사업이 보유하고 있는 관련기술이나 경험을 신규사업에 이전하거나 시설이나 기자재를 공유함으로써 비용을 절감(범위의 경제)할 수 있기 때문이다.

2) 사업전략

사업수준에서는 각 사업 내에서 해당 사업의 경쟁적 위치를 강화하는데 필요한 모든 활동들을 다루게 된다. 즉 외부의 기회와 위협을 제대로 인식하고 기업전략에 의해 기업 전체적으로 자원이 배분되면, 사업전략에서는 기업내부의 자원을 활용하여 경쟁기업과 경쟁할 구체적인 방향과 방법을 강구하게 된다.

사업전략은 개별사업단위의 목표를 성공적으로 달성하기 위해 사업의 장기적 경쟁우위를 어떻게 구축하고 공고히 할 것인가에 초점을 둔다. 원료조달, 생산, 마케팅 등 기업의 핵심활동을 수행함에 있어서 경쟁기업보다 상대적으로 앞서는 핵심역량을 구축함으로써 사업(부)의 경쟁우위를 확보할 수 있다.

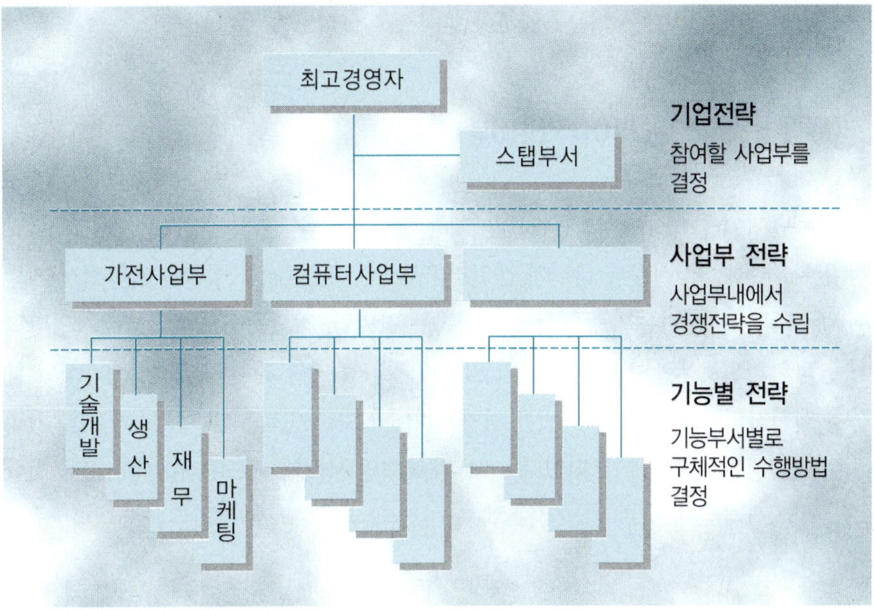

〈그림 10-2〉
전략의 수준

3) 기능별 전략

기능수준에서는 경쟁우위를 유지하는 데 필요한 재무, 관리적 하부구조, 인적자원, 기술, 로지스틱스, 제조, 유통, 마케팅, 판매, 서비스 등에 있어서 필요한 기능을 개발하는 핵심적인 작업을 다루게 된다. 기능별 전략은 사업전략을 실행하기 쉽도록 각 기능조직단위로 실행할 전략을 규정하고 구체화하는 것으로 개별 사업부내에 있는 인사, R&D, 재무관리, 생산, 마케팅 등의 기능별 조직에서 제품기획, 영업활동, 자금조달 등 세부적인 수행방법을 결정한다.

이처럼 조직의 위계수준에 따른 차이점을 인식하고 이들을 조화롭게 통합하는 것 또한 전략의 핵심 차원이 된다. 그러나 전략적 과업들을 반드시 이러한 전통적인 위계들에 따라 세분화할 필요는 없다. 전략의 세 가지 수준이라는 것은 세 가지의 서로 다른 전략적 관심들이 존재한다는 것을 의미할 뿐이다.

2. 경영전략의 발전과정

경영전략의 역사는 경영사와 그 궤를 같이한다. 경영학의 태동은 독일을 중심으로 한 유럽에서 이루어졌지만, 오늘날에는 미국의 경영학이 전세계를 휩쓰는 미국경영학의 시대가 된 것이다. 따라서 이하에서는 오늘날의 경영전략 분야가 어떻게 생성 발전되어 왔는가를 미국경영사를 중심으로 살펴보기로 한다.

(1) 생산관리시대(1900~1919년)

1900년대에 들어오면서 기업경영에서는 능률향상을 위한 획기적인 연구가 활발히 일어났는데, 그 가운데 하나가 테일러(Frederic Taylor)가 제안한 과학적 관리법이다. 과학적 관리법은 노동능률을 좌우하는 작업량, 작업속도, 작업동작, 작업방법 등을 과학적으로 분석하여 공장관리 및 작업관리 체계를 확립시켰으며 생산성의 향상을 실현하였다. 과학적 관리법은 경영관리에 커다란 변혁을 가져왔으며 이를 기점으로 대량생산 체계가 이룩되었다. 이의 대표적인 사례가 포드(Henry Ford)에 의한 대량생산 체계로서 일명 '포드 시스템(Ford System)' 이라고 불리우는 것이다.

(2) 인사 및 조직관리시대(1919~1945년)

그러나 테일러 시스템에서 포드 시스템에 이르는 과학적 관리체계는 기술적 접근방법을 통해 일선 노무자의 능률을 향상시키는 데 초점을 두었으며, 그 결과 감정을 가진 동물로서의 인간이 지닌 심리적, 사회적 측면을 경시하였다. 이러한 관리방식의 한계는 제1차 세계대전 이후 두 가지 측면으로부터 도전을 받게 되었다. 첫째는 전후에 강력한 노동조합의 대두이며 둘째는 전후의 민주화 사조이다. 이러한 상황에서 경영자들은 단순한 생산성 향상보다도 기업의 구성원으로서 노동자를 인격적으로 대우하지 않을 수 없게 된 것이다.

(3) 마케팅관리시대(1945~1958년)

2차대전 종료 후 전시수요의 종식은 생산시설의 유휴화를 초래하여 새로운 문제를 야기시켰다. 이런 상황에서 기업의 당면과제는 생산시설을 가동시키는 것이었고, 따라서 기업 경영자들은 소비자들의 잠재구매력을 실제의 구매행위로 나타나게 하는데 모든 관심을 집중하였다. 즉 단순한 판매활동을 넘어서 소비자가 원하는 상품이 무엇인가를 파악하고 이러한 요구에 부응하는 상품을 개발, 능동적으로 구매력을 창조해 나가는 마케팅 활동이 전개된 것이다.

(4) 기획관리시대(1959~1972년)

전후 순탄한 성장을 지속해 오던 미국경제는 경기순환 결과 나타난 구조적인 수급의 일시적 불균형으로 인하여 1959년에 불황국면에 들어서게 되었다. 이러한 경제적 불황기에서 기업들은 미래의 시장 경기 예측에 지대한 관심을 쏟지 않을 수 없게 되었고, 이에 따라 이러한 역할을 담당하는 기획실 제도가 이후 많은 기업에 도입되었다.

60년대 초반 기획실에서 수행한 경기예측은 통계적 기법을 통한 계량적인 예측으로서 새로운 업종으로의 진출 및 기존업종의 폐쇄 등과 같은 질적, 전략적 성격의 것은 아니었다. 즉, 단기적으로는 투하된 생산시설의 조업도를 경기예측에 따라 효율적으로 조절하고, 장기적으로 생산시설의 증설 및 감축과 이에 따른 자금수요를 예측하고 효율적인 자금조달원을 선택하는데 초점을 맞춘 계획업무였다.

(5) 전략경영시대(1973~1980년대 중반): 산업조직론적 관점

기업차원에서 성장을 위해 미래를 설계하는 경영정책론에 기초한 전략개념은 1970년대 이후 미국의 경제상황이 악화되기 시작하고, 특히 석유위기와 같이 예기치 못한 환경변화가 기업경영의 중요한 요소로 부각되면서 보다 환경분석적이고 실천적인 연구로 전환되었다. 이에 따라 단순히 미래의 비전 및 성장과 관련된 전략의 유용성을 제시하던 차원에서 구체적인 기업행위를 결정하는 방향으로 연구의 축이 옮겨지게 되었다. 이러한 변화를 주도한 것은 경영학자가 아닌 경제학에 기초한 산업조직론자들이었다.

포터로 대표되는 산업조직론적 접근은 산업의 구조적 특성이 기업의 행동을 결정짓고, 이에 따라 그 기업의 성과가 결정된다는 논리이다. 이에 따르면 기업의 성공에 가장 큰 영향을 미치는 요소는 산업구조 내에서의 기업의 위치(position)이므로, 경영전략은 산업의 구조적 특성을 분석해 어떤 산업에 기업을 위치시킬 것인가(positioning)에 두어진다.

그러나 산업조직론적 접근은 80년대 초반부터 두드러지기 시작한 미국기업의 경쟁력 약화와 일본기업의 급속한 성장을 설명하는데 한계를 나타냈다. 게다가 경제학에서 도출된 변수들을 중심으로 대규모 자료를 수집하여 이를 통계적으로 처리하는데 치중했기 때문에 기업경영자들에게 규범적인 측면에서 많은 시사점을 제공하지는 못했다.

(6) 전략경영시대(1980년대 중반 이후): 자원준거관점

기업이 보유한 자원에 근거하여 기업을 보는 시각(resource-based perspectives)인 자원준거관점은 1980년대 이후 부상하기 시작한 이론으로 전략경영의 새로운 분파로 자리잡아 가고 있다. 이 관점에 의하면, 기업의 성공은 기업을 둘러싼 환경요인이 아니라 기업이 보유하고 있는 내부의 특수한 자원에 의해 결정된다. 동일한 산업에 속한 기업이라 할지라도 기업마다 환경변화에 대응하는 방식이 다른데, 그 이유는 바로 기업이 보유한 저마다의 자원이 다르기 때문이다. 따라서 기업이 성공하기 위해서는 환경변화를 빨리 파악하고 이에 적합한 전략을 수립하는 것도 중요하지만 이보다 더 중요한 것은 수립된 전략을 실행하는 것이다. 그리고 전략을 성공적으로 실행하기 위해서는 이에 필요한 자원을 보유하고 있거나 창출해야만 한다는 주장이다.

이러한 보유자원에 근거한 전략 내지는 기업행동의 결정논리는 연구자에 따라 자원을 정의하는 방식이 다르고, 논리가 너무 추상적으로 전개되는 등 통일된 이론체계로 불리기에는 아직 어려움이 많다. 즉 자원준거관점도 나름대로의 문제점을 안고 있는 것이다. 기업에 경쟁우위를 가져다 주는 자원은 모방도 불가능하고 이동하기도 쉽지 않다. 모방이나 거래가 불가능한 자원이라면 그러한 자원을 파악하는 것이 어렵거나, 혹은 그러한 성공적인 자원이 형성된 원인을 알기 어렵다는 뜻이 된다. 따라서 특정자원이 경쟁우위를 가져다 주는 자원이라는 것을 우리가 알게 되는 시점은 그러한 자원을 보유한 기업이 경쟁우위를 갖고 성공했을 때이다.

(7) 경영전략 패러다임의 변화

학계에서 전략개념이 독립된 주제로 보다 본격적으로 탐구되고 광범위하게 논의된 것은 1977년 피츠버그 대학에서 "Business Policy and Planning Research"를 주제로 하여 개최된 학회에서였다. 챈들러(Alfred D. Chandler)의 『전략과 구조(Strategy and Structure)』를 효시로 하여 앤소프(H. I. Ansoff)의 『기업전략(Corporate Strategy)』과 앤드류즈(Kenneth Andrews)의 『기업전략의 본질(The

Concept of Corporate Strategy)』 등의 저서들은 바로 기업이 환경과의 관계에서 보다 합리적인 대응태세를 모색하고자 하는 전략계획의 이론적 체계를 형성시킨 역작들이었다. 그 후 이러한 초기의 전략 패러다임인 전략계획개념은 종래의 관리계획을 대체하는 새로운 개념으로 경영학 체계에 굳건한 뿌리를 내릴 수 있게 되었다.

이러한 전략계획의 개념은 '환경에 의해 제공된 기회'와 '자사의 강점과 약점'을 합리적 접근방법에 의해 면밀히 분석하여 자사이윤의 극대화라는 목표하에 그 사이를 서로 연결시키는 전략을 선택하는 계획기법이며, 기업의 전략적 자세를 논리적으로 재정의하는 합리적 계획기법이다. 그러나 최근에 이르러 이러한 전략계획(strategic planning)은 전략경영(strategic management)이라는 새로운 패러다임으로 발전해 나가고 있다.

전략경영이란 조직의 기업가적 임무, 조직의 쇄신과 성장, 조직 운영을 이끌 수 있는 전략을 개발하고 유용화시키는 과정을 다루는 것이다. 이러한 전략경영이 새로운 패러다임으로 대두된 배경은 다음과 같다.

첫째, 합리적 접근방법으로는 통제하기 어려운 까닭에 전략 수립시 고려 대상에서 제외시켰던 사회적, 정치적, 심리적 변수들이 사실은 채택된 전략을 실천에 옮기는데 훨씬 더 중요한 영향을 미치게 됨에 따라 모처럼 수립된 전략 계획이 실패할 가능성이 높아졌다.

둘째, '조직은 전략을 따른다'(Structure follows strategy)는 챈들러의 가설에 따라 새로운 전략을 수립하면 기업 내부의 모든 능력, 즉 인적, 물적 제자원과 조직, 각종 업무 활동 등의 시스템이 자동적으로 재편성되어 조직의 모든 에너지를 발휘시킬 수 있으리라는 전략계획의 기본 전제가 비현실적임을 알게 되었다.

셋째, 전략에 결부된 환경변화와 복잡성을 해결하기 위하여 전략 자체의 탄력적 변화까지도 포괄할 수 있도록 전략계획을 관리하는 프로세스적 기법이 요구되게 되었다.

이러한 현실적 요구에 따라 새롭게 등장한 전략경영의 과정은 목적수립, 환경분석, 전략수립, 전략평가, 전략실천, 전략통제라는 6가지 주요 과업들로 구성되어 있다. 이러한 전략과정의 6가지 영역은 〈그림 10-3〉과 같이 기업의 전략적 활동을 대체전략의 수립, 평가, 선택, 실시, 통제를 통한 교정 등과 같은 프로세스의 제활동으로 연결되어 있다.

이러한 전략경영의 과정은 여러 대체전략의 개발로부터 그 중 하나를 선택하는 과정까지를 포함하는 전략수립(strategy formulation)활동과, 선택된 전략을 실시하는 전략실행(strategy implementation)활동, 그리고 집행된 전략을 평가하고 피드백하는 전략평가(strategy evaluation)활동으로 크게 나누어진다.

〈그림 10-3〉
전략 경영의 과정

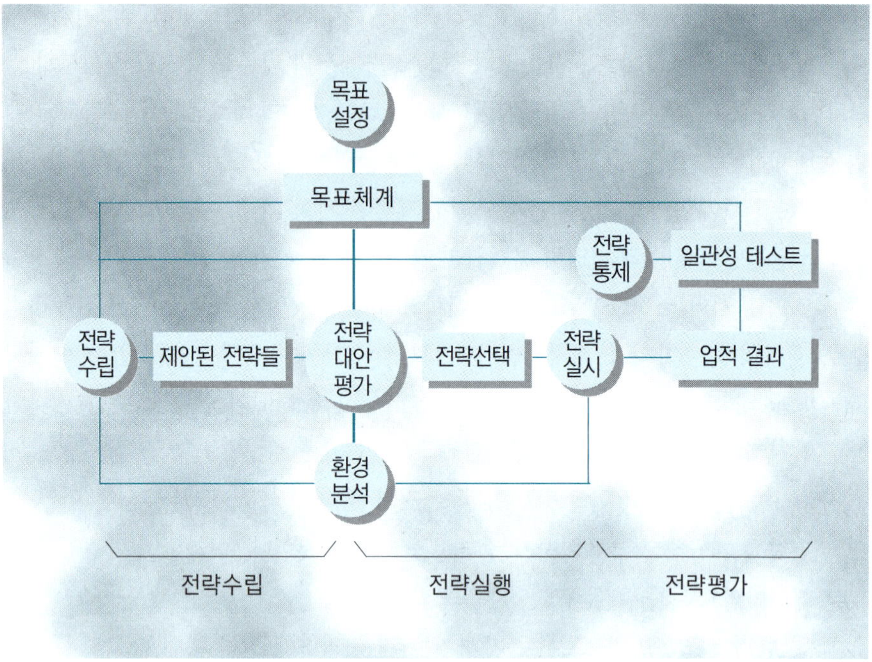

자료: Schendel, D. E. & Hofer, C. W., *Strategic Management: A New View of Business Policy and Planning, Little*, Brown and Company, 1979, pp. 1~13의 내용을 수정 보완하였음.

3. 경영전략의 결정요소

경영자가 경영전략을 수립하기 위해서는 전략결정에 영향을 주는 여러 요소들에 대한 지식이 있어야 하는데, 이러한 지식이 정보의 형태로 받아들여져 정책적 의사결정에 이용된다. 그런데, 현재보다 미래의 경영성과가 더 나아야 한다는 것이 정책적 의사결정을 하는 근본목적이라고 본다면, 경영전략은 전쟁에서 승리하여 보다 나은 국가의 지위와 영향력, 경제적 기반 등을 확보하고자 하는 군사전략과 일맥상통한다고 말할 수 있다.

이러한 맥락에서 일찍이 손자가 만든 '손자병법'이 현대 경영자들에게 유용하게 채용될 수 있다. 한편, 현대에 이르러서는 하버드 대학의 앤드류즈 교수가 제시한 4가지 기업전략결정요소가 있다. 다음에서 그 각각에 대해서 알아보도록 하자.

(1) 손자병법

'손자병법' 이라고 하면, 으레 '知彼知己(지피지기)' 면 '百戰百勝(백전백승)' 을 연상하게 된다. 손자병법 중 제3편 謀功編(모공편)에 보면 다음과 같은 말이 있다.

「知彼知己 百戰不殆, 不知彼知己而 一承一負, 不知彼不知己 每戰必敗 (지피지기 백전불태, 부지피지기이 일승일부, 부지피부지기 매전필패) 」

즉, 상대편이 갖고 있는 장점과 약점을 잘 알고, 또 자신의 능력과 한계를 충분히 알고난 후에 자신의 능력을 활용하여 상대방의 약점을 추궁하는 전략을 채택하여 전쟁을 수행한다면 '不殆', 즉 위태롭게 되지 않으리라는 것이다. 이에 반해서 자기 실력은 그런대로 일고 있어 아군을 위태로운 지경으로 몰아넣지는 않더라도 상대편의 여건에 대한 판단이 허술하여 그 약점을 치고 들어가는 전략을 세우지 못했을 때의 전쟁은 어느 때는 이길 수도 있고 어느 때는 질 수도 있다. 그러나 상대편에 대한 지식도 백지장이고 자기 자신이 갖고 있는 실력도 잘 모르는 상황에서 주먹구구식으로 벌이는 전쟁은 결코 이길수가 없다는 것이다.

또한 제10편 地形編(지형편)의 마지막 구절은 다음과 같다.

「知彼知己 承乃不殆, 知天知地 承乃可全(지피지기 승내불태 지천지지 승내가전)」

즉, 상대방과 나를 알면 승리를 추구함에 있어 위태로움이 없을 것이며, 여기에 더하여 하늘의 뜻과 진리를 깨달으면 가히 완전한 승리를 거둘 것이라는 뜻이다. 이렇게 볼 때 彼, 己, 天, 地라는 네 개의 개념이야말로 군사전략을 수립할 때 필수불가결한 요소라는 것을 알 수 있다.

(2) 앤드류즈의 기업전략 결정요소

현대 경영정책분야의 선구자인 하버드 대학 경영대학원의 앤드류즈 교수는 기업전략결정의 네 가지 요소로서 외부여건, 내부여건, 기업철학 그리고 사회적 책임을 들고 있다. 그에 의하면, 외부여건으로부터 기업이 추구할 수 있는 기회를 찾아내어 기업 내부에 보유하고 있는 기술, 자금, 경영 등의 능력으로 그 기회를 현실화시키되 그 실천방법, 즉 전략은 기업경영자들이 가지고 있는 가치관이나 철학 등의 주관적 판단기준을 통과하여야 된다는 것이다.

그러나 그는 이러한 세 가지 전략결정 요소에 의하여 수립된 전략이 그 기업을 포함하고 있는 사회의 규범이나 질서를 파괴하거나 기대 수준에 부응하지 못한다면 결국 그 기업은 오래 가지 못하고 망할 수 밖에 없을 것이라고 깨우치고 있다.

3) 손자와 앤드류즈 전략의 비교

앞에서 예로 든 손자와 앤드류즈의 견해는 문제의 성격, 즉 전략의 구성요소가 무엇인가에 대한 문제를 다룬다는 점에서는 동일하지만, 그 배경과 대상에 있어서 차이점이 있다. 그럼에도 불구하고 이들이 제시하고 있는 내용은 상당한 유사점을 지니고 있다. 이를 좀 더 명확히 밝히기 위해서 〈그림 10-4〉를 보자

〈그림 10-4〉
손자병법과 앤드류즈 경영전략의 비교

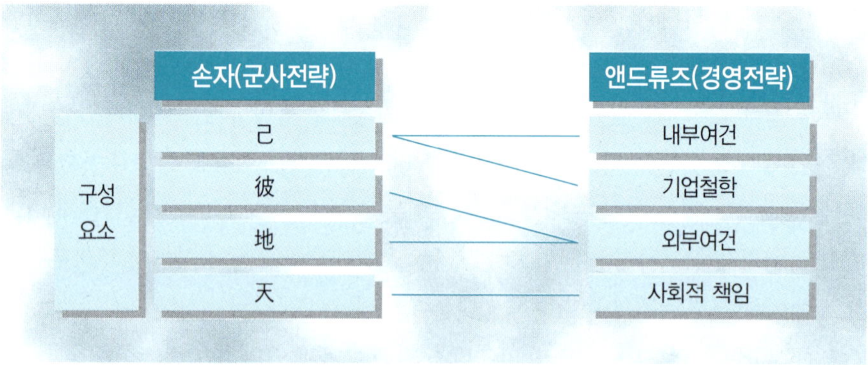

여기에서 손자가 이야기하는 '己'는 군사전략적 측면에서 보면 아군을 지칭하나, 경영전략의 관점에서 보면 경영자가 이끌어 가는 기업의 내부여건 혹은 기업철학을 의미한다. 또한 '彼'는 원래 적군을 의미하므로, 경영학적 관점에서 볼 때 경쟁자라고 할 수 있다.

한편 '地'는 아군과 적군을 둘러 싼 모든 외부환경을 말하며, 이는 자기기업과 경쟁기업 모두에게 영향을 주는 외부환경으로 해석될 수 있다. 따라서 '彼'와 '地'는 앤드류즈가 제시한 경영전략결정의 요소 중 외부여건에 해당하는 것이다.

마지막으로 '天'은 천리를 의미한다. 인간과는 달리 법인인 기업이 존재할 수 있는 권리, 다시 말해서 사업을 영위할 권리는 하늘 또는 자연이 절대적으로 주는 것이 아니라, 인간이 모여서 만든 국가가 법률을 통해서 주는 것이다. 따라서 기업은 직접적으로 법률에 의해서 구속을 받게 되나 근본적으로는 그 법률을 채택한 국가, 더 나아가서 국가를 구성하고 있는 인간에 대해서 궁극적인 책임을 져야 하는데, 인간에게 인격을 부여한 주체가 하늘이라고 보면, 손자병법의 '天'은 그대로 기업의 사회적 책임으로 해석될 수 있다. 이와 같이 손자병법에 제시된 군사전략과 현대 경영전략에서 제시된 4가지 요소는 서로 그 내용이 일치하는 것이라고 이야기할 수 있는 것이다.

제 2 절 전략결정기법

1. 제품포트폴리오관리(PPM)

(1) PPM의 의의

PPM기법은 기업의 외적여건 중에서 대표적이라고 할 수 있는 시장성장률과 내부여건을 대표하는 상대적 시장점유율이라는 변수를 각기 Y축과 X축에 놓고 기업의 기존제품 내지는 제품사업부를 평가하고 이러한 평가에 기초하여 기업의 전략을 수립하는 기법이다. 〈그림 10-5〉에 제시된 그림을 제품 포트폴리오 도표(product portfolio matrix)라고 하며 제품 포트폴리오 관리(PPM; product portfolio management)기법의 핵심을 이룬다.

1) 시장성장률

우선 시장성장률은 그 기업이 속한 국가의 GNP 성장율과 비교된다. 우리 나라의 경우 1962년~1979년 사이의 평균 GNP 성장률이 9.7%이고 1990년대의 기대성장률 역시 10% 수준으로 가정하면 10%를 Y축의 중간점에 위치시킬 수 있을 것이다. 따라서 기업이 생산하는 제품 중에서 그 제품에 대한 시장성장률이 10% 이상인 경우에 〈그림 10-5〉에 있는 사각형의 상단에 표시되고 그렇지 못한 경우에는 하단에 표시된다.

2) 상대적 시장점유율

다음으로 X축의 시장점유율은 전체 시장에서 제품이 차지하고 있는 절대적 비율이 아니라 동종 산업에 있는 경쟁기업 중 가장 큰 기업의 규모와 비교되는 상대적 시장점유율로서 나타낸다. 예컨대 1996년 갑제품에 대하여 제일 큰 시장점유율을 갖고 있는 A기업의 판매액이 10억원이었고 두번째로 큰 B기업의 판매액이 5억원이었다면 A기업의 시장점유율은 2.0, B기업의 시장점유율은 0.5가 된다. 따라서 1.0

보다 적은 시장점유율은 그 기업이 시장내에서 제일 큰 점유율을 갖고 있지 않음을 뜻하며, 그와 반대로 1.0보다 큰 점유율은 그 기업이 시장 내에서 제일 큰 점유율을 갖고 있음을 뜻한다.

3) 로그스케일의 사용

또 한 가지 X축에 대하여 주의할 점은 그 스케일이 Y축과 달리 로그 스케일(log scale)이라는 것이다. 즉 1.0을 중심으로하여 오른편에 0.1을 나타내는 점이 있다면 왼편에 그 대칭되는 위치에는 1.9가 아니라 10.0을 나타내는 점이 찍혀야 한다. X축에 로그 스케일을 쓰는 이유는 상대적 점유율의 성격상 0~1 사이의 구간과 1~무한대 사이의 구간에 1대1의 대칭관계가 있기 때문이다.

X축의 시장점유율을 나타내는 데 있어서 절대적인 점유율을 쓰지 않고 최대 경쟁기업과의 상대적 위치를 쓰는 이유는 다음과 같다. 즉 60%와 40%의 시장점유율을 가진 두 기업으로 구성된 갑제품 시장과, 30% 시장점유율을 가진 한 회사와 10% 점유율을 가진 7개 회사로 구성된 을제품 시장을 비교해 볼 때 갑제품 시장의 40% 시장점유 기업보다는 을제품 시장의 30% 시장점유 기업이 훨씬 높은 경쟁력을 갖고 있기 때문이다.

〈그림 10-5〉
제품포트폴리오도표

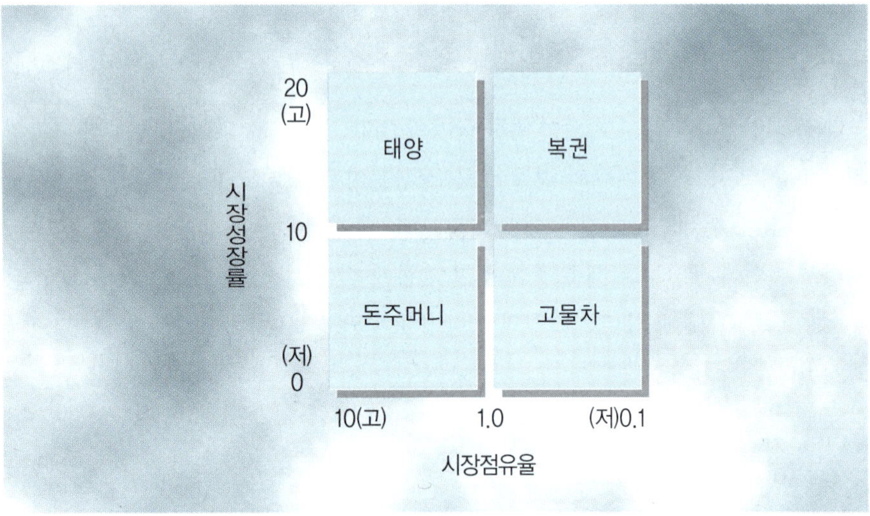

4) 매트릭스를 통한 평가

시장성장률과 시장점유율을 나타내는 Y축과 X축을 각각 나누면 〈그림 10-5〉와 같이 4분면으로 나눌 수 있다.

1/4분면에 위치한 사업들은 정도의 차이는 있겠으나 복권과 같은 성격을 갖고 있

다고 할 수 있다.[1] 즉, 1/4분면에 위치한 사업은 현재 시장내에서의 위치가 미약하기 때문에 점유율을 높이고 단위원가를 내림으로써 경제성을 확보하기에는 많은 어려움이 따르지만 성공만 한다면 시장 자체의 성장성이 높기 때문에 높은 수익성을 올릴 수 있는 가능성을 갖고 있다. 2/4분면에 위치한 사업들은 성장율도 높고 점유율도 높은 사업으로서 자금을 자급자족할 수 있고 그렇지 못할 수도 있다. 그러나 장기적으로 볼 때 많은 수입을 가져오는 사업이 될 것이다. 3/4분면에 위치한 사업들은 시장점유율은 높으나 이미 제품수명주기상의 성장기를 넘어선 사업으로서 많은 자금을 창출할 수 있는 능력을 가지고 있다. 마지막으로 4/4분면에 위치한 사업들은 성장률도 낮고 점유율도 낮은 까닭에 수익이 많지 않을 뿐 아니라 앞으로 전망도 별로 없기 때문에 재투자도 필요없게 된다.

5) PPM의 특성

이와 같이 각 사분면의 특성과 관계를 정의할 때, 가장 좋은 전략은 '돈주머니' 사업에서 나온 자금을 '복권' 사업 중에서도 가장 잠재력이 높은 사업을 골라 시장점유율을 높이기 위한 투자에 전용하여 그 사업을 '태양' 사업으로 만드는 방안이다. 이 투자에 의해 이루어진 '태양' 사업은 다시 '돈주머니' 사업으로 변하여 또 다른 '복권' 사업에 대한 투자 지원을 하게 될 것이다. 반면에 잠재력이 없다고 인정되는 '복권' 사업에 대해서는 투자를 제한하여 결국 '고물차' 사업이 되거나 도태시키는 전략이 채택되어야 한다. '고물차' 사업은 자금이 창출되는 한 유지시켜야 하겠으나 이 사업을 매각하여 나오는 자금이 더 효과적으로 쓰일 수 있다면 한시 바삐 처분해야 한다.

시장성장율이 변화함에 따라 제품포트폴리오도표 내에서의 위치가 바뀐다. 예컨대 기업이 1/4분면에 있는 '복권' 사업에 손을 대기도 전에 성장률이 떨어진다면 이 사업은 4/4분면의 '고물차' 사업이 될 것이다. 이와 반대로 기업이 적극적인 전략활동을 성공적으로 수행하여 시장점유율을 높인다면 이 사업은 '태양' 사업으로 자리를 바꾸게 된다. 2/4분면에 있는 '태양' 사업은 장기적으로 성장률이 둔화됨에 따라 필연적으로 '돈주머니"로 변화한다. 여기에서 기업이 '돈주머니' 사업의 쇠퇴를 감안하여 적극적인 투자활동을 삼가하고 있을 때 경쟁업체가 생산시설 확장 및 마케팅 활동을 적극적으로 벌인다면, 이 사업은 결국 '고물차' 사업으로 변모할 것이다. 〈그림 10-6〉은 제품포트폴리오도표상에서 자금의 이동 및 사업이 변화하는 과정을 보여주고 있다.

1) 여기에서 쓰이는 '사업' 은 제품단위 사업을 뜻하는 것으로 '제품' 과 같은 의미로 사용된다.

〈그림 10-6〉 제품포트폴리오도표에서의 자금이동과 사업위치 변화

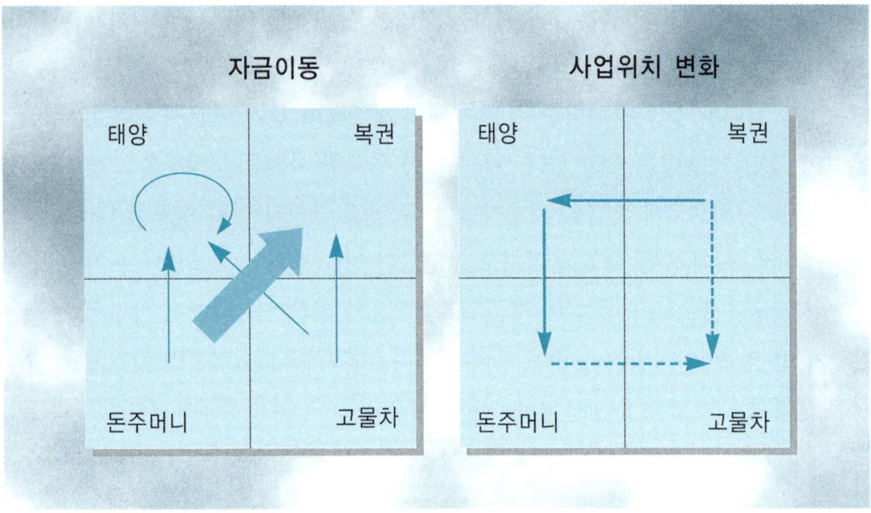

(2) PPM에 의한 전략개발

이상과 같은 전사적 차원에서의 분석과 전략개발이 끝난 다음에는 구체적으로 각 제품 및 제품그룹에 대한 전략을 수립, 실행해야 한다. 일반적으로 다음과 같은 전략 방안이 제시될 수 있을 것이다.

① '복권' 제품은 가능한 한 빨리 '태양' 제품으로 육성해야 한다. 물론 모든 '복권' 제품을 육성할 자금 능력이 없게 되므로 가장 유망한 제품만을 선택하고 나머지는 그대로 두거나 처분해야 한다.

② '태양' 제품에 대해서는 시장점유율을 계속 늘리기 위해서 집중적인 투자를 해야 한다. 여기서는 수익성보다도 시장점유율이 더욱 중요한 목표이다.

③ '돈주머니' 제품에 대해서는 자금공급을 극대화하기 위하여 시설의 유지와 생산원가 절감에 도움이 되는 투자만을 행하고, 연구개발, 선전 광고, 신규 시설 투자 등에 대한 투자는 일체 금지하여야 한다.

④ '고물차' 제품에 대해서는 가능한 한 빨리 처분을 하는 것이 유리하다. 신규 시설투자는 물론 시설 유지비에 대한 투자도 억제해야 한다.

(3) 전략 계획에 있어 포트폴리오 접근법의 공헌과 한계

포트폴리오 접근법은 전략 계획의 발전에 다음과 같은 중요한 공헌을 하였다.

첫째, 포트폴리오 접근법은 기업활동을 단순하고 명쾌하게 분해하는데 효과적인

방법이다. 둘째, 최고경영자는 기업 전체 수준에서 사업 평가와 자원 할당에 대한 통찰력을 얻을 수 있다. 셋째,기업의 전체 사업들을 고려함으로써 잠재적인 사업확보와 철수를 고려하는 유용한 메커니즘을 제공한다.

PPM에 대해 자주 등장하는 비판은 포트폴리오 접근법은 전략적 사고를 단순하고 기계적인 작업으로 간주하고 있으며, 또한 제공하는 결과도 상당히 의심스럽다는 것이다. 그런데 이러한 비판들은 나름대로의 타당성을 가지지만 이들이 간과하고 있는 것은 매트릭스가 단지 수단일 뿐이지 잘 설계된 전략계획과정의 최종결과는 아니라는 것이다.

어떠한 도구를 사용하든 도구의 최종 가치는 사용자의 재능에 달려 있다. 제품 포트폴리오 매트릭스는 포트폴리오 관리라는 복잡하고 딱딱한 문제에 대해서 의사소통의 기회를 제공한다. 매트릭스의 각 사분면은 복잡한 문제를 과도하게 단순화시킨 면도 있지만, 사업들을 모두 포함하기 때문에 한 사업에만 신경을 집중시킴으로써 시야가 협소해지는 것을 막아주며 전체적인 자원배분에 큰 도움을 준다.

2. 시장전략의 기업이윤에 대한 효과분석(PIMS)

(1) PIMS의 의의

1960년대 중반, 당시 GE의 부사장이던 보르슈는 기업의 수익성에 가장 큰 영향을 주는 요소가 무엇인가에 대해서 흥미를 갖게 되었다. 예를 들어 GE에서 팔고 있는 전구와 냉장고는 매출액이나 시장점유율 면에서 비슷한 수준인데도 투자수익률(ROI; return on investment)이 전혀 다른 것은 왜 그런가 하는 문제였다. 또 다른 예로서는 동일한 제품을 생산하는 A사와 B사는 똑같은 15%의 시장점유율을 가졌는데 두 회사의 수익성에 큰 차이가 있는 이유는 무엇인가 하는 것이었다.

보르슈 부사장은 수익성에 결정적인 영향을 주는 요소를 찾아내어 그것을 통제함으로써 제품계열, 그리고 더 나아가서 GE 전체의 수익성을 향상시킬 수 있을 것이라고 생각했다.

이 연구는 그 후 하버드 경영대학원과 마케팅 사이언스 인스티튜트(Marketing Science Institute)에 인계되어 시장전략의 기업이윤에 대한 효과분석(PIMS; profit impact of market strategy)이라는 이름하에 참가 회사를 대폭 확대하였다. 수익성에 관계가 있으리라고 생각되는 100여개의 사업전략 변수를 수집하여 이 중에서 어떤 것이 수익성에 가장 큰 영향을 미치고 있는가를 찾아내는 것이 이 프로젝트의 내용으로서 구체적으로는 다음의 두 질문에 대한 해답을 찾아내는 것이 목적이었다.

- 투자수익률에 영향을 미치는 변수는 어떤 것이며 얼마나 큰 영향을 미치는가?
- 단기 및 장기 전략의 변화는 투자수익률에 어떠한 영향을 미치는가?

PIMS는 과거의 경험을 통계적으로 처리하여 다음과 같은 7개의 중요 변수를 알아내었다.

① 시장환경 (예: 산업성장율, 구매자의 집중도)
② 경쟁강도 (예: 시장점유율, 제품의 품질)
③ 자본구성 (예: 자본집약적 산업 또는 노동집약적 산업과 같은 투자밀도)
④ 생산공정 구성 (예: 수직적 결합의 정도, 부가가치의 매출액에 대한 비율)
⑤ 예산분배 (예: 각 기능에 대한 예산배분)
⑥ 기업의 특성 (예: 규모, 다각화 정도)
⑦ 위의 변수들에 대한 변화를 가져오는 요소

(2) PIMS의 분석결과

위에 열거한 7개의 변수 가운데 30여개의 특정 변수가 투자수익률에 영향을 미치는 것으로 밝혀졌고 이들은 종합적으로 수익성의 변화에 대하여 80%의 설명력을 갖고 있는 것으로 중회귀분석에서 나타났다. 이러한 분석결과 PIMS는 다음과 같은 사실을 밝혀 내었다.

첫째, 상당수의 기업이 올바르지 못한 전략을 채택하고 있다. 둘째, PIMS에서 밝혀낸 결론 중에 여러 개가 경영자의 직관과 반대되고 있다. 다음에는 PIMS 분석의 결론 중에서 몇 개의 예를 들기로 한다.[2)]

① 제품수명주기상 성숙기에 있는 산업에서는 부가가치가 높을수록, 즉 수직적으로 결합이 많이 이루어진 기업일수록 높은 투자수익률을 보인다. 그러나 도

2) Schwartz, J. J., *Corporate Strategy*, Prentice-Hall, 1978. pp.9~12.

입기 또는 성장기에 있는 산업에서는 수직적 결합도가 낮을수록 높은 투자수익률을 보인다(〈그림 10-7〉 참조). 특히 후자의 경우는 결합이 강한 기업이 수익성도 높으리라는 우리의 직관과 배치되는 결과이나 기업의 성격이 급격히 변화하는 성장기에서는 신축성이 높은 기업이 변화에 더 쉽게 적응하리라고 볼 수 있겠다.

부가가치/매출액

산업의 성장률	저 – (52%)	(52%) – (69%)	(69%) – 고
저 (성숙기 · 쇠퇴기) – (5.8%)	15*	8	19
(5.8%) – (8.8%)	13	19	14
(8.8%) – (도입기 · 성장기) 고	24	17	20

〈그림 10-7〉
수직적 결합도가 투자수익률에 미치는 영향력

② 도입기나 성장기에 있는 기업에서는 종업원 1인당 매출액으로 표시된 상대적 생산성이 높을수록 높은 투자수익률을 보인다(〈그림 10-8〉 참조).

매출액/종업원수 (단위: 1,000달러)

산업의 성장률	저 – 32,000	32,000 – 48,000	48,000 – 고
저 (성숙기 · 쇠퇴기) – (5.8%)	17*	15	21
(5.8%) – (8.8%)	11	16	17
(8.8%) – (도입기 · 성장기) 고	10	17	25

자료: 조동성, 『21세기를 위한 전략경영』, 서울경제경영, 2002.

〈그림 10-8〉
상대적 생산성이 투자수익률에 미치는 영향력

③ 단기적으로 볼 때 시장성장률은 수익성에 큰 영향을 미친다. 특히 성장성이 높

은 기업에서는 생산시설의 가동률을 가능한 한 높이는 것이 효과적이다.

④ 단기적으로 볼 때 연구개발에 대한 높은 투자비율은 성장성이 낮은 기업에서 수익성에 더 큰 영향을 미친다.

⑤ 높은 상대적 시장점유율은 수익성을 극대화하는데 가장 효과적인 무기이다. 그러나 우수한 품질을 갖고 있는 기업은 시장점유율이 낮더라도 높은 수익성을 유지할 수 있다.

⑥ 우수한 품질과 서비스는 성장성이 높은 기업에서 수익성에 대한 효과가 가장 좋다. 반면에 품질이 낮은 수준인 경우에는 마케팅 비용이 높을수록 수익성은 낮아진다.

⑦ 시장점유율은 성장기 및 성숙기에서 수익성에 대한 효과가 가장 높다.

⑧ 시장점유율이 높을 때의 고가정책은 수익성에 유리하고, 시장점유율이 낮을 때의 고가정책은 수익성에 불리하다.

⑨ 단기적으로 볼 때 시장점유율이 낮은 경우에는 연구개발 비용이 높을수록 수익성이 낮아진다.

⑩ 가장 최악의 전략은 자본회전율이 낮은 기업에서 마케팅 활동에 적극적인 투자를 하는 경우이다.

기업에서는 이러한 PIMS 결과를 기초로 하여 앞으로의 사업계획을 수립할 수 있다. 물론 PIMS와 같은 일반적인 자료만으로 의사결정을 내리는 것은 위험한 일이나 참고 자료로서의 가치는 있다고 하겠다.

제 3 절 전략결정의 대안

1. 경쟁우위론

기업이 소기의 목적을 달성하기 위해서는 경쟁기업과 싸워 승리할 수 있는 경쟁우위를 확보하고 있어야 한다. 따라서 여기서는 위에서 설명한 기업의 목적을 달성함에 있어 그 원천이 되는 경쟁우위에 대해 살펴보기로 하자.

(1) 경쟁우위의 개념과 종류

1) 경쟁우위의 개념

경쟁우위란 특정 기업이 제공하는 제품이나 서비스가 시장에서 우선적으로 선택될 수 있도록 하는 능력, 즉 경쟁에서 승리할 수 있는 힘을 의미한다. 이러한 경쟁우위는 다음과 같은 특징을 지녀야 한다.

첫째, 경쟁우위는 시장에서의 핵심적 성공요인을 포함해야 한다.
둘째, 경쟁우위는 사실상의 차이를 가져올 정도로 구별되어야 한다.
셋째, 환경변화나 경쟁자의 대응조치에도 불구하고 지속될 수 있어야 한다.

따라서 고객이 어떤 기업의 제품이나 서비스를 경쟁기업의 그것에 비해 더 가치있다고 평가하고 원가 이상의 가격으로 그 제품이나 서비스를 구매하려 할 때 비로소 그 기업은 경쟁우위를 확보하고 있다고 말할 수 있다.

2) 경쟁우위의 종류

기업이 창출할 수 있는 경쟁우위의 종류에는 원가우위(cost advantage)와 차별

3) 조동성 · 이광현, 『경쟁에서 이기는 길』, 교보문고, 1992.

화우위(differentiation advantage)의 두 가지가 있다.[3)]

(2) 경쟁우위의 원천과 인과관계 사슬

1) 경쟁우위원천

기업의 차별적 성과 내지 성공은 그 기업이 속한 산업의 구조적 매력도와 산업내에서의 상대적 지위에 의해서 결정된다. 즉, 기업의 성과는 산업효과(industry effect)와 기업효과(firm effect)의 두 가지에 의해 결정된다고 볼 수 있다. 그런데 산업매력도에 의한 산업효과는 그 산업에 속한 모든 기업에 공통적으로 적용되므로, 동일 산업내의 기업간 성과 차이는 기업효과, 즉 기업의 상대적 지위에 의해 달라지게 된다.

〈그림 10-9〉
경쟁우위 원천과 인과관계

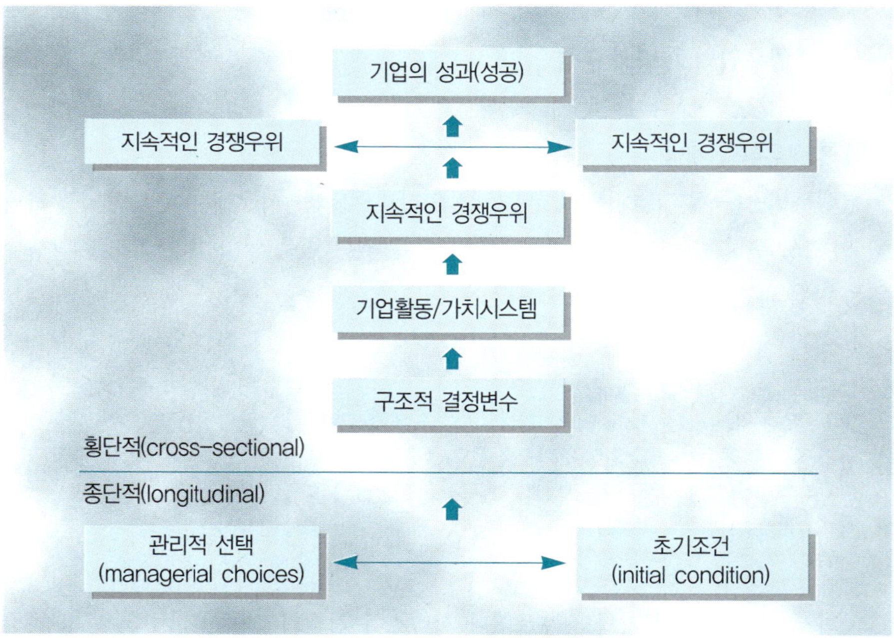

자료: Porter, M. E., "Towards a Dynamic Theory of Strategy", *Strategic Management Journal*, Vol. 12, 1992, p.100.

그러면 이러한 기업의 상대적 지위는 어디서 비롯되는가? 기업의 우월한 지위는 바로 경쟁우위에 의해서 뒷받침된다. 그런데 원가우위와 차별화우위로 대별되는 경쟁우위는 기업의 상대적 지위를 결정하는 원인임과 동시에 또 다른 어떤 요인의 결과물인 것이다. 따라서 기업은 경쟁우위를 어떻게 확보할 수 있는가, 즉 경쟁우위

원천은 무엇인가 하는 의문이 여전히 남게 된다.

이러한 경쟁우위 원천은 바로 기업의 활동(activity)이나 가치시스템(value system)에서 비롯된다고 할 수 있다. 즉 기업의 경쟁우위는 경쟁자보다 낮은 비용으로, 또는 프리미엄 가격을 받을 수 있는 차별화된 방법으로 여러 활동들을 구성하고 수행할 수 있는 능력(ability)에서 창출되는 것이다. 이런 점에서 볼 때 경쟁우위의 기본 단위는 기업의 분리된 가치활동이다.

2) 가치사슬

가치사슬은 『경쟁전략』의 저자인 하버드 대학의 포터(Michael E. Porter) 교수가 『경쟁우위(Competitive Advantage)』[4]에서 기업가치 분석의 틀로 사용한 것이다. 기업의 경쟁우위를 살피기 위해서는 기업의 모든 구성요소를 몇 개의 범주로 세분하여 분석하여야 한다. 따라서 이러한 분석을 위한 세분화는 상호비교를 위해 기본적 틀이 필요하며, 이러한 필요에 따라 기업의 거의 모든 활동을 전략적 단위활동으로 구분해 놓은 그림이 바로 가치사슬(value chain)인 것이다. 〈그림 10-10〉은 일반적인 가치사슬을 보여준다.

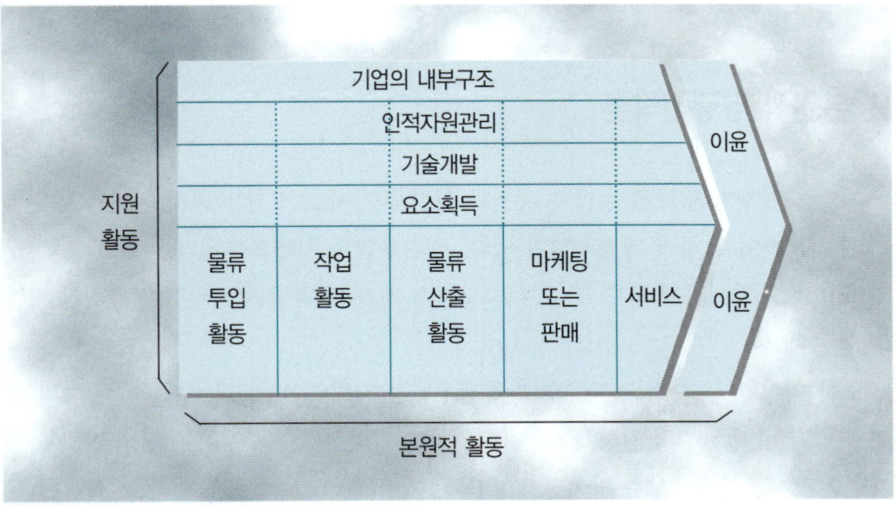

〈그림 10-10〉 가치사슬

우리는 가치사슬을 통해서 그 기업이 원가 또는 차별화에서 우위를 형성할 수 있는 요소들을 체계적으로 파악하여 경쟁 우위의 원천을 찾을 수 있다.

가치란 기업이 공급하는 제품에 대해 구매자가 기꺼이 지불하려고 하는 금액을

---

4) Porter, M. E., *Competitive Advantage*, Free Press, 1985.

말하는데, 가치사슬은 총가치(total value)로 구성되며, 다시 총가치는 가치활동(value activity)과 이윤(margin)으로 구분된다. 가치활동은 소비자에게 가치있는 제품을 제공하기 위해 기업이 수행하는 활동이며, 이윤은 총가치에서 가치활동 수행시 필요한 원가를 뺀 차액이다. 기업의 일반적 목적은 총가치가 원가를 초과하게 하는 것이다. 따라서 우리가 분석해야 하는 것은 가치를 창조하는 가치활동이며, 이 부분이 기업의 경쟁 우위를 성립시키는 요소이다.

이러한 가치사슬은 기업 뿐만 아니라 공급자, 유통업자, 구매자에 대해서도 작성할 수 있으며, 이 네 가지 사슬의 흐름을 가치체계라 한다. 결국 가치사슬은 기업의 모든 활동 뿐만 아니라 기업과 관련된 사회시스템 전체의 부가가치 창출과정을 분리하여 인식하는 것을 가능하게 해주는 인식도구이다.

〈그림 10-11〉
가치체계

2. 본원적 경쟁전략론

기업은 경쟁자에 대해 수많은 강점과 약점을 가지고 경쟁을 하지만 거기에는 두 가지 기본적인 유형의 경쟁우위가 있다. 원가우위와 차별화우위가 바로 그것인데, 기업이 가진 강점과 약점도 크게 보면 상대적 원가 및 차별화와 밀접한 관계가 있다고 할 수 있다.

또한 이러한 두 가지 기본유형의 경쟁우위는 기업이 산업 내에서 평균이상의 성과를 얻기 위해 본원적 전략, 즉 원가우위와 차별화전략을 수행하는 경쟁 범위와 연계되어 있다. 아래에서는 마이클 포터(Michael E. Porter) 교수에 의해 제시된 본원적 경쟁전략을 검토하여 보기로 하자.

(1) 본원적 경쟁전략의 대두 배경[5)]

앞에서 설명된 PPM기법은 시장점유율이 높을수록 누적생산량이 많아지고, 그에 따라 생산원가가 낮아지며, 그 결과 기업의 경쟁력이 높아진다는 경험곡선을 기본 전제로 하고 있다. 즉 시장점유율이 높아질수록 기업의 투자수익률(return on investment)이 높아진다는 관계를 전제로 하여 '복권' 사업은 '태양' 사업으로, '고물차' 사업을 '돈주머니' 사업으로 이행시키는 것을 전략 수행의 목표로 삼도록 기업 경영자를 유도하고 있는 것이다.

그러나 현실에 있어서는 기업의 수익성을 높이기 위해서는 반드시 업계 제일의 시장점유율을 가져야 하는 것은 아니다. 따라서 최근에는 투자수익율과 시장점유율 간에 획일적인 관계가 존재하는 것이 아니라 각 기업이 수립하고 실시하는 전략이 얼마나 효과적인가에 따라 투자수익율이 결정된다고 가정하고 있다.

이러한 시각에서 포터는 투자수익률을 높이는 한편 장기적으로 산업내에서 자신의 위치를 지키며 경쟁우위를 누리기 위한 본원적 전략을 제시하였는데 원가우위(overal, cost leadership)전략, 차별화(differentiation)전략이 바로 그것이다.

(2) 원가우위전략

원가우위전략은 경험곡선의 개념을 기본 전제로 하여 보편화된 것으로서, 특정 기업에서 원가를 낮추기 위한 일련의 기능별 정책을 구사함으로써 산업내에서 원가상의 우위를 달성하고 이를 이용하여 경쟁자를 제압하여 산업내에서 높은 시장점유율이나 수익을 얻고자하는 전략이다.

원가상의 우위를 확보하기 위한 구체적인 방법으로서는 적정규모의 설비, 경험에 의한 원가절감, 원가와 총경비에 대한 엄격한 통제, R&D, 서비스, 영업인력, 광고 등에 있어서의 원가최소화 등을 생각할 수 있다. 이와 같은 여러 가지 기능 분야에서 공통적으로 원가절감의 목표를 달성하기 위해서는 원가 통제에 대한 경영자의 계속적인 관심이 필요하다.

원가상의 우위를 확보한 기업은 경쟁이 심한 경우에도 산업 전체의 평균보다 높은 수익을 얻게 된다. 즉 과도한 경쟁으로 인하여 경쟁기업이 이익을 남기지 못할 때도 원가상의 우위를 가진 기업에서는 상대적으로 수익을 올릴 수 있게 되는 것이다. 또한 구매자들도 두번째로 원가가 낮은 기업의 수준으로밖에 가격을 끌어내릴 수 없기 때문에 저원가 선도기업은 강력한 구매자들로부터도 보호된다.

이러한 기업은 투입비용 증가에 대해서도 탄력성을 갖기 때문에 강력한 공급자들로부터도 보호될 수 있다. 원가를 낮게 만드는 요소들은 규모의 경제 및 원가상의

5) Porter, M. E., *Competitive Strategy*, Free Press, 1980.

유리함 등의 형태로 그 기업에게 강력한 진입장벽을 제공하여 잠재적 경쟁자의 진입을 막기도 한다. 또한 원가우위를 가진 기업은 대체품에 대해서 경쟁기업들보다 우월한 위치에 서게 된다.

하니쉬훼거사의 원가우위 확보전략

하니쉬훼거(Harnischfeger)사는 1979년 원가우위전략을 수행함으로써 기중기산업에서 혁신을 불러 일으켰다. 회사에서는 우선 부품 규격화, 외형 변화, 원자재 감소 등을 통하여 제조와 서비스가 쉽도록 기중기를 새로 디자인하였다. 그리고 나서 조립체계를 확립하고 조립 공정을 컨베이어벨트화하였다. 이것은 당시 이 산업에서 지켜온 관행으로부터 커다란 변화를 보인 것이다. 또한 원자재를 대량으로 주문하여 원가를 절감하였다. 이러한 전략의 결과로 하니쉬훼거사에서는 우수한 제품을 생산하면서도 가격을 15% 가량 내릴 수 있었고 시장점유율도 15%에서 25%로 늘어났다. 이 회사의 한 경영자는 다음과 같이 말하고 있다. "우리는 다른 기업보다 우수한 기계를 개발하려고 했던 것이 아니라 단지 조작하기 간편하고 값이 싼 기계를 개발하고 싶었던 것입니다."

원가우위전략을 채택하는 기업은 진입장벽으로 규모와 경험에 지나치게 의존하는 경우가 많아 다음과 같은 위험에 직면하기 쉽다

- 과거의 투자나 교육훈련을 헛되이 만드는 기술상의 변화
- 신규진입자나 추종자들이 저원가 기술이나 묘책을 터득하는 경우
- 생산과 마케팅의 변화를 제대로 파악하지 못하는 경우
- 충분한 가격차이를 보장해 주던 기업능력의 감소

포드와 GM

포드사는 모델과 차종을 제한하고 적극적인 후방통합, 고도로 자동화된 설비, 보다 저렴한 원가수준 등을 통해 타의 추종을 불허하는 저원가 체제를 이룩하였다. 그러나 이미 차를 소유하고 있던 구매자들은 수입이 늘어남에 따라 점차 스타일, 모델의 변화, 안락성 등에 관심을 보이기 시작하였다. 고객은 그러한 특징을 가진 차를 구입하기 위하여 대가를 기꺼이 지불하였다. 당시 포드보다 후발 업체이던 GM의 알프레드 슬로언(Alfred P. Sloan) 사장은 이러한 욕구변화를 파악하여 다양한 모델을 시장에 내 놓았다. 당시 포드는 진부한 모델의 원가 최소화에 막대한 비용을 투입하였으므로 전략을 재조정하는데 또 다시 막대한 비용을 필요로 하게 되었고, 이에 따라 GM의 전략에 기민하게 대처하지 못하였던 것이다. 그 후 포드는 GM에게 빼앗긴 업계 제1위의 위치를 한번도 되찾지 못하였다.

(3) 차별화전략

차별화전략은 기업이 제공하는 제품이나 서비스를 차별화함으로써 산업 전반에 걸쳐서 그 기업이 독특하다고 인식될 수 있는 그 무엇을 창조하는 것이다.

차별화에는 고객에 대한 서비스, 디자인, 상표이미지와 기술 등 여러 방법이 있을 수 있다. 또한 한 기업이 여러 가지 분야에서 차별화할 수도 있다. 그러나 차별화전략을 채택한다고 해서 원가를 무시해도 좋다는 얘기는 아니고 다만 원가가 제일의 전략적 목표가 아니라는 것뿐이다.

차별화는 일단 성취되기만 하면 원가우위전략과는 상이한 방법이긴 하지만, 산업 평균 이상의 수익을 제공해 준다. 고객에 의한 상표 충성도와 가격의 비탄력성으로 인하여 경쟁에 시달리지 않아도 되며, 이윤을 증가시키므로 낮은 원가체계를 반드시 가져야 할 당위성이 없어진다. 또한 고객의 충성도 및 차별화된 기업특성을 극복해야 하는 필요성 때문에 진입장벽은 점점 더 높아진다. 구매자는 비교할 만한 대체품이 없기 때문에 가격에 대하여 비탄력적이 되고 협상능력을 행사하지 못한다. 차별화전략을 채택하여 고객의 충성도를 높인 기업은 경쟁기업의 대체품에 비하여 보다 나은 지위에 있게 된다.

차별화전략도 다음과 같은 위험을 수반한다.

첫째, 원가우위전략을 채택하고 있는 경쟁기업과의 가격 차이가 너무 커서 상표 충성도가 제 역할을 못하게 되는 경우, 구매자는 낮은 가격에 이끌려 차별화 전략을 채택하는 기업의 제품 특성, 서비스, 제품 이미지 등의 일부를 포기하게 된다. 둘째, 구매자의 차별화 요소에 대한 욕구가 줄어든다. 이러한 현상은 구매자가 더욱 많은 정보에 의해서 합리적인 판단을 하게 될수록 현저하게 나타난다. 셋째, 모방에 의하여 차별화는 더욱 줄어든다.

이 중 첫 번째 위험은 매우 중요하다. 한 기업이 차별화를 이룩하는데는 그만큼의 가격 차이가 따르기 마련이다. 그리하여 차별화된 기업이 기술상의 변화나 단순한

소니, 브렌닥스, 제일모직의 차별화전략

일본의 소니(Sony)는 컬러TV 부문에서 독자적인 트리니트론(Trinitron) 방식의 전자총을 개발하여 화질을 향상시킴으로써 RCA 방식을 사용하는 경쟁사 제품에 비해 높은 가격으로 고가품 시장에서 확고한 지위를 확보하고 있다. 다른 예로서 브렌닥스(Blendax) 치약은 차별화전략을 통해 LG화학이 구축해 놓은 치약 시장의 독점체제를 붕괴시키면서 고급치약으로서의 지위를 굳혀가고 있고, 제일모직이 생산하는 VIP 양복지도 모헤어라는 고급 양모를 섞어 제품을 차별화한 결과 고가시장에서 높은 부가가치를 획득하고 있다.

무관심으로 원가면에서 크게 불리한 위치에 놓이게 된다면 원가우위전략을 사용하는 기업에 의하여 시장을 쉽사리 잠식당하게 된다.

(4) 원가우위전략과 차별화전략의 관계

차별화전략과 높은 시장점유율과는 서로 양립되지 못하는 수가 있다. 차별화는 배타성을 의미하는데 그것은 높은 시장점유율과 어울릴 수 없는 개념이기 때문이다. 그 이유를 좀 더 분석해 보면 다음과 같다.

우선 차별화를 이룩하기 위하여 요구되는 활동이 광범위한 시장 조사, 높은 품질의 원자재, 집중적 고객 지원 등 많은 비용을 수반하는 것이라면 제품 및 서비스에 대한 원가는 올라갈 수밖에 없게 된다. 그러나 비록 그 기업의 우수성을 인정한다 하더라도 높은 원가에 상응한 높은 가격을 기꺼이 지불할 고객은 그리 많지 않은 법이다. 따라서 차별화전략을 추구하는 기업에서는 시장점유율을 올리는데 일정한 한계가 있게 되는 것이다. 다만 산업에 따라서는 차별화전략을 추구하는 기업이라 할지라도 경쟁기업의 수준과 비슷한 가격을 갖는 것이 불가능하지 않을 것이고, 따라서 이러한 기업에서는 시장점유율을 증가시키는 것이 가능할 것이다.

이러한 본원적 전략은 또한 서로 다른 경영자의 유형을 요구하며 서로 다른 조직문화와 분위기 그리고 서로 다른 종류의 인재를 필요로 한다. 〈표 10-1〉은 지금까지 설명한 두 가지 본원적 전략의 특징을 요약한 것이다.

〈표 10-1〉 두 가지 본원적 전략의 특징

본원적 전략	기술과 지원	조직요건
원가우위	· 지속적인 자본조달과 자본투자 · 공정 공학기술 · 노동력에 대한 집중적 감독 · 제조에 용이하게 설계된 제품 · 유통 시스템의 원가 절감	· 철저한 원가관리 · 빈번하고 자세한 통제보고 · 구조화된 조직과 책임 · 양적목표달성 정도에 기초한 자극임금제도
차별화	· 강력한 마케팅 능력 · 제품공학 · 창의적 재능 · 기초 연구분야의 우수한 능력 · 질적 또는 기술상의 기업 명성 · 유통경로로부터의 협력	· R&D, 제품 개발, 마케팅 분야의 상호 조정 · 계량적 측정을 대신한 주관적 측정과 자극임금제도 · 고도로 발달된 기술, 과학자, 창의적인 인재를 유인할 수 있는 좋은 분위기

(5) 어중간한 상태

두 가지 본원적 전략은 경쟁력 결정요소에 대응하여 생존하고자 하는 상호대체적 전략이다. 반면 본원적 전략 중 어느 하나도 수행하지 못하는 어중간한 상태에 있는 기업은 아주 보잘 것 없는 전략적 상황에 놓여 있는 셈이다. 즉 그 기업은 시장점유율, 자본투자, 원가우위, 차별화 등이 결여되어 있는 상태인 것이다.

어중간한 상태에 놓여 있는 기업은 대부분 낮은 수익성에 시달린다. 그들은 낮은 가격을 요구하는 대규모 고객을 잃거나 원가우위를 확보하고 있는 경쟁기업에 밀려 이익을 포기하여야 한다.

집중화나 차별화는 시장점유율 저하나 절대판매액 감소까지 초래하므로 본원적 전략 중에서 어떤 것을 선택하느냐하는 문제는 필연적으로 기업의 능력과 한계에 달려 있다. 각 본원적 전략을 성공적으로 수행하는데는 서로 다른 자원과 능력, 조직의 관리 스타일이 적용되어야 하며 그 두 전략에 모두 적합한 능력을 가진 기업은 극히 드물다.

일단 어중간한 상태에 빠져들게 되면 그 상황에서 벗어나기 위하여 많은 시간과 지속적인 노력이 소요된다. 어려움에 처한 기업은 두 가지의 본원적 전략 사이에서 우왕좌왕하는 경향을 볼 수 있고, 그러한 일관성의 결여로 말미암아 실패의 가능성이 높아진다.

어중간한 상태에 처한 기업은 근본적인 전략적 의사결정을 내려야 한다. 원가우위나 적어도 경쟁기업과 동일한 원가수준을 유지하는 조치를 취하든지 아니면 특정목표에 집중하거나(집중화), 기업의 특이성을 가져야(차별화)하는 것이다. 그리고 이러한 본원적 경쟁전략을 채택하기가 힘든 경우에는 소속 산업에서 철수하는 방안도 고려해야 한다.

(6) 시장점유율과 수익성과의 관계

이러한 점에서 우리는 시장점유율과 수익성과의 관계를 알 수 있다. 일반적으로 집중화되거나 차별화된 기업과 원가우위를 지닌 기업의 수익성이 가장 높고 어중간한 상태에 빠진 기업은 수익성이 낮다. 〈그림 10-12〉에서 보는 바와 같은 U자형의 관계가 있는 것이다. 전세계적 관점에서 볼 때 〈그림 10-12〉에 나타난 U자형의 관계는 자동차산업에도 적용될 수 있을 것이다. GM은 저원가전략으로 메르세데스(Mercedes)는 차별화전략으로 높은 수익을 올리고 있다. 반면 크라이슬러

(Chrysler), 브리티쉬 리이랜드(British Leyland), 피아트(Fiat) 등은 원가우위도 차별화도 이룩하지 못한 어중간한 상태에 있다.

〈그림 10-12〉
본원적 전략, 시장점유율과 투자수익률간의 관계

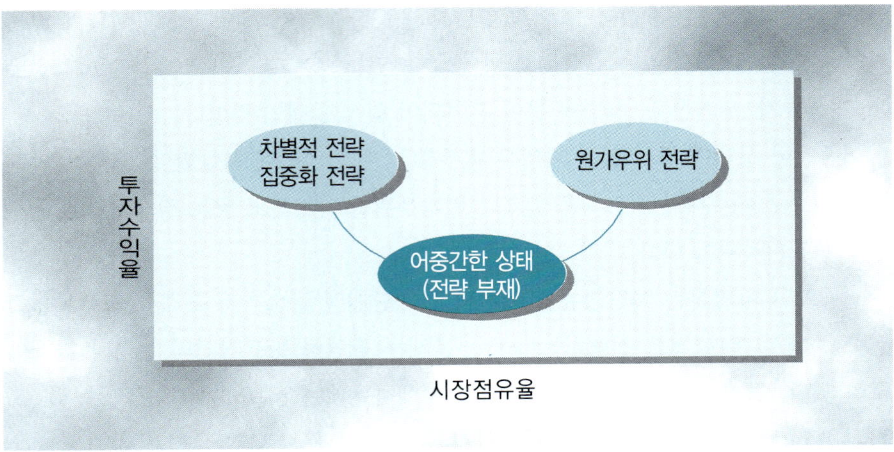

그러나 〈그림 10-12〉와 같은 U자형의 관계가 모든 산업에 다 적용되는 것은 아니다. 곡물이나 석유제품과 같은 원자재산업의 경우 차별화의 기회는 없고 가격경쟁만이 존재한다. 또 다른 산업에서는 구매자 특성과 제품 특성으로 인하여 원가가 상대적으로 덜 중요시되는 경우가 있다. 이러한 산업에서는 종종 시장점유율과 수익율 사이에 역의 관계가 성립됨을 볼 수 있다. 예컨대 미국의 철강산업과 같이 경쟁자의 수가 많고 경쟁이 치열하여 평균 이상의 수익을 올리는 단 하나의 방법으로 차별화전략을 택할 수밖에 없는 경우도 있다.

따라서 가장 중요한 것은 특정 기업에 가장 적합한 전략이 무엇인가를 판단하고 선택하는 문제이다. 그리고 그 목적은 기업의 능력에 가장 적합한 동시에 경쟁기업이 쉽사리 모방할 수 없는 전략을 선택하는 것이다.

Recommended Readings

조동성, 『21세기를 위한 전략경영』, 서울경제경영, 2002.

——, 『알기쉬운 경영전략』, 비봉출판사, 1992.

——· 신철호외, 『경쟁전략의 이해와 실천방법 상 · 하』, 국제기업전략연구소, 1995.

Bourgeois III, L. J. & Brodwin, D. R., "Strategic Implementation: Five Approaches to an Elusive Phenomen", *Strategic Management Journal,* Vol. 5, 1984.

Conner, K. R., "A Historical Comparison of Resource-based Theory and Five Schools of Thought within Industrial Organization Economics: Do We Have a New Theory of the Firm?", *Journal of Management,* Vol. 17, 1991.

Gupta, A. K. & Govindarajan, V., "Business Unit Strategy, Managerial Characteristics and Business Unit Effectiveness at Strategy Implementation", *Academy of Management Journal,* Vol. 29, 1984.

Porter, M. E., "Towards a Dynamic Theory of Strategy", *Strategic Management Journal,* Vol. 12, 1991.

————, "What is strategy?", *Harvard Business Review,* November -December 1996.

————, *Competitive Strategy: Techniques for Analyzing Industries and Competitors, Free Press,* 1980.

————, *Competitive Advantage,* Free Press, 1985.

Schwartz, J. J., *Corporate Strategy*, Prentice–Hall, 1978, pp.9~12.

Stalk, G., Evans, P. & Shuman, L., "Competing on Capabilities: The New Rules of Corporate Strategy", *Harvard Business Review*, March–April 1992.

Wrght, P. C., Pringle, D. & Kroll, M. J., *Strategic Management*, Prentice–Hall, 1994.

조동성 교수의 경영 · 시사 칼럼

Column

국가경쟁력 강화하는 길

매년 5월이 되면 한국에서는 1년에 한번씩 열병을 앓는다. 그 열병의 원인은 스위스의 IMD라는 곳에서 날아오는 국가경쟁력 보고서 때문이다. 그 보고서에는 한국의 랭킹이 항목별로 전세계 50여 개 국가 중에서 몇 등이라는 것이 일목요연하게 나와있다. 예컨대 올해에는 한국의 랭킹이 28위로 돼있다.

이러한 국가별 랭킹은 분석기관이 어떤 기준을 사용하는가에 따라 얼마든지 달라질 수 있다. 1980년대 까지만 해도 한 나라의 경쟁력이란 그 나라가 가지고 있는 자본과 노동에 의해서 결정된다고 봤다.

그러나 1990년에 하버드 대학의 마이클 포터 교수가 한 나라의 경쟁력을 결정하는 기준으로 부존자원, 기업환경, 관련산업, 국내수요라는 네 가지 요소를 제시한 이래 우리는 국가경쟁력이 자본과 노동 이외에 보다 입체적인 조건에 의해서 결정된다는 것을 받아들이게 됐다.

이를테면 한국의 경쟁력은 산업에서 일어나는 기업간의 경쟁,특정 산업을 떠받쳐주는 여러 가지 관련 지원산업,그리고 국내의 소비자들이 가지고 있는 소비성향과 수준에 의해서 결정된다는 전제하에 이러한 조건이 갖추어지는 방향으로 정부정책이나 기업의 활동이 장려되게 된 것이다.

그러나 모든 초기 이론이 그렇듯이 포터 교수의 이론에도 두 가지 문제점이 존재한다.

첫째, 포터 교수의 이론은 이 요소들이 중요하다는 것은 강조하지만, 이들 요소를 갖추는 방법을 가르쳐주지는 않는다.

둘째, 이 이론은 네 가지를 대부분 가지고 있는 선진국들에 부족한 요소를 알려주어 이를 갖추도록 함으로써 이 나라의 경쟁력을 강화시키는 데는 적절하게 사용할 수 있다.

그러나 네 가지 요소 중 어느 것도 없는 후진국이나 개도국의 경제에 네 가지 중 어느 요소부터 갖추라는 우선순위를 제시해주지는 않고 있다.

포터 교수의 이론이 노출하고 있는 첫번째 문제점을 해결하려면 이미 제시된 네 가지 요소 외에 노동자,정치가와 행정관료,기업가 전문경영자와 기술자, 디자이너라는 네 가지 요소를 더 포함해야 한다.

포터 교수의 이론이 가진 두 번째 문제점은 위의 여덟 가지로 구성된 국가경쟁력 결정요인을 네 단계로 나누어 각 단계에서 보다 중요한 요소를 제시해 줘야 한다. 즉 후진국이란 노동자와 부존자원 밖에 없는 나라인데 이들이 생산활동에 참여하지 못하고 낭비가 되고 있는 나라이다.

비전을 가진 정치가와 행정능력을 가진 관료가 불을 붙여서 노동자와 부존자원을 결합시키면서 후진국은 개도국으로 발전하는 것이다. 그리고 이러한 과정에서 기업가가 우후죽순처럼 나타나 여러 가지 사업을 벌이게 되면 그 나라 경제는 여러 가지 다양한 관련 · 지원 산업을 보유한 중진국으로 발전한다.

선진국이란 기업가가 좌지우지하던 기업의 경영권을 전문적인 능력을 가진 전문경영자, 기술자, 디자이너들이 위양 받아 치열한 경쟁 속에서 경쟁력을 확보하는 나라이다.

비록 1997년 경제위기 이후 국제적 신인도는 많이 떨어졌지만 그래도 한국은 중진국 수준에 와 있다. 그러한 증거는 앞에서 제시한 국가경쟁력에 대한 새로운 모델로 설명할 수 있다.

즉 한국경제는 노동자밖에 없던 1950년대에서 1960~70년대로 넘어오면서 정치가와 행정관료에 의해서 이끌려 왔다가 1980~90년대에는 기업가들에 의해서 주도돼 온 것이다.

그리고 이 모델은 앞으로 한국경제가 선진국으로 발전하기 위한 방안을 명확히 제시하고 있다. 즉 기업가에 의해서 주도돼온 한국경제를 전문가들에게 넘겨주어야 하는 것이다.

따라서 앞으로 한국경제의 경쟁력을 강화하는 관건은 전문경영자, 기술자, 디자이너로 구성된 전문가 그룹에 달려 있다. 이들이 선진국 수준의 능력을 가지고 자신의 역할을 충실하게 수행하는 날 한국경제는 선진국의 문턱을 넘어서게 될 것이기 때문이다.

이러한 방향으로 전문가 그룹이 형성되기 위해서는 다음 세 가지 정책에 조화가 이루어져야 한다.

첫째, 산업정책 면에서는 특정 전략산업을 발전시키겠다는 시설투자형 정책 대신 산업에 필요한 전문인력을 개발하는 인력 투자에 초점을 맞추어야 한다.

둘째, 기술정책 면에서는 저변을 늘리는 양적 투자 대신 비록 소수라 할지라도 세계 최고 수준의 기업에서 활약할 수 있는 전문경영자, 기술자, 디자이너를 발굴하고 육성하는 질적 투자에 주력해야 한다.

셋째, 교육정책은 세계인으로서의 국민의식을 향상하는 교양과정에 대한 기초 투자와 더불어 이론과 현장을 접목할 수 있는 전문가 양성에 초점을 맞춰야 한다.

〈한국경제신문, 2000. 5. 22〉

제 11 장

기업창업론

기업을 어떻게 시작할 것인가?

저성장의 환경 속에서도 성장가능성이 있는 사업을 찾아내어 그 사업에 참여하고, 참여하는 모든 사업에서 1위 아니면 2위가 되고자 노력하는 기업만이 승자가 될 수 있다. 자기가 속한 사업 부문에서 1위 또는 2위가 될 수 없다면 설령 이익을 내고 있다 하더라도 버려라.

– 잭 웰치 –

PRINCIPLES OF MANAGEMENT

제 1 절 기업가정신

1. 기업가정신의 의의

오늘날 중소기업, 벤처기업 또는 기업의 성장 · 발전에 대한 관심이 증대하면서, 기업가정신이라는 용어를 매우 자주 듣게 된다. 어떤 중소기업의 성공비결은 창업자인 사장의 기업가정신에 있다든지, 미래산업 등 벤처기업의 성공요인 가운데 가장 중요한 것이 바로 기업가정신이라는 것이다.

물론 대기업이라고 해서 기업가정신이 중요하지 않은 것은 아니다. 예로서 자동차 수리에서 시작하여 현대그룹을 세계적인 기업으로 성장시킨 고 정주영 명예회장, 조그만 쌀가게에서부터 시작해 반도체산업까지 진출함으로써 삼성그룹을 국내 최고의 기업 가운데 하나로 키워낸 고 이병철 회장을 들 수 있다. 지금의 현대그룹, 삼성그룹이 있기까지 가장 중요한 요소를 하나 말해보라고 한다면, 아마 두 사람의 기업가정신을 꼽는 사람이 적지 않을 것이다. 그렇다면 기업가정신은 무엇이며, 왜 이렇게 중요한 것일까?

기업가정신(entrepreneurship)이 과거에는 전혀 존재하지 않았던 새로운 개념이나 현상은 아니다. 기업가(entrepreneur)는 – 예를 들자면, 삼성그룹의 고 이병철 회장, 현대그룹의 고 정주영 명예회장, 미래산업의 정문술 사장 등 – 계속 존재해 왔기 때문이다. 그러나 과거에 일반적으로 사용되던 기업가정신의 개념은 지금의 벤처창업이나 기업성장을 설명할 때 사용되는 의미와는 다소 다른 뜻으로 쓰였다.

(1) 기업가정신의 유래

기업가정신이라는 용어는 17세기 프랑스어 'entreprendre'에서 그 기원을 찾을 수 있다.[1] 초창기의 기업가는 모험군인(soldier of fortune), 탐험가, 건축가, 상인들이 대부분이었는데, 기업가(entrepreneur)를 다루고 있는 여러 문헌들에서 기업

1) Holt, D. H., *Management*, Prentice-Hall, 1993.

가의 정의에 관해 언급하고 있다. 14세기에는 특정 지역에서 세금을 거두어들일 수 있는 면허를 발급 받아 그 지역에서 거두어들인 세금을 정부에 내는 일종의 대리인(contractor)이 기업가(entrepreneur)로 불리기도 했다. 한편, 기업가정신이라는 용어는 18, 19세기 유럽의 경제학 관련 문헌에 상당히 많이 언급되고 있으며, 미국 혁명 이후 신대륙의 경제발전에 매우 중요한 원동력이 되었다.

(2) 기업가정신의 개념

기업가정신이라는 용어는 중세에는 '위험을 감당(undertake)하는 사람' 또는 '대형 프로젝트를 담당하는 사람' 이라는 의미로 사용되었다. 그러나 근래에 들어와 '자신의 사업을 수행하기 위하여 창업을 하거나, 새로운 기술과 혁신을 추구하는 기업가(entrepreneur)' 라는 뜻으로 그 의미가 확대되었다.

그러나, 이와 같이 기업가정신이라는 개념은 학자들에 의해서 뿐만 아니라, 일반적으로도 널리 사용되어 온 개념이지만, 누구나 동의할 수 있는 명확한 개념이 정의되어 있지 않은 실정이다. 다만, 역사적으로 많은 학자들이 내린 정의(〈표 11-1〉 참조)와 기업가정신을 다루고 있는 문헌들을 살펴보면, 기업가의 경제적 기능(경제기능적 접근)과 기업가의 개인적 특성(사회심리적 접근)에 각각 초점을 두는 두 가지 유형으로 진행되어 왔음을 알 수 있다.

기업가의 경제적 기능에 초점을 둔 연구는 기업가정신을 위험부담, 생산요소의 결합, 혁신, 신기술 활용 등의 기능에 초점을 맞추고 있으며, 기업가의 개인적 특성에 초점을 맞춘 연구는 기업가정신을 성취욕구, 지배욕구, 모험성향 등으로 설명하고 있다.[2)]

1) 경제기능적 접근

경제기능적 접근은 기업가정신의 경제적 기능에 초점을 맞추고 있는데, 예를 들면 18세기 프랑스의 경제학자인 캔틸론(Richard Cantillon)은 기업가정신의 경제적 역할을 매우 중요한 것으로 주장하였다. 그는 기업가정신을 불확실한 가격에 상품을 구입하여 불확실한 가격으로 다시 판매함으로써, 자원을 획득하고, 활용하며, 위험을 부담하는 의사결정으로 정의하였다. 이러한 캔틸론의 정의는 기업가정신의 자원배분에 관한 의사결정에 초점을 맞추고 있다.[3)]

---

2) Stevenson, H. H., Roberts, M. J. & Grousbeck, H. I., *New Business Ventures and the Entrepreneur*, Richard D. Irwin, 1989.
3) Holt, D. H., *Management*, Prentice-Hall, 1993.

19세기에 들어와 세이(Jean B. Say)는 이 정의에 생산의 기능을 첨가하였다. 기업가(entrepreneur)는 자본가(owner)와 달리 생산의 기능을 담당함으로써 이윤을 창출한다고 하였다. 즉, 제품혁신, 생산공정혁신, 시장혁신, 생산요소혁신, 조직혁신 등 다양한 혁신을 담당해야 하는 것이 기업가의 핵심역할이라고 주장하면서 기업가정신의 경제적 기능에 대한 중요성을 더욱 강조하였다.

2) 사회심리적 접근

사회심리적 접근에 의한 정의는 기업가의 개인적 특성에 초점을 맞추고 있다. 즉, 기업가의 개인특성으로서 기업가정신을 정의하는 것이다. 예를 들면, 성취욕구, 자유의지, 위험감수경향 등 심리적 특성을 강조하기도 하며, 가정환경과 교육수준, 나이 등 사회적 배경요인을 중시하기도 하는 것이다.

3) 통합적 접근

경제기능적 접근과 사회심리적 접근은 각각 나름대로 장 · 단점을 지니고 있어 어느 한 접근방법이 다른 접근방법에 비하여 더 우월하다고 말할 수는 없다. 실제로 기업가정신을 기업가의 인간적 특성을 배제한 채 경제적 기능만으로 정의하기에는 많은 문제가 있으며, 기업가의 개인적 특성만으로 기업가정신을 이해하기에는 복잡한 현실을 충분히 설명하기 어렵다.

그러나 지금까지 살펴본 기업가정신에 대한 정의를 살펴보면, 몇 가지 공통점을 발견할 수 있는데, 창조성과 혁신, 가치창출 과정, 위험과 불확실성 감수, 기회 등이 바로 그것이다.

이러한 공통적인 특성을 종합하여, 경제적 기능과 개인적 특성을 통합한 새로운 정의를 내려보면, '기업가정신이란 위험과 불확실성 아래에서 창조성과 혁신을 통하여 기회로부터 새로운 경제적 가치를 창출하는 과정' 이라 할 수 있다.

〈표 11-1〉
기업가정신에 대한 정의

학자(연도)	정 의
Knight (1921)	불확실성과 위험을 감당함으로써 얻는 혜택
Schumpeter (1934)	기업조직을 새롭게 짜 맞추는 것 - 신제품, 새로운 서비스, 새로운 원재료 공급처, 새로운 생산방식, 신시장, 새로운 조직형태 등
Hoselitz (1952)	위험 감수 혁신의 도입 및 자본 조달
Cole (1959)	수익지향적 경영을 위한 목적성 있는 행동
McClelland (1961)	위험부담을 적절히 조절하는 것
Casson (1982)	희소한 자원의 조정에 관한 의사결정과 판단력
Gartner (1985)	새로운 조직을 형성하는 것
Hisrich & Brush (1985)	위험부담과 그에 상응하는 보상을 전제로 하여 가치 있는 그 무엇을 새로이 창조하는 과정
Guzzardi (1988)	부의 증대를 가져오는 동태적 과정
Stevenson, Roberts & Grousbeck (1989)	현재 활용할 수 있는 자원과 관계없이 새로운 기회를 추구하는 것
Kao (1989)	사회기업의 인지, 위험부담의 적절한 관리, 적절한 자원 동원 기술을 통하여 가치를 창출하려는 시도
Holt (1993)	고객에게 이익이 되고 창업자의 혁신에 대한 보상이 되는 벤처를 창업하기 위하여 새로운 방식으로 자원을 구성함으로써 부를 창출하는 과정
Dollinger (1995)	위험과 불확실성 아래에서 이익 또는 성장을 위해 혁신적인 경제적 조직(또는 조직 네트워크)을 형성하는 것

자료: Dollinger, M. J., Entrepreneurship, Richard D. Irwin, 1995; Holt, D. H., Management, Prentice-Hall, 1993; Hisrich, R. D. & Brush, C. G., The Woman Entrepreneur: Starting, Financing, and Managing a Successful New Business, Lexington Books, 1985; Kao, J., Entrepreneurship, Creativity & Organization, Prentice-Hall, 1989.

2. 기업가정신의 중요성[4)]

(1) 환경의 변화

지금 세계는 대량생산 위주의 산업사회로부터 지식 위주의 '지식산업사회'로 바뀌고 있다. 지금 우리가 소유하고 있는 지식의 90%는 불과 30년 이전에 창출된 것이며 앞으로 10~15년이 지나면 지식의 양은 지금의 2배가 될 것이라고 한다.

이렇게 급격히 증가하는 지식을 적절히 활용하는 것은 사업성패에 중요한 영향을 미칠 것이다. 따라서 새로운 지식을 창출하며 위험을 무릅쓰고 그것을 사업화하거나 사업에 반영하는 의지와 행동으로서의 기업가정신은 개인차원 뿐만 아니라 경제발전차원에서도 매우 중요하다고 할 수 있다.

(2) 혁신의 원동력

기업가정신은 신속한 환경대응과 혁신적 행위의 원동력이 되기 때문에 그 중요성은 더욱 증대하고 있다. 또한 기업가정신은 새로운 과학적 지식을 제품과 서비스로 실물화함으로써 과학과 산업을 연결시키는 매우 중요한 역할을 한다. 즉, 새로운 과학적 지식을 사업화하여 기업을 창업하고 새로운 제품과 서비스를 시장에 내보내는 역할을 한다.

이와 같은 기업가정신의 중요성에 대한 인지도는 사회전반에 걸쳐 증가하고 있는데, 각국 정부가 기업가정신을 고취하기 위해 개인창업을 권장하고 세제 및 행정지원 등 제도적인 뒷받침을 하는 것이나 사업에 성공한 사람이 사회적으로 주목받고 존경받는 사회풍토를 조성하는 데 힘쓰고 있는 것이 그 예가 될것이다.

(3) 창조성과 혁신

기업가의 주된 역할은 기회를 포착하여 이것을 사업화함으로써 사회에 가치있는 무엇인가를 창출하는 데 있다. 이 과정에서 무엇인가 새로운 것을 실제로 존재하도록 만드는 능력인 창조성은 필수적이다. 왜냐하면, 기업가정신은 이러한 창조적 아이디어를 실현시키기 위한 실천과정이기 때문이다. 또한 창조성은 기존의 것을 거부하는 혁신적 성격을 지니는데, 슘페터의 '창조적 파괴' 개념이 바로 그것이다.

또한 혁신과의 관련성 측면에서 기업가정신을 살펴보면, 기업가정신은 혁신을 일으키는 인간적 및 조직적 과정이라고도 할 수 있다.

---
4) 이장우, 『벤처경영』, 매일경제신문사, 1997.

제 2 절 기업의 창업

1. 창업의 의의

창업이란 무엇이며, 창업을 하게 되는 동기에는 어떠한 것이 있으며, 창업이 가져오는 경제적 효과는 무엇인지 살펴보도록 하자.

(1) 창업의 개념

1) 좁은 의미의 창업 개념

창업이란 좁은 의미에서 새로운 기업조직을 설립하여 경영활동을 수행하는 것을 의미한다. 예를 들면, 제조업의 경우 기존제품이나 새롭게 개발된 신제품을 생산, 판매할 목적으로 독립적 기업실체를 설립하여 경영활동을 수행하는 것을 의미한다. 물론 창업하고자 하는 업종이 서비스업인 경우는 무형의 재화 즉, 서비스를 제공함으로써 부가가치를 창출하려는 목적으로 기업실체를 설립하는 경우를 의미하게 된다.

2) 넓은 의미의 창업 개념

재화를 생산하거나 서비스를 제공함으로써 부가가치를 창출하려는 경영활동을 목적으로 기업을 설립하는 것이 좁은 의미의 창업이다. 그러나 이와 달리 새로운 제품을 생산하거나, 서비스를 제공할 목적으로 굳이 기업을 설립하지 않고, 사업부 또는 사내 팀조직 등으로 새로운 경영활동을 수행할 수도 있게 되는데, 이렇듯 기존 경영활동과는 다른 새로운 경영활동을 수행하기 위해 다각화하거나 변신하는 것은 모두 넓은 의미의 창업개념에 포함된다고 할 수 있다.

(2) 창업의 특성

창업활동은 기업의 경영활동으로 인식되는 기존활동과는 다른 독특한 특성을 지니고 있다. 이는 창업활동만이 지니는 독특한 특성으로서, 창업활동의 전략수립에 반드시 고려되어야 하는 요소이기도 하다. 크게 아래와 같이 의사결정의 불확실성, 전략적 자원투입, 모험적 속성 등 세 가지로 분류된다.

1) 의사결정의 불확실성

창업의사결정은 기본적으로 위험이 따르는 불확실성 아래에서 이루어진다. 왜냐하면, 창업의사결정에 따른 결과는 어느 한 가지 요소에 의해서만 영향을 받는 것이 아니라 수없이 많은 요인들에 의해 영향을 받기 때문이다. 물론 이러한 모든 영향요인을 전부 파악하는 것은 전적으로 불가능하다.

즉, 창업자가 재빠르게 변화를 파악하는 능력과 혁신의지를 지니고 있다고 해서 창업이 성공할 수 있는 것은 아니며, 창업아이디어가 탁월하다고 해서 창업이 성공으로 이어지는 것도 아니다, 물론, 창업자원이 남들보다 훌륭하다고 해서 창업을 통해 남들보다 훨씬 큰 성공을 거두는 것도 아님은 물론이다. 창업은 이제까지 어느 누구도 가지 않은 길을 걷는 것과 같아서, 가까운 미래라 할지라도 예측이 거의 불가능한 것이다. 언제, 어디서 무슨 일이 일어날지 아무도 모르기 때문에 불확실할 수밖에 없는 것이다.

2) 전략적 자원투입의 필요성

창업에는 다양한 종류의 자원이 필요하다. 우선 창업을 하려면, 창업자금이 있어야 하고, 함께 일할 사람들도 필요하다. 그러나, 창업의 속성상 창업의 결과로서의 보상은 단기간에 획득할 수 없고, 그 보상의 크기 또한 불명확하기 때문에 창업에는 막대한 인적, 물적, 재무적 자원을 투입함에도 불구하고, 엄청난 위험이 따르는 것이다.

따라서 창업 이전에 보다 정확하게 예측할 수 있는 기법을 전문가들로부터 자문을 구해 보다 치밀하게 계획을 세우거나, 타당성 분석 및 경제성 분석을 반드시 해야 한다.

3) 모험적 속성

앞의 정의에서도 강조된 바와 같이, 창업은 본래 모험적 속성을 지니고 있다. 창업자본을 모험자본이라 부르는 것도 이와 같은 이유에서라 할 수 있다. 이는 불확실성과 위험 하에서의 의사결정과 이에 따른 일련의 과정을 거쳐 창업이 이루어지기 때문에 본질적으로 이러한 속성을 가질 수밖에 없기 때문이기도 하다. 따라서, 창업자는 창조성과 진취성을 갖추어야 하는데, 그 이유는 의사결정과 이에 따른 과감한 사업추진이 창업의 성패를 결정하기 때문이다.

2. 창업의 동기

왜 창업을 하는 것일까? 창업자에 따라 그 이유야 전부 다르겠지만, 크게 나누어 본다면 경제적 동기와 비경제적 동기로 나눌 수 있다. 경제적 동기라 함은 돈을 벌기 위해서 즉, 이윤을 추구하기 위해 창업을 할 경우가 해당된다.

비경제적 동기[5]는 크게 세 가지로 나눌 수 있다. 개인의 경력을 쌓거나, 하고 싶은 일을 해보려는 동기, 즉 자아실현을 이루려는 욕구에서 창업을 하게 되는 것이다. 두 번째는 자신의 능력을 발휘해 기업을 성장시키고, 사회적 책임을 다해 사회에 봉사하려는 의도에서 창업이 이루어지는 것으로 사회적 책임 구현에 대한 요구로 볼 수 있다. 또한 개인적인 생각이나 아이디어를 상업화하려는 모험정신의 발현이 동인이 되어 창업을 하게 되는 경우는 모험적(전략적) 동기로 볼 수 있다. 물론 창업의 동기가 위에서 설명된 네 가지 중 반드시 어느 한가지인 것은 아니다. 여러 가지 동기가 복합적으로 작용하는 것이 일반적이다. 아래에서 각각에 대해 자세히 살펴보도록 하자.

(1) 경제적 동기(이윤 동기)

경제적 동기는 가장 원초적인 창업동기라 할 수 있다. 이는 창업을 위해 투입되는 자원의 크기보다는 미래에 기대되는 수익의 크기가 더 클 것이라는 창업의 필요조건과도 같다. 창업자가 오로지 돈을 벌겠다는 경제적 목적 때문에 창업을 하는 것은 아니지만, – 다음의 여러 가지 복합적 요인에 의해 창업을 하게 되는 것이 일반적임 – 창업을 통해 얻을 수 있는 잠재적 이익이 가장 기본적인 이유가 되는 것임에 틀림없다. 예를 들어, 직장 생활을 하던 봉급 생활자가 회사를 그만두고 개인사업을 시작한다든지, 전업주부가 조그만 문방구를 운영한다든지 하는 거의 모든 경우의 창업에는 이러한 경제적 동기가 기반이 된다.

---

5) Steinhoff, D. & Burgess, J. F., *Small Business Management Fundamentals*, McGraw-Hill, 1993.

(2) 개인적 동기(자아실현 동기)

개인적 자아실현 동기는 경제적 동기와는 달리 비경제적 목적을 추구하기 위해 창업을 하게 되는 경우의 창업이유에 해당된다. 이는 불만족스런 직장에서 떠나고 싶은 욕망이나, 자신의 기업을 독자적으로 경영해 보고 싶은 욕구, 자신의 특수한 재능이나 자질을 발휘하고자 하는 욕구, 보다 만족스런 경력에 대한 욕구, 기업소유자로서 얻게 되는 명성 등 자기사업을 운영함으로써 자기가 갖고 있던 꿈과 이상을 실현함으로써 자아실현을 가능케 하리라는 가정에 입각한 창업이유에 해당된다.

(3) 사회적 동기(사회적 책임 구현)

사회적 동기는 개인적 동기나 보다 직접적인 경제적 동기와는 차원을 달리한다. 사회적 동기는 자신에게 숨어 있는 자신의 사업가적 능력(기질)을 발휘하여 기업을 성장시킴으로써 사회적 책임을 구현하고, 이를 통해 사회 속의 개인으로서 사회에 봉사하려는 의도에서 창업이 이루어지는 것이다.

(4) 전략적 동기(새로운 사고나 개념의 상업화 동기)

창업의 전략적 동기는 새로운 사고나 개념을 상업화하려는 의도에서 창업이 이루어지는 것을 뜻한다. 기회를 포착해 창조성과 혁신을 통해 새로운 경제적 가치를 창출한다는 창업의 정의에서 본다면 가장 이상적이고 순수한 창업 동기로 설명될 수 있다. 이러한 동기에서 창업이 이루어지는 것은 기술을 보유한 엔지니어 또는 생활 속의 아이디어를 활용해 사업을 일으키는 경우 등이 일반적이다.

제 3 절 창업전략 및 창업과정

1. 창업요소

누군가가 창업을 한다고 가정해 보자. 과연 창업에는 어떠한 것들이 필요한 것일까? 돈도 있어야 할 것 같고, 아이디어와 제품, 계획서, 부지, 공장 건물, 사무실, 직원, 각종 인허가 서류 등 나열하자면 끝이 없을 만큼 많을 것이다. 이처럼 창업에는 수없이 많은 것들이 필요한데, 이 가운데에서도 창업에 필요한 핵심요소는 바로, 창업자, 창업자원, 창업아이디어 등 세 가지이다. 각각을 살펴보자.

(1) 창업자(start-up entrepreneur)

창업에서 가장 중요한 요소는 바로 창업의 주체인 창업자라는데 이의를 제기할 사람은 아무도 없을 것이다. 창업자없이 창업이 가능하리라고 생각하는 것은 건물을 지을 사람이 없는데도 건물을 지을 수 있다는 것과 마찬가지다.

창업자는 일련의 창업과정에서 가장 중요한 역할을 담당하게 된다. 바로 창업과정을 주도하는 역할인데, 창업계획을 세우고, 이에 따른 위험을 떠맡게 되며, 창업과정이 성공적인 기업경영으로 이어지도록 하는 책임을 맡게 되는 것이다. 물론 창업자 혼자서 창업을 하는 것은 아니다. 창업자와 함께 제품이나 서비스를 생산하고 판매하는 등 제반 업무를 수행할 인적자원도 모두 이 범주에 포함된다. 그러나 이들을 활용하는 능력 또한 창업자가 갖추어야 할 능력이므로 창업자의 역할이 그만큼 중요한 것이다.

(2) 창업아이디어(business idea)

창업아이디어라 함은 구체적인 사업아이디어를 의미하는데, 창업을 통해 어떤 제품이나 서비스를 고객에게 제공할 것인가에 관한 사업내용을 말하는 것이다. 또한 창업아이디어는 충분한 시장수요를 가지고 있어야 한다. 시장수요는 제품이나 서비스의 효용가치가 가격보다 크다고 인식될 때 자연적으로 생겨나는 것이다. 즉, 제품을 구입할 때, 고객들이 부담하는 화폐가치보다 더 큰 효용가치를 제공하는 제품이어야 한다. 이러한 제품은 기능, 용도, 간편성, 경제성 등의 측면에서 제품력을 갖추고 있는 제품이라 할 수 있다.

(3) 창업자원(business resources)

창업자원은 창업아이디어를 구체적인 상품이나 서비스로 변환하는데 필요한 자본, 기술, 기계 또는 설비, 재료 및 부품, 건물 등을 말한다. 성공적인 창업을 위해서는 창업자나 창업아이디어 못지 않게 우수한 창업자원을 확보하는 것이 중요한 일이 된다.

2. 창업전략

새로운 기업을 시작하는 것은 기업가가 기업가정신을 발현할 수 있는 유일한 대안은 아니며, 단지 여러 가지 대안들 가운데 선택된 하나의 방법이다. 왜냐하면 어떤 기업가는 공장 또는 백화점 등 기존 기업을 인수하여 경영활동을 전개할 수도 있으며, 본사와 계약을 체결하여 프랜차이즈 가맹점으로부터 경영활동을 시작할 수도 있기 때문이다. 이와 같이 새롭게 사업을 시작할 때 선택할 수 있는 창업전략은 신설창업, 기업인수, 프랜차이즈의 세 가지가 있는데, 주어진 환경 하에서 최선의 전략대안을 선택하기 위해서 기업가는 세 가지 접근법의 유용성과 한계를 명확히 파악하고 있어야 한다.

(1) 신설창업(starting a new business) 전략

신설창업은 간단히 말하자면 기업가가 새로운 기업을 창설하는 것이다. 신설창업은 기업인수나 프랜차이즈에 비해 제품 및 서비스, 입지, 설비, 공급자 등과 관련된 의사결정에 있어 보다 자유로우며, 기존 기업의 입장과 비교해 볼 때 설립절차나 법률조항 등의 제약 측면에서도 훨씬 자유롭다.

그러나 신설창업의 경우, 자금을 조달하거나 신용을 확보하기가 어려우며, 경영활동을 효과적으로 지원할 조직구조를 설계하는 데서도 어려움을 겪을 수 있다. 또한 경쟁기업들이 이미 지역 내에 입지하고 있는 상황에서 유리한 입지를 확보하는 일도 용이하지 않으며, 충성도가 높은 고객 및 유능한 종업원을 확보하는 것도 신설창업이 겪게 되는 어려움 가운데 하나이다.

(2) 기업인수(purchasing an established business) 전략

기업인수는 새로운 기업을 창설하는 신설창업과는 달리 기존 기업을 인수하여 사업을 시작하는 것이다. 기업인수의 경우에는 비록 인수대상 기업이 몇 가지 부문에서 문제점을 드러내고 있다 할지라도, 철저한 분석과 함께 세심한 주의를 기울여 기업을 인수하게 되면 상당히 많은 혜택을 누릴 수 있다.

기존 기업은 이미 많은 시간과 노력을 들여 생산할 제품과 서비스를 선택하여 생산 입지를 결정하고 고객기반을 확보하였으며 종업원을 채용하고 공급자를 결정해 놓은 상태이다. 또한 조직구조도 이미 설계되어 있으며, 기업운영상 필요한 절차 등이 확립되어 있는 것이 일반적이다. 따라서 경영자는 기존의 기업경영에 대해 세밀하게 평가한 다음 이를 산업 내 경쟁자와 비교함으로써 많은 전략적 시사점을 얻을 수 있게 된다.

그러나 주의해야 할 것은 기존 기업을 인수할 때, 혜택만 있는 것은 아니라는 점이다. 기존 기업을 인수하게 되면, 낮은 교육수준의 종업원, 부적절한 공장입지, 나쁜 평판 및 이미지, 낡은 설비, 쓸모 없게 되어버린 재고품, 불리한 계약 등을 같이 떠 안게 될 수도 있기 때문이다.

(3) 프랜차이즈(franchise) 전략

프랜차이즈 전략은 본사와 가맹점간 계약체결을 통하여 본사가 다양한 형태의 로얄티를 받는 대가로 가맹점으로 하여금 본사의 자산인 상표 이미지, 기업 인지도, 정책 및 업무절차, 가맹점 창설 및 관리 기법, 전문성과 경험 등을 활용할 수 있게 하는 것을 말한다. 기업가의 입장에서는 고객의 마음속에 이미 이미지가 형성된 제품과 서비스를 본사에서 검증된 방법으로 판매하므로 사업을 시작하는데 따른 위험을 줄일 수 있는 이점이 있다.

그러나 프랜차이즈는 기업가의 재량권을 제한하게 될 수도 있다. 왜냐하면 프랜차이즈 가맹료(franchise fee), 초기 비용(start-up costs), 로얄티(royalty)는 일반적으로 수익의 발생여부와 관계없이 부과되는 것이 일반적이어서, 이익규모가 기대수준에까지 이르지 못하면 소규모 업체로서는 감당하기 어려운 상황이 전개될 가능성이 있기 때문이다.

프랜차이즈 성공사례: 편의점 창업하기

권씨는 ㈜태평양에서 대리를 끝으로 5년간의 직장생활을 청산하고, 서울 한양대 부속병원 입구에 LG25 편의점을 차렸다. 가맹점 보증금 3천만원, 시설 및 상품보증금 1천1백만원, 교육비 1백만원 등 총 투자비는 4천6백만원. 22평짜리 아파트를 전세로 바꾸고 퇴직금 1천8백만원을 합쳐 사업밑천을 마련했다. 부인도 과감히 전업주부를 포기하고 가세했다.

LG 25 본사가 당초 평가했던 권씨네 편의점의 하루평균 매출액은 1백50만원선. 위치가 좋은 편의점들(하루매출 2백~3백만원)에 비할 바가 아니었다. 그러나 권씨는 예상을 깨고 하루매출을 1백80만원으로 올려놨고, 지난 7월엔 본사가 4백50개 가맹점 중 7개 점포만 선정하는 우량점포에 뽑혔다.

권씨는 '사업을 시작한 뒤로 단 하루도 편히 쉬지 못했으며, 명절에 고향에도 한번 못 내려가고, 친구 모임에는 딱 한번 나가봤다' 고 말했다. 그는 1년 3백 65일, 오전 11시부터 새벽 2까지의 편의점 일이 직장 생활보다 최소 10배는 힘들다고 말했다. 주인이 사장행세나 하면서 놀고, 아르바이트 학생들에게 매장을 맡겨버리면 십중팔구 망하는 게 편의점 사업이라는 것.

한편 편의점은 '앉아서 하는 장사' 인 줄 알았는데 그게 아니었다. 매장은 번듯하게 차려놨건만 처음엔 매상이 오르지 않았다. 그래서 밖으로 뛰쳐나갔다. 한양대 동아리방과 병원 영안실에 안내 스티커를 붙여놓고 배달판매를 시도했다. '양주의 평균 판매마진은 40%이나, 나는 20%만 먹고 싸게 주겠다' 며 근처 술집들을 설득, 15곳을 고정고객으로 확보했다.

이렇게 해서 매상은 올려놨지만 큰돈이 주머니에 들어오는 것은 물론 아니다. 겨울엔 한 달에 3백만~3백50만원, 여름엔 4백만원 정도가 손에 떨어졌다. 아내가 함께 휴일 없이 일하는 점을 감안하면 맞벌이 직장생활보다 분명 나은 벌이는 아닌 것이다. "그래도 내년엔 30평 짜리 아파트를 살 수 있게 됐죠. 투자한 만큼, 그리고 일한 만큼 벌고 망하지 않는 게 성공인 것 같아요."

자료: PC통신 천리안 자료실, 1998. 10. 8.

3. 창업과정

창업은 일반적으로 앞서 살펴본 바와 같은 동기에 의해 창업자가 창업아이디어를 발전시켜 이루어지게 되는데, 창업아이디어를 바탕으로 타당성을 분석하여 창업전략을 세우고 창업유형을 결정한 다음, 구체적인 사업계획을 수립하게 된다. 구체적인 사업계획이 수립되면, 일련의 법률적 절차를 거쳐 창업이 이루어지게 된다.

창업의 형태가 조그만 슈퍼마켓이든, 식당이든, 자동차부품을 생산하는 중소기업이든, 대기업이든 관계없이 다음에 설명된 일련의 과정을 거치게 된다. 창업과정을 자세히 살펴보도록 하자.

(1) 창업아이디어 개발

창업아이디어는 창업의 성패를 좌우한다해도 지나치지 않을 정도로 중요하다. 성공적인 창업의 필요충분조건이 제품 및 서비스의 구매자인 소비자의 충분한 구매욕구이며, 이러한 구매욕구 즉 수요는 소비자를 만족시킬 수 있는 사업아이디어에서 나올 수 있기 때문이다. 창업아이디어를 개발하는 방법에는 여러 가지가 있을 수 있으나 일반적으로 이미 존재하던 제품이나 서비스를 탐색하여 아이디어를 얻는 방법과, 새로운 제품이나 서비스를 개발하는 것으로 크게 나눌 수 있다.

1) 기존 제품이나 서비스의 탐색

기존 제품이나 서비스를 탐색하여 창업아이디어를 얻는 방법은 다른 기업에서 적용되고 있는 기법이나 제품 및 서비스 또는 외국에서 적용되고 있는 아이디어를 그대로 또는 변형시켜 자기 회사에 알맞게 응용시켜 보는 것을 뜻한다. 이는 비교적 접근하기가 용이한 형태의 아이디어 탐색이라 할 수 있다.

2) 새로운 제품이나 서비스의 탐색

새로운 제품이나 서비스를 탐색하여 창업아이디어를 얻는 방법은 소비자, 공급자, 발명가, 연구소, 대학, 특허관련기관, 마케팅리서치회사, 광고대행사, 업계 관계자, 신문, 잡지, 통계자료, 조사자료, 연구보고서 등 여러 곳에서 얻을 수 있는데, 중요한 것은 아직까지 충족되지 않은 상태에 있는 소비자의 욕구를 먼저 파악하는 것이다.

이러한 소비자의 욕구 가운데, 기존제품으로 이러한 욕구를 충족시킬 수 있는 제품이 있는지를 먼저 조사해야 하며, 만약 없다면 기존제품을 변형하거나 신제품을 개발해야 할 것이다. 잠재수요를 탐색하여 신제품개발을 위한 아이디어를 선정하는

---

6) 브레인스토밍(brain storming)법이란 6~10명 정도의 인원에게 미리 어떤 주제 또는 상황을 보여주고서 일정시간이 경과한 다음, 다시 모여 의견을 수렴하는 방법을 말한다. 주로 제도개선, 신제품개발, 새로운 전략수립 등에 많이 사용된다.

7) 체크리스트(checklist)법은 신제품개발이나 새로운 아이디어 탐색, 문제점 해결 등을 위해서 고려해야 할 요인을 모두 정리한 다음, 이를 검토하여 결과를 얻는 방법을 말한다.

방법으로는 일반적으로 브레인스토밍(brain storming)법[6], 체크리스트(checklist)법[7] 등이 사용된다.

(2) 사업타당성 평가 분석

앞서 설명한 방법을 통해 창업아이디어를 개발하게 되면 이러한 아이디어를 평가할 기준을 세워, 구체적인 사업계획을 세우는데 기초가 될 아이디어를 선별해야 한다. 이렇게 아이디어를 선별하기 위한 평가기준을 설정하고, 이를 실제 평가하는 작업이 아이디어 개발 이후에 따라야 하는데, 그 기준 및 실제 평가방법에 대해 살펴보도록 하자.

일반적으로 아이디어를 평가하는 기준은 크게 세 가지로 나누어 볼 수 있다. 우선 시장분석(market analysis)은 예상매출액과 같은 목표시장의 크기 및 제품에 대한 수요 추이, 성장잠재력 등을 분석하는 것이다. 제품분석(product analysis)은 제품 품질, 특성 및 제품의 경쟁 우위, 대체품, 경쟁제품, 제조 가능성, 시설 능력 등을 평가하는 것이며, 수익분석(profit analysis)은 시장 분석과 제품 분석을 바탕으로 아이디어의 경제적 가치와 예상되는 위험을 종합적으로 분석하는 것이다.

1) 시장분석

시장분석은 앞서 설명한 바와 같이 사업을 시작하기 전에 생산, 판매하고자 하는 제품 및 서비스의 목표 시장에 대해 분석하는 것으로 시장의 크기와 성장잠재력은 어떠한지, 유사한 제품이 존재한다면 그 제품의 수요추이는 어떠했는지, 없다면 다른 경제지표 또는 소비지표를 활용하여 어떠할 것인지를 예상해보는 여러 가지 내용을 포함하고 있다. 시장분석에는 2차 자료를 포함하여 다양한 통계적 방법을 활용할 수 있다.

2) 제품분석

제품분석은 아이디어를 실제 제품으로 형상화하여 이런 제품이 시장에 도입되었을 경우, 제품의 특성 및 품질은 어떠하며 기존 제품과의 경쟁에서 우위를 점할 수 있는지, 경쟁제품이 없는 것으로 판단되면 신제품에 대한 충분한 수요를 창출해 낼 수 있는지의 여부를 평가하는 것이 핵심이다. 또한 이와 함께 제품의 제조능력 및 시설능력 등을 포함한 생산가능성에 대한 기술적 분석도 이루어져야 할 필요가 있다.

3) 수익분석

새로운 사업이 향후 수년간의 영업활동에서 적정한 수익을 가져오며, 안정적인 현금흐름을 보장할 수 있는지의 여부를 검토하는 것이 바로 수익분석의 핵심이다. 즉, 예상되는 위험과 제품의 경제적 가치를 고려하여, 제품분석과 시장분석을 바탕으로 아이디어에 대한 최종 평가를 내리는 작업이라고 할 수 있는데, 사업의 경제적 가치가 매우 우수한 것으로 평가되었다 할지라도 불확실한 환경 하에서 예상되는 위험이 사업의 경제적 가치를 상쇄할 정도로 높다면, 좋은 아이디어로 결론지을 수 없음을 충분히 고려하여야 한다.

(3) 창업전략 선택

아이디어에 대한 시장분석, 제품분석, 수익분석이 끝난 후 전망이 밝은 아이디어로 평가가 내려지면, 구체적인 사업계획 수립단계로 넘어가게 된다. 사업계획 수립단계에서 가장 중요한 것은 사업계획서를 수립하는 것이지만, 그 이전에 분명히 결정하여야 하는 것이 바로 앞서 설명한 바 있는 창업전략을 선택하는 것이다.

새롭게 사업을 시작할 때 선택할 수 있는 창업전략으로는 새롭게 기업을 일으키는 신설창업과, 기존 기업을 인수하는 기업인수, 본사와 프랜차이징 계약을 맺은 후 가맹점이 되는 형태의 프랜차이즈가 있는데, 창업자는 사업아이디어의 내용 및 성격을 충분히 고려하여, 창업전략을 수립하여야 한다.

(4) 구체적인 사업계획 수립

창업아이디어에 대한 시장, 제품, 수익 분석이 끝나 매력적인 창업대안이 결정되면, 창업전략과 창업유형을 선택하게 되고, 그런 다음 실질적인 사업계획 수립단계로 넘어가게 된다. 구체적인 사업계획 수립 단계에서 고려해야 하는 가장 중요한 것은 새롭게 창업될 기업의 전체상을 그려보는 것이다. 사업개요, 시장현황, 판매계획, 생산계획, 설비투자, 인력계획, 조직계획, 재무계획, 자금계획, 일정계획 등 사업추진의 각 단계별로 고려해야 할 모든 사항에 대해 미리 예상해보는 것이 필요하다.

또한 법인기업을 설립하고자 하는 경우에는 법률적 절차에 따라 인허가 및 신고, 등록이 필요한데, 사업계획을 수립하여 실행에 옮기는 과정에서 빠짐없이 준비하여 계획에 차질이 생기지 않도록 하는 것이 중요하다. 법인기업을 설립하는 경우를 예를 들면 필요한 법률적 절차는 〈그림 11-1〉과 같다.

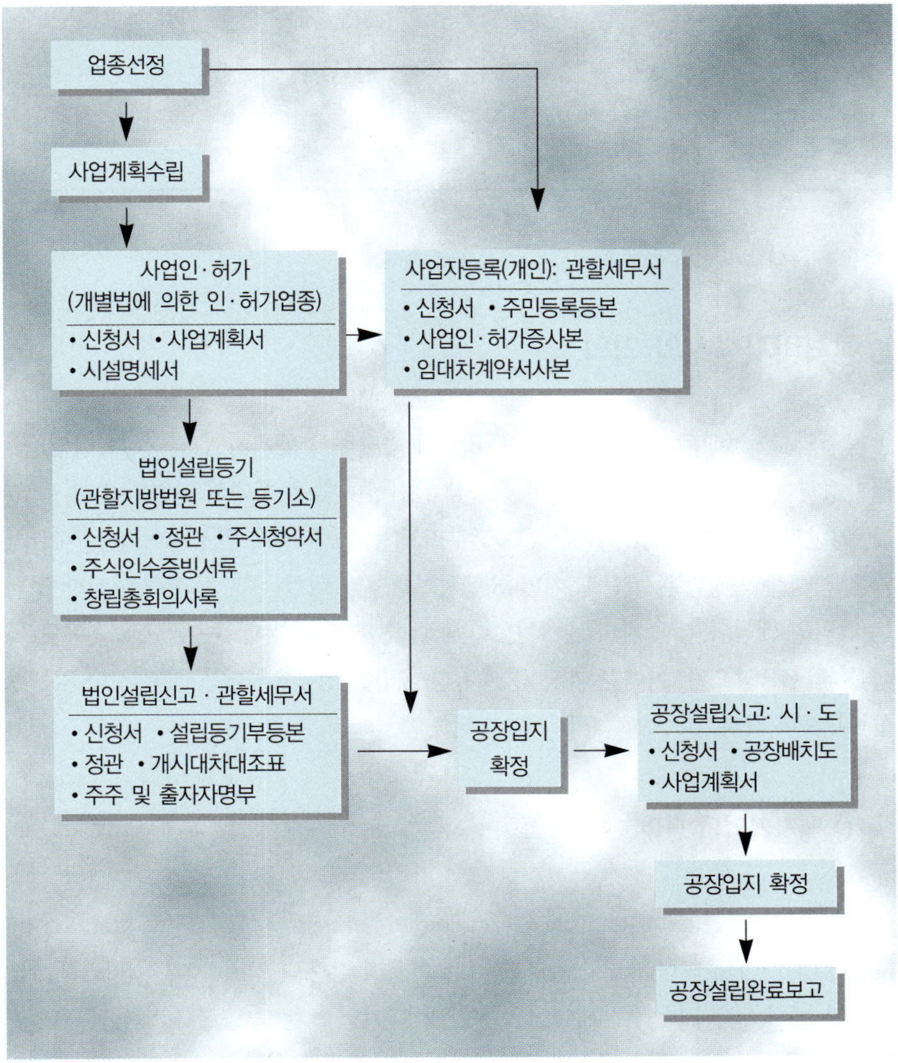

〈그림 11-1〉
창업을 위한 법률적 절차

자료: 한국경제신문, 1998. 10. 19.

(5) 사업개시

사업계획을 수립하여 법률적 절차를 모두 완료하고 나면, 계획된 일정에 따라 실행에 옮겨 사업을 시작하게 된다. 사업을 시작할 때 주의할 점은 환경의 불확실성으로 인해 계획과 현실이 서로 다른 경우가 자주 발생한다는 것인데, 이러한 문제는 기업가정신을 발휘하여 능동적으로 대처해나가는 자세를 가짐으로써 해결해야 한다.

제 4 절 벤처비지니스

1. 벤처비지니스의 의의

창업의 한 형태로 기업가정신의 중요성에 입각해서 벤처기업을 정의한다면, 기업가정신이 가장 잘 발현된 형태이자 가장 실천성이 높은 형태의 기업이라 할 수 있다. 일반적으로 연구개발투자를 통해 고부가가치의 신기술을 활용하여 높은 기술성과 수익성을 인정받는 소규모 기업을 벤처기업이라 일컫는데, 실제로 이러한 정의는 협의의 개념이다. 정확히 벤처기업이란 어떤 기업을 의미하는지 그리고 어떤 특성을 지니고 있으며, 어떠한 과정을 거쳐 형성되며, 성공요인에는 어떤 것이 있는지 살펴보도록 하자.

(1) 벤처기업의 정의

벤처기업이라는 용어는 high technology business, NTBF(new technology based firm), risky business 등 다양한 용어들과 혼용되고 있다. 우리 나라에서는 음역인 벤처비지니스 외에 의역인 연구개발형 기업 또는 기술집약적 기업 등으로 쓰이고 있으며, 직역에 가까운 모험기업이라고도 불리고 있다.[8]

벤처기업은 한 마디로 '고위험과 고성과를 특징으로 하는 기술집약적 중소기업'이라고 정의할 수 있다. 즉, 새로운 아이디어와 기술을 가지고 사업에 도전하는 모험적인 중소기업이라고 정의할 수 있다. 이러한 벤처기업은 성공할 경우 높은 이익율과 성장율을 달성하지만 상대적으로 위험도 높다는 특징을 가지고 있다.

그러나 벤처기업에 대한 정의는 앞서 본 바와 같이 그 목적에 따라 다양하게 내릴 수 있다. 실제로 미국에서는 엄격한 정의 없이 기술집약적 또는 하이테크 중소기업이라는 개념과 혼동하여 사용하고 있으며, 일본에서는 기술개발투자비가 전체 매출액의 3% 이상을 차지하는 회사를 벤처기업으로 정의하기도 한다.

8) 이장우, 『벤처경영』, 매일경제신문사, 1997.

벤처기업육성특별법상의 벤처기업

'벤처기업육성특별법' 상의 벤처기업에 대한 정의를 살펴보면, 크게 4가지로 요건을 갖춘 기업을 벤처기업으로 분류하고 있다.

첫 번째 요건은 벤처캐피탈(창업투자회사, 신기술사업금융회사)이 주식으로 자본금의 10% 이상을 투자하거나, 주식이나 전환사채를 통해 자본금의 20%이상을 투자한 기업이다. 두 번째 요건은 직전 사업연도의 총매출액에 대한 연구개발비의 비중이 5%이상인 연구개발투자기업이다. 세 번째 요건은 특허기술개발기업으로 특허권, 실용신안권에 의해서 생산한 제품의 직전 사업연도 매출액이 전체 매출액의 50%이상이거나, 해당 제품의 수출액이 총매출액의 25%이상인 경우가 해당된다. 네 번째 요건은 각 부처별 신기술개발사업의 유효기간에 생산한 제품의 직전 사업연도 매출액이 총매출액의 50% 이상이거나 해당 제품의 수출액이 그 제품 총매출액의 25%이상인 신기술 개발기업이다.

(2) 벤처기업의 성장단계

벤처기업은 창업되어 어떤 단계를 거쳐 성장하는 것일까? 대부분의 벤처기업들은 보다 높은 수익을 목표로 높은 위험을 감수하면서 급속한 성장을 추구하게 된다. 이러한 유형의 벤처기업은 다음과 같이 창업준비단계(pre-start-up stage), 사업개시단계(start-up stage), 초기성장단계(early-growth stage), 후기성장단계(later-growth stage)의 네 단계를 일반적으로 거치게 되는데, 각각의 단계에서 요구되는 창업자의 역할이나 책임은 모두 다르다. 각각의 단계에 대해 살펴보도록 하자.

1) 창업준비단계

이 단계에서는 창업자가 비전을 가지고, 성공가능성이 높다고 확신하는 창업아이디어를 실행에 옮겨 사업을 준비하게 되는 과정이다. 그러나 이 과정에서 주의해야 할 것은 창업자들이 단순히 '사업이 될 것 같은 갭(gap)을 찾아서 이를 메우는 것' 으로만 생각하며 사업에 뛰어드는 경우가 많은데, 이는 매우 위험한 생각이라는 것이다. 수요(실제수요 또는 잠재수요)와 공급사이의 갭을 메우는 것도 물론 중요하지만, 이것이 성공을 위한 충분조건은 될 수 없기 때문이다. 한편 창업을 준비하는 것이 높은 불확실성을 내포하고 있기 때문에, 성공적인 창업자들은 대부분 이 단계에서 정확히 무엇을 할 것인지를 정하고, 시장조사를 하며, 재무계획을 세우게 된다.

2) 사업개시단계

창업자가 아이디어를 실행에 옮길 계획을 세운 다음, 이러한 아이디어가 구체화되면서 무엇을 어떻게, 어떤 순서로 진행할 것인지를 정한 사업계획을 따라 실현되는 과정이 바로 사업개시단계이다.[9] 이 단계에서는 회사를 설립하고 자본을 조달하며, 시설 및 공장설비를 구입하고, 시제품(prototype products)을 제작하여 시험마케팅을 하는 등의 활동들을 포함하게 된다. 그러나 현명한 경영자는 가용자원을 모두 이 단계에 투입하지 않는다. 왜냐하면, 이 단계에서 사업이 부적절한 것으로 판명되어 그만두어야 하는 경우도 종종 있기 때문이다. 또한 예상치 못한 어려움을 겪게 되거나, 결과적으로 사업계획을 제대로 세우지 못한 경우가 발생할 수도 있기 때문이다.

〈그림 11-2〉
벤처기업의 성장단계

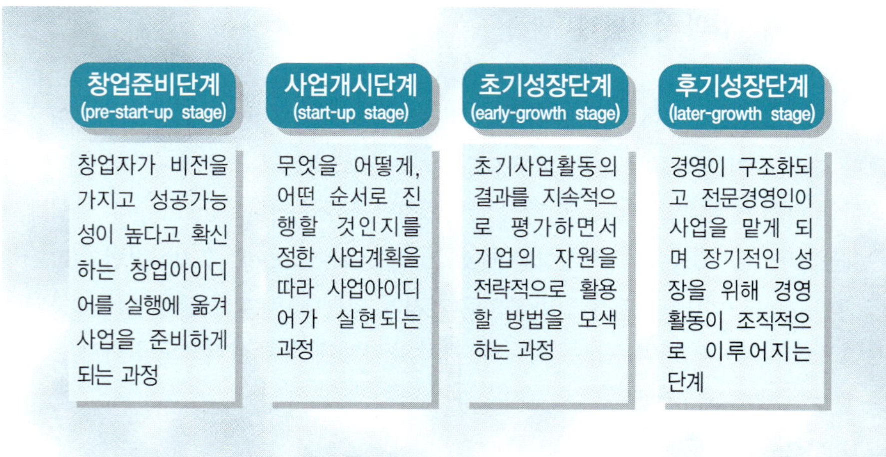

자료 : Holt, D. H., *Management*, Prentice-Hall, 1993. p.675.

3) 초기성장단계

사업을 개시하여 벤처기업이 초기성장단계에 들어서면, 본격적인 사업활동이 중요한 과제로 대두된다. 이 단계에서는 초기 사업활동의 결과를 지속적으로 평가하면서 기업의 자원을 전략적으로 활용하는 방안을 모색하게 된다. 경영자든 종업원이든 이 단계에서는 사업활동에 대해 지속적으로 학습하는 단계이며, 회사의 목표는 손익분기점을 초과하는 매출을 달성하여 이익을 창출하는데 있게 된다.

한편 회사가 독특한 제품을 생산하거나, 특허를 보유하고 있으면서 시장에서의 성과가 높다면 인수 · 합병의 대상이 되기도 하지만, 이와 반대로 성과가 기대에 미치지 못해 더 이상 성장하지 못하고 문을 닫아야 하는 벤처기업도 생겨나게 된다.

9) 이 단계를 보육단계(incubation stage)라고 부르기도 한다.

또한 시장에서 성과가 높은 벤처기업은 상대적으로 유리한 조건에서 성장을 위해 필요한 자본을 조달할 수 있는 기회를 가질 수 있다.

4) 후기성장단계

초기성장단계에서 벤처기업이 성공적인 것으로 평가되면, 성숙단계(mature stage)로 접어들게 된다. 이 단계에 들어서면, 필요한 설비를 모두 갖추게 되며, 장기재무계획이 세워지는 등 경영이 구조화된다. 또한 이 단계에서는 주식공개 등을 통해 개인이나 가족이 소유하면서 경영하던 방식에서 '공적인 기업(public enterprise)'으로 거듭나게 된다. 이렇게 되면, 개인투자가들이 자본을 투자하고, 전문경영인이 경영을 맡게 되며, 장기적인 성장을 위해 계획, 조직화, 충원, 통제 등의 활동이 조직적으로 이루어진다. 이 단계에서 애플 컴퓨터의 스티브 잡스처럼 투자가들에 의해 경영일선에서 물러나게 되는 경우도 있지만, 아직도 많은 기업에서는 2세, 3세로의 승계가 이루어지고 있다.

(3) 벤처기업의 성공요인

성공적인 벤처기업은 어디에서 그 원인을 찾을 수 있을까? 운이 좋았다거나, 시기가 적절했다거나 하는 식의 설명으로는 왠지 부족한 것 같은 느낌이 드는 것은 당연할 것이다. 따라서 여기서는 벤처기업이 성공할 수 있는 요인을 벤처기업의 성장단계에 따른 위험을 슬기롭게 극복해 나가는 과정에서의 경영활동으로 파악하고 이를 살펴봄으로써, 벤처기업의 성공요인을 도출하고자 한다. 벤처기업의 성장단계에 따른 위기요인은 아래 〈그림 11-3〉과 같다.

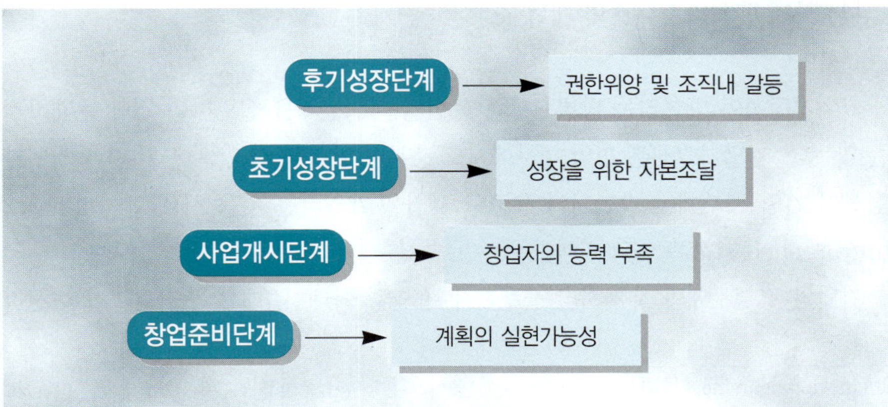

〈그림 11-3〉 벤처기업의 성장단계에 따른 위기요인

자료 : Holt, D. H., *Management*, Prentice-Hall, 1993.

창업준비단계에서는 창업을 위해 수립한 계획이 실현가능성이 낮아서 사업개시단계로 진전하지 못하게 될 위험이 도사리고 있다. 사업개시단계에서는 경영활동의 위기가 닥쳐오는데, 창업자의 능력이 부족한 것이 원인이 될 수가 있다. 초기성장단계에서는 기업확장을 위한 자본조달이 가장 큰 걸림돌이 된다. 시장에서의 성과가 매우 높아 투자가들이 몰려들 수도 있으나, 이러한 기업은 통계적으로 그 수가 매우 적다. 후기성장단계에서는 권한위양과 관련된 조직내 갈등이 가장 큰 위기요인으로 부각되는데, 이러한 갈등은 조직구조가 확대되면서 발생하는 것으로 자율과 책임의 조화가 필요하다.

이러한 각 단계별 위기요인을 극복하여, 내실있는 성장을 추구할 수 있다면 벤처기업은 성공의 열매를 거둘 수 있게 된다. 그러나 각 단계에서 도태되는 기업의 수가 살아남은 기업의 수보다 훨씬 더 많다는 것은 벤처기업을 창업하여 성공으로 나아가는 길이 얼마나 험난한지 예시적으로 보여주고 있다.

2. 사내 벤처비지니스

앞서 설명된 기업의 창업 및 벤처비지니스 부분에서는 창업전략의 일환으로 독립된 기업을 창업하거나 본사와의 계약을 통해 가맹점 형태로 사업을 시작하는 것만을 다루었다. 그러나 최근 들어 많은 기업들이 채택하고 있으며, 앞서 설명한 신설창업, 기업인수, 프랜차이즈와는 많은 부분에서 그 성격이 다른 사내 벤처비지니스에 대해 살펴보도록 하자.

(1) 사내 벤처비지니스의 개념

기업가정신이 발현되는 방법으로는 독립된 기업실체를 설립하는 것만 존재하지는 않는다. 기업가정신은 기업 내부에서도 충분히 발현될 수 있는데, 이렇게 기업가정신이 기업 내부에서 발현되어 새로운 사업을 개발하는 것을 사내 벤처비지니스(intrapreneurship)[10]라고 한다.

기업의 경쟁무대가 세계시장으로 확대된 환경 아래서, 대규모 기업들이 혁신적

10) intrapreneurship 이외에도 여러 가지 다른 용어가 혼용되어 쓰이고 있는데, 예를 들면, internal corporate venture, corporate entrepreneurship, intracorporate venture activity 등이 있다. 한편, 이러한 형태의 사내 벤처기업은 대부분 대규모 기업조직에서 볼 수 있다.

인 기술이나 시스템을 통해 새로운 제품이나 서비스를 만들어내고 있는데, 이러한 활동들은 대개 생산라인 확장, 상표 확장, 관련제품의 개발 등 기존제품이나 서비스와 관련되어 있는 것이 대부분이다. 그러나 이러한 활동들이 기존 기업 내에서의 사내벤처는 아니다.

즉, 사내벤처는 대규모 기업조직 내에서 내부자원을 독특한 방식으로 활용하여 제품이나 서비스, 기술 등을 만들어내는 상대적으로 작고 자율적 혹은 반자율적인 사업단위를 개발하는 것이다.[11] 이러한 형태의 경영활동은 과거와는 다른 새로운 방식의 신규사업개발형태라고 할 수 있다. 사내벤처는 경영자로 하여금 새로운 아이디어를 개발하여 이를 사업화하는 과정에서 주도권과 자율권을 보장해주는 기업가정신의 발현과정이다.

(2) 사내 벤처비지니스의 필요성

그렇다면 왜 이러한 사내벤처가 필요한 것일까? 그 이유로는 일반적으로 거시환경이나 시장환경의 변화가 기업조직의 변화속도보다 훨씬 더 빠르다는 것을 최고경영자들이 인정하기 때문에, 이들이 사내벤처에 대해 높은 관심을 가지고 주도적으로 추진하게 된다는 설명이 설득력을 얻고 있다. 이와 함께, 실질적으로 사내벤처는 대규모 기업조직이 역동적이고 적대적이며 이질적인 환경에 적응할 수 있는 기회를 제공해 준다.

또한 사내벤처는 기업이 내부과정을 통해 핵심 사업단위로부터 다각화하는 것을 용이하게 해준다. 많은 기업들은 내부에서 개발되지 않은 제품이나 기술을 활용하는 것에 대해 꺼리는 경향이 있는데, 인수·합병을 통한 기업다각화 역시 조직의 목표와 가치를 공유하지 않는 구성원들간의 갈등으로 인해 많은 비용을 초래하는 위험한 선택이 될 수도 있다. 따라서 비용과 과정을 통제할 수 있는 사내벤처를 통한 경영다각화를 경영자들이 더욱 선호할 수도 있다.

한편, 사내벤처는 기업이 시장경험을 할 수 있는 기회와 능력을 제공해 준다. 이러한 시장경험은 생물학의 자연선택과정에 비유될 수 있는데, 각각의 사내벤처는 돌연변이의 한 형태로 파악할 수 있다. 이러한 돌연변이는 다양성을 제공하며, 기업조직 및 환경에 의해 선택되어진 돌연변이는 빠르게 성장하며 수익성 있는 사업부나 기업이 될 수 있다. 성공적인 돌연변이가 나타나면 다른 기업들도 이를 모방하게 되고 이러한 기업들이 많아져 새로운 산업이 생겨날 수도 있다.

---

11) Nielson, R., Peters, M. & Hisrich, R."Intrapreneurship Strategy for Internal Markets: Corporate, Nonprofit and Government Institution Cases", *Strategic Management Journal*, Vol. 6, April~June 1985.

3M의 성공 열쇠는 사내벤처를 통한 혁신

몇몇 미국기업들은 적극적으로 사내 벤처를 지원하면서, 지속적인 경쟁우위를 바탕으로 성장을 구가해왔다. Procter & Gamble, Johnson & Johnson, 3M 등이 대표적인 예인데, 3M의 사내벤처 육성전략에 대해 살펴보도록 하자.

3M은 창업 이후 지금까지 100개가 넘는 새로운 사업과 주요한 제품을 만들어 냈는데, 놀랍게도 이 가운데 80%가 매우 성공적이었다. 예를 들어, 만약 젊은 엔지니어가 새로운 사업을 착안해내거나 새로운 제품 아이디어를 개발하였다고 하자. 그러면 그는 이를 사장에게 직접 보고하여 프로젝트에 대한 사장의 승인이 나면, 그 프로젝트의 총괄관리자가 된다. 그리고 나서는 이러한 프로젝트나 벤처를 독립된 사업으로 시작하게 된다.

이러한 사업은 성공적인지 실패한 것인지에 대한 판단이 내려질 때까지 개발자가 혁신제품의 모든 의사결정을 내리며, 내부의 기술이나 자원을 재량대로 활용할 수 있다. 이러한 새로운 사업에 대한 보상은 프로젝트 또는 벤처의 성공여부에 달려 있으며, 사업이 성장을 구가하게 되면 철저히 그에 대한 응분의 보상이 주어진다.

(3) 사내 벤처비지니스의 추진과정

사내벤처는 기존 조직 내에서 새로운 사업을 추진하는 것이지만, 기존 조직 내의 복잡한 위계와 절차 및 의사결정과정에 얽매이지 않고 자율적으로 새로운 사업을 추진할 수 있는 특징이 있다. 왜냐하면, 사내벤처를 주도하는 사내기업가(intrapreneur)에게는 새로운 사업과 관련된 생산, 마케팅, 연구개발, 재무, 인사, 조직구조 등 경영의 제반 의사결정에 관해 광범위한 권한이 주어지기 때문이다. 따라서 사내벤처는 기존 조직과 비교할 때, 새로운 사업을 전개하는 속도 뿐만 아니라 효율성, 자율성 등의 측면에서 매우 합리적이다. 사내벤처를 추진하는 과정은 크게 〈그림 11-4〉와 같이 5단계로 나누어진다.

1) 문제제기 및 기회파악

사내벤처를 추진하기 위해 가장 먼저 해야 할 것은 기회(문제)를 파악하는 것이다. 이를 위해서는 변화에 민감하게 반응할 수 있어야 한다. 한편 아이디어를 얻는 방법으로는 '예기치 못한 사건(unexpected occurrences)' 이 대표적이다.

예를 들면, 3M에서 만든 접착테이프(scotch tape)도 처음에는 산업용으로 개발했지만 가정용 수요는 아직 존재하지 않았다. 그런데 어느 날 개발자의 아이가 잠자기 전에 머리가 헝클어지지 않도록 이를 사용하는 것을 보고, 가정용으로 새롭게 개발하게 된 것이다.

〈그림 11-4〉
사내 벤처의 추진과정

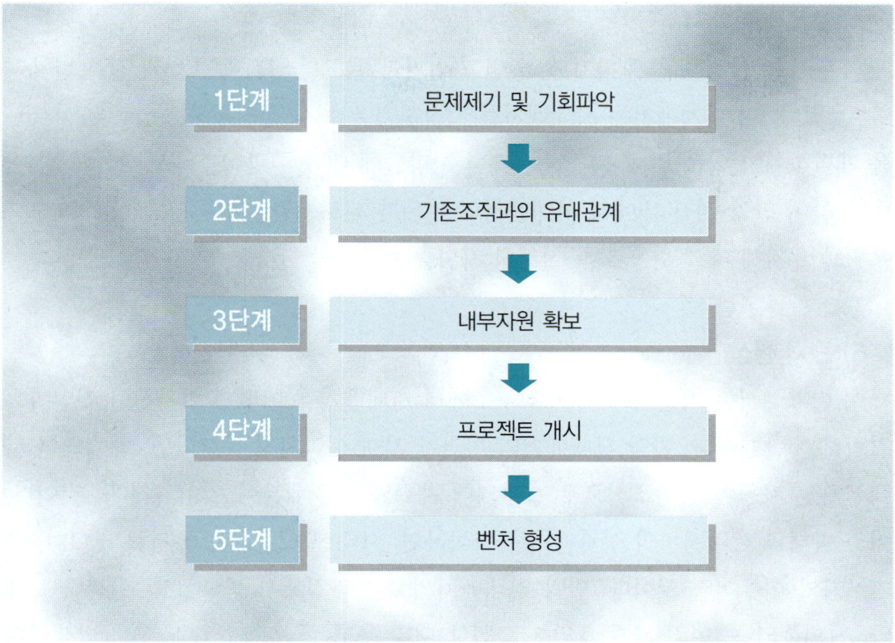

자료: Cornwall, J. & Perlman, B., *Organizational Entrepreneurship*, Richard D. Irwin, 1990; Dollinger, M. J., *Entrepreneurship*, Richard D. Irwin, 1995에서 재인용.

2) 기존 조직과의 유대관계

기회를 파악하여 사내벤처로 이행하기 위한 두 번째 단계는 혁신적 아이디어를 실천에 옮기는 데 있어 지원자 역할을 수행해 줄 기존 조직과 긴밀한 관계를 유지하는 것이다. 실제로 기존 조직과 사내벤처가 상호간 적합성을 찾아야 한다. 혁신적인 사내벤처가 경직된 기존 조직과 적합성을 찾는다는 점이 어떤 면에서 본다면 분명 역설적이다.

하지만, 기존조직은 사내벤처의 든든한 후원자(지지자)의 역할을 수행하므로, 내부적으로 매우 중요한 요소이다. 주의해야 할 점은 사내벤처에 대한 기존 조직의 시각이 그리 곱지만은 않다는 사실이다. 사내벤처가 내부 권력구조 및 자원배분 과정의 변화를 가져오게 되면 기존조직으로서는 달갑지 않은 일이기 때문이다.

3) 내부자원 확보

세 번째 단계는 자원을 확보하는 것이다. 사내 기업가 또한 일반 기업가가 창업을 위해 필요로 하는 물적 자원, 기술적 자원, 재무 자원, 인적 자원, 평판 등과 같은 종류의 자원을 확보해야 한다. 또한 사내벤처가 성공하기 위해 요구되는 자원은 희소성, 가치성, 불완전한 모방성, 불완전 대체성 등의 속성을 지니고 있어야 한다.

4) 프로젝트 개시

이 단계는 설명을 쉽게 하자면, 일반 기업가가 벤처를 시작하는 것과 같은 단계라 할 수 있다. 이 단계에서는 사내벤처를 시작하기 위해서 진입전략(entry strategy)을 개발하여 진입을 위해 요구되는 제반 사항들에 대한 실마리를 풀어나가야 한다. 예를 들어 만약 시장 내에서 사내벤처의 지위가 선도기업이라면, 가능한 오래도록 우위를 유지해 나갈 수 있도록 철저히 지위를 보호해야 한다.

5) 벤처 형성

이 단계에서는 기존 조직의 조직구조에서 사내벤처를 어떻게 위치시킬 것인가를 결정하는 단계이다. 만약 사내벤처의 성과가 기대에 미치지 못한다면, 해체되어 사내벤처의 자원이 기존조직으로 흡수되어 새롭게 자원배분이 일어나게 될 것이다. 이와 반대로 사내벤처의 성과가 성공적이라면, 사내벤처는 계속 유지될 것이며, 추가투자가 이루어질 것이다. 만약 사내벤처의 운영과정에서 불확실성, 인센티브 계약, 기회주의 등 여러 가지 요인으로 인해 대리 문제(agency problem)가 발생한다면, 사내벤처는 'spin off'를 통해 완전히 독립된 기업으로 설립될 수도 있다. 이렇게 될 경우 사내 기업가는 기존 조직으로부터 주식을 매입하여, 새로운 투자가 그룹에게 매각할 수 있다.

한전, 공기업 첫 '스핀오프' 시행

한국전력이 공기업 가운데 처음으로 기술분야 인력이 따로 나가 회사를 차릴 때 지원해 주는 창업지원제도(spin off)를 시작했다. 전력벤처기업 예비창업자를 도와주는 인큐베이터 사업도 조만간 펼친다는 계획이다.

한전은 19일 전력벤처기업 창업을 지원, 전력기술 경쟁력도 높이고 고용창출 효과도 얻기 위해 이 같은 지원방안을 마련했다고 밝혔다. 한전은 사내창업을 우선 시행한다는 방침아래 최근 전력연구원 백수곤 부장(기계공학 박사)을 스핀오프 1호로 선정했다. "발전소 보일러본체 지지장치 하중교정기술"이란 백 부장의 기술이 사업화 가능성이 크다는 판단에서였다. 이에 따라 백 부장은 전력연구원내 연구공간을 3년간 무상 사용하게 되며 각종 연구개발 지원도 받게 된다. 3년 후 창업에 실패할 경우엔 복직도 할 수 있다. 한전 관계자는 "3년 이상 근무한 신기술 보유직원을 대상으로 앞으로 신청을 받아 사내창업을 계속해 나갈 방침"이라고 말했다. 한전은 전력기술분야 예비창업자들의 창업여건을 지원하는 인큐베이터 사업에도 착수키로 했다.

자료: 한국경제신문, 1998. 10. 20.

(4) 사내 벤처비지니스의 성공요인

대규모 기업조직의 경영자와 주주들의 사고방식에 있어 커다란 변화가 일어나기 전에는 사내벤처가 형성되기 어려운 것이 사실이다. 설령 이러한 사고방식의 변화가 일어났다 할지라도 기업조직은 시장에서의 경험과 학습을 통해서만 성공적인 사내벤처를 형성할 수 있다. 최고경영자들은 사내벤처가 형성될 수 있는 분위기를 형성하고, 조직 구성원들이 자율적으로 사내벤처를 형성할 수 있도록 적극 지원해 주어야 한다. 사내 기업가가 성공적으로 활동하기 위해서 필요한 권한들을 Pinchot는 다음과 같이 10가지로 정리하였다.[12)]

① 자기자신을 스스로 사내기업가로 지명할 권리
② 벤처사업을 계속 영위할 권리
③ 의사결정을 내릴 권리
④ 자원을 활용할 권리
⑤ 작은 규모로 시작할 권리
⑥ 실패할 권리
⑦ 성공할 때까지 충분한 시간을 가질 권리
⑧ 조직의 장벽과 경계를 넘나들 권리
⑨ 팀 구성원을 채용할 권리
⑩ 조직의 내 외부에서 선택할 권리

12) Dollinger, M. J., *Entrepreneurship* , Richard D. Irwin, 1995.

Recommended Readings

이장우, 『벤처경영』, 매일경제신문사, 1997.

Carland, J. W., Hoy, F., Boultion, W. R., & Carland, J. A. C., "Differentiating Entrepreneurs from Small Business Owners: A Conceptualization", *Academy of Management Review,* Vol. 9, 1984.

Dollinger, M. J., *Entrepreneurship –strategies and resources–,* Richard D. Irwin, 1995.

Hisrich, R. D. & Peters, M. P., *Entrepreneurship,* Richard D. Irwin, 1997.

Holt, D. H., *Management,* Prentice–Hall, 1993.

Kao, J., *Entrepreneurship, Creativity & Organization,* Prentice–Hall, 1989.

Kuratko, D. F. & Hodgetts, R. M., *Entrepreneurship: A Contemporary Approach,* Dryden Press, 1989.

McMullan, W. E. & Vesper, K., "New Ventures and Small Business Innovation for Economic Growth", *R&D Management,* Vol. 17, 1987.

Nielson, R., Peters, M. & Hisrich, R., "Intrapreneurship Strategy for Internal Markets: Corporate, Nonprofit and Government Institution Cases", *Strategic Management Journal,* Vol. 6, April~June 1985.

Steinhoff, D. & Burgess, J. F., *Small Business Management Fundamentals,* McGraw–Hill, 1993.

Stevenson, H. H., Roberts, M. J. & Grousbeck, H. I., *New Business Ventures and the Entrepreneur,* Richard D. Irwin, 1989.

Timmons, J., Smollen, L. E. & Dingee Jr., A., *New Venture Creation,* Richard D. Irwin, 1985.

Zimmerer, T. W., *Entrepreneurship,* Prentice–Hall, 1995.

중기로 눈돌려라

최근 서로 모순되는 듯한 두 가지 자료에 접하게 되었다. 하나는 올해 대학 졸업자들의 취업난이다. 구직자는 43만 명인데 일자리는 6만여 개로 취업경쟁률이 7 대 1이라고 한다. 4년 전 IMF위기 직후의 취업경쟁률 4 대 1보다 훨씬 심각한 수준이다. 다른 하나는 중소기업들의 인력난이다. 우수 대학의 졸업자는 전공 불문하고 구할 수가 없고, 그 중에서도 상경계와 컴퓨터 분야, 그리고 영어에 능통한 실력을 갖춘 대학 졸업자는 대학 수준에 관계없이 구할 수 없다고 한다.

이 두 가지 정보를 종합하면 다음과 같은 해석이 가능해진다. 첫째, 전반적으로 올해 대학졸업자들의 취업이 어려운 것은 사실이지만, 분야별로는 명암이 엇갈리고 있다. 실무분야를 전공한 졸업자들은 그런 대로 취업이 되지만, 그렇지 못한 졸업자들은 취업 자체가 어렵다. 둘째, 대학졸업자들이 중소기업을 기피하는 현상이 있다.

원래 대학은 철학, 문학, 역사 등 기초적이면서도 전반적인 지성에 관한 교육을 통해 소수의 사회 지도자를 양성한다는 목표 하에 유럽에서 시작됐다. 그러나 현대사회에 와서 대학교육은 사회 지도자를 위한 기초학문을 다루는 곳이 아니라 일반대중을 위하여 직업교육을 포함하는 광범위한 영역을 다루는 곳으로 변했다.

이렇게 해서 오늘날 대학은 지도자 교육과 직업 교육을 동시에 다루는 이중 구조를 띠게 되었고, 대학별로 기초분야와 응용분야에 대한 교수들의 관심, 학생 정원과 연구비의 배정 등에서 갈등구조가 나타나고 있다. 이러한 문제의 해결방법으로 복수전공 제도를 적극 활용할 만하다. 복수전공을 통해 다양한 기초 분야를 전공하는 학생들에게 경영학 등을 전공하는 기회를 제공한다면 현재 대학교육이 안고 있는 문제와 취업문제를 동시에 해결할 수 있을 것이다.

대학졸업자들이 중소기업보다 대기업을 선호하는 원인에는 직장의 안정성, 근무조건, 보수 등 여러 가지가 있다. 그러나 이러한 현상은 한국경제가 시장경제로 나아가는 데 있어서 커다란 문제를 야기한다. 그동안 우리 경제는 개발연대를 거치면서 대기업을 키워서 한국경제를 이끌고 나아갈 전략산업에 투자하도록 하는 재벌정책을 운용해왔다. 그 구체적인 수단으로 사용한 것이 생산요소의 독점이다. 정부는 은행 융자금 중 60% 이상을 정책금융이라는 명목으로 대기업에 배분했다. 또한 우수한 대학졸업자들은 취업시 재벌기업을 선호했다. 그 결과 자금과 우수 인력이라는 생산요소를 독점적으로 확보한 재벌기업들은 완성품 시장에서도 자연적으로 독점적인 지위를 누리게 된 것이다.

이제 한국경제가 선진국으로 나아가기 위해서는 완제품 시장의 독점 이전에 생산요소의 독점을 극복해야 한다. 은행금융과 함께 인력 배분에 있어서도 이제는 재벌기업보다 중소기업, 창업기업에 더 많은 우수한 인력이 가야 하는 것이다. 미국에서도 1970년대까지 대기업 선호풍조가 있었지만, 1970년대 말부터 시작된 구조조정의 한파 속에서 430만 명의 비자발적 실업자가 생겼고 이 실업자들은 대부분 자기사업을 시작하여 고용을 창출했다. 그 결과 SOHO, 즉 '작은 사무실, 재택 사무실(SOHO: small office, home office)' 이라는 용어를 유행시키기에 이르렀다.

우리 대기업들도 3년여 전부터 시작한 구조조정이 가시적인 효과를 내는 시점에 이르렀다. 인력이 대폭 줄고, 또 신규채용을 하지 않더라도 충분히 버틸 수 있는 내구력을 갖춘 것이다. 이러한 상황에서 앞으로 대기업들이 신규사원을 활발하게 충원하지는 않을 것이다. 대학졸업자들은 이러한 환경변화를 감지하고 대기업 선호성향을 버리고 중소기업, 그리고 창업 쪽으로 방향을 돌려야 한다.

〈조선일보, 2001. 10. 15〉

전문가가 갖추어야 할 조건

미국의 한 연구기관에서 기업이 원하는 인재의 조건을 조사한 결과 "전문성을 갖추고 있다. 컴퓨터를 모르는 하급 노동자가 될 것인가, 아니면 컴퓨터를 자유자재로 사용할 수 있는 고급 두뇌가 될 것인가. 큰 사무실에서 많은 부하를 거느리고 있다 해도 컴퓨터에 익숙하지 않은 경영자는 비숙련 노동자와 다를 바 없다.

이제 어느 분야에서 활동을 하건 전문가로서의 역할을 하려면 컴퓨터를 빨리 받아들여야 한다.

둘째, 전문가라면 자신이 선택한 전공영역에서 맡은 일을 완벽하게 처리할 수 있는 능력을 갖춰야 한다. 오늘날 지식과 학문의 발전은 과거에는 상상도 할 수 없을 정도로 빠른 속도로 진행되고 있다.

전자공학에서는 학문의 반감기(half life), 즉 기존에 축적돼 있는 양만큼 새로운 학문이 새로 개발되는 데 드는 기간이 3년이고 경영학에서는 5년이라고 한다. 이렇듯 기존의 학문은 사정없이 도태되는 동시에 새로운 이론이 탄생하고 있다. 따라서 자기 전공영역에서 전문가로서의 위치를 유지하려면 끊임없이 공부하고 연구하며 새로운 경험을 쌓아나가야 한다.

결국 전문가란 자기가 맡은 역할을 이 세상 누구보다도 잘 해낼 수 있는 사람,즉 국제적 경쟁력이 있는 사람인 것이다.

셋째, 전공영역에서 전문가로서의 역량을 발휘하면서도 삶에서 여유를 가지기 위해서는 자신이 좋아하는 취미생활 가족생활 사회생활을 누릴 수 있어야 한다. "축록자 불견산 확금자 불견인"이라는 회남왕 유안의 글귀처럼 사슴을 쫓는 사람은 산을 보지 못하고 돈을 움켜쥐려는 사람은 사람을 보지 못하는 법이다.

주변을 돌아 볼 수 있는 열린 마음을 통해 우리는 자신이 추구하는 전공영역에 대해서도 객관적인 자세를 가지고 보다 풍요로운 세계를 창조하며 어려운 처지에 있는 주위 사람들에게도 도움의 손길을 펼치는 존재가 돼야 한다.

여유 있는 삶은 니체가 쓴 「짜라투스트라는 이렇게 말했다」에 나오는 다음 구절과도 일맥상통하는 듯 하다.

"보통 인간은 자기 능력의 3~10% 정도를 쓰는 것이 고작이다. 그렇다고 해서 1백%를 다 쓰겠다고 하는 사람도 비정상적이다. 인간에게 있어 가장 바람직한 모습은 자기 능력의 75%를 발휘하면서 나머지를 여분으로 가지고 있는 것이 아닐까"

흔히 인간의 일생은 삶을 준비하고 일하고 쉬는데 3분의 1씩 사용된다고 한다.

즉 평균수명을 75세라고 할 때 25세까지는 공부하고 50세까지는 일하며 75세까지는 쉰다는 것이다.

그러나 생각을 약간 바꿔 보면 같은 시간 배분이라도 훨씬 여유롭게 생활할 수 있는 방법이 나올 듯 하다. 즉 하루에 8시간은 준비하고 8시간은 일하며 8시간은 쉬는 자세를 갖춘다면 더 균형 잡힌 삶을 살게 될 것이다.

21세기를 맞이해 우리의 조국 대한민국은 선진국으로 나아가야 한다. 선진국이란 전문성을 가진 국민들로 구성된 나라다. 이제 우리 앞에 놓인 역사적 과제는 스스로를 전문가로 탈바꿈하는 일이다.

이를 위해 다 같이 컴퓨터를 자유자재로 다룰 줄 알고 자기 분야에서 전문가로서의 경쟁력을 확보하며, 열린 마음으로 주변을 돌볼 수 있는 여유를 갖자.

〈한국경제신문, 2000. 4. 18〉

성공 벤처의 길, SING

벤처기업의 특징은 '고위험, 고수익'이다. 따라서 최근 여러 벤처기업들이 무너지는 현상은 예외적인 일도, 경제위기의 징조도 아니다. 벤처기업들이 무너지는 과정에서 생존기업과 해당산업은 보다 강한 경쟁력을 가지게 되기 때문이다.

그렇다고 해서 모든 벤처기업들이 망해도 좋다는 뜻은 아니다. 벤처기업들은 자신이 보유하고 있는 자원을 활용해서 생명력을 오래 유지하려고 한다. 벤처투자자 입장에서도 생존과 성공 가능성이 높은 벤처기업들을 사전에 선택하려는 노력을 하게 된다.

그 동안 수많은 전문가들이 벤처기업의 기술력과 장래 가능성을 평가하는 모델을 개발해 왔다. 그러나 타당성이 충분하게 입증되어 두루 사용되고 있는 모델은 아직 존재하지 않는다. 다만 벤처기업에 대한 투자를 본업으로 하고 있는 창업투자 회사들은 일반적으로 다음 네 가지 기준을 가지고 투자여부를 결정한다고 한다.

첫째는 수익모델이다. 수익모델은 벤처기업이 시장을 개발하고 경쟁자와 싸워서 매출액을 올리며, 이 과정에서 이익을 올릴 수 있는 근거가 무엇인가를 밝혀주는 것으로 벤처기업 경영자라면 한시라도 잊어버릴 수 없는 핵심요소이다.

둘째는 창업자이다. 훌륭한 창업자가 경영하는 벤처기업들은 설령 수익모델이 다소 빈약하더라도, 창업자의 경륜과 경험을 기초로 하여 새로운 수익모델을 만들 수 있고, 새로운 분야로 진출할 수도 있다.

셋째는 구성원들이다. 오늘날 창업자 혼자서 독불장군처럼 군림하는 벤처기업은 존재하지 않는다. 구성원들이 창업자와 공감대를 형성하고, 주어진 권한과 책임 하에 자신의 역할을 충실하게 수행할 때, 벤처기업은 조직으로서 탄력을 갖고 자생력을 확보하게 된다.

넷째는 투자자들이다. 이 세상의 모든 투자자들은 수익성, 성장성은 물론이고, 재무건전성, 공익성 등 나름대로 자신에게 맞는 기준을 가지고 투자 대상기업을 선정한다. 따라서 명성이 높은 투자자가 이미 투자한 회사라면 이미 신뢰할 수 있는 기준에 의해서 긍정적으로 평가 받은 기업이라고 해도 좋을 것이다.

또한 벤처기업이 인터넷을 기반으로 하여 사업을 하는 경우에는 다음과 같은 네 가지 경영전략을 얼마나 충실하게 수행하고 있는가를 평가해서 투자여부를 결정하는 것도 한 가지 방법이다.

첫째는 속도(Speed)이다. 과거 미 서부개척시대에 말을 빨리 몰아서 주정부가 미리 꽂아 놓은 깃발을 먼저 잡는 자에게 그 인근의 땅을 주었듯이, 오늘날 인터넷 세상에서는 무주공산인 인터넷 공간을 누가 먼저 장악하는가에 의해 승부가 좌우된다. 오늘날에는 경쟁자보다 먼저 고객이 원하는 서비스를 제공해주는 기업이 승리하는 법이다.

둘째는 흔히 오프라인이라고 불리는 실물경제와 온라인이라고 불리는 가상경제의 결합(Integration)이다. 모든 실물경제가 가상경제를 앞세우고 있는 오늘날 이 두 가지 세상을 동시에 장악하고 있는 회사라면 투자할 가치가 충분히 있다.

셋째는 관련기업과의 네트워크(Network)이다. 문어발 경영시대는 이미 지나갔다. 이제는 가치사슬 상의 각 부문활동을 전세계에서 가장 경쟁력을 가지고 있는 기업에게 나누어주고, 경영자는 외부 기업들을 어떻게 효율적으로 조정하는가에 노력을 집중해야 한다.

넷째는 세계성(Globality)이다. 각국 정부는 참여 기업들이 지켜야 할 수칙을 다양하게 요구하고 있다. 그러나 각국이 설정한 경계선을 뛰어넘지 않으려는 소극적인 자세로는 더 이상 경쟁력을 확보할 수 없다. 세계 시장을 무대로 하는 경제활동은 이제 거역할 수 없는 대세이다.

이상 네 가지 단어의 첫 글자를 모아보면 SING이 된다. 즉 노래하는 기분으로 벤처기업의 전략을 짜고 경영에 임한다면 강한 생존력과 성장성을 확보할 수 있을 것이다.

〈한국일보, 2000. 11. 20〉

읽을거리

여성과 경영

특정 구성원이 사회에서 차지하는 지위는 시간과 공간에 따라, 그리고 사회를 구성하는 사람들이 합의한 바에 따라 변화한다. 사회에서 여성이 차지하는 지위도 마찬가지다. 여성에 대한 인식과 개념은 사회 내에서 정태적으로 존재하는 것이 아니라 역사적으로 역동적으로 변화해왔고, 또 변화해가고 있다.

구성원들이 사회에서 차지하는 지위가 변하는 모습을 역사 속에서 관찰해보자. 귀족과 농노간에 존재하는 차별적 신분을 전제로 한 지배구조로 일관했던 중세에는 시민 계급이 존재하지 않았다. 그러나 시민 계급은 근대시민 혁명을 통해서 역사 전면에 나서게 되었다.

인류의 반을 차지하는 여성들도 역사 전면에 주체로 등장할 가능성은 충분하다. 그러나 이러한 가능성을 필연으로 만드는 힘은 사회에 존재하는 다양한 집단간의 역학관계에서 나온다. 예를 들어 중세 시대에 농노가 귀족의 토지를 빌어서 생활을 영위하던 때에는 시민의 사회적 지위를 정당화할 근거가 존재하지 않았다. 그러나 산업사회가 도래하면서 상황이 달라져 사회가 시민을 필요로 하게 되었다. 마찬가지로, 오늘날 산업화가 고도로 진행되는 과정에서 사회는 남성 중심 사회에서 남성과 여성이 대등한 사회로 변모해가고 있다.

우리가 살아가는 자본주의 사회에 존재하는 여러 가지 형태 중에서 기업은 핵심적인 역할을 담당한다. 사회에서 핵심적 역할을 하는 기업에서 여성은 그 동안 어떠한 역할을 해왔는가? 과거 남성의 후원자 또는 조력자로서 가사와 육아를 전담했던 여성들이 이제는 거래 담당자로서, 실질적인 가치를 창조하는 주체로서 본격적으로 등장하고 있다.

그러나 과거 유교 사상이 지배했던 우리 나라에서는 남성 중심 사회를 전제로 한 윤리적 가치가 형성되어 왔다. 따라서 여성에 대한 인식이 바뀌고 여성 지위가 향상되는 변화는 다른 나라에 비해서 더디게 이루어지고 있다.

〈표 1〉에서 보는 바와 같이 우리 나라 전체 남녀 취업자 구성비(1999년 기준)는 남자 74.4%, 여자 47.4%이다. 여성의 사회활동의 비율이 선진국과 비교할 때 낮은 수준에 머물고 있음을 알 수 있다.

〈표 1〉
국가별 경제활동 남녀 참가율

(단위 : %)

국가	순위	연도	경제활동 참가율	남	여
스웨덴	1	1998	76.5	79.0	73.9
덴마크	2	1998	78.5	83.1	73.2
네덜란드	3	1998	72.9	82.2	62.8
미국	4	1998	67.1	74.9	59.8
캐나다	5	1998	65.1	72.4	58.1
핀란드	6	1998	60.3	66.4	54.8
호주	7	1998	63.3	72.9	53.9
브라질	8	1997	66.9	82.4	52.6
포르투갈	9	1998	60.7	70.3	52.1
싱가포르	10	1998	63.9	77.5	51.3
일본	11	1998	63.3	77.3	50.1
필리핀	12	1998	66.0	82.9	49.3
홍콩	13	1998	62.0	75.5	48.5
프랑스	14	1997	55.0	62.3	48.1
한국	15	1999	60.5	74.4	47.4
독일	16	1998	57.3	67.6	46.8
이스라엘	17	1998	53.5	61.2	46.3
이탈리아	18	1997	47.5	61.3	34.8

우리 나라 여성의 사회활동 참여율이 낮은 이유로는 다음을 들 수 있다.

첫째, 여성에 대한 사회 인식이 아직 많이 바뀌지 않았다. 이성적으로 여성도 남성과 마찬가지로 일을 할 수 있고 가치를 창출 할 수 있다는 것에 동의를 할 수 있는 사람은 이전에 비해 많아졌다. 하지만 실제 행동에는 관습과 전통을 위시한 문화의 힘이 많이 작용한다. 기존 사회에서 기득권 층인 남성의 행동은 이러한 관습에 많은 영향을 받고 있고, 여성 중에도 이런 남성 중심 사고방식을 따르는 경우가 많다.

둘째, 여성은 남성과 마찬가지로 사회로 나가서 돈을 버는 일을 하는데도 불구하고, 사회에서는 여전히 가사와 육아를 여성의 몫으로 인식하고 있다. 맞벌이를 하는 부부의 경우, 대부분의 주부는 사회에서 노동을 한 후 귀가해서도 전업주부와 그리 다를 바 없는 가사 및 육아 등의 노동을 해야 한다. 이러한 이중적 업무의 부담은 분명 여성으로 하여금 사회에서 일을 하게 하고 싶은 욕구에 부정적으로 작용한다.

셋째, 여성들도 교육 기회를 남성과 평등하게 가지고 있기 때문에 사회로 진출하는 데 있어서 기본적인 조건을 충족시키는 것처럼 보이지만, 실제로 교육을 받은 여성들이 진출하게 되는 사회는 이미 남성들에 의해 네트워크로 촘촘히 짜여진 남성 중심의 장이다. 예를 들어 교육받은 여성이 남성들과 함께 일을 하게 된다면 그 여성은 남성들로 구성된 네트워크에 잘 적응해야 한다. 남성들이 지금껏 익숙해온 그들의 방식을 여성 한 두명 때문에 바꾸지는 않으려고 하기 때문이다. 만약 그 여성이 자신만이 맞춰야 하는 상황에 대해 불만을 토로한다면, 남성들과 적대시되는 국면을 필연적으로 맞이하게 된다. 따라서 일의 효율성을 위해서는 남성 중심으로 구성된 기존 네트워크를 깨지 않는 수준에서 여성을 채용하거나 잘 적응할 수 있는 여성들로 필요한 부분을 채워놓으려고 한다.

이러한 현실적 제약에도 불구하고 여성에 대한 사회 · 경제적 참여 요구는 날로 커지고 있으며, 이제는 여성 뿐 아니라 사회 구성원 대부분이 이에 대해서 공감하고 있다.

그렇다면 현대 경영은 여성을 왜 필요로 하는가? 사회적 가치는 예전처럼 굴뚝 공장에서만 나오는 것은 아니라 다양한 원천에서 나온다. 따라서 다원화된 사회적 가치를 생산할 수 있는 적임자는 남성에 국한될 이유가 없어졌다. 사회적 가치 생산이라는 목적을 갖고 있는 조직을 경영하는 일 역시 이와 같은 역사적 맥락 속에서 새로이 여성이라는 대상과 연관을 지어 볼 필요가 있다. 이런 의미에서 여성과 경영을 함께 고민해 보는 일은 큰 의미가 있다.

요즘 여성에 대한 적극적 지원에 대한 물꼬가 터지고 있다. 1999년에 제정된 '여성기업 지원에 관한 법률' 이나 여성부의 발족이 구체적인 예이다. 기존관행에 변화를 주기 위해서는 어느 정도 자극이 필요하다. 사회현상을 변화시키기 위한 최소한의 자극, 즉 임계지수의 자극은 필요조건이다.

여성경영에 있어 가장 관건이 되는 이슈는 여성이 기업에서 리더 역할을 어떻게 수행할 수 있는 가이다. 현대 산업에서는 전문성이 중시된다. 특정 분야에서 가진 특별한 지식, 경험, 기능 또는 기술을 가지고 있는 사람은 사회에서 차지하게 되는 역할이 보다 구체적이 된다. 여성들은 스스로를 전문화시킴으로써 사회로부터 자신에 대한 필요성을 높이면서 나름대로 독특한 역할을 해 나갈 수 있다. 가사 노동과 성격을 같이 하는 음식점 및 기타 서비스업에만 국한되었던 여성의 직업군이 점차 전문직업군 등으로 다양화하고 있는 것이다.

〈표 2〉
여성 전문 · 관리직 종사자 비율

(단위 : 천명)

연 도	총여성취업자	전문기술직	행정관리직	(B+C)/A (%)
1980	5,222	176	10	3.6
1985	5,833	309	8	5.4
1990	7,376	555	11	7.7
1993	7,774	824	32	11.0
1995	8,256	899	23	11.2
1997	8,686	1,013	25	12.0
1998	8,084	1,026	27	13.0
1999	8,303	1,055	22	13.0

자료: 『통계청, 경제활동인구 연보』, 1999.
주: '93년 이후 신직업분류에 의해 전문기술직 →전문 · 기술공 및 전문가, 행정관리직 →입법자 · 고위임직원 및 관리자로 바뀌었음

산업이 전문화하면서 생겨난 수많은 전문직은 분명히 여성에게 다양한 기회를 주고 있다.

전문화된 시장에서는 기존 시장에서 여성들에게 불리하게 적용되던 부분이 대부분 상쇄되고 있다. 그러나 이러한 변화가 여성 고용에 긍정적인 효과를 내기 위해서는 여성 개개인의 노력이 선행되어야 한다. 여성 스스로가 이러한 변화조건을 충족시키도록 노력할 때 이러한 기회들이 해당 여성 개개인의 차원 뿐 아니라 전반적인 여성의 지위변화까지 이끌어낼 것이다.

제 4 부

경영실행론

제 12 장

의사결정론

경영의사결정을 어떻게 할 것인가?

의사결정의 오류를 피하라. 의사결정은 경영자에게 있어서 매우 중요한 경영활동이다. 그러나 안타깝게도 체계적인 의사결정 방법을 활용하는 경영자가 거의 없다.

– 에드워드루소와 폴 쇼메이커 –

제 1 절 의사결정의 개념과 의사결정모델

1. 개념

(1) 정의

의사결정이란 문제와 기회를 인식하고 그 문제를 해결하기 위한 대안을 찾아서 가장 좋은 대안을 선택하고 그것을 실행하는 과정이다. 의사결정이란 한 순간에 이루어지는 것이 아니라 충분한 시간과 노력이 투입되는 일련의 과정이라고 할 수 있다. 경영자는 다양한 대안 가운데 최적 대안을 선택함으로써 문제를 해결한다.

(2) 문제해결과 의사결정

일반적으로 경영자는 바람직하지 않거나 유리하지 않은 현상을 언급할 때 문제라는 단어를 쓴다. 기업경영에서 의사결정(decision making)과 문제해결(problem solving)이란 용어는 명확하게 구분되어 쓰이지 않는 것이 보통이다.

예를 들면 경리사원이 회사를 떠날 경우에 경영자는 누가 그 업무를 수행할 것인가에 대해서 고민하면서 몇 가지 가능한 대안들에 대해서 고려하게 된다. 구체적으로 경영자는 그만 둔 담당자의 고객들을 재배치하거나, 사내승진을 통해 그 담당자를 대체하거나, 경력사원을 고용하거나, 신입사원으로 충원하는 대안들 가운데 하나를 선택함으로써 이러한 상황을 극복할 수 있다.

(3) 사업기회와 의사결정

모든 의사결정이 문제해결만을 목적으로 하는 것은 아니다. 사업기회를 붙잡기 위해서도 많은 의사결정들이 필요하다. 경영자는 잠재적인 사업기회를 포착할 경우 의사결정을 내림으로써 경영성과를 얻을 수 있다. 경영사를 살펴보면 사업기회를 성공으로 연결시킨 경영자들에 대한 이야기가 무수히 많다.

사업기회를 성공으로 연결시킨 경영자

20세기 초 Sears, Roebuck의 경영자는 시골에 소매상점이 부족하다는 사실에서 기회를 포착하고 카탈로그 판매방식을 도입함으로써 독자적인 유통기관으로서의 입지를 구축했다. 1954년 펜암항공사는 장거리여객수송사업의 가능성을 긍정적으로 평가하고 이를 위해 보잉사로부터 보잉707제트여객기를 도입함으로써 세계적인 항공사로서의 기초를 다졌다. 도요타 등 일본의 자동차제조업체들은 1970년대 초 석유위기를 기회로 삼아 연료가 적게 드는 소형차를 제조하여 미국 자동차 시장에서 명성을 쌓게 되었다.

(4) 의사결정의 일반성

의사결정은 경영자의 일상적인 업무이다. 경영자는 관리과정-계획(planning), 조직화(organizing), 충원(staffing), 지휘(directing) 그리고 통제(controlling)-을 통틀어 의사결정을 수행한다. 의사결정은 분리되고 독립된 하나의 관리과정이 아니라 관리과정이 실질적인 의미를 가질 수 있도록 하는 공통적인 핵심요소이다.

최고경영자의 의사결정은 조직의 목적과 그 목적을 달성하기 위한 전략을 다루는데, 이러한 의사결정은 조직전체에 영향을 미친다. 중간경영자는 그 전략을 수행하고 예산과 자원을 배분하는데 초점을 맞추며, 하부경영자에게는 일상 운영에 관한 의사결정을 내려야 한다. 비록 너무 일상적이어서 경영자가 의사결정의 중요성을 깨닫지 못한다고 해도 의사결정의 중요성을 간과해서는 안 된다.

2. 의사결정모델

의사결정과정은 경영활동을 수행하는데 있어 매우 중요한 부분이기 때문에, 지금까지 의사결정 과정에 대해서 수많은 연구와 분석이 행해졌다. 일반적으로 고전적 모델과 관리적 모델이라고 불리는 두 가지 모델이 있다.

(1) 고전적 모델(classical model)

고전적 모델에서는 경영자가 객관적이고 합리적인 태도로 조직의 이익을 극대화하는 방향으로 의사결정을 수행한다고 가정한다.

이 모델에 따르면 경영자는 가장 적합한 대안을 선택하기 전에 모든 가능한 대안을 신중히 검토하고 각각의 선택에 대해 예상되는 결과를 고려한다. 즉, 경영자는 항상 최적의 의사결정을 한다는 경제학자들의 단순화된 견해로 1900년대에 들어서면서 매우 유행하였다.

그런데 경영자가 이러한 의사결정을 하려면 그가 직면한 문제, 명확하게 정의된 목적, 가능한 모든 대안과 결과에 관한 모든 정보, 결론에 이르기 위한 각각의 대안에 가중치를 부여하는 논리적인 방법 등에 관한 완전정보를 가지고 있어야 한다. 그러나 연구자들은 실질적으로 경영자가 이러한 방식으로 의사결정을 하지 않는다는 점을 지적했다. 경영자는 하루에만도 수십가지 혹은 수백가지의 의사결정을 내려야 하기 때문에 그들이 모든 의사결정을 고전적 모델에서 가정한 대로 체계적이고 논리적인 방식으로 수행한다는 것은 현실적으로 불가능하다는 것이다. 또한 그들이 그렇게 하고 싶다 하더라도 정확한 분석을 하는데 필요한 정보를 충분히 가지고 있지 못한 경우가 허다하다. 그러므로 고전적 모델은 경영자로 하여금 보다 나은 의사결정을 하도록 하는 규범적(prescriptive) 모델이라 할 수 있다.

고전적 모델은 경영자가 어떻게 하면 완전하게 합리적인 의사결정을 수행할 수 있는지를 나타내는 규범적 모델인데 반해 관리적 모델은 경영자가 제한된 합리성을 이용해서 실제적으로 어떻게 의사결정을 수행하는지를 나타내는 기술적(descriptive) 모델이다.

(2) 관리적 모델

사이몬(Herbert A. Simon)은 경영자가 고전적 모델에서와 같이 완전하게 합리적인 의사결정을 내릴 수 없다고 이의를 제기한 최초의 학자 가운데 한 사람이다. 대신 그는 경영자가 실제로 어떻게 의사결정을 내리는지를 설명하는 모델을 개발했다.[1] 그의 관리적 모델은 경영자가 항상 논리적이고 합리적인 방식으로만 의사결정을 내리는 것은 아니며, 객관적인 의사결정을 하는 것도 아니라고 설명하고 있다. 관리적 모델은 경영자가 어떻게 의사결정을 해야 하는가가 아니라 실제적으로 어떻

1) 그는 이 논문으로 1978년 노벨경제학상을 수상하였다.

게 의사결정을 하는지 보여주기 때문에 기술적(descriptive) 모델이라고 한다. 이 모델은 두 가지 의사결정기준에 의해 뒷받침되는데, 그 두 가지는 바로 제한된 합리성(bounded rationality)과 만족화기준(satisfycing)이다.

1) 제한된 합리성(bounded rationality)

제한된 합리성 개념은 의사결정을 할 수 있는 경영자의 능력이 시간제약 및 방대한 정보를 수집, 분석할 수 있는 인식능력에 있어 제한적이라는 것이다. 많은 요소들이 제한된 합리성의 근거가 될 수 있다. 경영자는 이러한 요소들에 대한 불완전한 정보를 가질 수 있으며, 결국 시간과 돈은 경영자의 정보에 대한 제한요소가 된다. 한편 인간의 기억력은 한정되어 있기 때문에 경영자가 어떤 문제를 고려할 때 상대적으로 적은 양의 정보만을 활용할 수 있으며, 고려해야 할 대안들의 중요성을 정확하게 평가하지 못할 수도 있다. 이러한 한계들로 인해 경영자가 항상 합리적인 의사결정을 하는 것은 아니며, 일반적으로 만족화기준에 따라 의사결정을 한다.

2) 만족화기준

경영자가 어느 정도 받아들일만하다고 판단되는 대안을 발견하면 그보다 나은 대안을 찾는 일을 그만두는 경우, 경영자는 만족화기준을 사용하는 것이다. 만족화기준을 사용하는 경영자는 광범위하게 대안을 추구하는 대신 비록 최적대안이 아니더라도 문제해결을 위한 최소한의 기준을 충족시키는 첫 번째 대안을 선택한다.

〈표 12-1〉 의사결정과정에 대한 고전적 모델과 관리적 모델의 차이점

고전적 모델	관리적 모델
1. 경영자는 완전한 지식을 가지고 각 대안의 모든 결과를 완벽하게 예측할 수 있다. 2. 경영자는 각 대안의 확률값을 각각의 결과에 대응시킬 수 있다. 3. 경영자는 가능한 모든 대안을 완벽하게 알 수 있다.	1. 경영자는 결과에 대한 단편적인 지식을 가지고 있다. 2. 경영자는 각 대안의 확률값을 결과에 대응시킬 수 없다. 3. 경영자는 가능한 모든 대안을 완벽하게 알 수는 없으며, 단지 몇 개의 대안만을 생각할 뿐이다.

제 2 절 의사결정의 유형

기업경영의 구성요소들을 중심으로 의사결정유형을 다음과 같이 나누어 볼 수 있는데, 첫째, 경영주체관점에서 전략적/관리적/업무적 의사결정으로 나눌 수 있다. 둘째, 기업을 둘러싸고 있는 환경을 고려할 때 확실성/불확실성하에서의 의사결정으로 구분할 수 있다. 셋째, 기업내부에 체화된 메커니즘의 형태에 따라 정형 · 비정형 의사결정으로 구분할 수 있다. 이를 정리하면 〈표12-2〉와 같다.

하지만 의사결정이 사람에 의해 이루어질 수밖에 없다는 점을 감안할 때 경영주체 관점에서의 의사결정이 기업 의사결정의 기본이라고 할 수 있다. 이러한 맥락에서 최근 들어 전략경영분야에서는 최고경영자의 역할을 강조하고 있다.[2)]

〈표 12-2〉
기업경영의 구성요소에 따른 의사결정유형

기업경영의 구성요소	의사결정의 유형
경영주체	전략적/관리적/운영적
경영환경	확실성/불확실성/위험
메커니즘	정형/비정형

1. 경영주체 관점

기업의 인적 구성은 최고경영자, 중간경영자 및 하부경영자의 3계층, 또는 최고경영자층에서 하부경영자층에 이르는 연속체로 이루어진다고 할 수 있다. 이것을 '경영자의 폭' 이라고 부르기로 하자. 이때 경영자가 담당하는 기능으로는 전략계획

2) Hambrick, D. C. & Marison, P. A., "Upper Echelosn: The Organization as a Refection of Its Top Managers", *Academy of Management Review*, Vol. 9, 1984, pp.193~206.

(strategic planning), 관리, 운영통제(operational control)의 세 가지를 들 수 있다. 물론 전략, 관리, 운영이 각각 독자적인 내용을 가진 개념이 아니라 일반인의 이해를 도모하기 위하여 개념적으로 분류한 것에 불과하다는 사실을 주의하기 바란다.

따라서 최고 · 중간 · 하부경영자로 경영자를 나누는 것보다 최고경영자에서부터 하부경영자에 이르는 하나의 연속체로 이해하는 것이 타당한 것과 같이 경영활동 역시 전략에서부터 운영에 이르는 하나의 연속체로 보아야 할 것이다. 이것을 '경영의 폭' 이라 부르기로 하자.

〈그림 12-1〉
경영자와 경영의 관계 (1)

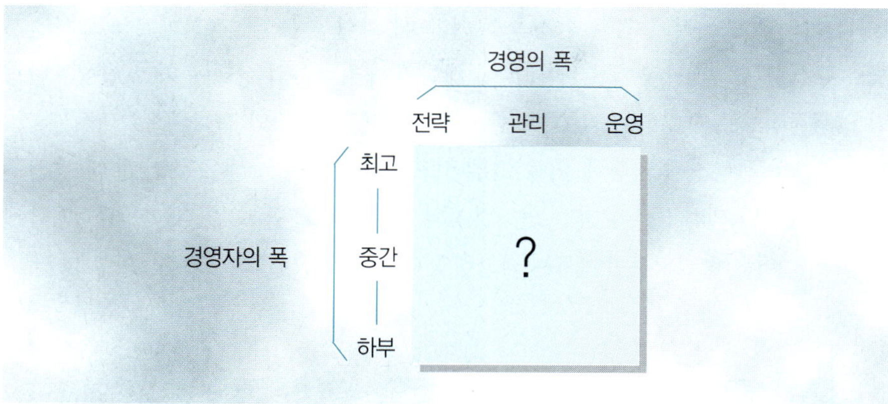

위에서 설명한 '경영자의 폭' 과 '경영의 폭' 을 각각 Y축과 X축으로 나타내면 〈그림 12-1〉과 같은 관계가 성립된다. 여기에서 생각해야 될 것은 경영자와 경영활동 사이에 어떤 상관관계가 있느냐 하는 것이다. 위에서 본 바와 같이 전략이 관리보다 상위에 있는 개념이고, 관리가 운영보다 상위에 있는 개념이라는 것을 인정한다면 〈그림 12-2〉와 같이 최고경영자는 전략, 중간경영자는 관리 그리고 하부경영자는 운영을 담당한다고 할 수 있다. 이와 같은 관계는 조직과 경영활동을 상하관계로서 이해할 때 일견 타당하다고 볼 수 있다.

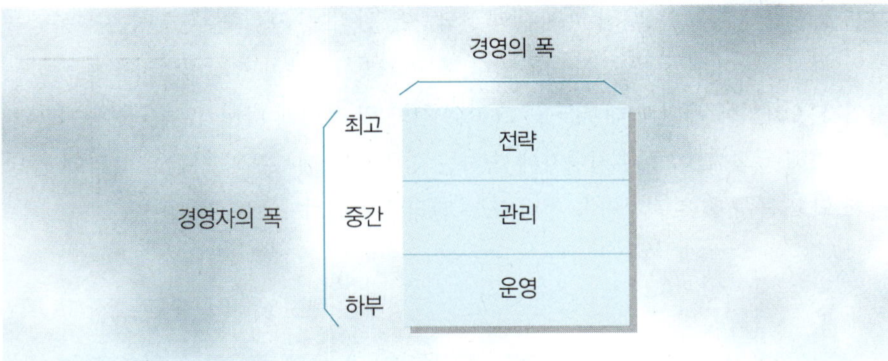

〈그림 12-2〉
경영자와 경영의 관계 (2)

그러나 최고경영자라고 해서 전략에만 몰두하고 관리 및 운영에는 시간을 전혀 할애하지 않거나, 하부경영자라고 해서 전략 및 관리에는 전혀 참가하지 못하고 운영만하지는 않을 것이다. 예를 들어 사장과 같은 최고경영자가 비서의 부재시에 직접 전화를 받는다면 그는 사장으로서의 위치를 벗어난 것인가?

이와 같은 사소한 예에서도 볼 수 있거니와 경영자의 위치와 경영활동을 〈그림 12-2〉와 같이 경직적으로 규정하는 경우 여러 문제점이 뒤따를 것이다. 따라서 이러한 문제점을 해소하면서도 경영자와 경영의 관계를 나타낼 수 있기 위해서는 〈그림 12-3〉과 같이 마치 미식 축구공을 그린 것과 같은 풋볼 차트(football chart)를 생각해 볼 수 있다.[3)]

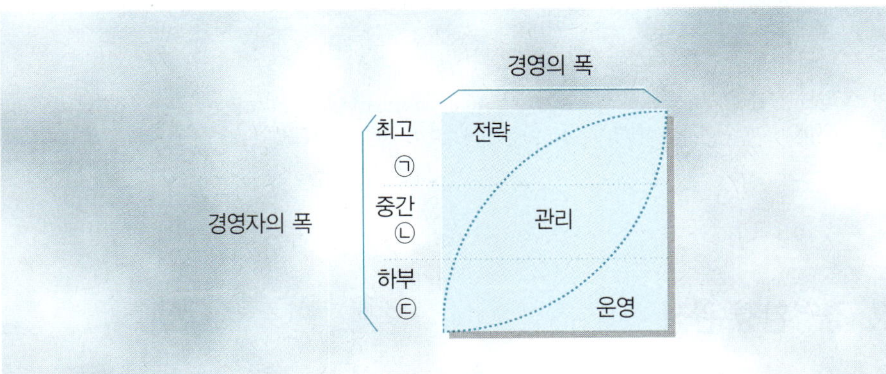

〈그림 12-3〉
경영자와 경영의 관계 (3)

여기에서 풋볼과 같은 모양을 점선으로 표시한 것은 전략, 관리, 운영을 명확히 분류하여 구분선을 긋는 것이 적합하지 않다는 것을 나타내기 위한 것이다.

〈그림 12-3〉은 ㉠과 같이 비교적 최고경영자에 가까운 경영자의 경우, 시간의 대

3) Cho, D. S., "International Facility Planning: Regarding the Application of Scientific Approaches", *Doctoral Dissertation*, Graduate School of Business Administration, Harvard University, 1976, pp.1~17.

부분을 전략에 할당하고, 남은 시간의 상당량은 관리에, 그리고 극히 적은 부분만을 운영에 사용한다는 것을 보여주고 있다. 그리고 ㉡과 같이 중간경영자층에 속하는 경영자는 관리에 시간의 대부분을, 그리고 전략 및 운영에 나머지 시간을 할애한다. 이에 비해 ㉢과 같이 하부경영자에 속하는 경영자는 대부분의 시간을 운영에 할당하게 되고 극히 적은 시간만을 전략 또는 관리에 사용하게 된다.

〈표12-3〉
기업의 주요한 의사결정의 종류

의사결정의 종류	전략적 의사결정	관리적 의사결정	운영적 의사결정
과제	투자수익률을 높일 수 있는 제품과 시장믹스 선택	최적의 성과를 달성하기 위하여 경영자원들의 구조적 문제들을 해결	투자이익의 최적달성을 실현시킴
과제의 본질	제품-시장기회를 충족시키기 위하여 모든 경영자원을 동원하여 배분	조직화, 자원의 외부조달 및 기업내부의 자원개발	자원운용 자원전환 일정계획
주요한 의사결정	목적과 목표 다각화전략 확대전략 관리 전략 재무전략 성장 방법 성장기회	조직화 조직구조 자원구조 자원개발 자원조달 업무구조화 권한책임확립	예산수립 자원배분 자원활용 전환과정 일정관리 감독과 통제 작업계획

자료: Ansoff, H. I., *Corporate Strategy: An Analytic Approach to Business Policy for Growth and Expansion*, McGraw-Hill, 1965.

2. 경영환경 관점

경영자가 직면하는 경영환경 관점에서의 의사결정유형은 확실성하의 의사결정, 위험하의 의사결정, 불확실성하의 의사결정으로 구분된다. 모든 경영자는 각각의 상황하에서 의사결정을 한다. 그리고 위험과 불확실성하에서의 의사결정은 특히 최고경영자가 직면하는 보다 복잡하고 비구조화된 문제에 대한 의사결정이다.

(1) 확실성하의 의사결정

확실한 환경이란 경영자가 문제해결을 위해 활용할 수 있는 가능한 대안과 그 결과를 알 수 있는 충분한 정보가 있는 상태를 말한다. 이 경우에는 단순히 대안을 분석하여 최선의 대안을 선택하기만 하면 된다. 경영자가 직면하는 문제가 이렇게 확실한 환경하에서 발생하는 경우는 거의 없지만, 위험이나 불확실한 환경하에서도 불확실성을 줄이기 위해서 확실성하에서의 의사결정단계를 쓰기도 한다.

(2) 위험하의 의사결정

위험한 환경이란 경영자가 문제해결을 위해 활용할 수 있는 가능한 대안과 그 결과를 알 수 있는 충분한 정보는 부족하지만 대안이 발생할 "확률"에 대해서는 알고 있는 상태를 말한다. 이때 확률이란 어떤 사건이 발생할 가능성의 정도를 의미한다. 위험한 환경은 경영자가 의사결정을 할 때 너무나 자주 접하게 되는 상황이다. 특히 아이디어나 지속적인 혁신을 통해 성공하려고 하는 창업가 또는 혁신주도자의 경우에 해당되는 전형적인 의사결정유형이다.

(3) 불확실성하의 의사결정

불확실한 환경이란 경영자가 활용할 수 있는 정보가 부족하여 고려하고 있는 대안에 대한 확률도 알 수 없는 상태로써 경영자가 문제를 해결하기 가장 힘든 상태를 말한다. 불확실한 환경하에서 경영자가 문제를 해결하기 위해서는 창의력, 그리고 기존의 행동방식과는 완전히 다른 독특하고 새로우며 혁신적인 대안이 필요하다. 이러한 상황에서는 대개 문제해결을 위해 집단적으로 참여하게 된다.

이러한 모든 경우에 불확실성에 대응하기 위해서는 직관(insights), 경험에 의한 추측(educated guessing), 육감(hunches)등에 의존하게 되는데 이 모든 것들은 실수할 여지가 상당히 많다. 예를 들어 컴팩, IBM, 애플 등이 경쟁하고 있는 변화무쌍한 컴퓨터산업에서 2010년에 생산되는 PC는 어떤 모습일까라는 질문은 쉽게 답을 찾기 어려운 문제이다.

3. 메커니즘 관점

(1) 정형화된 의사결정(programmed decisions)

정형화된 의사결정은 자주 발생하는 것으로 해결방법이 예측가능한 문제에 적용된다. 정형화된 의사결정은 되풀이하여 발생하는 문제들에 대하여 적용하는 것으로써 의사결정은 표준화된 절차를 따른다. 수퍼마켓의 재고재주문과정, 공항의 눈보라로 인한 비행연착처리, 대학입학사무국의 장학금 신청절차, 대통령의 취임식 등은 모두 정형화된 의사결정의 예이다.

(2) 비정형화된 의사결정(nonprogrammed decisions)

비정형화된 의사결정은 전례없는 독특한 상황과 예측할 수 없는 결과 및 그 결과의 영향이 중대한 문제나 기회 등에 대해서 하게 된다. 경영자들은 전례없고 부분적으로 확인된 상황에서 비정형화된 의사결정을 내리게 된다. 이러한 복잡하고 중요한 선택을 제대로 하기 위해서 경영자들은 정밀하게 계획된 의사결정 과정을 따라야 한다.

제 3 절 의사결정의 과정

1. 문제인식

의사결정과정의 첫 번째 단계는 문제를 인식하는 것이다. 경영자는 문제를 해결할 조치를 취하기 전에 반드시 문제를 인식하고 그 범위와 본질을 분석해야만 한다. 문제를 인식하기 위해서 경영자는 우선 문제가 존재한다는 사실을 인식하고 그것을 정의하고 그 상황을 진단한다.

2. 대안개발

일단 문제가 인식되고 분석된 후에 경영자들은 의사결정과정의 2단계인 대안개발에 착수한다. 이 단계에서 경영자들은 어떤 대안에 대해서도 판단은 하지 않으면서 가장 분명한 대안에서 가장 창의적인 대안까지 포함하여 가능한 모든 대안을 개발하기 위해서 시도한다.

대안들 중에는 과거경험에서 온 것도 있고 실전경쟁에서 온 것도 있다. 한편 대안들 중에는 브레인스토밍과 같은 창의적인 기법에 의해서 개발된 것도 있다. 경영자들은 대안을 개발하는데 사용한 방법과는 상관없이 그들이 고려할 수 있는 대안을 많이 가지고 있는 경우에 더 나은 의사결정을 할 수 있다. 왜냐하면 이러한 경우 경영자들은 유일한 해법처럼 보인다는 이유만으로 선택을 강요받는다고 느끼지 않기 때문이다.

3. 대안평가

의사결정과정의 3단계는 대안들의 함축적 의미와 예상되는 결과를 고려함으로써 대안들을 평가하는 것이다. 이 단계에서 경영자들은 각각 대안의 장점을 평가하고 실행불가능하거나 부적절하거나 너무 비용이 많이 들거나 혹은 받아들여질 수 없는 대안들을 제거한다.

4. 의사결정

대안을 평가한 후에 경영자들은 의사결정을 한다. 경영자들은 남아 있는 각 대안의 위험과 이익을 고려하여 최상의 대안을 선택한다. 이 단계에서 경영자의 위험성향 또는 위험을 무릅쓰는 정도가 주요 요소가 되는데, 즉 어떤 경영자들은 잠재적인 이익이 더 크기만 하면 위험을 기꺼이 감수하려고 하기도 한다. 따라서 위험과 보상 사이의 관계를 고려하는 것이 중요한데, 경영자는 시간이나 비용조건을 가장 잘 충족시키는 대안을 선택함으로써 의사결정을 최적화하려고 노력한다.

5. 실행

경영자들이 최선의 대안을 선택한 후 경영자들은 결정된 내용을 실행에 옮긴다. 경영자들은 일반적으로 조직구성원을 활용해 의사결정내용을 실행에 옮기기 때문에 그들에게 어떤 영향을 미칠 것인지를 고려해야 한다.

의사결정사항을 실행에 옮기는데 있어 가장 효과적인 방법은 가능한 한 의사결정과정에 조직구성원들을 참여시키는 것이다. 그들은 특히 대안이 개발되고 평가될 때 숨겨진 어려움을 찾아내거나 추가적인 자원을 발견해 냄으로써 의사결정과정에 기여할 수 있다.

6. 결과평가 및 피드백

마지막 단계는 의사결정내용 및 실행 결과를 평가하고 피드백을 제공하는 것이다. 이를 통해 경영자는 목표달성여부를 알 수 있고, 의사결정과정 및 실행을 개선하는데 필요한 조치를 취할 수 있다. 만약 원래의 결정사항이 바람직한 결과를 가져오지 못했다면 문제를 제대로 재정의하거나 다른 대안을 개발해야 한다.

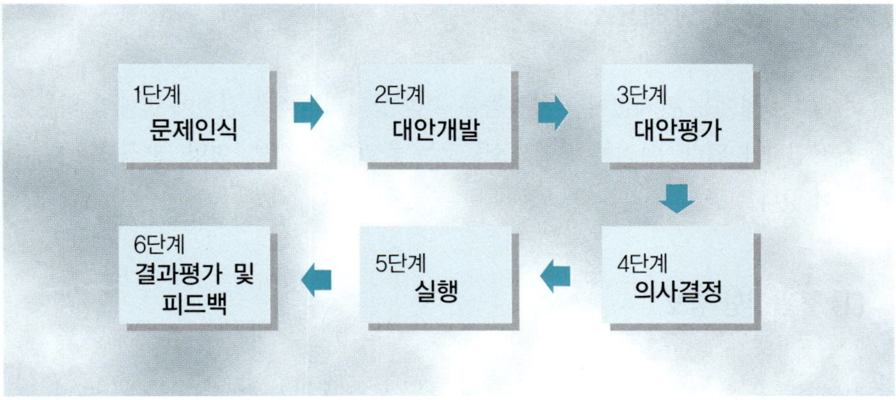

〈그림 12-4〉
의사결정의 6단계

자료: Plunkett, W. R. & Attner, R. F., *Introduction to Management*, International Thomson Publishing, 1994.

제 4 절 의사결정의 장애요소와 의사결정기법

1. 의사결정의 장애요소

문제의 유형에는 관계없이 경영자들은 줄곧 합리적인 의사결정에 방해가 되는 장애에 직면하게 된다. 이러한 장애요소들로는 불완전한 정보, 편향, 고집 또는 무관심 등이 있다.

(1) 불완전한 정보

경영자들은 완전한 정보를 수집하는데 드는 시간과 비용 때문에 문제를 해결하는데 필요한 모든 정보나 지식을 확보할 수는 없다. 경영자들이 비록 완전한 정보를 획득한다 하더라도 의사결정이 지연되거나 비용이 증가한다면 그럴 만한 가치가 없다. 어떤 경우에는 환경이 너무 유동적이고 불확실해서 중요한 기회를 잃거나 경쟁의 희생물이 될 수도 있다. 따라서 경영자들은 반드시 이용가능한 정보를 충분히 이용해야 한다. 그리고 또한 경영자들은 그들이 보유한 정보가 현재 직면한 상황에 적합하며 정확하고 시의적절한지 고려해야 한다.

(2) 편향

편향이란 의사결정 방법이 부적절하게 적용된 경우를 일컫는다. 휴리스틱이라고 불리는 이러한 의사결정방법은 의사결정과정을 단순화하기 위해서 경영자가 경험한 법칙들로 구성된다. 휴리스틱은 어림잡음으로 시작해서 시간이 지남에 따라 조금씩 바로잡아 해를 추구하는 경향을 말하는데, 초기근사값이 부정확하거나 부적절하다면 그 값에서 조금 더하거나 빼는 것으로는 의미있는 해를 도출하지 못할 수도 있다. 비록 휴리스틱이 복잡한 문제를 해결하는 실용적인 방법이 될 수 있기는 하지만 지나치게 과신한다면 확률을 잘못 예측하는 함정에 빠질 수도 있다.

(3) 고집

합리적인 근거가 제기되어, 실제로는 포기해야 하는 사항임에도 불구하고 경영자가 계속해서 그 결정사항을 고수한다면 이는 고집을 피우는 것과 마찬가지다. 예를 들어 경영자들이 의사결정사항을 실행에 옮기는데 이미 시간과 돈을 투자했기 때문에 중단하는 것을 꺼릴 수도 있다. 그러나 이러한 비용은 이미 투입되었기 때문에 미래의 의사결정과는 관련이 없다.

2. 의사결정 기법

(1) 행동적 기법

효과적인 의사결정의 장애요소들을 고려할 때 경영자는 어떻게 더 나은 의사결정을 할 수 있을까? 전문가들은 의사결정과정을 개선시킬 수 있는 많은 방법을 제안하고 있는데 언제 의사결정이 필요한지를 아는 것, 제약요소를 인식하는 것, 경험과 전문적 기술을 적용하는 직관을 이용할 것 등이 그것이다.

1) 의사결정 시기

상황이 악화되기 시작할 때까지 의사결정을 미루는 것이 최선의 의사결정이 될 수도 있다. 일반적으로 경영자들은 의사결정을 내리기 전에 실행했을 때의 이득 및 위험을 실행하지 않았을 때의 이득 및 위험과 비교해야 한다. 그러나 경영자는 대개 적절한 시간에 의사결정을 함으로써 문제를 효과적으로 해결할 수 있다.

2) 현실적 제약조건

비정형화된 문제에서 경영자들은 대안을 찾기 어려워하는 경우가 많은데 그 이유는 경영자가 문제를 해결하기 위해서 사용할 수 있는 예산이나 인력 등과 같은 자원의 제한을 정의할 뿐 그 이상은 아무런 의미도 갖지 못하기 때문이다. 현실적으로 경영자들은 생산 및 수송, 정부규제, 품질 기준, 시간 등과 같은 제약조건을 인식해야 한다. 제약조건을 이해함으로써 경영자들은 적절하고 만족스러운 현실적인 대안을 선택할 수 있다. 그러나 만약 제약조건을 분석해 본 결과 어떤 대안도 만족스럽지 못하다면 반드시 추가적인 대안을 찾아서 그 새로운 대안에 대한 제약조건을 다시 평가해야 한다.

3) 사고능력 개발 현실

의사결정을 개선하는 또 다른 방법은 사고능력을 개발하는 것이다. 이러한 능력은 경영자가 직면한 문제에 대해 명료하고 논리적인 사고를 할 수 있도록 도움을 준다. 유능한 경영자가 되기 위해서는 적절한 조치를 취할 수 있는 능력을 갖추는 것도 중요하지만 경영자가 문제를 인식하고 예상되는 결과를 평가하는 능력도 중요하다.

4) 경험과 전문지식

경영자가 의사결정에 대한 경험을 가지고 있다면 그는 더욱 빠르게 의사결정을 할 수 있는 능력을 가지고 있는 것으로 볼 수 있다. 또한 경영자는 중요한 문제점을 파악한 후 이에 대한 대안을 보다 정확히 평가하기 위해서 전문지식(기술)을 개발할 필요성이 있다. 경영자들은 실수를 조사함으로써 미래의 의사결정을 위해 잘못된 것을 분석하고 귀중한 지식을 얻을 수 있다.

5) 직관

비록 직관은 분별력있게 적용되어야 하지만, 이 역시 경영자가 의사결정을 개선하는데 도움이 된다. 훈련과 지식은 직관을 구성하는 중요한 요소인데, 직관과 분석능력을 모두 갖춘 경영자는 보다 효율적으로 의사결정과정 및 내용을 개선시킬 수 있다. 이 요소들은 경영자가 의사결정 능력을 개선시키는 것을 도울 수 있다.

(2) 계량적 기법

경영자들은 의사결정과정을 뒷받침하기 위해 행동적 기법 이외에도 다양한 기법을 이용할 수 있다. 이러한 의사결정기법은 특히 생산을 계획할 때, 재고수준을 분석할 때, 주요 예산이나 지출을 고려할 때 특히 효과적인데, 일반적으로 계량적인 기법에 의해 경영자들은 보다 포괄적으로 대안을 분석할 수 있게 된다. 또한 이러한 기법들을 활용하면 경영자가 위험을 평가할 수 있게 되어 상황의 불확실성을 줄일 수도 있다. 그러나 경영상의 판단까지 계량적인 기법에 의존할 수는 없는데, 계량적인 기법은 경영자로 하여금 보다 자세한 정보에 입각하여 의사결정을 할 수 있도록 대안 및 예상되는 결과를 보다 명백하게 예측할 수 있게 해줄 뿐이다. 가장 널리 쓰이는 양적인 기법에는 이득행렬, 의사결정수, 시뮬레이션 모델 등이 있다.

1) 이득행렬(payoff matrix)

이득행렬 또는 의사결정행렬을 이용하여 경영자는 상황이 변화함에 따라 달라질 수 있는 둘 혹은 그 이상의 대안에 대해 예상되는 성과를 비교할 수 있다. 경영자가 이득행렬을 이용하기 위해서는 우선 가능한 대안과 미래상황을 인식해야 한다. 그리고 나서 그 상황들을 행렬에 배열한다. 다음으로 경영자는 각각의 미래상황이 발생할 수 있는 확률을 고려해야 하는데 가능성은 일반적으로 소수점 형태나 백분률로 표시된다. 특정상황이 발생할 수 있는 확률은 0.10 또는 10%와 같이 표시되는데 0에서 1사이의 값을 가진다. 확률이 0일 경우는 그 상황이 일어날 가능성이 전혀 없다는 것을 나타내고 1.00이라는 확률은 그 상황이 반드시 일어난다는 뜻이다. 이득행렬에서 확률의 합은 1.00이 되어야 하며, 일단 확률이 계산되면 각 대안의 이득 또한 계산된다. 특정대안에 대한 모든 이득은 확률과 곱해져서 기대값이 되는데, 경영자는 모든 대안의 기대값을 비교하여 이를 의사결정하는데 활용한다.

2) 의사결정수(decision tree)

의사결정수란 문제에 관한 대안들과 의사결정결과를 각 대안의 확률과 이득을 고려하여 논리적인 진행순서에 따라 도식화하는 분석적 기법이다. 의사결정수는 이득행렬과 동일한 정보를 도식화하는 것인데 경영자가 연속적으로 의사결정을 내려야 할 경우에 특히 유효하다. 의사결정수의 가지들은 마디(decision point)에서 갈라져 나오는데 작은 원에서 갈라져 나온 가지들은 실현가능한 성과를 나타내며 이러한 성과들 옆에는 각 대안의 확률과 이득이 표시된다.

3) 시뮬레이션 모델(simulation model)

시뮬레이션 모델이란 요소들간의 관계를 표현하고 다양한 행동의 결과를 예측하는데 쓰이는 수학적 기법이다. 경영자들은 컴퓨터를 이용한 시뮬레이션 모델을 주로 사용하는데, 이는 컴퓨터를 이용한 시뮬레이션 모델은 일단 설치되면 조작하기가 쉽기 때문이다. 시뮬레이션 모델을 만들기 위해 경영자들은 현 상황에 대한 정보 및 각 대안에 대한 추가정보, 미래상황에 관한 자료를 준비해야 한다. 일단 요소들 사이의 수학적 관계가 결정되면 경영자는 기대되는 이득을 알아보기 위해 시뮬레이션을 실행한다.

시뮬레이션 모델을 구축하는 것은 현실을 공식으로 표현하고 구성요소간의 관계를 수리적으로 표현하는 것이 어렵기 때문에 비용이 많이 든다. 그러나 이러한 기법을 적절하게 사용하면 많은 대안과 가능한 성과들을 효과적으로 고려할 수 있게 된다.

(3) 기타 기법들

1) 선형계획(linear programming)

선형계획은 종속변수들의 모든 가능한 조합들을 고려하기 때문에 최적의 성과를 가져오도록 자원을 배분하는 의사결정을 할 수가 있다. 또한 경영자들은 이 기법을 이용해 생산라인에 자원을 배분하거나 여러 개의 공장으로부터 수많은 제품을 시장에 출시할 때 최소의 비용이 드는 방법을 결정할 수도 있다.

2) 게임이론(game theory)

원래 전략게임에서 사용하기 위해 개발된 게임이론은 경제, 경영 및 군대문제에 적용될 수 있다. 어떤 상황이 둘 혹은 그 이상의 경쟁자의 행동에 의해 영향을 받을 때, 게임이론은 의사결정자가 고려하고 있는 다양한 대안에 대한 경쟁자의 반응을 연구하는데 좋은 기법이다.

3) 대기행렬이론(queuing theory)

대기행렬이론을 이용해서 경영자는 생산과 서비스조직에서의 대기문제를 해결할 수 있는데, 이는 대기시간과 서비스 및 생산능력 변화와 균형을 연구하는데 좋은 기법이다.

4) 의사결정지원시스템(decision support system)

의사결정지원시스템은 비정형화되고 복잡한 의사결정을 내리기 위해 경영자들이 더욱 선호하고 있는 기법이다. 다른 양적인 기법들과 마찬가지로 이는 경영상의 판단을 대체하는 것이 아니라, 그 판단을 보충하기 위해서 고안된 것이라는 점에 주의해야 한다.

제 5 절 집단의사결정

1. 집단의사결정의 형식

경영자들이 의사결정과정에 다른 사람들을 참여시키는 방법이 다양하듯이, 집단의사결정의 형식도 다양하다. 일반적인 분류에 따르면 의사소통집단, 명목집단 그리고 델파이집단이 있다.

(1) 의사소통집단

의사소통집단이란 특정 문제를 해결하기 위해 면대면으로 사람들을 모으는 것을 말한다. 어떤 의사소통집단은 한 가지 문제를 해결하기 위해 특별히 회의를 소집하기도 한다. 한편 어떤 그룹들은 위원회의 구성원이나 특정 작업집단 같이 이미 존재하기도 한다. 의사소통집단은 일반적으로 문제에 대한 언급으로부터 시작해서 그 문제와 그 문제의 원인에 대한 토론으로 이어진다. 그룹 구성원들은 공동으로 대안을 도출하고 그 대안을 평가하고 결론에 도달한다. 이러한 면대면 접촉에 의해 창의성이 고양되며 다양한 대안을 철저히 분석할 수 있는 장점이 있다. 그러나 이러한 면대면 접촉의 단점은 그 집단이 하나 혹은 몇몇 구성원들에 의해 좌우될 수 있다는 것이다.

(2) 명목집단

명목집단은 개개인의 적극적인 참여를 강조하는 고도로 구조화된 형식의 의사결정방법이다. 명목집단은 면대면으로 만나서 특정형식을 따른다. 시작할 때 그룹리더가 문제를 소개하고 그룹구성원들에게 조용히 각자 그들의 생각을 적어내라고 부탁한다. 그리고 나서 구성원들이 의견을 제출하는데 그 중 모든 의견들이 집단에 의해 고려될 때가지 어떤 의견도 먼저 토론되지 않는다. 그 다음 차례로 각각의 의견을 토론하고 구성원들은 무기명 비밀투표를 실시하여 의견의 서열을 정한다. 비록 이러한 형식이 시간이 걸릴 수는 있지만 이 방법에 의해 보다 많은 대안을 도출할 수 있다.

(3) 델파이집단

델파이집단은 문제에 관한 질문서에 응답하는 전문가들로 구성된다. 전문가들의 응답을 요약한 보고서가 그 집단구성원들에게 되돌려지고 그들 사이에서 의견일치를 볼 때까지 전문가들에게 새로운 응답을 요구한다. 델파이집단은 면대면으로 만나지 않기 때문에 의사소통그룹 방식에서 발생하는 몇 가지 문제점을 제거할 수 있는데, 그 방법은 우편물로 의견을 수렴하는 것이다.

2. 집단의사결정의 장점과 한계

사용된 형식이나 기법에는 상관없이 집단의사결정은 개인차원의 의사결정과 비교할 때 장점과 한계가 있다. 어떤 경우에는 개인차원의 의사결정이 필요하지만 어떤 경우에는 집단의사결정이 선호되기도 한다. 그러나 경영자들은 집단의사결정의 장점과 한계를 분명히 이해해야 하며 이렇게 계획을 세운다면 집단의사결정을 개선시킬 수 있다.

(1) 장점

첫째, 어떤 문제를 공격할 때 집단구성원들은 개인보다 많은 지식과 정보를 제공할 수 있다. 둘째, 집단은 문제정의 및 대안도출, 예상되는 결과에 대한 평가 등에 대해 보다 광범위한 시각을 가진다. 셋째, 집단의사결정은 그 과정에 참여하는 사람들이 일반적으로 그 결정에 대해 보다 만족하여 그 결정사항을 받아들일 뿐만 아니라 실행을 지지한다. 마지막으로 집단의사결정은 의사결정과 관련된 정보의 교환을 촉진시킨다.

(2) 한계

비록 집단의사결정이 많은 장점을 가지고 있지만, 여기에는 다음과 같은 한계점을 내포하고 있다. 첫째, 집단의사결정은 대개 개인차원의 의사결정보다 더 많은 시간이 걸린다. 둘째, 집단의사결정에 의존하는 경영자는 필요할 때 빠르고 과감하게 대응하는 능력을 잃지 않도록 경계해야 한다. 셋째, 집단이 다른 사람들의 참여를 막는 하나 혹은 몇몇 구성원들에 의해 좌우될 수 있다는 것이다. 넷째, 집단의사결정의 결과가 조직차원에서 바라볼 때 최적의 의사결정이 아닌 절충안이 될 수 있다는 것이다. 마지막 한계는 집단사고(groupthink)의 함정에 빠질 수 있다는 점이다.

3. 효과적인 집단의사결정을 위한 기법

경영자가 효과적으로 집단의사결정에 대한 장애요소를 극복하는데 도움이 되며, 의사결정과정을 개선시키고 촉진시키는데 유용한 다양한 기법들이 이미 개발되어 있다. 대안을 개발하는데 필요한 창의력을 북돋우기 위해 많은 집단들은 브레인스토밍기법(brainstorming technique)을 이용한다. 대안에 대한 보다 엄밀한 조사와 평가를 위해서는 반대를 위한 반대기법(devil' s advocate) 및 변증법(dialectic process)과 같은 기법을 이용한다. 이러한 기법들은 집단의사결정과정에서 하나 또는 둘 이상이 함께 사용될 수도 있으며, 이러한 기법들은 개인차원의 의사결정과정에도 적용될 수 있다.

Recommended Readings

Cho, D. S., "International Facility Planning: Regarding the Application of Scientific Approaches", *Doctoral Dissertation*, Graduate School of Business Administration, Harvard University, 1976, pp.1~17.

Edward, H. W., "Good Managers Don't Make Policy Decisions", *Harvard Business Review*, Vol. 62, July-August 1984.

Hambrick, D. C. & Marison, P. A., "Upper Echelosn: The Organization as a Refection of Its Top Managers", *Academy of Management Review*, Vol. 9, 1984, pp.193~206.

Holbrook, S. F., *Effective Decision Making*, Princeton Management Association, 1991.

Howard, R., "Value Make the Company: An Interview with Robert Haas", *Harvard Business Review*, September-October 1990.

Maroun, J., *Decision Making in Business*, Roxbury, 1991.

Morton, A., *Disasters & Dilemmas: Decisions Without Tradeoffs*, Blackwell, 1991.

O'Dell, W., *Effective Business Decision Making: And the Educated Guess*, National Textbook, 1991.

Peters, T., "Time-Obsessed Competition", *Management Review*, September 1990.

Vroom, V. H., "A New Look at Managerial Decision Making", *Organizational Dynamics*, Spring 1973.

Zeckhauser, R., *The Strategy of Choice*, Jossey-Bass, 1991.

조동성 교수의 경영 · 시사 칼럼

Column

'선진국형 경쟁력' 키우자

스위스 경영대학인 IMD와 경제연구소인 WEF에서 각각 발표하는 국가경쟁력 보고서에 이어 세계에서 세번째로 한국에서 국가경쟁력 보고서가 발표됐다. 이 보고서는 국가경쟁력에 관한 세계 제1의 권위자인 하버드 대학교 마이클 포터 교수의 국가경쟁력 이론을 수정한 9-팩터 모델(9-Factor Model)을 이용하여 전세계 64개국을 6개 그룹, 즉 선진국, 준선진국, 개도국, 후진국, 자원보유국, 과거 공산국으로 분류했다. 그 다음에는 66개 국가 하나하나에 대해서 대한무역투자진흥공사(KOTRA)의 80여 무역관에서 수집한 현장 자료를 가지고 경쟁력에 관한 전체 순위, 그룹별 각국 순위, 그리고 국가경쟁력을 결정하는 각 요소에 대해 국별 순위를 계산했다.

9-팩터 모델을 가지고 KOTRA에서 수집한 자료를 적용한 결과, 한국은 64개국 중에서 중상위권에 해당하는 22위를 차지했다. 그러나 선진국 23개국과의 경쟁에서는 하위권인 20위에 불과했고, 준선진국 수준에 올라 있는 아시아의 싱가포르, 홍콩, 대만과 비교해서는 최하위인 반면, 17개 개도국과 비교하면 당당 1위였다.

이 등수를 보면 한국의 경쟁력은 선진국, 준선진국과 같은 강자보다는 약하고, 개도국과 같은 약자보다는 강한 면모를 보이고 있다. 이러한 결과는 일견 당연한 것 같지만, 모든 국가가 그런 모습을 보이는 것은 아니다. 일본은 강자에게도 강하고, 약자에게도 강하다. 이런 일본의 경쟁력은 이 세상 모든 제품에 대해서 모든 나라와 경쟁해서 이기려는 '독점형 경쟁력'이다.

반면 싱가포르는 강자에게는 강하지만, 약자와는 경쟁을 하지않는 '선진국형 경쟁력'을 가지고 있다. 선진국 시장에서는 자국 제품과 서비스를 가지고 치열하게 경쟁하지만, 개도국은 시장으로 보지않고 아웃소싱의 파트너로 삼을 뿐이다. 중국을 보면 한국과 마찬가지로 강자에게 약하고 약자에게 강한 '개도국형 경쟁력'을 가지고 있다. 따라서 한국은 모든 시장에서 중국과 직접 경쟁을 할 수밖에 없다.

한국은 현재 22위권의 국가경쟁력을 앞으로 10위권으로 상승시켜야 한다. 다만 경쟁력을 상승시키는데 있어서 '개도국형 경쟁력'과 '선진국형 경쟁력'이라는 두 가지 방법중 하나를 선택해야 한다.

개도국형 경쟁력의 특징은 생산성 향상을 통한 저비용 고효율이다. 우리 나라는 1980년대 후반 노동생산성이 급격히 하락한 이후에 나타난 고비용 저효율 현상을 저비용 고효율로 바꾸기 위해 노력해왔다. 임금 상승률을 연 5% 이하로 억제하고, 자본비율을 향상하는 동시에 저리금융을 제공했으며, 환율정책에 있어서도 국제시장이 허용하는 범위내에서 수출업자들이 부담을 느끼지 않도록 배려했다.

그러나 이런 노력에도 불구하고 한국이 생산성을 향상해서 저비용 고효율을 달성했다는 평가는 듣지 못하고 있다. 반면 중국에서는 한국의 5분의 1에 불과한 저임금으로 저비용을 실현하고 있고, 주룽지(朱鎔基) 총리가 직접 나서서 유치하는 외국인 직접투자를 통해 고효율을 추구하고 있다. 한국이 이런 중국과 직접 경쟁해서 이길 방법은 없다고 해도 과언이 아니다.

설사 한국이 기적적으로 저비용 고효율을 달성했다 해도, 이것이 선진국형 경쟁력은 아니다. 그 예로 일본을 보자. 일본은 일찌감치 자동차, 전자, 기계 등 몇몇 부품조립형 수출산업에서 저비용 고효율을 달성했다. 그러나 일본은 별로 비교우위를 가지지 못한 화학, 금융, 식품, 섬유 등의 산업에서도 다른 나라에 기회를 주지않고 독점적인 국내 산업체제를 유지하려했다.

이 과정에서 경쟁력없는 산업을 국내에서 유지해야 하는 부담이 소비자에게 고스란히 전가되어, 일본은 오늘날 극심한 수요부족에 따른 경기침체를 겪고 있다. 결국 일본은 특화전략을 채택하지 못하여 미국과의 경쟁에서 지고만 것이다. 일본의 어려움이 10년간 지속되고 있고 앞으로도 희망이 없어 보이는 것은 이러한 일본식 경쟁전략의 한계이다.

여기에서 한국이 얻을 교훈은 분명하다. 한국이 생산성 향상을 전제로 한 개도국형 경쟁력을 추구하는 한 아래로부터는 중국에 의해, 위로부터는 일본에 의해 시장에서 밀려날 수밖에 없다. 따라서 이제부터라도 한국은 개도국형 경쟁력을 포기하고 선진국에는 강하고, 개도국과는 직접 경쟁보다 전략적 제휴를 모색하는 선진국형 경쟁력을 가져야 한다.

〈문화일보, 2001.6.5〉

기업 떠나는데 외자유치?

몇 년 전 중남미의 온두라스(Republic of Honduras)에서 2개월간 체류한 적이 있다. 그 나라에서 외자도입을 촉진하기 위한 정책자문을 요청해왔기 때문이었다. 그 나라의 별명을 '바나나 리퍼블릭'이라고 하기에 처음에는 미국에서 소비하는 바나나의 70%를 생산하고 있으니 그런 줄 알았다. 그러나 나중에 알고 보니 지난 100년간 90회가 넘는 쿠데타가 일어날 정도로 끊임없이 정변이 일어나서 정부가 바나나 껍질에 미끄러지는 나라라는 의미에서 그 별명을 얻게 되었다는 것이다. 그런 정치적 불안 속에서 정부는 해외로부터 투자를 유치하고자 하는데, 정작 온두라스에서 힘이 조금이라도 있는 사람들은 미국 마이애미에 은행계좌를 개설해 놓고 돈을 해외로 빼돌리는 것이었다. 그래서 필자는 온두라스 정부를 위한 최종 보고서에 다음과 같은 제안을 했다.

"해외투자자는 바보가 아니다. 국내 자본이 해외로 빠져나가는 나라에 투자하는 해외투자자는 없다. 외자를 유치하고 싶으면 먼저 국내 투자자들이 투자하고 싶도록 안정적이고 매력적인 기업환경을 만들어라."

최근 한국의 정부규제와 강성노조를 피해 해외로 이민가는 우리 기업이 늘고 있다고 한다. 3년 전 정부는 한국경제가 외환위기를 극복하기 위해서는 외자를 적극적으로 유치해야 한다고 판단하여 외자유치단을 해외에 파견하고, 대한무역투자공사에 외국인 투자자들을 위한 원스톱 서비스 창구를 마련하는 등 여러 가지 정책을 입안했지만, 정작 국내 기업들은 투자선을 해외로 돌리고 있다. 한국경제가 국내 자본도 잡지 못한다면 어떻게 외자를 유치하겠는가. 과거 온두라스 정부에 해준 충고가 이제는 필자의 모국인 한국에 그대로 적용되는 불행한 사태가 현실로 발생하고 있는 것이다.

한국 기업이 조국을 떠나는 이유는 한국이 효율적인 생산기지로서 경쟁력을 갖추지 못하고 있기 때문이다. 지난달에 산업정책연구원에서 발표한 국가경쟁력 보고서에서도 한국의 경쟁력은 세계 64개 국가 중 22위였고, 한국과 경제 수준이 비슷한 싱가포르, 홍콩, 대만과 비교해서는 최하위였다.

그러나 이 보고서를 분석해 보면 한국이 국가경쟁력 순위를 10위권으로 높이는 방법을 찾아낼 수 있다. 즉 한국을 22위로 자리매김하게 만든 요소 중 개선효과가 큰 동시에 우리가 스스로 바꿀 수 있는 변수를 찾아내서 이를 개선하는 것이다.

첫째, 정부는 기업에 대한 규제뿐 아니라 지원도 모두 없애야 한다. 규제와 지원은 동전의 양면이다. 하나의 실체란 얘기다. 기업은 처음에는 지원이라는 달콤한 미끼 때문에 이에 부수한 규제에 대해서 심각하게 생각하지 않지만, 시간이 지날수록 규제가 기업활동을 죄어오는 것을 답답하게 느끼게 된다.

둘째, 정부는 갈등구조를 보이고 있는 노사문제를 법에 의해서 엄정히 처리해야 한다. 한국경제가 선진국으로 도약을 하려는 오늘날 강성노조와 투명성이 없는 기업인은 한국경제의 경쟁력에 발목을 잡는 양대 요소이다.

일전에 한국에 큰 투자를 한 외국 투자자를 만났다. 주요 한국 기업의 경영권을 장악할 수 있는 지분을 가지고 있는 데도 불구하고 직접 경영을 하지 않은 채 투명경영을 하지 못하는 한국 기업인들을 그대로 두는 이유는 무엇이냐고 물었다. 그의 답변은 "외국인이 경영을 맡으면 강성노조를 효과적으로 다룰 수 있는 방법이 없다"는 것이었다.

통제할 방법이 없는 강성노조와 투명하지 못한 기업인들로 구성된 기업 환경이야말로 한국이 외국인투자를 일정 규모 이상으로 받아들이지 못하는 가장 큰 이유이다.

단언하건대 한국이 기업에 대한 정부 지원도, 정부 규제도 없고, 강성노조, 투명하지 못한 기업인도 없는 나라가 된다면 능히 세계 10위 내, 아니 세계 제1위의 경쟁력 있는 나라가 될 것이다.

〈조선일보, 2001.6.11〉

제 13 장

조직구조론

기업의 효율적 운영을 위한 조직구조는 무엇인가?

물방울이 바다속으로 녹아든다는 것은 모두 알지만 바닷물이 물방울 속에 녹아든다는 것은 거의 알지 못한다.

– 카비르 –

PRINCIPLES OF MANAGEMENT

제 1 절 조직화 과정

"이거 당신이 할 일 아냐?"
"이 일 맡은 책임자가 누구야?"
"저는 생산 부서가 해야할 일이라고 생각하는데요."
"저는 그 일에 대해서 결정할 수 있는 권한이 없는데요."
"이과장이 내 직속 상관입니까? 왜 저한테 이러세요?"
"당신은 나한테 이래라 저래라 하지 마십시요."

만약 이러한 말들에 익숙해 있다면, 당신은 조직과 관련된 문제를 실제로 경험한 적이 있는 사람일 것이다. 경영자는 의사결정과정을 통해 그들이 무엇을 해야할지를 결정하게 되는데, 이러한 과정을 계획이라고 한다. 이러한 계획을 실행에 옮기기 위해서는 조직화가 필요한데, 조직화(organizing)란 과업을 수행하기 위해 사람과 필요한 자원들을 어떻게 배열할 것인가를 구상하는 과정이다.

자동차를 구성하는 부품들이 모두 프레임에 얹혀 있듯이 기업을 구성하는 모든 사업들도 기업의 조직이라는 구조에 놓여 있다. 흔히 건축공사를 할 때 기초가 튼튼해야 한다고 한다. 이와 마찬가지로 기업도 조직이 튼튼해야 다른 기업보다 더욱 좋은 성과를 올릴 수 있다. 다시 말해 기업의 목적을 달성하는데 적합한 조직구조를 갖추어야 이를 효과적으로 성취할 수 있는 것이다.

1. 계획과 조직화의 관계

계획과 조직화는 밀접한 관련을 가지고 있는데, 조직화란 계획에서부터 시작되고 계획에 의해 통제된다. 계획은 조직이 어디를 향해 나아가야 할지에 대해서 알려주는데, 조직은 계획이 수행될 수 있고 목적이 달성될 수 있도록 형성되어야 한다. 즉, 조직이란 의도된 계획을 실현할 수 있도록 자원을 통합 · 집중시킬 수 있어야 한다.

다음의 예는 계획과 조직화 사이의 관계를 나타내 주는데, 특히 이는 계획에서의 변화가 조직에 어떠한 영향을 주는지에 대한 것이다. 이러한 예를 통해 계획과 조직화 사이의 관계 및 조직화를 통해 얻을 수 있는 이점 등을 분명히 이해할 수 있을 것이다.

Northern Telecom의 조직구조 개편

Northern Telecom의 최고경영자인 Paul Stern은 지역적으로 나누어져 있었던 조직을 해체시키고, 연구개발, 제품제조 및 기술개발을 위해 제품을 바탕으로 한 새로운 조직구조를 만들어냈다. 이렇게 개편된 조직구조는 종업원들로 하여금 Northern Telecom이 어느 한 지역에서 활동하는 지역회사가 아니라 세계 전체를 무대로 삼는 글로벌회사라는 인식을 심어줌으로써 세계적인 제품을 만들어 낼 수 있도록 동기부여시키는 역할을 할 수 있었다.

2. 조직화 과정의 다섯 단계

조직화 과정은 〈그림 13-1〉에서 보는 바와 같이 5단계로 이루어져 있다.

〈그림 13-1〉
조직화 과정

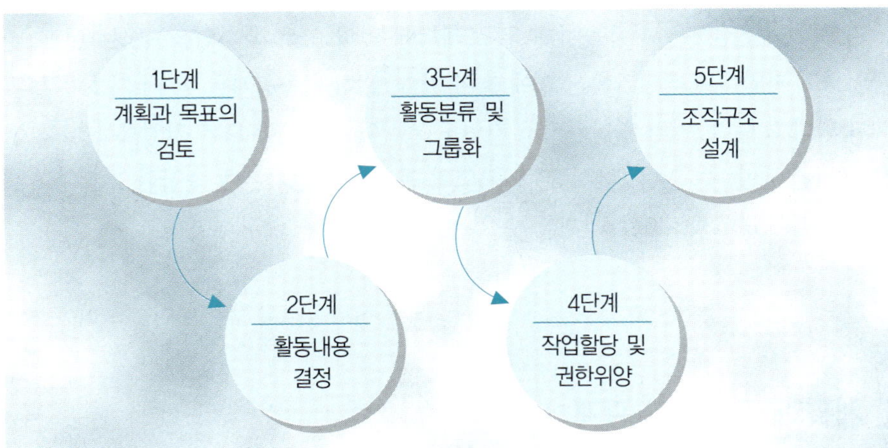

(1) 계획과 목표의 검토

기업의 목표와 계획에 따라 기업활동이 결정되는데, 이러한 목표와 계획은 기업활동을 더욱 정교하게 만든다. 목표에 따라 어떤 활동을 할 것인지가 결정되면 그 다음에는 이를 어떻게 수행할 것인가를 생각하게 된다. 최고경영자는 기업에서 이루어져야 할 활동들을 고려하여 어떤 형태의 조직구조가 가장 적합한지를 판단하게 되고 이를 도입하게 된다. 한편 사업을 시작하게 되면 처음에 수행하던 활동들은 상당히 오랜 기간 지속될 것처럼 보이지만 사실은 시간이 지남에 따라 활동이 조금씩 바뀌게 된다. 이렇게 기업활동이 바뀌게 되면 새로운 부서가 생겨날 수도 있고 기존 부서에 새로운 업무가 부과될 수도 있으며 기존부서가 더 이상 존재하지 않게 될 수도 있다.

이미 앞에서도 보았듯이 기업의 목표와 이를 수행하기 위한 계획이 바뀌게 되면 기존 조직구조에 대한 재검토가 있어야 하며 이를 통해 가장 적합하다고 판단되는 새로운 조직구조를 설계해야 한다. 따라서 조직구조를 결정하기 위한 첫 번째 단계는 기업의 목표와 계획이 무엇인지 판단하는 것이다.

(2) 활동내용 결정

계획과 목표가 파악되면 경영자는 목표를 수행하기 위해 필요한 활동을 분석해야 한다. 분석작업은 모든 사업에 공통적인 활동에서부터 그 사업에서만 필요한 활동에 이르기까지 모든 것을 포함해야 한다.

과업을 구체화하는데 있어서 중요한 개념이 작업의 전문화, 즉 작업의 분화이다. 작업의 분화란 하나의 과업이 몇 개의 하위 작업으로 나누어진다는 것을 의미한다. 작업 전문화 개념을 활용해 조직화를 할 때 경영자들은 복잡한 작업을 단순한 작업이나 활동으로 나누게 된다. 일을 맡게 되는 구성원이나 집단은 나누어진 단순한 일만 하게 되는 것이다. 다음 〈그림 13-2〉은 VCR 제작과정에서 작업의 분화를 나타내고 있다.

그림을 보면 종업원의 효율은 작업의 분화가 심화될수록 높아진다. 그 이유는 종업원들이 단순한 몇 가지 일에 몰두하다 보면 그 작업에 필요한 기술과 전문적인 지식을 빨리 습득할 수 있기 때문이다. 작업의 분화는 종업원의 선발이나 훈련에 있어서도 많은 이점을 제공한다. 전문적인 능력을 가진 기술자가 필요한 것이 아니며 많은 교육 훈련이 필요하지 않기 때문이다. 경영자의 입장에서도 과업과 관련된 품질이나 성과에 문제가 생겼을 때 이를 빨리 발견할 수 있고 감독하기 쉬워진다.

이러한 이점에도 불구하고 분화를 통한 전문화는 여러 가지 문제점을 가지고 있다. 그 중 하나가 작업이 지나치게 단순화 되면 종업원들은 자신이 맡은 일에 대해 쉽게 싫증이 나 일할 의욕을 잃어버린다는 것이다. 이러한 문제를 해결하기 위해 직무재설계나 작업 순환, 직무충실화 등의 방안이 강구되고 있다.

〈그림 13-2〉
VCR조립 작업의 전문화 정도

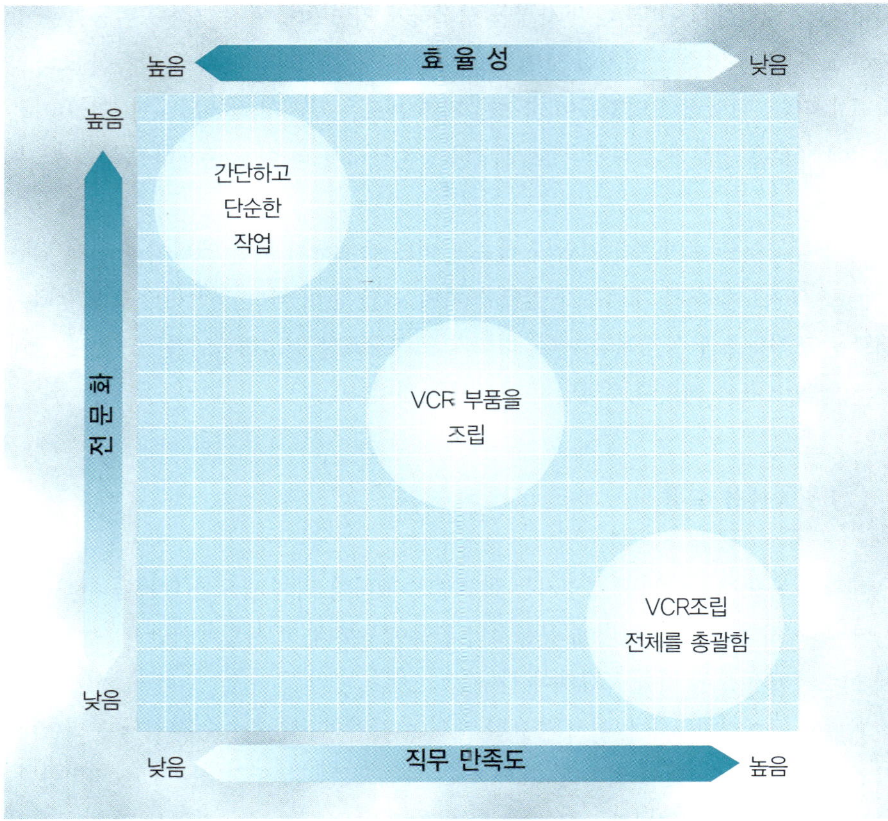

*자료:Plunkett, W. R. & Attner, R. F., *Introduction to Management*, International Thomson Publishing, 1994.

(3) 활동분류 및 그룹화(집단화, 배열)

일단 경영자들은 어떤 활동을 해야 하는지 알게 되면 그 다음에는 활동을 분류하고 이를 관리하기 쉽도록 작업단위로 그룹화(집단화)한다. 작업과정이나 기술에 따라서 과업을 집단화시킨다는 것은 그들은 기능적인 유사성 즉, 활동의 유사성에 따라 작업을 집단화하는 것이다. 이렇게 되면 기능조직이 나타나게 된다. 경영자는 다음 세 가지 단계를 거치게 된다.

〈표 13-1〉
작업그룹화의 단계

1단계	경영자들은 마케팅, 생산, 재무, 인적자원관리 등 각 활동을 면밀히 검토한다.
2단계	관련되는 범주로 활동들을 집단화한다.
3단계	조직구조를 설계하기 위해 부서를 설계한다.

실제로 1단계와 2단계는 거의 동시에 이루어진다. 과업들이 관련있는 작업 단위로 분류되면서 부서화라는 세 번째 단계를 통해 회사의 기초조직에 대한 결정이 이루어진다. 집단, 부서, 사업부들이 조직의 목표라는 기초 아래 형성되고 경영자는 일반적으로 널리 쓰이고 있는 모델인 기능별 부서, 지역별 부서, 제품별 부서 중 하나를 결정하게 된다.

(4) 작업할당 및 권한위양

목적을 달성하기 위한 활동을 확인하고 분류하고 부서별로 집단화 한 후에 경영자는 구성원들에게 그들이 해야 할 일을 할당하고 과업을 수행하는데 필요한 권한을 위양해야 한다. 이것은 조직화에 있어 핵심적인 단계인데, 권한을 위양하기 위한 기초로써 각 부서의 성격과 목적, 업무가 무엇인지 먼저 명확히 결정되어야 한다. 왜냐하면 수행되는 활동에 따라 필요한 권한의 형태와 양이 결정되기 때문이다.

(5) 조직구조 설계

조직화 과정의 마지막 단계는 조직의 수직적, 수평적 활동관계를 결정하는 것인데, 이는 퍼즐을 맞추듯이 흩어져 있는 조직을 하나로 묶는 것이다.

조직의 수직적 구조는 의사결정의 위상을 의미하는데, 위상을 나타낸 도표는 각 업무를 누가 맡았는지 보여준다. 수평적인 구조는 작업을 수행하는 부서들 사이의 작업관계를 나타낸다. 조직구조를 나타낸 도표를 조직도(organization chart)라고 하는데, 조직도는 도식적으로 매우 간단하게 되어 있다. 많은 사람들은 이것을 불필요한 것으로 여기는 사람이 있으나 잘 정리된 조직도는 경영자에게 강력하고 효과적인 도구가 된다. 조직도에는 다음과 같은 것들이 기록되어 있다.

1. 누가 누구에게 보고하는가? (명령계통)
2. 얼마나 많은 부하 직원들이 경영자를 위해 일하는가? (통제의 범위)
3. 공식적인 의사소통 경로
4. 조직이 어떻게 분화되어 있는가? 예를 들어 기능별, 제품별, 지역별 등
5. 각각의 지위에서 사람들이 하는 일이 무엇인가?
6. 의사결정의 위계
7. 권한관계의 형태

관악기업의 조직화 과정을 예를 들면 다음 그림 〈13-3〉과 같다.

〈그림 13-3〉
관악기업의 조직화 과정

3. 조직화에서 사용되는 개념

조직화 과정을 통해 경영자들은 목적을 달성하는데 적합한 시스템을 구축하려고 한다. 그들이 원하는 시스템을 구축하기 위해서는 조직을 구성하는데 사용되는 여러 가지 개념들을 잘 이해하고 이를 조직화 과정에 반영해야 한다. 효과적으로 조직화를 이루기 위해 경영자들이 알아야 할 개념들로는 권한(authority), 명령계통의 일원화(unity of command), 권력(power), 권한위양(delegation), 통제의 범위(span of control), 집중화(centralization)와 분권화(decentralization) 등과 같은 개념들이 있다.

(1) 권한(authority)

권한이란 조직에 있어 중심적인 역할을 하는 개념이므로 경영자들은 권한성격과 원천 그리고 권력과의 관계에 대해서 완전히 이해해야 한다.

권한이란 의사결정을 하고 명령을 내리고 자원을 배분할 수 있는 경영자의 공식적이고 정당한 권리를 말한다. 권한은 통제수단으로 사용되기 때문에 조직을 하나로 묶는 역할을 한다. 권한은 한 사람이 조직에서 차지하는 지위로부터 나오며, 경영자들은 지위에 따라 각기 다른 권한을 가지고 있다. 물론 지위가 변하게 되면 그에 따라 공식적인 권한의 종류도 달라지게 될 것이다.

(2) 명령계통의 일원화

주요한 조직화의 개념 중 하나는 명령계통의 일원화이다. 이 원칙에 따르면 조직에 속해 있는 사람은 단지 한 사람으로부터 명령을 받고 한 사람에게 보고를 해야 한다. 그러나 불행히도 이러한 원칙은 제대로 지켜지지 않으며, 이로 인해 문제가 생기는 경우가 많이 있다. 예를 들면 한 사람이 여러 부서로부터 명령을 받을 때 이런 문제가 자주 발생하는데 생산부서, 재무부서, 마케팅부서로부터 각각 다른 조언을 받게 되면 명령을 내리는 사람들로부터 각기 다른 정보가 들어오게 되어 작업을 하는데 있어서 혼란을 일으키게 된다.

(3) 권력(power)

비슷한 기술적 능력과 경험을 가지고 있는 두 경영자가 공식적으로 동등한 권한을 가진 지위를 가지고 있는데, 한 경영자가 다른 경영자에 비해 보다 더 효과적인 것으로 드러났다면, 이는 왜 그럴까? 우리는 그 이유를 두 경영자가 가진 권력의 차이에서 찾을 수 있다. 권력이란 조직에서 영향력을 발휘할 수 있는 능력을 말하는데, 권력을 가지고 있다는 것은 공식적인 권한만으로는 얻을 수 없는 경영상의 효과를 얻을 수 있다. 권력에는 다음과 같은 종류의 것들이 있다.

〈표 13-2〉 권력의 종류

권력의 종류	내 용
합법적 권력	기업에서 어떤 지위를 갖게 되면 그에 따라 공식적인 권한이 주어지는데, 일반적으로 이러한 합법적 권력은 부하들에게 보상을 주거나 벌을 줄 수 있는 권력을 포함한다.
추종 권력	이러한 권력은 개인적인 특성 또는 카리스마로부터 나오는데, 다른 사람들로부터 존경받는 경영자가 이러한 권력을 가지게 된다.
전문가 권력	우수한 기술이나 지식을 가지고 이를 발휘하는 사람들이 다른 사람들로부터 얻는 권력이다.

(4) 권한위양(delegation)

권한위양은 기업이 성장함에 따라 한 사람에게 많은 임무가 주어지면 이를 분산시키는 과정에서 일어난다. 또한 경영자는 구성원들의 경영능력을 향상시키기를 원하는데 이 과정에서 권한위양이 일어날 수도 있다. 권한위양이란 한 사람으로부터 아래에 있는 다른 사람으로 공식적인 권한이 전달되는 것을 말한다.

권한위양은 경영자의 부담을 덜어줌으로써 경영자가 자신의 능력을 충분히 발휘할 수 있는 기회를 가진다는 점과 경험 및 자신감을 가질 수 있는 기회를 제공받는다는 점에서 의의가 있다.

그러나 권한위양이 중요하다는 사실은 알고 있지만 실제로 많은 경영자들은 자신의 업무를 아래로 위임하기를 꺼려한다. 그 이유는 자신이 권한을 잃어버리는 것이 두려운 경우, 구성원들을 미덥지 않게 생각하는 경우, 구성원들이 자기보다 더 잘해서 자신의 위치가 위협받을 지도 모른다는 생각을 하는 경우 등이다. 또 단순히 어떻게 권한을 위양해야 하는지 모르기 때문에 하지 못하는 경우도 있다.

경영자가 권한을 위양할때는 일반적으로 〈표 13-3〉과 같은 네 단계를 따른다.

〈표 13-3〉 권한위양의 4단계

단계	내 용
1단계 과업의 할당	특별한 과업과 임무를 부하들에게 할당한다.
2단계 의사결정 위양	할당된 과업과 임무를 성취할 수 있도록 하기 위해서 부하들은 필요한 의사결정 권한을 가져야 한다.
3단계 책임의 수용	책임이란 부하가 자신의 능력을 다하여 할당된 업무를 수행하려고 하는 자세를 말하는데, 부하들이 과업을 수행하는데 최선을 다하려는 마음가짐을 유도해야 한다.
4단계 책임감 창출	부하들로 하여금 자기가 한 일에 대해서 책임을 지도록 해야 한다.

권한을 위양했다고 해서 경영자의 의무나 책임이 없어지는 것은 아니다. 만약 그의 부하가 자신이 맡은 일을 제대로 수행하지 못했다고 하자. 물론 그 부하도 그 일에 대해 책임을 져야 하지만 상관 역시 그에게 일을 맡긴 것에 대해 책임을 져야 하는 것이다.

(5) 통제의 범위(span of control)

경영자가 조직구조를 설계할 때는 통제의 범위 즉, 경영자가 얼마나 많은 구성원들을 직접 감독해야 하는지에 대해서 관심을 갖게 된다.

일반적으로 부하의 일이 복잡할수록 경영자는 적은 수의 부하를 감독해야 하며, 부하의 일이 일상적인 것이면 경영자는 많은 수의 종업원을 효과적으로 통제할 수 있다. 이렇게 생각하면 왜 위로 갈수록 통제범위가 좁아지고 아래로 내려올수록 넓어지는가를 이해할 수 있을 것이다.

통제의 범위는 경영자의 효율성에 많은 영향을 미친다. 만약 경영자가 너무 많은 구성원들을 감독한다면 구성원이 상사에게 접근해 필요한 도움을 적당한 시기에 얻기가 힘들어진다. 반대로 경영자가 너무 적은 사람들을 감독하게 되면 부하직원들은 너무 많은 일을 하게 되거나 많은 간섭을 받게 될 것이다. 이러한 지나친 일의 양과 간섭은 부하직원들에게 많은 어려움을 준다.

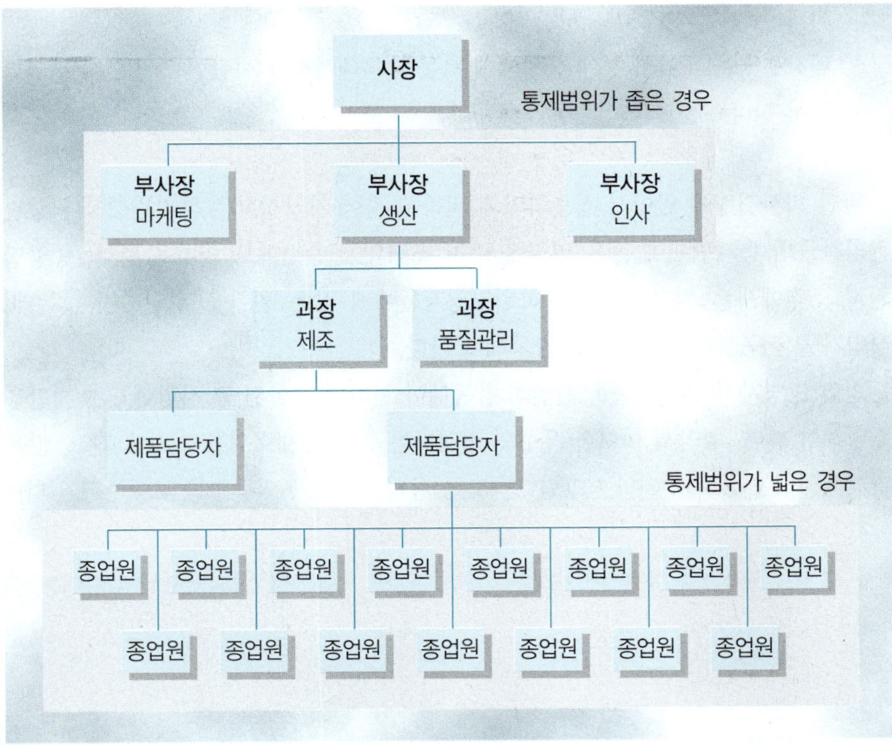

〈그림 13-4〉
통제의 범위

(6) 집중화와 분권화

집중화와 분권화는 조직구조 안에서 권한을 집중시키느냐 아니면 권한을 많은 사람들에게 나누어주느냐에 관련된 것이다. 효율적이기 위해서 권한은 가장 알맞는 관리수준에 위양되어야 한다. 사장이 어떤 부품을 구매해야할지를 결정해서는 안된다. 이러한 결정은 하위관리자들에게 넘겨져야 한다. 또한 분권화는 기업으로 하여금 수평적인 조직구조를 가지게 해준다. 많은 연구는 기업의 분권화에 대해 다음과 같은 지침을 제시하고 있다.

① 기업에서 이루어지는 의사결정의 수가 많을수록 기업은 분권화 되어야 한다.
② 하위에서 이루어지는 의사결정이 중요할수록 분권화 되어야 한다. 이러한 예로 구입 결정을 하는데 있어서 그 직원이 자신의 판단으로 구입할 수 있는 액수의 한도가 1000만원인 조직은 구입의 한도가 100만원일 때의 조직보다 더 많은 분권화가 이루어져야 한다.
③ 하위부분에서 회사 정책에 대해 판단할 수 있는 범위가 넓을수록 권한은 분권

화 되어야 한다.

④ 의사결정을 내리기 전에 상사에게 자문을 구해야하는 사람이 적을수록 분권화 해야 한다.

한편 의사결정에 있어서 집중화와 분권화에 관한 기업철학은 하위관리자나 중간관리자들의 통제범위에 많은 영향을 주며 조직의 계층수에도 영향을 준다. 중앙집권적 조직에서는 최고경영자가 하위경영자들에게 많은 권한을 위임하지 않는데, 경영자들은 구성원들을 면밀히 감독해야 한다.

만약 경영자가 구성원들을 면밀히 감독해야 한다면 제한된 몇 사람에게만 시간을 소비해야 한다. 따라서 이러한 유형의 경영자는 좁은 통제범위를 가지게 되고, 많은 관리계층이 필요하게 된다. 〈그림 13-5〉는 중앙집권적 조직구조를 보여주고 있다.

〈그림 13-5〉
집중화된 조직구조

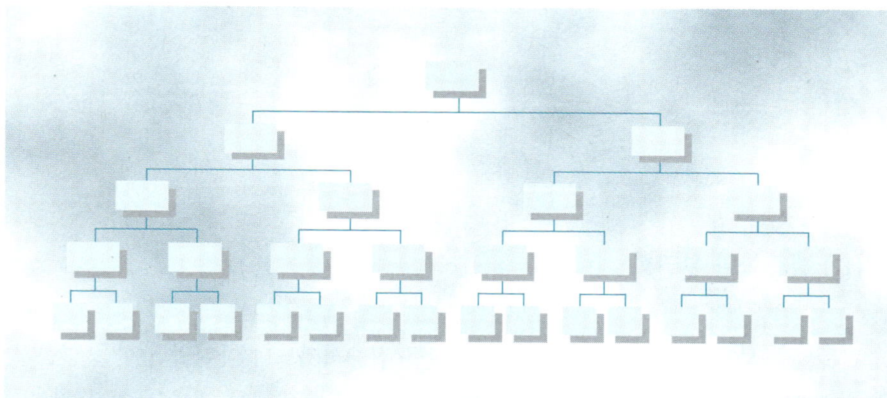

반대로 분권화된 의사결정철학을 지닌 회사는 관리계층의 수가 적으며 넓은 범위의 통제범위를 갖게 된다. 이러한 회사는 의사결정 권한을 하위부분에 위양하게 된다. 이러한 조직은 〈그림 13-6〉과 같은 조직도를 가지게 된다.

〈그림 13-6〉
분권화된 조직구조

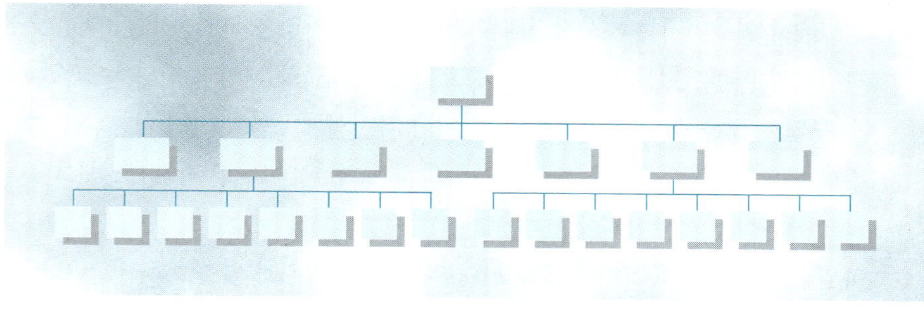

제 2 절 조직구조의 설계

1. 기계적인 조직구조와 유기적인 조직구조

조직을 설계하는 사람들은 명령계통, 집권화의 정도 및 공식적인 권한과 같은 요소들을 고려해야 한다. 조직설계자는 이러한 요소들을 고려하여 조직을 경직된 기계적 조직구조로 만들것인지 아니면 유기적 조직구조로 만들 것인지를 결정해야 한다.

(1) 기계적인 조직구조

기계적인 조직구조란 종업원들이 맡아서 해야 할 업무가 분명하게 정의되어 있고 많은 규칙과 규제들이 있으며 중앙집권적 의사결정이 이루어지는 조직구조를 말한다. 〈그림 13-7〉에 기계적인 조직구조의 성격들이 제시되어 있는데, 기계적인 조직구조는 수직적으로 탄탄히 짜여져 있으며 최고경영자의 통제가 중요시된다. 군대조직이 기계적인 조직구조의 전형적인 예라 할 수 있다. 위로부터의 강력한 통제, 엄격히 구조화된 업무, 많은 규칙과 규제가 존재한다.

(2) 유기적인 조직구조

유기적인 조직구조란 자유로운 조직구조라 할 수 있는데, 규칙이나 제도적 통제가 별로 존재하지 않고, 의사결정 권한이 조직의 하부사람들에게 많이 위양되어 있는 조직을 말한다. 유기적 조직은 변화가 필요할 때 쉽게 변할 수 있는 특징을 가지고 있다.

유기적 조직구조에서는 종업원들이 하는 일이 표준화되어 있지 않고 필요에 따라 새롭게 정의되는 경우가 많다. 또한 유기적 조직구조는 네트워크 형태로 의사결정 권한이 널리 퍼져 있는 수평적인 구조를 가지고 있다.

〈그림 13-7〉
기계적인 조직구조와
유기적인 조직구조

수직적 조직구조	수평적 조직구조
• 고정적이고 전문화된 업무	• 고정되지 않고 공유가능한 업무
• 중앙집권적 의사결정구조	• 분권화된 의사결정구조
• 공식적인 상하간 의사소통	• 비공식적인 상호의사소통
• 엄격한 위계질서	• 수직적·수평적 협력
• 강력한 통제	• 규제·통제의 정도가 낮음
• 수많은 규칙과 규정	• 자유로운 분위기·권한 위양
기계적인 조직구조	유기적인 조직구조

자료 : Plunkett, W. R. & Attner, R. F., *Introduction to Management*, International Thomson Publishing, 1994.

2. 영향요인

조직구조를 설계하거나 재설계하는 경영자는 먼저 조직이 얼마나 기계적이어야 하는지 혹은 유기적이어야 하는지를 결정해야 한다. 왜냐하면 조직구조의 성격에 따라 사업의 성공과 실패가 큰 영향을 받기 때문이다. 이를 위한 가장 바람직한 해결책은 조직구조와 관련되는 여러 가지 요소들 즉, 조직의 전략, 규모, 나이, 환경 및 기술 등과 같은 요소를 고려하여 조직구조를 설계하는 것이다. 다음 〈그림 13-8〉은 조직구조와 상황요소들간의 관계를 보여 주고 있다.

(1) 전략

경영자가 목적을 이루기 위해 조직구조를 설계한다는 관점에서 본다면, 조직구조는 전략을 따르게 된다. 전략이 바뀌게 되면 구조 또한 바뀌게 된다.

경쟁전략에는 두 가지가 있다. 하나는 제품차별화 전략이고 다른 하나는 원가우위 전략이다. 경영자가 새로운 제품을 개발하는 제품차별화 전략을 선택했다면 내부적으로 조정을 해야 하고 유연성을 높여야 하며 의사소통이 잘 이루어지도록 해야 한다. 이러한 특성은 유기적인 조직구조에 적합하다. 만약 원가우위 전략을 선택했다면 이는 내부효율성과 분명한 책임관계가 있는 조직구조를 필요로 하게 되는데 이는 기계적인 조직구조와 적합하다.

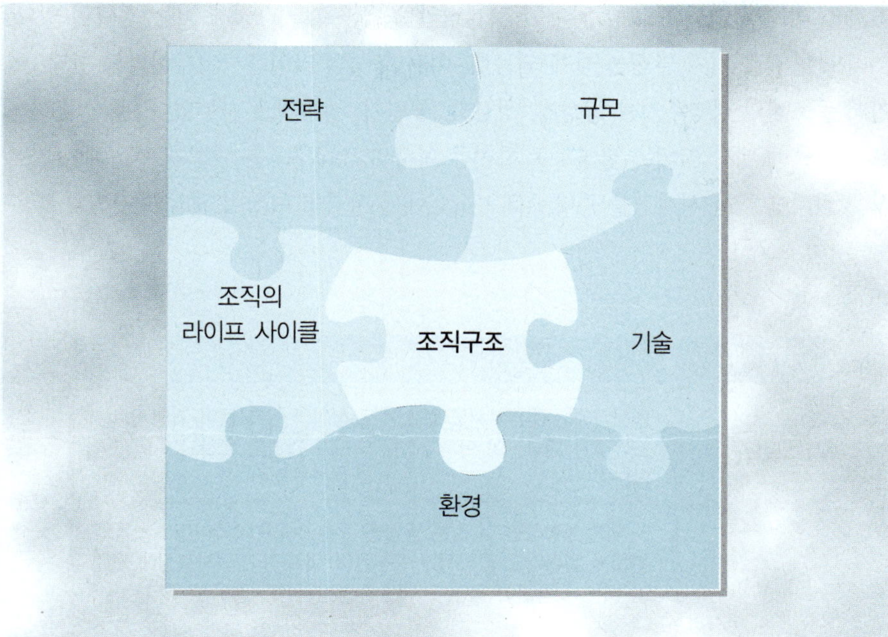

〈그림 13-8〉
조직구조설계에
영향을 미치는 요인

(2) 규모

소규모 조직은 대규모 조직과는 다른 조직구조를 가지고 있다. 여기서 크기는 보통 종업원수를 기준으로 한다. 몇 안되는 종업원들을 가지고 있는 중소기업은 노동이 덜 분화되었고 규칙의 종류도 많지 않다. 이러한 조직은 한 사람이 여러 가지 일을 하는 경우가 많고 종업원들이 상황에 따라 대처해야 하는 경우도 많으며 창의성을 많이 필요로 하기 때문에 유기적인 조직구조가 적합한 경우가 많다. 이에 비해 대기업의 종업원들은 일이 전문화되어 있는 경우가 많다. 그리고 조직을 효과적으로 통제하기 위해서는 많은 규칙들이 필요하고 구성원들은 이를 따라야만 한다. 이러한 조직의 성격은 많은 경우 기계적 조직구조와 연관이 되는 경우가 많다. 그러나 1990년대 이후 많은 기업들은 기계적인 조직구조의 한계를 인식하고 유기적 조직구조로 변신하기 위해 많은 노력을 하고 있다.

(3) 조직의 라이프 사이클

기업의 역사가 오래될수록 그 기업의 조직구조는 정태적으로 정형화되는 경향이 있다. 조직의 오랜 역사는 표준화된 시스템과 절차 및 규칙들을 만들어 낸다. 그런

결과 오래된 기업들은 그냥 놔두면 기계적인 조직구조를 가지게 되는 경향이 있다. 조직도 단계를 거쳐 발전을 하게 되는데, 이를 조직의 라이프사이클이라고 한다. 여기서는 조직의 생명주기를 형성기, 성장기, 중년기, 성숙기로 나누었다. 조직의 라이프 사이클에 대한 이해는 경영자로 하여금 회사의 조직구조를 어떻게 형성해 나가야 할 것인지에 대한 시사점을 준다. 〈표 13-4〉에는 시기별 특징이 요약되어 있다.

〈표 13-4〉
조직의 라이프사이클

단계	내 용
형성기	형성기에는 지원부서도 없으며, 규칙이나 규제 등이 거의 없다. 소유주가 대부분의 의사결정을 내리며 과업도 특화되어 있지 않다.
성장기	조직이 성장하면 더 많은 종업원이 필요하며, 이에 따라 노동의 분화가 일어나고 공식적인 규칙들이 생겨난다. 의사결정에 조언을 하는 사람들이 있긴 하지만 중앙집권적인 경우가 대부분이다.
중년기	기업이 번창하면 규모가 더욱 커지는데 이를 통제하기 위해 더 많은 규칙과 규제, 정책, 통제시스템 등이 필요하게 된다. 대다수의 종업원들이 전문화된 일을 하며 지원부서가 생기고 최고경영자는 권한을 위양한다. 조직유연성이 떨어지며 혁신적인 분위기도 사라져 간다.
성숙기	성숙기에 이르면 일반적으로 규모가 큰 기계적인 조직구조가 대부분이다. 통제시스템이 일반화되고 지원부서의 비중이 높아지며 작업은 더욱 세분화된다. 반면 기계적인 조직구조의 병폐를 막기 위해 과감한 혁신을 통해 유연한 조직으로 변신하려는 노력이 나타나기도 한다.

(4) 환경

환경은 경영자의 의사결정에 많은 영향을 미치는데, 조직구조도 경영자가 내려야 할 의사결정 문제이므로 환경에 의해 많은 영향을 받는다. 다음 〈그림 13-9〉는 환경과 조직구조와의 관계를 보여 주고 있다.

환경이 안정적이고 예측가능한 경우에는 기계적인 조직구조가 적합하다. 중앙집권적인 의사결정구조, 노동의 분화 등은 이러한 환경에 잘 맞는다. 환경이 불확실한 경우에는 유연성과 비공식적인 절차 등이 필요하기 때문에 유기적인 조직구조가 효과적이다.

예측하기 어려운 환경 속에서 경영자들은 환경의 변화에 잘 대응하기 위해 조직의 유연성을 유지해야 하며 이러한 상황에서 각 부서가 자율권을 가지고 활동을 해야 한다. 최고경영자는 각 부서의 경영자들이 자신들만의 목적만을 추구하거나, 다른 부서의 목적을 무시하지 않도록 조정해야 하는데, 불확실한 환경에서는 부서들 간의 긴밀한 조정과 협조를 통해서 목적을 이룰 수 있기 때문이다.

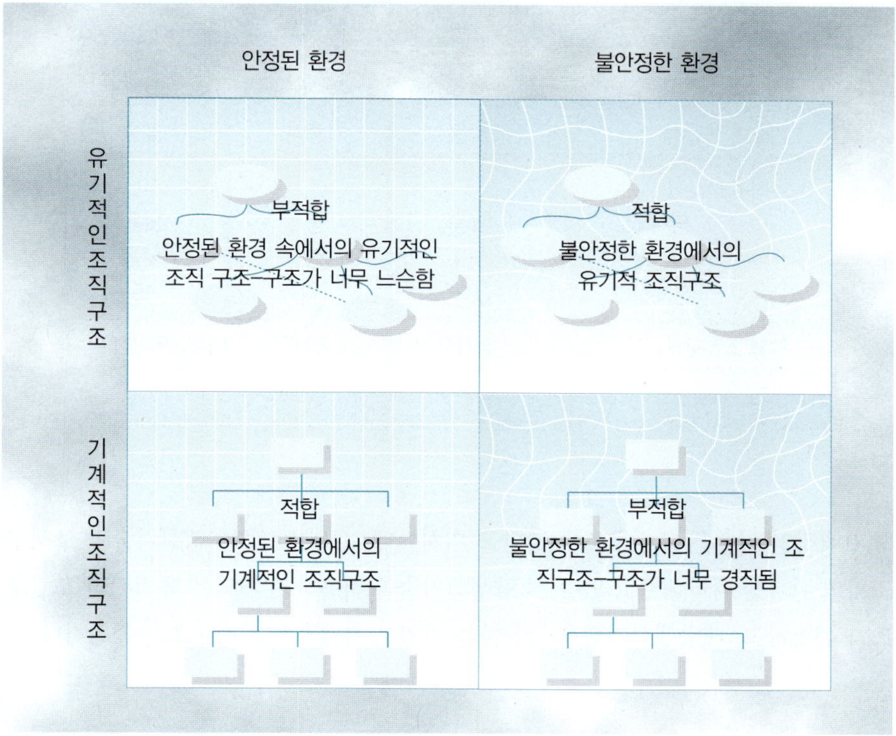

〈그림 13-9〉
환경과 조직구조와의 관계

(5) 기술

기술은 투입물을 산출물로 만드는 지식이나 기계, 작업절차 등을 의미하는데, 생산기술 또한 조직의 나이나, 전략, 크기, 환경 등과 마찬가지로 조직구조에 영향을 미친다.

영국의 산업 사회학자 존 우드워드(Joan Woodward)는 생산기술의 세 가지 기본 형태를 제시했는데, 소량다품종 생산(small-batch production), 대량 생산(mass production), 연속 생산(continuous-process production)이 그것이다.

고객을 집중화해 적은 양의 제품을 만드는 회사는 소량다품종 생산기술을 사용하는데 이 기술은 사람의 노동력을 많이 필요로 한다. 맞춤옷이나, 인공위성과 같은 것을 만들때 이러한 생산기술이 적합하다. 기업이 많은 양의 표준화된 제품을 생산할 경우 대량생산 기술이 적합하다. 그리고 자동차 조립과 같은 것은 연속생산이 적합하다.

〈표 13-5〉
생산기술과 조직구조와의 관계

조직구조의 요소	생산기술		
	소량생산	대량생산	연속생산
기술의 복잡성	낮음	중간	높음
조직구조			
통제정도	낮음	중간	낮음
집권화	낮음	중간	낮음
통제범위	23	48	15
전체 조직구조	유기적	기계적	유기적

자료: Woodward, J., *Industrial Organization: Theory and Practioce*, Oxford University Press, 1965.

지배적인 기술은 조직구조에 영향을 미치는데, 〈표 13-5〉는 생산기술과 조직구조와의 관계를 나타내주고 있다. 소량생산기술을 사용하는 기업은 유기적인 조직구조가 적합하고, 대량생산기술을 사용하는 기업은 기계적인 조직구조가 적합하다.

3. 조직구조의 변화방향

(1) 조직의 수평화

많은 기업들이 월마트(Wal-Mart) 또는 도미노 피자(Domino's Pizza)와 같은 기업을 모방하고 있는데, 이러한 기업들은 조직의 위계를 수평화한 기업들이다. 현재와 같이 급속한 환경변화가 일어나는 시기에 매우 중요한 것은 시간이라는 자원이다. 앞서 설명한 것처럼 이렇게 위계의 수가 적은 수평형 구조는 환경의 변화에 적응하거나, 의사결정을 내리는데 있어 시간을 절약할 수 있으므로 이를 통해 경쟁우위를 확보하는데 도움을 받을 수 있다.

(2) 권한위양

대부분의 경영자는 어떤 일 또는 의사결정을 스스로 해야 하며, 어떤 일을 아랫사람들에게 시켜야 할 것인지에 대해 고민하고 있는데 이것은 권한위양(delegation)과 관련된 문제이다. 많은 연구자들은 경영자가 아랫사람에게 일을 맡길 때 그 일을 할 수 있는 권한까지 함께 주어야 한다는 것을 강조하고 있는데, 일을 맡은 조직구성원에게 주어진 책임과 권한이 동등하지 않을 때는 많은 혼란과 갈등이 발생할 수 있기 때문이다. 경영자는 권한위양을 통해 조직구성원들의 만족도를 높일 수 있다.

(3) 집중화와 분권화의 조화

경영자들은 '대부분의 의사결정을 최고경영자가 해야 합니까? 부하들에게 많은 의사결정권을 주어야 합니까?' 라는 질문을 자주 한다. 전자는 중앙집권적 의사결정과 관련된 질문이며, 후자는 분권화된 의사결정구조를 가진 조직과 관련된 것이다. 그러나 중앙집권화와 분권화는 둘 중 하나를 선택해야 하는 문제가 아니다. 오늘날 조직은 중앙의 통제력을 잃지 않은 상태에서 더 많은 분권화를 해야 하는데, 정보시스템의 발달이 이를 가능케 하고 있다. 정보기술은 경영자들이 의사결정의 많은 부분을 조직구성원들에게 넘겨주면서 그들을 성과에 따라 통제할 수 있도록 해주기 때문이다.

(4) 부서간 장애물 제거

몇몇 회사에서는 소위 '조직구조 혁명' 이 일어나고 있는데, 그 결과 조직도가 수평화, 네트워크화 되어 가고 있다. 이런 기업의 조직구조는 마치 거미줄과 같은 형태를 보이는데 이를 통해 다른 부서에 있는 구성원들과의 접촉이 매우 쉬워졌다. 이러한 형태의 조직구조는 조직 내부의 장벽을 최소화할 수 있다는 강점이 있다.

제 3 절 조직구조의 종류

어떤 조직구조도 모든 환경에 다 적합하지는 않기 때문에 경영자들은 기업의 전략이나 라이프 사이클, 규모, 환경, 기술 등을 고려해 조직구조를 선택해야 한다. 여기에서는 조직구조의 형태로서 기능별 조직, 사업부 조직, 전략사업단위, 매트릭스 조직, 수평형 조직 그리고 가상기업에 대해 살펴보도록 하자.

1. 기능별 조직(functional organization)

미국기업의 발달사를 살펴보면 처음에는 공장과 노무자를 감독하는 지배인과 재무, 구매 또는 판매대리인과의 관계를 담당하는 사장으로 분화한 조직구조(〈그림 13-10〉의 제1형)를 보여주다가 19세기 후반 이후 대량생산체제의 성립에 따라 새로운 유통구조를 만들 필요가 생기자 재무를 담당하는 사장 밑에 생산과 판매를 각각 담당하는 2인의 지배인이 위치하는 조직(〈그림 13-10〉의 제2형)으로 바뀌었다. 이처럼 19세기 후반 이후 기업활동의 확대에 따라 분화되어 가던 기업의 조직구조는 점차 구매, 수송, 조달, 생산, 판매, 인사 등과 같은 수직적 기능으로 분화되었다(〈그림 13-10〉의 제3형).

이와 같이 유사한 과업과 활동을 기능별로 통합하여 독립된 조직단위를 이루게 한 형태를 기능별 조직이라 하는데 우리 나라의 경우 아직 상당수의 기업이 채택하고 있는 조직형태이다.

기능별 조직에서는 관료제의 원칙을 수용하여 조직의 위계질서를 강조함으로써 경영기능이 최고경영조직, 관리조직, 업무조직 등으로 수직적으로 분화되어, 의사결정 권한이 최고경영층에 집중되는 동시에 명령통일을 위해 조직의 직무와 권한이 명확해지고 의사전달과정이 공식화되는 특성이 나타나게 된다.

또한 규모가 커지고 제품수가 많아지면 라인기능만으로는 모든 업무 수행이 불가능해져 스탭기능의 분화가 두드러지게 나타난다. 이러한 기능별 조직은 정책 수립과 시행 과정에 대한 통제가 용이한 동시에 각 기능분야에 전문가를 기용함으로써 효율을 증대시키는 장점을 지니고 있어 단일 제품을 생산하여 판매하는 기업에 적합한 조직형태라고 할 수 있다.

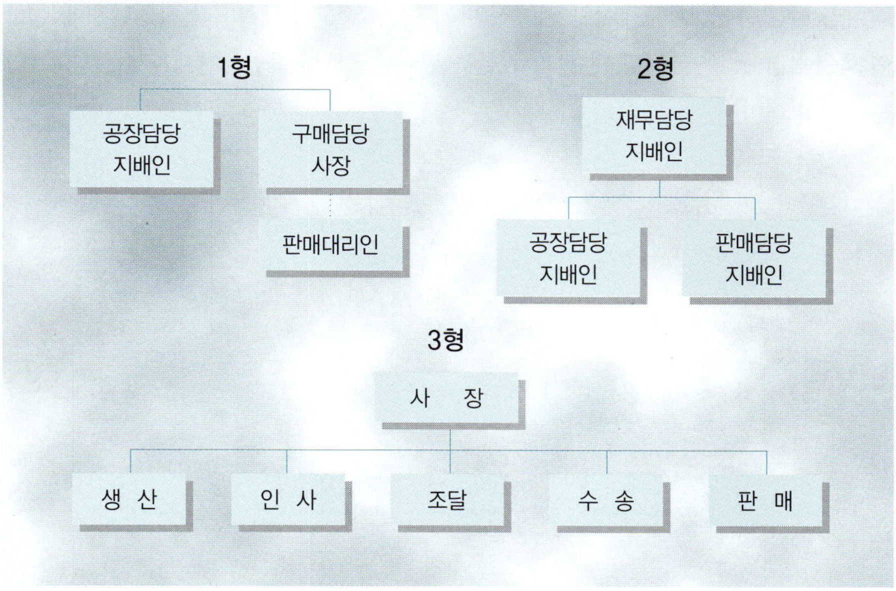

〈그림 13-10〉
기능별 조직

그러나 기업규모가 커지고 다각화되어 환경변화를 예측하기 어려운 상황에 직면하게 되면 혼란과 비능률이 증가하게 된다. 즉 하부조직으로 권한이 위양되어 있지 않아 상급자가 일상업무까지 처리하게 되어 과도한 부담을 지는 반면, 하급자는 자율성이 결여되고 권한없는 책임만 부담하게 되어 조직이 경직된다. 동시에 과도한 기능별 분화로 인해 각 부문의 담당자들은 자기 관점에서만 조직을 바라보게 되어 '나무는 보되 숲을 보지 못하는 문제'를 야기시킨다. 그러므로 기능별 조직이 제대로 기능하기 위해서는 최고경영층의 리더십과 조정 및 통합 노력이 필요하다.

2. 사업부 조직(divisional organization)

새로운 제품을 생산하거나 시장을 확보하는데 있어 중앙집권적인 기능별 조직으로는 한계에 직면한 미국기업들은 경영 및 제품 다각화에 보다 효과적이며 새로운 유통경로와 고객을 확보하는데 유용한 새로운 조직형태를 창출해 내었다(〈그림

13-11〉의 제4형).

이러한 조직형태는 하나의 제품계열을 담당하는 부서내에 생산, 판매, 관리 및 기술 개발을 포함시켜, 최고경영층이 의사결정 권한을 대폭 위양하여 각 부서가 마치 하나의 독립회사처럼 자주적이고 독립적인 경영을 하도록 하였는데 이를 사업부 조직이라 한다. 사업부 조직이란 전통적인 기능별 조직과는 달리 각 사업단위에 대하여 독자적인 생산, 마케팅 및 관리 권한을 부여함으로써 독립채산제를 실시할 수 있는 조직형태이다.

〈그림 13-11〉
사업부 조직

사업부 조직은 지속적인 사업확장, 책임경영체제 확립, 신속한 의사결정, 전략수립 및 실행의 용이성 등과 같은 장점이 있다. 사업부 조직을 도입함으로써 기업은 최고경영자의 과도한 업무를 경감시킬 수 있고, 제품별, 지역별 다각화를 통해 판매능력을 증대시킬 수 있기 때문에 성장기업의 조직설계에 유용하게 쓰인다.

그러나 사업부 조직을 도입하기 위해서는 기업규모, 제품계열의 수, 시장상황, 기술, 관리자의 능력, 이익책임단위, 목표관리제도, 업적평가제도, 보상제도 및 관리자 육성책 등과 같은 조건들이 충분히 갖추어져 있는지 검토해야 한다. 이러한 조건들을 고려하지 않으면 기대했던 성과를 달성하기 어려운데 사업부 조직을 도입한 상당수의 기업들이 이러한 문제에 직면하고 있다.

이러한 문제들을 해결하기 위해서는 본사에서 자문역할을 수행하는 스탭의 역량을 강화해야 하고 사업부를 담당할 자질을 갖춘 유능한 인재를 양성해야 한다. 또한 조건이 갖추어진 제품단위부터 단계적으로 사업부 조직으로의 변화를 시도해야 하며, 실질적으로 조건을 갖추고 있는 경우에만 사업부 조직을 도입해야 한다. 그러나 사업부 조직이 성공적으로 정착된 경우에도 다음과 같은 문제는 발생하게 된다.

우선, 분권적인 조직형태이므로 최고경영자가 하부조직을 통제하고 조정하는데 어려움이 따르며 이로 인해 자원과 노력을 낭비할 가능성이 커진다. 또한 각 사업단위는 독립적으로 운영되는 경쟁기업과 비교할 때 다각화에 따른 원가우위를 누리기가 어려우며, 기업전체 차원에서도 대규모 스탭조직 등으로 인해 관리비가 증가한다. 이에 따라 미국기업에서는 이러한 문제를 해결하기 위해 기술개발, 생산, 회계부서와 같이 서로 공통된 성격이 있는 하부구조를 통합하는 경향이 나타나고 있다(〈그림 13-11〉의 제5형).

3. 전략사업단위(SBU)

미국 기업조직의 발달사를 돌이켜 보면, 1970년대 이후 많은 기업체들이 사업부 조직을 바탕으로 다각화 및 대형화를 추구하였다. 이로 인해 조직이 복잡해지고 권한이 분산되어 통제가 불가능하게 되자 이러한 문제점을 해결하기 위하여 전략사업단위(SBU; strategic business unit)라고 불리는 새로운 기업조직이 설계되었다. SBU란 원활한 조정과 통제 및 업무효율 제고를 위해 주요한 전략요소를 기준으로 각 사업단위를 통합한 조직형태를 말하는데 다음과 같은 요건을 갖추어야 한다.

- SBU는 다른 SBU와 구별될 수 있는 독자적인 사업을 가져야 한다.
- SBU는 다른 SBU와 구별되는 분명한 경쟁자를 가져야 한다.
- SBU는 독자적인 능력을 가진 경쟁자로서의 자격이 있어야 한다.
- SBU는 독자적이고 종합적인 전략계획을 수립할 수 있어야 한다.

SBU는 기업조직의 어느 수준에서도 구성될 수 있다. 예컨대 비행기 또는 가전제품과 같은 것은 그룹차원의 SBU이고, 의료기기, 전자제품과 같은 것은 기업차원의 SBU이며, 흑백TV, 냉장고와 같은 것은 부/과차원의 SBU이다.

SBU의 가장 중요한 성격은 기업전략을 가장 작은 단위로 나누었을 때, 그 단위의 주체가 된다는 것이다. 따라서 SBU의 책임자는 전략계획의 기능을 가지며, SBU보다 한 단계 위에 있는 책임자는 평가에 대한 기능을 가질 뿐이다. 따라서 회장과 같이 기업의 최고경영자라 할지라도 SBU의 전략결정에 대해 직접적인 간섭을 해서는 안되며, SBU책임자에게 목표를 제시하고 기업전체차원에서 SBU의 전략에 대한 평가와 조정 역할을 맡아야 한다.

그러므로 SBU는 앞에서 언급한 사업부 조직의 장점을 대부분 그대로 유지하면서 사업부 조직의 단점으로 지적되는 조정 및 통제 기능을 높이고, 사업부간 전략불일치에 따른 자원과 노력의 낭비를 보완하는 장점을 지니는 조직유형이라고 할 수 있다.

GE의 SBU조직

GE의 경우 1968년 5명의 사장단과 10개의 그룹, 50개의 회사, 170개의 사업부에 달하는 조직을 형성하게 되었다. 이와 같이 조직이 커지자 본사의 통제는 그 기능을 잃게 되었고, 각 사업부의 활동을 장기전략계획에 연결시키는 것도 불가능하게 되었다.

이러한 문제점을 해결하기 위하여 존스 회장은 기업조직을 43개의 SBU로 나누고 각 SBU로 하여금 시장, 제품, 서비스, 설비 및 조직에 대한 책임과 권한을 모두 가지고 GE전체의 목표 및 전략 내에서 독자적인 계획을 수립하도록 하였다. 이후 GE는 성장성이 높은 SBU에는 집중적으로 자원을 배분하는 반면 성장성이 감퇴한 SBU에 대해서는 과감히 정리하는 등, 43개 SBU에 대한 효과적인 자원배분을 통해 1970년대의 가장 우수한 기업으로 평가받게 되었다.

4. 매트릭스 조직(matrix organization)

60년대를 거쳐 70년대에 들어오면서 점차 기업을 둘러싼 환경변화가 심화되자, 기존의 기능별 조직, 제품별 사업부 조직은 이러한 환경변화에 대처할 수 있는 유연성이 부족하다는 단점을 드러내었다. 따라서 소비자 중심의 시장 상황과 급변하는 환경변화에 적응하기 위해서는 이전의 조직유형과는 근본적으로 다른 조직을 설계할 필요성이 제기되어 제품별 조직과 기능별 조직을 결합하여 이중의 명령체계와 책임, 평가 및 보상체계를 갖춘 매트릭스 조직이 등장하였다.

매트릭스 조직의 가장 두드러진 특징은 프로그램위주의 조직라인과 기능위주의 조직라인이 겹쳐져 매트릭스를 형성하기 때문에 기능위주의 경영자와 프로그램위주의 경영자는 조직에 소속된 개인 및 소수의 그룹에 대한 명령 및 통제 권한을 공유하게 된다는 점이다. 따라서 구성원들은 프로그램위주의 업무와 기능위주의 업무를 동시에 담당하게 되며, 매트릭스 조직을 채택한 기업은 다음과 같은 장점을 지니게 된다.

- 융통성을 가지게 되어 고객들의 다양한 요구에 부응할 수 있게 된다.
- 경영활동이 팀 단위로 이루어지므로 조직구성원 사이에 협동관계가 형성된다.
- 개인의 창의력 및 능력을 발휘할 기회가 주어진다.
- 전략적 사고를 할 수 있는 유능한 경영자를 양성할 수 있다.

이러한 장점을 지닌 매트릭스 조직은 기존조직의 장점을 모두 받아들인 조직으로 각광받고 있는데, 특히 다각적인 협력이 필요하고 전략적 가치가 높은 업무 중심인 기업이나 고도로 전문화된 재화나 용역을 개발하여 판매하는 기업에 적용될 때 그 장점이 크게 나타날 수 있다.

그러나 이러한 조직형태에서는 이중 명령구조로 인해 기능부문과 프로그램부문 사이의 갈등이 발생할 가능성이 높다. 또한 매트릭스 조직은 진보적인 조직형태인 만큼 제대로 이해되고 정착되기까지 많은 시간이 걸리기 마련이다. 그러므로 매트릭스 조직을 적용할 때 이와 같은 문제를 일으키지 않으면서 제대로 기능을 발휘하도록 하기 위해서는 다음과 같은 조건들이 충족되어야 한다.

- 매트릭스 조직을 능숙하게 운영할 경영자를 선발, 교육해야 한다.
- 구성원의 성과를 제대로 평가할 제도적 장치가 마련되어야 한다.
- 이중역할에 따른 역할모호성을 감소시킬 대책을 준비해야 한다.
- 기능부문 경영자의 권한을 위양하려는 자세가 확립되어야 한다.
- 기능부문과 프로그램부문 사이에 세력균형이 이루어져야 한다.
- 개방적이며 협동적인 조직분위기가 조성되어야 한다.
- 제대로 적응하지 못하는 구성원에 대한 처리방법이 마련되어야 한다.

자료: Beer, M., *Organization Change and Development: A Systems View*, Goodyear Publishing, 1980.

텍사스 인스트루먼트(Texas Instruments)는 〈그림 13-12〉에서 보듯이 1972년 당시 소비자의 관점에서 재료, 부품, 설비, 서비스의 4개 부문으로 구성된 기능별 조직과 독립된 회계책임을 지는 77개의 제품소비자센터(PCC; product customer center)라고 불리는 프로그램을 결합하여 매트릭스 조직을 운용하였다.

이와 동시에 기능중심의 경영자와 프로그램중심의 경영자를 각각 임명하는 것이 아니라 개인 또는 소수의 그룹에게 기능을 중심으로 한 업무관리자(operating manager)와 프로그램을 중심으로 한 전략관리자(strategic manager)의 역할을 동시에 부여한 후, 그들에게 장기적인 성장과 단기적인 이익을 동시에 추구하도록 하였다.

〈그림 13-12〉 텍사스 인스트루먼트사의 조직형태

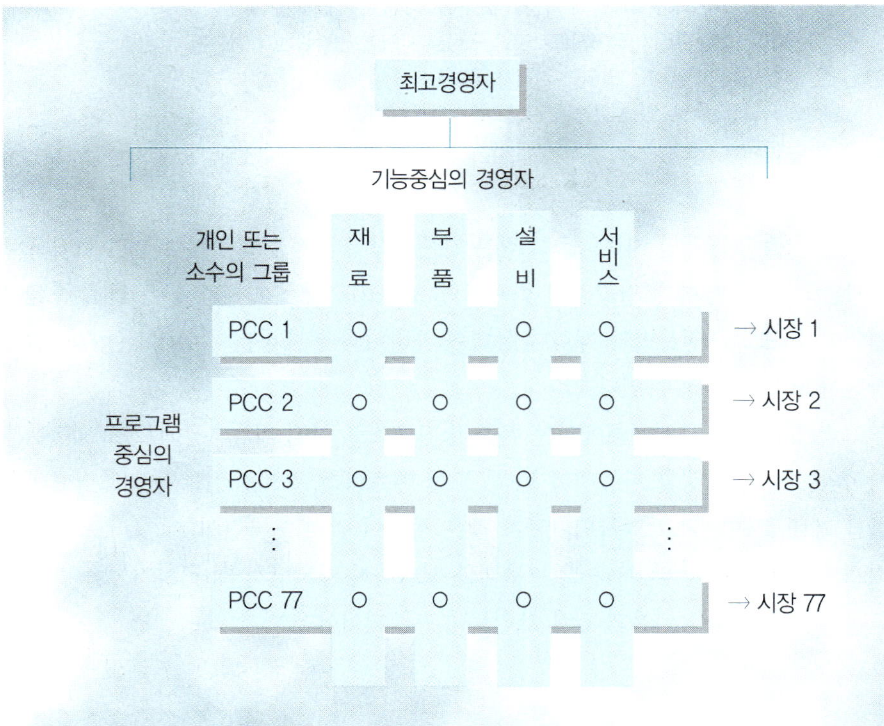

5. 수평형 조직

환경이 급격히 변함에 따라 수직적 조직은 많은 문제점을 드러내고 있다. 예컨대 수직적 조직은 규모가 커짐에 따라 조직을 유지하기 위해 고객만족보다는 내부효율성을 중시하게 되며, 이로 인해 내부 프로세스를 조정하는데 불필요한 자원을 낭비하는 경우가 많다. 또한 사소한 일을 처리하는 경우에도 많은 단계를 거치기 때문에 의사결정이 이루어지기 어려우며 개인의 능력을 충분히 발휘하는 것 또한 힘들다.

이와 같은 수직적 조직의 문제점을 극복하고 급변하는 환경에 신속하게 대응할 수 있는 새로운 개념인 수평형 조직이 미국기업들 사이에서 널리 채택되고 있는데, 수평형 조직이란 한마디로 피라미드식 계층구조를 없애고 기업활동을 고객의 관점에서 몇 개의 핵심 프로세스로 나누어 프로세스 단위로 업무가 이루어지는 조직을 말한다.

〈그림 13-13〉은 수평형 조직의 개념을 예를 들어 설명한 것이다. 그림에 따르면 핵심 프로세스는 신제품개발 프로세스, 판매 프로세스, 고객지원 프로세스로 구성되며 각 프로세스의 책임자는 최고경영자가 임명한다. 그리고 각각의 핵심 프로세스를 운영하기 위해서 프로세스별로 전사차원의 팀을 조직한다. 예를 들면, 신제품 개발 프로세스의 경우 시장분석팀, 전략입안팀, 설계팀을 구성하여 프로세스 활동을 하고 있는 것을 알 수 있다.

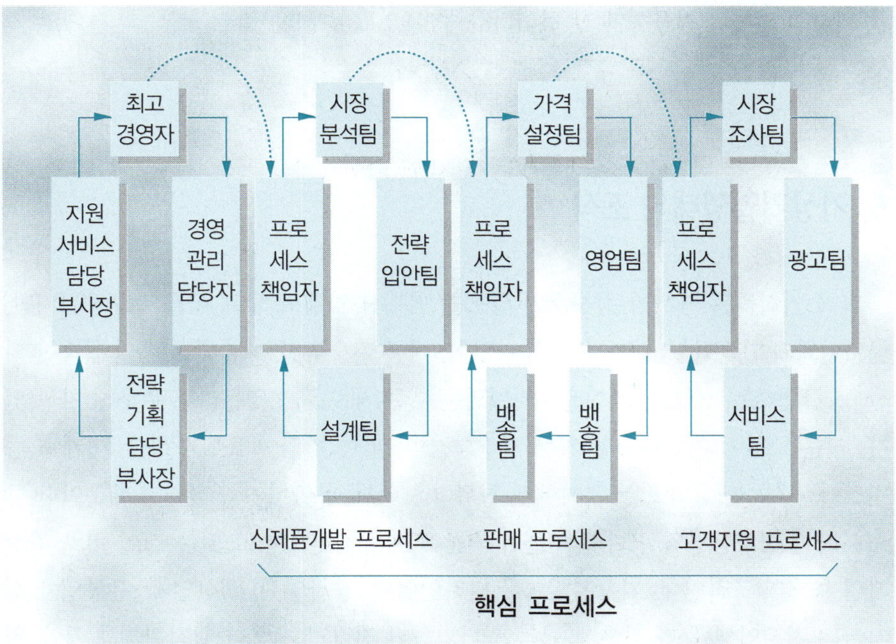

〈그림 13-13〉
수평형 조직의 개념

자료: *Business Week*, 1993. 12. 20.

수평형 조직의 개념을 이해하는데 있어 유의해야 할 점은 완전한 수평형 조직으로 이행하기 위해서는 몇 가지 중간 단계를 거쳐야 한다는 점이다. 이를테면, 수평형 조직으로의 진행단계 초기에는 태스크포스팀의 형태가 나타날 수 있다. 그리고 이 팀이 점차 발전하여 신제품개발 프로세스 모두를 수행하는 다기능팀이 되고, 전사차원으로 발전하면 마침내 완전한 수평형 조직이 될 수 있는 것이다. 수평형 조직을 구축할 때 핵심 포인트는 다음과 같다.

- 업무를 기능중심이 아닌 프로세스중심으로 조직화하라.
- 비효율을 제거하기 위해 계층을 최소화하라.
- 핵심 프로세스를 운영하기 위해 팀제를 활용하라.
- 고객만족을 성과의 측정기준으로 잡아라.
- 보상은 개인단위가 아니라 팀의 성과에 따라 지급하라.
- 모든 조직구성원들이 스스로 의사결정하고 성과를 높이도록 동기부여하라.

물론 이상에서 설명한 수평형 조직이 기존조직에서 발생하는 모든 문제를 해결해 주는 것은 아니지만, 우리 나라 기업들도 사이클 타임의 단축이나 구성원의 높은 몰입, 권한위양 등을 통한 실질적인 성과개선이 필요한 상황이기 때문에 수평형 조직을 적극 도입하고 활용해야 할 것이다.

6. 가상기업형태의 조직

과거 기업들은 자사의 경쟁우위 확보를 최우선 과제로 삼고 이를 추구해왔지만, 글로벌화의 가속화, 소비자 욕구의 다양화, 빠른 기술혁신, 기술과 시장의 급속한 확산 등 급변하는 경영환경 속에서 과거와는 다른 새로운 경영논리를 추구해 가고 있다. 이는 나날이 치열해져만 가는 경영환경 아래 한 기업이 R&D, 생산, 마케팅 등 비즈니스 시스템상의 모든 분야에서 경쟁력을 확보, 유지하기가 힘들기 때문이다.

이러한 경영환경의 변화와 더불어 최근에 새로이 등장하고 있는 것이 바로 가상기업 형태의 조직인데, 가상기업이란 디자인업체, 공급업체, 생산업체, 유통업체 심지어는 경쟁업체 등과 같은 독립적인 기업들이 전략적 제휴나 합작관계를 통해 형성하는 기업 네트워크로서, 특정 목적을 달성한 후에는 해체되는 한시적인 기업형태이다.

가상기업은 환경 및 고객의 욕구변화에 대한 적응력이 뛰어나면서도 외부자원을 효과적으로 활용할 수 있는 유연한 조직형태를 취하게 되는데, 다시 말해 가상기업은 수시로 그 모습을 변경할 수 있는 미래의 기업형태라 할 수 있다. 〈그림 13-14〉는 전통적 조직에서 가상기업으로 변화하는 모습을 나타낸 것이다. 그림에서 나타난 바와 같이 가상기업 형태의 조직은 동적인 네트워크(dynamic network)를 구축하고 있음을 알 수 있다.

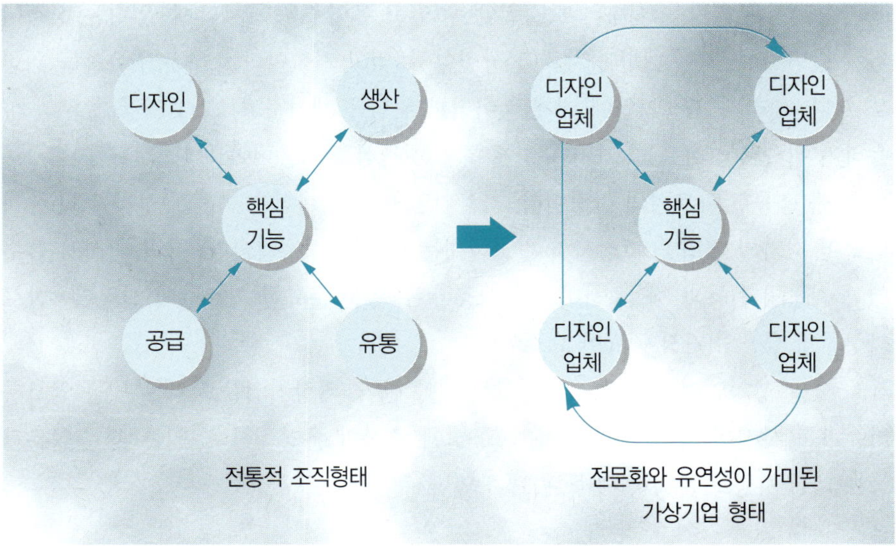

〈그림 13-14〉
조직형태의 변화

오늘날에는 이러한 가상기업의 형태가 기업의 규모에 관계없이 여러 분야에서 나타나고 있는데, 특히 기술혁신 속도가 빠른 전기전자 부문에서 신기술 습득과 신시장 조기 진출을 목적으로 도입, 실행되고 있다. 우리 나라에도 전형적인 가상기업 형태의 조직이 등장하였는데, 5개 패션기획 전문업체 사장이 모여 설립한 패션컨설팅회사인 그루피아가 바로 그것이다. 그루피아는 이름만 있을 뿐 별도의 건물이나 직원이 없으며, 5명의 사장들이 매주 한 차례 회의를 갖는 것 이외에는 각자 자신의 업무를 수행한다. 그러나 컨설팅 의뢰가 들어오면 그루피아의 실체가 드러나게 되는데, 전문영역별로 각사의 역량을 결집하여 최상의 서비스를 제공하게 되는 것이다. 〈그림 13-15〉는 지금까지 설명한 그루피아라는 가상기업 형태의 조직을 나타낸 것이다.

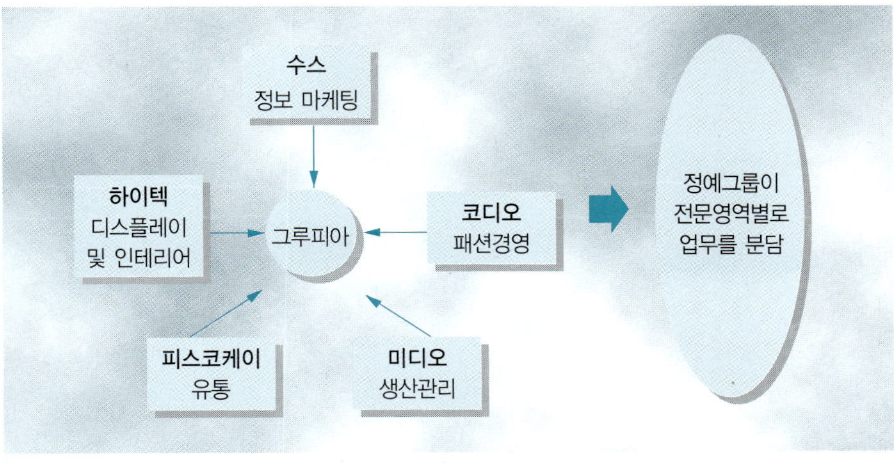

〈그림 13-15〉
그루피아의 조직형태

가상기업은 역량을 신속하게 결집할 수 있고 유연성을 확보할 수 있다는 장점이 있는 반면, 협력자에 대한 통제력을 상실할 수 있고 기술이나 노하우가 유출될 위험도 있다. 따라서 가상기업에 내재된 이러한 위험을 제거하고, 그 효과를 충분히 향유하기 위해서는 다음 몇 가지 요소에 특별히 관심을 기울여야 한다.

첫째, 훌륭한 파트너의 선정이다. 가상기업 성공의 핵심은 이를 구성하고 있는 기업들이 각자의 역량을 결집시켜 창출해내는 상승된 경쟁력이다. 따라서 신뢰할 수 있고 최상의 기능과 제품, 서비스를 제공할 수 있는 훌륭한 파트너의 선정이야말로 가상기업 성공의 가장 중요한 요소이다.

둘째, 가상기업의 구성목적을 명확히 해야 한다. 가상기업을 통해 무엇을 얻고자 하는가를 사전에 명확히 해야 하며, 동시에 조직의 운영규칙, 이익분배, 손실분담 등에 대한 사항도 분명히 해 둘 필요가 있다.

가상기업조직의 실패사례

IBM은 과거 PC시장에 신속히 진출하기 위해 마이크로프로세서 분야의 인텔과, 응용소프트웨어 분야의 마이크로소프트와 제휴하는 등 핵심기술 분야에서 가상기업을 구성하였다. 처음에는 이러한 결정이 많은 찬사를 받았으나, 결국 IBM은 제휴업자 및 시장을 통제할 수 없어 가상기업의 이점을 살릴 수 없었다.

또한 애플과 텔레패드는 각각 소니와 인텔이라는 훌륭한 파트너와 제휴함으로써 큰 성공을 거두었지만, 반대로 인텔은 파트너 선정에 실패하여 곤경에 처하기도 하였다. 즉 인텔은 플래쉬 메모리 분야에서 주도권을 잡기 위해 샤프 및 NMB와 제휴하였으나, NMB의 생산라인이 부족해 시장점유율이 1년 동안 무려 20%나 하락해 버렸다.

제 4 절 조직구조와 기업문화

경영자는 환경 변화를 기회로 삼을 수 있도록 적절한 전략을 추구하여야 하며, 이러한 전략 변화를 가능케 하기 위하여 조직의 변화를 고려하여야 한다. 그러나 아무리 훌륭한 전략에 입각해 조직의 변화를 시도한다 할지라도 그것이 반드시 목표한 만큼 성과로 연결되는 것은 아니다. 왜냐 하면 구성원 공통의 가치체계 및 행동양식, 즉 기업문화를 새로운 전략과 조직에 맞도록 변화시킬 때 비로소 전략이 지향하는 목표를 달성할 수 있기 때문이다.[1)]

1. 개념

우선 기업문화의 개념에 대해 알아보자. 기업문화란 '하나의 기업에 속한 구성원들이 외부 환경을 받아 들여 장기간에 걸쳐 시행착오를 거친 결과 형성된 공동의 가치관'이라 할 수 있다. 다시 말해서 기업에게 주어진 외부환경 속에서 오랜 시간의 경험을 통해 형성된 기업 나름대로의 특성을 말하며, 사람들이 각자의 개성을 지니고 있듯이 기업도 기업 나름대로의 독특한 특성을 '문화'의 형태로 지녔음을 뜻하는 것이다. 개인의 능력과 가능성을 판단하는 데 있어 개인의 특성이 중요하듯이 기업의 능력과 가능성을 판단하는데 있어 기업문화는 중요한 요소이며 이를 효과적으로 활용할 수 있느냐의 여부가 기업의 경쟁력을 결정한다는 점에 대해서는 이론의 여지가 없다.

1) 조동성, 『알기쉬운 경영전략』, 비봉출판사, 1992, pp.262~270을 수정보완하였음.

2. 전략적 의미

그렇다면 이처럼 중요한 '기업문화'가 왜 최근에 와서야 주목받기 시작했으며 누가, 언제, 무엇을 계기로 왜 연구하게 되었을까 하는 의문이 제기된다. 이러한 의문을 풀기 위해서는 처음으로 '기업문화'라는 개념을 제시하면서 본격적인 연구를 시작했던 미국 경영학계의 움직임을 살펴볼 필요가 있다.

미국은 두 차례에 걸친 세계대전을 치르면서 세계경제사의 명실상부한 주역으로 등장하여 막강한 영향력을 행사해 왔지만, 1960년대의 월남전 개입과 70년대의 석유위기 등 여러 가지 시련으로 점차 그 영향력을 잃어가기 시작했다. 이처럼 미국경제가 대외경쟁력을 잃게 되자 1970년대에 들어서는 이를 극복하기 위해 그 원인분석을 시작하였고, 그 결과 새로운 경영이론이 제시되었는데, 그 중 가장 두드러진 것이 '기업문화'의 개념이다. 이는 미국 기업들에 비해 독특한 경영방식을 지닌 일본 기업들이 보다 우월한 성과를 보이자 일본 기업들을 연구하여 일본식 경영의 장점을 배우려는 학자들에 의해 어렴풋이 도입되기 시작한 것이었다.

그러나 일본의 독특한 문화적 특성에 기인한 일본식 경영방식을 역사와 상황이 다른 미국 기업에 그대로 적용시킬 수는 없었으므로 새로운 대안이 모색되었는데 그것이 바로 스스로의 강점을 더욱 강화시키는 방법이었다. 즉 몇몇 미국 기업들이 그들의 경쟁력을 그대로 유지했을 뿐 아니라 오히려 그들의 영향력을 더 확대하였음에 착안하여 미국식 경영방식에서의 공통적 강점이 무엇인지를 연구하기 시작했고, 이와 함께 기업문화의 개념이 미국의 경영계에 널리 알려지게 되었으며, 어떤 정책이건간에 이를 수용하는 기업문화의 건전한 발전이 기업경쟁력의 관건이라는 인식이 보편화되었다.

즉 〈그림 13-16〉에서 볼 수 있듯이 기업환경의 변화에 따라 기존의 전략을 수정하여 바람직한 전략을 수립한다 할지라도 수정된 전략이 기업문화 안에서 채택, 실시되지 않는다면 그 기업은 달성하고자 하는 소기의 경영성과를 달성할 수 없다.

〈그림 13-16〉
기업환경이 경영성과에 미치는 과정

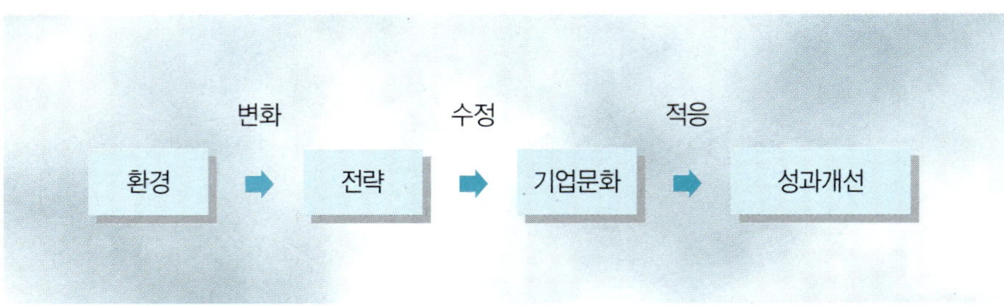

따라서 기업의 경영자는 기업환경의 변화를 끊임없이 주시하고 이를 기업전략에 능동적으로 반영하는 한편, 기존의 기업문화와 새로운 가치관의 도래에 따른 새로운 기업문화로의 변화양상에도 관심을 갖고 이를 건전히 발전시켜 나가야 할 것이며, 이렇게 될 때 기업의 경영성과를 원하는 수준으로 끌어올릴 수 있을 것이다.

3. 영향 요인[2)]

기업문화는 주어진 환경하에서 목표를 추구하는 과정에서 형성된다. 기업은 사회를 구성하는 여러 조직 가운데 하나이므로 기업문화는 사회문화와 산업문화라는 거시환경으로부터 영향을 받는다. 또한 과정에서 기업문화는 최고경영자가 지닌 철학과 전략 등 기업의 내부 환경으로부터도 많은 영향을 받는다.

(1) 사회문화와 산업문화

사회문화가 기업구성원의 가치관과 행동에 영향을 준다는 것은 자명하다. 사회문화와 기업문화사이의 관계는 비교문화적 관점에서 사회 가치(cultural value)를 중심으로 많이 연구되어져 왔다. 특히 홉스테드(Hofstede)의 연구는 개인－집단중심(individualism－collectivism)과 권력중심(power distance), 불확실성 회피(uncertainty avoidance)와 남성－여성중심(masculinity－femininity) 등으로 대표되는 사회문화적 특성이 기업의 목적과 조직구조, 경영방침, 리더십 행동 등 기업문화 특성과 어떻게 밀접한 관계를 맺고 있는지를 설명해 준다.[3)]

사회문화적으로 개인중심성이 높고 권력중심성이 낮은 미국기업에서는 구성원의 자아실현과 능력주의, 종업원중심적 리더십이 강조된다. 반면, 집단중심성이 높고 권력중심성이 높은 우리 나라 기업에서는 자아실현보다는 특정 집단에 대한 복종심과 권위적 리더십, 체면 등이 중요하다. 또한 여성중심적 일부 유럽국가(스웨덴, 덴마크, 핀란드 등)의 기업구성원들은 노동생활의 질(quality of work life)을 중요시하는 반면, 남성중심적 우리 나라나 일본의 기업구성원들은 성취동기가 강하고 양적 성장을 강조한다.

---

2) 이학종,『전략경영』, 박영사, 1997, pp.399～403을 수정인용하였음.

3) Hofstede, G., *Culture's Consequences: International Differences in Work-Related Values*, Sage Publications, 1980.

산업도 사회문화와 마찬가지로 기업문화에 많은 영향을 미친다. 제조업과 서비스업은 기술과 조직, 조직행동 등에 있어 본질적으로 다르고, 제조업 중에서도 섬유, 전자, 건설, 기계 등 산업의 성격에 따라서 조직과 문화가 각각 다르다. 산업문화(industry culture)는 근본적으로 제품과 기술, 산업구조에 따라 그 성격을 달리하며, 산업에 속해 있는 기업체들의 문화특성에 많은 영향을 준다.

〈그림 13-17〉
기업문화의 영향 요인

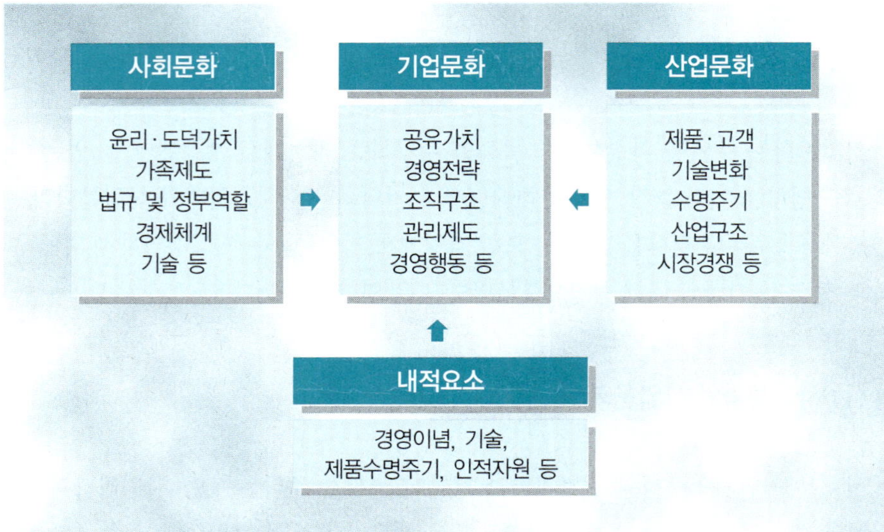

(2) 기업내부

사회와 산업의 문화적 특성은 기업문화에 영향을 미친다고 볼 수 있다. 반면 기업내부의 영향요인은 기업문화 형성에 결정적인 영향을 미친다. 기업문화에 영향을 주는 기업내부의 환경요인으로는 창업자와 핵심인물, 기술과 인적자원, 제품수명주기 등을 들 수 있다. 기업문화는 근본적으로 구성원들의 공유 가치인 만큼 기업이 무엇을 어떻게 공유가치로 개발할 것인지는 창업자나 경영자 등 핵심인물이 가진 철학에 달려있다. IBM의 고객서비스, 마쓰시타의 마쓰시타 정신 등은 창업자나 경영자의 경영이념을 공유가치화한 대표적인 예다. 우리 나라에도 삼성의 질경영, LG의 고객을 위한 가치창조, 선경의 패기, 쌍용의 100년사 창조 등의 예가 있다.

기술(technology)은 기업이 투입을 산출로 전환시키는 데 활용하는 기계, 설비와 도구, 구성원들의 지식 등을 모두 포함하는 것으로써, 구성원들의 사고방식과 행동에 영향을 미친다. 특히 생산기술과 정보기술은 능률과 성과에 큰 영향을 주는것으로써, 기술의 성격과 수준에 따라서 구성원들의 전문성과 다양성, 가치관과 행동, 조직구조와 관리시스템 등에 영향을 미친다.

(3) 기업성숙도

기업이 창업기, 성장기, 성숙기, 쇠퇴기의 어느 단계에 있느냐에 따라서 기업문화도 각 단계별로 상이한 특성을 나타낸다. 창업기와 성장 초기에는 창업자나 측근의 경영이념을 중심으로, 생존경쟁을 해 나가는 과정에서 기업문화가 형성된다. 따라서 창업자 중심의 뚜렷하고 통합적이며 강한 기업문화가 이 단계의 특징이다.

성장 중기에는 신제품 개발, 신시장 개척, 국제화, 다각화, 인수 · 합병 등을 통한 지속적인 성장 속에서 기업규모는 대형화되고 경영은 극도로 복잡해진다. 창업자 중심의 통합된 기업문화를 유지하기가 점점 어려워지고, 오히려 사업, 기능 지역에 적합한 하위문화의 압력이 점차 커진다. 따라서 다양한 하위문화와 함께 조화되고 일관성 있는 통합적인 기업문화를 개발하는 것이 중요한 과제로 부각된다.

성장률이 둔화되어 기업이 성숙기로 들어되면 조직이 침체되기 시작하면서 문제가 발생하는데, 이 시기가 기업문화 관점에서 가장 어려운 시기이다. 구성원들은 의욕과 동기를 상실하게 되고, 새로운 전략이나 기술개발을 시도하더라도 경영층의 지원이 부족하여 의욕이 소멸되기 쉽다. 따라서 성숙기나 쇠퇴기에서는 강하게 뿌리내린 기존문화에서 탈피하여, 적극적이고 도전적이며 개방적이고 외향적인 기업문화를 개발하는 것이 큰 과제로 제기된다.

성숙기와 쇠퇴기에 새로운 기업문화를 개발하는 것은 가장 어려운 과제이므로 최고경영층의 강력한 리더십과 획기적인 조직구조 및 경영체계의 개혁, 적극적인 조직개발활동 등이 요구된다.

〈표 13-6〉
기업성숙도와
기업문화의 특성

성숙단계	기업문화	기업문화 개발, 변화방법
창업기 성장 초기	창업자 중심 구성원들의 통합적 기업문화 강한 기업문화	창업자의 적극적 개입 사회화 과정
성장 중기	사업별, 기능별, 지역별 다양한 하위문화 하위문화 중심의 통합적 기업문화 환경변화에 대한 적응적 기업문화	계획적 조직개발 구성원들의 참여
성숙기 쇠퇴기	구성원들의 의욕, 동기, 자신감 저하 권위적, 관료적, 폐쇄적, 내향적 기업문화 환경변화에 무감각, 무관심	계획적 조직개발 획기적, 강압적 전환방법

4. 구성요소

기업문화를 보다 구체적으로 이해하기 위해서는 기업문화의 구성 내용을 살펴볼 필요가 있다. 피터즈와 워터만은 기업문화의 구성요소로서 공유가치, 전략, 구조, 제도 및 절차, 구성원, 관리기술, 그리고 행동 및 관리스타일 등 일곱가지 요소를 제시하였다.

〈그림 13-18〉
기업문화의 구성요소(7S)

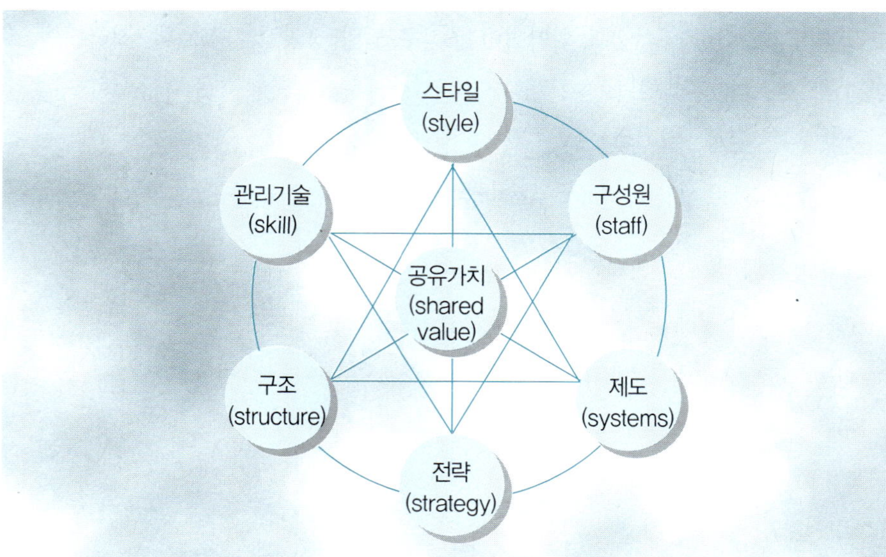

이들은 이 중에서 공유가치(shared value)가 가장 중요한 역할을 수행한다고 보고 있다. 왜냐하면 공유가치는 다른 요소들을 연결시켜 주는 핵심적인 요소로서 기업 구성원들이 공동으로 소유하는 기본적인 가치관과 이념을 의미하기 때문이다.

기업문화의 두번째 구성요소인 전략(strategy)은 기업의 장기적 방향과 기본성격을 지배하는 중요한 요소로서 보다 높은 수준에서 기업목표를 달성하기 위한 틀을 제공해 준다. 세번째로 구조(structure)는 전략을 수행하는 데 필요한 조직형태와의 상호관련성을 뜻하며 이는 기업성과의 중요한 원천이 된다. 네번째로 제도 및 절차(systems)란 기업의 운영과 관련된 모든 제도 및 절차, 시스템을 말하며 조직구조와 함께 구성원의 행동과 성과에 영향을 미친다.

다섯번째 요소는 기업을 구성하고 있는 사람들(staff)로서 이들 개개인의 특성은 공유가치와 기업문화 자체에 직접적인 영향을 미치게 된다.

여섯번째로 스타일(style)이란 기업구성원의 행동, 스타일 및 리더십을 말하며 이에 따라 기업의 분위기가 많은 변화를 보이게 된다. 기업문화의 구성요소 중 마지막 요소는 관리기술(skill)이다. 기업운영에 실제로 적용되고 있는 것으로써 구성원의 행동 · 관리 스타일과 더불어 기업의 성과에 직접적인 영향을 미친다.

기업의 공유가치

미국 기업의 경우, 컴퓨터의 대명사 IBM은 고객 서비스, 5만여개의 제품을 생산하는 3M은 창의성, 그리고 스낵 음식의 선도자 맥도날드 햄버거는 품질과 서비스 · 청결을 그들의 공유가치로 하고 이를 중심으로 독자적인 기업문화를 구축하고 있다.

일본의 경우에도 제각기 공유가치를 지닌 여러 기업들이 있으며, 그 중에서도 혼다와 마쓰시타는 서로 대조적인 성격의 공유가치를 바탕으로 독특한 기업문화를 구축하고 발전시켜 온 것으로 유명하다. 혼다는 인간의 개성과 자유, 그리고 창의성이 최선의 가치인 혼다이즘(Hondaism)을 공유가치로 삼고서 자율적, 참여적 경영을 표방해 온 반면, 마쓰시타는 사회봉사와 협력에 입각한 정신을 중심으로 철저한 관리제도를 통해 세계 제일의 전자기기회사를 만들었던 것이다. 이에 따라 혼다의 경우는 사원들이 청바지에 티셔츠 차림으로 출근하는 등 자유로운 분위기를 형성한데 반하여, 마쓰시타는 신도적 태도와 질서정연한 조직분위기를 형성시켰다.

우리 나라의 경우도 혼다와 마쓰시타 기업문화에 비견될 만한 예를 현대그룹과 삼성그룹에서 찾을 수 있다. 즉 작업복과 단발에 검소하고 뚝심있는 인상으로 '하면 된다(Can Do Spirit)'는 현대그룹의 '행동주의'와 정장에 단정한 머리, 말쑥한 인상으로 완벽에 도전하는 삼성그룹의 '제일주의'가 바로 그것이다.

5. 환경변화와 기업문화의 변혁

먼저, 기업의 공유가치적 측면에서 볼 때 환경변화는 기업이 더 이상 이기적, 배타적 목적을 추구하지 못하도록 하고 사회적 책임을 인지하도록 적극적으로 요구하기 시작하였다. 전략적 측면에서도 외형 제일주의를 지향하는 기업보다는 바람직한 이미지를 구축하는 기업이 더욱 높이 평가되는 방향으로 사회의 인식이 전환되었다.

조직구조면에서도 과거 소유경영자의 장자세습과 족벌경영이 당연시되던 사회적 인식이 아직 완전히 사라진 것은 아니지만, 점차 전문경영인이 기업의 주요 인물로 부각되기 시작하였으며, 혈연, 학연, 지연 등에 의한 배타적 인사관리제도도 능력위주의 개방적 체제로 전환되기 시작했다. 또한 구성원 행동양식 및 관리스타일에 있어서도 독단적, 권위지향적 리더십보다는 조화와 균형에 의한 합리성이 강조되기 시작하였고, 구성원들도 자신의 합리적 판단에 따라 행동하게 되었다.

Recommended Readings

피터 드러커 저, 이재규 · 서재현 역, 『미래의 조직』, 한국경제신문사, 1998.

조동성, 『21세기를 위한 전략경영』, 서울경제경영, 2002.

Astley, W. G., "Organization Size and Bureaucratic Structure", *Organization Studies*, Vol. 6, 1985.

Bedrian, A. G. & Zammuto, R. F., *Organization Theory and Design*, Dryden Press, 1991.

Daft, R. L., *Organization Theory and Design*, West, 1983.

Markides, C. & Williamson, P. J., "Corporate diversification and organizational structure: A resource-based view", *Academy of Management Journal*, Vol. 39, 1996.

Miles, R. E., "Adapting to Technology and Competition: A New Industrial Relation System for the 21th Century", *California Management Review*, Winter 1989.

Robbins, S. P., *Organization Theory: Structure, Design and Applications*, Prentice-Hall, 1990.

Spertus, P., "It's Easy to Fool the Boss", *Management Review*, May, 1992.

Thomas, Jr., R. R., "From Affirmative Action to Affirming Diversity", *Harvard Business Review*, March-April 1990.

Tjesvold, D., *The Conflict Positive Organization: Stimulate Diversity and Create Unity*, Addison-Wesley, 1991.

C
조동성 교수의 경영 · 시사 칼럼
olumn

분사, 아웃소싱, 창업지원 등 기업주도 실업대책 최우선

한국경제가 성장의 길을 질주하기 시작한 1961년 이후 작년까지 만 36년이 흘렀다. 한국이 일본의 압제 밑에서 고생한 34년 11개월 반보다도 1년 반 더 긴 이 기간 동안, 한국은 절대빈곤의 후진국에서 개도국, 중진국으로 발전하면서 선진국으로 향한 길을 숨가쁘게 달려왔다. 경제규모는 GNP 기준으로 21억달러에서 4,374억달러로 208배 증가하였고, 1인당 국민소득은 82달러에서 9,511달러로 116배 증가했으며, 실질 성장률로는 연평균 약 8.3%씩 상승하였다.

이 기간 동안 한국경제에는 성장률이 마이너스로 돌아선 해가 한 번 있었다. 1980년에 6.2%만큼 경제규모가 감소한 것이다. 이 당시 한국경제는 국내외에서 동시에 어려운 상황을 맞이했었다. 해외에서는 1979년 가을에 일어난 제2차 석유위기에서 비롯한 세계경기 침체가 수출시장을 위축시켰고, 국내에서는 같은 해 부마사태에 이은 박 정희 대통령 암살사건과 12.12 쿠데타 이후 발생한 정치적 불안이 결국 1980년으로 들어와 5.18사태로 치달으면서 내수시장과 기업의 투자를 극도로 얼어붙게 만들었다.

그 후 한국경제는 성장률이 마이너스로 돌아간 해가 한 번도 없을 정도로 꾸준하게 성장해왔다. 다만 올해 들어 경제가 침체국면을 맞이하고 있고, 그 결과 5월말 기준 경제성장률이 -3.8%로 떨어졌다. 정부에서는 올해 경제성장률을 -2%로 예측하고 있으나, 기업투자가 꽁꽁 얼어 붙어있는 모습을 감안할 때 이보다 더 내려가리라는 예감이 든다. 그러나 GNP 기준 경제규모가 1981년의 671억달러에서 6.5배 커졌고, 수출규모는 212억달러에서 1,361억달러로 6.4배 증가했으니, 그 당시 경제보다는 지금 경제가 여러 가지 면에서 더 낫다고 볼 수 있다. 이같이 1980년과 1998년의 경제지표만을 비교하면 이번 경제위기가 18년 전 보다는 훨씬 쉽게 극복할 수 있다는 해석이 가능해진다.

그러나 이번 위기는 그 때 경험하지 못한 대량 실업이라는 심각한 문제를 내포하고 있다. 98년 5월 말 기준으로 우리 경제는 실업자 143만 명, 실업율 6.7%라는 과거 어느 때에도 경험하지 못한 수치를 보이고 있다. 물론 1929-33년의 대공황(the Great Depression) 당시에 미국에서 보였던 25% 실업율이나, 제2차대전 직후의 패전국인 독일과 일본에 나타났던 30% 대의 실업율, 80년대 초 IMF구제금융을 받은 터키의 40% 실업율, 그리고 경기회복세에 있음에도 영국을 제외하고는 여전히 10-20%의 실업률을 나타내고 있는 서유럽국가들에 비한다면 이 수치는 그리 높은 편이 아니다.

그러나, 경제위기에서 가장 고생을 많이 하고 희생을 감수해야 하는 계층은 역시 일반 대중이고, 특히 실업자이다. 앞으로 실업자가 지금 수준에서 얼마나 더 늘어날 것인가에 대해서는 여러 견해가 있지만, 한국경제가 선진국 수준으로 발전하기 위해서 필요한 인력감축을 계산해 보면 현실적인 결론이 나온다.

미국은 경쟁력이 일본 기업 수준보다 현저하게 떨어졌던 10여 년 전에 생산성을 회복하기 위해 1979년-1995년 사이에 4,300만 명의 직장인을 해직했다. 이 숫자는 미국 노동인구 1억4천 명의 30.7%로서 공교롭게도 연초에 김대중 대통령이 국민들에게 30%의 고통분담을 하자고 호소한 비율과 정확하게 일치한다. 만일 오늘날 한국의 경쟁력이 과거 미국의 경쟁력과 같은 수준이라면 한국이 선진국 수준으로 발전하기 위해서는 한국 노동인구인 2,100만 명의 30%인 630만 명이라는 정리해고 대상인력이 나온다. 이 숫자는 현재 우리가 안고 있는 실업자 수의 4.3배에 달하는 규모이다. 물론 이 많은 해고 인력은 한꺼번에 쏟아져 나오는 것이 아니라, 각 기업이 생산성을 높이기 위해 인력구조 조정을 해 나아가는 과정에서 감축해야 할 연 인원이다. 그러나 한국 기업들이 생산성을 회복하고 경쟁력을 갖춘 선진국 기업 수준으로 거듭 태어나기 위해서는 이렇게 엄청난 실업인구를 발생시키는 것 외에 다른 도리가 없다.

이렇게 많은 실업자를 수용해야 하는 상황에서 우리는 모든 가용 자원을 동원하여 국가 차원의 대비에 만전을 기해야 한다. 그 첫 번째는 농업부문의 실업자 흡수로서, 터키의 경우에는 이 방법으로 순간적인 어려움을 극복할 수 있었다고 한다. 그러나, 한국의 경우에는 GNP의 7%밖에 차지하지 않는 농업부문에 종사하는 인구가 14%에 달하여 전체 산업 대비 생산성이 1/2밖에 안 된다. 따라서 농업에서 흡수해 줄 수 있는 실업자 수에는 한계가 있다.

두 번째는 국가보험으로 주로 서구 사회주의 국가에서 사용하는 방법이다. 한국의 경우 실업보험 명목으로 배정된 액수가 8조원에 달하지만 이 액수를 630만 명으로 나누면 1인당 한 달의 수당에 해당하는 127만원에 불과하다. 이 액수는 평균 실직 기간을 2년으로 볼 때 필요 규모의 4%밖에 안 된다.

세 번째는 사회보험이다. 이 부문에서는 한국이 다른 나라에서 찾을 수 없는 독특한 전통을 가지고 있다. 즉 가족, 친지, 친구 등 주변에서 특별한 상황이나 어려운 곤경에 처한 사람들을 도와주는 것이다. 예컨대 결혼이나 장례 시 주변에서 거두어 주는 부조금, 부의금은 재정적으로 당사자에게 큰 역할을 한다. 그러나 이 방법은 예외적인 상황에나 적용되는 것이지, 오늘날같이 주변에 수많은 실직자에게 해당되기는 어렵다.

네 번째는 가족보험이다. 한국에서는 불과 20여 년 전 만해도 대가족제도에 입각하여 2세대, 3세대가 같은 공간에서 거주해 왔다. 그 후 어느덧 핵가족제도로 변화하여 20-30대 연령층에서는 부모를 모시는 가족을 찾기가 어려워졌다. 앞으로 실업자가 가장으로 있는 가족이 핵가족 형태에서 대가족제도로 회귀함으로써 당장의 어려움은 극복할 수 있을 것이다.

다섯 번 째 실업대책은 기업이 주도하는 방법으로서 한국에서는 이 방법을 다양하게 개발하는 것이 가장 중요하다. 특히 정리해고를 앞두거나 이미 진행하고 있는 회사에서는 기업 차원의 실업대책을 보다 능동적인 차원에서 개발해야 한다. 여기에는 크게 생산성 향상, 인건비 감소, 그리고 협력적인 윈-윈 방식의 세 가지를 들 수 있다.

1단계 기업 대책은 '생산성 향상 전략' 이다. 즉 해고 이전에 '재교육' 을 통해 각 구성원의 능력 향상을 지원하고, 그 과정에서 '재배치' 를 통해 회사 내에서 각자에게 맞는 일자리를 갖게 해주어 생산성을 향상시키는 것이다. '연봉제' 도 주어진 보수에 대한 생산성 향상을 목표로 한다는 점에서 여기에 해당한다고 볼 수 있다.

2단계 기업 대책은 '인건비 감소 전략' 으로서 '보너스 삭감', '봉급 하향 조정', 그리고 보다 극단적인 방법으로 '일정 비율 인력감축' 을 들 수 있다. 이미 연초부터 공무원을 비롯해서 대부분의 국내기업에서는 보너스 반납, 임원 20% 삭감, 직원 10% 삭감 등의 방법을 쓰고 있다. 이 방법은 인력 삭감이라는 보다 근본적인 인건비 감소 전략에 비해서 미봉책이라는 한계를 가지고 있다. 또한 비록 순간적으로는 어려워도 장기적으로 기업의 경쟁력을 향상시키기 위해서는 인력 삭감이 더 합당하다는 것은 기업과 당사자 모두가 잘 알고 있다. 다만 전자는 어려운 상황을 이해하고 고통을 분담한다는 사회심리적인 면을 고려한 인력삭감 전 단계의 일시적인 방책이다.

3단계 기업대책은 '협력적인 윈-윈 전략' 이다. 이 방식은 인력감축 방법과 같은 결과를 가져오면서도 퇴직자를 위한 협력적인 지원이 존재한다는 점에서 큰 차이를 보인다. 보다 구체적으로는 '협력업체로의 전출', '분사(分社) 제도', '아웃소싱(outsourcing)', 그리고 '창업지원' 을 들 수 있다.

'협력업체로의 전출' 은 주로 정부관리들이 산하 기관이나. 민간 유관기업으로 갈 때 애용하는 방식이다. 그러나 모든 조직이 인력구조 조정을 하고 있는 마당에 과거와 같은 인사 청탁이나 정부 압력으로 인한 타 조직 전출은 바람직하지 않을 뿐 아니라, 점점 어려워 질 수밖에 없다.

'분사제도' 는 예컨대 일본의 생선 초밥 가게에서 일정 기간 봉사한 구성원에게 체인점 형태의 가게를 만들어 주는 방식이다. 물론 그 가게의 주인은 분가해 나가는 퇴직자이다. 그러나 제품과 서비스의 품질 유지와 고객 유치 등 다양한 경영지원을 통해 본점은 꾸준히 분사에 대한 관심을 가지고 운명공동체로서의 관계를 유지한다.

최근 한국에서도 분사제도가 도입되고 있다. 한 예로 경남 함안에 있는 삼영소재산업은 삼성중공업의 주강품 소재사업 분야에서 근무하던 김영식 이사를 비롯하여 기술, 영업, 생산 부문의 30여명이 퇴직하여 1997년 1월에 설립한 회사이다. 이들은 퇴직금을 출자하여 총 13억원의 자본금 중 69.2%의 지분을 가진 대주주가 되었고, 나머지는 삼성중공업이 15.4%, 창업에 결정적인 역할을 한 신보창업투자가 15.4% 지분만큼 참여하고 있다. 모든 임직원은 경영안정과 자립을 위해 삼성중공업에서 받던 급여의 70% 수준만을 받고 있지만 주인의식을 가진 이들의 사기는 과거 어느 때보다도 높다고 한다.

이 회사는 삼성중공업이 어차피 정리하려던 소재사업 관련 설비를 이관받았고, 미국 인닥터썸으로부터 최신 용해설비를 도입하여 최고의 생산성을 유지하고 있으며, 일본 JSW로부터 기술협력을 받아 소재부품의 국산화에 박차를 가하고 있다. 그리하여 창업 첫해에 이미 흑자를 내고 2년째인 올해에는 수출 118억원을 포함한 192억원의 매출액과 35억원의 매출이익, 11억원의 순이익을 예상하고 있다.

이 회사는 비록 초기에 퇴직예정자들이 불안감으로 인해 참여를 망설이고, 첨단산업이 아니라는 이유로 창업투자사로부터의 자금지원에 애로가 있었으나, 주인으로서 다시 태어난다는 구성원들의 자부심과 국가경제에 대한 기초산업이라는 신보창투의 판단으로 어려움을 극복하고 이제는 주위에 있는 수많은 퇴직자들로부터 선망의 대상이 되었다고 한다.

'아웃소싱' 은 기업이 내부에서 직접 담당하던 부품 생산, 청소, 빌딩관리 등의 활동을 외부에서 조달하기로 결정하면서 그 일감을 기존에 기업 내부에서 담당하던 사람들에게 나눠주는 방식이다. 물론 그와 같은 계약을 맺을 때에는 새로 세워진 회사가 일정 기간 후에는 자립할 수 있도록 일감을 첫 해에는 75%, 둘째 해에는 50%, 셋째 해에는 25% 하는 식으로 삭감하는 내용을 삽입하여 자생력을 갖추도록 해주는 것이 필요하다.

'창업지원' 은 가장 광범위하게 퇴직자들에게 제공해 줄 수 있으면서, 큰 도움을 줄 수 있는 방법이다. 구체적으로는 기업이 퇴직 대상자에 대하여 일정 기간 동안 재교육의 기회를 제공하고, 창업지원 센터를 두어 이들에게 창업에 관한 아이디어와 동업자 소개, 그리고 창업에 대한 행정 지원 등의 도움을 주는 것이다. 이는 미국의 대기업에서 보편적으로 채택하고 있는 방법으로 일본의 몇 몇 대기업에서도 시작하고 있다고 한다. 국내에서도 국방부 산하 국방대학원의 일부 교육내용은 퇴직 예정자에 대한 사회적응 훈련을 포함하고 있다.

분사, 아웃소싱, 창업지원은 구체적 지원 내용에서는 제각기 다르지만 효과 면에서는 모두 퇴직 예정자에게 자립기회를 준다는 점에서 실업대책으로 가장 바람직한 방법이다. 미국의 경우 2000년대에는 SOHO(small office, home office)가 GNP의 50% 이상을 차지하게 된다고 한다. 그리하여 최근 미국에서는 기업에서 근무하고 있는 사람 뿐 아니라 갓 경영대학원을 졸업한 젊은이들에게도 창업이 가장 매력적인 대안으로 떠오르고 있다. 그리하여 동기생들 중 사업으로 제일 먼저 100만 달러의 이익을 올리는 졸업생에게 학교에서 상을 주는 대학도 있다고 한다.

한국에서도 퇴직자에게 이러한 기회를 제공해줌으로써 이들이 퇴직이후에 오히려 더욱 성공적인 삶을 만들어 갈 수 있도록 한다면, 한국경제는 이들의 창업 정신과 사업에 대한 열기로 손쉽게 경제위기로부터 벗어날 수 있을 것이다.

〈한국경제신문, 1998. 6. 17〉

제 14 장

경영관리론

기업을 내부적으로 어떻게 운영할 것인가?

훌륭한 성과에 대한 가장 만족스러운 보상은 그가 말하는 독창성, 차별성에 귀기울여 주는 것이다.

-미야모토-

사람들은 일에서 얻는 즐거움도 있지만, 실패의 가능성이 매우 높은 고독한 항해를 하고 있다. 무엇인가를 창조하기 위해서는 강한 기질이 필요하고, 가장 창조적인 사람들도 때로는 인간적 · 사회적 · 종교적 지원을 필요로 한다.

- 하워드 가드너 -

제 1 절 모티베이션과 리더십

1. 모티베이션(Motivation)

모닝글로리, 데이콤, 신라호텔 등과 같은 기업의 공통점은 무엇일까? 비록 서로 다른 시장에서 서로 다른 제품을 팔고 있을지라도 이들 모두는 성공한 기업이다. 그러나 내부를 들여다 보면 또 다른 중요한 공통점을 발견할 수 있게 되는데, 그것은 바로 기업에서 일하는 사람들의 의욕이 대단하다는 것이다. 이들 기업의 최고경영자들은 호의적인 작업환경을 만들기 위해 나름대로 독특한 방식으로 노동생활의 질(quality of work life)을 높이기 위해 노력해 왔다.

이러한 노력을 통해 경영자들은 종업원들을 동기부여 하는데, 일을 할 수 있는 기술적 능력과 하려고 하는 정신이 합쳐져서 종업원들로 하여금 능력을 발휘할 수 있게 한다.

(1)개념

많은 연구자들과 뛰어난 경영자들은 모티베이션이란 사람을 대상으로 한 것이 아니라고 한다. 모티베이션이란 개개인의 욕구 및 선택능력, 선택을 통해 욕구를 만족시킬 수 있는 기회를 제공하는 환경 등과 같은 요소들의 결합이다. 즉, 모티베이션이란 내적 욕구와 외적 영향요소간 상호작용의 결과인 것이다.

사람들은 더 행복하게 살기 위해 수많은 의사결정을 하게 된다. 왜 사람들은 지금 그 일을 하는가? 왜 어떤 사람은 학교에 가려고 하는데 다른 사람들은 그렇지 않은가? 왜 당신은 공부를 열심히 하려고 하고 다른 사람들은 열심히 하지 않으려고하는가? 모티베이션에 대한 연구는 사람들로 하여금 행동하도록 하는 것이 무엇인가? 그들의 행동을 결정하는데 영향을 미치는 요소가 무엇인가?에 관한 것이다. 연구의 시작은 모티베이션 모델을 통해 사람들의 욕구가 무엇인지 확인하는 것에서 부터 시작된다.

〈그림 14-1〉
노동생활의 질을
높이는 요인

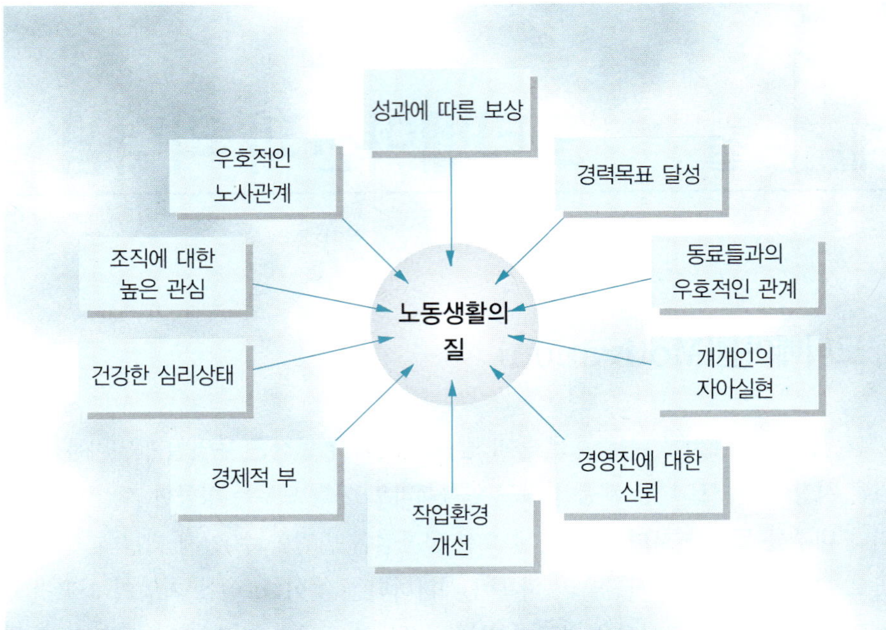

자료: Plunkett, W. R. & Attner, R. F., *Introduction to Management,* International Thomson Publishing, 1994.

(2) 모델

인간의 욕구는 모티베이션 모델의 기초를 제공한다. 욕구란 사람이 모자란다고 생각하는 것인데 심리적인 것일 수도 있고, 육체적인 것일 수도 있다. 육체적인 욕구는 물이나 음식과 같은 신체와 관련된 것이며, 심리적 욕구는 다른 사람들과의 친화와 자기만족과 같은 요소들이다. 욕구는 결핍으로부터 생긴 것인데 사람들은 이러한 결핍을 채우기 위해서 행동을 하게 된다.

다음 그림은 모티베이션 모델의 기초적인 예를 보여 주고 있다. 한 사람이 배고픔(욕구)을 느끼게 되면 무엇인가를 원하게 된다(음식). 그러면 그 사람은 밥을 짓기로 결정한다(행동). 그리고 나서 다된 밥을 먹은 뒤(목적을 달성하기 위한 행동) 그는 더 이상 배고픔을 느끼지 않는다(피드백).

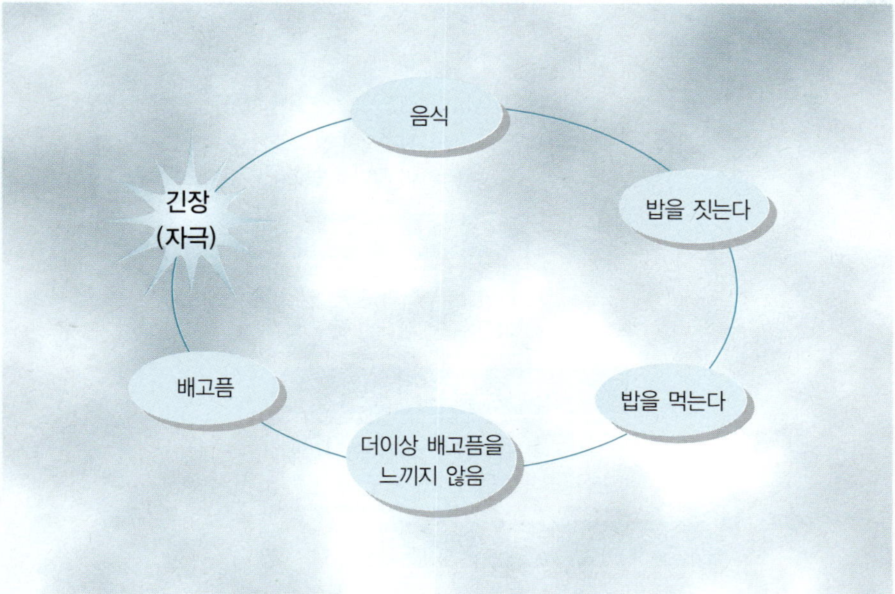

〈그림 14-2〉
모티베이션 모델

자료: Plunkett, W. R. & Attner, R. F., *Introduction to Management*, International Thomson Publishing, 1994.

1) 내용이론-욕구중심

① 매슬로우의 욕구 5단계설

심리학자인 매슬로우(Abraham H. Maslow)는 욕구단계에 기초해 모티베이션 이론의 토대를 마련하였는데, 그의 이론은 다음과 같은 네 가지 전제를 가지고 있다.

첫째, 욕구불만족이 행동에 영향을 미칠 수 있는데, 욕구가 만족되면 그것은 더 이상 동기를 유발하지 않는다.

둘째, 인간의 욕구는 중요한 순서대로 배열되는데, 욕구단계는 가장 기본적인 것(식량과 집)으로부터 복잡한 것(자아존중, 자아실현)으로 되어 있다.

셋째, 다음 단계의 욕구를 충족시키기 전에 그 전 단계의 욕구를 충족시켜야 한다.

넷째, 만약 충족된 욕구가 유지되지 않는다면 그 욕구는 다시 우선순위가 된다.

가. 욕구 5단계

〈그림 14-3〉은 매슬로우의 욕구 5단계를 나타낸다.

〈그림 14-3〉
매슬로우의 욕구5단계

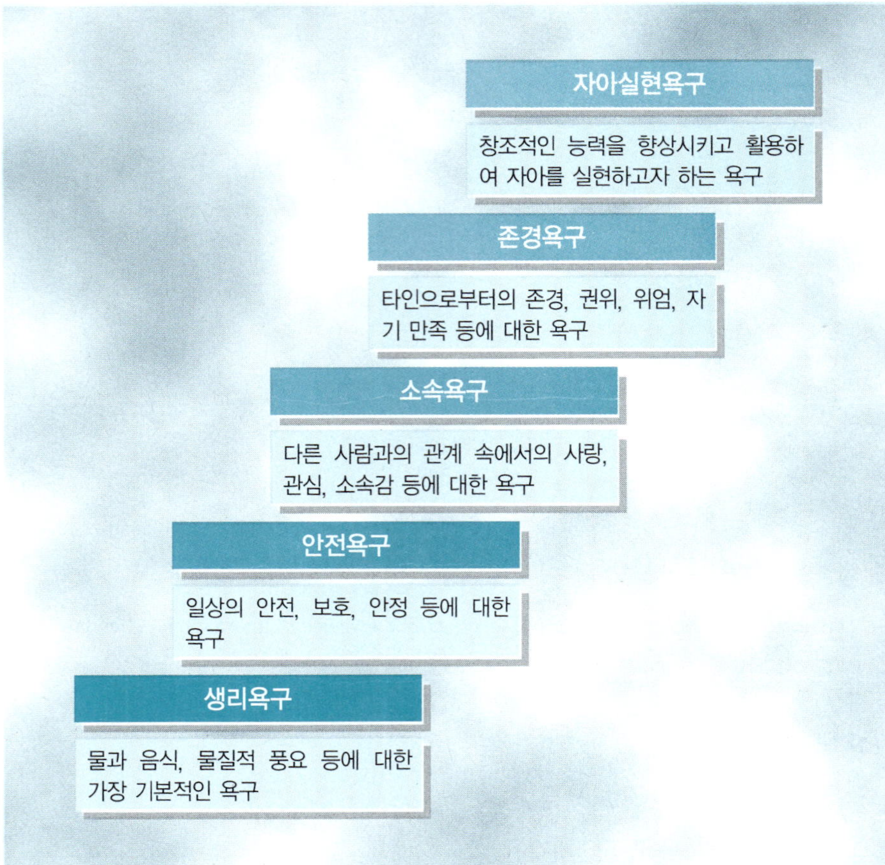

자료: Plunkett, W. R. & Attner, R. F., *Introduction to Management*, International Thomson Publishing, 1994.

■ 생리욕구(physical need)

첫 번째 단계는 생리욕구이다. 생리욕구는 인간의 가장 기본적인 욕구인데, 여기에는 물, 음식, 집, 육체적 편안함 등이 있다. 기업 경영자들은 종업원에게 급여를 줌으로써 생리욕구를 충족시킬 수 있도록 해준다.

■ 안전욕구(safety need)

생리욕구가 충족되면 다음 단계는 안전욕구를 추구하게 된다. 이는 자신의 생활에 대해 신체적인 위험이나 불확실성으로부터 벗어나고자 하는 것이다. 이러한 안전욕구를 반영하는 행동은 노조에 가입한다든가, 신분이 보장된 직업을 구한다든가, 의료 보험이나 노후 대책으로서 직업을 선택하는 것이다. 경영자는 급여 또는 보너스, 안전한 작업 조건, 직업 보장 등을 통해서 이러한 욕구를 충족시킬 수 있게 해준다.

■ **소속욕구**(social need)

소속욕구는 안전욕구가 최소한이나마 충족되었을 때 나타난다. 사람들은 다른 사람들과의 소속감, 친화 등을 원한다. 작업장에서 종업원들은 동료들과의 상호작용을 통해서 이러한 욕구를 만족시킨다. 경영자는 종업원들에게 야유회, 체육대회 등을 통해 이러한 욕구를 충족시켜 줄 수 있다.

■ **존경욕구**(esteem need)

다음 단계는 존경욕구이다. 존경욕구는 다른 사람들로부터 자신의 능력에 대해 인정을 받고 싶어하는 욕구이다. 존경욕구의 충족은 자부심과 자신감, 자신의 중요성 인식 등에 의해 이루어진다. 존경욕구를 충족시키지 못하였을 때 사람들은 열등감이나 무력감을 느끼기도 한다. 존경욕구를 충족시키는데 도움을 줄 수 있는 일은 성공적으로 프로젝트를 완수한다든가 상사나 동료들에게 인정을 받는다든가 또는 조직에서 높은 지위를 차지한다든가 하는 것들이 있다.

■ **자아실현욕구**(self-realization need)

매슬로우의 욕구단계 중에서 가장 높은 단계는 자아실현과 관련된 욕구이다. 자아실현은 자신의 기술이나 능력 그리고 잠재력을 최대한으로 활용하고자 하는 욕구를 말한다. 만약 종업원들이 자기 개발과 자아실현을 위해 대학 학위를 받기를 원한다면 경영자는 그들이 공부할 수 있는 시간을 내주거나 장학금 등을 지원하여 욕구 충족에 도움을 줄 수 있다.

나. 경영자에 대한 시사점

메슬로우의 욕구이론은 기업에서 뿐만 아니라 다른 분야에서도 활용될 수 있다. 그러나 이는 기업경영자에게 모티베이션에 대한 인식의 틀을 제공했다는 점에서 더 큰 의의를 찾을 수 있다. 종업원의 말과 행동, 작업의 양과 질, 개인적인 상황을 분석함으로써 경영자는 종업원들이 어떤 욕구를 충족시키기 위해서 노력하는지에 대해 알 수 있게 된다. 그리고 경영자는 그들의 욕구를 총족시킬 수 있는 상황이 되도록 작업 환경을 만들어 주는 것이다. 즉 개개인들이 충족시키고자 하는 욕구가 각각 다르기 때문에 이를 충족시키기 위해서 각각 다른 방법으로 종업원들의 동기를 유발시킬 수 있는 것이다.

② 허쯔버그의 두 요인 이론

심리학자인 프레드릭 허쯔버그(Frederick Herzberg)와 그의 동료들은 두 요인

이론(Two-Factor Theory) 또는 위생-동기 이론(Hygiene-Motivator Theory)이라고 불리는 이론을 개발했다. 허쯔버그의 생각은 인간의 욕구가 단계별로 존재한다는 매슬로우의 생각과 달랐다. 메슬로우는 인간의 욕구가 채워지지 못한 상황을 불만족 상황이라고 말하고 그 욕구가 채워지면 만족의 상황에 이른다고 설명했다. 하지만 허쯔버그는 이러한 불만족과 만족이 양극단에 있는 것이 아니라 서로 다른 위상에 있다고 주장했다.

가. 위생-동기 요인

■ **위생요인(hygiene factors)**

허쯔버그에 따르면 경영자가 위생요인을 잘못 다루면 이것이 바로 작업에 대한 불만의 주요 원인이 된다. 위생요인이라고 이름 붙인 것은 작업의 내용과 직접 관련이 있기 때문이 아니라 작업의 환경과 관련된 요인들이고, 이러한 요인들을 미리 예방함으로써 불만족을 없앨 수 있다는 위생학적 측면이 강조되었기 때문이다.

〈그림 14-4〉
허쯔버그의 위생-동기 이론

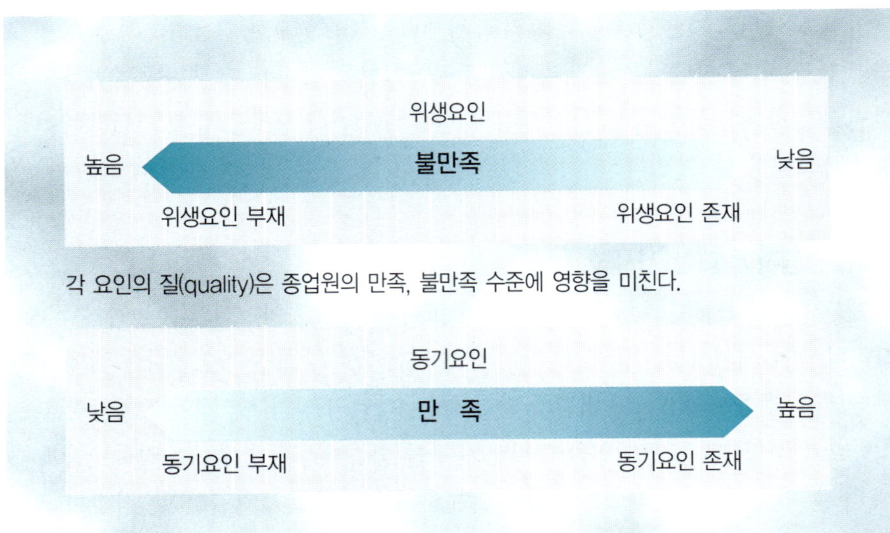

자료: Plunkett, W. R. & Attner, R. F., *Introduction to Management*, International Thomson Publishing, 1994.

위생 요인은 종업원의 실제 작업 활동과 직접적으로 관련이 되어 있지는 않지만 작업환경의 일부분이다. 따라서 고용주가 제공하는 위생요인의 질이 낮을 때 종업원들은 불만족을 느끼게 된다. 양질의 위생 요인이 성장과 더 많은 노력의 자극제가 되는 것은 아니다. 그러한 점들은 단지 종업원들에게 불만족 요소를 없애 주는 역할을 하는 것이다.

위생 요인으로는 다음과 같은 것들이 있다. 예를 들어 어느 공장 시설의 화장실이 굉장히 더럽다고 하자. 그러면 종업원들은 더러운 화장실에 대해 불만족을 느낄 것이다. 이를 파악한 경영자가 화장실 시설을 최신식으로 바꾸어 주면 종업원들의 불만족 요소는 줄어들게 될 것이다. 하지만 아무리 시설이 좋다고 하더라도 이것이 종업원들로 하여금 일할 의욕을 일으키는 만족요인으로는 작용하지 않는다는 것이다. 위생요인으로는 봉급, 직업안정, 작업환경, 지위, 회사정책, 감독자의 능력, 동료들 간의 상호관계 등이 있다.

■ **동기요인**(motivation factors)

동기요인을 만족요인이라고도 하는데, 위생요인이 작업환경과 관련 있다면 동기요인은 작업내용과 관련이 있다. 허쯔버그에 따르면 동기요인은 사람들이 행하는 작업의 성격과 직접적으로 관련이 있다. 고용주가 동기요인을 제공하지 못했을 때 종업원들은 만족을 느끼지 못한다. 동기요인이 있어야 종업원들은 작업에 만족을 느끼고 좋은 성과를 낼 수 있다. 동기 요인의 예로는 성취감, 다른 사람들의 인정, 승진, 일 그 자체, 성장 · 발전의 가능성 등이 있다.

나. 경영자에 대한 시사점

허쯔버그의 이론은 특히 경영환경과 관련이 있는데, 경영환경은 크게 두 가지로 나눌 수 있다. 하나는 작업환경이고 다른 하나는 직무 그 자체이다. 지금까지 우리는 작업환경을 개선함으로써 종업원들의 불만족요인을 없앨 수 있다는 것을 알았다. 또한 직무를 종업원들에게 위임하여 자율권을 부여하거나, 직무재설계 등을 통해 종업원들의 내재적 동기를 이끌어 낼 수 있다는 사실도 알게 되었다. 경영자는 높은 성과를 올릴 수 있고 작업 의욕을 높일 수 있는 경영환경을 만들어 주는 위생요인과 동기요인에 대한 개념을 이해함으로써 종업원의 만족과 작업의 성과를 높일 수 있을 것이다. 동기부여가 된 종업원들은 자신의 일에 대해서 통제할 수 있다고 믿으며 회사에 기여할 수 있다고 생각된다.

③ 성취동기 이론

가. 성취동기

데이비드 맥클리랜드(David McClelland)는 사람들이 환경과의 상호작용을 통해서 일생 동안 어떤 종류의 욕구에 대해 배우게 되는지를 연구하였다. 맥클리랜드가 제시한 세 가지 욕구는 성취욕구, 권력욕구, 친교욕구이다.

성취욕구는 개인의 성과를 말하는 것이나 권력욕구나 친교욕구는 다른 사람들과의 관계와 관련되어 있다. 성취동기에 관한 연구는 두 가지 중요한 아이디어를 제시했다. 첫 번째 강한 성취욕구는 개개인들이 작업을 수행하는데 얼마나 동기부여되어 있느냐와 관련이 있다는 것과 두 번째 성취 욕구는 훈련에 의해 강화될 수 있다는 것이다. 맥클리랜드의 욕구 이론은 사람들은 저마다 다른 욕구의 복합체라는 것을 밝혀 주었다. 사람들은 높은 성취 지향형, 권력 지향형, 그리고 친교 지향형으로 나누어 질 수 있다고 한다.

나. 경영자에 대한 시사점

맥클리랜드의 이론에 따르면 경영자들은 성취동기가 높은 사람들을 가려내고 또 성취동기가 높은 사람들은 훈련시켜야 한다는 점을 알 수 있다. 높은 성취동기를 가지고 있는 사람들과 효과적으로 일하기 위해서 경영자들은 그들에게 빠르고 구체적인 피드백을 줄 필요가 있다.

〈그림 14-5〉는 세 가지 욕구이론이 어떻게 관련되는지에 대해서 보여준다. 각 이론은 경영자들에게 행동의 원인을 이해할 수 있는 서로 다른 시각을 제공한다. 허쯔버그의 위생요인은 메슬로우가 제시한 낮은 단계의 욕구와 관련이 되고 허쯔버그의 동기 요인들은 맥클리렌드의 권력 또는 성취 욕구와 함께 메슬로우가 제시한 높은 단계의 욕구와 관련이 된다.

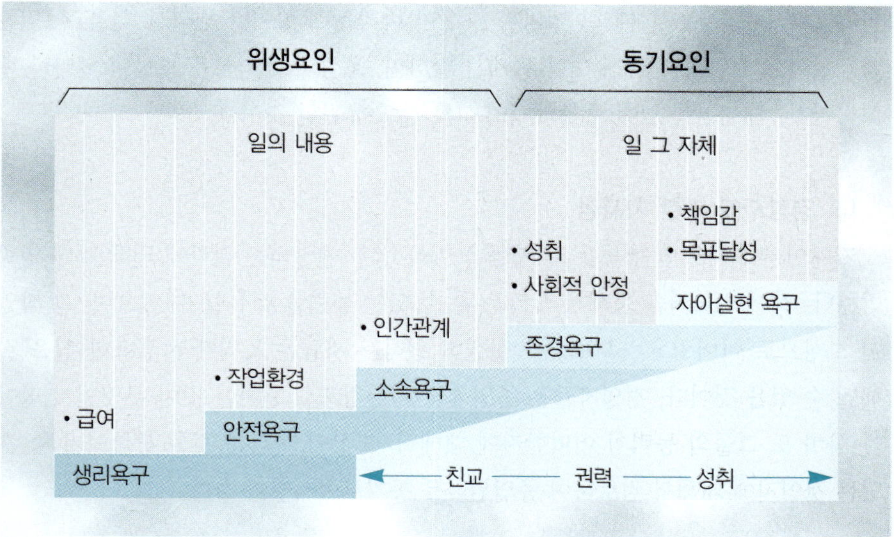

〈그림 14-5〉
매슬로우, 허쯔버그, 맥클리랜드의 이론 비교

자료: Plunkett, W. R. & Attner, R. F., *Introduction to Management*, International Thomson Publishing, 1994.

2) 과정이론-행위 중심

여기서는 사람들이 욕구를 채우기 위해서 왜 특정 행동을 하는지에 대한 이론들을 살펴 보고자 한다. 과정이론이 내용이론과 다른 점은 과정이론에서는 행동하게 되는 과정에 초점이 맞추어져 있다는 것이다. 이 부분에서 우리는 기대이론, 형평성 이론, 강화이론, 목표설정 이론 등 네 가지 이론을 살펴 볼 것이다.

① 기대이론

빅토르 브룸(Victor Vroom)에 의해서 주장된 기대이론은 사람들이 행동을 하기 전에 각 개인들은 기대되는 작업과 보상의 기초 아래 다양한 가능성들에 대해서 평가한다고 주장한다. 동기 부여 즉 행동을 자극하는 것은 일을 통해서 얻을 수 있는 보상이 자신에게 얼마나 필요한 것인가와 자신이 그것을 얻기 위해서 노력할 때 얼마나 쉽게 얻을 수 있는가에 대한 함수라고 한다.

가. 내용

기대이론은 다음 세 가지 즉 노력과 성과간의 관계, 성과와 보상간의 관계, 보상의 매력성에 대한 개개인의 판단에 의해 동기부여가 이루어진다고 본다. 여기서 노력과 성과간의 관계는 성과를 얻기 위해서는 얼마나 많은 노력이 필요한가, 성공의 가능성이 얼마나 많은가 등에 대한 관계이고, 성과와 보상간의 관계는 노력을 통해 어떤 성과를 이루었을 때 그 성과가 자신이 바라는 보상이나 결과를 얻을 수 있는 가능성이 얼마나 되는가에 대한 관계를 말하며, 보상의 매력성은 보상이 얼마나 매력적인가? 개개인에 있어 보상의 중요성과 강도에 관한 것이다.

나. 경영자에 대한 시사점

기대이론에 따르면 행동은 그 행동을 했을 경우 예상되는 결과에 의해 크게 영향받는다. 자신의 노력을 통해서 작업을 할 수 있는 능력을 소유할 수 있으며, 그 작업이 보상으로 이어지고, 그 보상을 절실히 원하는 사람은 조직에서 필요한 일을 잘 해낼 수 있을 것이다. 경영자들은 종업원들이 진정으로 원하는 것이 무엇인지 알아야 하며 또 그들의 능력이 어떠한지에 대해서, 보상이 바라는 것을 충족시켜 줄 수 있는 것인지에 대해서 검토하여 종업원들을 동기부여시켜야 한다.

사례: 기대이론의 적용

기대 이론이 어떻게 적용되는지를 살펴보기 위해서 하나의 예를 들어보자. 토요일 오후 한 종업원은 자신의 상사로부터 6개월간의 예상 결과에 대한 보고를 하도록 요청을 받았다. 그 보고는 다음 주 월요일까지 해야 하는 것이다. 이 일을 네 시간 정도 걸릴 것으로 예상된다. 그는 프로젝트를 끝낼 수 있는 방법으로 두 가지 정도를 생각하고 있다. 하나는 그가 사무실에 머물러서 그 일을 끝내는 방법이고, 다른 하나는 그 일을 집으로 가져가서 주말 동안 하는 것이다.

그는 첫 번째 대안으로 네 시간 동안 사무실에 머무는 것에 대하여 생각한다. 그는 사무실에서 일을 하게 되면 월요일까지 일을 확실히 끝낼 수 있다라고 생각한다(노력과 성과의 관계). 그는 과거의 경험으로부터 프로젝트를 완성시키면 상사로부터 좋은 평가를 받게 될 것이라는 것을 알고 있다(성과와 보상과의 관계). 그는 상사의 좋은 평가에 대해서 많은 가치를 두고 있다. 왜냐하면 그것은 결국 승진으로 이어질 것이기 때문이다. 그러나 토요일 늦게까지 일하게 된다면 가족들과의 저녁 약속을 지킬 수 없게 되어 가족들에게 실망을 주게 된다(이러한 문제가 보상의 매력성에 영향을 미친다).

다음으로 그는 일을 집으로 가져가는 것에 대해 생각한다. 그는 그 노력과 성과 와의 관계와 성과와 보상간의 관계는 위의 경우와 같다라고 생각한다. 그러나 그가 일을 집으로 가져가게 되면 가족들과의 약속을 지킬 수 있게 된다(이것이 보상을 좀더 매력적으로 만든다). 따라서 그는 두 번째 방법을 선택하였다.

② 형평성 이론

가. 내용

모티베이션의 또 다른 이론으로 형평성 이론이라는 것이 있다. 이 이론은 사람들의 행동은 그들이 정당한 대가를 받느냐 받지 못하느냐에 따라 동기부여 여부가 결정된다는 것이다.

이는 주로 자신들의 주관적인 판단에 의해서 이루어지는 경향이 있다. 사람들은 간단한 비율을 가지고 형평성을 측정한다. 그들이 한 노력과 그것에 대한 대가로 형평성을 결정하는 것이다. 자신의 비율과 다른 사람의 비율이 같을 경우에는 형평성이 유지되지만 만약 주관적인 판단에 따라 똑같은 노력을 했는데도 다른 사람이 더 많은 보상을 받았다고 생각되면 형평성이 깨지는 것이다.

만약 불공정성을 느끼게 되면 사람들은 어떻게 할 것인가? 그들은 형평성을 유지시키기 위해서 다음과 같은 세 가지 범주의 반응을 보인다. 첫 번째, 그는 그러한 상황으로부터 벗어나려고 한다. 즉 직장을 그만 두는 것이다. 다음으로 노력과 보상의 비율을 맞추려고 노력한다. 이러한 사람은 자신의 노력을 줄이거나 보상을 높여 달라고 요구한다. 마지막으로 그들 자신의 인지를 변화시키려고 한다. 즉 다른 사람이 한 일이 더 중요한 일이라고 생각하면서 자신의 머리 속에서 인지의 균형을 맞추는 것이다.

나. 경영자에게 주는 시사점

형평성 이론이 경영자에게 주는 교훈은 종업원들은 의식적으로 자신과 다른 사람을 비교하면서 노력과 보상에 대한 형평성을 관찰하고 이를 유지하려고 노력한다는 점을 깨우쳐 준 것이다. 따라서 경영자는 노력에 대한 보상이 어떻게 이루어졌는지를 알려줌으로써 형평성이 제대로 이루어지고 있다는 것을 느끼게 해 주어야 한다.

③ 기타 이론

이 밖에 과정중심의 모티베이션 이론으로는 사람의 행동은 과거에 비슷한 상황에서 경험했으며, 보상이나 벌에 의해서 영향을 받는다는 강화이론과 자신에게 주어진 목표에 따라 사람의 행동이 영향을 받는다는 목표설정 이론 등이 있다.

(3) 모티베이션 관리

사람들을 바라보는 관점에는 여러 가지가 있다. 그 중에서 사람들을 긍정적으로, 자율적으로 바라 본다면, 다음과 같은 방법을 통해 그들을 동기부여시킬 수 있을 것이다. 여기서는 경영자가 어떠한 환경을 만들어 줌으로써 종업원을 동기부여시킬 수 있는 지에 대해서 알아보도록 하자.

1) 종업원을 각각의 개인으로 상대

우리 모두는 서로 다르다. 우리는 다르게 생각하고, 다른 것을 바라고 있으며 다른 가치와 기대와 목표를 가지고 있다. 따라서 종업원들을 각각의 개인으로 다루어야 한다.

2) 지원

종업원들을 동기부여시키기 위해서 경영자는 종업원들에게 각자의 욕구에 맞는 환경을 제공해 주어야 한다. 우선 종업원들이 그들의 목표를 잘 이룰 수 있도록 해 주어야 하며, 장애물을 제거하고, 그들에게 목표설정기회를 주며, 교육훈련시스템을 제공한다.

3) 권한위양

권한위양이란 종업원들이 스스로 어떤 일을 잘 해낼 수 있는 능력을 가지고 있다라는 생각을 가지고 성과를 이루어 내고, 계속 주도적으로 일을 할 수 있다는 생각을 갖게 하는 것이다. 이러한 종업원들을 가진 기업은 당연히 좋은 성과를 낼 수 있으며 종업원의 만족도 클 것이다.

4) 적절한 보상 시스템 제공

동기부여를 위해서 조직은 적절하고 효과적인 보상시스템을 제공해야 한다. 모든 사람이 다양한 욕구를 가지고 있다고 가정하면 보상 시스템은 다음과 같은 성격을 가지고 있어야 한다. 첫째, 보상은 종업원의 기본적인 욕구를 충족시켜 주어야 한다. 둘째, 보상은 공평하고 형평성 있게 배분되어야 한다. 셋째, 보상시스템은 다양한 측면이 있어야 한다.

5) 직무재설계

직무는 동기를 부여할 수 있는 중요한 수단인데, 직무를 재설계 하는 방법으로는 다음과 같이 세 가지 방법이 있다. 첫째, 종업원들에게 일의 종류를 늘려 주는 직무확대, 둘째, 종업원의 직무를 바꿔주는 직무순환, 셋째, 종업원들에게 일과 관련된 의사결정권을 부여하면서 직무를 늘려주는 직무충실화 등이 있다.

동기부여 요인 체크리스트

다음에 나오는 목록은 작업 만족을 얻을 수 있는 여러 가지 요인에 대해서 언급하고 있다. 다음 각각의 목록을 보고 그것이 당신에게 얼마나 중요한 요소들인지 다음과 같은 척도로 측정해 보십시오.

1. 전혀 중요하지 않음 2. 별로 중요하지 않음 3. 보통임
4. 어느 정도 중요한 요소임 5. 매우 중요한 요소임

1) 흥미있는 직업	____	2) 좋은 상사	____
3) 작업 성취에 대한 인정	____	4) 승진 기회	____
5) 함께 일하고 싶은 동료	____	6) 명성, 위엄있는 직업	____
7) 직업의 책임감	____	8) 일하기 좋은 환경	____
9) 회사의 규칙이나 정책	____	10) 새로운 것을 배울 기회	____
11) 내가 잘할 수 있는 일	____	12) 안정적인 직업	____

2. 리더십(Leadership)

경영자가 조직구성원들과 함께 목표를 달성하기 위해서는 구성원들에게 동기를 부여해야 한다. 사람들을 이끌어 가는 것이 경영자에게 있어 중요한 문제이기 때문이다. 리더십은 특별히 오늘날과 같이 복잡하고 동태적인 환경에서 중요한 역할을 하는데, 효과적으로 구성원들을 이끌어 가기 위해서는 리더십과 권력에 대한 이해가 있어야 한다. 아래에서는 리더십과 권력의 성격 및 리더십의 여러 가지 이론들을 살펴 보고 최근 들어 새롭게 나타나고 있는 리더십의 경향에 대해서 알아보자.

(1) 개념

1) 리더십과 권력

리더십은 조직의 목표를 달성하기 위해 조직구성원들에게 영향을 미치고 동기를 부여하는 능력이다. 그리고 이러한 과정을 이끌어 나가는 사람을 리더라고 한다. 리더십은 동기 부여와 관련이 깊은데 만약 다른 사람들에게 동기를 부여할 수 없다면 그는 리더로서의 자질이 부족한 것이다. 일반적으로 조직의 리더들이 다른 사람들에게 영향을 미칠 수 있는 이유는 권력과 많은 관련이 있다.

권력은 의사결정이나 태도 등 다른 사람의 행동에 영향을 미칠 수 있는 능력을 의미하는데, 리더는 종업원 또는 경영자들에게 영향을 미치기 위해 조직에서 권력을

활용한다. 권력은 지위로부터 나오는 권력(power of the position)과 개인으로부터 나오는 권력(power of the person)으로 나눌 수 있다.

〈표 14-1〉
권력의 원천

지위로부터 나오는 권력 구성원들에게 뭔가를 시킬 수 있기 때문에…	개인으로부터 나오는 권력 구성원들에게 어떻게 비춰지느냐에 따라…
보상: "만약 이 일을 해내면, 그에 상응하는 보상을 할 것이다." 강제: "만약 이 일을 하지 않으면, 책임을 물을 것이다." 적법: "내가 상사이므로, 당신은 이 일을 해야 한다."	전문성: 전문적인 지식이나 특수한 정보를 가지고 있기 때문에… 동일시: 종업원의 존경의 대상이 되므로…

자료: Schermerhorn, J. R., *Management*, John Wiley & Sons, 1996.

2) 리더십과 임파워먼트(leadership & empowerment)

경영자는 리더로서의 역할을 맡게 된다. 이러한 역할에서 성공하기 위해서는 앞에서 언급된 지위로부터 나오는 권력과 개인으로부터 나오는 권력을 얼마나 효과적으로 사용하느냐에 달려 있다. 그러나 위에서 아래로 전달되는 리더십만으로는 조직의 성공을 위한 요소로서 불충분하다. 또 다른 무엇인가가 필요한데 이것이 임파워먼트다. 임파워먼트를 통해서 리더십을 발휘하는 것이 기업의 성공에 꼭 필요한 요소가 되었다.

〈표 14-2〉
리더십 이론

왜 어떤 사람들은 다른 사람들에 비해 리더로서의 역할을 잘 수행하는가?

특성추구 이론	리더의 개인적 특성에 초점을 맞춤
행위이론	조직구성원들의 행위와 비교해 리더의 행위에 초점을 맞춤
상황이론	리더의 행위와 상황특성을 비교하는데 초점을 맞춤

자료: Schermerhorn, J. R., *Management*, John Wiley & Sons, 1996.

(2) 이론

자세히 관찰해 보면 어떤 사람들은 리더로서의 역할을 잘 수행하는데 비해 다른 사람들은 그렇지 못한 것을 알 수 있다. 지금까지 리더십 이론에서 연구되어져 온

주제는 '왜 그럴까?' 하는 것이다. 역사적으로 사람들의 특성, 그들의 행동 및 상황 특성을 고려한 이론들이 개발되어 왔다.

1) 특성추구 이론

초기의 리더십연구는 성공적인 리더가 되는 열쇠로서 인간의 특성 및 상대적으로 지속되는 특징에 관심을 두었다. 연구의 목적은 능력있는 리더와 그렇지 못한 리더들 구분할 수 있는 보편적인 특성을 찾는 것이었다.

그러나 연구자들은 능력있는 리더와 그렇지 못한 리더들이 가지고 있는 개인적인 특성의 차이를 명확히 구분해 내는데 실패했다. 성공적인 리더에게서 추출한 특성이 실패한 다른 사람들에게서도 나타나는 경우가 많았고, 성공적인 리더의 특성이라고 제시되는 항목들도 일반성이 없이 수 백, 수 천 가지의 특성들이 나열되었다.

리더의 고유한 특성을 찾고자 했던 연구는 다음과 같은 결과로 요약될 수 있다. 일단 사람의 키라든가 몸무게, 외모와 같은 신체적인 특성은 성공적인 리더와 관계가 없는 것으로 나타났다. 반면에 종업원들은 리더들의 어떤 점들에 대해 존경을 하는 것처럼 보였다. 가장 존경받는 리더는 정직하고, 능력있고, 미래지향적이고, 믿을 만한 특성을 가지고 있다고 한다. 성공적인 리더의 특성 가운데 개인적인 특성으로써 중요하게 고려되고 있는 것은 모티베이션, 정직함, 자신감, 지적 능력, 유연성, 추진력 등이다.

2) 행위이론

어떤 특성은 리더로 하여금 효과적인 행동을 취하고 유용한 기술을 개발하는데 도움을 줄 수 있다. 하지만 이것보다 더 중요한 것이 있다. 성공적인 리더십은 궁극적으로 어떤 행동이 취해졌으며 그로 인한 결과가 어떠했는지에 따라 결정된다. 이런 관점에서 리더십에 대한 다음 연구는 리더들의 행동과 종업원들의 행동에 초점이 맞추어 이루어졌다.

① 과업과 사람에 대한 관심

이와 같은 방향으로 연구하는 대부분의 학자들은 리더가 종업원이나 종업원의 일에 대해 관심을 보이는 정도에 대해 연구해왔다. 일반적으로 과업에 대해 관심을 가지는 리더와 종업원에 대해 관심을 가지는 리더로 크게 구분할 수 있다.

〈표 14-3〉
리더의 유형

과업 중심의 리더	종업원 중심의 리더
· 계획을 세우고 해야 할 일을 정의한다. · 해야할 일을 할당한다. · 명확한 목표를 세운다. · 과업을 완수하도록 독려한다. · 성과 및 결과를 검토한다	· 부하들에게 따뜻하게 대해준다. · 종업원들 사이의 사회적 관계를 발전시킨다. · 종업원의 감정을 고려해준다. · 종업원의 욕구에 민감하다. · 종업원들 사이에서 신뢰를 보여준다.

리더의 유형을 다음와 같이 크게 네 가지로 나누어 볼 수도 있다. '될 대로 되라'라는 유형의 리더는 과업이나 종업원에 대해서 관심을 두지 않으며, 리더는 대부분의 의사결정을 종업원들에게 맡긴다. 독재적인 스타일의 리더는 과업에 대해서는 많은 관심을 보이지만 그 일을 하는 종업원에 대해서는 별로 관심을 보이지 않으며 대부분의 의사결정을 스스로 하고, 일의 방향을 제시하는 유형이다. 다음으로 인간관계 중시형의 리더들은 사람에 대해 높은 관심을 보이지만 과업에 대해서는 별로 관심을 기울이지 않는 사람들인데, 유연한 대인 관계를 가지고 있으며, 의사결정에 있어서도 조화를 추구하려고 노력한다. 마지막으로 민주적인 리더가 있는데 이 유형은 사람과 과업 모두에 많은 관심을 가지고 있는 경영자를 말한다. 이러한 스타일의 경영자는 종업원들과 함께 의사결정을 하려고 하고, 종업원들의 참여를 권장하고, 그들이 작업을 하는데 지원을 아끼지 않는 사람들이다.

② 리더의 행위에 대한 연구와 시사점

1940년대 초반 오하이오 주립대학과 미시간 대학의 연구 결과, 처음에는 종업원들에게 많은 관심을 기울이는 리더가 이끄는 기업이 과업을 중시하는 리더들이 이끄는 기업보다 생산성이 높으며 종업원들도 훨씬 더 만족한다는 사실을 발견하였다. 그러나 정말로 뛰어난 경영자는 종업원에 대한 관심과 과업에 대한 관심이 모두 높은 사람이라는 결과가 나왔다. 〈그림 14-6〉은 이러한 결과를 보여주는 한 예로서 브레이크(Brake)와 모튼(Mouton)의 리더십 격자이다.

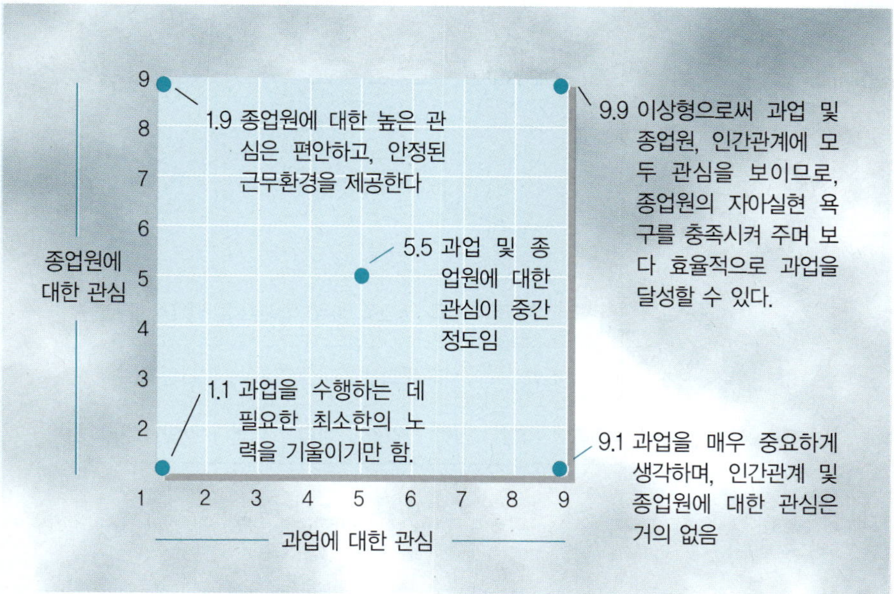

〈그림 14-6〉
리더십 격자

자료: Plunkett, W. R. & Attner, R. F., *Introduction to Management,* International Thomson Publishing, 1994.

3) 상황이론

비록 리더의 특성이나 행동에 대한 연구가 유용하다고 할지라도 많은 학자들은 더 이상 리더의 특성을 열거한 목록에 하나를 더 추가하기 위한 연구를 하지는 않는다. 대신 좀 더 본질적인 측면에 초점을 맞추어 '언제, 어떠한 상황에서 특정 리더십 스타일이 다른 것보다 선호되는가?'에 대해 연구하였는데, 이 질문에 대한 해답이 리더십에 대한 상황이론적 접근의 핵심이다.

① 피들러(Fiedler)의 상황 모델

상황이론 리더십은 피들러에 의해 개발되었다. 그는 리더십이란 리더십 스타일과 상황과의 조화에 따라 결정된다고 생각했다. 피들러는 리더십 스타일은 사람의 특성중의 일부라고 생각했기 때문에 이러한 특성을 고친다는 것은 매우 힘든 일이라고 생각했다. 따라서 그는 어떤 종류의 리더십 스타일을 가지고 있는 리더를 그것과 가장 맞는다고 생각되는 상황에서 그러한 리더십 스타일을 발휘할 수 있도록 만들어 주는 것이 성공적인 리더십의 열쇠라고 생각하였다.

〈그림 14-7〉
피들러의 상황모델

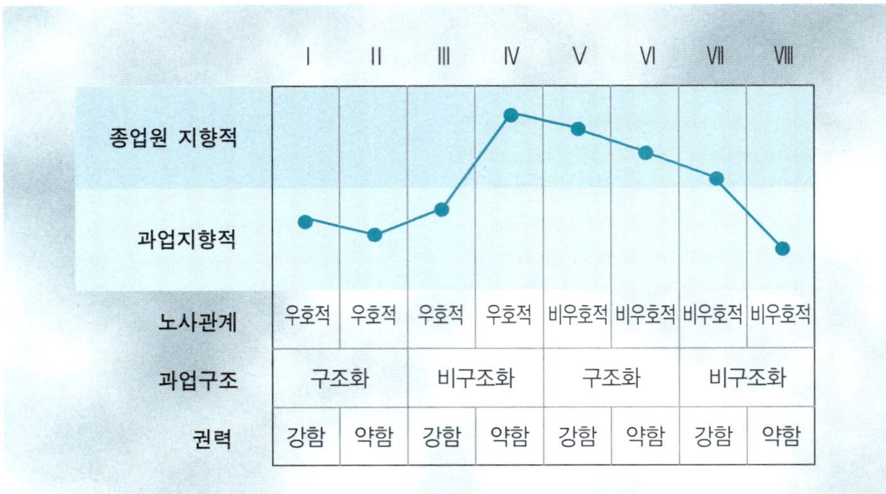

자료: Plunkett, W. R. & Attner, R. F., *Introduction to Management*, International Thomson Publishing, 1994.

〈그림 14-7〉은 피들러의 상황모델을 보여준다. 여기에는 세 가지 변수가 사용되었는데, 첫 번째 변수는 리더와 종업원들간의 관계를 나타내며, 두 번째 변수는 과업 구조이며 마지막 변수는 지위에 따른 권력이다. 이 피들러의 연구는 상황과 리더십 스타일 및 성공적인 리더에 대한 관계를 보여준다. 그림을 보면 알 수 있겠지만 과업 중심의 리더도 인간관계 중심의 리더도 항상 효과적인 리더십 스타일인 것은 아니다. 대신 각 스타일은 적합한 상황에서 가장 좋은 성과를 내는 것이다.

② 허쉬(Hersey)와 블랜차드(Blanchard)의 상황리더십 이론

허쉬와 블랜차드의 상황리더십 이론은 주어진 상황에서 종업원들의 참여하고자 하는 의욕에 따라 그들의 스타일을 맞추는 것이 성공적인 리더라고 주장한다. 의욕이란 종업원들이 필요한 일을 하는데 있어서 얼마나 잘, 얼마나 기꺼이 또한 얼마나 자신 있게 그 일을 하느냐를 말하는 것인데, 〈그림 14-8〉에서 보는 바와 같이 과업 중심과 인간관계 중심의 여러 조합에 따라 위임형, 참여형, 판매형, 말하기형 등 네 가지 리더십 스타일이 있을 수 있다.

이 모델을 사용하는 경영자들은 상황에 맞게 필요한 리더십 스타일을 실천할 수 있어야 한다. 위임형은 종업원들이 능력 있고, 자발적이며, 자신감이 넘치는 상황에 가장 적합하고, 말하기형은 반대로 자발적 의욕이 낮을 때 필요한 리더십 스타일이다. 그 사이에 있는 참여형은 의욕이 보통보다 낮을 때, 판매형은 보통보다 높은 수준에서 적합하다.

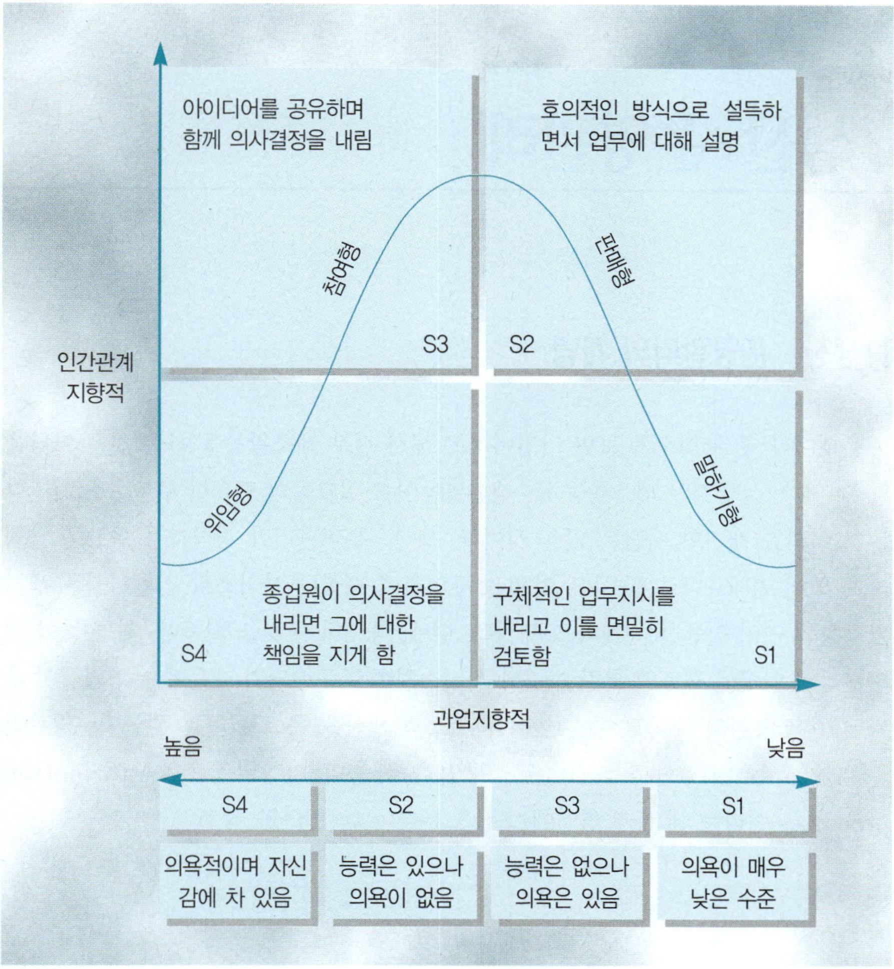

〈그림 14-8〉
허쉬와 블랜차드의
상황리더십 이론

자료: Schermerhorn, J. R., *Management*, John Wiley & Sons, 1996.

제 2 절 생산·운영관리

1. 생산 · 운영관리의 개념

은행이나 증권 회사를 보면 기업이라고 해서 전부 제조활동을 하는 것은 아님을 알 수 있다. 그렇지만 제조활동 즉, 생산활동이 기업활동의 중요한 부분을 차지한다는데 이의를 제기할 사람은 없을 것이다. 생산 · 운영관리란 경영자가 목표를 달성하기 위해 원재료나 노동 등의 자원을 투입하여 재화나 서비스로 전환시키는 생산과정상의 여러 활동을 체계적으로 계획, 실행, 통제하는 것을 말한다. 최근 들어 생산관리의 영역이 제조업 뿐만 아니라 서비스업까지 포함되기 때문에 운영개념이 추가되었다. 양질의 제품과 수준 높은 서비스의 생산을 목표로 하는 생산 · 운영관리는 투입(inputs), 산출(outputs), 투입과 산출의 변환과정(transformation processes)이라는 세 가지 영역에 초점을 둔다(〈그림 14-9〉 참조).

〈그림 14-9〉
생산 · 운영관리의 흐름

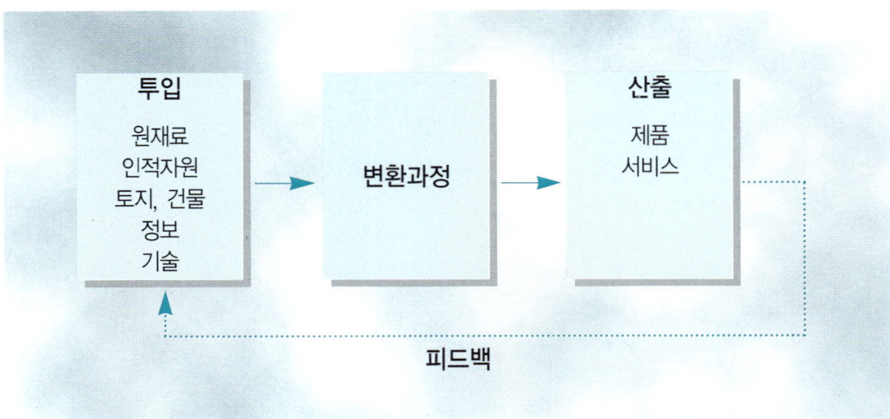

자료: Plunkett, W. R. & Attner, R. F., *Introduction to Management*, International Thomson Publishing, 1994.

재화와 서비스를 생산하는데 있어 가장 중요한 목표는 최소한의 자원을 투입하여 최대의 산출물을 얻는 것이다. 제품 및 서비스의 품질, 생산성, 경쟁력을 높이기 위해서는 생산 · 운영관리의 영역 중 무엇보다도 투입과 산출의 변환과정이 효과적이어야 한다. 경영자가 전략계획을 세울 때 생산 · 운영관리를 소홀히 하여 생산목표를 낮은 수준으로 잡았다면 이익극대화를 기대하기 어렵다.

다음 〈그림 14-10〉는 조직내에서 생산 · 운영관리의 역할을 나타낸다. 생산 · 운영관리에서 무엇보다 중요한 것은 생산성과 품질의 향상이다. 최근에는 생산 및 운영관리에 있어서 모든 부서와 공정이 서로 유기적인 관계를 맺고 즉각적인 피드백이 일어날 수 있는 전략이 요구된다.

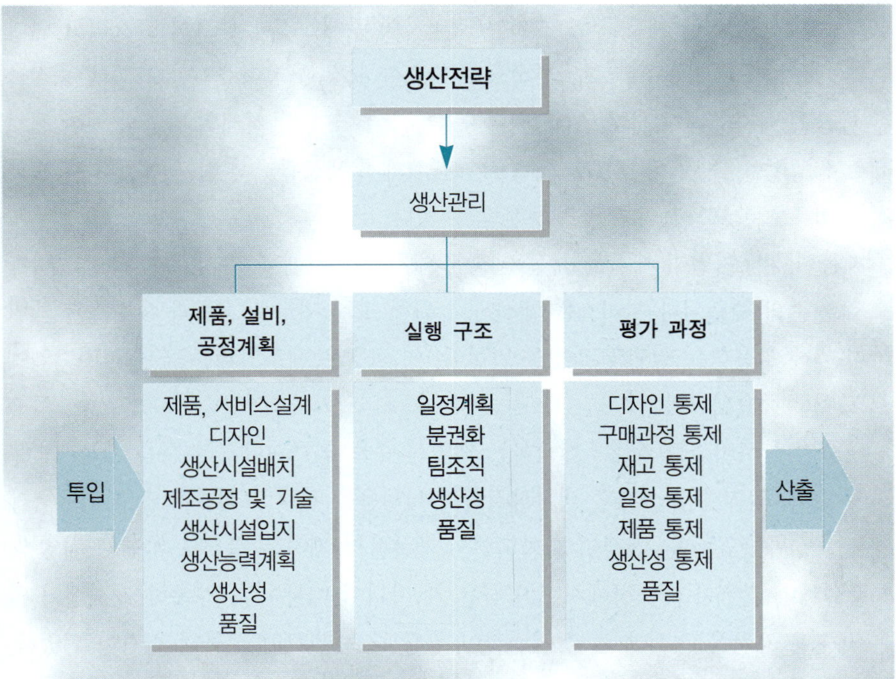

〈그림 14-10〉
생산 · 운영관리의 개념

자료: Plunkett, W. R. & Attner, R. F., *Introduction to Management,* International Thomson Publishing, 1994.

생산 · 운영 관리는 설계, 실행, 통제의 세가지 활동으로 구분될 수 있다. 설계활동으로는 제품설계(product design), 생산능력설계(capacity planning), 생산시설입지(facilities location), 생산시설배치(facilities layout), 품질관리(product quality assurance), 생산관리기술(operations management technology) 등이 있고, 실행 및 통제 활동으로는 총괄/기준 생산계획, 각종의 통제시스템 등이 해당된다.

2. 생산 · 운영시스템의 설계

우선, 생산 · 운영 시스템의 설계 측면을 제품설계, 생산능력계획, 생산시설입지 및 배치, 그리고 몇 가지 중요한 생산기술 등으로 나누어 살펴보자.

(1) 제품설계(product design)

생산하는 제품의 특성은 생산시스템이 설계되고 운영되는 방법에 영향을 미친다. 예를 들어, 어떤 제품이 그 크기가 소비자의 구매결정에 중요한 요소라고 한다면, 제품의 기능과 내구성도 기본적으로 필요한 요구 사항이겠지만 크기에 중점을 둔 제품을 디자인해야 한다. 이러한 디자인은 갖추어야 할 기계의 타입과 생산 프로세스에 영향을 줄 것이다. 또한 역으로 제품설계시 생산관리적 접근을 한다면, 보다 적은 비용으로 고품질의 제품을 생산할 수 있다.

제품설계란 기업이 새로운 시장 환경에 대처하기 위해 혹은 새로운 기술을 바탕으로 기존의 제품이나 서비스를 개선하기 위해 또는 새로운 제품과 서비스를 개발하기 위해 활용하는 일련의 과정을 말한다. 이 과정은 제조업체는 물론 서비스업에서도 매우 중요하다.[1)]

제품이나 서비스를 개발 · 개선하는 책임은 주로 연구개발부서 혹은 제품개발부서에 있다. 과거에는 설계후 생산과정상의 어려움을 전혀 고려하지 않고 자유롭게 제품을 설계했었지만, 경쟁이 심화되면서 제품을 설계하는 방식도 바뀌게 되었다. 제품설계만 잘했다고 시장에서 성공하는 게 아니기 때문이다. 신속하게 경쟁력 있는 새로운 제품을 적시에 출시하는 것이 가장 중요한 기업 성공의 관건이 되었다. 따라서 제품설계 부서의 입장에서 보면 생산 부서, 재무 부서, 마케팅 부서 등 다른 부서와 정보 및 의견을 수시로 교환하여, 기업의 생산능력 및 기술능력과 시장의 요구에 적합한 제품을 설계하는 것이 중요하게 되었다.

(2) 생산능력계획(capacity planning)

제품설계가 끝나면 조직은 그 제품이나 서비스를 생산할 수 있는 능력을 갖춰야 한다. 이러한 생산능력계획은 소요되는 투자 기간의 장 · 단에 따라 두 가지로 구분할 수 있다. 즉, 기존 시설 및 장비의 확장, 신 · 증설, 폐기 등과 관련된 의사결정으

---

1) 서비스 설계에 있어서는 물리적 요소, 심리적 요소, 감각적 요소 등이 모두 고려되어야 한다.

로 투자기간이 2년에서 5년 정도 걸리는 장기적 생산능력계획과 단기간동안의 수요변화에 맞춰 노동력 규모 조정, 가동률 조정, 재고 조정 등과 같이 생산능력을 조정하는 단기적 생산능력계획으로 구분된다.

생산능력(capacity)이란 설비의 최대산출률을 말하는데, 제품라인이 다양한 경우에는 산출 척도 대신에 투입 척도를 사용하기도 한다. 〈표14-4〉에서 보듯이 생산능력의 측정 척도는 조직에 따라 다양하다. 생산능력(capacity)에 대한 정보는 생산자가 고객요구를 어느 정도 만족시키는지와 생산과 공급이 원활하게 흐르고 있나를 파악할 수 있게 하므로 생산관리의 계획(planning & scheduling)에 있어서 중요하다.

〈표 14-4〉
생산능력 측정 척도의 예

조직의 유형	측정 척도	
	투 입	산 출
트럭 제조업체	교대조당 기계시간	교대조당 트럭수
종합병원	병상수	일일치료 환자수
항공사	비행기 대수	주당 비행 좌석-거리
레스토랑	좌석수	일일 고객수
극장	좌석수	주당 고객수

자료: Krajewski, L. J. & Ritzman, L. P., *Operations Management -Strategy and Analysis-*, Addison-Wesley Publishing, 1993.

(3) 생산시설입지(facilities location)

기업이 공장, 창고, 서비스 시설 등을 어디에 위치시키는가에 따라 원재료를 구입하고 제품을 유통시키며 고객을 확보하는 조직의 능력이 좌우된다. 이렇듯 입지선택은 기업의 수익 및 비용에 미치는 영향이 막대하기 때문에 매우 중요하다. 예컨대, 원재료나 완제품을 수송하기 위해 트럭을 이용하는 기업의 생산시설은 고속도로와 가까운 곳에 위치해야 하며, 고객확보가 중요한 서비스 기업의 경우에는 고객입장에서 편리한 위치에 입지하여야 할 것이다. 최근에는 치열해진 경쟁, 전세계적인 고객의 동질화 등으로 인해 국경을 넘나드는 입지의 세계화가 이루어지고 있다.

(4) 생산시설배치(facilities layout)

생산시설배치란 생산공정상의 작업장 및 설비, 지원 부서 등을 효율적으로 배열함으로써 생산활동의 흐름(flow)이 가장 원할하게 유지되도록 하는 활동이다. 생산시설배치 유형에는 공정별 배치, 제품별 배치(라인 배치), 고정위치형 배치 등이 있으며 각 유형의 특징은 다음 〈그림 14-11〉과 같다.

대부분의 서비스 사업 운영에 있어서는 생산시설배치가 중요한 역할을 한다. 서비스 사업에서는 고객과의 대면이 많기 때문에 그 유형에 따른 적합한 생산시설배치가 고객 만족과 이윤을 높일 수 있다. 예를 들어 은행과 같이 신속한 서비스가 목표일 경우와 백화점처럼 많은 제품을 고객에게 노출시키는 것이 목표일 경우는 다른 생산시설배치가 필요하다.[2)]

2) Martinich, J.S., *Production and Operations Management*, John Wiley & Sons, Inc., 1997.

〈그림 14-11〉
생산시설배치의 유형 및 특징

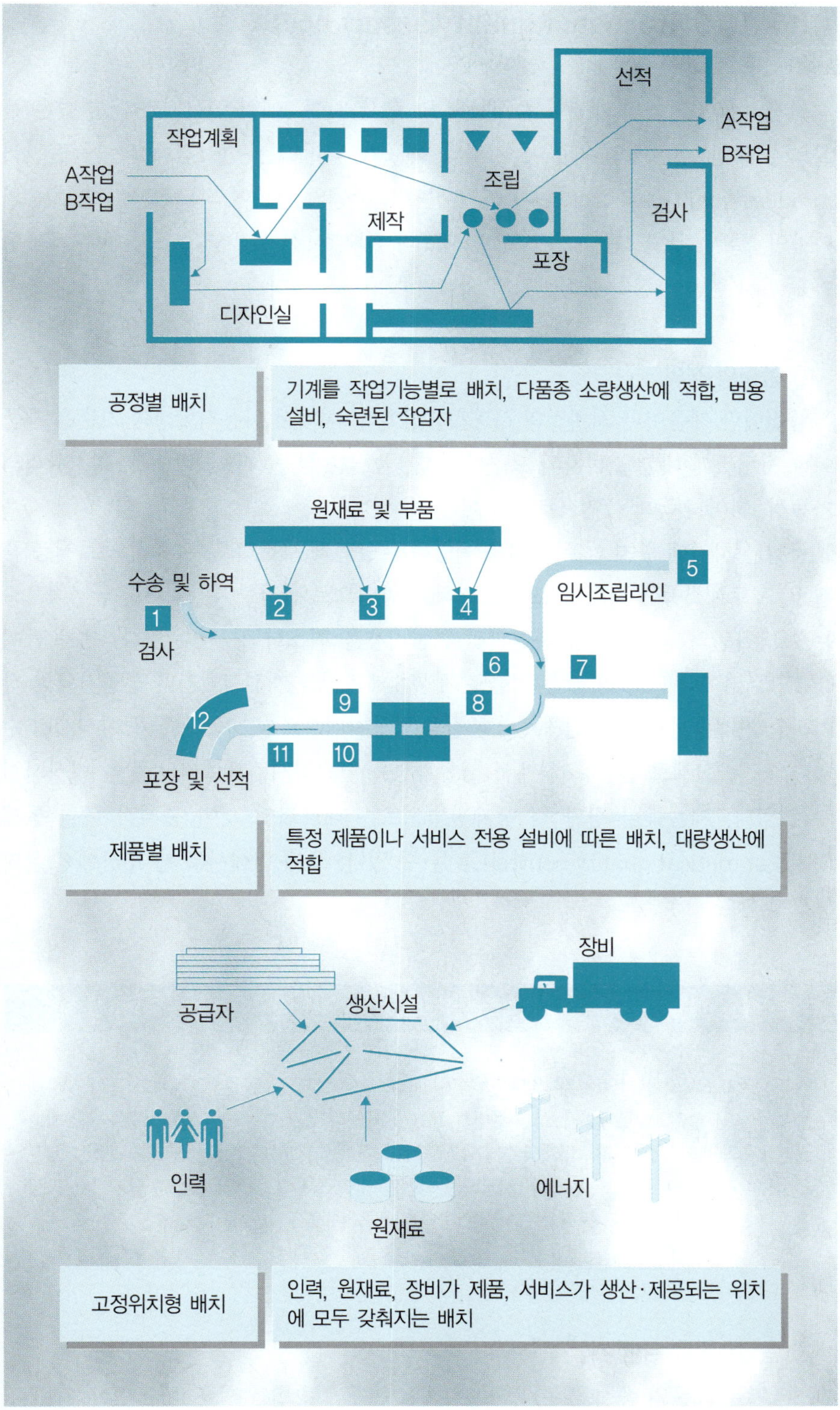

자료: Bovee, C. L., Thill, J. V., Wood, M. B. & Dovel, G. P., *Management*, McGraw-Hill, 1993.

(5) 품질관리(product quality assurance)

이전의 품질관리의 개념이 품질통제 및 조사의 수준에서 인식되었다면, 높은 품질의 제품과 서비스의 제공이 기업의 목표가 되어있는 현시점에서는 품질관리(product quality assurance)가 기업 전반적 활동의 기본이 되고 있다. 즉, 제품의 디자인, 설비, 직원들의 교육정도, 원재료의 선택, 사전 제품 테스트와 사후 제품평가 등까지 전반에 걸쳐 품질관리의 개념이 실행되고 있다.

1) 품질의 정의

품질이란 제품이나 서비스의 사용적합성이다. 여기서 사용적합성의 기준은 제품이나 서비스에 대한 소비자의 요구가 된다. 품질은 성능, 기능, 내구성, 유지관리의 가능성, 이미지 등의 측면으로 나누어 볼 수 있다.

품질은 사전에 좋지 않는 품질을 예방하는 방법과 사전 또는 사후적으로 제품 품질 및 프로세스를 평가하여 조치를 취하는 방법으로 관리할 수 있는데, 궁극적으로는 예방차원의 품질관리가 품질관리 관련비용을 최소화 시킬 수 있다. 예를 들어 CAD/CAM이나 FMS와 같은 기술로 제품설계과정을 개선시키거나 공급자와의 장기적인 거래관계를 통해 원재료의 품질을 향상시킴으로써 제품 품질을 향상시킬 수 있다. 또는 실제로 많은 조직에서 생산과정을 단순화시킴으로써 품질을 향상시킬 수 있었다. 제품품질 평가 및 통제방법으로는 대표적인 것이 통계적 품질 통제(SPC: statistical quality control)를 들 수 있다. 그에 대해서는 제 15장에서 살펴보도록 한다.

공정단순화를 통한 품질개선: 코닝글래스사

코닝글래스사의 생산담당 수석부사장 놀먼 개러티씨는 그가 감독하는 열두개의 공장에서 제품 불량률을 줄이고 재고를 감소시키겠다는 목표를 세웠다. 그리고는 오염방지기구를 제조하는 코닝뉴욕의 두개 공장에서 115개의 불필요한 공정을 없앴다. 그 결과 생산에 소요되었던 시간을 4주에서 3일로 줄일 수 있었다. 개러티는 다음과 같이 말한다. “만약 당신이 단지 생산공정만 단순화할 수 있다면, 자동화하는데 필요한 많은 돈을 쓸 필요가 없을 것입니다.”

2) 품질측정을 위한 기법

경영자는 제품의 품질을 평가하기 위해서 통계적 방법을 활용할 수 있는데, 대표적인 기법으로는 허용발취검사법(acceptance sampling), 통계적 프로세스 관리

(statistical process control)와 불량 원인-영향 분석(defect cause-effect analysis)을 들 수 있다. 허용발취검사법은 투입물인 재료나 제품의 일부분을 검사하여 표본에서 추출된 불량 개수가 사전에 정해진 기준을 초과하면 경영자는 이에 대해 조치를 취해야 한다. 이런 방식은 샘플만을 검사하는데 따른 위험을 감수해야 하기 때문에 근래에는 많이 사용을 하지 않는다. 이와는 달리 공정의 투입과 결과의 프로세스를 관리하도록 그린 그림인 관리도의 개념을 사용하는 품질측정 기법을 통계적 프로세스 관리라고 한다.[3] 관리도에 허용할 수 있는 오차의 한계를 설정하고 측정한 품질이 오차의 한계를 벗어난 경우 비정상적인 공정이 존재하는 것으로 보고 시정 조치를 취한다. 불량 원인-영향 분석은 품질 문제에 대한 원인을 찾는 방법이다. 먼저 문제에 대한 정확히 범위를 설정하고 현상을 분석한 후, 그 원인을 브래인 스토밍의 방식 등을 이용하여 각각을 비슷한 범주로 묶고, 각 범주를 다시 원인과 결과의 관계로 재구성한다. 이런 방식으로 문제의 근본 원인을 찾고 품질관리를 하는 기법이다.

(6) 생산관리기술(operations management technology)

최근 컴퓨터의 급속한 발달로 인해 생산공정을 혁신하는 데 이를 활용할 기회도 많아졌다. 컴퓨터를 이용해서 생산공정을 통제하고 기계를 관리하고 로봇을 조종하기도 한다. 아래에 설명되어 있듯이 여러가지 새로운 시스템과 기술은 기업으로 하여금 비용절감, 품질향상, 시간단축 등의 혜택을 누릴 수 있게 해준다.

생산관리기술의 공헌

첫째, 비용(cost)측면에서, 기술이 발전함에 따라 직접적으로 관련되는 인건비는 물론 보조인건비, 창고비와 같은 보관비용 등이 감소된다. 둘째, 품질(quality)측면에서, 기술이 발전함에 따라 불량률이 낮아지고 품질이 개선되며 제조공정의 일관성이 보다 잘 유지된다. 셋째, 시간(time)측면에서, 기술이 발전함에 따라 두 가지 차원에서 시간이 단축되었다. 우선, 투입물이 산출물로 변환되는데 걸리는 시간이 감소되었다. 하나의 예로, 로봇이 자동차 도색작업을 하면서 이전보다 생산시간이 상당히 단축된 것을 들 수 있다. 다음으로 설계공정에 걸리는 시간을 단축시키고 설계공정과 제조공정을 유기적으로 통합함으로써 생산라인에서 가동준비시간(setup times)과 장비 및 인력의 교체시간(change over times)이 단축되었다.

3) 안상형 외, 「현대품질경영」, 학현사, 1998

1) 컴퓨터 지원 설계 및 생산(computer-aided design and manufacturing)

컴퓨터가 많은 기업체의 제품설계단계에서 중요한 역할을 하게 되었다. CAD (computer-aided design)는 제품설계에 컴퓨터 그래픽과 수학적 모델링을 사용한다. 이와 관련된 기술인 CAE(computer-aided engineering; 컴퓨터 지원공학)는 컴퓨터상에서 3차원 이미지와 계산을 수행하는데, 이를 이용하여 엔지니어는 사전에 모형을 만들어 보지 않고도 제품을 시험해 볼 수 있다. 한편, 로봇, 조사기기, 측정도구와 같은 생산기계를 통제하는데 컴퓨터를 사용하는 것을 CAM(computer-aided manufacturing)이라고 한다. CAM시스템을 이용하면 공정의 신속성 및 정확성, 생산라인의 일관성 등이 높아진다.

2) 컴퓨터 통합생산(computer-integrated manufacturing)

설계, 엔지니어링, 생산, CAD와 CAM을 포함한 모든 요소들이 자유롭게 의사소통이 가능한 컴퓨터네트워크상에서 통합된 시스템을 CIM이라고 한다.

3) 유연생산 시스템(FMS; flexible manufacturing systems)

FMS는 한 제품을 생산하다 쉽게 다른 제품생산으로 전환할 수 있는 자동화된 생산시스템을 말한다. FMS에는 생산공정을 제어하고 자동화된 공작기계와 원재료 취급장비를 연결시켜주는 컴퓨터가 필수적이다.

3. 생산 · 운영관리의 실행

생산 · 운영관리의 실행단계는 이미 수립되어 운영되고 있는 생산시스템을 관리하는 일인데, 이는 앞에서 설명한 계획단계의 여러 활동과 밀접하게 연관되어 있다. 이 때, 신제품이나 기존 생산장비가 진부화됨에 따라 조직체의 욕구(needs)가 변하게 되면 이에 따라 생산시스템도 재설계되어야 한다. 이 단계에서 중요한 물류 및 자재를 관리하는 것이다. 이 과정은 원재료의 최초 구매에서부터 제품이 되기까지의 변환과정 및 완제품의 유통흐름을 계획, 조직화, 통제하는 것이다.

자재관리의 목적은 적시에 적당한 장소에 적절한 재료를 조달하는 것을 말하며 재고관리는 재고의 투입요소로서의 원자재, 제조과정 중의 재공품, 산출 요소로서의 완제품 등 모든 재고의 통제를 말한다. 재고가 너무 많으면 이자비용과 재고보관비용이 증가한다. 그러나 재고가 충분하지 못하면 생산공정에 차질이 생기고 따라서 고객의 수요를 만족시키지 못한다. 결론적으로 재고관리란 이렇게 재고를 너무 많이 가지고 있어서 발생하는 위험과 재고를 너무 적게 가지고 있어서 발생하는 위험사이의 균형을 유지하는 활동이다.

(1) 총괄생산계획과 기준생산계획

총괄생산계획(aggregate production plan)은 1년 동안의 유동적인 제품수요에 생산능력을 일치시키기 위한 생산능력계획이다. 경영자는 수요예측과 생산능력소요계획을 비교하는 총괄생산계획을 세움으로써 자원의 부적절한 분배가능성과 예의주시해야 할 사항들을 깨닫게 된다. 일반적으로 분기마다 갱신되어지는 생산계획도 예를 들어 자동차의 경우, 특정 모델 각각의 자동차 수가 아니라 자동차의 총 숫자와 같이 통일된 측정단위로 기업전체의 생산능력을 측정하기 때문에 '총괄생산계획' 이라고 한다.

총괄생산계획의 두 가지 접근법

총괄생산계획에 대한 두 가지 기본적인 접근법으로는 하향식(top-down) 접근법과 상향식(bottom-up) 접근법이 있다. 하향식 접근법은 제품라인이나 제품범주수준에서 활용되는데 CD플레이어를 제조하는 경우를 들 수 있다. 한편, 상향식(bottom-up) 접근법은 휴대용, 자동차용, 가정용 CD플레이어를 제조하는 경우와 같이 특정제품 수준에서 활용된다.

기준생산계획(MPS; master production schedule)은 총괄생산계획에서 파생된 것으로 생산될 제품의 수와 단기간동안 필요한 생산능력을 나타내는 구체적인 계획이다. MPS는 구체적인 모델의 수나 서비스의 유형으로 세분화되어 있기 때문에 총괄생산계획보다 훨씬 자세한데, 이를 정확하게 유지하려면 모든 상황의 변화가 MPS에 반영되어져야 한다. 예를 들어 제품생산이 원재료 부족 때문에 중단된다면 MPS는 그 변화를 반영할 수 있도록 조정되어야 한다.

(2) 생산운영통제시스템(operations control systems)

생산 · 운영 통제시스템의 목적은 생산공정을 조절하고 생산비용과 지연시간을 최소한으로 유지하는 것이다. 이 시스템을 성공적으로 운영하기 위해서 경영자는 우선 수요의 본질을 이해해야 한다. 파생수요는 어떤 품목의 수요가 다른 품목으로부터 창출되는 경우를 말하며, 독립수요는 한 품목의 수요가 다른 품목의 수요와 독립적으로 발생하는 것을 말한다. 즉 자동차바퀴, 엔진, 차체와 같은 자동차의 구성요소는 파생수요의 예가 되고 이러한 구성요소들로 만들어지는 자동차는 독립수요의 예가 된다. 따라서 파생수요의 수요량은 독립수요의 생산 계획으로부터 계산되어질 수가 있지만 독립수요의 수요량은 일반적으로 예측되어질 수밖에 없다. 다음의 예를 보자.

독립수요의 예측

자동차의 구성요소에 대한 수요는 자동차에 대한 수요로부터 계산되어질 수 있다. 만약 현대자동차가 다음달에 특정모델을 12,000대 생산한다고 하면 바퀴 48,000개, 엔진 12,000개, 차체 12,000개가 필요할 것이다. 그러나 그 특정 모델에 대한 수요는 다른 제품의 수요와 별개이기 때문에 계산할 방법이 없다. 따라서 그 특정모델(자동차)에 대한 수요는 소비자 조사 및 판매기록에 의한 추정, 그 밖의 예측방법을 동원해서 예측될 수밖에 없다.

아래에 설명되어져 있는 생산관리시스템을 적절하게 사용하면 독립수요 제품과 파생수요 제품을 보다 효과적으로 생산할 수 있다.

1) 경제적 주문량(economic order quantity)

자재관리에 있어 주문할 부품이나 제품의 수량은 중요한 의사결정 중 하나이다. 경제적 주문량(EOQ)은 한번의 주문량을 결정할 때 재고주문 비용과 재고보관비용을 최소화하기 위해 고안된 기법이다. 여기서 주문비용은 들어오는 재고의 선적, 수령, 조사와 같이 특정주문을 하는데 관련된 비용이다. 보관비용은 원재료, 재공품, 완제품의 저장, 자금조달, 운반과 같이 재고를 보유하는데 관련된 비용이다.

경제적 주문량

EOQ(economic order quantity) 기법은 원재료나 부품 등을 구매할 때, 일정기간 동안의 수요와 재고유지비용을 고려하여 적정 주문량을 결정하는 기법이다. 일반적으로 수요는 기간동안(보통 1년 또는 1개월) 일정하다고 가정하며 공식은 아래와 같다.

$$EOQ = \sqrt{\frac{2 * \text{년간(월간)사용량} * \text{주문비용}}{\text{년간(월간)재고유지비용}}}$$

예를 들어 어떤 기업이 1개월간 200개의 부품을 사용한다고 가정해보자. 개당 부품 가격은 1,000원이며 한 번 주문할 때마다 10,000원의 주문비용이 발생한다. 또한 재고유지비용은 부품가격의 25%가 소요된다. 이와 같은 경우 이 부품에 대한 경제적 주문량을 구해보면 다음과 같다.

$$EOQ = \sqrt{\frac{2 * 200 * 12\text{개월}/1\text{년} * 10{,}000\text{원}/\text{주문단위}}{1{,}000\text{원} * 0.25/\text{년}}} = \text{약 } 438\text{개}$$

자료: Holt, D. H., *Management*, Prentice-Hall, 1993.

2) 자재소요계획(material requirements planning)

재고품목에 대한 수요가 파생수요일 경우에는 보다 복잡한 재고계산이 필요한데 이를 위해 고안된 기법인 MRP는 재고계획과 통제시스템으로 구성되어 있다. 컴퓨터를 기반으로 한 정보 시스템인 MRP는 원재료를 구매하고 조립계획을 세우는 것으로부터 시작된다. 이것은 최종제품 수요, 제품 구조, 필요한 부품, 생산과 구매간의 리드타임, 재고수준 등에 대한 정보를 이용한다. 이 시스템의 핵심은 최종 제품은 원재료, 부품, 재공품 등의 조립의 과정을 거친다는 점을 주목한 것이다. MRP는 최종 완제품에 필요한 것과, 제품 구조 자료, 리드타임에 대한 정보를 사용해서 각각의 단계에서 필요한 원자재, 원료 및 재공품을 적시에 필요량 만큼을 이전 단계에서 조달할 수 있게 한다.

3) 제조자원계획(manufacturing resource planning)

제조자원계획(MRPⅡ)이란 재무, 회계, 인사, 엔지니어링, 마케팅정보와 MRP생산계획 및 통제활동을 통합한 통제시스템이다. MRPⅡ시스템은 위에서 설명한 MRP시스템을 다른 경영정보시스템과 연계시켜 통제하는 것으로 본질적으로는 MRP시스템과 같다고 볼 수도 있다.

4) JIT시스템

JIT(Just-in-Time)시스템은 가능한한 최소한의 재고량으로 생산설비를 가동하도록 설계된 생산통제시스템이다. 그러나 JIT는 재고통제기법에 그치는 것이 아니라 모든 비효율을 제거하여 끊임없는 생산성 향상을 추구하는 경영철학이다.

재고의 수준을 높여 문제점들을 극복하려고 했던 전통적인 재고관리시스템과는 달리 JIT시스템은 무재고(zero inventory)를 목표로 필요한 부품 및 원재료가 즉시 조달되는 방식을 말한다. 왜 기업이 재고를 필요로 하는지에 대해 근본적인 의문을 던지고 발견된 문제들은 해결해 나가면서 천천히 재고의 수준을 낮춘다.

일본에서 크게 성공한 이 시스템은 전세계적으로 널리 알려져 포드, 제록스, 월마트 등과 같은 세계적인 기업들이 채택하였다.

5) 구매관리(purchasing management)

구매란 한 조직체가 제품과 서비스를 생산하는데 필요한 원재료, 부품, 부분품을 획득하는 활동을 말한다. 구매과정을 효과적으로 관리하면 원재료 품질의 일관성, 더 낮은공급 가격, 공급자와의 관계 개선, 효율적인 운송 등이 가능하다.

제 3 절 마케팅관리

1. 마케팅관리의 개념

기업은 소비자의 구매를 전제로 제품이나 서비스를 생산하게 되는데, 이러한 제품이나 서비스는 최종적으로 소비자의 욕구를 만족시키게 된다. 이렇게 소비자의 욕구를 만족시키는데 관련된 활동을 마케팅이라고 한다. 일반적으로 생산지향 시대에서 유래된 좁은 의미의 마케팅 개념은 기업이 생산한 제품이나 서비스를 고객에게 판매하는 행위에 국한되기도 하였다. 그러나 최근 들어서는 소비자의 욕구를 만족시키려는 보다 적극적인 기업의 노력이 마케팅의 개념을 확장시켰다.

즉, 현대의 마케팅 개념은 기업이 소비자의 욕구를 선행적으로 파악하여, 이를 충족시켜 줄 수 있는 제품이나 서비스를 생산한 다음, 이를 판매, 유통시키는 일련의 활동으로 확장되었다. 또한 최근 들어서는 소비자 중심주의, 통합적 마케팅, 소비자 만족 추구, 소비자의 장기적 복리증진이라는 새로운 마케팅 개념[4]까지 등장하였다. 이렇게 새롭게 대두되고 있는 마케팅 개념에서는 소비자만족의 극대화를 통한 기업 목표 추구를 가장 중요하게 인식하고 있다.

2. 마케팅의 필요성

일반적으로 마케팅에 대해서 단순히 판매의 촉진이나 광고를 하는 부분적이고 수단적인 것이라고 생각하기 쉽다. 하지만 기업에 있어서 마케팅은 이런 단순한 기술이상의 의미를 가지고 있다. 이러한 마케팅의 의미에 대한 대표적인 두 가지 견해를 살펴보겠다.

우선 기업의 생존부등식을 통해서 마케팅의 의미를 설명할 수 있다. 기업의 생존부

4) 임종원, 『현대마아케팅관리론』, 무역경영사, 1993.

등식은 기업 활동의 산출물인 제품의 판매 가격은 제품을 만들기 위한 비용인 원가보다는 높으며, 소비자에게 받아들이는 제품의 판매가치보다는 낮아야 한다는 것을 의미한다. 기업이 제품의 판매를 통해서 이익을 얻기 위해서는 그것을 만들기 위한 비용인 원가 보다는 높은 가격을 받아야 하며, 그 제품이 소비자에게 판매되기 위해서는 소비자가 생각하는 제품의 가치가 최소한 제품의 가격보다는 높아야 하기 때문이다.

하지만 이 식은 단지 이러한 조건만을 설명하는 것이 아니라, 제품의 판매를 위한 방법까지도 말해주고 있다. 기업의 이윤을 증가시키기 위해서는 원가를 낮추어서 가격과 원가와의 차이를 늘리거나, 제품의 가치를 높임으로써 더 높은 가격을 책정하여 많은 이윤을 얻는 것을 가능하게 하는 두 가지 방법을 제시하고 있다. 후자의 제품의 가치에 대한 부분이 마케팅의 필요성을 시사하는 부분이다. 소비자가 받아들이는 가치를 가능한 높게 만드는 과정을 통해서 제품의 가격에 대한 선택의 폭을 넓혀줌으로써 기업이 존재할 수 있는 가능성을 높게 만들 수 있는 것이다.

또 다른 관점으로 기업과 소비자 사이의 간격이라는 것에 관심을 두는 것이 있다. 이것은 현대사회에서 기업과 소비자간에는 공간적, 시간적, 인지적 측면에서 현실적인 간격이 존재하게 되며, 이러한 간격을 좁히려는 노력이 기업의 이윤을 증가시켜 줄 수 있다는 것이다. 왜냐면, 소비자와는 별개로 제품을 생산하여 판매하는 것이 아니라, 소비자의 욕구를 제품의 생산에 반영함으로써 소비자와 기업간의 거리를 좁힌 기업이 더 큰 이익을 얻을 수 있기 때문이다. 이러한 생각이 마케팅의 또 다른 필요성을 설명해주고 있다.

3. 마케팅관리의 체계

(1) 소비자행동분석

마케팅의 목적은 소비자의 욕구(needs)를 파악하여 이를 충족시키는 것이다. 이를 위해서는 우선 소비자가 어떻게 다양한 마케팅 활동에 반응하고 어떠한 과정으로 구매의사결정을 하는지 알아야 하는데, 소비자행동에 영향을 미치는 요소는 다음의 네 가지이다. 즉, 다음의 요소를 통해 소비자의 욕구를 보다 효과적으로 충족시키는 방법을 알 수 있다.

• 개인적 요소: 나이, 직업, 경제적 환경, 라이프 스타일, 개성, 자아개념
• 심리적 요소: 동기, 지각, 학습, 신념, 태도
• 문화적 요소: 문화, 하위문화, 사회계층
• 사회적 요소: 준거집단, 가족, 역할 및 지위

소비자가 실제로 어떻게 구매의사결정을 하는지 이해하기 위해서는 경영자는 실질적으로 의사결정을 하는 사람이 누구이며, 구매행위를 하는 사람은 누구이며, 사용하는 사람은 누구인지 파악해야 한다. 다음 〈그림 14-12〉와 같이 구매의사결정과정상 소비자의 역할은 다섯 가지로 구분할 수 있다. 특히 산업재를 구매하는 경우에는 이러한 역할이 구분되는 경우가 많다.

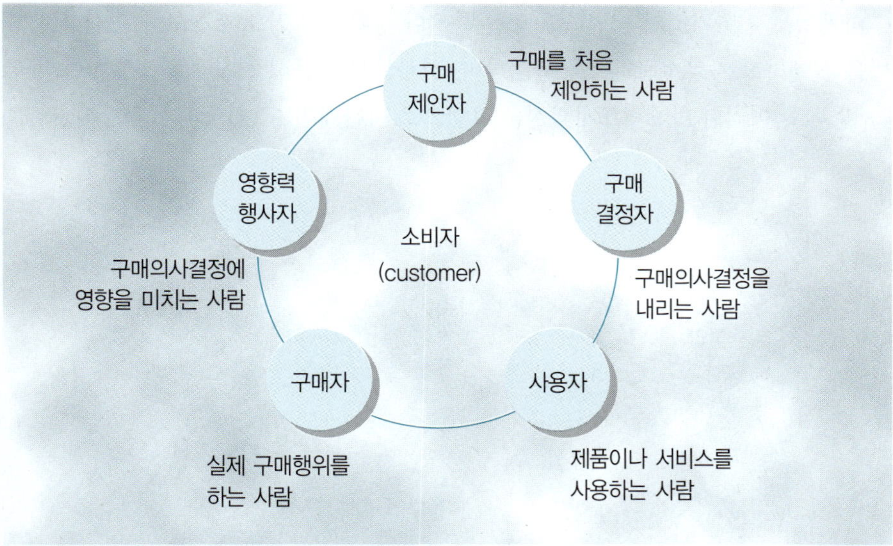

〈그림 14-12〉
소비자의 역할

한편, 전형적인 구매의사결정과정은 〈그림 14-13〉과 같다. 경영자는 각 단계에서 구매자의 행동과 그 행동에 영향을 주는 요소들을 이해해야 하는데, 다른 사람들의 태도, 예상치 못했던 상황, 소비자의 구매후 만족 수준과 그 기업에 대한 구매 후 평가 등이 구매의사결정에 영향을 미친다. 만족한 고객은 재구매를 할 것이지만 만족하지 못한 고객은 그 제품을 다시는 사지 않을 뿐만 아니라 주변사람들에게 그 제품에 대한 부정적인 구전효과를 미치게 한다. 이러한 이유로 경영자는 구매의사결정의 전 단계에 걸쳐 고객이 각 단계에서 만족을 했는지 확인해야 한다.

〈그림 14-13〉
구매의사결정단계

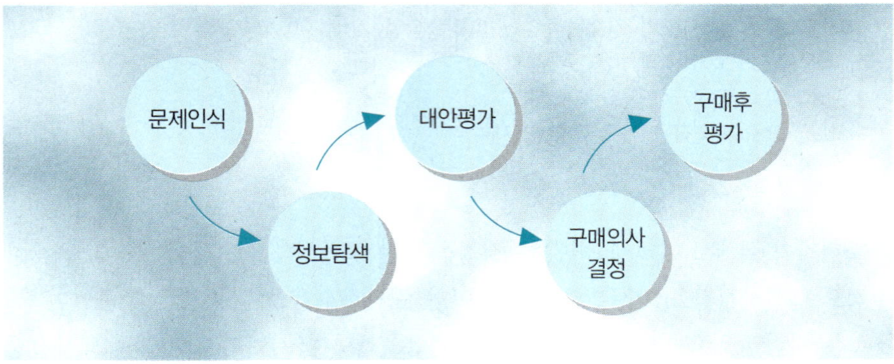

(2) 마케팅조사(Marketing Research)

마케팅조사란 기업이 직면하고 있는 특정한 상황에서 필요한 정보를 수집하는 방법을 설계하고 자료수집과정을 관리하며, 결과분석을 통해 시사점을 도출하는 과정을 말한다. 이러한 마케팅조사과정을 그림으로 나타내면 〈그림14-14〉와 같다.

〈그림 14-14〉
마케팅조사의 5단계

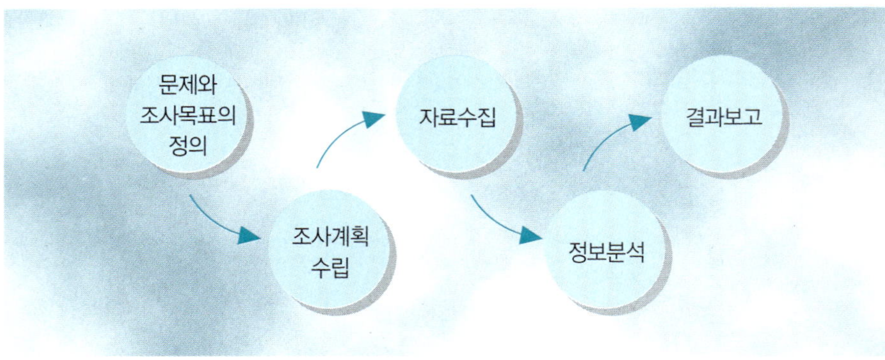

마케팅조사는 정보를 통해 소비자와 마케터를 연결시켜주는 기능을 한다. 즉 마케터가 위에서 설명한 마케팅조사과정을 통해 소정의 목적을 달성하기 위해 정보를 이용하는 것이다.

오늘날 마케팅조사를 하는 주요 이유 중의 하나는 시장기회를 발견하는 것인데, 마케팅조사가 끝나면 경영자는 시장기회를 평가하고 어느 시장으로 진입할 것인지 결정해야 한다.

(3) 시장세분화/표적화/포지셔닝: STP 분석

마케팅활동에서 매우 중요한 개념 가운데 하나가 시장세분화(market segmentation)/표적화(targeting)/포지셔닝(positioning)이라는 세 가지 활동으로 구성된 표적마케팅(target marketing) 개념이다. 이 개념이 오늘날 널리 사용되고 있는 까닭은 다음과 같다. 첫째, 시장 세분화를 통해 기업의 수익성이 보장되며, 마케팅 노력에 의해 효율적으로 접근될 수 있는 세분시장을 확보하게 해준다. 둘째, 표적시장 선정과 포지셔닝을 통해 표적 시장에 적합한 마케팅 믹스를 개발할 수 있기 때문이다.

즉, 경영자가 소비자행동분석과 마케팅조사를 실시하면 제품과 마케팅믹스 등 시장을 세분화할 수 있는 기준[5]을 정할 수 있게 된다. 이렇게 정해진 분류기준에 따라 시장을 세분화하여 세분시장분석[6]과 수요예측 등을 통해 가장 적절한 시장을 고르는 과정을 표적화라고 한다. 그리고 나서 그 표적시장의 소비자에게 자사제품이 경쟁 제품과는 달리 소비자의 욕구를 보다 잘 충족시킬 수 있다는 느낌을 심어주어야 한다. 이 포지셔닝 과정은 시간의 흐름에 따라 경쟁환경과 소비자욕구가 변화하였을 경우에는 목표 포지션을 재설정하여 그곳으로 이동시키는 재포지셔닝을 하여야 한다. 이러한 세 단계의 활동의 영어 머리글자를 따서 STP분석이라고 한다.

4. 마케팅 활용의 내용

마케팅활동은 일반적으로 4P로 불러우는 네 가지로 구성된다. 여기에서 4P는 제품(product), 가격(price), 유통(place), 촉진(promotion)을 가리키는 말로 마케팅의 목적을 달성하는데 쓰이는 주요 실행수단이며 마케팅믹스라고도 한다. 다음에서 마케팅믹스의 구성요소별로 내용을 간략하게 살펴보자.

(1) 제품관리(product management)

제품은 마케팅믹스의 첫 번째이자 가장 중요한 요소이다. 제품전략은 제품믹스, 제품라인, 브랜드, 포장 등에 대한 종합적 의사결정을 말한다. 제품이란 고객의 욕

5) 자세한 내용은 마케팅원론, 마케팅관리를 참조할 것
6) 고객(customer), 경쟁사(competitor), 자사(company) 분석을 세분시장분석의 3C라 한다.

구를 충족시키기 위해 시장에 제공되는 것은 모두 해당된다. 시장에 출시되는 제품에는 자동차나 책과 같은 유형제품, 이발이나 콘서트와 같은 서비스, 현주엽이나 GOD같은 사람, 제주도, 설악산 같은 장소, 가족계획, 안전운전과 같은 아이디어가 포함된다.

한편, 제품은 여러 가지 기준에 따라 다음과 같이 분류할 수 있다. 우선 내구성을 기준으로 내구성제품과 비내구성제품, 서비스와 소비용품을 기준으로 편의품, 선매품, 전문품, 미탐색품 등으로, 산업용품을 기준으로 재료 및 부품, 비지니스 서비스 등으로 구분할 수 있다.

〈그림 14-15〉
제품수명주기

제품수명주기(PLC; product life cycle)

경제상황이 변화하기 때문에 보통 제품수명주기 동안 여러번 마케팅전략을 다시 세울 필요성을 느끼게 된다. 제품수명주기 각 단계마다 기술, 제품형태, 브랜드도 수명주기를 나타낸다. 모든 수명주기에 일반적으로 적용되는 단계는 도입, 성장, 성숙, 쇠퇴 순서이다. 오늘날 대부분의 제품은 성숙단계에 있다.

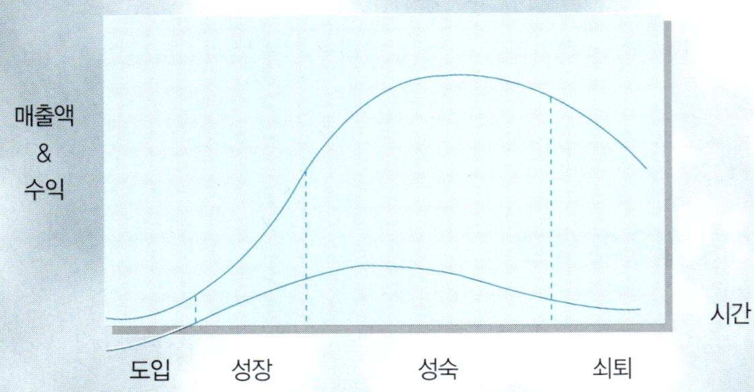

많은 제품수명주기는 종모양의 형태를 하고 있다. 물론 성장-슬럼프-성숙 형태, 수명주기반복 형태, 부채꼴형태 등을 포함하여 다른 형태도 많다. 스타일, 패션, 일시적 유행의 수명주기는 특이한 형태를 띨 수 있다. 이러한 영역에서의 성공의 요소는 내구성(staying power)을 가진 제품을 창조하는데 있다.

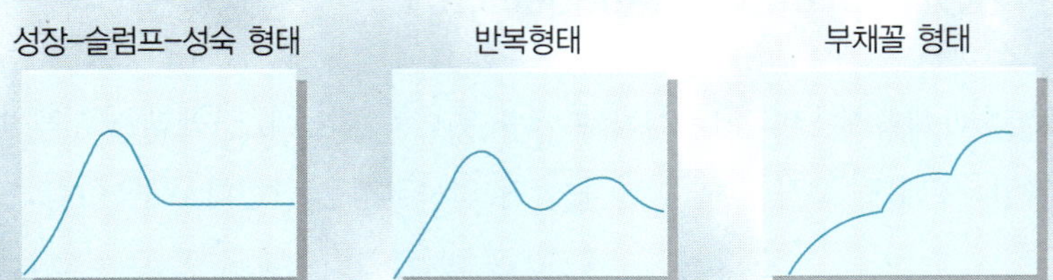

자료: Kotler, P., *Marketing Management*, Prentice-Hall, 1997.

(2) 가격관리(price management)

가격은 마케팅의 네 가지 활동인 4P 중 다른 마케팅 요소인 제품, 유통, 촉진에 비해 그 효과가 단기간 내에 뚜렷하게 나타나는 특징이 있어 다른 마케팅요소에 비해 자주 활용되는 요소이다. 최근 마케팅에서는 비가격요소의 역할이 점차 강조되고 있지만 가격은 여전히 마케팅믹스의 주요 요소이다. 가격정책을 세울 때 기업은 가격목표 설정, 수요결정, 원가추정, 경쟁기업분석, 가격설정 방법 선택, 최종가격 선택의 여섯 단계의 과정을 거치게 된다.

한편, 대부분의 기업에서는 일반적으로 단일가격을 책정하지 않고 지리적인 수요와 원가, 세분시장의 요구사항, 구매시기, 주문량 등을 반영하는 가격구조를 설정한다. 여기에는 여러가지의 가격조정전략이 있는데, 지역적으로 가격을 차별화 할 수도 있고, 다양한 할인 및 공제정책을 활용할 수도 있으며, 서로 다른 세분시장에 대해 서로 다른 가격을 설정할 수도 있으며, 또한 제품계열이나 사양선택 등에 따라 가격을 책정할 수도 있다.

(3) 경로관리(channel management)

제품, 가격에 이은 마케팅 믹스의 세 번째 요소인 유통(place)은 생산되어진 제품(product)이 생산자로부터 소비자에게 전달되는 과정을 지칭하는 말이다. 모든 생산자가 직접 소비자와 만난다면, 엄청난 비효율을 초래할 것이 틀림없다. 이런 점에서 보면, 보다 효과적이고 효율적으로 제품이나 서비스가 고객에게 전달될 수 있도록 하는 것이 중요해진다. 이렇게 생산자로부터 고객에 이르기까지 제품이 거쳐가게 되는 과정을 관리하는 것을 바로 '경로관리' 라고 한다.

1) 경로의 개념

제품(product)이 생산되면 이를 필요로 하는 고객에게 전달되어야만 제품으로서 의미를 가지게 되는데, 생산자로부터 고객에게 직접 전달되는 제품도 있지만, 자동차, TV, 냉장고, 의류, 문구류, 서적, 음료수, 과자 등 대부분의 제품은 직접 전달되지 않는다. 제품에 따라 다르지만 고객은 이러한 제품을 대리점이나 백화점, 할인점, 슈퍼마켓, 서점, 문방구, 동네 구멍가게 등에서 구입하게 된다.

이렇게 제품이 생산자로부터 소비자에게 전달되기까지 거치는 모든 과정(process) 및 관계된 조직(organization) 또는 기관까지를 '경로(channel)' 라고 하며, 생산자,

중간상(intermediaries) 및 고객을 '경로 참가자(channel members)' 라고 한다. 경로관리는 제품이 거치게 되는 전 과정을 관리하는 일이며, 그 중에서도 특히 어떤 경로를 거쳐 소비자에게 전달되도록 할 것인가가 가장 중요한 문제가 된다.

2) 경로의 기능

제품이 고객에게 전달되는 통로(또는 과정)인 경로가 수행하는 기능은 정보전달, 수요자극, 물적유통 등 세 가지로 나누어 볼 수 있다. 첫째, 정보전달 기능은 잠재고객에게 제품 또는 서비스에 대한 정보를 제공하는 기능을 말한다. 경로는 그 특성상 일반 소비자들에게 전면적으로 개방되어 있어 직접적 정보제공이 가능하다는 특성이다. 둘째, 수요자극 기능은 제품이나 서비스에 대한 실질적인 구매행위를 유발할 수 있도록 유도 자극하는 것이다. 셋째, 물적유통 기능은 근원적인 경로의 기능이라 할 수 있는데 제품과 서비스를 고객에게 전달하는 것을 말한다.

3) 경로의 유형

정보화와 더불어 최근에는 과거와 달리 제품이나 서비스의 경로가 무척 다양해지고 복잡해졌는데, 일반적으로 네 가지 정도로 경로의 유형을 나누어 볼 수 있다. 첫 번째는 주문판매를 이용한 홈쇼핑 등과 같이 생산자로부터 직접 소비자에게 전달되는 유형이다. 최근 들어 이러한 유형의 경로가 매우 늘어나는 추세에 있다. 두 번째는 생산자로부터 소매상을 거쳐 소비자에게 전달되는 유형이다. 이 유형은 식료품, 의류 등의 제품에 많이 적용되고 있다. 세 번째는 가장 일반적으로 활용되는 방식으로써 생산자로부터 도매상, 소매상을 거쳐 소비자에게 전달되는 유형이다. 네 번째는 생산자로부터 도매상, 중간도매상, 소매상을 거쳐 소비자에게 전달되는 유형으로 도매상과 소매상 사이에 중간도매상이 관여하면서 두 경로참가자 사이의 거래를 조정하게 된다.

(4) 촉진관리(promotion management)

촉진관리란 마케터가 제품의 혜택을 소비자에게 확신시키기 위해서 펼치는 모든 활동을 말한다. 여기에는 광고, 판매촉진, 홍보, 인적판매 등이 있다. 각각에 대해 살펴보도록 하자.

1) 광고

광고란 확인된 광고주가 일정한 대가를 지불하고 제품, 서비스를 비개인적으로 제시하고 촉진하는 것을 말한다.

2) 판매촉진

판매촉진이란 특정 제품을 사용하지 않고 있는 소비자로 하여금 자사 제품을 구매하도록 유도하거나 현재 구매하고 있는 소비자로 하여금 구매량을 늘리게 하거나 재구매를 설득하며 상표이미지를 높이는 등 직접적인 판매량을 증가시키기 위한 수단을 말한다. 이러한 판매촉진은 소비자를 대상으로 한 판매촉진과 유통 채널, 즉 중간상을 대상으로 한 판매촉진으로 구분된다. 소비자를 대상으로 한 판매촉진에는 주로 가격할인 형태로 쿠폰, 환불, 샘플, 프리미엄, 경연대회 등이 있고 중간상을 대상으로 한 판매촉진에는 POP, 인센티브, 산업 전시회, 점포내 실연 등이 있다.

3) 홍보

홍보란 광고의 한 형태로 대중 매체를 통해 제품을 알리는 것으로, 주로 뉴스 기사의 형태로 나타나며 기자회견, 보도자료, 유명인사 인터뷰 등이 여기에 속한다. 예컨대 여자 골퍼인 박세리 선수가 경기 때마다 그리고 인터뷰 때마다 삼성 로고가 새겨진 모자 및 운동복을 입고 나오는데 전세계에 미치는 삼성에 대한 광고 효과는 실로 엄청나다.

4) 인적판매

인적판매는 판매원들이 직접 소비자에게 판매함으로써 다른 촉진활동에 비해 소비자의 처지에 맞게 기업과 제품의 이미지를 전달할 수 있고, 소비자의 의견을 받아들일 수 있는 쌍방향 의사소통이 가능하므로 보다 자세한 정보를 전달할 수 있다는 장점이 있다.

5. 최신 이슈[7)]

(1) 서비스 마케팅

7) 유필화, 「현대마케팅론」, 박영사, 1998

현대의 산업에서 큰 비중을 차지하는 서비스라는 제품은 기존의 유형 제품과는 달리 일정한 형태를 가지고 있지 않으며, 제품의 생산과 소비가 분리될 수 없으며, 생산된 시점에서 소비가 이루어진다. 또한 제품은 제공시기, 제공자, 제공장소 등에 따라 그 품질의 변화가 크며 생산 후에 저장될 수 없는 특징을 가지고 있다.

이러한 특성을 지닌 서비스에 대한 마케팅은 기존과는 다른 전략을 필요로 한다. 이러한 관점에서 전통적인 외부마케팅(External Marketing)외에 도입된 것이 내부마케팅(Internal Marketing)과 상호작용적마케팅(Interactive Marketing)의 개념이다.[8] 내부마케팅은 고객들에게 직접 서비스를 공급하는 직원들과 이들을 지원하는 활동을 하는 직원들간의 관계에 대한 것으로 이들간에도 서로 높은 품질의 서비스를 제공하도록 함으로써 결과적으로 고객만족을 실현할 수 있도록 한다는 개념이다. 상호작용적마케팅은 기업과 고객의 입장이 아니라 서비스의 생산자와 고객과의 관계에 대한 것으로, 기존의 제품은 제품의 전달자와 고객의 만족과는 거의 무관했으나, 서비스는 제공자에 따라 고객의 만족이 달라질 수 있다는 데에서 생겨난 개념이다. 기존의 마케팅은 기업의 입장에서 고객에 대해 이루어지는 것이었으나, 이 상호작용 마케팅은 개개인의 서비스제공자에게 고객과의 관계를 만들고 그들을 만족시킬 수 있는 능력을 갖추도록 함으로써 진정으로 고객을 만족시킬 수 있다는 개념이다.

(2) 데이터베이스 마케팅, 인터넷 마케팅

현대에 있어서 소비자는 점차 자신들의 다양한 욕구를 표출하고 있으며, 개별적인 욕구를 만족시키는 것이 기업에게는 커다란 도전이 되고 있다. 또 기업간 기술수준이 거의 평준화 됨으로써 품질의 차이와 같은 경쟁요소가 줄어듬으로써 브랜드 충성도를 유지할 수 있을 정도의 차별적인 부가가치의 제공이 어렵게 된다. 이러한 상황은 기존의 다수의 소비자를 대상으로하는 마케팅 보다는 개개인에 대한 직접마케팅의 필요성을 강조하며, 기존의 방법에서 다루지 못하던 잠재적인 고객에 대한 접근의 필요성을 강화시키고 있다.

이러한 필요 속에서 정보기술과 커뮤니케이션 시스템이 발달하며 서로 결합되어 나타난 데이터베이스 마케팅은 새로운 방법론을 제시하고 있다. 데이터베이스 마케팅이란 정보기술과 커뮤니케이션 시스템의 결합을 통해서 데이터베이스를 구축하고, 이를 지속적으로 사용하며 발전할 수 있게 만든다는 개념이다. 이를 통해서 기

8) 이유재, 「서비스마케팅」, 학현사, 1999

존의 마케팅시스템의 효율성을 높일 수 있는 것이다. 이러한 마케팅은 단순히 구매자에 대한 정보가 아니라 잠재적인 고객에 대한 정보를 사용할 수 있으며, 다수의 고객 집단이 아니라 개별 고객에 대한 분석과 마케팅이 가능하다. 또, 잠재고객에 대한 접근이나 현재 고객에 대한 지속적인 구매의 유도가 가능하며, 고객과의 장기적인 관계를 유지할 수 있는 수단으로 사용될 수 있는 것이다.

(3) 국제마케팅

지금까지의 내용은 국내시장을 대상으로 하여 이루어지는 마케팅에 대한 것들이었다. 하지만 현재와 같은 국제화시대에 국내의 시장만을 대상으로 해서는 기업의 장기적인 생존이 어렵게 된다. 이러한 필요에서 해외시장을 대상으로 하여 이루어지는 국제마케팅에 대해서 알아야 할 필요가 있다. 하지만 국제마케팅은 대부분의 사항에서 국내마케팅과 유사하다. 다만 그 대상이 해외에 존재하기 때문에 그에 따른 과정이 필요한 것이다.

우선은 기업의 해외 시장 진출 여부에 대한 판단이 필요하며, 해외 시장 진출이 결정될 경우 자신의 입장에 따라 진출 대상을 결정하게 된다. 대상 시장의 경제, 정치, 법률, 문화, 역사 등에 의해서 시장의 매력도를 평가하고 그 시장으로의 진출여부를 결정하는 것이다. 이러한 진출 대상이 정해지면 수출, 직접투자, 합작투자 등의 진출 방법을 결정하고 이후 제품의 판매에 있어서는 앞에서 설명된 마케팅의 방법론들을 사용한다.

제 4 절 인사관리

1. 전통적 인사관리와 인적자원관리

미래학자 앨빈 토플러에 의하면 다가오는 정보화 시대에는 사람의 창조적인 두뇌활동에 의해 새로운 아이디어가 나오고 이를 기초로 하여 가치가 창조될 것이기 때문에, 사람이야말로 건물과 공장을 대신해서 이윤창조활동에 있어 가장 중요한 자산이 될 것이라고 한다. 즉, 가치를 창출하기 위한 기업의 모든 활동이 이제는 사람 즉, 인적자원에 달려 있다는 것이다.

이러한 경영환경의 변화와 더불어 실제로 기업의 인적자원관리에도 많은 변화가 일어나고 있다. 과거에 강조되었던 단기적 목표, 개인목표보다는 장기적 경쟁력, 조직목표로 개념이 바뀌어야 한다는 공감대가 널리 형성되고 있다. 현대 인사관리에서는 장기적 안목에서 개인목표와 조직목표의 통합을 중시하고, 구성원 개인의 직무보다는 경력개발을 중요시하고 있는데, 이러한 현대적 개념의 인사관리를 인적자원관리(human resource management)라고 한다.

〈표 14-5〉
전통적 인사관리와 인적자원관리의 비교

전통적 인사관리	인적자원관리
직무중심	경력 중심
조직목표의 강조	개인목표와 조직목표의 통합
소극적·타율적 인간관(X이론)	주체적·자율적 인간관(Y이론)
단기적 안목	장기적 안목

2. 인적자원관리의 기초 자료

(1) 직무 측면

1) 직무분석

직무분석이란 직무의 내용과 자격요건을 분석하는 과정을 뜻한다. 즉 일의 주체, 내용, 방법, 목적, 장소, 시간 등의 직무의 내용과 이러한 직무의 수행에 필요한 능력과 기능, 숙련도 등의 자격요건을 분석하는 것이다. 이러한 직무분석의 목적은 직무에 관한 객관적인 자료를 제공하는 것이다.

2) 직무평가

직무평가란 직무분석의 결과로 작성된 직무의 내용과 자격요건을 기초로 각 직무의 중요도, 위험도, 기여도 등을 평가하여 직무의 상대적인 가치를 결정하는 과정을 뜻한다.

3) 직무설계

직무설계란 조직의 목표를 달성함과 동시에 직무를 수행하는 개인을 직무 자체에서 동기부여시켜 만족을 느낄 수 있도록 직무를 설계하는 활동을 뜻한다.

(2) 사람 측면

1) 인사고과

직무평가가 직무의 상대적인 가치를 결정하는 과정인 반면 인사고과란 직무를 수행하는 개인의 상대적인 가치를 결정하는 과정을 뜻한다. 즉 직무분석과 평가는 직무를 수행할 수 있는 요건을 평가하는 데 비해 인사고과는 그러한 직무를 수행하는 개인의 능력을 평가하는 것이다. 이러한 인사고과를 통해 임금 관리나 승진, 해고 등의 인사이동의 기초자료를 확보하고 개인에게 부족한 직무수행능력을 개발하는 교육훈련 계획을 수립하게 된다.

3. 인적자원관리의 과정

인적자원관리는 크게 다섯 가지 활동으로 이루어져 있다. 그 내용을 살펴보면 우선, 조직의 일원으로서 필요한 능력을 갖춘 인력을 확보하고(인적자원 확보), 확보한 인력이 자신의 능력을 최대한 발휘하여 부가가치를 창출할 수 있도록 그들의 잠재력을 개발하고(인적자원 개발), 구성원이 창출한 가치에 대해 금전적, 비금전적 보상을 철저히 하며(인적자원 보상), 이들이 계속해서 개인목표와 조직목표를 조화롭게 통합하여 추구하면서 조직에 기여할 수 있도록 하며(인적자원 유지), 가장 효율적인 조직규모를 구성할 수 있도록 구성원수를 조정(인적자원 조정)하는 활동 등이 있다. 각 활동들의 내용에 대해 살펴보도록 하자.

(1) 인적자원 확보활동

기업의 인적자원관리는 앞서 설명한대로 필요한 인적자원을 확보하는 것에서부터 시작된다. 이러한 인적자원 확보활동에서 중요한 것은 미래의 특정시점에서 어느 정도의 인력이 필요할 것인지, 그리고 과연 그 시점에 필요한 인적자원을 제대로 확보할 수 있는지를 우선 파악하는 것이다. 그런 다음 실제로 충원해야 하는 경우에 모집방법을 결정하고, 선발과정을 거쳐 후보자를 선택한 후 적임자를 채용하는 방식으로 이루어진다. 이러한 방식은 외부로부터 신규인력을 채용하는 경우에 해당되는데, 그 원천은 다양하다. 인턴사원제를 활용할 수도 있으며, 광고를 통해 직접 모집을 할 수도 있다. 또한 고용기관이나 교육기관으로부터 추천을 받을 수도 있고, 확보활동 전체를 헤드헌팅(head-hunting)회사[9]에 위탁할 수도 있다.

(2) 인적자원 개발활동

인적자원 개발활동은 종업원 개개인의 잠재능력을 개발할 수 있도록 하는 동시에 현재의 직무를 보다 원활히 수행할 수 있도록 조직차원에서 지원하는 활동으로 이해할 수 있다. 이러한 개발활동을 통해 조직의 목표를 달성하는데 도움이 되는 것은 물론, 개개인이 일에서 더욱 보람을 느낄 수 있도록 하는 원천이 되기도 한다.

---

9) 헤드헌팅(head-hunting)이라 함은 특정한 능력을 갖춘 인력을 충원하고자 하는 회사와 직업을 구하고자 하는 사람 사이의 가교역할을 하는 것을 말한다. 현재 국내에서도 많은 헤드헌팅업체들이 활동하고 있는데, 노동시장의 유연성이 증대되는 긍정적인 역할을 수행하는 것으로 평가되고 있다.

이를 위해서는 무엇보다 먼저 종업원이 현재 보유하고 있는 능력 및 개발할 수 있는 잠재능력이 어느 정도인가를 알아야 하며, 종업원이 어떤 경우에 일에서 보람을 느끼고 있는지도 파악해야 한다. 인적자원 개발활동은 인사고과(employee rating), 종업원의 개발욕구분석(development needs analysis), 경력욕구분석(career needs analysis)[10]등으로부터 시작된다. 이러한 분석 및 평가를 통해 다음 단계에서는 종업원들이 가진 능력을 기업가치 창출에 기여할 수 있도록 새롭게 인적자원을 개발 구성해야 하는데, 구체적으로 외부위탁교육, 새로운 교육프로그램 도입, 직무순환제 등이 있다.

(3) 인적자원 보상활동

인적자원 보상활동은 종업원의 공헌에 따라 조직이 이에 상응하는 보상을 지급해 주는 것과 관련된 일련의 활동을 말한다. 우선 보상활동은 보상계획을 수립하는 것에서부터 시작되는데, 보상계획을 수립할 때는 조직이 지급하고자 하는 보상범위 내에서 종업원의 만족을 극대화할 수 있도록 하는 것이 기본적 원칙이다.

오브제의 인적자원 보상활동

20대 여성을 주고객층으로 하는 오브제는 최근 가장 성공한 브랜드 중의 하나로 들 수 있다. 오브제가 다점포전략을 쓰기 시작한 첫 해, 오브제는 매출액 170억 달러를 기록하였으며 이중 순이익이 매출액의 10%에 이르는 높은 성과를 보였다. 이 때 오브제의 대표이자 디자이너인 강진영씨는 그 이익을 종업원들에게 되돌려주는 용기를 냈다.

지금은 이사가 되었지만, 당시 부장이던 이씨는 패션업계의 관행에 따라 아홉시에 출근하여 보통 새벽 2~3시에 퇴근하는 생활을 하며 부모님 아이 둘과 함께 일곱 평짜리 아파트에서 살고 있었다. 강대표는 이부장에게 스물여덟 평짜리 아파트를 사준 것을 시작으로 종업원에게 이익을 돌려주기 시작했다. 강대표는 "이부장 이외의 모든 종업원들에게 공정하게 일정 기준에 따라 보상을 하였고, 그 결과인지는 모르겠지만, 그 이후 종업원들이 더욱 일에 열정적이다."라고 말했다.

10) 박경규, 『신인사관리』, 홍문사, 1997.

11) 보상을 외재적 보상(extrinsic rewards)과 내재적 보상(intrinsic rewards)으로 나누기도 하는데, 외재적 보상은 급여, 상여금, 인센티브 등의 금전적 보상과 퇴직금, 보험료, 유급휴가 등의 부가급부로 구성되어 있고, 내재적 보상은 회사에서의 인정, 승진기회, 작업환경 및 직무내용 등으로 구성되어 있다.

일반적으로 종업원에 대한 보상은 임금, 부가급, 상여금 등 금전적 보상과 조직 분위기, 종업원 복지, 경력개발제도 등 직무내용 및 직무환경과 관련된 비금전적 보상으로 이루어진다.[11] 중요한 것은 종업원이 자신의 공헌에 대해 정당한 평가를 받았다고 느낄 수 있어야 한다는 것이다. 이를 위해서는 보상체계와 수준을 결정하는 데 있어서 공평성을 보장할 수 있도록 해야 한다.

(4) 인적자원 유지활동

인적자원 유지활동은 종업원이 계속해서 개인목표와 조직목표를 조화롭게 통합하여 추구하면서 조직에 기여할 수 있도록 하는 활동을 말한다. 우선 계획단계는 어떻게 해야 종업원이 능력발휘를 할 수 있는지를 파악하는 것에서부터 시작되는데, 종업원의 욕구를 파악한 다음 계속해서 그 능력을 발휘할 수 있도록 다양한 조치들을 취해야 한다. 앞서 인적자원 보상활동에서도 언급했지만, 종업원이 일 또는 조직에서 만족을 느낄 수 있는 원천은 매우 다양하므로 종업원 복지, 복리 후생은 물론 직무수행상의 안전을 포함한 직무환경 및 개인의 관심과 능력이 일치되는 직무내용의 구성, 개개인의 건강 유지를 위한 지속적인 관심 등에도 관심을 기울여야 한다.

(5) 인적자원 조정활동

기업의 인적자원 조정활동은 종업원이 더 이상 기업에 공헌하는 바가 없거나, 기대 이하의 성과를 달성하는 경우, 혹은 조직전체 차원에서 비능률을 초래하는 경우에 인적자원의 일부를 방출하는 인적자원 감축과 종업원이 스스로 기업을 떠나는 자발적 이직 등이 포함된다. 따라서 인적자원 조정활동은 인적자원 감축의 경우 미래의 인력 수요 및 공급에 대한 예측활동과 자발적 이직의 원인 분석 등에서부터 시작된다. 한편, 회사에 꼭 필요한 종업원이 이직하려는 의도를 가진 경우에는 이를 방지하는 여러 가지 수단들을 활용할 수 있어야 한다. 예를 들어 직무에 대한 불만족으로 인해 조직을 떠나려는 종업원에 대해서는 새로운 직무를 부여한다든지, 승진탈락으로 인해 이직하려는 의도를 가진 종업원에 대해서는 경력개발 프로그램을 적극적으로 권장하는 방법을 활용할 수 있다.

4. 인적자원관리의 평가

인적자원 평가활동은 말 그대로 인적자원 확보, 개발, 보상, 유지, 조정활동의 각 단계에 대한 결과를 평가하는 것이다. 이러한 평가활동은 다음 단계의 계획을 세우는데 피드백 역할을 하며, 인적자원관리 제도 및 방법을 개선하는데 도움이 된다. 아래에는 각각의 활동에 대한 평가요소[12]들이 제시되어 있다. 이러한 검토를 통해 인적자원 확보, 개발, 보상, 유지, 조정 활동에 대한 평가가 이루어지면 반드시 잘못된 항목들을 개선하여 앞으로의 인적자원관리가 보다 효과적으로 이루어지도록 해야 한다.

(1) 인적자원 확보활동에 대한 평가

인적자원확보에 대한 평가활동은 인적자원의 모집, 선발활동이 제대로 이루어졌는가를 검토하는 것이다. 예를 들면, 다음과 같은 평가요소들이 제시될 수 있다.

- 얼마나 많은 인재가 우리 기업에 지원했으며, 투입된 비용은 어느 정도였는가?
- 인력선발과정에서 우수한 지원자가 탈락하고 그렇지 못한 지원자가 합격되지는 않았는가?
- 새로 들어온 종업원이 직무에 만족하지 못하고 곧 조직을 떠나는 경우가 얼마나 빈번한가?

(2) 인적자원 개발활동에 대한 평가

인적자원 개발의 효과는 하루아침에 나타나는 것이 아니라 중장기에 걸쳐 나타나기 때문에 정확하게 그 효과를 평가한다는 것은 한계가 있다. 그러나 대체적으로 그 효과를 평가할 수 있는 요소들은 다음과 같다.

- 기업이 실시한 교육훈련의 효과가 어느 정도 나타났는가?
- 교육훈련이 생산성 향상 및 종업원 능력개발에 구체적으로 어떤 영향을 미쳤는가?
- 인력개발의 일환인 종업원 순환근무제에 대한 종업원의 만족은 어느 정도인가?
- 교육훈련 비용이 교육훈련의 효과에 비해 과도하게 지출되지 않았는가?

12) 박경규, 『신 인사관리』, 홍문사, 1997.

(3) 인적자원 보상활동에 대한 평가

인적자원 보상활동에 대한 평가는 종업원에 대한 보상의 효과가 어떠한지를 평가하는 것이다. 종업원에 대한 보상은 기업과 종업원 모두에게 다른 어떤 요소보다도 민감하므로 보다 중요하게 다루어야 하는 것이다. 이에 대한 평가요소는 다음과 같다.

- 기업에서 제공하고 있는 임금수준이 다른 기업과 비교하여 어느 정도 적절한가?
- 임금결정 과정에 대해 종업원이 공정하다고 받아들이는가?
- 기업이 제공하고 있는 후생복지 시설 및 제도가 종업원의 욕구를 잘 반영하고 있는가?

(4) 인적자원 유지활동에 대한 평가

인적자원 유지활동에 대한 평가는 종업원에 대한 모티베이션 전략이나 산업대책 등의 효과를 평가하는 것으로 평가요소는 다음과 같다.

- 종업원의 사기는 타기업에 비해 높은가, 낮은가?
- 종업원은 관리자에 대해 만족하고 있는가?
- 결근률, 지각률, 이직률 등 종업원의 불만족 지표는 개선되고 있는가?
- 직장에서의 안전사고 발생빈도와 그 피해는 어느 정도인가?

(5) 인적자원 조정활동에 대한 평가

인적자원 조정활동에 대한 평가는 기업이 주도한 인적자원 감축프로그램의 결과와 종업원의 자발적 이직 방지 효과에 대한 측정으로 나누어진다. 이러한 평가활동에 대한 평가리스트를 예시하면 다음과 같다.

- 인적자원 감축프로그램이 인건비 절약에 실질적으로 공헌하고 있는가?
- 이직방지 프로그램이 과연 이직률을 얼마나 줄였는가?
- 이러한 프로그램을 위해 투입한 비용과 성과가 만족할만한 수준인가?

5. 노사관계관리

노사관계관리란 기업의 경영진과 합법적으로 승인된 노동조합이나 노사협의회 사이의 관계와 관련된 활동을 뜻한다. 이러한 활동의 목적은 책임있는 인적자원관리를 통해 조직의 효과성(effectiveness)를 높이는 데 있다.[13)]

(1) 노사관계의 양면성

기업의 본질적인 기능은 생산이다. 사회에서 필요로 하는 제품과 서비스를 경영진과 노동자들이 상호 협력하여 생산하고 마케팅을 통해 판매함으로써 이윤을 얻게 된다. 그런데 이러한 상호 협력의 결과로 창출된 기업 이윤을 분배함에 있어서는 경영진과 노동자들은 서로 대립적인 관계에 놓이게 된다. 다시 말해 현대의 기업은 경영진과 노동자들의 협동적 생산 실체이지만 경영진과 노동자들의 관계는 필연적으로 협력과 대립이라는 양면성을 동시에 내포하게 된다.

이러한 노사의 협력적인 관계는 경영참가제도로 나타나게 되며 반면 대립적인 관계는 단체교섭제도를 활용하여 승화될 수 있다.

(2) 협력 : 경영참가제도

경영참가제도란 노동조합과 경영진이 서로 협력하여 공동으로 의사결정을 하는 제도를 뜻한다. 이러한 노사간의 상호 협력 관계는 노사협의회 등의 형태로 나타나게 되며 주로 독일에서 발전되어 온 방식이다.

(3) 대립 : 단체교섭제도

이윤의 분배와 관련된 임금을 비롯한 근로조건에 관해서는 노사의 이해관계가 대립되는 경우가 대부분이다. 따라서 노동조합과 경영진이 서로 대등한 입장에서 임금 및 기타 노동조건에 관한 협약을 체결하고 관리할 수 있는 제도가 필요하다. 이러한 제도를 단체교섭제도라고 하며 주로 영국과 미국에서 발전되어 온 방식이다.

---

13) David H. Holt, *Management; Principles and Practices*, Prentice-Hall, 1993, p.388

제 5 절 재무관리

1. 의의

재무관리는 기업가치 극대화라는 목표를 달성하기 위해서 기업이 보유하고 있는 재무자원(financial resource)을 조달하고 운용하는 기업의 활동이다. 여기서 기업의 가치는 기업이 가진 자산의 가치를 뜻하는데 기업의 자산은 결국 기업이 외부의 채권자로부터 차입한 부채(타인자본)와 주식발행을 통하여 조달한 자본(자기자본)으로 구성된다. 그런데 부채는 시간이 지나도 크게 변동하지 않고 고정적 성격을 가지기 때문에 주로 기업가치에 영향을 미치는 것은 자기자본, 즉 주식의 가치이며 자기자본의 변화는 주로 주가의 변동에 의해서 나타난다. 즉, 가치의 변동에 따라 위험이 존재하게 되는데, 이러한 측면에서 재무관리는 곧 위험관리라고도 한다. 여기서 위험이란, 현재의 어떤 행위에 대한 결과를 정확히 예측할 수 없는 상태를 말한다.[14)]

자기자본의 가치변동으로 인한 위험뿐만 아니라 금융거래의 규모가 커짐에 따라 기업이 재무적 불확실성에 노출될 위험이 증가하고 있다. 결국 재무관리는 경영활동을 수행하는 데 필요한 재무자원의 조달과 운용을 다룬다는 측면에서 그 중요성을 찾을 수 있고, 최근 환경이 급변함에 따라 점차 증가하고 있는 금융위험을 분산하고 투자이익을 증가시키기 위한 자산의 조달과 운용을 다룬다는 측면에서도 중요성을 찾을 수 있다.

---

14) 심병구 외, 『재무관리』, 박영사, 1994.

2. 재무관리의 의사결정 기준

(1) 현금흐름

재무관리의 의사결정내용 중 하나인 투자안 평가는 회계상의 이익이 아닌 현금흐름을 기초로 하여야 한다. 현금흐름이란 투자로부터 발생하는 현금유입과 현금유출을 의미한다. 투자로 인하여 들어오는 현금을 현금유입이라 하고 투자를 위하여 지출되는 현금을 현금유출이라 한다. 경영자가 투자우선순위를 정할 기준이 되는 현금흐름을 각 기간별로 현금유입과 현금유출로 구분하여 측정하는 것보다 각 현금유입과 현금유출의 차를 계산하는 것이 편리한데 이를 순현금흐름이라고 한다. 이 순현금흐름이 투자가치평가의 중요한 기준이 되는데 그 이유는 미래현금흐름이 기업가치를 결정하기 때문이다. 그리고, 기업이 재투자를 하거나 부채를 상환하거나 혹은 배당을 지급하는 시점에서 정작 필요한 것은 장부상의 회계이익이 아니라 실제 보유하고 있는 현금이기 때문에 현금흐름은 모든 의사결정의 중심이 된다.

(2) 화폐의 시간가치(현재가치/미래가치)

1) 개념

기업의 재무의사결정에 있어서 절대적인 현금의 양 외에도 중요한 요소가 있는데, 같은 금액의 현금이더라도 지금의 100만원은 10년후의 100만원보다 더 가치가 있다. 즉, 기업의 의사결정에 있어서 현금 흐름 외에도 '시간'이라는 또 다른 요소가 필요하다는 것을 쉽게 알 수 있다. 이렇게 서로 다른 시점에서 발생하는 현금흐름을 동일한 시점의 가치로 환산시켜 주는 것이 화폐의 시간가치인 것이다.

2) 유동성 선호[15)]

화폐의 가치가 시간에 따라 달라지고 동일한 금액의 경우, 미래보다 현재의 것을 선호하는 것을 '유동성 선호(Liquidity Preference)' 라고 한다. 이에 대한 이유로는 첫째, 기회비용으로 수익성이 있는 실물투자기회가 존재하는 경우 현재의 현금은 투자를 통해 가치를 증대 시킬 수 있다. 둘째, 인플레이션이 존재하여 미래의 현금은 동일 금액의 경우 현재의 현금보다 구매력이 감소한다. 마지막으로, 미래의 불확

15) Brealey, Richard, A.& Myers, S. C., *Principles of Corporate Finance*, McGraw-Hill,1996.

실성으로 인해 미래의 현금이 실현되지 않을 가능성이 있다. 이러한 연유로 미래의 현금보다 현재의 현금을 선호하게 되고 이러한 선호를 경제적으로 반영한 것이 이자율(interest rate)이다. 이러한 이자율을 통해서 시간의 차이에 따른 현금의 가치 차이를 표시하게 된다. 즉, 1년의 이자율이 7%라는 것은 지금의 100만원과 1년후의 107만원(=100만원*(1+0.07))은 같은 가치를 갖게 되는 것이다.

3) 시간가치

화폐의 시간가치는 일정한 시점으로 계산되는데 현재를 기준으로 한 것이 현재가치이고, 미래의 특정시점을 기준으로 계산한 것이 미래가치이다. 현금흐름은 단일현금, 연속적인 현금, 불연속적 현금으로 나눌 수 있는데, 단일현금흐름을 여러 기간으로 나누면 나머지 부분도 쉽게 확장할 수 있으므로 여기서는 단일현금만을 설명하겠다.

① 미래가치[16)]

미래가치(future value)는 현재의 일정금액을 미래의 특정시점에서 평가한 가치로 현재의 일정액과 동일한 가치를 갖는 미래의 금액이다. 현재의 금액을 C0, 이자율을 r, 기간을 T라고 할 때, T년 후 미래가치는 아래와 같다.

> $FV = C0^*(1+r)^T$
> 예를 들어, 이자율이 7%이고 현재의 1,000이 3년후의 가치는 $1{,}000^*(1+0.73)^3$ = 1,225원이 된다.

② 현재가치[17)]

현재가치(present value)는 미래의 일정한 금액을 현재의 시점에서 평가한 가치로 미래의 일정금액과 동일한 가치를 갖는 현재의 금액을 의미하는 것으로 미래가치와 대비되는 개념이다. T년 후의 미래 금액을 CT, 이자율을 r, 기간을 T라고 할 때, T년 후 금액의 현재가치는 아래와 같다.

> $PV = CT/(1+r)^T$
> 예를 들어, 이자율이 7%이고 3년후 1,000원의 현재가치는 $1{,}000/(1+0.07)^3$ = 약 816.298원이 된다.

---

16) Ross, Stephan A., Westerfield, Randolph W. & Jaffe, Jeffrey, *Corporate Finance*, McGraw-Hill, 1999, pp.68 ~ 72

17) Ross, Stephan A., Westerfield, Randolph W. & Jaffe, Jeffrey, *Corporate Finance*, McGraw-Hill, 1999, pp.72 ~ 75

3. 재무자원의 조달과 운용

재무관리에서 가장 중요한 주제인 재무자원의 조달과 운용에 관련된 의사결정에는 크게 자본구조결정과 자산구조결정으로 나누어 살펴볼 수 있다. 여기서 자본구조결정이란 경영자원을 조성하기 위해 필요한 재무자원의 조달과 관련된 활동이고 자산구조결정이란 재무자원을 투입하여 어떻게 경영자원을 구성하느냐와 관련된 활동을 말한다.

(1) 자본구조결정

자본의사결정은 자본시장환경에 대한 분석을 토대로 자본예산, 자본비용, 최적 자본구조결정의 3단계 과정을 거친다.

1) 자본예산

첫번째 단계인 자본예산(capital budgeting)은 투자안의 경제성을 분석하는 단계로 자본을 조성하는 것이 과연 기업가치를 높일 수 있는지, 어느 투자안이 보다 더 기업가치를 높일 수 있는지를 분석한다. 투자는 확실한 현금유출을 담보로 불확실한 현금유입을 구매하는 것으로써 기업이 이러한 의사결정을 하는 이유는 투자를 위해 치러야 할 비용(현금유출)보다 담보로 잡은 대가(미래현금유입)가 더 크기 때문이다.

2) 자본비용

자본비용(cost of capital)은 투자재원 조성방법의 선정기준으로써 어떠한 방법으로 자본을 조성하는 것이 기업가치를 높일 수 있는지를 분석하는데 사용된다. 자본예산이 투자안을 선택할 때, "무엇을 선택할 것인가?"의 문제를 해결하는 것이라면 자본비용은 투자재원을 조달할 때, "어떻게 조달할 것인가?"의 문제를 해결하는 것이다.

자본을 조달하는 방법은 전액 자기자본으로 조달하는 방법과 일부만 자기자본으로 조달하는 방법이 있다. 자기자본만으로 자본을 조달할 경우에는 자기자본비용이 곧 형성된 투자자본에 대해 지불해야 하는 대가가 되고, 타인자본과 자기자본을 혼용해 자본을 조달할 경우에는 그 비중에 따라 가중평균하여 자본비용을 구한다. 물론, 자본조성을 조달할 때 치르는 대가는 적을수록 좋다. 따라서 전액 자기자본으로 조달하는 방법을 채택하면 자본의사결정이 여기서 끝나게 되지만, 자기자본과 타인자본을 혼용해 자본을 조달하게 되면 다음 단계로 넘어간다.

3) 최적자본구조 결정

자본구조의 기본과제는 타인자본과 자기자본 사이의 적절한 균형을 유지하여 기업 가치를 최대로 하는 것에 있는데, 최적자본구조(optimal capital structure)란 타인자본과 자기자본 사이의 적절한 결합을 통해 기업의 가중평균자본비용을 최소화함으로써 기업가치를 최대화할 수 있는 자본구조를 말한다.

따라서 자본구조결정에 있어 발생하는 가장 큰 문제점은 기업이 타인자본을 어떻게 적절히 이용할 수 있는가 하는 점이다. 기업이 타인자본을 이용함으로써 얻는 이점과 타인자본으로 인하여 발생하는 재무위험을 서로 비교하면서 기업에게 가장 유리한 타인자본과 자기자본 비율을 산출하는 것이 필요하다.

(2) 자산의사결정

1) 자산운용

자산의사결정은 유동자산과 고정자산에의 투자비율을 결정하는 것으로써 최적자산구조에 대한 결정은 궁극적으로 최고경영자의 환경 분석, 경영전략, 위험에 대한 태도 등에 달려 있다. 경영자는 안정성 위주로 경영할 것인가 성장성 위주로 경영할 것인가에 따라 자산운용정책에 대한 결정을 내려야 한다.

제한된 경영자원을 유동자산투자에 치중하면 단기적인 매출관련 자산이 늘어나고 회수기간이 짧은 투자특성을 지닌다. 이 경우 유동성 위험은 상대적으로 줄어들지만 수익률도 낮아지므로 저성장위험이 커진다. 반면에 비유동자산, 다시 말해서 주로 고정자산 투자에 치중하는 경우에는 장기적인 관점에서의 기업의 설비투자나 연구개발투자 등 대규모이고 회수기간이 긴 투자의 비중이 상대적으로 높아지면서 유동성 위험은 커지지만 상대적으로 수익률도 높아진다.

2) 자산평가

다음 단계는 이러한 자산운용정책이 과연 기업가치를 높이는데 기여했는지를 검증하는 단계로서 기업가치에 대한 평가 및 재평가 과정을 통해 자산운용정책을 계속 유지할 것인가 아니면 변경할 것인가에 대해 의사결정을 내린다. 자산가치는 「대상자산의 가격×보유량」에 의해 평가되는데 이 때 평가대상 자산이 산출물시장에 곧 나가리라 예상되는 재고자산이면 객관적인 시장가격이 존재하므로 보유량에 대한 평가를 주로 하게 된다. 반면, 고정자산이면 당분간 산출물시장에 내놓을 자산이 아니고 보유량이 비교적 명백하기 때문에 시간경과에 따른 가치감소를 고려하여 대상자산의 가격에 대한 평가를 주로 하게 된다. 물론, 시장가격과 취득원가가 현저히 차이나는 경우에는 자산재평가 과정을 거치기도 한다.

3) 최적자산구조

마지막으로, 자산평가과정을 통해 검증된 자산운용정책을 변경하는 경우에는 어떤 비율로 자산구조를 구성할 것인가 하는 최적자산구조 결정을 해야 한다. 근본적으로 자산은 기업의 이윤창출을 위해 경영활동을 보조하는 것으로서, 기업의 경영목표가 무엇이며 어떤 경영방법을 선택했느냐에 따라 그 구조가 달라지는 상대적인 것이다. 다만, 일반적으로 기업의 경영자원 중 재무자원이 차지하는 비중은 상대적으로 작기 때문에 재무의사결정자가 최적자산구조에 대한 의사결정을 하는 경우는 드물고 금융자산에 대한 평가와 운용정책에 대한 결정을 주로 내린다. 그러나 주요 경영자원이 재무자원인 금융기관의 경우에는 예외적으로 재무의사결정자의 자산구조결정이 매우 중요하며 이에 따라 금융기관경영론에서는 이른바 자산-부채관리(ALM : asset liability management)에서 최적자산구조 문제를 비중있게 다루고 있다.[18]

4. 분석과 통제

(1) 재무분석

재무관리 담당자들이 합리적인 의사결정을 내리기 위해 필수적으로 수행하여야 하는 기능의 하나가 바로 분석기능인데, 재무분석(financial analysis)은 비율분석(재무제표분석)과 질적요인 분석으로 나누어 살펴볼 수 있다.

1) 비율분석

비율분석(financial ratio analysis)이란 재무분석을 위하여 19세기 말부터 대차대조표계정의 구분 및 정리과정과 함께 발달되기 시작하여 가장 오랫동안 사용되어 온 방법으로써, 재무제표 항목들간의 제비율을 계산하여 이것과 비교기준이 되는 표준비율을 상호 비교하여 기업의 재무상태와 영업실적을 파악하는 것을 말한다.

---

18) 김영진, 『금융기관경영론』, 경문사, 1995.

재무비율은 대차대조표상의 총자산과 손익계산서상의 매출액에 대한 각 항목의 비중을 나타내는 구성비율 및 유동자산과 유동부채를 비교하는 유동비율과 같이 재무제표상의 개별항목을 비교하는 항목비율로 구분된다. 또한 비율계산에 이용된 항목들의 성격이 특정시점의 자료인지 또는 일정기간 동안에 얻어진 자료인지를 기준으로 각각 정태비율과 동태비율로 구분할 수도 있다. 최근 들어 많이 사용되고 있는 구분기준은 각 비율이 내포하고 있는 의미나 그 비율이 기업경영분석에서 어떤 역할을 하는지에 초점을 맞추고 있다.

주요 재무비율

유동성 비율(liquidity ratio)

단기에 만기가 되는 채무를 이행할 능력을 측정하는 비율을 뜻하며, 유동비율(current ratio)과 당좌비율(quick ratio, acid test ratio)이 있다.

레버리지 비율(leverage ratio)

부채성비율이라고도 하며, 기업의 타인자본의존도와 타인자본이 기업에 미치는 영향을 측정하는 비율이며, 부채비율(debt to equity ratio)과 이자보상비율(times interest earned, interest coverage ratio)이 있다.

활동성비율(activity ratio)

기업의 자산, 재고 등의 물리적인 이용도를 측정하는 비율이며, 재고자산회전율(inventory turnover)과 매출채권회전율(receivable turnover), 고정자산회전율(fixed asset turnover), 총자산회전율(total asset turnover) 등이 있다.

수익성비율(profitability ratio)

기업경영의 총괄적인 효율성의 결과를 판매에 대한 수익이나 투자에 대한 수익으로 나타내는 비율이며, 총자본이익율(net profit to assets, return on investment; ROI), 매출액순이익율(net profit to sales, profit margin on sales), 자기자본이익율(net profit to net worth) 등이 있다.

생산성비율(productivity ratio)

기업의 생산활동에 사용하고 있는 인적·물적 자원의 능률과 업적을 평가하는 비율을 뜻하며 노동생산성(labor productivity), 종업원 1인당 매출액, 자본 생산성(capital productivity) 등이 있다.

시장가치비율(market value ratio)

증권시장에서 투자자가 기업의 과거성적과 미래전망에 대하여 어떻게 생각하는가를 알려주는 비율을 뜻하며, 주당이익(earning per share; EPS), 주당배당(dividend per share; DPS), 주가 · 이익비율(price/earnings ratio; PER) 등이 있다.

이렇게 기업이 과거의 재무상태나 경영실적을 분석하기 위하여 재무비율을 계산하여, 이를 평가하기 위해서는 그 재무비율을 비교할 기준이 필요하다. 기업이 비율분석에서 표준으로 삼는 비율은 그 기업의 과거비율, 그 기업과 비슷한 상황에 있는 다른 기업의 평균비율, 즉 산업평균비율 또는 그 기업이 당면하고 있는 여러 가지 환경요인, 재무요인, 경제요인 등을 고려하여 그 기업이 처해 있는 상황에서 계량적으로 산출한 최적비율 등이 있다. 이 중에서 산업평균비율이 표준비율로 가장 많이 사용된다.

2) 비율분석의 한계

이러한 비율분석은 다음과 같은 한계를 지니고 있다. 재무분석의 근본목적은 기업의 미래상태를 예측하기 위한 것으로 미래의 기업 가치 증대를 위한 분석인데, 비율분석은 과거의 회계정보에 의존하고 있다는 점, 비율분석에 이용되는 비율들은 재무제표를 중심으로 계산되고 평가되는데 재무제표는 일정시점을 기준으로 작성되므로 그 기간 동안의 변화를 나타내지 못한다는 점, 한 기업의 비율을 역사적으로 비교하는 일이 어려울 뿐만 아니라 서로 다른 기업간 상호비교가 곤란하다는 점, 분석의 비교기준이 되는 표준비율의 설정이 어렵다는 점, 일반적으로 사용되는 산업평균이 그 기업의 특색에 맞는 최선의 비율이 될 수 없다는 점 등이다.

3) 질적요인분석

질적요인분석이란 기업에 대한 자료 중 비율분석과는 달리 계량화가 어려운 자료에 대한 분석이다. 이는 재무제표에 나와있지 않는 자료를 통해 기업의 성장성, 수익성, 배당능력등에 영향을 미치는 요인에 대해 분석하는 것이다. 여기에는 그 기업이 속한 산업의 특성, 기업내의 경영자나 경영진의 특성과 능력, 회사의 비젼과 문화, 업계내의 시장점유율, 소비자로부터의 인지도, 노사간의 관계, 은행과 정부와의 관계, 회사의 투자성향 등이 있다.

이러한 질적분석은 비율분석과는 달리 계량화가 어려워 측정하기 어렵고 분석자료에 주관이 개입될 가능성이 높으며, 분석범위의 설정 및 자료의 수집이 어렵다는 단점이 있다. 하지만 이러한 분석들은 구체적인 분석틀이나 체계가 정립되어 있지 않으나, 비율분석과는 달리 기업을 심층적으로 분석하고, 분석의 목적인 미래의 의사결정에 필요한 기준을 제공한다는 점에서 보다 의의가 큰 분석이다. 최근 들어서는 각종 연구소의 리서치 보고서나 애널리스트의 연구보고서 등을 통해서 이러한 질적인 분석이 증가하고 있다.

(2) 재무통제

재무통제란 경영활동의 효과를 높이기 위하여 재무분석의 결과를 이용하고 업무절차를 개선하는 방법을 강구하는 것으로, '업무'를 통제하여 기업활동의 능률을 향상시키기 위하여 이루어지는 것이다. 이러한 재무통제에 대한 결과는 피드백 되어 차기의 재무계획 수립에 반영된다.

재무통제에는 크게 재무제표를 이용한 통제와 비율분석을 통한 통제로 구분된다.

먼저 재무제표를 통한 통제는 기준이 되는 재무제표와 비교대상의 재무제표를 비교함으로써 비교년도의 자산, 부채, 자본이나 수익, 비용의 증감을 분석하여 기업의 활동에 어느 부분을 조정할 것인지에 대한 판단기준을 도출해 내는 것이다. 예를 들면, 당기의 순이익이 크게 감소했을 때 당기의 손익계산서를 분석하여 이러한 순이익의 감소가 매출의 감소로 인한 것인지, 영업외 비용의 증가로 인한 것이지, 매출원가의 증가로 인한 것인지 등을 분석하여, 이를 통해 마케팅 부분을 강화하거나, 부채를 감소시켜 이자비용을 줄이거나, 원가절감을 통해 매출원가를 감소시키는 등의 대안을 도출해 낼 수 있는 것이다.

비율분석을 통한 통제는 재무제표상에 나타나 있는 여러 계정을 분기별로 비교하거나 계정간의 비율분석을 통해 해당기업의 경영성과나 재무성과를 파악해 이를 통해 내부통제나 투자여부를 결정할 수 있다. 예를 들면, 유동비율분석이나 당좌비율분석 등을 통해 회사의 변제능력을 평가함으로써 파산위험을 평가할 수 있고, 레버리지비율 분석을 통해 해당 기업의 부채 상환능력을 평가할 수 있다. 1990년대 말에 이러한 유동비율과 레버리지비율을 기업의 부실여부 판단의 기준으로 삼아 해당기업의 퇴출여부를 결정하기도 했다. 이외에도 활동성비율분석을 통해 해당기업 자산의 물리적 이용도를 측정하고, 수익성비율분석을 통해 영업의 효율성과 수익성을 판단할 수 있다.

이외에도 자산의 가격 결정모형, 선물, 옵션, 기업합병 등의 내용이 있으나 원론의 범위를 넘어서므로 여기서는 생략하겠다.

제 6 절 국제경영[19)]

1. 국제경영의 본질

(1) 배경

2차 대전 이후 과학기술의 발전으로 기업은 그 활동범위가 크게 확대되었으며, 교통과 통신의 급속한 발달로 세계가 단일 생활권으로 묶이게 됨에 따라 국경선이라는 장벽을 뛰어넘어 세계 전체를 무대로 한 경영활동을 본격적으로 전개하게 되었다. 이러한 변화로 기업의 경쟁환경은 안정과 보호가 전제된 국내경영에서 변화와 경쟁으로 가득 찬 환경으로 바뀌었다. 이에 따라 기업의 경영자에게 범세계적인 안목과 국가 사이에 일어나는 문제의 해결능력을 제공하는 국제경영학의 개발이 경영학계의 과제가 되었다.

(2) 개념

국제경영학에서 연구대상으로 삼는 국제경영, 즉 기업의 국제적 경영활동이란 무엇을 뜻하며, 어떠한 경영활동을 포함하는가? 어느 학문에서나 마찬가지이겠지만, 특히 국제경영학과 같이 그 대상이 계속 변화하는 학문에서는 그 개념을 획일적으로 규정할 수는 없으며, 그렇게 해서도 안 될 것이다.

국제경영에 대한 여러 학자들의 견해를 보면 대체로 국경선을 기준으로 하는 것과 활동지역의 수를 기준으로 하는 두 가지로 크게 나누어 볼 수 있다. 전자는 역사적 · 동태적 관점에서 기업이 나아가는 방향을 설명하고 있으며, 후자는 현상적 · 정태적인 관점에서 기업이 경영활동을 한 결과 나타난 현상을 설명하는 것이다. 이러한 활동은 결국 2개국 이상에서 동시에 일어나는 경영활동으로 귀착된다는 점에서

19) 조동성, 『21세기를 위한 국제경영』, 경문사, 1997.

하나로 수렴되는 견해들이라고 볼 수 있다. 그러므로 국제경영을 '국경선을 넘어서거나 2개국 이상에서 동시에 일어나는 경영활동'이라고 정의할 수 있을 것이다.

2. 국제기업의 환경

우리는 국제경영을 국경선을 넘는 경제 활동이나 2국 이상에서 벌어지는 경제 활동이라고 정의하였다. 따라서 국제환경도 국경선을 넘어가는 과정에서 나타나는 환경요소와 해외의 현지에서 나타나는 환경요소로 나누어 볼 수 있다. 예를 들어, 상품 인력 · 기술 · 자본 등을 국가간 이동시킬 때 나타나는 국경선상의 또는 국제적인 제약은 전자에 속하는 환경요소라 할 수 있고, 정치 · 경제 · 법률 · 문화 등 현지국에 고유한 요인은 후자에 속하는 환경요소라 할 수 있다.

이러한 국제기업의 경영환경은 경제, 정치, 법률, 문화의 범주로 구분하고 이를 다시 국경선을 넘어서는 가정에서 나타나는 환경요소와 현지국의 고유한 환경요소로 구분할 수 있다. 정치, 경제, 법률, 문화 등 환경적 요인의 구분은 환경의 속성상 임의적일 수 있다. 실제로 이들 범주들은 상호간에 영향을 주고받으며 동태적으로 변화하기 때문에 명확한 구분이 곤란할 경우가 많다. 그러나 이들 요인간의 상호의존성이 존재한다 하더라도 각 범주별로 고찰되어야 할 고유한 요인은 존재한다. 이러한 의미에서 국제경영 의사결정에 영향을 미치는 환경적 요인과 국제경영에 있어서 이들이 갖는 의미, 그리고 이러한 환경적 요인들을 전략적으로 활용할 방안을 살펴야 할 필요성이 있는 것이다.

(1) 경제적 환경

특정시점에 있어서 한 국가의 경제적 환경은 경제를 이끌어나가는 주체로서 근로자, 정치가와 행정관료, 기업가와 전문경영기술자 등의 인적요소와 주체행위의 대상으로서 물적자원, 경영자원, 관련산업, 수요와 같은 객체적 물적요소, 그리고 우연히 발생하여 국가경제에 큰 영향을 미치는 외부기회로 구분된다.

(2) 정치적 환경

기업이 국제화되면서 국내와는 다른 정치적 환경에 접하게 된다. 이러한 상황에서 발생하는 정치적 사건들이 기업의 국제경영활동에 영향을 미칠 때, 이를 정치적 위험이라고 한다. 넓은 의미에서 정치적 위험은 특정 국가에서 경영활동을 수행하고 있는 기업의 환경을 급격히 변화시켜 기업의 이익과 목표에 영향을 미치는, 예측하기 힘든 정치적 변화로 정의할 수 있다.

(3) 법률적 환경

기업활동이 국제적으로 확대되면서 이러한 국제적인 법률환경에 노출되게 되었지만, 전세계적으로 국제기업활동을 총괄적으로 규제하는 공통되고 일원화된 국제법은 아직 존재하지 않는다. 따라서 기업은 의사결정에 중요한 영향을 미치는 상이한 각국의 행정규제, 무역제도, 외환제도 및 관세제도 등의 법률환경을 이해하고 분석하여 합리적 의사결정을 내리고 상이한 법률환경에 대한 대응전략을 수립할 수 있어야 한다.

(4) 문화적 환경

문화란 사회환경을 구성하는 요소로서 자신의 형태를 다른 것과 구별 시켜주는 학습된 인간행위의 사회적 규범과 생활방식이며 국제기업환경을 결정짓는 가장 중요한 기초적 요인중의 하나이다. 문화를 구성하는 여러 요소들 중 언어, 종교, 가치체계, 사회제도, 물질문명, 미적감각 등이 특히 중요하게 여겨지고 있다.

3. 국제경영의 유형

국제화의 유형은 국제적으로 이전되는 대상을 기준으로 볼 때 완제품의 국제적 이전과 생산요소의 국제적 이전으로 분류될 수 있다. 생산요소의 국제적 이전은 다시 원자재, 기술, 자본, 인력과 같은 단일요소의 국제적 이전과 이들 요소가 하나의 시스템으로서 함께 이동하는 복합요소의 국제적 이전으로 나누어 볼 수 있다.

가장 단순한 국제이전의 형태는 완제품 또는 원자재의 국제적 이전인 무역이다.

단일요소의 국제적 이전은 기술이전, 자본의 이전인 포트폴리오참가(간접투자), 초기 하청단계의 해외건설로 나타나는 인력의 이전이 있다. 또한 여러 생산요소가 복합적으로 하나의 시스템을 이루어 이전하는 형태로서는 원자재, 기술자본, 인력 등이 조합을 이루는 플랜트수출 및 원청단계의 해외건설, 기술, 자본, 상표, 경영능력 등이 조합을 이루는 직접투자, 그리고 기술, 자본, 경영, 수요확보능력 등이 조합을 이루는 해외개발이 있다. 직접투자는 또다시 100% 완전소유인가 아니면 현지기업과의 합작에 의한 부분소유인가에 따라 단독투자와 합작투자로 분류된다.

〈표 14-6〉
이전대상을 기준으로 한 국제화의 유형

국제적 이전의 대상			국제경영의 유형
완제품			무 역
생산요소	단일요소	원자재	무 역
		기 술	기술이전
		자 본	간접투자(포트폴리오 참가)*
		인 력	해외건설(초기하청단계)
	복합요소	원자재, 기술, 자본, 인력등의 시스템	플랜트 수출 및 해외건설(원청단계)
		기술, 자본, 상표, 경영등의 시스템	직접투자 {단독투자, 합작투자}
		기술, 자본, 경영, 수요확보 등의 시스템	해외자원개발

*간접투자는 국제경영의 기본전제인 전략적 경영동기가 배제되어 있다는 점에서 경영자를 전제로 하는 의미의 국제기업활동과는 구별되어야 한다.

4. 국제경영전략

(1) 해외시장진입전략

국내지향기업이 해외시장에 관심을 가지면서 해결해야 할 첫 번째 과제는 진출할 시장, 즉 목표시장을 결정하는 것이다. 한번 시장이 선택된 후에 진출한 시장에서 철수하는 것은 엄청난 손실을 초래할 수 있기 때문에 시장 선택 자체가 매우 중요한 것이다. 진출할 목표시장을 선택한 후의 과제는 목표시장에 대한 진입방법 및 시기를 결정하는 것이다. 진입시기와 관련하여 선택 가능한 전략대안으로서는 순차적으로 개별시장을 공략하는 점진적 대안안과 2개국 이상의 시장을 동시에 공략하는 대안이 있다. 시장진입방식의 결정 역시 중요하다. 현지시장을 공략하는 방법에는 수출, 기술이전, 직접투자 등 다양한 대안이 있다. 이 가운데 주어진 환경 제약 하에서 기업이 보유하고 있는 자원을 최대한 활용하여, 현지시장에서 추구하고자 하는 목표를 달성할 수 있는 최선의 대안을 선택해야 한다.

〈표 14-7〉
해외진입방식의 대안 및 유형

(2) 국제경쟁전략

전략이란 경쟁자의 실제행동 또는 예측된 행동에 비추어 자기의 행동을 결정하는 것을 의미한다. 특히 투자수익률을 높이는 한편 장기적으로 산업에서 자신의 위치를 지키며 경쟁기업을 누르기 위한 전략을 본원적 경쟁전략(generic competitive strategy)라고 한다.

이러한 본원적 경쟁전략을 이해하기 위해서는 우선 산업의 수익성을 결정짓는 5가지 요인에 대해서 알아야 한다. 이는 새로운 진출기업의 위협, 기존기업간의 경쟁, 대체품의 압력, 구매자의 교섭력, 공급자의 교섭력의 5가지이다. 이들은 모두 산업의 경쟁강도와 수익성에 영향을 미치지만 이 중 가장 중요한 몇 가지 요인이 지배적인 영향을 미치므로, 전략을 수립할 때에는 이들 중 핵심요인을 파악하는 것이 매우 중요하다.

위에 제시된 전략을 통해서 산업의 흐름과 구조를 파악하여 장기적으로 산업 내에서 자신의 위치를 지키며 경쟁기업을 누르기 위한 본원적 전략을 실행하게 된다. 포터(M.E.Porter)는 이러한 본원적 전략의 유형을 원가우위전략과 차별화전략으로 구분하였다. 원가우위 전략은 특정기업에서 원가를 낮추기 위한 일련의 기능별 정책을 통하여 산업 내에서 원가상의 우위를 달성하는 전략이다. 차별화 전략은 기업이 제공하는 제품이나 서비스를 차별화함으로써 산업전반에 걸쳐서 그 기업이 독특하다고 인식될 수 있는 그 무엇을 창조하는 것이다. 하지만 이것이 원가를 완전히 무시하고 차별화를 실행한다는 것이 아니라, 그 우선 순위가 차별화에 있다는 것을 의미한다. 또 포터는 특정 시장 또는 지역을 집중적으로 공략하는 집중화전략에 대해서도 언급하였다. 이는 특정시장을 대상으로 이들의 욕구를 만족시키는 차별화 전략 또는 저원가 전략이나 이 모두를 선택하여 실행하는 것을 의미한다. 그리고 이러한 본원적 전략 중 어느 것도 수행하지 못하는 상태에 있는 기업은 대부분 낮은 수익성의 어려운 상태로서 원가우위나 차별화 등을 위한 새로운 전략적 의사결정을 필요로 한다는 것이다.

〈그림 14-16〉
본원적 전략에 대한 이해

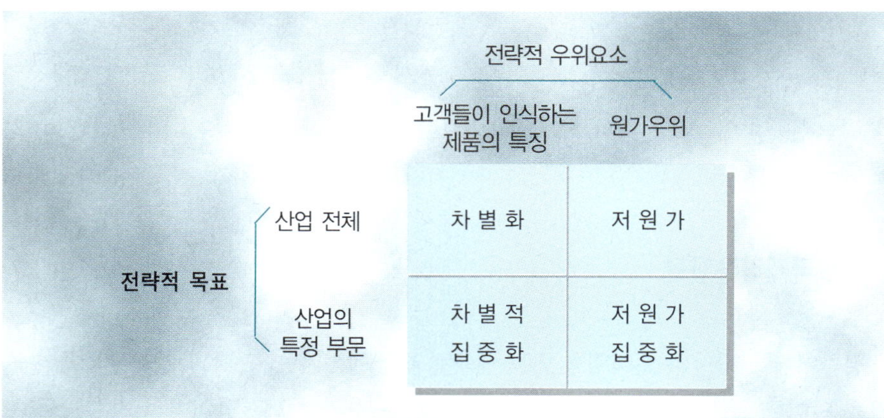

(3) 국제협력전략

국제협력전략이란 서로 다른 두 이상의 기업들이 글로벌 시장에서 공동의 목적을 달성하기 위하여 서로가 필요로 하는 자원을 상호보완적으로 결합함으로써 시너지 효과를 창출할 수 있도록 장기적인 동맹관계를 맺는 것을 의미한다. 이는 기업의 경쟁이 범세계적으로 확대되며, 기술변화의 속도의 가속화, 정보통신기술의 발달, 경제블록화에 따른 새로운 경제환경 등에 의해서 그 필요성이 더 커지고 있다.

이러한 전략적 제휴는 이것이 과연 경쟁력 향상에 도움을 주는 가에 대한 본질적인 문제점이 제기되어 왔으며, 그 외에도 계속적인 조정이 필요하다는 과정상의 문제나 지나치게 제휴관계에 의지하여 독점적 우위를 상실하는 결과상의 문제점들도 지적되고 있다. 이러한 문제점은 결국 제휴 경쟁전략 안에서 이루어져야 한다는 패러다임을 가지고 임할 때만이 해결가능하다.

(4) 국제협상전략

협상이란 다른 개인이나 조직과의 상호작용에서 특정의 목적을 이루거나 의견이 일치되도록 하기 위해 어떤 압력을 사용하는 과정이라고 할 수 있다. 국제협상에서 중요한 것은 개개인이 사회적 · 문화적 배경, 사고체계와 생활방식이 다른 상대방에 어떻게 접근할까 하는 것이다.

(5) 국제조직

기업이 국제화전략을 추구하는 데 있어서도 그 성패 여부는 선택된 전략을 효과적으로 실시할 수 있는 합당한 조직이 뒷받침되고 있는가에 달려있다. 합당한 조직은 선택된 전략을 수행하기에 부족하거나 그 전략보다 과다한 조직이어서도 안 된다. 즉, 조직은 선택된 전략의 성격에 따라 그 규모나 체계, 강도가 결정되어야 하는 것이다. 기업이 국제화 전략을 수행하기 위해서 갖추어야 할 조직은 국제화 전략의 각 단계에 따라 제각기 그 내용이 달라져야 할 것이다.

제 7 절 회계

1. 개념

컴퓨터에는 우리가 바로 이해하기 어려운 자신만의 언어가 있듯이 기업에서는 회계라는 자신의 언어를 통해 경영활동을 기록하고 이를 통해 의사소통을 한다. 대다수의 사람들은 회계란 공인회계사나 기업의 회계부서에서 근무하는 사람만이 사용하며 고도로 전문화된 지식이 필요한 것으로 생각한다. 그러나 지금과 같은 자본주의 사회에서 많은 사람들이 자주 회계정보에 접하고 있고, 단순히 주식투자를 위해서도 기업의 회계적 정보에 접하게 된다. 더욱이 세무신고나 영업성과측정, 경영의사결정 등에 있어서는 회계정보가 매우 중요한 요소가 된다.

이러한 회계는 시대적 상황과 환경 속에서 많은 변화를 보여왔다. 전통적인 관점에서 보면, 1941년 미국의 AICPA(American Institute of Certified Public Accountants)의 회계용어공보 제1호에서는 '회계란 재무적 성격을 갖는 거래나 사상(event)을 화폐단위에 의하여 의미 있는 방법으로 기록 · 분류 · 요약 · 해석하는 기술(art)이다.' 라고 정의하고 있는데, 이는 대상(재무적 거래와 사상)과 측정기준(화폐)을 제시하고 정보의 생산(기록)을 강조하고 있다.

이러한 정의는 오늘날의 부기(bookkeeping)의 정의에 근접한 것이다. 오늘날에는 이러한 협의의 정의가 작성자 중심에서 사용자 중심으로 확대되어 정보의 활용측면을 강조하는 개념으로 변화되었다. 1966년 미국 회계학회에서 발표된 A Statement of Basic Accounting Theory의 정의가 일반적으로 받아들여지고 있는데, 여기서 회계란 '정보이용자가 적절한 판단과 의사결정을 할 수 있도록 경제적 정보를 식별 · 측정 · 전달하는 일련의 시스템이다' 라고 정의하고 있다.

이는 회계를 정보를 측정 · 전달하는 과정으로 정보이용자를 중심으로 하고, 화폐적 정보뿐만 아니라 비화폐적 정보와 미래정보까지 대상을 확대하여 정보지향적인 접근을 통해 회계학을 과거의 실무적인 차원의 기술에서 사회과학의 한 분야로 발전할 수 있는 기초를 제공하고 있다.

2.회계학의 분류 및 특징

(1) 분류

회계는 정보이용자의 목적에 따라 서로 다른 유형의 정보를 제공하게 되는데, 이에따라 재무회계, 관리회계, 세무회계로 나뉘며 세무회계는 재무회계나 관리회계와는 별개의 분야로 인식되기도 한다.

1) 재무회계

외부보고를 목적으로 하는 회계로 기업의 재무상태 · 경영성과 · 현금흐름의 변동 등을 측정 · 보고한다. 외부의 회계정보 이용자(채권자, 투자자, 주주, 정부 등)의 합리적 의사결정에 유용한 정보제공을 목적으로 하며 기업회계기준 등 통일적 기준이 있다. 과거정보를 중심으로 재무제표를 통해 보통 1년단위(상장법인은 반기)로 보고하도록 강제되어있다. 일반적으로 회계 또는 회계학은 재무회계를 의미한다.

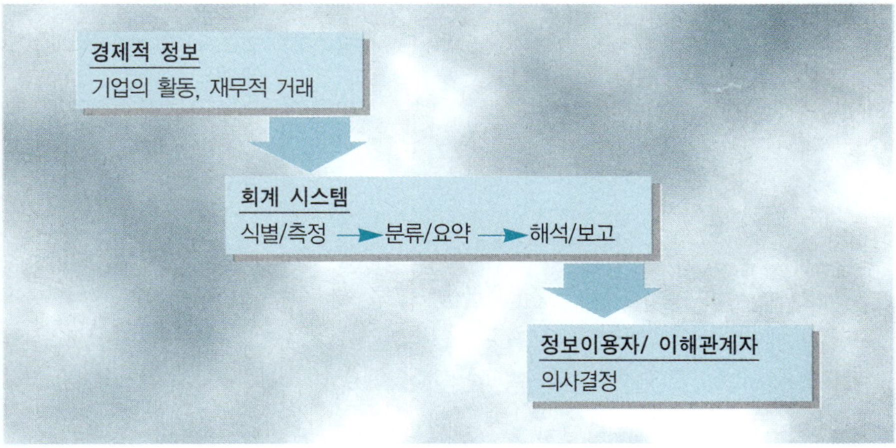

〈그림 14-17〉
회계의 개념

2) 관리회계

내부보고를 목적으로 하는 회계로 경영계획 · 통제 등 경영의사결정을 위한 정보를 제공한다. 경영자의 성과평가와 관리적 의사결정에 유용한 정보제공을 목적으로 하며 작성에 통일적인 기준은 없다. 과거정보 뿐만 아니라 미래정보와 비화폐적인 정보를 포함하며 통일된 양식은 없고 필요에 따라 작성된다.

3) 세무회계

재무회계를 기초로 정부의 재정자원을 조달하기 위해 과세표준과 세액을 결정하기 위한 정보를 제공한다. 세법에 의한 과세소득을 결정하는 것을 목적으로 하며 세법을 통해 해당 기업의 세액을 결정한다. 과거정보를 중심으로 세무조정계산서 및 기타 신고서식을 통해 보통 1년 단위로 작성하도록 강제되어 있다.

〈표 14-8〉
재무회계 · 관리회계 · 세무회계의 비교

	재무회계	관리회계	세무회계
의의	기업의 재무상태 · 경영성과를 측정 · 보고	경영계획 · 통제 등 경영의사결정을 위한 정보제공	정부의 재정자원확보를 위해 해당기업의 과세표준과 세액 결정
목적	외부의 회계정보이용자의 의사결정에 유용한 정보제공.	내부정보이용자(경영자)의 관리적 의사결정에 유용한 정보제공	정부의 재정자원확보를 위해 세법을 통해 과세소득결정
이용자	주주, 채권자, 정부, 투자자	경영자, 내부관리자	정부
기준	일반적으로 인정된 회계원칙(GAAP) 기업회계기준	통일적 기준은 없슴	세법(국세기본법,법인세법,소득세법,부가가치세법 등)
정보의 특성	과거정보, 화폐정보, 정확성 중요	과거 · 미래정보, 화폐 · 비화폐정보, 적시성 중요	과거정보, 화폐정보, 정확성 중요
보고양식	재무제표	관리회계보고서(일정한 양식이 없슴)	세무조정계산서 및 기타신고서식
보고시기	보통 1년(상장법인-반기)	필요에 따라	보통 1년 단위
법적 강제성	있슴	없슴	있슴

이렇게 회계는 여러 분야로 구분되는데 일반적으로 재무회계는 투자자를 위한 것이고, 관리회계는 기업의 내부이용자를, 세무회계는 정부를 위한 것이다. 이중에 일반 대중이 접할 수 있는 것은 보통 재무회계분야가 된다. 이러한 관점에서 여기서는 보다 많은 인원이 접하는 재무회계를 중심으로 살펴보겠다.

(2) 재무회계의 특징

재무회계는 화폐단위를 통해 계량화 가능한 정보를 중심으로 개별기업실체의 경제적 자원 및 청구권 변동에 관한 정보를 제공하며 비교가능성 · 신뢰성 · 객관성이 중요시 된다. 또, 통일적인 기준에 의한 재무제표를 제공함으로써 다양한 이해관계자(투자자, 채권자, 정부, 종업원 등)의 조정역할을 하며 회계정보이용자의 예측능력과 의사결정에 유용한 정보를 제공한다.

(3) 재무회계의 한계점

재무회계는 위와 같은 특징으로 인해 다음과 같은 한계점을 지니게 된다. 첫째, 재무회계는 화폐를 통해 계량적인 자료를 중심으로 정보를 분석하므로, 의사결정에 유용한 정보임에도 불구하고 인적자원이나 경영자의 능력 등 비계량적요소와 질적요소를 반영할 수 없다. 둘째, 분석하는 정보가 과거의 정보에 국한되므로 의사결정이라는 미래지향적인 상황에 필요한 미래정보제공이 어렵다. 셋째, 회계처리방법에 대체적인 방법이 존재하여 기업간 상이한 회계처리방법을 선택했을 경우 기업간 비교가능성이 저하되어 정보자체의 유용성이 떨어진다. 넷째, 제공하는 정보의 가장 기본적인 판단기준에 경제성의 원리(비용〈효익)가 적용되어 논리적으로 목적적합한 정보일지라도 정보를 획득하는 비용이 정보이용의 효익보다 떨어진다면 제공될 수 없다. 다섯째, 용인된 회계원칙안에도 잔존가치나 내용연수 추정, 대손상각율 등 주관성이 개입될 수 있어 불확실성이 내재되어 있다.

3. 회계이론의 개념구조

회계이론이란 회계상의 거래를 인식 · 측정 · 기록하는데 있어서 회계현상을 관찰하고 새로운 회계실무와 절차를 도출하는 기준이 되어 논리적 · 체계적으로 정립되도록 구조화 시킨 것이다. 회계이론의 개념적 틀은 1968년 Buckley, Kircher & Mathews[20] 가 소개한 후 여러 형태로 그려졌는데, 이를 종합하면 〈그림14-18〉과 같다.

20) Buckley, John W., Kircher, P, & Mathews, R. L., "Methodology in Accounting Theory", *Accounting Review*, 1968, pp.274~283

〈그림 14-18〉
회계이론의 개념적 구조

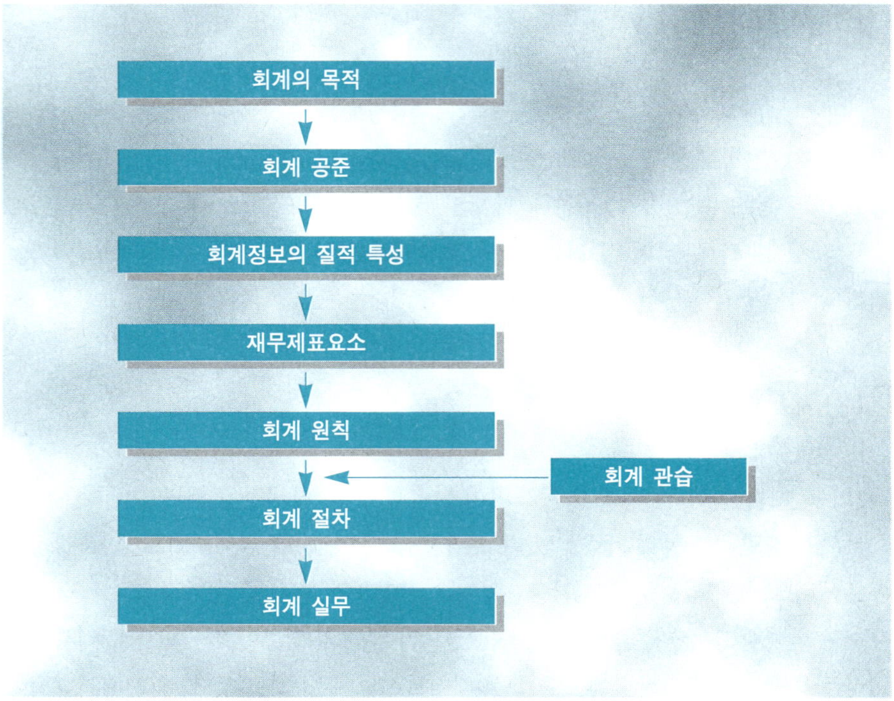

이와 같은 틀을 통해 회계이론 정립 시 회계의 목적부터 실무의 수행까지 논리적인 체계를 유지할 수 있다. 또, 회계이론과 실무가 나아가야 할 방향을 제시하고 회계이론의 논리적인 판단기준을 제공한다는 의의가 있다.

(1) 회계의 목적

회계의 목적은 위에서 살펴보았듯이 투자자 및 채권자들의 합리적인 의사결정에 유용한 정보와 현금흐름전망을 평가하는데 유용한 정보, 기업의 자원과 청구권에 관한 정보를 제공한다.

(2) 회계공준

회계공준이란 회계이론을 연역적 · 논리적으로 전개하기 위한 기본적인 가정을 의미한다. 여기에는 모두 네가지의 공준이 있는데, 첫째, '기업실체의 공준'으로 이는 회계담당자가 측정 · 보고하는 재무정보는 독립적으로 존재하는 기업이라는 특정실체에 관한 것으로 재무제표 작성 주체를 명시하여 회계의 범위를 한정시켜준다. 둘째, '계속기업의 공준'으로 기업은 일정시점까지는 계속 존재한다는 가정으로 자산평가를 역사적 원가로 하는 것을 정당화 시켜준다. 셋째, '화폐단위의 공준'으로 재무제표를 화폐라는 공통된 기준으로 작성하므로 일정기간 화폐의 가치는 일정하다는 가정인데, 지속적인 물가상승으로 물가변동회계라는 것으로 보완하고 있다. 마지막으로 '회계기간의 공준'으로 기업은 지속적인 경제활동을 한다는 가정하에서는 제공하는 정보의 효용을 높이기 위해서는 일정기간을 설정하여 적시성있는 정보제공이 필요하기 때문에 인위적으로 회계기간을 설정하여 정보를 제공하도록 하고 있다.

(3) 회계정보의 질적 특성

회계정보의 질적특성이란 회계의 목적인 의사결정에 유용한 정보를 제공하기 위하여 회계정보를 측정 · 평가하는 기준이 되는 속성이다. 정보를 생산하는 가장 기본이되는 속성은 정보를 생산하는 비용이 이로 인한 효익보다는 작아야 한다는 경제성의 원칙이 있고, 생산되는 정보가 의사결정에 도움이 되어야 한다는 유용성이 있다.

이외에도 '목적적합성'과 '신뢰성'이 있는데, 목적적합성에는 과거정보로부터 미래를 추론할 수 있어야 한다는 '예측가치', 필요한 정보가 적시에 제공되어야 한다는 '적시성', 과거의 의사결정을 확인시켜주고 이를 통해 의사결정을 수정시켜주어야 한다는 '검증가치'가 있다. 또, 신뢰성에는 동일한 회계현상에 대해서는 두 전문가가 동일한 자료와 측정이 가능해야 한다는 '검증가능성', 관심을 갖는 회계속성과 그것이 갖는 경제적인 내재가치가 일치해야 한다는 '표현의 충실성', 정보의 결과가 특정 이해집단에 치우치지 않아야 한다는 '중립성'이 있다.

(4) 재무제표요소

재무제표는 크게 대차대조표, 손익계산서, 이익잉여금처분계산서 또는 결손금처리계산서, 현금흐름표 등 네 가지로 구분된다.

1) 대차대조표

일정시점(stock)에서 기업의 재무상태를 표시하는 표로 자산, 부채, 자본으로 구성되어 있다. 자산이란 과거의 거래나 사건을 통해 해당기업이 획득했거나 통제하고 있는 미래에 경제적으로 효익을 가져올 수 있는 것을 의미한다. 부채란 과거의 거래나 사건을 통해 해당기업이 다른 실체에게 자산을 양도하거나 용역을 제공해야 하는 미래에 경제적으로 효익을 희생해야 하는 것을 의미한다. 자본이란 지분이라고도 하며 해당기업의 자산에서 부채를 차감하고 남은 잔여지분을 의미하며 주주의 청구권이 된다.

2) 손익계산서

일정기간(flow) 동안 기업의 경영성과를 나타내는 표로서 수익, 비용, 순이익, 이득, 손실을 표시한다. 수익이란 기업의 주된 영업활동에서 나오는 것으로 순자산의 증가를 의미하며, 비용이란 기업의 주된 영업활동에서 나오는 것으로 순자산의 감소를 의미한다. 이득과 손실은 이와 유사한 개념이나 기업의 주된 영업활동이 아닌 임시적·부수적인 활동에서 야기된다는 것이 차이점이다.

〈표 14-9〉
대차대조표의 구성요소

대차대조표
2002년 12월 31일

________ **회사**

(단위 : 원)

차변(경제적 자원,자금의 활용)	대변(자원의 청구권, 자금의 조달)
1. 유동자산	부채(채권자 청구권)
1) 당좌자산	1. 유동부채
2) 재고자산	2. 고정부채
2. 고정자산	자본(주주 청구권)
1) 투자자산	1. 자본금
2) 유형자산	2. 자본잉여금
3) 무형자산	3. 이익잉여금
4) 이연자산	4. 자본조정

〈표 14-10〉
손익계산서의 구성요소

손익계산서
2002년 1월 1일부터~ 2002년 12월 31일까지

______________ 회사 (단위 : 원)

과 목	제 기 금액
1. 매출액	
2. 매출원가	
1) 기초상품(제품)재고액	
2) 당기매입액(당기제품제조원가)	
3) 기말상품(제품)재고액	
3. 매출총이익(손실)	
4. 판매비와 관리비	
5. 영업이익(손실)	
6. 영업외 수익	
7. 영업외 비용	
8. 경상이익(손실)	
9. 특별이익	
10. 특별손실	
11. 법인세비용차감전 순이익(손실)	
12. 법인세 비용	
13. 당기순이익(손실)	
(주당경상이익 : 원)	
(주당순이익 : 원)	

3) 이익잉여금처분계산서(결손금처리계산서)

이익잉여금의 처분내용을 표시하는 표로서, 처분전 이익잉여금이 배당금, 법정적립금, 임의적립금 등으로 얼마나 처분되었는지를 보여주는 표이다.

4) 현금흐름표

일정기간(flow) 동안 기업의 현금흐름의 변동내용을 보여주는 동태적인 보고서로서, 현금의 유입과 유출을 영업활동 · 투자활동 · 재무활동으로 나누어 보여준다.

(5) 회계원칙

재무제표를 작성하고 해석하는데 통일된 회계처리 지침을 제공하는 것으로 일반적으로 받아들여지는 기술적인 회계원칙인 GAAP(Generally Accepted Accounting Principles)가 있다.

여기에는 다섯 가지 원칙이 있는데 첫째, 회계상의 거래는 현금이 실제 유입되거나 유출된 시점이 아닌 자산 · 부채 · 자본의 변화가 확정되는 기간에 이를 인식해야 한다는 '발생주의'가 있다. 둘째, 자산과 부채는 그것을 취득할 당시에 지출된 화폐가치로 기록되어야 한다는 '역사적 원가주의' 가 있다. 이는 물가상승이 있을 경우 실제가치를 적절히 반영하지 못할 위험이 있으므로 물가변동회계 등에 의해 조정되고 있다. 셋째, 수익은 이것이 실현되는 결정적인 사건이 발생했을 때 인식한다는 '수익실현주의 원칙'이 있다. 넷째, 비용을 인식할 경우 반드시 수익과 관련된 것을 원칙으로 한다는 '수익 · 비용 대응의 원칙'이 있다. 마지막으로 외부 정보이용자에게 합리적인 의사결정에 유용한 정보는 모두 공시되어야 한다는 '완전공시의 원칙'이 있다.

(6) 회계관습

회계관습이란 논리적인 타당성은 없으나 실무상의 유용성이나 편의성으로 인해 대다수의 지지를 받아 인정되고 있는 회계원칙을 의미한다.

여기에는 크게 세가지가 있는데, 첫째, 회계의 신뢰성과 목적적합성을 저해하지 않는 범위에서 정보이용자의 의사결정에 영향을 미치지 않는 것은 생략해도 되고 영향을 미치는 것은 제공되야 한다는 '중요성'이 있고, 둘째, 채권자의 보호를 위해 자산은 될 수 있는 대로 적게, 부채는 많이, 수익은 늦게, 비용은 조기에 인식한다는 '보수주의'가 있고 마지막으로 업종의 특수성으로 인해 금융증권업 · 보험업 등에 예외적인 실무가 인정되는 '업종별 관행'이 있다.

(7) 회계절차

회계절차란 회계상의 거래가 발생하게 되면, 이를 복식부기의 원칙에 의해 측정 · 기록하고 요약하여 재무제표를 작성하고 이를 공시하게 되는 일련의 과정을 매 회계기간마다 반복되는 일련의 회계순환과정을 의미한다.

세부적인 순환과정을 살펴보면, 먼저 경제현상에 대해 거래를 식별하고, 일반 분개장과 특수 분개장에 분개를 한다. 이를 총계정원장에 전기(posting)하고, 시산표를 작성한다. 이를 기말에 정리사항을 정리한 후, 수정후 시산표를 작성하고, 이를 바탕으로 재무제표를 작성한다. 이후 손익계정을 마감하고, 이월시산표를 작성하고, 역분개를 실시한 후 다음 회계연도로 이월하게 된다.

4. 수익 · 비용의 인식과 측정

기업의 거래를 인식하는데 있어 크게 현금주의와 발생주의가 있는데, 현금주의란 실제 현금이 유입 · 유출된 시점에서 이를 거래로 인식하는 것이고, 발생주의란 그 거래의 중요한 사건이 일어난 시점에서 이를 인식하는 것인데, 회계에서는 발생주의에 근거하고 있다.

예를 들면, 판매회사의 경우 외상으로 물건을 팔았다고 가정한다면, 수익의 인식을 외상대금을 받았을 때 이를 매출로 잡지않고 판 시점에서 이를 매출로 잡게 된다. 이자수익 역시, 100만원을 대출해줘서 5년 후 50만원의 이자를 받게 되는 경우 마지막 해에 50만원을 수익으로 인식하는 것이 아니라 매년 10만원씩을 이자수익으로 인식하게 된다.

이러한 발생주의 핵심은 '수익은 실현주의', '비용은 발생주의와 수익 · 비용 대응의 원칙'으로 요약할 수 있다.

(1) 수익의 인식

수익은 이를 인식하기 위한 결정적인 사건이 실현되는 기간에 이를 인식한다. 예를 들면 판매회사의 경우는 물건의 매출, 용역회사의 경우 용역의 제공, 건설회사의 경우 건물의 완성 등이 이루어진 기간에 수익으로 인식하게 된다.

(2) 비용의 인식

비용은 수익을 창출하는 과정에서의 순자산이 감소하는 부분을 의미하며, 이렇게 수익과 연관된 것만을 비용으로 인식하는 수익 · 비용대응의 원칙을 따르게 된다. 수익과 연관되지 않는 순자산의 감소는 손실로 인식하게 된다. 또, 수익과 마찬가지로 현금의 지출이 있을 때, 이를 비용의 발생으로 인식하지 않고 순자산의 감소가 실질적으로 발생하는데 결정적인 사건이 발생한 기간에 이를 인식하게 된다. 예를 들면, 이자의 경우 수익과 유사한 예로 외상으로 원재료를 구입했을 때, 대금을 지급한 시기에 비용을 인식하지 않고 원재료를 구입한 시기에 이를 인식하게 된다.

이러한 발생주의는 현금주의에 비해 우월한 점은 첫째, 기간손익을 명확히 측정할 수 있고(예를 들면, 발생주의의 경우 대금의 지연 지급으로 비용을 차년도로 이연할 수 없다), 둘째, 경영성과의 객관적 평가가 가능하다. 셋째, 현금주의는 투하자본의 회수분과 초과이익 부분의 구분이 불가능하나 발생주의 경우는 가능하고, 넷째, 미래의 현금창출능력 평가에 유용하다.

회계학에는 이외에도 계정과목론(현금예금, 수취채권, 재고자산, 유형자산, 고정자산, 부채, 자본 등)과 특수문제(연결재무제표, 합병회계, 리스회계, 외화환산회계 등)가 있으나 이는 경영학 원론의 범위를 넘어서는 문제이므로 생략하겠다.

제 8 절 경영정보시스템

1. 경영과 정보

경영의 효율성은 정보를 얼마나 잘 처리하고 사용하느냐에 따라 달려 있는데, 적절하지 못한 조직이 가지고 있는 가장 큰 문제 중의 하나는 정보의 흐름이 제대로 이루어지지 않고 있는 것이 보통이다. 경영계획을 예로 들면, 환경과 기업의 능력에 대한 정보를 제대로 활용하면 계획을 세울 수 있고, 조직 구성에 있어서도 정보는 조직 구조와 많은 관련을 가지고 있다. 실행과정에서도 정보는 종업원 목표를 달성하는데 없어서는 안된다. 또한 경영자도 조직의 성과에 대한 정확한 정보가 없다면 조직을 올바로 평가, 통제할 수 없을 것이다. 경제동향, 고객의 욕구, 경쟁자, 새로운 기술 등에 관한 정보는 기업의 생존과 성공에 중요한 열쇠가 된다.[21)]

(1) 자료(data)와 정보(information)

정보 관리에 있어서 가장 중요한 단계는 무엇이 정보인가 하는 것이다. 자료는 단지 사실이나 생각 등 가공되지 않은 상태의 집합이다. 자료란 판매 숫자에서부터 고객의 이름 및 경쟁사의 제품 모델 등에 이르기까지 모든 것을 포함할 수 있다. 그러나 자료가 의미를 주거나 통찰력을 주는 것은 아니다. 자료가 의미를 갖기 위해서는 결론을 전달할 수 있는 형태로 전환되어야만 한다.

반면 정보는 지식을 창출하기 위해 자료들을 모아서 처리하고 분석한 결과물이다. 〈그림 14-19〉는 자료가 정보로 전환되는 과정을 보여주고 있다. 자료는 단지 사실만을 전달하지만 정보는 경영자들이 더 나은 의사결정을 할 수 있도록 도와준다.

21) Knight, T. & Silk, D., *Management Information*, McGraw-Hill, 1989.

(단위 : 만원)

〈그림 14-19〉
자료를 정보로 전환

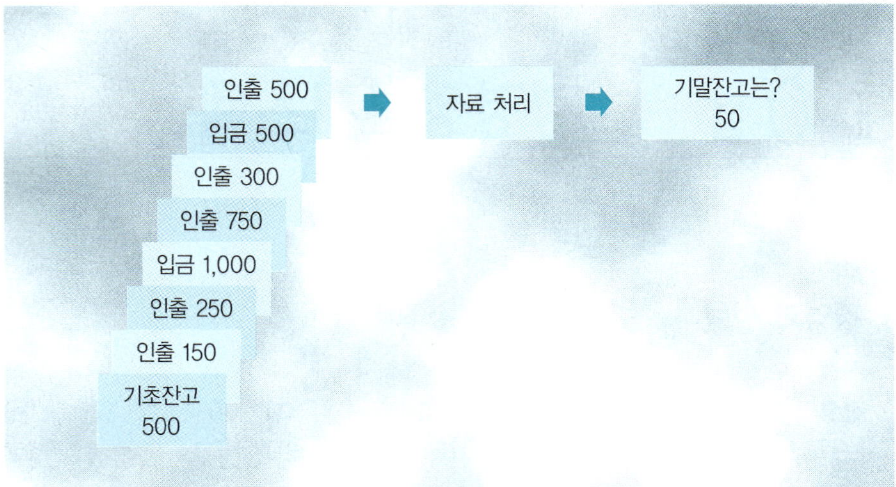

한편 자료를 정보화 하는 것이 항상 쉽고 분명한 일인 것만은 아니며 정보를 전략적으로 다루는 것이 조직의 성공에 결정적인 역할을 하기 때문에 많은 대부분의 조직은 정보와 정보시스템을 다루는 최고정보관리자(CIO; chief information officer)를 두고 있다.

(2) 전략적 자원으로서의 정보

어떤 기업이 재화를 생산하여 판매하든 서비스를 제공하든 그 기업은 정보를 획득하고 분석하여 이를 필요한 곳에 전달해야 하며 이렇게 전달된 정보를 바탕으로 의사결정을 내려야 한다. 올바른 정보가 의사결정자에게 전달되어야만 전략적 의사결정을 내릴 수 있게 된다. 정보의 유용성에 대해 알아보자.

1) 조직의 효율성 증가

복잡한 자료를 요약한 정보는 노동력을 절감시키고, 일의 능률을 높인다. 리복은 정보시스템을 활용해 고객의 주문과 재고량과의 관계를 파악해 재고 보관비용과 제품이 품절되어 고객을 잃을 가능성을 줄일 수 있었다.

2) 경쟁자 앞지르기

외부 환경에 대해 더 많은 정보를 갖게 되면 경쟁사들보다 환경의 변화에 미리 대비할 시간을 갖게 되고 변화에 대비한 전략을 세울 수 있게 된다.

3) 고객충성도 형성

정보는 고객의 제품에 대한 충성도를 높이기 위해 사용된다. 이러한 예로 많은 항공회사들에 의해 널리 활용되고 있는 마일리지 서비스를 들 수 있다. 만약 고객이 자사의 항공기를 이용하여 여행을 하게 되면 그는 상품을 받거나 무료로 이용할 수 있는 기회가 주어지는 점수를 획득하게 되는데, 이러한 것은 모두 정보에 의해 관리되어진다.

4) 신시장 개척

아메리칸 익스프레스는 회원들에 대한 정보와 그들의 구매 행태에 대한 정보를 분석함으로써 새로운 것을 찾아낸다. 이처럼 정보는 기업이 새로운 시장을 찾을 수 있도록 도움을 주기도 한다.

2. 경영정보시스템의 정의와 역할

(1) 정의

경영정보시스템이란 '조직에서의 효과적인 정보 시스템의 개발과 활용'이라고 정의된다. 경영정보시스템은 조직과 구성원들의 목적을 효과적으로 달성시키는데 도움을 주며 이러한 경영정보시스템의 주체는 경영자뿐만 아니라 조직의 구성원 모두를 포함한다.[22)]

(2) 역할

정보시스템의 역할은 크게 두 가지로 요약할 수 있다. 첫째는 의사 결정자에게 과거에 접근할 수 없었던 정보 특히 각 사업부문의 정보를 집약적으로 접근할 수 있도록 하였다. 각 부문별 정보를 전체적으로 검토할 수 있게 함으로써 이전의 정보를 공유하지 못해서 발생하였던 비효율성을 줄일 수 있게 되었다. 둘째는 정보시스템을 기업 내부에만 국한시키는 것이 아니라 기업의 외부 주체 즉, 고객과 공급업체와도 각 필요한 정보를 공유할 수 있게 한다. 이는 고객 관리를 이전의 공략 시장의

---

22) Kroenke, D., *Management Information Systems*, McGraw-Hill, 1992, p.6.

다수에 대한 수요 욕구를 수용하는데서, 그 단위를 좁혀나가 심지어 고객 개개인의 요구 수준을 기업의 의사결정에 반영할 수 있도록 하였다. 또한 공급자의 경우도, 예를 들어 공급자와의 필요한 요구 수준을 실시간으로 전달할 수 있기 때문에 그에 따른 비효율을 제거할 수 있다.

3. 경영정보시스템의 형태

컴퓨터는 모든 종업원과 경영자들이 직면하는 문제와 관련된다. 첫 번째 컴퓨터는 일상의 일, 예를 들어 주문처리, 회계, 재고, 통제 등과 같은 일에 활용된다. 다음으로 경영정보시스템 및 개인 컴퓨터의 발달과 함께 중간관리자들이 계획을 세우고 예산을 편성하는데 컴퓨터가 쓰이게 되었다. 최근 들어서는 최고경영자의 전략적 의사결정을 지원하는 시스템까지 등장하였다. 정보시스템의 유형에는 거래처리 시스템, 경영정보시스템, 그리고 의사결정지원 시스템 등이 있다.

(1) 거래처리시스템(transaction-processing systems)

일처리 과정을 자세히 살펴보면 정형적이고 조직화되어 있는 부분이 있는데, 이러한 분야에는 자동화된 자료 수집과 처리를 담당하는 거래처리시스템을 이용함으로써 효율성을 높일 수 있다. 때때로 거래처리시스템은 약국의 컴퓨터가 약품 도매상에 주문을 전송하는 것과 같이 다른 컴퓨터 시스템과 직접 상호작용을 하기도 한다. 하지만 대부분은 사람이 컴퓨터와 컴퓨터사이에서 작업을 수행하는데, 항공 회사가 예약을 체크하고 좌석을 배정하는 것과 같은 거래처리시스템을 예로 들 수 있다.

(2) 경영정보시스템(management information system)

자동으로 거래를 기록하는 거래 처리 시스템과는 달리 경영정보시스템은 경영자들이 직면하게 될 것으로 예상되는 의사결정에 관한 정보를 수집하고, 처리하고, 전달하는 시스템이다. 경영정보시스템의 목적은 경영자들이 판단을 해야 할 상황에서 적절한 의사결정을 내릴 수 있도록 정보를 모아서 처리하는 것이다.

경영정보시스템은 일반적으로 월간 판매 현황, 공장 생산 계획 등과 같은 보고서나 통계자료를 제공하게 된다. 예를 들면 이번 달에 어떤 종류의 차를 몇 대 생산하기 위해서는 얼마나 많은 타이어가 필요한지 결정하기 위해서 타이어의 재고 및 생산 대수와 같은 의사결정에 필요한 정보를 경영정보시스템으로부터 제공받음으로써 빠른 시간에 적절한 의사결정을 할 수 있게 된다.

(3) 의사결정지원시스템(decision support system)

경영정보시스템이 의사결정에 있어서 구조화되고 일상적인 정보를 제공하는 것이라면, 의사결정지원시스템은 일상적이지 않은 문제에 대한 의사결정에 도움을 주는 시스템이다. 이와 관련된 시스템으로는 최고경영자 및 중역 등의 의사결정에 필요한 정보를 제공하기 위한 시스템인 중역정보시스템(EIS; executive information system)이 있다. 경영자들은 의사결정 지원 시스템이나 중역정보시스템을 이용하여 자료를 여러 가지 각도에서 종합하고 분석하게 된다. 이러한 정보시스템은 경영자의 욕구변화에 유연하게 대처할 수 있는 시스템이어야 하며, 배우고 사용하기에 쉬워야 한다.

Hertz의 의사결정지원시스템

Hertz는 경영자들에게 마케팅 정보를 제공하기 위해서 의사결정지원시스템을 사용한다. 자료를 메인 컴퓨터에 저장하고 경영자는 이 자료를 분석하기 위해 개인용 컴퓨터를 사용하게 된다. Hertz의 경영자는 인구통계학적인 자료를 분석할 수 있어 빠른 의사결정이 가능하다. 이 시스템은 미래의 성과를 예측하는데 도움을 줄 수 있도록 과거의 성과를 활용할 수 있게 해준다. 이 시스템의 가장 큰 장점은 경영자들에게 의사결정과 관련된 정보에 신속하게 접근할 수 있도록 해 준다는 것이다.

4. 경영정보시스템의 활용

기업은 공급자로부터 원재료나 부품 등을 공급받아서 제품이나 서비스 등의 부가가치를 창출하여 소비자에게 제공하는 역할을 한다. 이러한 과정에서 기업은 경영정보시스템을 활용하여 보다 효과적인 경영 활동을 수행할 수 있게 되는데, 그 대표적인 예가 요즘 각광받고 있는 ERP(Enterprise Resource Planning, 전사적 자원관리), SCM(Supply Chain Management, 공급 사슬 관리), CRM(Customer Relationship Management, 고객 관계 관리) 등이다.

ERP는 기업 내부에서, SCM은 공급자와 기업간의 관계에서 그리고 CRM은 기업과 소비자와의 관계에서 경영정보시스템을 활용하는 것을 말한다.[23)]

(1) ERP(Enterprise Resource Planning, 전사적 자원 관리)

기업은 데이터 저장 창고의 역할을 수행하며 요구가 있는 즉시 가치 있는 정보를 제공해 줄 수 있는 경영 정보 시스템이 필요하다. 의사결정자가 빠른 시간 내에 정보를 이용할 수 있어야 적절한 사업 결정을 내릴 수 있기 때문이다.

ERP(Enterprise Resource Planning, 전사적 자원 관리)는 제품 디자인에서 정보 웨어하우징, 자재소요계획, 생산설비계획, 의사소통 시스템 등에 이르기까지 기업의 모든 자원 계획을 포함한다. 즉 ERP는 항상 기업 시스템이 잘 작동되도록 유지시켜 주는 기업 내부의 통제 활동을 뜻하며 이러한 ERP의 목적은 중간 관리 기능과 하위 관리 기능의 통합에 있다.

ERP 소프트웨어는 회계, 생산, 구매, 유통에 있어서 기업의 프로세스를 향상시키기 위한 여러 데이터베이스의 통합이다. 기업은 새로운 전산 시스템을 처음부터 설계하는 것이 아니라 이미 개발되어 시장에 나온 ERP 소프트웨어 패키지를 필요에 따라 선택 · 구매할 수 있다.

컴퓨터가 시간이 갈수록 점점 더 정교해지고 강력한 기능을 수행하게 되면서, ERP와 같이 데이터를 수집하고 정보를 제공하는 도구와 기술의 지속적인 개발을 통해 기업은 수익성과 성장성을 높일 수 있게 된다.[24)]

(2) SCM(Supply Chain Management, 공급 사슬 관리)

수요와 공급에 관한 정보는 기업의 공급자에게 고객에 이르기까지 공유되어야 하며 이러한 공급 사슬 관리를 통해 기업은 수요와 공급을 통합 · 분석하여 시장의 욕구를 정확히 충족시킬 수 있는 제품을 출시할 수 있게 된다. 이러한 SCM(Supply Chain Management, 공급 사슬 관리)을 통해 기업은 기업 내부와 외부의 거래 당사자 사이에서의 프로세스 및 정보, 상품의 관계를 최적화시킴으로써 기업의 지속가능한 경쟁 우위를 달성하며 주주 가치를 극대화시킬 수 있게 된다.

---

23) 윤주용 · 이영재, 「기업정보시스템」, 생능출판사, 2001, p.225를 수정인용하였음.

24) Ptak, C. A., *ERP Tools, Techniques, and Applications for Integrating the Supply Chain*, The St. Lucie Press, 2000, pp.10~11; Chorafas D. N., *Integrating ERP, CRM, Supply Chain Management, and Smart Materials*, Auerbach Publications, 2001, pp.3~4.

이러한 통합된 SCM을 효과적으로 달성하기 위해서는 실시간 정보 시스템(Real-time information system)이 필요하며 또한 올바른 의사결정을 위해서는 공급 사슬상의 모든 연결 지점에 대한 정확한 정보가 요구된다.[25)]

(3) CRM(Customer Relationship Management, 고객 관계 관리)

고객은 공급자의 내부적인 효율이나 효용에는 거의 관심을 기울이지 않고 자신의 욕구 충족에만 관심을 가진다. 만일 기업이 고객의 욕구를 정확히 이해하여 그러한 고객의 다양한 욕구를 충족시킬 수 있도록 사업 프로세스를 조정할 수 있다면 그 기업은 경쟁기업에 비하여 시장에서 우위를 점할 수 있다. 이러한 고객의 욕구에 관한 자료를 얻는데 있어 가장 최신의 흐름이 바로 CRM(Customer Relationship Management, 고객 관계 관리) 시스템이다.

기업은 CRM을 통해 고객이 제품을 구입하는 성향을 분석할 수 있게 된다. 이러한 정보는 기업이 신제품을 최초로 시장에 내놓기로 결정했을 때는 그리 중요하지 않다. 하지만 CRM은 한 번 판매하고 마는 것이 아니라 매우 정확한 고객 분석을 통해 고객의 주문 패턴에 대한 정보를 제공하여 재구매 고객을 창출한다.

고객이 없이는 기업도 존재할 수 없다. 제조업과 서비스업 모두 고객 만족을 통해 수익을 얻는 것이 기업의 목적이기 때문에 최근 들어 CRM이 각광받고 있다.[26)]

5. 경영정보시스템 활용시 고려 사항

(1) 정보시스템의 효과적 활용

정보시스템을 활용하는 기본적인 목적은 정보의 효율성을 높여 경영목표를 수월하게 달성할 수 있도록 하는 것이다. 효과적인 정보시스템이라면 이러한 목적을 달성해야 하지만 경영정보시스템(MIS)이나 의사결정시스템(DSS)을 사용한다고 해서 반드시 효율성이 보장되는 것은 아니다. 정보시스템이 효과적으로 사용되기 위해서

---

25) Ptak, C. A. , *ERP Tools, Techniques, and Applications for Integrating the Supply Chain,* The St. Lucie Press, 2000, pp.92~93.

26) Ptak, C. A., ERP *Tools, Techniques, and Applications for Integrating the Supply Chain,* The St. Lucie Press, 2000, pp.86~87.

는 경영정보가 잘 설계되고 보다 편리하게 활용할 수 있어야 한다.

한편 어떤 경영자는 정보시스템 도입을 싫어하는 경우가 있다. 정보시스템은 자신에게 뿐만 아니라 상사에게도 좀 더 많은 정보를 제공하게 되는데 의사결정에 있어서의 실수도 곧장 상사에게 알려질 수 있다. 뿐만 아니라 새로운 정보시스템을 배우기 위해 필요한 돈과 시간 또한 그들에게 있어서는 짐이 되지 않을 수 없다.

무엇보다 중요한 것은 마치 정보시스템이 모든 것을 할 수 있는 것처럼 그 기능을 과장해서는 안 된다. 또한 사용자들이 시스템을 활용하는데 있어서 그 한계를 정확히 알도록 해야 한다.

(2) 정보시스템에 대한 올바른 인식

앞으로 기업 조직체 안에서 활동하게 되면 많은 경영정보시스템을 접하게 될 것이다. 물론 정보시스템을 설계하는 사람들도 있겠지만 대부분의 사람들은 정보시스템 사용자가 될 것이다. 우리가 해야 할 일은 정보시스템을 잘 활용하여 결국 조직의 생산성을 늘리는 일이다. 하지만 정보시스템을 사용하는데 있어 다음과 같은 점을 주의해야 할 필요가 있다.

1) 더 많은 정보가 항상 좋은 것은 아니다.

너무 많은 정보는 오히려 의사결정에 있어서 방해가 된다. 필요한 모든 정보를 얻어서 이를 완전히 분석하는 것은 거의 불가능한 일이다. 또 많은 정보를 분석하다 보면 의사결정 시기를 놓칠 수도 있다. 따라서 정보 이용자는 자신에게 중요한 정보, 핵심적인 정보가 어떠한 것인지 선별해 내는 힘이 있어야 한다.

2) 컴퓨터 하나로 모든 것을 통제할 수는 없다.

어떤 경영자들은 소위 "대체 신화(replacement myth)라는 것에 빠져 있다. 이것은 컴퓨터로 정보를 주고 받으면 대면 접촉이 필요 없을 것이라고 생각하는 것이다. 하지만 이러한 대면접촉은 경영프로세스에서 없어서는 안 될 매우 중요한 부분이다.

3) 반드시 새로운 기술이 가장 좋은 것이 아니다.

정보기술은 계속 발전해 간다. 어떤 사람들은 가장 최근의 기술이 가장 좋은 것이라고 생각한다. 그래서 그 기술이 필요한 것인지 아닌지를 고려하지도 않고 무작정 도입하려고 하는 경우가 있다. 하지만 가장 좋은 기술이란 그 조직에 가장 적합한 기술이지 가장 최근의 기술은 아니다.

Recommended Readings

곽수근, 회계원리, 신영사, 1999.

김영진, 『금융기관경영론』, 경문사, 1995.

남상오, 회계원리, 한국방송대학교 출판부, 2000.

박경규, 『신인사관리』, 홍문사, 1997.

박정식, 『현대재무관리』, 다산출판사, 1991.

송 자, 회계원리, 법문사, 2000.

신유근, 『현대경영학 원론적 접근』, 다산출판사, 1996.

이학종, 『전략경영』, 박영사, 1997.

임종원, 『현대마아케팅관리론』, 무역경영사, 1993.

조동성, 『알기쉬운 경영전략』, 비봉출판사, 1993

최종태, 『현대인사관리론』, 박영사, 1996.

한국과학기술원 생산전략연구실, 『생산관리: 전략과 분석』, 석정, 1997.

Adam, E., & Swamidass, P. M., "Assessing Operations Management from a Strategic Objectives", *Journal of Management,* June 1989.

Berry, L. L., "Five Imperatives for Improving Service Quality", *Sloan Management Review,* Summer 1990.

Buckley, J. W., Kircher P., & Mathews R. L., "Methology in Accouning theory", *Accounting Review,* 1968

Burt, D. N., "Managing Suppliers Up to Speed", *Harvard Business Review,* July–August 1989.

Clark, K. B., "What Strategy Can Do for Technology", *Harvard Business Review,* November–December 1989.

Cox, D. & Hoover, J., *Leadership When the Heat's On,* McGraw–Hill, 1992.

Crockett, F., "Revitalizing Executive Information Systems", *Sloan Ma–*

nagement Review, Summer 1982.

Feldman, D. C., "Careers in Organizations: Recent Trends and Future Derections", *Journal of Management,* Vol. 15, 1989.

Fleming, P. C., "Empowerment Strengthens the Rock", *Management Review,* March 1992.

Gabarro, J. J., "Retrospective Commentary", *Harvard Business Review,* November-December 1991.

Gellerman, S. W., *Motivation in the Real World,* Dutton, 1992.

Hofstede, G., *Culture's Consequences: International Differences in Work-Related Values,* Sage Publications, 1980.

Knight, T. & Silk, D., *Management Information,* McGraw-Hill, 1989.

Kotter, J. & Heskett, J., *Corporate Culture and Performance,* Free Press, 1992.

Mills, D. Q. & Cannon, M. D., "Managing the New Work Force", *Management Review,* June 1992.

Nanus, B., *Visionary Leadership,* Jossey-Bass Publishers, 1992.

Peace, W. H., "The Hard Work of Being a Soft Manager", *Harvard Business Review,* November-December 1991.

Plunkett, L. C. & Fournier, R., *Participative Management,* Wiley, 1991.

Want, J. H., "Managing Change in a Turbulent Business Climate", *Management Review,* November 1990.

Column
조동성 교수의 경영 · 시사 칼럼

우리 경제 기초부터 다질 때

97년 12월 3일에 발표한 국제통화기금(IMF)차관 협약 양해각서 전문에는 '최근 한국경제는… 기초 경제 여건이 비교적 건실…' 이라고 쓰고 있다. 그러나 천정을 모르는 환율, 바닥을 모르는 증권시장, 일일이 셀 수도 없는 기업도산 등 협약이후 일주일간 나타난 한국경제의 참담한 모습은 한국경제의 실상(實像)에 대한 정밀한 분석을 우리에게 요구하고 있다.

논리의 발단을 강경식 전 부총리가 즐겨 사용해서 한때 유행을 시켰던 펀더멘털(fundamentals)이라는 단어에서 찾아보자. 경제학에서는 이 용어를 '경제 성장, 물가, 국제수지 등 국가경제 안정에 필요한 기초적인 조건으로서 지표상으로 본 실물경제동향' 으로 해석하고 있다. 한국경제는 성장률이 6% 수준을 유지하고 있고, 무역수지가 개선되고 있으며, 물가상승률 역시 5% 수준으로 잡혀있으니 정부가 보기에도 일단 펀더멘털이 괜찮다고 할만도 하다. 그러나 이러한 해석에는 '동향' 이라는 추세와 '안정' 이라는 조건이 빠져 있다. 여기에서 말하는 6% 경제성장률이란 과거 8%이상의 성장률이 둔화된 수준이고, 5% 물가상승률 역시 안정적이던 물가가 생산성하락, 환율상승 등의 원인으로 인해 앞으로 더 나빠지는 과도기 현상에 있으며, 한국의 무역수지는 계속적인 만성적자를 보이고 있다.

국가경제를 기업차원에서 보는 경영학에서는 펀더멘털에 대한 해석이 몇 가지로 세분화된다. 우선 마케팅 분야에서는 '고객만족' 을 펀더멘털로 해석한다. 고객으로부터 인정받는 경쟁력있는 상품만이 그 기업의 기초라는 것이다. 손익계산서의 매출액과 이에 근거한 시장점유율에 입각한 마케팅 관점에서 볼 때, 한국기업은 인건비 상승과 집중 투자 부족으로 인하여 시장 경쟁력이 크게 훼손되었다.

재무관리에서는 기업으로 '미래의 꾸준한 현금유입(future stream of cash inflow)' 이 있을 때 펀더멘털이 강하다고 본다. 즉 경쟁력이 있는 상품을 가지고 순이익을 올리거나, 150%이하의 부채비율로 나타나는 건실한 재무구조, 그리고 오랜 상거래에서 쌓아온 신용 등을 갖추고 있는 기업에 대해서는 투자자와 금융기관에서 기꺼이 장기간에 걸쳐 꾸준히 자본과 부채의 형태로 자금을 제공해 준다는 것이다. 이 시각은 기업의 기초를 대차대조표의 대변항목인 부채와 자본에서 찾고 있는 것으로, 부채비율이 30대 재벌그룹의 경우 450%, 일반기업의 경우 300%수준인 한국기업으로서는 고질적인 취약점을 지니고 있다. 이 정도의 부채비율이라면 선진국의 금융기관으로부터 단 1달러도 꿀 수 없다. 한국기업이 그 동안 해외에서 차관을 얻을 수 있었던 것은 정부가 직·간접으로 지급보증, 또는 이에 해당하는 신뢰를 제공해주었기 때문이었다. 그러나, 96년도에 이루어졌던 OECD가입과 올 초의 한보그룹부도, 그리고 후반부의 기아 부도 사태 등으로 인하여 이제 한국기업으로의 꾸준한 현금유입에 그야말로 적신호가 켜지게 되었다.

경영학의 여러 분야를 종합하는 동시에 경제현상의 원인을 규명하는 성격이 강한 경영전략에서는 대차대조표의 차변항목인 자산에서 기업의 기초를 찾고 있으며, 경쟁기업이 갖지 못한 경쟁우위를 기업내부에 가지고 있을 때 그 기업의 펀더멘털이 강하다고 본다. 그러나, 그동안 한국기업이 의존해오던 중저가품에 대한 원가경쟁력, 규모의 경제, 밀접한 대정부관계 등의 경쟁우위는 임금상승과 OECD가입으로 인하여 모두 상실했고, 기술, 상표, 자금력 등 선진국기업이 자랑하는 경쟁우위는 아직 갖추지 못한 상태이다.

이제 종합적인 시각에서 한국 기업, 더 나아가 한국 경제의 펀더멘탈을 분석해 보자. 그 동안 한국기업들은 정부가 보호해 준 국내시장 속에서, 정부가 뒤를 받쳐주는 막대한 부채를 이용하여, 대규모시설을 활용한 중저가제품을 생산판매하면서 국내시장에서 독점적인 위치를 누려왔다. 그러나 정부가 더 이상 보호해 줄 수 없는 새로운 국제질서 속에서, 선진국과 후발개도국의 협공을 받게 된 한국기업은 생존의 혈로를 모색해야 하는 절대절명의 위기에 놓이게 되었다. 오늘 한국이 부딪치고 있는 위기는 외환과 금융의 위기 뿐만아니라 실물의 위기, 경쟁력의 위기, 더 나아가 생존의 위기인 것이다.

한국 경제가 누려왔던 기존의 펀더멘털이 사라진 오늘, IMF구제금융은 한국기업이 새로운 펀더멘털을 구축할 수 있는 계기를 마련해주었다. 고객이 만족하는 상품을 제공해야 하고, 부채비율을 150% 이내로 낮추어 재무구조를 개선해야 하며, 궁극적으로 경쟁우위를 기업내부에 보유해야 하는 것이다. 이번 사태가 어려운 것은 사실이지만, 1973년의 석유위기, 1979년의 사회혼란, 1987년의 민주화 후유증 등 우리국민은 위기를 만날 때마다 새로운 모습으로 거듭 태어나는 면모를 보여왔다. 이제 씨름에서 볼 수 있는 '뒤집기' 기술을 이용하여 해외 경쟁국들에게 고난도 문제에서 새로운 해법을 찾는 신화를 보여주자.

〈매일경제신문, 1997. 12. 18〉

한국형 CI전략은 이렇게

세계화 시대에 경쟁에서 이기기 위해서는 기존의 모습을 변화시키는 변신뿐만 아니라 창조과정이 필요하다. 리엔지니어링, 벤치마킹, 리스트럭처링 등이 성공을 거두지 못하는 경우가 종종 나오는 것도 여기서 말하는 창조의 과정이 뒷받침되지 못하기 때문인데, 창조를 위해서는 기업목표와 행동의 바탕이 되는 기업문화를 혁신해야 한다. 기업조직을 개편하고 불필요한 부분을 잘라내는 식의 변화를 넘어 전혀 새로운 기업으로 탈바꿈하는 기업문화의 혁신이 필요하다는 얘기다.

그렇다면 기업은 기업문화를 어떻게 평가하고 어떻게 변화시킬 것인가? 여기에서 많은 기업들이 CI에 관심을 갖게되었다. 기업문화와 CI의 관계에 대해서는 학자들마다 조금씩 견해차가 있지만 기업문화가 CI의 핵심적 요소라는 점에는 대체로 공감하고 있다. 기업문화는 기업구성원의 사고방식과 행동양식이 장기간에 걸쳐 형성된 것으로 정의할 수 있다. 다음으로 동질성은 행동양식의 동일성(behavior identity), 정신적 동일성(mind identity), 그리고 시각적 동일성(visual identity)으로 구성된다. 기업 구성원의 이세가지 동일성이 CI를 구성하는 것이다. 따라서 기업문화는 CI의 구성요소인 동시에 CI를 정립하는 과정이며, CI계획은 바로 기업문화를 혁신하는 방법중 하나이다.

그러면 CI계획을 통한 기업문화 혁신전략을 어떻게 세워야하나. 기업은 CI계획을 통해 기업문화를 혁신함으로써 기업내 변혁의 계기를 도입할 수 있다. 또 CI계획은 기업이 계속해서 변혁해 나갈 수 있는 기본적 수단과 시스템을 제공해준다. 구체적으로 CI계획에서 다루는 내용을 보면 우선 기업문화와 기업전략을 진단하여 문제점을 도출한뒤 비전을 창조한다. 그리고 이 비전을 형상화하여 기업의 심벌을 개발하고 이를 상품전략, 시장전략에 활용한다.

이와 함께 내부 커뮤니케이션을 활성화하고 커뮤니케이션 시스템을 통일하는 작업 역시 CI계획의 일환으로 진행된다.

이러한 작업을 통한 기업문화혁신은 단순한 비전 제시 뿐만 아니라 그 실현을 위한 구체적 내용을 제시한다. 따라서 CI계획은 기업의 개별전략수립과 관련이 있다. CI전략은 경영전략수립이라는 그림을 그리는데 바탕색을 제공해주기 때문이다. CI계획을 통한 기업문화혁신과 창조과정을 연결시켜보자. 창조과정이란 '완전히 다른 기업이 되는 것' 임을 알 수 있다.

경영혁신은 경영자에게 높은 관심, 많은 정력, 큰 투자를 요구하는 동시에 몇가지 필요요건이 갖추어져야 한다. 그 필요조건중 핵심적인 것이 기업문화를 혁신하는 것이며 구체적 수단으로 CI계획을 들 수 있다. 따라서 경영자가 CI계획을 효과적으로 활용할 수 있다면 성공적인 경영혁신에 한걸음 더 다가설 수 있다.

〈한국경제신문, 1995. 4. 12〉

비전의 조건; 뚜렷한 목표의 긍지감 얻어야

기업이 급격한 환경변화 속에서 살아남기 위해서는 적응을 해야 하지만, 단순한 생존에 그치지 않고 업계를 선도하기 위해서는 기업환경을 자신에게 유리한 방향으로 재구성, 창조해야 한다. 이때 환경적응 기업과 환경창조 기업의 가장 중요한 차이는 경영자가 가진 미래에 대한 비전이다.

그러면 기업의 비전이란 과연 무엇인가. 어린이들은 꿈을 꾼다. 옛날 같으면 대통령이나 장군이 되는 꿈을 꾸었고, 요즈음에는 선동렬같은 야구선수나 최진실같은 탤런트가 되는 꿈을 꾼다. 젊은이들도 꿈을 꾸기는 마찬가지이다. 미혼이면 자기가 좋아하는 이성과 데이트하는 꿈, 새빨간 스포츠카를 갖는 꿈을 꾸고, 신혼부부라면 자신들만의 보금자리를 꾸밀 수 있는 집을 마련하는 꿈을 꿀 것이다.

기업도 꿈을 꾼다. 처음 시작하는 회사라면 계획하고 있는 신제품을 하루 빨리 완성시켜 시장에 내놓는 꿈, 굵직한 고객을 잡는 꿈을 꾸고 어느 정도 자리가 잡힌 회사라면 경쟁기업을 압도하거나 새로운 분야로 진출하는 꿈을 꾸게 된다.

그러나 꿈이 그대로 현실로 나타나지는 않는다. 꿈과 현실사이에는 자원의 부족, 능력의 결여와 같은 커다란 갭이 있기 때문이다. 빨간 스포츠카를 몰기 위해서는 그러한 차를 살 수 있는 돈과 차를 몰 수 있는 운전면허증이 있어야 하고, 경쟁기업을 압도하기 위해서는 우리 회사 제품의 원가가 더 싸거나 품질이 더 좋아야 하는 것이다.

따라서 꿈을 현실로 만들기 위해서는 부족한 자원을 확보하고 필요한 능력을 개발해 앞을 가로막고 있는 난관을 극복하겠다는 강인한 의지가 있어야 한다.

그런데 기업의 비전은 꿈과 의지만으로 현실화되지 않는다. 개인의 비전은 개인의 의지만으로 실천할 수 있지만 기업에서는 모든 기업 구성원간에 미래를 향한 꿈과 의지에 대한 공감대가 형성되어야 하기 때문이다.

이같이 기업의 비전은 경영자의 꿈과 의지와 공감대 형성이라는 세가지 조건을 갖추어야 한다. 그러면 꿈과 의지, 공감대 형성은 각기 어떠한 속성을 갖고 있는가.

경영자는 '꿈' 속에 미래의 이상향을 제시하여 기업구성원을 감동시킬 수 있어야 한다. 여기에서 미래란 현재 존재하지 않지만 믿음을 가지고 추구하면 언젠가 도달할 수 있는 가능성의 세계를 의미한다.

또한 이상향이란 우리가 궁극적으로 도달하고자 하는 낙원 천국을 의미한다. 이상향을 추구함으로써 우리는 현재의 어려움을 이겨내고 인생을 걸고 노력하는데서 오는 보람을 찾을 수 있게 된다.

마지막으로 꿈은 감성의 세계이다. 경영자가 가진 꿈은 그의 빛나는 눈동자와 용솟음 치는 정열을 통해 구성원의 가슴에 불을 댕기고 손발을 녹여 그들을 긴장시키고 흥분시킨다.

'의지'는 경영자가 가진 야망의 발로인 동시에 그 야망을 실천하는 추진력, 그리고 그 과정에서 나타나는 온갖 장애를 극복하는 인내심을 뜻한다. 야망은 조직을 둘러싼 기존 질서와 관행이라는 벽을 허물고 구성원에게 지평선을 열어주며, 추진력은 두려움을 극복하고 미지의 세계를 향해 나아가는 힘을 제공해준다. 그리고 인내심은 위기에서 포기하지 않고 새로운 기회를 찾게 해주며, 어려움을 만나더라도 조직을 허물어뜨리지 않고 오히려 더 강한 내성을 갖게 해준다.

경영자가 조직구성원을 설득해 공감대를 형성하기 위해서는 꿈의 목적과 방향을 뚜렷하게 설정해야 하고, 그 내용을 정확하게 묘사하고 쉽게 이해할 수 있게 해야 하며, 이를 통해 조직구성원이 가진 기대를 충족시킬 수 있어야 한다.

그러면 경영자는 비전 속에 꿈, 의지, 공감대형성이라는 세가지 조건을 어떻게 담을 것인가.

비전은 백지에 그려나가는 화가의 그림이고 밀림을 헤쳐나가는 탐험대장의 손가락이다. 그들의 무의미한 듯한 선과 손가락에는 풍부한 예지와 폭넓은 경험, 그리고 여기에서 나오는 상상력과 판단이 스며들어 있다.

결과만을 보면 신의 축복, 우연의 일치라고 할지 모르나 그것은 창조의 과정이고 그 근저에는 현실의 냉혹한 한계에 대한 철저한 분석과 미래의 무한한 가능성에 대한 깊은 수 읽기가 자리잡고 있는 법이다.

그런 의미에서 비전은 막연한 기대사항이 아니라 지식과 정보를 기초로 하여 이를 분석하고 종합한 산물이다. 따라서 미래를 향해 나가되 현실을 정확하게 판단하고, 전체를 이끌어가되 부분을 정밀하게 파악하는 경영자만이 비전을 제시할 자질을 갖고 있다. 그리고 우리는 이러한 자질을 가지고 기업을 선도하여 새로운 환경을 창조하는 영웅을 기다린다.

〈매일경제신문, 1993. 8. 31〉

읽을거리

컨설팅산업

흔히 컨설턴트는 '기업의 병(病)을 고치는 의사'로 일컬어진다. 기업경영을 하는 과정에는 수많은 문제점들이 발생하게 마련인데 이러한 문제점들을 체계적으로 진단하고 또 해결방안을 제시하는 게 바로 컨설턴트들의 몫이기 때문이다. 따라서 컨설팅은 기업경영, 즉 비즈니스 활동에 지대한 영향을 미치며 지식산업의 꽃이라고 할 정도로 전문성과 부가가치가 높은 산업이다.

경영 컨설팅의 정의

- 경영컨설팅이란 기업으로 하여금 당면한 문제들을 분석, 해결할 수 있도록, 혹은 한 기업의 성공사례를 타기업에 접목시킬 수 있도록 도와주는 전문적인 서비스를 제공하는 것이다.[1)]
- 경영컨설팅은 특별히 훈련받고 경험을 쌓은 사람들이 기업 경영상의 여러 가지 문제점들을 규명하고 해결할 수 있도록, 실질적인 해결방안을 제시하고, 그러한 해결방안들이 적기에 실시될 수 있도록 도와주기 위한 전문적인 서비스의 제공을 의미한다.[2)]
- 특별한 분야의 전문성을 가진 전문가들이 자기들의 지식과 경험을 활용하여 경영문제를 해결하고 객관적이고 전반적인 시각에서 기업의 기획과정을 지원하는 것을 말한다.[3)]
- 독립적이고 능력을 갖춘 사람들이 정책, 조직, 절차, 방법상의 문제점들을 연구, 분석하고 적절한 해결책을 제시하며, 나아가 이러한 해결책을 수행할 수 있도록 돕는 것을 말한다.[4)]

1) Management Consulting : A Guide to the Profession
2) Association Consulting Management Engineers
3) Management Advisory Services Division
4) Institute of Management Consultants, United Kingdom

1. 세계의 컨설팅산업

세계 경영컨설팅 시장은 1996년 450억달러에서 연평균 13%의 높은 성장률을 보여 2000년에는 700억달러 규모로 성장하였다. 美케네디 조사그룹의 자료[5]에 따르면 전 세계 지역별로 각각 컨설팅산업의 성장잠재력이 다르게 나타나고 있는 것으로 조사됐다. 특히 유럽은 높은 성장잠재력을 지니고 있는 것으로 나타난 반면 남미와 아시아 지역은 시장 성장가능성은 높으나 컨설팅에 대한 활용도가 아직 미미한 실정이다.

컨설팅 전문정보지인 '컨설턴트 뉴스'는 매년 세계 40대 컨설팅사를 선정해 발표하는데, 이러한 회사들은 매출증가율이 15%로 높은 성장세를 구가하고 있다. 전통적으로 세계컨설팅업계의 1위 자리는 맥킨지, 보스턴, 엑센츄어 등의 몇몇 회사가 번갈아 가며 차지하고 있다. 컨설턴트 뉴스지의 자료에 의하면 세계 40대 컨설팅사의 강점을 4가지 유형으로 구분지어 보면 〈표 1〉과 같이 분류할 수 있다.

〈표 1〉
세계적인 컨설팅사들의 유형

구 분	해당 컨설팅사
전략(Strategy)형	맥킨지, 부즈 앨런 앤 해밀턴, 보스턴, 베인 등
운영(Operation)형	AT커니, 제미니, CSC인덱스 등
정보기술(IT)형	PWC, 엑센츄어, 언스트영, 딜로이트, KPMG, 아더 앤더슨 등
인적자원(Human Resources)형	타워스 페린, 머서, 왓슨와이어트, 휴이트에이언 등

5) 매일경제, 1997. 11. 3

2. 컨설턴트 - 그들은 누구인가?

흔히들 컨설턴트를 막연하게 '고소득의 전문직종'으로 알고 있는 경우가 많다. 그러나 컨설턴트는 고도의 전문지식과 충분한 실무경험이 겸비되어야만 하는 직종이다. 컨설턴트가 되려면 우선 현장실무경험이 필요하다. 대개 2~3년간의 현장경험을 쌓은 뒤 MBA과정에 입학해 학위를 취득한 뒤에 컨설턴트가 된다. 물론 MBA 출신자라고 해서 모두 컨설턴트가 되는 것은 아니다.

아울러 출신학교, 진출분야, 직위 그리고 역할에 따라서 컨설턴트들이 받는 보수는 천차만별이다.

3. 국내 현황

우리 나라에서는 이미 60년대부터 경영자문이라는 형식으로 컨설팅산업이 존재해왔다. 하지만 그 역사나 규모는 일천한 것이어서 제대로 알려지지 않았던 게 사실이다. 그러다가 IMF이후 기업들의 구조조정 바람을 타고 컨설팅산업이 급성장하게 되었다. 특히 외국계컨설팅회사들이 본격적으로 진출함에 따라 전체적인 시장규모가 급격히 증가하게 되었다. 실제로 국세청에 따르면 1997년 약2100억원 정도이던 국내 외국계 컨설팅업계의 연간매출액은 2000년 2100억원 정도로 급증한 것으로 나타났다. 현재 국내에서 활동하고 있는 컨설팅업체 수는 1400개 안팎이며 그 시장규모는 1조 5천억원 정도로 추산된다.[6)]

국내에 진출해 활발히 영업활동을 펴고 있는 맥킨지, 엑센츄어, AT커니, 베인,

6) 한국경제신문, 2002. 2. 16

보스턴, ADL, PWC 등 외국계 컨설팅사는 사업구조조정에 따른 전략개발, 신기술 도입, 신제품개발, M&A, 물류, 리엔지니어링, 글로벌 인적자원개발 등의 분야에서 국내시장을 석권하고 있는 상태다. 이렇게 외국계 컨설팅회사들이 국내 시장을 장악하다시피 하고 있는 가운데 능률협회, 표준협회, 생산성본부의 빅3가 순수 국내 컨설팅사의 명맥을 이어가고 있다.

컨설팅 서비스 비용은 적게는 1억원에서 많게는 200억원대까지 이르러 매우 다양한 범위를 지니고 있다. 국내 주요 컨설팅사의 1인당 생산성은 평균 연간 2억원이며 외국계 컨설팅사는 이보다 높은 약 4억원 수준인 것으로 전해지고 있다.

컨설팅은 그 분야가 매우 다양해 모두 다 열거할 수 없을 정도이다. 하지만 IMF이후 국내 주요 기업들이 관심을 기울인 분야는 사업구조조정과 관련된 것이었다. LG, 효성, 두산, 한화, 코오롱, 나산, 거평 등이 맥킨지, 보스턴, 베인 등으로부터 사업구조개편과 관련된 컨설팅을 받은 경험이 있다. 이밖에도 ERP(전사적자원관리)가 주목을 받으면서 30대 그룹 대부분이 이와 관련된 자문을 몇몇 외국계 컨설팅사로부터 받았다. 또한 90년대 중반 이후 IT열풍이 불면서 정보통신 분야의 컨설팅도 선풍적인 인기를 모았다. 실제로 정보통신부, 한국통신 등은 ADL과 엑센츄어 등으로부터 IT컨설팅을 받은 적이 있다. 그리고 은행과 같은 금융기관이나 대기업들 간의 사업교환 등이 이슈로 부각되면서 M&A와 관련된 컨설팅 수요도 폭주했다.

하지만 최근에 이르러서는 외국계 컨설팅업계의 급성장세가 한 풀 꺾인 상태이다.[7] 이는 주요 기업과 금융기관의 구조조정이 마무리 단계에 접어든 것이 가장 큰 원인인데 IMF위기 이후 '구조조정을 위한 필수적인 수순'처럼 여겨져 왔던 외국계 컨설팅 바람도 이젠 잠잠해 진 것이다. 더욱이 새로운 수요를 찾기 힘든 점도 이러한 성장세 둔화를 부채질하고 있다. 이러한 컨설팅업계의 구조조정은 '인력감축 내지는 신규인력 채용보류' 와 '저가경쟁' 의 두 가지 현상으로 나타나고 있다.

---

7) 동아일보, 2002. 2. 15

컨설턴트는 컨설팅의 특성상 프로젝트 단위로 일을 하게 된다. 그래서 일감(프로젝트)이 많으면 여러 개의 일을 동시에 진행해야 되는 것이다. 그런데 프로젝트 수주가 여의치 않는 지금과 같은 경우에는 한 번 프로젝트에 참여한 컨설턴트들을 일정기간 동안 휴직케 하는 방안이 사용되기도 한다. 예컨대 엑센츄어는 2001년 말부터 450여명의 컨설턴트를 대상으로 연봉의 20% 정도만을 지급하는 '순환휴직제'를 실시하고 있다.

한편 현재 국내 컨설팅업계 간에는 프로젝트를 수주하려는 경쟁이 매우 치열하다. 특별한 차별화요소가 미미한 상황에서의 과열경쟁은 곧바로 가격경쟁으로 이어지기 십상이다. 컨설팅 업체들은 저마다 할인정책을 펴면서까지 출혈경쟁에 나서고 있는 실정이다.

이와 같은 국내 컨설팅업계의 구조조정은 결국 양극화 현상을 심화시킬 것으로 전망된다. 즉 초고가전략을 구사하는 그룹과 일감을 따내기 위해 덤핑수주를 하는 그룹으로 재편될 가능성이 높은 것이다.

〈표 2〉
국내에서 활동중인 주요 외국계 컨설팅업체 현황

전문분야	업체 (한국진출 연도)	컨설턴트수	특기사항
경영전략	보스턴컨설팅(1994)	70여명	
	매킨지(1991)	80여명	IT분야 진출
	베인앤컴퍼니(1994)	70여명	
	AT커니(1995)	60여명	
	아서더리틀(1994)	40여명	미국 본사 자발적 파산보호 신청
정보기술(IT)	PWC(1997)	500여명	IT분야 진출
	엑센츄어(1986)	450여명	미국 본사 자발적 파산보호 신청
	KPMG(1999)	90여명	미국 본사 회계와 컨설팅분리
	딜로이트(1999)	190여명	신규채용 보류
	캡제미나이언스트영(1999)	70여명	2002년 1월 폐쇄

자료: 동아일보, 2002. 2. 15

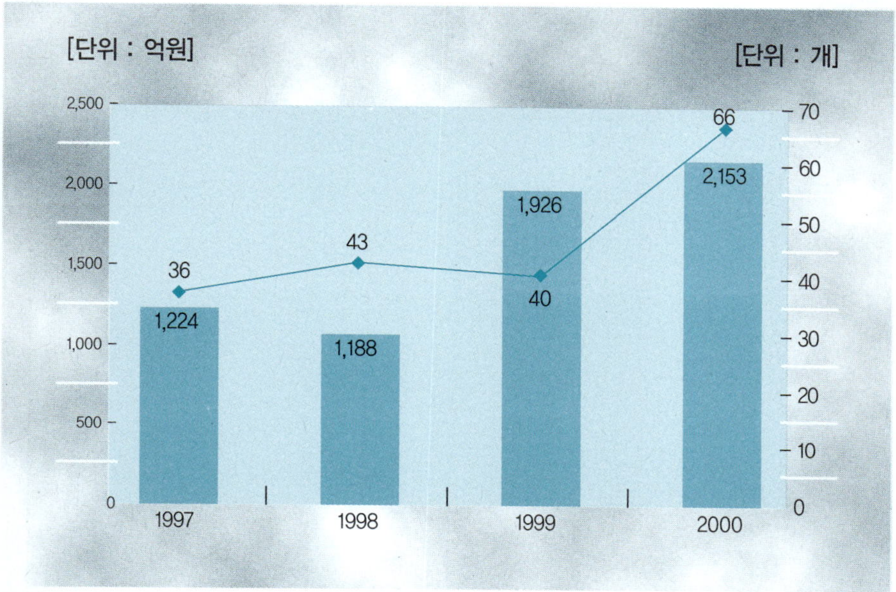

자료: 동아일보, 2002. 2. 15

〈그림 1〉
외국계 컨설팅 업체수 및 매출추이

제 5 부

경영평가론

제 15 장

경영통제론

기업목표를 달성하기 위해 어떤 조치를 취할 것인가?

인간의 놀랄만한 특성 중 하나는 마이너스를 플러스로 바꾸는 힘이다

- 알프레드 아들러 -

PRINCIPLES OF MANAGEMENT

제 1 절 통제의 정의와 중요성

1. 정의

통제(control)란 계획에 따라 기업의 목표가 달성될 수 있도록 어떤 조치를 취하는 과정을 의미한다. 즉 조직의 목표를 달성하기 위해 수립한 계획이 달성되었는지를 확인하기 위해 업적을 측정하고 계획과 성과 사이의 편차를 분석해 이 편차를 수정할 목적으로 통제가 필요한 것이다.[1)]

또한 통제는 기업에서 수립한 목표가 제대로 달성되고 있는지 확인하기 위한 감시과정이며 목표와 실행의 편차가 있을 때 이를 수정하는 과정이라고도 정의할 수 있다. 비록 수립한 계획대로 성과를 달성하고 있다고 하더라도 각 수준별 경영자는 모두 통제과정에 참여해야 한다.[2)]

2. 중요성

(1) 환경의 불확실성

기업이 당면하고 있는 경영환경은 언제나 변화하기 마련이다. 환경의 불확실성은 기업으로 하여금 목표를 수정하게 할 뿐만 아니라, 수정된 목표를 달성하기 위한 수단도 변경하게 한다. 따라서 환경의 불확실성에 따른 통제시스템의 변경도 불가피하다.

---

1) Koontz, H. & Weihrich, H., *Essentials of Management,* McGraw-Hill, 1990.
2) Robbins, S. P. & De Cenzo, D. A., *Fundamentals of Management,* Prentice-Hall, 1998.

(2) 목표의 효과적인 달성

효과적인 통제시스템은 조직의 목적을 달성하기 위한 방향대로 행위가 이루어지고 있는지를 확신시켜 준다. 따라서 통제시스템의 유효성을 결정하는 기준은 통제시스템이 얼마나 목적의 달성을 용이하게 하느냐에 있다.

(3) 조직의 복잡성

조직의 규모가 커지고 복잡해질수록 다양한 통제시스템이 요구되며, 과업의 특성에 따른 적절한 통제수단이 필요해진다. 특히 통제시스템은 비용과 효익을 동시에 고려해야 하는 만큼 조직의 복잡성과 밀접한 관계를 가지고 있다.

(4) 권한위양과 분권화

조직구조 설계시 권한위양의 수준을 어떻게 결정하는지에 대한 논의가 많았다. 본사에서 각 사업부나 지점에 대한 통제는 권한위양을 어느 수준으로 하는지에 달려 있다. 즉 권한위양을 사업부로 대폭 늘이면 분권화가 된 경우이고 그 반대의 경우는 집권화가 된다.

(5) 실행과의 연결

경영자는 목표 및 전략을 포함한 경영계획을 수립할 수도 있고, 이를 실행할 조직도 설계할 수 있으며, 종업원들을 동기부여시켜 목표달성을 할 수도 있다. 그러나 실질적으로 목표가 달성되고 있는지는 오직 통제기능을 통해서만 확인가능하다.

제 2 절 효율적 통제시스템

1. 효율적 통제의 원칙[3)]

(1) 통제의 목적과 성격에 관한 원칙

1) 확실성의 원칙

확실성의 원칙은 통제활동이 효과적인 수정행동을 하는데 충분할 수 있도록 계획과 실적간의 실제적이고 잠재적인 편차를 조속히 밝혀냄으로써 통제의 목적이 달성되도록 보장하려는 원칙이다.

2) 미래지향적 통제의 원칙

미래지향적 통제의 원칙은 통제시스템이 단순한 정보의 피드백보다는 사전적, 예방적 통제에 근거를 둘수록 관리자는 계획으로부터 바람직하지 않은 편차가 일어나기 전에 그것을 인지할 기회를 지니며, 그 편차를 적시에 예방조치를 취할 수 있다는 원칙이다.

3) 통제책임의 원칙

통제책임은 원칙적으로 계획과 집행을 담당하는 경영자에게 책임이 있다는 원칙이다. 경영자는 성과에 대한 책임이 있을 뿐만 아니라, 관리에 대한 책임도 지게 된다. 즉, 권한의 위양과 과업의 배분에 따라 경영자는 특정업무에 대해 책임을 지게 되므로 이에 대한 통제의 책임도 당연히 경영자에게 있다는 원칙이다.

4) 통제능률의 원칙

통제능률의 원칙은 오늘날의 통제기법은 비용이 많이 들고 복잡해져 가는 경향이 있으므로 이러한 폐단에서 벗어나기 위해 통제활동을 능률적으로 수행해야 한다는

3) Robbins, S. P. & De Cenzo, D. A., *Fundamentals of Management*, Prentice-Hall, 1998.

원칙이다. 통제기법의 접근방법은 계획과 실적 사이의 실제적이고 잠재적인 편차의 원인과 본질을 최저의 비용으로 밝혀내고 해명하는 것이다.

5) 직접통제의 원칙

직접통제의 원칙은 가능한 한 과오를 미연에 방지하기 위해 직접적인 수단을 써야 한다는 원칙이다. 관리시스템에 있어 관리자의 자질이 높으면 높을수록 통제의 필요성은 더욱 더 적어진다. 이는 유능한 관리자일수록 계획과의 편차를 잘 인지하고 이를 예방하기 위해 시의적절한 조치를 취하기 때문이다.

(2) 통제의 구조에 관한 원칙

1) 계획반영의 원칙

계획반영의 원칙은 통제기법이 반드시 계획에 반영되어야 한다는 원칙이다. 계획이 명백하고 완전하며 통합적일수록 그리고 통제가 이와 같은 계획을 반영하도록 설계될 때, 통제는 관리자의 욕구를 더욱 만족시킬 것이다.

2) 조직적합성의 원칙

조직적합성의 원칙은 계획이 원래 경영자 및 조직구성원에 의해 실행되는 것인 만큼 계획과 실적과의 균형을 유지하기 위한 통제수단도 경영자가 가지는 권한의 영역, 즉 조직구조에 적합하게 설계되어야 한다는 것이다. 모든 통제방법은 조직구조에 대응하도록 마련되어야 하며 이를 위한 정보 또한 통제자의 지위에 적합한 것이어야 한다.

3) 통제의 개별성 원칙

통제의 개별성 원칙은 통제가 효과적으로 이루어지려면 비록 동일한 의도의 통제라 하더라도 경영자의 개별적인 직위, 책임, 의무, 능력 및 욕구 등을 충분히 반영하는 것이라야 한다는 원칙이다. 어떤 통제기법과 정보는 여러 조직의 관리자에게 같은 양식으로 활용되기도 하나 일반적으로 관리자 개인의 직위, 의무, 책임 및 능력에 따라 달리 활용되어야 한다.

(3) 통제과정에 관한 원칙

1) 표준의 원칙

효율적인 통제가 이루어지기 위해서는 계획에 대한 실적을 정확히 평가하기 위한 객관적이고 적절한 표준이 있어야만 한다는 원칙이다. 그러나 통제는 사람을 통해 이루어지는 것이므로, 아무리 훌륭한 통제라 할지라도 통제자의 개인적인 요인에 의해 전혀 영향을 받지 않는다고는 할 수 없다.

2) 주요항목 통제의 원칙

주요항목 통제의 원칙은 계획에 대한 실적평가에 있어서 중요한 문제에 대해서만 주의를 기울여야 한다는 원칙이다. 이는 경영자가 모든 계획의 집행여부에 대한 상세한 내용 또는 모든 사항까지 관심을 기울인다고 하는 것은 시간낭비이며, 불필요한 경우가 많다는 것이다.

3) 예외의 원칙

예외의 원칙은 유난히 좋거나 나쁜 점과 같은 편차에 대하여 특히 주의를 기울여야 한다는 원칙이다. 이것은 관리자가 예외적으로 매우 중요한 편차에 대해서만 관심을 갖고 관여해야 한다는 것이다. 따라서 이는 앞의 주요 항목 통제의 원칙과 혼동되는 경우도 있으나, 전자는 주의를 기울여야 할 문제점을 인식하는 것과 관계가 있다는 점에 비해 후자는 그와 같은 문제점에 있어서 편차의 규모에 주의를 기울인다고 하는 차이가 있다.

4) 통제융통성의 원칙

통제융통성의 원칙은 통제가 실효를 거두기 위해서는 탄력성 있는 통제가 이루어져야 한다는 원칙이다. 계획이 실패하였거나 예측하지 못한 변화에 직면하였을 때 효과적으로 통제하기 위해서는 융통성 있는 통제가 요구된다. 계획자체가 잘못되거나 예측하지 못한 상황변화가 있을 수도 있으므로 획일적인 계획위주의 통제는 그 실효를 거둘 수 없다.

5) 행동의 원칙

행동의 원칙은 통제에는 수정활동이 따라야 한다는 원칙이다. 수정행동이 뒤따르지 않는 통제는 관리자나 스탭의 시간낭비일 뿐이다. 만약 계획과 실적간 편차가 발생했다면, 이 편차를 줄이는 데는 계획을 다시 수립하거나 추가적인 계획을 세우거나 아니면 조직을 개선하는 등 실질적인 수정활동이 뒤따라야 한다.

2. 효율적 통제의 요건

(1) 계획을 반영하는 통제

통제는 기본적으로 수립된 계획이 얼마나 제대로 달성되었는지를 파악하는 절차라고 할 수 있다. 따라서 재무적인 목표, 고객만족도 지수, 기업경쟁력, 경영혁신 등에 대한 계획목표를 반드시 반영해야 할 것이다.

(2) 편차를 탐지할 수 있는 통제

수립된 계획치와 결과치를 구분할 수 없다면 통제시스템은 무용지물이 되고 만다. 왜냐하면 통제의 기본 내용인 시정조치는 바로 이러한 편차에 의해서 가능하기 때문이다. 이를 위해서 여러 가지 지표를 계량화하는 노력이 따라야 한다.

(3) 객관적인 통제

계량화한다고 해서 무조건 객관적인 통제가 되는 것은 아니다. 객관적인 통제를 위해서는 여러명의 사람이 여러번 측정할 수도 있다. 그러나 이러한 객관화를 시행하기 전에 비용과 효익을 반드시 따져봐야 할 것이다.

(4) 조직문화를 반영한 통제

전통적으로 측정과 통제에 어색한 문화와 분위기를 가진 기업이 있다. 통제문화가 미흡한 기업에서는 초기에 약한 통제를 수행하다가 강도를 높여가는 것이 필요하다. 이에 대한 교육과 홍보도 뒷받침되어야 할 것이다.

3. 통제 시스템 설계시 고려사항

(1) 조직규모

규모가 작을수록 비공식적이고 개인적인 수단에 의존하는 경향이 크다. 조직의 규모가 커짐에 따라 공식시스템, 예를 들어 표준화된 보고문서 등에 따라 관리하게 된다. 극도로 조직이 큰 경우 대부분 공식문서 및 2차관계를 통해 사전/사후 통제를 하려는 경향이 강하다.

(2) 조직위계

조직단계가 높아질수록 통제에 대한 보다 많은 기준 즉, 단위조직에 대한 측정요소가 요구된다. 이는 상위조직으로 갈수록 성과를 측정하는데 있어서 모호성(ambiguity)이 더 증가하기 때문이다. 반대로 하위조직일수록 상대적으로 업무에 대한 성과측정이 명확해진다.

(3) 집중화

분권화가 많이 되어 있는 조직일수록 경영자는 하위조직 의사결정자들의 성과에 대한 피드백을 더 많이 하게 된다. 왜냐하면 자신들이 부여한 하부경영자들에 자율권은 결국 경영자 스스로 책임져야 하기 때문이다.

(4) 문화

기업문화에는 구성원간 신뢰, 자율성, 개방성 등이 포함될 수 있다. 기업에서 적용하고 있는 통제유형과 통제의 강도는 이와 같은 기업문화와 일치해야 한다.

(5) 행위의 중요성

행위의 중요성은 통제시행여부와 통제 적용 방법에 모두 영향을 미친다. 만약 통제비용이 높고 오차가 적다면, 통제시스템은 적용되지 않을 것이다. 그러나 실수 또는 오차로 인한 조직의 피해가 막심하다면 통제비용이 높더라도 강도 높은 통제를 실행할 것이다.

〈그림 15-1〉
통제시스템 설계시
고려사항

자료: Robbins, S. P. & De Cenzo, D. A., *Fundamentals of Management,* Prentice-Hall, 1998.

4. 효율적 통제시스템의 요건[4)]

(1) 정확성(accuracy)

부정확한 정보에 의한 통제시스템은 통제행위를 제대로 수행하지 못하게 하거나 문제점이 발생하지도 않았는데 반응하게 하는 등 불필요한 결과를 초래한다.

(2) 적시성(timeliness)

통제는 경영자로 하여금 사전에 목표와 실행결과와의 편차에 주의를 집중시킴으로써 조직의 성과부진에 대한 심각성을 줄일 수 있도록 해야 한다.

4) Robbins, S. P. & De Cenzo, D. A., *Fundamentals of Management,* Prentice-Hall, 1998.

(3) 경제성(economy)

통제시스템은 운영시 적절한 비용이 소요되어야 한다. 어떤 통제시스템이라 할지라도 통제시스템 운영으로 인한 비용이 효익을 초과해서는 안된다.

(4) 유연성(flexibility)

효과적인 통제시스템은 급격한 변화에 대응할 수 있고 새로운 기회를 포착할 수 있도록 유연하게 설계되어야 한다.

(5) 이해도(understandability)

이해될 수 없는 통제시스템은 아무런 가치가 없다. 통제시스템이 어려우면 불필요한 실수가 발생하며 종업원들의 참여가 힘들어진다.

(6) 합리적인 기준(reasonable standard)

통제를 위한 기준은 합리적이고 쉽게 구할 수 있어야 한다. 목표가 너무 높아 편차가 많이 발생하면 종업원이 좌절하므로 동기부여될 수 있고 달성가능한 표준을 설정해야 한다.

(7) 전략적 중요성(strategic placement)

경영상 발생하는 모든 것들을 통제할 수는 없다. 따라서 경영자들은 전략적으로 성과에 중요하게 영향을 미칠 수 있는 것을 중점적으로 통제해야 한다.

(8) 예외에 대한 고려(emphasis to exception)

경영자들은 통제시스템에서 발생할 수 있는 예외를 고려함으로써 너무 많은 양의 정보에 시달리지 않아도 되며, 좀 더 많은 자율권을 가질 수 있게 된다.

(9) 복수 기준(multi-criteria)

한 가지 기준이 성과의 모든 것을 나타내 줄 수는 없으며 동일한 기준을 모든 성과측정에 적용해서도 안된다. 이 경우 여러 개의 기준을 적용해서 통제할 수 있어야 한다.

(10) 수정조치(corrective action)

효과적인 통제시스템은 편차가 크게 발생했다는 것을 나타내 줄 뿐만 아니라 이러한 편차를 줄이기 위해 특별한 수정조치가 취해져야 한다는 것을 포함해야 한다.

제 3 절 통제의 유형

1. 통제의 강조점에 따른 분류

(1) 시장에 의한 통제(market control)

시장통제는 외부 시장메커니즘의 사용을 강조하는 통제 접근법이다. 이에 따른 통제기준으로는 경쟁사와의 가격차이나 시장점유율 등이 사용된다. 일반적으로 경쟁이 심한 상황에서 기업들은 주로 이 접근법을 채택하고 있다. 이러한 상황에서는 각 사업부들이 대부분 이익센터(profit center)역할을 수행하며 이들은 기업전체의 이익에 대한 기여도, 즉 전체이익에 대한 비율에 따라 평가받는다. 예컨대, 가전 및 산업제품을 생산하는 마쓰시타는 각 사업부를 이들이 전사 이익에 기여한 이익비중에 따라 평가한다.

고객 모니터 제도

고객모니터 제도는 제품과 서비스의 질에 관해 고객의 피드백을 얻기 위한 체계적인 노력으로서 이는 문제를 인식하고 예방하기 위해서 이루어진다. 고객모니터 제도는 고객의 지각을 평가하고 측정하려는 의도에서 시정적 통제방식을 적용하고 있다. 이러한 평가에 따라 경영층은 고객의 불만족에서 오는 손실을 방지하기 위해 조직내부의 시정적 행동을 결정하여야 한다. 고객모니터 제도는 흔히 서비스 지향적 조직에서 사용되고 있다.

백화점의 경우 주부 모니터 사원을 고용하여 이들로 하여금 고객의 입장에서 매장의 진열상태, 종업원의 서비스 정도, 부대시설의 편리성, 주변환경과의 적합성 등을 평가하게 한다. 이렇게 함으로써 경영층은 자신들이 미처 알 수 없었던 정보를 새로운 시각에서 볼 수 있고, 이를 경영활동에 적극 반영할 수 있게 된다.

자료: Mills, P. K., *Managing Service Industries*, Ballinger, 1968.

(2) 권위에 의한 통제(bureaucratic control)

권위통제는 조직수준에 대한 권위(authority)와 관리규칙, 규제, 절차, 정책에 강조점을 두는 통제이다. 이러한 유형의 통제는 행위의 표준화정도와 정교하게 정의된 직무 기술서 및 예산과 같은 관리 메커니즘에 따라 평가하는 방법이다. 이러한 방법은 조직구성원들이 올바른 행위를 수행하고 성과표준을 달성하는 것을 확인하기 위해서 사용된다.

막스 & 스펜서의 통제시스템

막스 & 스펜서는 영국의 유명한 의류업체이다. 이 회사의 비전은 '소비자들에게 가장 좋은 물건을 가장 싼 가격에 공급'하는 것이다. 막스 & 스펜서가 그렇게 좋은 품질을 그렇게 낮은 가격으로 공급할 수 있는 것은 바로 공급자와의 긴밀한 유대관계이다. 즉 본사에서는 제품을 공급하는 공급자들을 방문하여 일일이 체크하고 개선사항을 요구한다. 그리고 주기적으로 본사와 공급자간 회의를 통해 품질을 개선시킨다. 이러한 유대관계는 권위에 의한 통제를 통해 가능하며, 이렇게 원활한 통제를 위해서 막스 & 스펜서는 전세계 지점을 연결하는 물류전산시스템(CALS)을 구축해 놓은 상태다.

(3) 사회화에 의한 통제(clan control)

클랜 통제는 종업원들의 행위가 공유된 가치, 전통, 규범, 신념, 그리고 조직의 다른 문화적 양상에 의해 규정받는데 강조를 두는 통제 접근법이다. 권위에 의한 통제가 타율적이고 엄격한 위계 관리 메커니즘에 초점을 두는 것에 반해 클랜 통제는 개인과 집단의 실체를 적합하고 기대되는 개인의 과업행위와 성과측정을 통한 비전공유를 추구하는 매커니즘에 초점을 두고 있다. 이러한 통제를 주로 사용하고 있는 조직은 팀제를 도입하고 있는 곳이거나 기술이 급변하는 곳이다. 마이크로소프트의 경우 종업원들은 성과목표를 달성하기 위해 요구되는 자신들의 올바른 행동규범을 모두 알고 있다. 이들은 사장에서부터 말단사원에 이르기까지 조직에서 가장 중요한 것이 무엇인지 공유하고 있는 것이다.

2. 행위의 시간순서에 따른 분류

통제는 어떤 행위가 일어나기 전에도 수행될 수 있는데, 이러한 기준에 따라 통제 유형도 3 가지로 달라질 수 있다. 즉 통제는 사전통제(feedforward control), 동시

통제(concurrent control), 사후통제(feedback control)로 구분된다. 이를 그림으로 나타내면 〈그림 15-2〉와 같다.

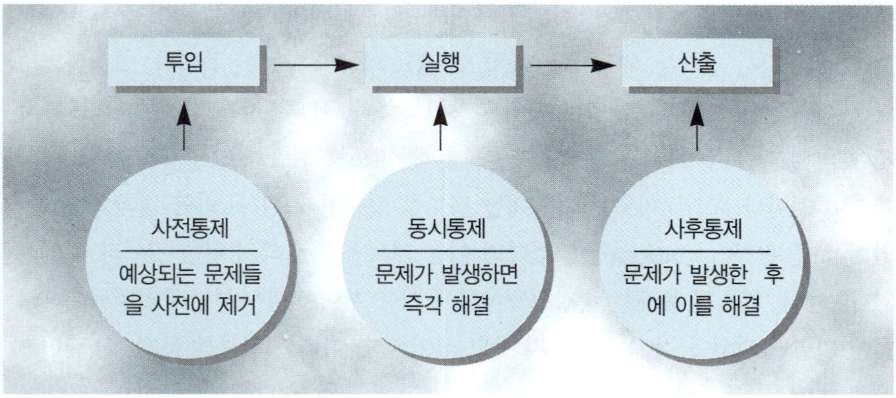

〈그림 15-2〉 행위의 시간순서에 따른 통제의 유형

자료: Robbins, S. P. & De Cenzo, D. A., *Fundamentals of Management,* Prentice-Hall, 1998.

(1) 사전통제

가장 바람직한 통제방법은 사전통제이다. 왜냐하면 이는 예상되는 문제점을 사전에 제거해 주기 때문이다. 사전통제라고 불리는 이유는 통제가 행위에 앞서서 수행되기 때문이다. 예를 들어 록히드마턴사의 경영자는 정부가 이 회사를 방산 제품 공급업체로 선정했다고 발표하자마자 인원을 추가적으로 선발할 지도 모른다. 미리 인원을 선발함으로써 이 회사는 발생 가능한 시간손실을 줄일 수 있기 때문이다. 따라서 사전통제의 가장 중요한 핵심은 어떤 문제점이 발생하기 전에 경영조치를 취한다는 점이다.

(2) 동시통제

동시통제는 이름에서도 나타나 있는 것과 같이 행위가 진행 중일때 이루어지는 통제 유형이다. 어떤 행위가 진행 중일 때 통제함으로써 나중에 발생하게 될 지 모르는 고비용을 미리 제거할 수 있다. 동시통제의 가장 대표적인 형태는 상급자가 직접 수행하는 '감독(supervision)' 이다. 관리자가 직접 종업원의 행위를 관찰함으로써 종업원의 잘못된 행위를 고쳐줄 수 있게 된다. 비록 경영자의 감독과 종업원의 반응간 시간차이는 있지만 그리 크지는 않다. 최근에는 컴퓨터를 활용하여 즉각적인 수정조치가 취해지고 있다.

(3) 사후통제

가장 널리 사용되는 통제 기법이 사후통제로서 이는 어떤 행위가 일어난 후에 수행된다. 이 방식의 가장 큰 단점은 경영자가 문제에 대한 정보를 알았을 때는 이미 그 문제가 끝나 있다는 사실이다. 마치 소 잃고 외양간 고치는 격이다. 그러나 실제 많은 행위 중에서 사후통제만이 쉽게 활용가능하다. 사후통제는 사전통제와 동시통제에 비해 다음 두 가지의 장점이 있다. 첫째, 피드백을 통해 경영자들은 자신들의 계획이 얼마나 효과적이었는지에 대한 정보를 입수하게 된다. 만약 결과와 계획에 있어서 큰 편차(deviation)가 없었다면 이는 계획을 적절히 수립한 것이라고 할 수 있다. 둘째, 피드백 통제는 종업원들에게 동기를 부여할 수 있다. 종업원들은 자신들이 얼마나 과업을 잘 수행했는지 알고 싶어한다. 이러한 정보를 통제시스템이 제공해 준다.

제 4 절 통제의 절차

통제절차는 성과를 측정하는 단계, 표준에 대한 실제 결과를 비교하는 단계, 표준과의 차이를 극복하기 위한 경영상의 조치의 세 단계로 나누어진다. 통제시스템을 설계 · 운영하는데 있어서의 암묵적인 가정은 표준(standard)이 이미 설정되어 있다는 것이다. 표준은 계획수립시 설정되며, 이러한 목표들은 정의상, 구체적이고 구분할 수 있으며 측정가능한 것이어야 한다. 통제절차를 그림으로 나타내면 〈그림 15-3〉과 같다.

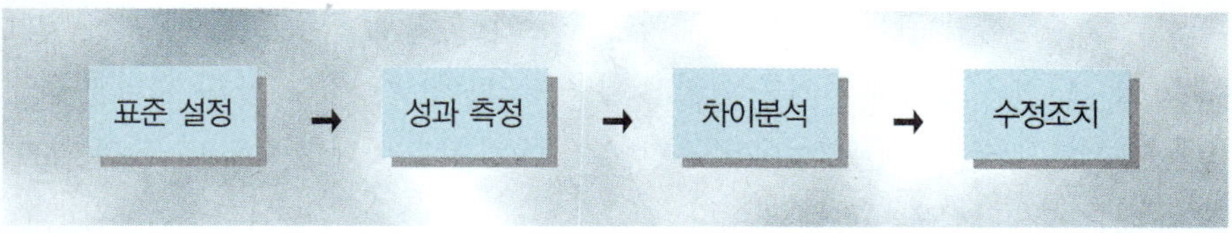

〈그림 15-3〉 통제의 절차

자료: Stoner, J. A. F & Freeman, R. E., *Management,* Prentice-Hall, 1992.

1. 표준설정

통제과정의 첫 단계는 표준과 성과측정방법의 결정에서 시작된다. 표준이라 함은 성과를 측정하기 위하여 설정해 놓은 통제활동의 목표(objective) 내지 기준(criteria)을 일컫는 말이다. 이와 같은 표준은 목표에 따라 수립되며 계획에 따른 통제기준이라 할 수 있다. 경영자가 알고 있어야 할 표준은 크게 산출표준과 투입표준으로 구분된다.

(1) 산출표준(output standard)

산출표준은 양, 질, 비용 및 시간측면에서 산출결과인 성과를 측정하는 것이다. 예컨대, 오차율, 목표 달성도, 예산초과액, 단위기간내 생산량 등은 산출결과를 측정하는 표준이 될 수 있다.

(2) 투입 표준(input standard)

투입표준은 성과를 달성하기 위해 투입된 자원의 이용 정도를 나타내는 것이다. 즉, 투입된 인적 · 물적 자원의 이용효율을 측정하게 된다. 예를 들어 1인당 교육훈련 시간, 인력투입률, 연구개발비 비중 등은 투입결과를 측정하는 기준이 된다.

2. 성과측정

(1) 경영자들은 어떻게 성과를 측정하는가?

성과를 측정하기 위해 정보를 획득하는 수단에는 총 네 가지가 있다. 각 수단에 대한 장 · 단점은 경영자가 이를 어떻게 활용하느냐에 달려있다. 또한 하나의 방법을 사용한다고 해서 다른 방법을 사용할 수 없다는 것은 아니다. 〈표 15-1〉은 각 수단에 대한 장 · 단점을 나타낸 것이다.

〈표 15-1〉 정보획득의 원천

정보의 원천	관찰	통계 보고서	구두 보고	문서 보고
장점	가장 정확 즉각적 조치	객관성 확보	즉각적 조치	대규모 조직에 적합
단점	대규모 조직에 불가능	조작가능성	주관 개입	사실의 왜곡

(2) 성과측정 항목에는 무엇이 적합한가?

일반적으로 성과를 측정하는 방법보다 성과측정지표가 더 중요하다. 잘못된 평가기준을 선정하게 되면 아주 심각한 부작용을 초래하기 때문이다. 게다가 조직구성원들은 측정항목에 따라 움직이기 쉽다. 통제항목은 각 기능별로 구분되는 것이 대부분이다. 그러나 경영전반에 걸쳐 공통적으로 사용되는 것도 있다. 예를 들면 내부고객만족도(CSI), 결근률(absenteeism rate), 이직률(turnover rate) 등이다.

1) 생산부문

생산단위(공장)를 책임지고 있는 공장장의 경우 효율과 관련된 항목에 초점을 두어야 할 것이다. 따라서 공장장은 매일매일 생산되는 단위량, 인당/시간당 생산량, 불량률, 반송률 등에 대한 항목을 측정해야 한다.

2) 관리부문

관리 또는 지원부문 담당 임원은 타업무에 대한 원활한 지원과 서비스에 중점을 두어야 할 것이다. 예컨대, 관리임원은 하루에 만들어지는 보고서 수량, 시간당 처리되는 명령 건수, 타부문 요구사항 처리에 소요되는 평균 시간 등을 측정할 수 있다.

3) 영업부문

영업부문 담당 임원은 시장이나 고객과 관련되어 있는 사항에 대하여 집중해야 한다. 따라서 영업담당 임원은 시장점유율, 판매당 총 가치, 영업인력 인당 고객 방문 회수 등을 측정할 수 있다.

(3) 계량화하기 어려운 과업은 어떻게 측정하는가?

어떤 활동들은 결과 또는 성과를 측정하기 매우 까다롭다. 예를 들어서 보험사원의 신규고객 가입실적에 비해 화학연구실의 성과 또는 초등학교 선생들의 업적은 측정하기가 훨씬 힘들다. 그러나 대부분의 활동은 세분화될 수 있으며, 이렇게 세분화된 과업 활동은 측정가능한 목표로 전환할 수 있다. 경영자는 개인, 과/부, 본부, 사업부 등이 회사에 어떤 기여를 하는지 결정하고 이를 표준화시켜 측정할 수 있도록 해야 한다.

만일 성과측정 지표를 계량화할 수 없다면 관리자는 새로운 측정지표를 탐색해야 하고 자신만의 주관적인 지표를 개발해야 한다. 관리자의 주관적인 성과측정지표는 당연히 한계점을 가지게 된다. 그러나 성과를 측정하지 않고 무시하는 것보다 훨씬 나은 것은 분명하다.

3. 차이분석

차이분석 단계에서는 성과표준(standard)과 실제성과와의 차이를 파악한다. 현실적으로 이러한 차이점은 어디나 존재한다. 그러므로 우리가 관심을 가져야 할 것은 표준과 실제성과가 차이가 난다는 점이 아니라, 허용할 수 있는 '편차의 범위(range of variation)'를 어디까지 결정하느냐는 것이다. 만일 성과가 어떤 범위를 벗어날 정도로 차이가 발생한다면 이는 경영자의 관심을 불러일으키기에 충분하다.

〈그림 15-4〉
편차의 범위

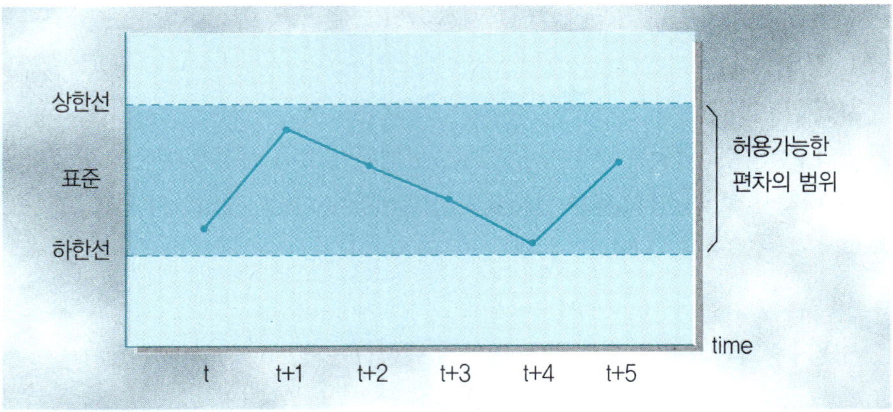

4. 수정조치

경영자들은 다음 세 가지 수정조치 중 어느 하나 또는 그 이상을 선택하여 적용할 수 있다. 첫째 아무런 조치를 취하지 않을 수 있다. 둘째 경영자는 성과를 조정할 수 있다. 셋째 설정한 표준을 조정할 수 있다. 아무런 조치를 취하지 않는 것은 명백한 자기변명에 지나지 않으므로 나머지 두 가지 조치 중 한 가지는 최소한 실행해야 한다.

(1) 성과에 대한 조치

1) 즉각적 수정 조치(immediate corrective action)

이 방법은 문제가 발생한 즉시 수정조치를 취함으로써 성과를 본 궤도에 올려놓도록 하는 방법이다.

2) 근본적 수정조치(basic corrective action)

이 방법은 우선 왜, 그리고 어떻게 성과차이가 발생했는지 파악한 후 오차에 대한 근본적인 수정조치를 취하는 방법이다.

경영자들이 근본적인 수정조치를 취할 시간이 부족하다고 하는 것은 흔한 일이다. 따라서 경영자들은 기본적으로 발생한 문제점에 대하여 즉각적인 조치를 취해야 할 것이다. 그러나 효과적으로 기업을 경영하는 경영자는 오차를 분석하고 그것이 효익에 아무런 영향을 미치지 않는다고 판단될 때는 이를 무시하고, 표준과 실제성과와의 현격한 차이점에 대해서만 지속적으로 시간을 할애한다.

(2) 표준에 대한 조치

실제 경영에서는 설정한 표준 또는 목표가 너무 높게 설정되었거나 또는 낮게 설정되는 경우가 많다. 이러한 경우 수정조치는 성과가 아니라 목표 또는 표준에 대하여 취해져야 할 것이다. 여기서 더 큰 문제점은 보통 성과표준을 지속적으로 낮게 설정하려 하는 경향이 있다는 점인데, 만약 종업원 개인이나 특정 단위에서 계획된 목표를 달성하지 못했을 경우, 자연스런 반응은 종업원이나 조직단위가 비난을 회피하기 위한 하나의 방편으로 표준을 바꿔 버릴 수 있다는 것이다.

제 5 절 통제의 기법과 부작용

1. 재무통제기법

(1) 재무제표

재무제표란 조직내외에서 발생한 조직의 각종 거래행위를 화폐가치로 나타낸 여러 가지 표를 말한다. 일반적으로 회계담당자들에 의하여 작성되며, 그 조직의 회계기록을 요약해 놓은 것으로써 각 분야의 재무적인 활동을 통제하기 위한 중요한 수단이 되고 있다. 재무제표는 대차대조표, 손익계산서, 이익잉여금처분계산서, 현금흐름표를 포함하는데, 여기서는 대차대조표와 손익계산서에 대해서 살펴보도록 하자.

1) 대차대조표(balance sheet)

대차대조표는 일정 시점에 있어서 조직의 자산, 부채, 자본의 상태, 즉 기업의 재무상태를 한 눈에 볼 수 있도록 나타낸 표다. 대차대조표의 각 계정의 금액을 살펴봄으로써 조직의 재무상태를 상세히 분석할 수 있다.

2) 손익계산서(income statement)

손익계산서는 조직이 일정기간 동안에 걸쳐서 이룩한 경영성과를 재무적으로 요약한 표로서 일정기간에 달성한 순매출액과 그 매출액을 올리기 위해 발생한 매출원가, 일반관리비 및 판매비를 차감하여 이익을 산출하고 여기에서 소득세를 계산하여 공제함으로써 당기순이익을 산출하게 된다.

(2) 비율분석

비율분석은 경영자가 여러 가지 재무자료를 활용해 재무상태를 파악하기 위하여 재무제표 상의 항목간 비율을 계산하고 결정하는 과정이다. 비율분석은 어떤 하나의 항목과 다른 항목의 상대적 크기를 나타내는 지표로서 백분율로 표기된다. 비율분석에서 많이 활용되는 재무비율로는 유동성비율, 레버리지 비율, 활동성 비율, 수익성 비율 등이 있다.

1) 유동성 비율

유동성 비율은 단기 부채에 대한 지급능력을 분석하는 것이다. 특히 IMF 구제금융 이후 유동성에 대한 중요도가 매우 높아졌다.

$$유동비율 = \frac{유동자산}{유동부채}$$

2) 레버리지 비율

레버리지 비율은 기업이 가지고 있는 자산에 대한 총 부채의 비율을 나타낸 것으로서 비율의 수치가 높아질수록 위태롭다. 한국 재벌기업의 경우 레버리지 비율이 대부분 2.0을 상회하는 수준인데, 이는 기업이 보유하고 있는 부채규모가 총자산규모의 2배를 초과한다는 의미다.

$$레버리지 = \frac{총\ 부채}{총\ 자산}$$

3) 활동성 비율

활동성비율은 기업의 자산이 얼마나 효율적으로 운영되고 있는지를 파악하기 위한 분석으로서 여기에는 재고자산 회전율, 매출채권 회전율, 고정자산 회전율, 총자산 회전율 등이 있다. 예를 들면 재고자산 회전율이 높을수록 재고자산이 효율적으로 사용되고 있다는 것을 의미한다.

$$재고자산\ 회전율 = \frac{매출액}{재고자산}$$

4) 수익성 비율

수익성은 기업의 경쟁력을 나타내는 가장 기본적이고 중요한 요소다. 세계표준에 충실한 기업들은 수익성을 제1의 목표로 설정하고 있는데 비해, 한국기업들은 수익성보다 성장성 등의 외형에 치중해 왔다.

$$\text{매출액 순이익률} = \frac{\text{당기순이익}}{\text{총매출액}}$$

(3) 예산통제

1) 의의

예산통제는 계획상의 성과와 집행활동의 결과인 실적과의 비교와 관련된 경영통제를 의미한다. 즉 기업전체적인 관점에서 예산이라는 계수적 계획을 편성해서 예산과 집행활동의 결과인 실적을 측정하고 비교함으로써 그 편차를 시정하는 통제수단이 바로 예산이다. 이와 같은 시스템이 바로 예산 통제제도이다.

2) 장단점

예산편성을 통해 조직에서 얻을 수 있는 장점은 다음과 같다.

- 성과가 측정될 수 있도록 표준 제공
- 경영자로 하여금 조직목표에 대한 통찰력 제시
- 전 조직원들에게 목표, 계획, 성과표준에 대한 정보 제공

그러나 예산편성이 무조건 좋은 측면만 가지고 있는 것은 아니다. 예산통제의 단점도 다음과 같이 지적되고 있다.

- 예산은 모두 사용해야 한다는 오해
- 우발적인 상황에서 감독자 재량권의 제약
- 성과측정의 기준으로 잘못 사용될 가능성 내포

(4) 손익분기점

1) 의의

손익분기점 분석은 손익분기점을 결정하기 위한 원가와 판매량 및 이익과의 관계를 분석대상으로 하는 경영통제기법이다. 이는 판매량에 따른 손익을 파악할 수 있게 한다는 점에서 투자규모와 시점에 대한 정보를 제공해 준다. 또한 구체적인 목표이익을 달성하는데 필요한 최소한의 판매량, 그리고 목표이익의 달성을 위한 판매가격의 결정 등 생산, 판매, 비용, 이익 등을 계획함에 있어서 광범위하게 적용될 수 있다.

2) 손익분기점분석의 한계

손익분기점 분석은 조직성과를 측정할 수 있는 기준과 성과의 개선을 위한 시정행위에 관한 기초를 제공하기 때문에 통제수단으로 널리 이용된다. 그러나 이 분석을 위해서는 변동비와 고정비에 대한 엄격한 분류가 선행되어야 한다. 왜냐하면 실제 기업활동에서는 준변동비 성격의 비용항목이 존재하며, 생산설비가 병목에 이르면 이들에 대한 원가도 급격히 상승하는 경향이 있기 때문이다.

2. 생산통제 기법

(1) 임금에 대한 통제(payroll cost control)

일반적으로 제조업체의 생산근로자들은 전체 인력의 74%에 달하고 있으며, 이들에 대한 임금은 전체의 64%에 달하고 있다. 따라서 생산계획, 생산효율의 미약한 변화라 할 지라도 엄청난 비용절감을 기대할 수 있다.

(2) 재고비용에 대한 통제(controlling inventory cost)

수많은 일류기업들은 재고에 대한 비용통제시스템을 훌륭하게 운영하였다. HP는 원료의 흐름을 통제할 수 있는 생산중(work-in-process) 통제시스템을 보유하고 있었다. 이 시스템 덕분에 HP는 5년만에 생산량을 29% 상승시킨 반면, 재고 비용은 320%나 감소시켰다.

(3) 품질에 대한 통제(TQC; total quality control)

종합적 품질관리는 조직내 모든 종업원들이 고객에 대하여 우수한 품질과 서비스를 제공하는 접근 방식이다. 따라서 사장에서 신입사원에 이르기까지 품질에 대하여 모두 책임을 지게 된다. 근본적으로 종합적 품질관리는 생산성을 높일 목적으로 시작되었는데, 이는 품질개선을 통해 생산성이 증대될 수 있다고 생각하기 때문이다.

(4) 일정에 대한 통제(schedule control)

네트워크 일정은 작업이 끝나는 시간에 따라 계획을 수립하고 이를 통제하는 기법이다. 이러한 방법에는 대표적으로 PERT(program evaluation and review technique)와 CPM(critical path method)이 있다. PERT는 프로젝트를 완성하기 위해 시간순으로 발생하는 작업을 파악하는 네트워크 모델이라고 할 수 있다. 이에 비해 CPM은 과업을 완성하기 위해 중요한 시간에 근거하여 작업을 통제하고 계획하기 위한 네트워크 일정관리 기법이다.

3. 통제의 부작용

(1) 정의

통제의 부작용은 통제가 유연하지 못하고 합리적이지 못한 표준을 사용할 때 발생한다. 이 경우 종업원들은 회사전체의 목표와 방향이 무엇인지 종잡을 수 없게 된다. 조직이 통제시스템을 운영하는 것이 아니라 통제가 조직을 운영하는 결과를 초래한다. 한마디로 통제를 위한 통제가 되는 것이다. 그러나 통제시스템은 완벽하지 않기 때문에 이로 인한 문제점은 발생하기 마련이다. 따라서 통제부작용을 최소화할 수 있는 방안 마련이 요구된다.

(2) 원인

1) 불완전한 성과측정

조직에서 양적인 성과만 측정하고 평가한다면 종업원들이 질적인 부분을 간과할 수 있다. 또한 측정시스템이 결과에 대한 성과보다 행위에 대한 측정에 초점을 둔다면 종업원들은 행위측정요소가 잘 나타나게 하기 위해 많은 시간을 할애할 것이다.

2) 잘못된 표준설정

궁극적으로 종업원들은 기업의 목표인 표준을 달성하기 위해 일해야 한다. 그러나 기업의 목표를 달성하기보다 통제시스템에 따른 평가결과를 잘 받기 위해 행위할 때가 허다하다.

3) 데이터 왜곡

실제 경영현장에서는 통제대상이 되고 있는 데이터를 조작하는 사례가 빈번히 발생한다. 이와 같은 문제는 인간에 대한 시각을 긍정적으로 보느냐 또는 부정적으로 보느냐에 따라 통제시스템 설계에 영향을 미치게 된다.

Recommended Readings

조동성, 신철호, 조형기, 『전략평가시스템 I, II』, 서울경제경영, 1996, 1998.

Chew, W. B., "No-Nonsense Guide to Measuring Productivity", *Harvard Business Review,* January-February 1988.

Drucker, P. F., "The New Productivity Challenge", *Harvard Business Review,* November-December 1991.

Goold, M. & Quinn, J. J., *Strategic Control,* Addison-Wesley 1990.

Hinterhuber, H. H. & Popp, W., "Are You a Strategist or Just a Manager?", *Harvard Business Review,* January-February 1992.

Hirschhorn, L. & Gilmore, T., "The New Boundaries of the 'Boundary-less' Company", *Harvard Business Review,* May-June 1992.

Koontz, H. & Weihrich, H., *Essentials of Management,* McGraw-Hill, 1990.

Maciariello, J. A. & Kirby, C. J., *Management Control Systems,* Prentice-Hall, 1994.

Rappaport, A., "CFOs and Strategists: Forging a Common Framework", *Harvard Business Review,* May-June 1992.

Robbins, S. P. & De Cenzo, D. A., *Fundamentals of Management,* Prentice-Hall, 1998.

Walsh, J. P. & Seward, J. K., "On the efficiency of internal and external corporate control mechanisms", *Academy of Management Review,* Vol. 15, 1990.

Warnick, K., *Control Systems: An Introduction,* Prentice-Hall, 1989.

Zairi, M., *Measuring Performance for Business Results,* Chapman & Hall, 1994.

조동성 교수의 경영 · 시사 칼럼
Column

필요충분한 안전장치

아이비엠 재팬(IBM Japan)은 미국회사인가 일본회사인가? 혼다 아메리카(HONDA America)는 일본회사인가 미국회사인가?

미국의 노동부장관을 지낸 로버트 라이히(Robert Reich) 교수는 외국회사가 떠나더라도 공장은 남는다는 전제하에 아이비엠 재팬은 일본회사, 혼다 아메리카는 미국회사라고 주장한다. 그러나 이 두 기업은 일본기업도, 미국기업도 아닌 자신의 이익 극대화가 유일한 목적인 세계기업이다.

세계적인 다국적 기업이었던 걸프 오일(Gulf Oil Corporation)의 예를 들어보자. 1976년 한국경제가 1차 오일 쇼크를 극복하고 높은 경제성장을 구가하게 됨에 따라, 걸프가 50% 지분을 갖고있던 대한석유공사는 3,600만 달러라는 높은 순이익을 올렸다. 걸프는 자기 지분 1,800만 달러의 반에 해당하는 900만 달러를 배당금으로 본사에 송금하였다. 그러나, 이 액수가 걸프가 투자한 2,500만 달러의 36%에 해당한다는 사실이 일반에 공개되자 각 신문에는 걸프에 대한 공개적인 비판기사와 한국측 50% 지분의 대표권을 행사하던 산업은행 총재가 국회로부터 질책당하는 사진이 실리기도 했다.

그러나 당시 40여개 나라로부터 대외비로 보내오는 영업자료를 가지고 경영성과를 분석하고, 향후 전략을 개발하던 역할을 담당하던 내게 한국측 매니저가 보내온 1976년도 경영성과 보고서 내용을 보면, 걸프는 배당금 송금 외에 오히려 아무에게도 알려지지 않은 수송, 원유판매 등의 부가사업으로부터 무려 9,600만 달러를 한해 동안에 한국으로부터 벌어들였다는 내용이 담겨져 있었다.

어떻게 보면 걸프오일은 너무나도 우직했는지도 모른다. 쉽게 노출되는 배당금 송금을 차라리 실제 투자액의 5~10%수준으로 낮추는 대신 부가사업으로부터 더 높은 이익을 올리는 식으로 이익을 재구성했었다면, 한국 국민들을 자극하지 않으면서도 원하는 이익을 맘껏 얻을 수 있었을 것이다.

이렇듯 다국적기업은 모든 수단, 방법을 동원해서 투자대상국으로부터 철저하게 이익을 가져간다. 그리고 다국적기업 수뇌부에서 이루어지는 투자대상국에 대한 전략은 기업 생리에 대한 경험이 없는 정부관리나 학자들이 제대로 알 도리가 없다.

그러면 한국기업이 미국에 가서 투자하더라도 미국경제를 수탈할 수 있겠는가? 이에 대한 대답은 "아니오"이다. 왜냐 하면 미국의 기업환경은 외국기업이 들어와서 제 마음대로 사업을 하도록 놔두지 않기 때문이다. 다시 말해서 라이히 교수의 주장은 미국같이 외국인 투자기업이 딴 생각을 하지 못하게 하는 조건이 갖춰진 곳에서만 해당하는 특수론이다.

최근 정부에서는 54개 공기업을 조속히 해외투자가에게 매각하여 150억 달러에 달하는 외화를 확보하겠다고 발표한 바 있다. 이들 공기업을 인수하는 해외투자가들은 정부가 기대하는 대로 외화를 가져들어올 것이다. 그러나 이들 기업이 라이히 교수 주장대로 한국기업으로서 한국경제에 대한 공헌을 할 것이라고 낙관적으로 보아서는 안된다. 돈은 한번 들어오고 마는 것이지만, 일단 한국에 들어온 기업은 앞으로 수십년동안 한국에서 사업을 하면서 매년 돈을 벌어 해외로 가져갈 것이다. 그렇다고 해서 국제화 수준이 미약한데다 외화가 부족한 우리 입장에서 외국투자가들의 한국기업 매수를 거부해서도 안 된다. 요는 외국인이 앞으로 매수할 한국기업을 통해서 한국의 경제력을 잠식하지 않도록 안전장치를 갖추어야 하는 것이다.

이에는 무엇이 필요한가? 첫째, 외국기업의 생리를 정확하게 이해하고 이들의 행동을 소상하게 파악하는 능력을 가지고 있어야 한다. 만일 걸프가 쿠웨이트에서 한국까지 원유를 수송하는 비용이 얼마인지, 원유판매에서 어느 정도 이익을 내는지 알고 있는 사람이 하나라도 정부에 있었다면 걸프도 그렇듯 천문학적인 이익을 낼 수는 없었을 것이다.

둘째, 소액주주의 권한을 강화하고 경영의 투명성을 제고해야 한다. 외국투자가들은 한국기업의 1% 지분만 가지고도 주주로서의 모든 권리를 행사하며 경영진을 감시한다. 마찬가지로 한국회사의 대주주권을 외국인에게 넘겨주더라도 한국주주들이 소액주주로서 경영내용에 대한 공개를 요구한다면 이들 기업도 한국경제에 반하는 행동을 하지는 못할 것이다.

셋째, 정부는 환경, 자원, 안전문제 등 기업의 사회적 책임에 관한 관련법규를 정비하여 한국기업과 마찬가지로 외국기업에게도 이를 철저히 지키도록 요구해야 한다. 그러나 위의 세 가지 사항은 필요조건에 불과하다. 외국인 투자기업이 이익을 함부로 뽑아가지 못하게 하는 충분조건은 시장에 경쟁체제를 구축하는 것이다. 그리하여 본사 이익보다 한국내의 고객을 위하고, 기술투자에 집중하는 기업만이 경쟁에서 살아남을 때 외국인 투자기업은 한국기업으로서의 역할을 수행하게 될 것이다.

〈국민일보, 1998. 7. 14〉

제 16 장

전략평가론

경영성과를 무엇으로 측정하고 어떻게 평가할 것인가?

측정하지 않으면 관리할 수 없다

- 아리 글로베르슨 -

PRINCIPLES OF MANAGEMENT

제 1 절 전략평가시스템

1. 정의

(1) 평가의 정의

1) 전략통제적 측면

기업은 비전과 목표를 달성하기 위해 계획, 실행, 평가라는 일련의 경영활동을 수행하며, 이에 따라 평가는 수립된 계획, 즉 목표 및 전략의 실행결과를 측정하며 차기계획에 반영시키는 근거를 제공한다. 따라서 평가를 통해 기업은 지속적으로 전략을 수립, 실행하고 이를 개선시킬 수 있게 된다.

2) 관리회계적 측면[1)]

성과평가는 관리통제를 위한 피드백 정보를 제공하고 조직구성원들의 동기를 유발하기 위한 체계적인 과정이라고 할 수 있다. 즉, 성과평가를 통해 사업에 대한 합리적인 평가를 수행함으로써 기업은 효율적인 자원배분이 가능해진다.

3) 공공정책론적 측면[2)]

평가는 경영실적을 체계적으로 측정하고 이를 과거의 실적과 비교함으로써 경영실적의 정도, 질 혹은 가치를 판단하는 과정이다. 공공정책에서 말하는 평가는 어떤 활동이 이루어진 후에 그것의 가치를 측정하는 사후 활동이며, 이러한 의미에서 평가는 그것이 이루어지기 전의 가치를 사전에 예측해보는 분석과 구분된다.

4) 조직론적 측면

조직의 유효성 증진과 인센티브 제공을 위한 관리과정은 크게 계획, 조직, 통제의

1) 오동일, “사업부 조직의 성과평가를 위한 DEA모형의 적용가능성에 관한 연구”, 서울대학교 박사학위논문, 1991.

2) 김명수, 『공공정책평가론』, 박영사, 1993.

세 과정으로 구분되어 있다고 하며, 이와 같은 기본적인 과정은 그 스스로 독자적으로 존재하는 과정이라기보다 상호 밀접한 관련성을 가지면서 전체로서 하나의 연결된 순환구조를 지니고 있다는 것이다.

(2) 평가의 조건적 특징

1) 시스템적 특징

평가는 경영의 기본활동인 계획, 실행 및 피드백과 밀접한 관련을 가지고 있어야 한다. 이는 조직단위별로 독자적인 목표를 가지고 있어야 하는 것 뿐만 아니라 서로 영향을 주고 받는 연관성이 있어야 한다는 것을 의미한다.

2) 계획에 대한 평가

평가는 조직의 목표 또는 비전을 달성하기 위해 수립된 정책 또는 전략의 내용을 포함하고 있어야 한다.

3) 실행에 대한 평가

평가는 사후적인 것만 측정하는 것이 아니라 사전적 또는 과정적인 부문도 포함하고 있어야 한다.

4) 평가결과의 활용

평가결과는 보상시스템에 반영되어 임금에 영향을 주고 제도개선을 유도할 수 있어야 한다.

(3) 전략평가시스템의 정의

전략평가시스템은 기업이 비전과 목표를 달성하기 위하여 조직 단위별로 실행한 행위의 결과를 적정한 기준에 따라 측정한 결과를 다른 경영시스템에 피드백하는 시스템이다. 평가시스템도 시스템의 일종으로서 이들이 가지는 속성을 지니고 있어야 한다. 따라서 평가시스템은 평가시스템 자체의 목표와 개방성, 그리고 다른 경영시스템과의 상호작용 및 전체성을 지니게 된다.

목적과 목표의 구분

때는 6.25동란 중 한겨울이었다. UN군 사령부는 당시 부산으로 피난 온 건설회사 사장들을 초청하여 급히 부산에 있는 UN군 묘지를 잔디로 단장해줄 것을 요청하였다. 모든 건설회사 사장들은 그 자리에서 불가능하다고 답하였다. 겨울철에 잔디를 심으면 잔디가 뿌리를 내리지 못하고 봄이 되기 전에 모두 죽어버리기 때문이었다. 아무리 생각해도 겨울철에 잔디를 심어서 뿌리를 내리게 할 수 있는 방법이 떠오르지 않았다. 공사를 수주해 돈을 벌 수 있다는 희망이 무참히 깨어지는 순간이었다. 참석했던 사장들이 한 사람, 두 사람 차례로 공사 설명회장을 벗어나기 시작했다. 그러나 그곳에 마지막까지 남은 젊은 사장이 있었다. 우리가 이 시대에 가장 성공한 기업인으로 꼽고 있는 정회장은 UN군 장교에게 다음과 같이 이야기했다.

"무슨 목적으로 겨울에 잔디를 심으려고 합니까?"

미국장교가 잔디를 심으려 한 목적은 아이젠하워 대통령이 부산 UN군 묘지 참배시 대통령에 대한 예우를 갖추기 위한 것이었다. 따라서 정 회장은 묘지를 녹색으로 보이게 하기 위해 겨울철에도 죽지 않는 방금 파종한 보리를 심어주고, 공사대금으로 3배를 받은 것으로 알려졌다.

자료: 이상학, 「굿씽크」, 아이비에스, 1997에서 수정인용.

2. 위상

(1) 경영시스템

경영시스템에는 기업이 활동하기 위한 계획, 실행, 평가와 관련되어 있는 여러 가지 하부 시스템들이 포함되어 있다. 예를 들어, 경영전략, 인사관리, 생산관리, 마케팅관리, 재무관리 등은 모두 경영시스템의 하부시스템이라 할 수 있다. 이들은 서로 동일한 목적을 가지고 운영되며, 상호 영향을 주고받는 관계를 가진다. 예를 들어 신규사업에 진출하기 위한 경영전략을 실행하기 위해서 시장조사는 마케팅부서에서, 기술지원은 연구소에서, 생산은 공장에서, 자금조달은 재무부서에서 지원해야 한다. 이와 같이 전략평가시스템도 경영시스템 내에 존재하는 하나의 하부시스템이라고 할 수 있으며 이들 시스템과 상호작용한다.

(2) 전략평가시스템

전략평가시스템이 경영시스템 내에서 원활하게 작용하기 위해서는 다른 하위경영시스템과 여러 가지 정보를 주고 받아야 한다. 경영계획시스템과는 전략정보와 목표정보를 상호교환한다. 그리고 실행시스템과는 규정과 지침 그리고 실행의 결과로서 나타나는 실적에 대한 정보가 상호 작용되어야 한다. 마찬가지로 평가에 의한 평가결과는 활용을 위해 인사시스템 또는 보상시스템으로 결과가 전달되어야 한다.

이러한 관계를 한마디로 표현하면 전략평가시스템은 경영시스템 내에서 독자적으로 운영될 수 없으며, 다른 시스템과 지속적으로 정보를 교환해야 한다는 것을 의미한다. 이를 그림으로 나타내면 〈그림 16-1〉과 같다.

〈그림 16-1〉
전략평가시스템의 위상

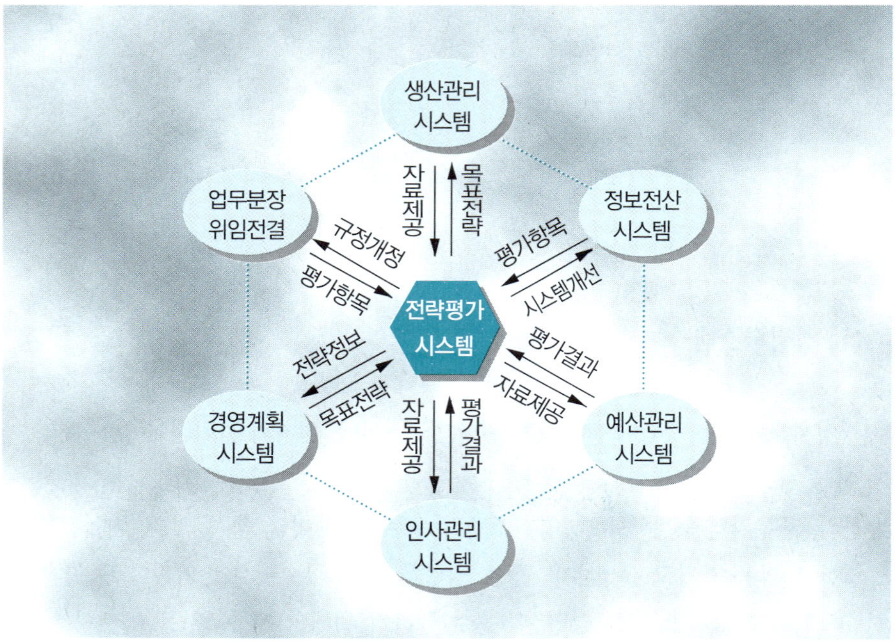

자료: 조동성, 신철호, 조형기, 『전략평가시스템』, 아이비에스, 1996.

3. 모델

전략평가시스템 모델은 개방시스템으로서 전략평가시스템이 다른 하위경영시스템과 어떤 관계를 가지고 있는지를 나타내 줄 수 있어야 한다. 또한 평가시스템 하부요소에는 무엇이 포함되어 있는지도 설명할 수 있어야 한다. 이를 토대로 모델을 구성하면 〈그림 16-2〉와 같다.

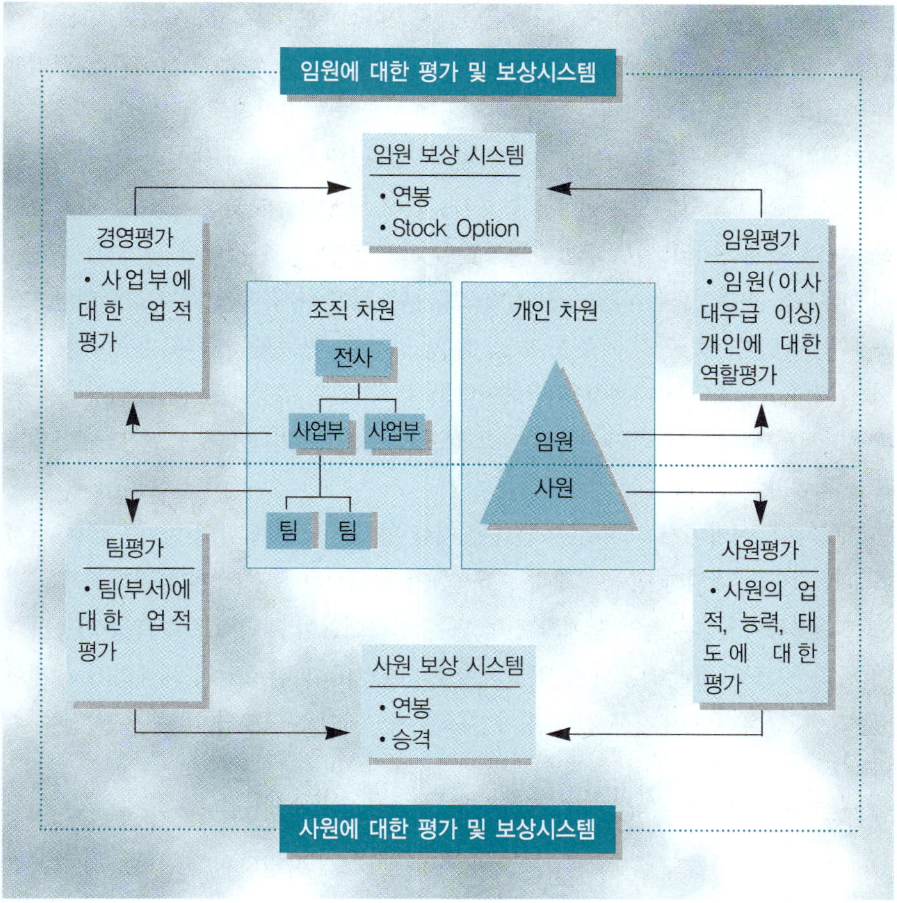

〈그림 16-2〉
전략평가시스템 모델

4. 하부요소

전략평가시스템은 크게 조직에 대한 평가인 집단평가와 사람에 대한 평가인 개인평가로 구분된다. 먼저 집단평가는 조직위계상으로 볼 때 크게 경영(전사)평가, 사업부 평가, 팀(부서)평가로 세분된다. 그리고 개인평가는 평가대상에 따라 임원평가와 사원평가로 나누어진다.

(1) 조직에 대한 평가: 집단평가

조직은 생성, 성장, 발전함에 따라 그 구조가 복잡해질 뿐만 아니라 규모도 커지게 된다. 즉 조직은 수평적, 수직적 성장을 지속하게 되는데, 특히 수직적 발전을 거듭함에 따라 계층(hierarchy)이 늘어나게 된다. 이러한 수직적 계층에 따라 전략에 대한 정의 및 수립차원이 달라지게 되며 이에 따른 전략평가지표도 상이해진다.

전사차원에서는 세계화 전략이 수립될 수 있다. 전사차원의 세계화 전략에는 다시 조직구조 고도화, 현지생산 비중 증대, 현지 시장점유증대, 자금조달의 세계화 등 좀 더 구체적이고 세부적인 전략대안이 도출될 수 있을 것이다. 이중에서 현지 시장점유율 증대전략은 사업차원 전략으로 분류되어 다시 여러 가지 전략대안으로 구분될 수 있다. 즉, 공장 가동률 제고, TV광고 강화, 판촉활동 증대, 유통비용 최소화 등이다. 이 중에서 기능차원 전략이라고 할 수 있는 유통비용 최소화 전략은 물류전산시스템 개발, 물류센터 확대, 벌크(bulk)운송 증대, 물류비용절감, 제안제도 도입 등이다.

그렇다면, 여기에서 각 수준별 전략에 대한 평가는 어떻게 할 것인가? 첫째, 전사차원의 전략인 세계화 전략을 측정 · 평가하기 위해서는 소위 세계화 평가지표를 별도로 개발해야 한다. 만약 세계화 전략 또는 전략대안이 계량적으로 측정 가능하다면 별도 지표를 개발할 필요가 없을 것이다. 예컨대, 자금조달의 세계화가 세계화 전략을 대표한다면 세계화 전략 평가 지표로서 '해외 자금조달 비중' 을 설정할 수 있다.

둘째, 사업차원 전략인 현지 시장점유율 증대전략은 전략 그 자체가 계량화 될 수 있다는 것을 독자들도 금방 알 수 있을 것이다. 따라서 사업차원의 전략평가 지표로 '현지 시장점유율' 을 선택할 수 있다.

셋째, 물류비용최소화 전략으로서의 기능전략도 마찬가지로 계량화가 가능하므로, 금액 또는 비율로써 평가지표를 설정할 수 있다. 즉 '물류비 5만불 감소 '또는 '제품단위 물류비 2% 감소' 등이 지표로 가능할 것이다.

〈표 16-1〉
조직수준에 따른 집단평가의 구분

구분	평가의 초점	전략	평가 사례
전사 (corporate) 평가	기업의 성장과 생존 기업가치의 극대화 장기적 핵심역량	다각화 전략 신규사업개발 전략 홍보전략	성장성 주가 경제적 부가가치
사업부 (business) 평가	사업부 경쟁력 이익기여도 중기/단기 핵심역량	경쟁전략 시장심화전략 마케팅, 광고전략	시장점유율 이익공헌도 경쟁력
팀 (team) 평가	기능 부서 효율 팀간 협력도	사업부 기능 전략 팀 고유 전략	전략과제 일상업무 팀 기여도

1) 전사 단위 조직에 대한 평가

기업은 중장기적인 성장과 안정적인 이익을 보장하고 궁극적으로 비전을 달성하기 위하여 지속적으로 장기전략을 수립해야 한다. 기업단위 조직에 대한 평가는 기업의 생존과 번영을 추구하는데 초점을 두어야 하며, 기업가치를 극대화하기 위하여 단기적 이익보다는 장기적 핵심역량 구축에 집중해야 한다. 여기에는 주로 기업의 중 · 장기전략, 예컨대 다각화 전략, 홍보 전략, 신규사업 전략 등이 포함된다. 이러한 전략실행의 결과로서 나타나는 기업의 성장과 가치를 측정해 주기 위한 지표로는 성장성, 주가, 경제적 부가가치(EVA; economic value added)등이 있다.

2) 사업부 단위 조직에 대한 평가

사업부는 기업의 성장과 번영을 위해 자원을 조달하고 경쟁력을 구축하기 위한 조직단위로서 사업부 자체의 경쟁력 확보와, 이익, 그리고 중기보다는 단기적 목표 달성에 초점을 두어야 한다. 사업부 조직에 대한 전략은 경쟁전략으로 대변될 수 있으며 이는 구체적인 경쟁자가 있다는 점과 시장 내에서 제로섬 게임(zero-sum game)에 따른다는 점에서 기업전략과 구분된다. 따라서 사업부 경쟁전략, 시장심화전략, 마케팅 및 광고전략을 실행한 결과로서 나타나는 지표들을 중심으로 평가하는 것이 바람직하다. 이와 같은 지표에는 시장점유율, 이익공헌도, 경쟁력 등이 있을 수 있다.

3) 팀단위 조직에 대한 평가

기능조직에 대한 평가의 대표적인 형태인 팀평가는 기업전략과 사업부 전략의 일환으로써 수행되는 전략과업에 대한 내용으로 구성되어 있다. 팀평가의 초점은 성장이나 이익보다 부서의 효율과 팀간협력도에 두어진다. 또한 팀은 사업부의 경쟁 전략을 실행하는 최하위단위일 뿐만 아니라 팀 자체의 고유한 업무도 포함하고 있다. 따라서 팀평가에는 팀고유업무의 실행결과로 나타나는 요소가 포함되어야 한다. 이같은 요소에는 전략과제, 일상업무, 팀 기여도 등이 있다.

〈표 16-2〉
사업부 평가와 팀(기능)평가 사례 1 – 사업부 평가

구분		전략	목표			비중
			단위	전기실적	목표	
본부	본부 중점 추진 전략	1. 영업이익 증대	백만	4,266	4,636	60%
		2. 전략품목 확대판매	ton	25,300	30,000	
		3. 중지채권 감축	백만	1,600	1,200	
		4. 뱃칭 CAPA향상	ton/Hr	36	40	
		5. 수입원료 직도입 확대	M/T	40,000	100,000	
		6. 물류비 절감	백만	130	150	
	공통 관리 항목	1. 인당 매출액	백만	150	180	40%
		2. 매출채권회전일	일	80	60	
		3. 가공비 원단위	원/kg	19	18	
		4. 재고자산 회전일	일	2.5	2.3	

자료: 조동성 외, 「전략평가시스템 Ⅱ」, 서울경제경영, 1998.

〈표 16-3〉
사업부 평가와 팀(기능) 평가 사례2-팀 평가

평가부문		평가지표	평가비중
수익성		-목표이익 달성도 -인건비대비 이익 증가액	150-400 30-50
생산성		-1인당 자금조달 증가액 -1인당 대출취급건수	40-220 20-70
건전성		-연체관리 목표달성도	70-150
기반 확대	적립식	-1인당 적립식 신규실적	40-140
	계좌이체	-계좌이체 추진실적	35
	신용카드	-카드 추진실적	40-60
	외국환	-외국환 실적	50-80
	고객만족	-고객만족 추진실적	50-60
	복권판매	-복권 판매 실적	15
감사		-감사 및 사고예방 대책	30
지역본부 평가		-지역본부 관할점포 평가	50
경영역점 사업		-경영 역점사업 추진실적	40
합계		14개 지표	1000

(2) 사람에 대한 평가 : 개인평가

1) 임원에 대한 평가

① 임원에 대한 정의

임원은 주식회사 정관상 규정되어 있는 사업의 경영책임자로서 상법 제 382조에 의해 주주총회에서 선임된 사람이라고 정의할 수 있다. 일반적으로 우리나라의 기업현실에서는 이사(대우)이상을 임원이라고 통칭한다. 그리고 상법상 이사라는 호칭은 기업 내에서 통상적으로 임원이라고 부르며 임원의 권한과 책임에 따라 이를 차별하기 위하여 이사, 상무, 전무 등의 직위를 부여하는 것이 일반적이다.

② 기본 전제

임원평가요소는 사원평가요소와 다르다. 왜냐 하면, 임원은 기본적으로 사원평가에 요구되는 자질과 능력을 가지고 있으며, 임원에게는 실무적인 기술보다 개념적이고 전략적인 능력이 요구되기 때문이다.

③ 개념적 틀

임원 평가의 개념적 틀을 〈그림 16-3〉과 같이 나타낼 수 있다.

〈그림 16-3〉
임원 평가의 개념적 틀

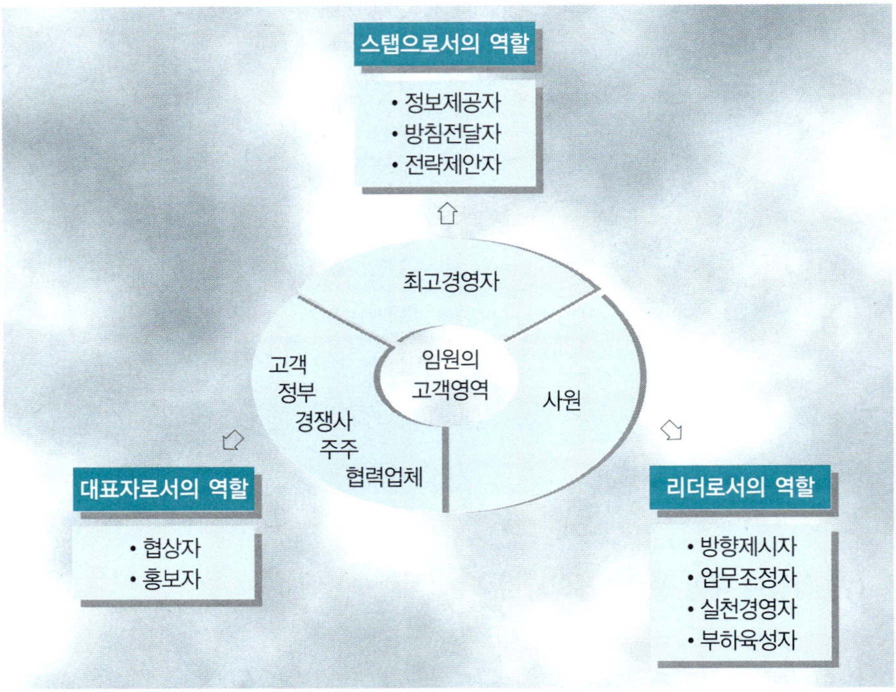

2) 사원에 대한 평가

사원에 대한 개인평가를 설계하는 데 있어 중요시해야 하는 부분은 평가자가 쉽게 평가할 수 있도록 평가항목 및 평가내용을 설정하는 것과, 평가결과가 객관성과 공정성을 유지하여 평가와 관련된 사람들이 받아들일 수 있도록 평가의 방법을 설계하는 것이다. 현재 기업에서는 여러 가지 평가항목을 가지고 직원들을 평가하고 있다. 일정한 기준 하에서 항목을 묶어 평가하기도 하고 단순 나열식으로 항목별로 평가하기도 한다. 평가항목을 정할 때도 일정한 기준이 필요하고 그 기준은 기업의 목적과 평가의 목적에 부합하는 것이어야 한다. 기업이라는 특수한 환경 하에서 기업의 목표를 달성하기 위한 방법으로서의 개인평가 항목과 그 내용 및 각각의 항목의 개념에 대해 알아보자.

① 사원 개인평가 요소의 개념적 틀

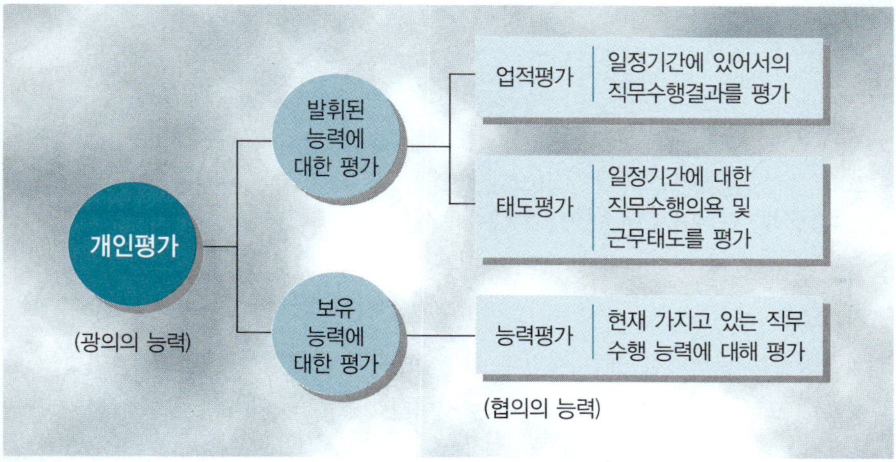

〈그림 16-4〉 개인평가 요소

자료: 조동성 외, 「전략평가시스템Ⅱ」, 서울경제경영, 1998.

가. 광의의 능력

〈그림 16-4〉는 개인평가에 대한 개념적 구분을 나타낸 것이다. 예전에는 사람을 평가하는 데 있어 연공의 비중이 컸으나 경영환경이 변하여 최근에는 업적과 능력의 비중이 커지면서 '능력주의' 라는 말이 보편화되고 있다. 개인의 능력이 중요한 요소로 등장하고 경영활동에 큰 영향을 미치는 요소라면 우리는 개인을 평가할 때 능력을 평가하여야 하고 평가된 능력을 반영해야 한다. 이러한 평가대상이 되는 개인능력을 광의의 능력이라고 하자.이 광의의 능력은 크게 두 가지로 나눌 수 있다. 하나는 이 능력이 발휘되어서 다른 결과에 영향을 미치는 것이고 다른 하나는 그 사람이 보유하고 있어서 언제든지 발휘될 수 있는 능력, 즉 보유하고 있는 능력이다.

나. 업적과 태도

발휘된 능력은 다시 일정기간 동안의 직무수행결과를 나타내는 '업적' 과 일정기간 동안의 직무수행의욕 및 근무태도를 나타내는 '태도' 로 나눌 수 있고, 보유능력은 협의의 능력으로 현재 가지고 있는 '직무수행능력' 으로 볼 수 있다. 기업에서 개인을 평가한다는 것은 개인이 가지고 있는 이 세 가지 항목 즉, 업적, 태도, 능력(협의의 능력)을 평가하는 것이 된다. 그러면 각각의 항목에 대해 구체적으로 알아보자.

② 업적평가

〈그림 16-5〉
업적평가의 개념적 구분

구분	업적의 양 (Quantity)	업적의 질 (Quality)	업적향상의 추진력
간부사원 중견사원 (대리) 일반사원	목표달성도	성과의 질	창의고안 및 개선실적

자료: 조동성 외, 「전략평가시스템Ⅱ」, 서울경제경영, 1998.

가. 요소

업적평가는 일정기간 동안 개인의 직무수행결과를 평가하는 것이다. 이것은 가시적으로 드러난 결과를 보고 평가하는 것이다. 업적평가의 요소에는 업적의 양을 나타내는 '목표달성도', 업적의 질을 나타내는 '성과의 질' 그리고 업적향상의 추진력을 나타내는 '창의,고안 및 개선실적'이 있다. 이 각각의 요소는 계층별로 가중치의 구분 없이 최고경영자에서부터 일반사원에 이르기까지 동일한 비중으로 적용될 수 있다.

나. 개념

목표달성도는 부여된 목표를 주어진 기간 내에 어느 정도 달성했는가를 평가하는 것이다. 직종에 따라 집단의 목표달성도를 먼저 평가하여 개인의 점수에 반영할 수도 있다. 성과의 질은 실적 및 업무처리의 정확도와 품질에 대해 평가하는 것이다. 성과의 질은 가능하면 객관적인 데이터에 의해 관리되고 평가되어야 한다. 창의와 고안 및 개선실적은 자신의 일 및 주변의 모든 분야에 문제의식을 갖고 개선제안을 얼마나 했는가를 평가하는 것이다. 이것은 효과와 건수를 종합하여 평가한다.

③ 태도평가

〈그림 16-6 〉
태도평가 요소의 개념

구분	자기계발 (SD)	조직에 대한 책임	조직에 대한 책임	고객만족
간부사원 중견사원 (대리) 일반사원	자기계발 의지	책임감 성실성	적극성 협조성	서비스자세

자료: 조동성 외, 「전략평가시스템 II」, 서울경제경영, 1998.

가. 정의

태도평가는 일정기간 동안의 직무수행의욕 및 근무태도를 평가하는 것이다. 이것도 가시적으로 드러나는 것이며 지속적인 관찰이 필요한 평가항목이다. 태도평가 요소에는 자기계발을 평가하는 '자기계발의지', 조직에 관한 태도를 평가하는 '책임감', '성실성', '적극성', '협조성' 등이 있고, 고객만족과 관련되는 '서비스자세'가 있다.

나. 중요성

이 요소들은 조직내 각 계층별로 가중치를 달리하여 적용될 수 있는데, 조직에 관한 태도에서 책임감과 적극성은 경영층으로 갈수록 가중치를 많이 주고 성실성과 협조성은 일반사원으로 갈수록 가중치를 많이 주는 것이 좋다. 자기계발의지와 서비스자세는 일괄적으로 적용될 수 있다. 여기서 '서비스자세'는 한 개인의 고객이 외부고객이 될 수도 있고 내부고객 즉 회사내 타부서 직원이 될 수도 있다. 이는 고객을 상대하는 데 꾸밈이 없고 고객의 불만요소를 잘 처리하는 능력을 나타낸다.

④ 능력평가

가. 개념

능력평가는 현재 개인이 보유하고 있는 직무수행능력을 평가하는 것이다. 이것은 협의의 능력으로 우리가 흔히 말하는 능력으로 볼 수 있다.

〈그림 16-7〉
능력평가 요소의 개념

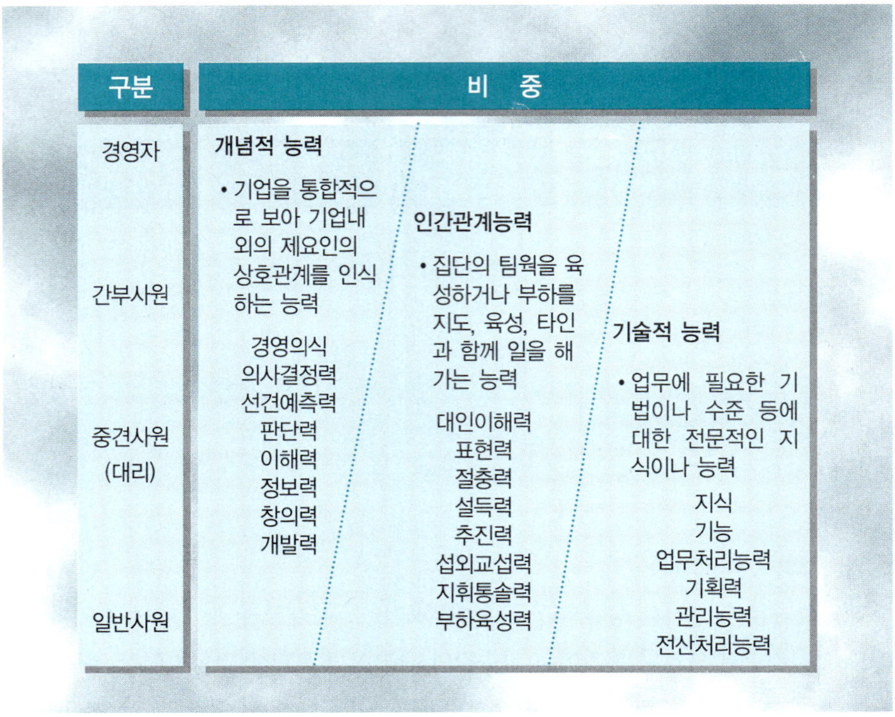

자료: 조동성 외, 「전략평가시스템 II」, 서울경제경영, 1998.

나. 요소

기업에서 필요한 능력은 크게 세 가지 범주로 구분할 수 있는데 하나는 개념적 능력으로 기업을 통합적으로 보아 기업내외 제요인의 상호관계를 인식하는 능력이고, 다른 하나는 인간관계능력으로 집단의 팀웍을 키우거나 구성원을 지도, 육성 또는 타인과 함께 일을 해나가는 능력, 나머지 하나는 기술적 능력으로 각 업무에 필요한 기법이나 수순 등에 대한 전문적인 지식이나 능력이다. 경영층으로 갈수록 개념적 능력이 중요하고 일반사원으로 갈수록 기술적 능력이 중요하다.

다. 세분

개념적 능력에는 경영의식, 의사결정력, 선견예측력, 판단력, 이해력, 정보력, 창의력, 개발력 등이 있고, 인간관계능력에는 대인이해력, 표현력, 절충력, 설득력, 추진력, 섭외교섭력, 지휘통솔력, 부하육성력 등이 있다. 그리고 기술적 능력에는 지식, 기능, 업무처리능력, 기획력, 관리능력, 전산처리능력 등이 있다.

제 2 절 전략평가지표 개발단계와 평가기법

1. 전략평가지표 개발 단계

(1) 기초분석 단계

전략평가지표개발을 위한 첫 번째 단계는 기초분석 단계이다. 이 단계에서는 기업비전과 최고경영자의 경영방침이 중장기전략 및 단기전략과 얼마나 일관성을 가지는지 파악해야 한다. 또한 조직수준별—전사(계열사), 부문/본부, 사업부/SBU의 팀사명 및 주요 업무활동을 조사, 분석함으로써 전략평가지표개발을 위한 핵심경쟁우위활동을 도출하게 된다.

(2) 지표개발 단계

전략평가지표개발의 두 번째 단계는 지표개발 단계이다. 이 단계에서는 구성원의 공감대를 형성하기 위해 인터뷰를 가능하면 많이 수행하고 전직원을 대상으로 설문조사를 하게 된다. 특히 지금까지 진행된 기초자료 및 개발기준을 이용하여 각 평가단위별 워크샵을 수행하게 된다. 워크샵에서는 전략지표개발회의를 현업부서와 외부전문가가 협의하여 수행하고, 도출된 지표는 시뮬레이션을 통해 검증하여 종합의견 수렴에 이용한다.(〈그림 16-8〉 참조)

(3) 지표확정 단계

이렇게 하여 도출된 전략평가지표는 조직단위 경영자의 승인을 얻어 최종 확정하게 된다. 확정된 전략평가지표가 집단 평가양식에 포함되기 위해서는 조직 전구성원의 동의가 절대적으로 필요하다. 이를 위해서는 반드시 조직구성원이 참여한 지표개발 워크샵을 실시해야 한다. 따라서 워크샵을 주관하는 기획팀은 사전에 평가지표개발을 위한 기초자료, 워크샵 양식, 행정사항 등을 준비해야 한다.

〈그림 16-8〉
평가지표개발 과정
(process)

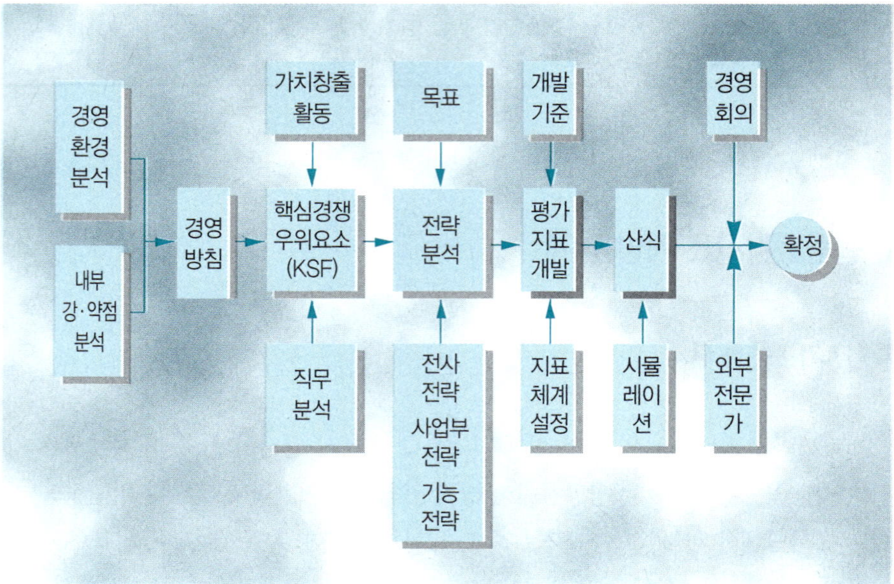

(4) 지표개발 워크샵

워크샵 자료집에는 기업비전 및 경영방침, 중·장기 전략, 조직수준별 사명, 업무활동분석을 위한 직무분석 및 업무분담 설문조사 결과 회사의 핵심역량 등이 포함되어야 한다. 특히 전략평가지표 개발 워크샵이 경쟁 전략수립 워크샵과 병행된다면 효율적이다.

2. 바람직한 목표설정 기법[3)]

(1) 로크의 목표설정이론

1) 기본가정

로크(E. A. Locke)는 목표관리의 주안점이 어떻게 구성원의 직무수행에 동기를

3) 신철우, 『경영학원론』, 삼영사, 1997.

가져오는지에 대한 목표관리의 이론적 기초를 제공하였다. 그는 목표설정을 동기 메커니즘 가운데서 행동을 가장 직접적으로 규정하는 요인으로 보고 여러 가지의 기본 가정에 입각하여 이론을 전개하고 있다.

2) 특징

목표관리에 있어서의 목표설정이 종래의 목표설정과 다른 점은 종래의 목표는 대개 지시된 목표인데 반해 목표관리에서의 목표설정은 조직구성원으로 하여금 자신의 목표라는 주인의식을 보다 많이 갖게 함으로써 동기의 요인이 될 수 있다. 목표가 결과지향적이어서 객관적이고 측정가능한 형태로 명확하기 때문에 통제가 용이하고 평가에 따른 불만을 줄일 수 있다는 특징이 있다.

3) 목표의 속성[4)]

① 목표는 측정가능하고 일반적으로 계량적이어야 한다.
② 목표는 기대되는 결과를 확인할 수 있는 것이어야 한다.
③ 목표는 각 경영자 또는 조직단위의 능력 범위 내에 있는 것이어야 한다.
④ 목표는 현실적이고 달성가능한 것이어야 한다.
⑤ 목표는 그 달성에 필요한 시간의 제약을 명확히 나타내 주어야 한다.

(2) 맥콘키의 연구

1) 목표설정시 가장 중요한 요소

맥콘키도 그의 연구에 있어서 목표설정에 대한 중요성을 강조하였다. 또한 그는 MBO의 본질과 방법에 대하여 42명의 전문가에 대한 연구업적을 분석한 결과 그 수행절차가 매우 다양하다는 사실을 발견했다. 대부분의 전문가는 목표를 주기적으로 검토해야 하며, 목표달성을 위한 기간은 구체적이어야 하며, 목표는 상황에 따라 탄력적으로 변화에 적응할 수 있고 계량적 및 구체적으로 표시되어야 한다는데 동의하고 있다.

---

4) Massie, J. L. & Douglas, J., *Managing : A Contemporary Introduction*, Prentice-Hall, 1973, p.223.

〈표 16-4〉
MBO 목표설정 과정

목표설정 항목에 동의하는 경영자의 비율 (단위 : %)	
1. 목표는 명백해야 한다.	97%
2. 목표는 측정가능해야 한다.	97%
3. 개인의 목표는 조직의 목표와 연결되어야 한다.	97%
4. 목표는 주기적으로 검토되어야 한다.	82%
5. 목표달성을 위한 시간이 명확해야 한다.	71%
6. 가능하다면 결과는 계량적인 반면에 타당해야 한다.	68%
7. 목표는 탄력적, 즉 상황에 따라 변해야 한다.	68%
8. 목표는 목표의 달성을 위한 행동계획이 포함된다.	55%
9. 목표는 우선순위에 따라 할당되어야 한다.	50%

자료 : McConkie, M. L., A Clarification of the Goal Setting and Appraisal Process in MBO," *Academy of Management Review*, January 1972.

2) 특징

목표설정은 MBO의 가장 핵심적 요소이지만 MBO는 세 가지 주요 관점에서 정확한 목표설정과는 차이가 있다.

첫째, MBO는 일반적으로 조직의 공식적 프로그램이며, 최고경영자의 능동적인 참여와 격려를 필요로 한다. 또한 최고경영자는 조직적인 목표설정과 신속한 프로그램을 작성 · 실시해야 한다. 둘째, MBO 프로그램은 공식적인 피드백과 성과분석을 필요로 한다. 다시 말해서 MBO 프로그램은 일반적으로 1년이나 6개월간의 성과분석에 관한 피드백을 종업원에게 실시하는 명백하고 공식적인 절차를 가진다. 셋째, MBO에서 성과분석 및 성과평가는 개인목표에 대한 것이다. 다시 말하면 상사와 부하는 목표의 달성과정을 평가하기 위해 주기적으로 의논하는데, 그때 부하직원은 피드백을 받게 되고 목표에 관한 성취도를 평가받는다.

3. 여러가지 평가기법

(1) 목표대비 실적평가

경영관리항목(평가지표)에 대한 평가산식은 목표 대비 실적평가, 추세평가, β분포평가, 전년대비 향상도 평가 및 목표부여 등을 적용하되 목표는 각 부문별로 회사의 경영목표, 사장 경영방침 및 피평가조직의 실정을 감안하여 적정하게 배분한다.

목표의 성격상 목표달성도가 높을수록 성적이 좋은 경우와 낮을수록 성적이 좋은 경우로 분류할 수 있으므로, 목표달성도별 평점은 상한선 및 하한선을 각각 100점, 75점으로 하여 이를 초과하거나 미달할 수 없도록 한다.

(2) 목표설정/달성도

평가할 때 목표만 달성하면 좋은 성과를 냈다고 판단해도 무방한가? 결론은 그렇지 않다. 주어진 목표를 달성한다고 무조건 평가결과가 좋게 나오는 것은 좋게만 생각할 일이 아니다. 왜냐하면 평가를 받는 사람이 목표를 매우 낮게 설정할 수도 있기 때문이다. 이렇게 된다면 높은 점수를 받을 것이 당연하기 때문이다. 그리고 목표를 너무 높게 설정하는 조직도 있다. 물론 이러한 조직에서는 실적이 중요하고, 평가는 그렇게 중요하지 않다라고 이야기할 수도 있다. 그러나 경영에 있어서 예측(forecasting)이라는 것이 매우 중요하며, 이러한 예측은 인간이 합리적 판단기준에 따라 행동한다는 가정 하에서 출발하는 것이기 때문에 무턱대고 목표만 높게 설정하는 경우도 합리화될 수 없다. 그래서 평가하는 사람들은 생각을 많이 해야 한다.

〈표 16-5〉
목표설정/달성도 평가산식

① 목표달성도에 의한 평가산식

$$\frac{\text{달성한 실적}}{\text{설정한 목표}} \times \text{배점}$$

② 목표설정/달성도에 의한 평가산식

$$\left[\left(\frac{\text{설정한 목표}}{\text{주어진 목표}}\right) \times A + \left(\frac{\text{달성한 실적}}{\text{설정한 목표}}\right) \times B\right] \times \text{배점}$$

단, 가) 가중치 A+ 가중치 B = 1.0
나) 주어진 목표는 상위조직에서 하달된 목표임.

두 산식을 비교해 보면 아래 산식이 한 단계 발전한 것임을 알 수 있을 것이다. 즉 ①번 산식은 목표에 대한 달성도만 평가해주는 산식으로서 '목표달성도' 평가라고 할 수 있으며, ②번 산식은 목표 설정도(좌측 항목)와 목표 달성도(우측 항목)를 동시에 평가해주는 '목표설정/달성도' 평가라고 할 수 있다.

여기서 이야기하고자 하는 바는 바로 목표설정/달성도에 관한 것이다. 목표설정도에 의해 평가하는 방식에 의하면 피평가자는 무조건 목표를 낮게 설정할 수 없게 된다. 즉, 목표를 낮게 설정하면 목표달성도(우측항목) 점수는 높아질 것이 자명하나, 목표설정도(좌측항목) 점수는 낮아지게 되어 있다. 그러므로 목표설정시 적절한 목표를 수립할 수 밖에 없다.

(3) 복합비중 평가

목표설정/달성도 평가가 계획에 대한 의지에 초점을 두었다면 복합비중(목표달성도+성장률) 계산법은 실적에 초점을 두고 있다. 이는 산식에서 보는 바와 같이 실적 항목이 두 번이나 포함되어 있다는 데서 알 수 있다. 그리고 목표설정/달성도 평가는 실제 실적에 대한 반영이 미흡하다는 사실을 알 수 있다. 산식에 포함되는 네 가지 자료 중에서 실적과 관련된 데이터는 하나밖에 없다.

〈표 16-6〉에서 가중치 A와 B의 합은 1.0이 되도록 해야 하며, 각 상황에 따라 그 수치를 달리할 수 있다. 즉, 목표달성도에 초점을 두기 위해서는 A 비중을 높게 하면 되고, 성장률에 초점을 두려면 B 비중을 높게 하면 될 것이다.

〈표 16-6〉
복합비중 평가산식

복합비중 평가 산식

$$\left[\left(\frac{\text{당기 실적}}{\text{설정한 목표}}\right)\times A+\left(\frac{\text{당기 실적}}{\text{전기 실적}}\right)\times B\right]\times \text{배점}$$

단, 가중치 A+ 가중치 B = 1.0

▶ A 〉 B인 경우: 목표달성도에 초점
▶ A 〈 B인 경우: 성장률에 초점

그런데 실제 A, B 비중을 달리하는 것은 별 문제가 되지 않는다. 다만, 어떤 경우에 각 비중을 달리하느냐가 더 중요한 의사결정 사항이다. 예를 들어서 목표를 설정하는 시점에서 경영환경이 매우 어려워질 것이라고 예상된다면 목표달성도 비중을 높게 하는 것이 필요하다. 그리고 만일 시장점유율을 높이기 위해서 매출액 증대가 상당히 요구되는 상황이라면 성장률 비중을 높게 하는 것이 바람직하다.

기업에서 이 방식을 적용하는 경우가 있는데, 일반적으로 이 때는 반드시 시뮬레이션을 해야 할 것이다. 그렇게 하여 향후 평가시 발생될 수 있는 문제점을 사전에 극복해야 할 것이다.

(4) 경쟁사 대비 평가

경쟁사 대비 평가는 앞에 나온 복합비중평가를 개선한 것이다. 즉 목표달성도와 성장률은 기본으로 하면서, 경쟁사 요소를 포함시켰다. 경쟁사 대비 평가산식은 다음과 같다.

〈표 16-7〉
경쟁사 대비 평가 산식

경쟁사대비 평가산식

$$\left[\frac{(\text{자사실적}/\text{경쟁사실적})_{N}}{(\text{자사목표}/\text{경쟁사목표})_{N}}\right]\times A+\left[\frac{(\text{자사실적}/\text{경쟁사실적})_{N}}{(\text{자사실적}/\text{경쟁사실적})_{N-1}}\right]\times B$$

단) A+B=1.0
N:금기
N-1:전기
좌측항목:경쟁사대비 목표달성도
우측항목:경쟁사대비 성장률

〈표 16-7〉에서 보는 바와 같이 좌측은 목표달성도 개념에서 경쟁사를 포함시킨 내용이고, 우측은 성장률 개념에 경쟁사를 고려한 내용이다. 가중치는 앞에 나온 산식과 마찬가지로 합이 1.0이다. 경쟁사 대비 평가는 일종의 상대평가이다. 따라서 자사 평가시 항상 경쟁사를 포함해야 하는데 다음 〈표 16-8〉에서 나타난 바와 같이 네 가지 상황으로 구분될 수 있다.

〈표 16-8〉
경쟁사 대비 평가 상황

경쟁사 대비	자사실적〉경쟁사 실적		자사실적〈경쟁사 실적	
자사 목표	목표달성도≥1.0	목표달성도〈1.0	목표달성도≥1.0	목표달성도〈1.0
평가	탁월	우수	미흡	불량
내용	▶자사는 경쟁력이 있음 ▶자사는 전략실행을 통해 목표를 달성함	▶자사는 경쟁력이 있음 ▶자사는 전략실행을 통해 목표를 달성 못함	▶자사는 경쟁력이 없음 ▶자사는 전략실행을 통해 목표를 달성함	▶자사는 경쟁력이 없음 ▶자사는 전략실행을 통해 목표를 달성 못함

자료: 조동성 외, 「전략평가시스템Ⅱ」, 서울경제경영, 1998.

경쟁사 대비 평가가 객관적이고 공정하다는 장점이 있는 반면 자료확보가 어렵다는 단점도 있다. 이러한 현상은 산업이 첨단일수록 그리고 성장기에 있는 신생 산업일수록 더 자주 발생한다. 이런 경우 경쟁사 자료를 산업평균 또는 선도기업 자료로 대체하여 산입하는 것이 가능하다.

제 3 절 평가결과의 활용

1. 평가와 반영

평가는 평가 그 자체보다 평가결과를 반영하는데 더 큰 의의가 있다. 평가결과를 반영함으로써 진정 조직구성원들로 하여금 동기부여 시킬 수 있는 것이다. 이는 상식수준에서 이해될 수 있다. 예를 들어 내가 아무리 좋은 개인평가를 받았고 내가 속해 있는 팀이 아무리 좋은 성과를 냈어도 작년 수준보다 나은 연봉을 기대할 수 없다면, 바로 맥이 풀린다. 그렇게 되면 나는 신바람나게 일할 의욕도 생기지 않을 뿐더러 일종의 배신감마저 느낄 수가 있다. 즉, 열심히 하나 안하나 똑같아진다는 말이다. 구체적으로 평가결과가 피드백될 때, 그 때 새로운 시작과 변화가 가능하다. 자, 그렇다면, 반영이 어떻게 이루어져야 하며, 그 바람직한 형태는 무엇인지 알아보자.

2. 평가결과의 반영

(1) 반영구조

평가결과의 반영은 여러 가지 형태로 나타날 수 있으며, 형태별로 집단평가결과와 개인평가결과가 각기 다른 방법으로 적용될 수 있다. 이를 전체적으로 나타내면 다음 〈그림 16-9〉와 같이 된다. 기본적으로 집단평가결과와 개인평가결과가 일정 비율로 조합되어 반영된다. 이 요소들을 특성별로 묶어 보면, 크게 세 가지 즉, 제도보상, 금전보상, 신분보상으로 축약된다.

〈그림 16-9〉
반영시스템의 체계

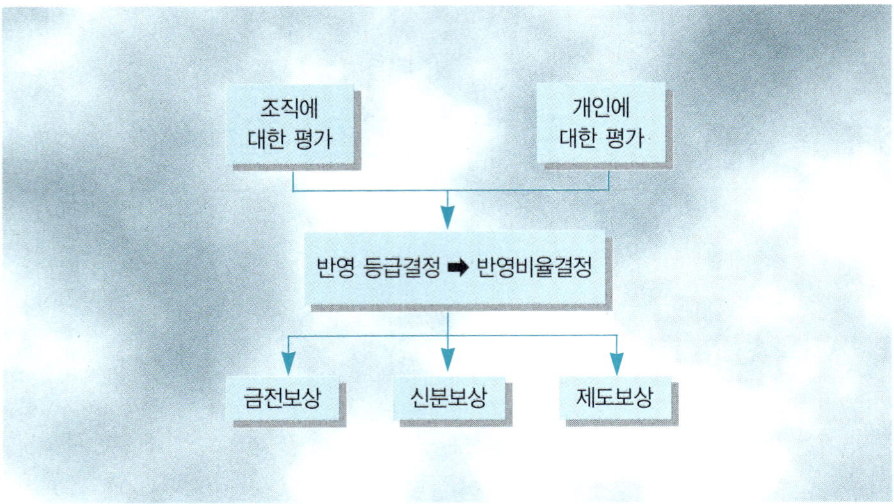

(2) 평가결과의 활용방안

평가결과의 활용방안을 크게 제도적 활용, 금전적 활용, 비금전적 활용으로 구분할 수 있다.

〈그림 16-10〉
평가결과의 반영형태

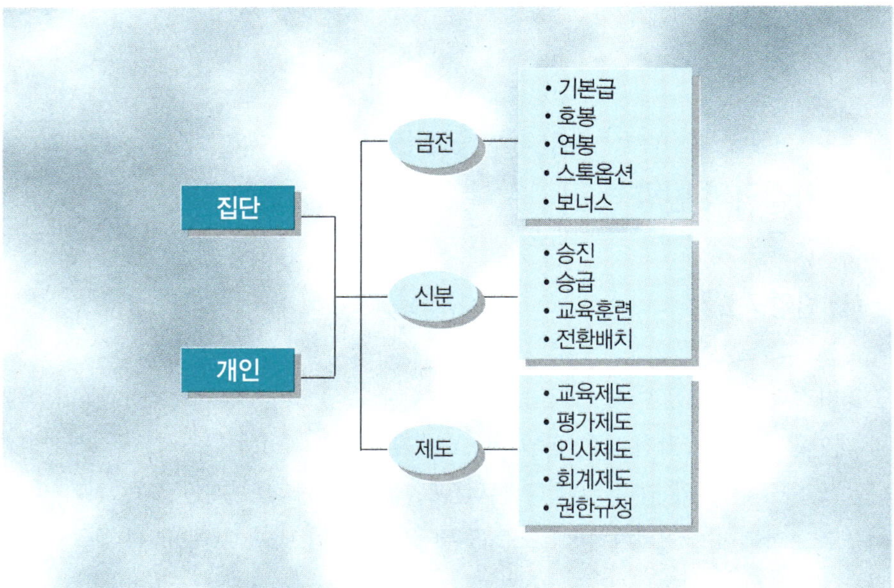

자료: 조동성 외, 「전략평가시스템 II」, 서울경제경영, 1998.

1) 제도적 활용

제도적 활용에서 평가결과는 다음 년도의 성과를 높이기 위해 실행하는 원동력으로 작용한다. 그리고, 이는 이러한 실행을 원활하게 하는 촉진제가 될 수 있다. 제도적 활용방안으로서는 비전, 목표, 전략의 수정 혹은 개선, 권한과 책임범위의 재설정, 업무프로세스의 혁신, 평가지표, 평가비중 등의 평가방법에 대한 개선 등이 있다. 이들은 모두 실행을 원활하게 해 준다는 측면에서 공통점을 가진다. 그리고 눈치가 빠른 독자들은 알겠지만, 제도적 활용은 주로 집단평가결과를 많이 활용한다는 것을 알 수 있을 것이다.

2) 금전적 활용

금전적 활용은 개인에게 있어서 매우 민감한 부분이기 때문에 사전에 충분한 합의가 있어야 할 것이다. 금전적 활용방안으로서는 승격, 즉 기본급(base-up)의 인상과 성과급(bonus)을 지급하는 방법이 대표적이라고 할 수 있다. 특히, 금전적 활용에서 주목해야 할 것은 집단평가와 개인평가의 결과가 복합적으로 반영된다는 것이다. 즉, 나는 개인으로서 A등급을 받았지만 팀 성적이 C등급이어서 전체적으로 B등급의 효과를 가져올 수 있다는 것이다. 물론, 개인등급과 집단등급간 차이는 다를 수 있지만, 기본적으로 이 두 가지 평가결과가 공통적으로 반영된다. 따라서, 팀이라는 집단의 구성원인 나로서는 우리 팀의 성과에 관심을 가지지 않을 수가 없다.

주택은행 행장의 스톡옵션 조건

주택은행은 1998년 확대이사회를 갖고 김 행장에게 부여할 스톡옵션의 행사조건을 확정했다. 은행장에 대한 주식매입 선택권 부여안에 따르면 행장에게 부여될 주식 수는 30만주이며 행사기간 개시전 3개월 평균 종가를 기준으로 주택은행 주가가 은행업종 중 최고가일 경우 10만주를 더 받도록 되어 있다.

스톡옵션 행사기간은 2001년 11월 1일부터 3년간이며 행사가격은 액면가인 5천원이다. 다시 말해서 행사기간동안 주가가 액면가 이상이 되면 김행장은 5천원에 주택은행 주식을 산 뒤 시장가격으로 팔아 그 차익을 확보할 수 있다.

3년 뒤 주가가 1만원이 되면 행장은 30만주의 스톡옵션을 행사해 15억원, 주택은행 주가가 은행업종중 최고수준으로 오르면 10만주를 추가로 받아 5억원 등 모두 20억원의 차액을 챙기게 된다.

그러나 만일 행장이 임기(1998년-2001년)를 채우지 못하고 중도퇴임하면 스톡옵션 주식은 일한 기간만큼만 배정받게 된다. 또 추가로 받을 수 있는 한도인 10만주에 대해서도 1년 6개월 안에 퇴임하게 되면 스톡옵션을 행사할 수 없도록 했다. 행사기간 중 주택은행 주가가 액면가를 밑돌면 김 행장은 스톡옵션에 따른 이득을 한 푼도 건지지 못하게 된다.

자료: 한국경제신문, 1998. 11. 27. 수정인용.

3) 비금전적 활용

비금전적 활용은 금전적 이외의 활용을 의미하며, 신분적 반영이라고도 한다. 신분적 반영의 대표적인 예는 승진, 승격, 전환배치, 교육훈련 등이다. 이 중에서 교육훈련은 전문가를 필요로 하는 조직에서 매우 중요한 사항이다. 실제로 개인이 원한다고 해서 모든 교육에 참가할 수 있는 것은 아니지만, 제도적으로 교육훈련은 보장되어야 한다. 예컨대, 팀장은 팀원을 전문가로 육성시켜야 하는 책임과 의무가 있으며 팀원은 자기개발 의무가 있는 것이다. 이러한 제도적 장치는 개인평가시 가능하다. 즉, 평가를 위한 면담시 피평가자는 상급자에 대해 이러한 요구를 충분히 전달해야 한다.

Recommended Readings

강효식 외, 『기업가치평가론』, 홍문사, 1997.

김명수, 『공공정책평가론』, 박영사, 1993.

신철우, 『경영학원론』, 삼영사, 1997.

오동일, "사업부 조직의 성과평가를 위한 DEA모형의 적용가능성에 관한 연구", 서울대학교 박사학위논문, 1991.

조동성, 신철호, 조형기, 『전략평가시스템 I, II』, 서울경제경영, 1996, 1998.

Bruns, W. J., *Performance, Measurement, Evaluation and Incentives,* Harvard Business School Press, 1992.

Copeland, T., Koller, T. & Murrin, J., *Valuation,* John Wiley & Sons, 1990.

Foulkes, F. K., *Executive Compensation: A Strategic Guide for the 1990s,* Harvard Business School Press, 1991.

Kaplan, R. S. & Norton, D. P., "The Balanced Scorecard-Measures That Drive Performance", *Harvard Business Review, January-February,* 1992.

Lynch, R. L. & Cross, K. F., *Measure Up!—Yardsticks for Continous Business,* 1995.

Massie, J. L. & Douglas, J., *Managing: A Contemporary Introduction,* Prentice-Hall, 1973, P.223.

Rappaport, A., *Creating Shareholder Value,* Free Press, 1986.

이제는 전략평가 시대

한국의 경제위기를 역사의 흐름 속에서 파악하면 다음과 같은 해석이 가능할 듯하다. 1997년은 한국의 경제발전이 본격적으로 시작된 1961년 이후 만 36년이 지난 시점이다. 이 기간 동안 한국 경제는 선진국이라는 목표를 향해서 꾸준히 발전해 왔다. 그러나 그 과정이 순탄한 것만은 아니었으니, 지난 36년의 중간점인 1979년에 우리 나라는 커다란 어려움을 겪었던 것이다. 전세계적으로는 제2차 오일쇼크로 많은 국가들이 홍역을 치렀고, 같은 해 한국에서는 박정희 대통령이 돌아가셨다.

이러한 대내외적인 충격 속에서 우리 국민은 경제적으로 가장 어려운 시기를 만났다. 그리하여 1980년에는 1961년 이후 최초로 경기 침체 국면에 빠져 경제가 6.2% 하락하였다. 이 과정에서 한국 기업은 새로운 경영 환경에 놓이게 되었고, 이를 극복하는 과정에서 한 차례 변신을 하였다. 이미 초판의 머리말에서 지적했듯이, 1961~78년 사이에 '전략실행의 시대'를 마감한 한국 기업들은 1979~97년 사이에 '전략개발의 시대'를 경험하게 된 것이다.

이처럼 한국이 61년 경제발전을 시작한 이래 한국 기업들은 plan-do-see의 경영관리 사이클 중에 초반 18년간은 'do' 중심의 시기를 보냈고, 1980년부터 97년까지 후반 18년에는 'plan' 기능을 강화하는 능력을 개발했다. 반면에 지난 어느 기간에도 'see'를 강조해 본 적은 없었다.

그 과정에서 'see'가 결여된 데에서 비롯한 기업 경영상의 결함은 서서히 축적되었다가 1997년 말에 경제위기라는 모습으로 급격히 분출하였다. 그 후 우리 경제에 불어닥친 외환위기와 연속적인 기업부도 사태는 그 동안 기업들이 'plan'과 'do' 위주의 방만한 경영으로 일관하면서 정작 'see'를 실행하지 못했던 맹점을 지적해 준 좋은 계기가 되었다.

이제 21세기를 바로 눈 앞에 둔 이 시점부터 우리는 이제부터라도 'see'에 입각한 경영을 해야 한다는 중요한 깨우침을 얻었다. 우리나라 사람들은 문화적으로나

품성적으로 남을 야박하게 평가하는 것 자체를 매몰차다는 표현을 들어 싫어한다. 우리 나라 기업인들 중에서도 삼성그룹의 창업자인 고 이병철회장을 제외하고는 사실상 'see'에 관한 통찰력이 부족한 형편이다. 그러나 이러한 현상이 오늘날과 같은 문제를 잉태했던 것이 아닌가?

그 동안 우리 사회에는 준엄한 평가과정이 없었기 때문에 잘못된 계획 하에서도 그 과정에서 생겨나는 문제점들을 근로자나 소비자가 참아주고, 정부가 지원해줌으로써 잘 버텨왔다. 그러나, 앞으로 우리 앞에 펼쳐지는 18년은 'see'의 시대, 즉 평가의 시대가 될 것이다. 그런 의미에서 1998년은 모든 기업에 있어 '전략평가의 시대'의 원년이 되는 해라고 정의할 수 있다.

〈(개정판) 21세기를 위한 전략경영 '머리말' 중에서〉

제 17 장

지배구조론

기업의 주인은 누구인가?

반란이 없더라도 일부 문제는 개선될 수 있지만, 최악의 문제들은 고쳐질 수 없다. 최악의 문제란 상황이 아무리 심각하더라도 현재의 경영자가 사장의 뜻을 무시해 버리는 것이다. 이러한 문제가 고쳐지기 위해서는 진정한 의미의 반란, 즉 외부자들이 기존 체제에 도전하는 것이다. 독일과 일본에서는 이러한 도전이 일어날 수 없는데, 그 이유는 모든 사람들이 바로 기존체제에 있기 때문이다.

– 존 파운드 –

제 1 절 지배구조의 의의와 중요성[1)]

1. 의의

(1) 등장배경

기업의 전략을 수립하고 실행하는 것은 경영자의 가장 중요한 역할 가운데 하나이다. 경영자는 이러한 역할을 제대로 수행하기 위해 기업을 이끌어 갈 비전과 역량을 지녀야 할 뿐만 아니라 주주 등 이해관계자에 대한 책임을 다하는 건전한 기업시민으로서의 자질도 갖추어야 한다. 한편 사회 일각에서는 기업과 경영자들에 대한 수많은 비난이 있어왔다.

1) 기업의 사회적 책임

일부 기업과 경영자들은 불공정 계약과 환경오염을 야기하는 등 사회적 책임을 다하지 못함으로써 많은 비난을 받아 왔으며, 1980년대 중반 이후부터는 수탁자로서의 이해관계자에 대한 책임수행 문제와 관련하여 또 다시 주목을 받고 있다. 예컨대 일부 경영자들은 바람직하지 못한 사업에 참여하고 신기술 개발이나 경쟁 위협에 효과적으로 대처하지 못하는 등 이해관계자에 대한 경영자로서의 책임을 충실히 이행하지 못하고 있다. 즉, 이들 경영자들은 이해관계자의 가치를 잠식하는 그릇된 전략을 지속할 뿐만 아니라 그들의 지위를 계속 확장해 가고 있는 것이다.

2) 주주의 가치 보호

또한 경영자들은 주주의 가치를 희생시켜 자신의 이익을 추구한다는 비난도 받고 있다. 그럼에도 불구하고 특히 우리 나라의 경우, 기업에 대한 전적인 지배권한을 보유하고 있는 경영자들의 이기적인 행동을 규제하고 주주 등 이해관계자의 이익을 보호할 효과적인 통제시스템을 갖춘 지배체제가 마련되지 못하고 있다.

---

1) 조동성, 「21세기를 위한 전략경영」, 서울경제경영, 2002.

이와는 달리 미국, 일본, 독일 등 선진국에서는 기업 지배구조 또는 지배체제가 세계화시대에서 기업의 경쟁력을 결정하는 중요한 요소 중 하나라는 인식이 널리 확산되고 있다. 뿐만 아니라 글로벌 경제에서의 국가간 경쟁은 각국의 상이한 기업 경영체제간의 경쟁이라는 주장까지 대두되고 있어 경영체제는 향후 기업의 경쟁우위 확보에 중요한 요소로 작용할 것이다.

3) 이해관계자의 이익증대

기업이 경쟁우위를 확보하는 방법 중 하나는 시장과 밀착된 관계를 유지하는 것이다. 여기서 말하는 시장은 제품시장에만 국한되지 않고 자본시장, 노동시장 및 전략적 제휴를 통한 공급자 네트워크에의 참여 등을 모두 포함하는 개념으로 장기적인 가치창조를 위해서는 이 모든 시장에서 다른 기업들과 경쟁해야 한다. 따라서 주주, 종업원, 경영진, 소비자, 기술 및 부품 공급업자 등을 모두 기업의 이해관계자로 인식하고 이들의 이익을 충족시켜 줄 수 있는 지배구조를 마련해야 할 필요성이 그 어느 때보다도 부각되고 있다.

기업이 21세기 무한경쟁 시대에 살아남기 위해서는 자원을 최대한으로, 그리고 효율적으로 활용할 수 있는 바람직한 지배구조를 갖추어야 한다.

(2) 개념[2)]

1) 의미

일반적으로 지배구조(corporate governance)는 기업의 성장과 가치창조를 위해 다양한 이해관계자들과 기업간에 이루어진 명시적, 묵시적 계약관계를 규정하고 관리하는 메커니즘을 의미한다. 즉 기업자원의 분배권에 관한 이해관계자들(주주, 채권자, 종업원, 부품공급자, 소비자 등)의 권한을 설명하는 계약관계가 바로 지배구조이다.

2) 특징

이러한 지배구조는 상이한 역사적 배경 하에서 발전해왔기 때문에 국가마다 그 강조점이 다르다. 즉, 일본과 독일 기업의 지배구조는 경영진 및 종업원의 이해를

---

2) Collis, D. J. & Montgomery, C. A., *Corporate Strategy*, Irwin, 1997; Schleifer, A. & Vishny, R. W., "Large Shareholder and Corporate Control", *Journal of Political Economy*, Vol. 94, 1986; NACD, "Blue Libon Commission on Director Compensation", 1995; 정광선, "경영체제의 세계화", 서울대학교 Global CEO Program, 1997. 3에서 수정인용.

주주의 이해와 동일시하거나 오히려 우선시하는 등 다양한 이해관계자의 이익을 모두 고려하는 이해관계자 자본주의(stakeholder capitalism)의 특징을 지니고 있다. 반면, 미국과 영국의 지배구조는 주주가치의 극대화를 중점 목표로 하고 있으며 이러한 의미에서 주주 자본주의(shareholder capitalism)의 특징을 지니고 있다.

그러나 이들 지배구조는 그 강조점만 서로 다를 뿐 모두 이해관계자의 범위를 주주나 종업원 등 좁은 범위로 부터 공급자 등을 포함한 보다 넓은 개념으로 확대해가고 있다는 점에서는 동일하다.

2. 중요성

(1) 세계화의 진전

지배구조가 주된 관심의 대상으로 등장한 것은 세계화의 진전과 더불어 기업과 그 이해관계자간 가치창조적 관계의 형성 및 유지가 경쟁우위 확보에 중요한 요소가 되었기 때문이다. 즉 세계화된 상품시장, 자본시장, 전문인력시장, 기술시장 등에서의 기업간 경쟁이 격화되고 이들 시장에 참여하는 기업 이해관계자들의 요구가 증가함에 따라 이를 충족시키고 필요한 자원을 확보하는 것이 중요한 과제로 대두되었다. 다시 말해서, 경쟁격화로 인해 기업의 실패 가능성이 높아짐에 따라 경영전략상의 오류를 예방할 수 있을 뿐만 아니라 이미 발생한 오류를 조기에 발견하고 시정할 수 있는 지배구조의 마련이 시급해졌다.

또한 국제 자본시장, 상품시장, 전문인력시장, 기술시장 등에 참여하는 세계화된 기업들은 기업 지배구조의 국제적 정합성을 확보해야 할 필요성에 직면하고 있다. 예컨대 우리 나라 기업에게 특유한 지배구조는 외국의 투자자들에게는 만족스럽지 못할 수 있으며, 이들이 공급하는 자금을 보다 낮은 자본비용으로 조달할 수 있기 위해서는 국제수준의 회계 투명성과 경영 감시체제를 갖추어야만 한다.

(2) 자율성 확보

그 동안 우리 나라 정부는 여신관리, 공정거래정책, 행정지도 등을 통해 기업이나 대주주경영자의 활동에 대한 견제기능과 외부주주 등 기업 이해관계자들의 권익을 보호하는 중재자적 기능을 어느 정도 수행해 왔고 이에 따라 기업내부 및 시장 통제기구의 확립 필요성은 크지 않았다. 그러나 정부에 의한 감시기능 수행은 경제 자율화, 자본시장 국제화, 기업의 세계화 등에 따라 그 효과가 제한적일 수밖에 없다. 뿐만 아니라 정부에 의한 감시는 기업의 신축적인 경영과 경쟁력 발휘를 저해하는 역기능적 성격만 부각될 가능성이 크다. 따라서 기업의 내부 지배구조, 즉 자율적인 경영감시 및 조기 경보체제 확립과 외부 자본시장의 정보전달 및 규율기능 도입 등이 정부의 경영개입을 최소화시키기 위해서도 절실히 필요하다.

이러한 기업 지배구조의 확립은 기업규모가 커짐에 따라 그 중요성이 한층 더 부각되고 있다. 과거 창업자 또는 대주주경영자에 의한 강력한 경영권 행사는 자본축적이 빈약한 상황에서 모험적인 기업가정신을 발휘하여 경영의 불확실성을 극복하고 대규모 투자를 추진하는 원동력이 되었다. 그러나 창업자나 1인 대주주가 대기업 경영의 전권을 행사할 경우 인간으로서의 한계 때문에 경영실패의 가능성이 높아진다. 특히 전략적 오류를 조기에 시정할 수 있는 다양하고 객관적인 견해의 표출과 의견수렴 장치를 갖추지 않은 지배구조는 기업의 생존 가능성마저 저하시킨다. 따라서 전문경영자에 대한 권한 이양은 불가피하다. 그러나 창업자나 대주주의 입장에서는 경영진에 대한 확실한 감시체제의 도입이 경영위임의 전제조건이 된다. 이렇게 볼 때 전문경영체제의 도입과 대주주에 의한 경영진 감시체제의 확립은 동시에 이루어져야 실효를 거둘 수 있다.

제 2 절 지배구조의 유형 및 기능

경영자의 의사결정과 행위 등을 통제하는 기업 지배구조는 〈그림 17-1〉과 같이 크게 내부 통제메커니즘과 외부 통제메커니즘으로 유형화된다.

내부 통제메커니즘에는 이사회와 소액 주주, 기관투자가 등이 참여하는 주주총회, 내부감사 및 종업원에 의한 감시, 경영자 보상, 전략평가시스템 등이 포함된다. 반면, 외부 통제메커니즘에는 자본시장에 의한 통제, 위임장 경쟁(proxy contest), (주주가 아닌)금융기관 및 사외감사 등이 포함되며, 주로 내부 통제메커니즘이 제대로 기능하지 못할 경우에 작용하는 특성을 지니고 있다.

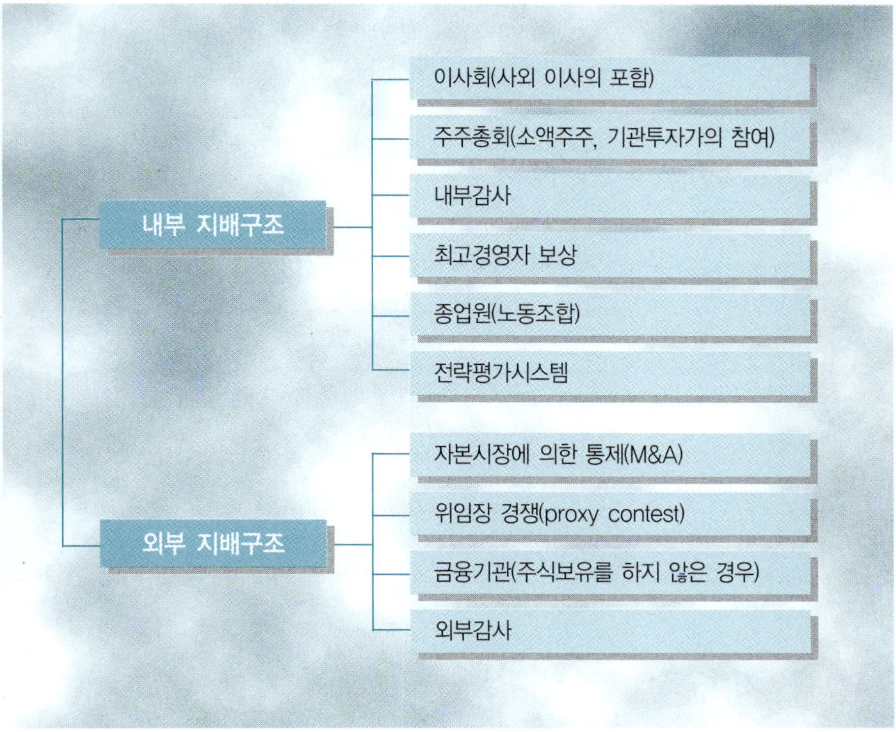

〈그림 17-1〉
재배구조의 유형

1. 내부 지배구조에 의한 통제

(1) 기본적 기능

기업 내부 지배구조는 기업조직의 일부로서 주주의 이익을 보호하고 기업의 성공적인 성과 창출을 위해 경영에 대한 견제를 통해 균형을 확보 · 유지하는 역할을 수행한다. 기업의 내부 지배구조에는 주주총회, 내부 감사, 경영자 보상, 종업원에 의한 감시 등이 있으나, 주로 기존사업 및 신규투자에 대한 전략적 의사결정과 감시기능을 수행하는 이사회와 경영자 보상시스템이 대표적이라 할 수 있다. 이 중에서 이사회는 특히, 경영성과의 악화가 위기상황에 이르기 전에 조기경보 기능을 수행할 수 있어야 한다. 이를 위해 이사회는 최고경영자의 임무와 보수를 결정하고 최고경영자를 임명하는 한편 자문에 응하여 의견을 제시하기도 한다.

〈표 17-1〉
내부 지배구조의 구성

구성요소	개념 및 특징
단일이사제	· 이사회에 업무집행을 담당하는 상근 이사와 감독기능을 수행하는 비상근 이사가 동시에 존재 · 미국에서 주로 활용
이원화된 이사제	· 전문경영자들로 구성된 경영이사회와 감독기능을 수행하는 감독이사회로 구성 · 독일에서 주로 활용
주주총회	· 기관투자가의 경영참여 · 소액주주의 경영참여
최고경영자 보상	· 경영자의 자기 감시기능 수행
감사제도	· 미국은 비상근 이사로 구성된 감사위원회가 감사기능 수행 · 독일의 경우 감독이사회가 감사기능 수행 · 우리 나라의 경우 감사는 이사회가 승인한 재무제표와 이사의 업무집행을 감시

(2) 내부 지배구조의 구성 및 특성

내부 지배구조는 기업의 전략적 오류를 미연에 방지할 수 있어야 할 뿐만 아니라 오류를 범했을 때 이를 조기에 발견하고 시정할 수 있어야 한다. 이러한 관점에서 주요 선진국들이 시행 또는 논의하고 있는 핵심적인 내부 지배구조로는 비상근 이사를 포함한 단일 이사제와 감독기능을 경영관리기능으로부터 분리한 이원화된 이사제가 있다.

한편 우리 나라나 일본이 채택하고 있는 내부감사제도는 가치창출을 위한 전략적 의사결정의 효율성 제고에 기여하기에는 많은 한계를 지니고 있다. 그리고 주주총회나 종업원에 의한 감시도 효과적 통제기능을 수행하기에는 한계가 있다.

1) 단일 이사제

단일 이사제는 최고 의사결정 기구로서 하나의 이사회를 두고 여기에 업무집행을 담당하는 상근 이사(사내 이사)와 경영을 담당하지 않으면서 경영전략에 관한 객관적인 의견제시와 경영진에 대한 감독기능을 수행하는 비상근 이사(사외 이사)가 동시에 참여하는 제도이다.

기업이 이러한 비상근 이사를 두는 이유에는 여러 가지가 있다. 먼저, 비상근 이사들은 경영진이 획일적이거나 관성적인 사고에 젖어들기 쉬운 점을 보완하고 객관적이고 다양한 견해를 제시함으로써 의사결정의 오류를 방지할 수 있도록 해준다. 뿐만 아니라 경영성과에 대한 독립적인 평가를 통해 경영진에 대한 인센티브 등 보상을 결정하고 견제하는 역할을 하며, 이사회를 강화하고 그 위상을 높이는데 기여한다.

그러나 비상근 이사가 이사회에 포함되더라도 최고경영자가 이사회의 의장을 겸하면서 강력한 권한을 행사할 경우에는 경영자 및 이사들이 창의적인 노력을 경주하기보다는 맹목적인 추종자로 전락하기 쉽다. 특히 대주주가 최고경영자일 경우에는 그의 압도적 리더십 때문에 이사회에서 다양한 견해가 표출되기는 어려우며 이사회의 경영감독 기능도 기대하기가 어렵다.

최고경영자와 이사회 의장의 분리

영국 기업들은 일찍부터 최고경영자와 이사회 의장을 분리하였는데, 최근 들어 미국의 대기업들도 이러한 움직임을 보이고 있다. 일반적으로 기업 규모가 작을 경우에는 창업자이자 대주주경영자가 절대적인 경영권을 가지고 자신의 리더십 하에서 기업을 경영하고 성공적인 성과를 얻는 것이 용이하지만, 기업이 대형화되고 복잡화될 경우에는 이사회에 비상근 이사를 두고 이사회 의장과 최고경영자를 분리하는 것이 과거의 성공을 지속하는데 보다 유리할 수 있다. 이 경우 대주주는 이사회의 의장과 리더로서의 역할을 수행할 수 있는데, 현대그룹 일부 계열사의 사외 이사제가 바로 이러한 구조에 해당한다고 볼 수 있다.

2) 이원화된 이사제

이원화된 이사제는 경영이사회와 감독이사회로 구성된다. 전문경영자들로 이루어진 경영이사회는 경영업무를 담당하면서 기업의 이해관계자들에게 경영진의 행동을 설명하고 새로운 전략에 대해 지원하는 역할을 한다. 반면, 감독이사회는 기업의 이해관계자들을 규합하여 감독기능을 수행하게 된다. 독일의 경우 감독이사회가 수행하는 기능은 회계감사, 주요 자본투자 및 기업인수나 자산매각의 승인, 경영이사의 선임, 배당의 승인 등이 있다. 이원화된 이사제는 다음과 같은 두 가지 점에서 단일 이사제보다 효율적인 것으로 평가되고 있다.[3)]

첫째, 단일 이사회는 한 이사회 내에서 일부는 경영을 맡고 다른 일부는 이들을 감독하는 형태를 취하는데, 이러한 방식으로는 확실한 감독기능을 수행하기가 어렵다. 이에 비하여 이원화된 이사회에서는 경영자와 감독자가 분리되어 각자의 역할을 보다 분명하게 수행할 수가 있다.

둘째, 단일 이사회에서는 기업과 특별한 이해관계가 없는 비상근 이사들로 구성된 감사위원회를 두고 비상근 이사의 수를 증가시킴으로써 상근 이사를 통제하는데 반해, 이원화된 이사회에서는 기업의 이해관계자가 참여하여 감독기능을 수행할 수 있다는 점에서 보다 효율적이다.

이원화된 이사제

이사회가 독일에서처럼 제도적으로 이원화되어 있는 경우가 아니라 할지라도, 기업이 스스로 이와 유사한 지배구조를 형성하여 운영하고 있는 사례는 여러 선진 기업들에서 찾아 볼 수 있는데, 여기에는 두 가지 유형이 있다.

하나는 최고경영자만을 상근 이사로 하고 나머지는 모두 비상근 이사로 하여 단일 이사회를 구성하는 것이며, 다른 하나는 이사회와는 별도로 자문위원회 성격의 기구를 구성하는 것이다. 우리 나라의 경우 업무집행권을 갖는 대표이사는 이사중에서 선임되어야 하지만 그 밖의 이사들은 비상근으로 함으로써 경영진과 이사회를 실질적으로 분리할 수 있다. 이러한 유형의 이원화된 이사제는 감독기능의 독립성을 유지하는 것이 용이하고, 경영을 전문경영자들에게 맡겨 이들이 기업가적 동기를 잃지 않고 신속한 의사결정을 할 수 있도록 한다는 장점이 있다.

반면에 이원화된 이사회가 지닌 단점으로는 감독이사회의 기능이 사후적인 감독에 치우침으로써 전략상의 오류를 사전에 방지하기가 어렵다는 점을 들 수 있다. 그러나 이원화된 이사회에서도 중요한 안건에 대해서는 감독이사회의 사전 승인을 얻

3) Scheridan, T. & Kendal, N., *Corporate Governance: An Action Plan for Profitability and Business Success*, Pitman Publishing, 1992.

도록 함으로써 단일 이사제와 유사하게 운영될 수 있다. 다만 이 경우 감독이사회의 구성원이 경영현황에 관한 정보를 획득하기가 어렵다는 문제는 존재한다.

3) 이사회의 역할

이사회의 역할은 기업 규모나 각국의 제도에 따라 다양하게 나타나고 있다. 먼저 기업 특성과 관련해서 보면, 다국적 기업의 이사회는 주로 전략수립 차원에서의 활동을 전개하며 경영업무의 수행보다는 경영진에 대한 감독을 주요 기능으로 간주하고 있다.

다음으로 국가별 특성 차원에서 보면 첫째, 경영진에 대한 감독은 독일의 경우 감독회의(supervisory council) 또는 감독이사회(supervisory board)에 의해 이루어지며 미국이나 영국은 비상근 이사(non-executive director)에 의한 상근 이사(executive director)의 감독이라는 형식을 취하고 있다.

둘째, 이사들은 주주와 같은 외부의 이해관계자들을 대표하거나 종업원들을 대표하는 역할을 수행하기도 한다. 이해관계자들에 대한 이사의 법적, 공식적 책임의 정도는 국가마다 상이한데 미국, 영국 등에서는 주주들에 대한 책임이 강조되고 독일, 스위스 등에서는 종업원에 대한 책임이 강조되고 있다.

셋째, 국제네트워크의 형성을 위하여 외국인들을 이사회에 참여시키거나 또는 별도로 외국인들을 포함하는 자문회의를 구성하는 사례도 증가하고 있다. 앞서 설명한 독일의 경우가 바로 감독회의를 이러한 목적으로 이용하고 있는 국가이다.

한편, 단일 이사회제를 채택하고 있는 국가들에서는 별도의 자문회의 또는 지역회의(regional council)를 구성하고 영향력 있는 외국인사들을 참여시킴으로써 국제네트워크 형성에 활용하고 있다.

IBM의 자문이사회

IBM은 본부이사회 외에 20여명으로 구성된 자문이사회를 두어 전직임원과 고위관료들을 참여시키고 있으며, 아태지역, 유럽, 중동 및 아프리카, 라틴아메리카 등지에는 지역이사회를 두고 있다. 지역별 이사회의 구성원 중 절반 정도는 사외이사로서 그 지역의 유력 인사들이 참여하고 있다. 이는 IBM이 이사회의 구성 목적을 자문을 위한 것 뿐만 아니라 사업 확장을 위해 국제네트워크를 형성하는 수단으로 간주하고 있음을 나타내는 것이다.

4) 이사회 기능의 실패

이사회가 조기경보 기능을 수행하지 못함으로써 기업이 위기상황에 처하게 되거나 부도에까지 이른 사례는 대기업에서도 흔히 발견된다. 이들 부도기업들의 대부분은 과도한 경영다각화 추구 등 전략상 오류를 범하고 이의 조기 발견과 시정에 실패한 것으로 평가되고 있다. 즉 이들 기업에서는 방만한 경영을 견제하거나 정보를 제공할 이사회의 기능이 유명무실하였다. 젠센(Jensen)은 이러한 내부 지배구조가 실패한 증거로서 다음 두 가지를 제시하고 있다.[4)]

첫째, 많은 기업에서 경영성과가 극도로 악화될 때까지 이사회가 최고경영자 경질 등의 조치를 취하지 못하였다. 예컨대 GM사의 이사회가 1992년에야 당시 최고경영자였던 스템펠(R. Stempel)을 해고한 것은 너무 뒤늦은 조치였던 것이다. 세계자동차시장이 과잉 생산시설로 몸살을 앓고 있을 당시 GM은 이미 고비용 생산자로 전락했음에도 10여년 동안이나 경영전략의 수정을 기피해왔고 급기야 1990년과 1991년에 650억 달러의 적자를 기록한 이후에야 비로소 최고경영자가 해고되었다.

둘째, M&A 시장이나 기업 구조개편 활동이 활발히 전개되고 또 부도나 파산 등 재무적 곤경에 처한 기업이 계속 발생하고 있다. 젠센은 이러한 사실들이 내부 지배구조가 제대로 기능하지 못하고 있음을 보여주는 증거라고 지적하였다.

내부 지배구조의 실패사례: IBM

IBM은 컴퓨터분야의 워크스테이션이나 PC시장에서 혁신이 일어나고 있었음에도 불구하고 종래의 대형 컴퓨터시장에만 주력하는 등 시장변화에 적응하는데 실패했다. GM과 마찬가지로 IBM은 과잉설비 문제가 두드러진 컴퓨터시장에서 고비용 생산자로 전락했으며 1991년 한해 동안에만 28억 달러의 적자를 기록하고 1992년에도 역시 적자를 기록하였다. 이 기간동안 IBM의 주가가 무려 65%나 하락하였으나 IBM 이사회가 최고경영자를 경질하고 경영전략을 대폭 수정한 것은 이와 같은 상황 악화가 발생한 후였다.

5) 주주총회: 기관투자가의 역할 증대

회사의 주인들로 구성된 주주총회를 통한 경영자 감시는 민주주의적 이상에 가장 부합하는 통제메커니즘이다. 그러나 주주총회는 지금까지 효율적 감시기능을 수행하기보다는 의례적인 행사에 그쳐 왔으며, 이점은 비단 우리 나라에 국한된 것이 아니라 미국, 일본 등 다른 나라에서도 마찬가지로 나타나고 있다.

이처럼 주주총회가 통제기능을 수행하지 못하는 이유는 주식소유가 분산되어 있는 회사에서 주주가 주주총회에 무관심한 것이 주주의 관점에서 오히려 합리적이라는 인식 때문이다. 주주의 무관심이 합리적이라는 근거로는 다음과 같은 점들이 지적되고 있다.[5)]

---

4) Jensen, M. C., "The Modern Industrial Revolution, Exit, and Failure of Internal Control System", *Journal of Finance*, Vol. 48, 1993.

5) 김건식, "내부 통제 메커니즘의 법적 고찰", 정광선 편, 『21세기 한국기업의 통할체제』, 서울대학교 증권·금융연구소, 1996.

첫째, 주주의 이해관계가 크지 않다. 즉 주주가 구체적인 행동을 취하여 불리한 조치를 막는데 성공한다 하더라도 들인 비용에 비해 자신이 얻을 수 있는 이익이 크지 않다는 것이다. 둘째, 지분이 작기 때문에 행동에 나서더라도 성공할 가능성이 낮다. 셋째, 주주는 충분한 정보를 구하기가 어렵고 정보를 소화할 능력도 부족하다는 것 등이다.

이처럼 주주총회가 제대로 기능하지 못하는 현실을 타개할 수 있는 보완책으로 등장한 것이 기관투자가이다. 미국의 경우, 지난 수십년에 걸쳐 주식 소유비중이 일반 개인 투자자(소액주주)로부터 기관투자가로 이전되어 왔으며, 그 결과 1995년 현재 기관투자가가 보유하고 있는 주식의 비율이 총상장주식의 55%를 상회하고 있다. 한 예로 미국 최대의 오픈 투자신탁(mutual fund)회사인 피델리티(Fidelity)사는 나비스코(RJR Nabisco)사의 주식을 10%이상 보유하고 있다(〈표 17-2〉 참조).[6]

〈표 17-2〉 Fidelity 투자신탁 회사의 주식 보유 비율 (1995년)

회 사 명	주식보유비율	회 사 명	주식보유비율
Airbone Freight	14.68%	Travelers	7.02%
Lehman Brothers	12.93%	American Express	6.99%
RJR Nabisco	12.12%	Texas Instruments	6.25%
Dell Computer	11.30%	Sears Roebuck	6.23%
Compaq Computer	10.68%	Merrill Lynch	5.83%
OfficeMax	10.37%	United Airlines	5.29%
Bear Stearns	10.04%	American Airlines	5.20%
Caterpillar	8.09%	Motorola	5.02%

이들 기관투자가들은 보유 주식량이 많아 주식시장에 미치는 영향력이 크기 때문에 성과가 나쁜 기업의 주식이라 하더라도 쉽게 처분하기는 어렵다. 즉 기관투자가들은 특정 기업의 주식을 처분하여 시장에서 철수하기가 어렵기 때문에 해당 기업의 전략을 수정하도록 요구하기도 하고 최고경영자의 해임을 주장하기도 한다.

이처럼 여러 기업의 주식을 다량 보유하고 있는 기관투자가들은 특정 기업의 경영전략이나 경영자의 행위 등에 대해 제약을 가하거나 새로운 방향을 제시함으로써 기업 지배체제로서의 중요한 역할을 담당하고 있다.

6) Collis, D. J. & Montgomery, C. A., *Corporate Strategy*, Richard D. Irwin, 1997.

6) 최고경영자에 대한 보상

최고경영자에 대한 보상문제는 기업의 전략, 조직 구성원의 행동 및 기업 성과에 직접적인 영향을 미치기 때문에 인적자원관리에 있어 매우 중요한 요소로 인식되고 있다. 특히 최고경영자에 대한 적절한 보상 메커니즘의 설계는 주주와 경영자의 이해상충 문제를 완화시켜 주는 등 지배 메커니즘으로서 중요한 기능을 수행한다. 최고경영자에게 주어지는 보상 총액은 일반적으로 기본급, 단기상여, 장기상여, 기타수당 등의 4가지로 구성된다.

〈표 17-3〉 최고경영자에 대한 보상형태

보상형태	내 용
기본급	기본급은 기업의 성과에 관계없이 고정적으로 지급되며, 성과가 나쁘더라도 최고경영자가 최소한의 생활수준을 유지하도록 하기 위한 조치이다. 기본급은 업계사정과 기업규모 및 역사, 위계수준 등을 고려하여 결정된다.
단기상여금	단기상여금이란 성과측정이 1년 또는 그 이하의 단위로 이루어지며, 상여금도 이에 맞춰 현금 또는 주식으로 지급되는 보상형태를 말한다. 그러나 이러한 단기상여금은 최고경영자로 하여금 단기성과에 치중하도록 하는 단점을 지니고 있어, 대부분의 기업들은 단기상여금과 장기상여금을 결합하여 보상형태를 설계하고 있다.
장기상여금	장기상여금은 1년 이상의 성과를 평가하여 상여금을 지급하는 방식이다. 장기상여금의 형태 중 가장 많이 활용되는 유형은 주식옵션으로써 최고경영자의 보상과 주주의 이익을 가장 효과적으로 연결시켜 주는 방법으로 평가받고 있다.
기타수당	앞에서 설명한 세 가지 유형 외에 최고경영자에게 지급되는 또 다른 보상방식으로는 차량 및 각종 회원권 제공, 퇴직 후 대책 마련 등이 있다. 그러나 이와 같은 부가수당은 성과와는 무관하게 제공되는 경향이 강하다.

최고경영자의 보상 형태를 결정함에 있어 고려해야 할 중요한 요인으로는 위험노출 정도, 성과평가기준, 대상기간, 차별성 정도 등 4가지를 들 수 있다.

〈표 17-4〉
최고경영자에 대한 보상형태결정의 고려요인

보상형태 결정요인	내 용
위험노출 정도	최고경영자의 보상 형태를 결정함에 있어서는 최고경영자가 적정한 위험을 추구함으로써 주주의 이익을 높일 수 있도록 하여야 한다. 일반적으로 최고경영자는 자신이 느끼는 위험과 수익이 균형을 이룰 때 적정한 위험을 추구하며 기업을 경영하게 된다.
보상을 위한 성과 평가기준	최고경영자에게 보상을 제공하기 위해서는 먼저 성과를 평가해야 하는데, 이 때 사용되는 평가 기준으로는 정량적 평가와 정성적 평가가 있다. 정성적 평가기준을 적용하게 되면 최고경영자가 통제할 수 없는 요인으로 인한 불리한 점들이 제거되므로 최고경영자의 위험 노출도가 감소하게 되는 반면, 최고경영자에 대한 보상과 경영성과와의 연계가능성이 낮아진다는 점을 들 수 있다. 일반적으로는 정량적 기준과 정성적 기준을 적절히 조화시켜 사용한다.
성과평가의 대상	최고경영자에게 제공되는 보상형태를 결정함에 있어 고려해야 할 세 번째 요소는 성과평가의 대상기간을 어떻게 설정할 것인가 하는 점이다. 성과평가 기간은 길어질수록 불확실성이 높아져 경영자가 느끼는 위험도가 증가하게 된다는 점과 단기성과가 높다고 해서 장기성과도 반드시 높은 것은 아니라는 점에서 중요성을 지니는데, 장기성과와 단기성과를 모두 반영할 수 있도록 기간을 설정하는 것이 일반적이다.
차별성 정도	이는 최하위 직급 또는 일선 종업원과의 격차를 어느 정도로 유지할 것인가를 결정하는 것을 말한다. 최고경영자에게 제공되는 보수의 차별성 정도는 조직구조에 영향을 미치며, 차별성이 클수록 하위직급간 승진경쟁을 유도할 수 있으며, 최고경영자의 조직에 대한 충성심을 유발할 수 있다는 점에서 그 중요성을 지닌다.

7) 감사제도

우리 나라 상법상 회사 내부의 감사기관인 감사는 이사회가 승인한 재무제표와 이사의 업무집행을 감시하는 기능을 담당한다. 이와는 대조적으로 미국의 경우에는 내부감사 외에도 독립적인 비상근 이사로 구성된 이사회 산하의 감사위원회가 감사기능을 수행하고, 독일의 경우는 감독이사회가 감사기능을 수행한다. 다만 일본의 경우에는 사외감사를 포함한 감사회가 감사기능을 수행하고 있다.

한편, 우리 나라의 감사제도는 기본적으로 회계 및 업무집행의 감사를 그 목적으로 하고 있으며 가치창출을 위한 경영전략의 수립, 경영전략상의 오류 발견 등 보다 중요한 경영감독 기능과는 거리가 있는 제도이다. 또한 현재의 경영조직상 감사의 지위는 경영을 담당하는 이사의 지위보다 열위에 있고 경영진에 대한 임명권도 없기 때문에 경영업무에 대한 감사의 적극적인 감시기능 수행과 업무의 독립성 확보가 어렵다.

2. 외부 지배구조에 의한 통제

(1) 자본시장에 의한 통제

경영자의 잘못된 의사결정과 행위를 감시하는 외부 지배구조로는 먼저 자본시장에 의한 통제가 있다. 과거에는 우리 나라는 물론이고 미국의 경우에도 자본시장을 통한 경영진 감시체제가 그다지 실효를 거두지 못하였다. 특히 기업의 경우에는 관련 또는 비관련 다각화를 통해 비교적 용이하게 성장을 추구할 수 있었기 때문에 자본시장의 규율, 즉 M&A라는 것이 그다지 위협적인 통제시스템으로 작용하지 못하였다.

그러나 미국의 경우, 1980년대 증권시장이 활성화되면서 대기업들도 M&A의 위협으로부터 자유로울 수 없게 되었다. 즉 증권시장이 붐을 이루면서 주식을 활용해 기업을 인수하는데 소요되는 비용이 상대적으로 저렴해졌으며, 부채를 조달하여 기업을 인수하는 것도 용이해졌다. 이러한 M&A시장의 활성화로 인해 성과가 좋지 못한 기업이나, 지나치게 다각화된 기업들은 큰 위협을 받게 되었다. 이같은 사실은 물론 M&A시장이 경영자의 그릇된 행위나 경영전략상 오류의 발생을 억제하고 감시하는 역할을 어느 정도 수행할 수 있게 되었음을 의미한다.

그러나 기업감시의 역할을 전적으로 M&A시장에 맡기는 것은 지나친 인수활동을 초래하고 경영자의 경영권 방어에 대한 집착과 근시안적인 행동을 유발하여 경영효율성을 저하시킬 가능성이 높다. 또한 자본시장, 즉 M&A시장으로부터의 규율은 이미 경영상황이 악화된 다음에 발휘되는 것이 보통이고 기업인수 활동 자체도 상당한 비용이 수반되기 마련이다. 따라서 기업의 내부 지배체제를 효율화함으로써 자본시장의 감시와 조언을 능동적으로 수용하고 적대적 M&A의 위협을 감소시키는 것이 바람직하다.

(2) 위임장 경쟁

위임장 경쟁은 현 경영진에 반대하는 주주들이 이사회에 진출함으로써 기업지배권을 인수하거나 또는 단순히 소수의 이사진을 확보함으로써 경영정책에 자신들의 의견을 반영시키기 위한 목적으로 사용된다. 이러한 위임장 경쟁은 소액주주들이 주주총회 등 내부 통제메커니즘을 통해 감시기능을 효과적으로 수행할 수 없을 때 사용하는 외부 통제메커니즘의 일종이다.

위임장 경쟁은 그 성공여부에 관계없이 경영정책의 변화를 유도할 수 있다. 즉 도드(Dodd)와 워너(Waner)에 의하면 위임장 경쟁을 통해 반대파 주주들이 이사선임에 실패한다 하더라도 현 경영진이 주주이익에 부합하는 경영정책을 취하도록 질책하는 역할을 수행한다는 것이다.[7)]

이러한 위임장 경쟁은 현 경영진의 의사에 반하여 외부 주주들이 기업지배권을 획득할 수 있는 방법으로써, 공개매수에 비해 많은 자금이 필요치 않기 때문에 향후 우리 나라에서도 그 활용 가능성이 점차 커질 것으로 전망된다.

(3) 금융기관에 의한 통제

금융기관은 내부 또는 외부 통제메커니즘의 기능을 모두 수행한다. 즉 특정 기업의 주식을 소유하면서 그 기업의 자금공급원 역할을 하는 은행은 내부 통제메커니즘으로서의 기능을 수행한다. 다만 주식 소유없이 채권자로서 경영에 관여할 경우에는 외부 통제메커니즘으로서의 기능을 수행하게 된다.

일본과 독일의 은행 및 금융기관들은 기업의 주주로서 장기적 지분을 보유하고 있으나 미국의 경우, 특히 은행은 국내 회사의 주식 취득이 법으로 금지되어 있다. 이에 따라 일본 및 독일의 주거래 은행은 기업 경영의 감시자로서 그리고 자본 공여자로서의 역할을 수행하고 또한 장기투자를 촉진하는 역할을 하는 반면 미국의 금융기관은 이사회에 거의 참여하지 않고 있으며, 기업지배에 다소 소극적이다. 이에 비해 우리 나라 금융기관은 경영감시의 역할을 거의 하지 않고 있을 뿐만 아니라, 법적 · 제도적으로도 감시자로서의 역할을 수행할 수 없는 상황에 처해 있다.

(4) 외부감사에 의한 통제

우리 나라의 주식회사 외부감사에 의한 법률에 의하면 총자산이 60억원 이상인 주식회사는 감사에 의한 내부감사 외에도 회계전문가에 의한 외부감사를 받도록 되어있다. 외부감사를 통해 재무제표의 투명성을 제고시키고 이를 통해 경영자의 행위를 감시할 수 있도록 하자는 의도에서였다.

7) Dodd, P. R. & Warner, J. B., "On Corporate Governance: A Study of Proxy Contests", *Journal of Financial Economics*, Vol. 11, 1983.

그러나 우리 나라의 외부감사제도는 현재 그다지 실효를 거두지 못하고 있는데, 그 이유로는 여러 가지를 지적할 수 있다. 우선, 선진국에서도 지적되고 있는 문제로 외부감사인의 독립성이 결여되어 있다는 점이다. 최근 외감법이 개정되기 전까지만 해도 외부감사인은 사실상 대표이사가 선임해 왔기 때문에 회계사가 감사에 적극적일 것을 기대하기는 어렵다.[8] 또한 우리 나라에서는 대부분의 기업이 연말결산을 하고 있기 때문에 감사업무가 단기간에 집중되고 있다는 점도 충실한 감사를 저해하는 요인으로 지적되고 있다.

8) 김건식, "내부 통제 메커니즘의 법적 고찰", 정광선 편, 『21세기 한국기업의 통합체제』, 서울대학교 증권 · 금융연구소, 1996.

제 3 절 지배구조의 효율성 유지방안

1. 외부이사의 자격요건 설정

외부이사 선임의 주목적은 이사회가 최고경영자로부터 독립성을 유지하도록 하고 경영실패를 예방하기 위한 것이다. 따라서 유능하고 독립적인 외부이사를 선임할 수 있도록 외부이사가 될 수 있는 자격요건을 명시적으로 규정해 둘 필요가 있다. 우리 나라의 자격요건은 〈표 17-5〉와 같다.

〈표 17-5〉
사외이사의 자격

- 경영, 경제, 법률 또는 관련기술 등에 관한 전문지식이나 경험이 있는 자
- 당해법인 및 당해법인의 최대주주 등과 이해관계가 있는 자는 제외
  - 최대주주 및 특수관계인
  - 사외이사가 아닌 이사의 배우자 및 직계존비속
  - 당해법인의 임직원 또는 최근 2년 이내에 임직원이었던 자
  - 당해법인 계열회사의 임직원 또는 최근 2년 이내에 임직원이었던 자
  - 당해법인과 중요한 거래관계가 있는 법인의 임직원 또는 최근 2년 이내에 임직원이었던 자
  - 사업상 경쟁 또는 협력 관계에 있는 법인의 임직원 또는 최근 2년 이내에 임직원이었던 자
  - 당해법인의 임직원이 사외이사로 있는 법인의 임직원
  - 3개 이상의 다른 주권상장법인의 사외이사로 근무하는 자

미국법률가협회는 1994년 기업지배구조에 대한 원칙을 제정하여 발표한 바 있는데, 이 원칙은 대규모 공개회사에 있어 이사회의 과반수를 최고경영자와 중대한 관계를 갖지 않는 자로 채울 것을 권고하고 있다.

2. 이사의 훈련

이사가 그 임무를 효율적으로 수행할 수 있기 위해서는 이사의 일반적 임무, 기업

의 경영현황, 이사 개개인의 역할에 대한 이해가 있어야 하며, 이를 위해서는 이사들에게 적절한 교육을 실시할 필요가 있다. 교육 내용에는 일반적으로 다음과 같은 사항들이 포함된다.

첫째, 이사로서의 임무수행을 위해서는 상법상의 이사의 지위 및 법적 책임과 기업 정관상의 이사회의 기능에 대한 이해가 필요하다. 즉 이사는 이사회가 어떤 방식으로 운영되며 이사회에서의 역할이 어떤 것이어야 하는가를 숙지해야 한다.

둘째, 기업의 경영현황 파악을 돕기 위해서는 회사의 역사, 조직, 상품, 경영성과, 전략, 기업문화, 인적자원 등에 관한 상세한 정보를 제공해야 한다. 이러한 정보는 쉽게 문서화되거나 파악되기 어렵기 때문에 이사 자신이 경영자 및 종업원들을 접촉하고 시설을 시찰함으로써 필요한 지식을 습득하여야 한다. 또한 이사회가 정기회의를 할 때마다 하나의 관리부서 또는 사업단위가 그 현황을 이사들에게 브리핑하도록 하는 방법도 있으며, 이사회 회의를 고정된 장소에서 개최하지 않고 자회사나 지방에서 개최하는 방법도 이사들이 회사현황을 파악하는데 도움이 된다.

셋째, 이사의 개인적 역할과 관련해서는 그가 어떤 능력이나 전문성 때문에 이사로 선임되었으며 그에게 어떤 역할이 기대되고 있는가를 분명하게 인식하여야 한다. 이사는 그가 임명된 후 회사의 장부를 열람하고 자본시장이나 경제계에서 기업이 어떻게 비추어지고 있는지를 파악해야 한다. 이사들은 또 취임 즉시 회사의 장기전략의 파악, 최근 수년간의 예산과 실적의 비교, 이사회 회의록 검토 등의 활동에 착수해야 한다.

3. 인센티브 급여의 도입

(1) 내부이사의 인센티브 급여 제공

이사에 대한 적절한 보수제공은 다음 두 가지 면에서 중요한 역할을 한다. 첫째, 주주와 경영진간의 이해관계를 일치시켜 대리인 문제(agency problem)를 제거할 수 있으며, 둘째, 경영자로 하여금 그들에게 주어진 권한과 책임을 충실히 이행하게 하고 잠재 능력을 최대한 발휘할 수 있도록 해준다. 이사에게 제공되는 인센티브 급여는 이러한 두 가지 기능을 제대로 수행할 수 있도록 설계되고 실행되어야 한다.

먼저, 대표이사의 보수를 결정함에 있어서는 고정급과 단기 실적급 및 장기 주식옵션으로 구분하여 일정한 비율로 유지하는 것이 바람직하다. 주식옵션은 2~3년의 만기를 갖는 옵션으로 할 필요가 있다. 예를 들어 기업의 주가가 1만원선이라고 한다면 행사가격을 8천원 정도로 정할 수 있다. 이러한 옵션은 경영자들이 사실상 주식에 투자하고 있는 효과를 주기 때문에 이들이 기업의 위험을 과도하게 증가시키는 문제를 완화시킬 수 있다.

고위직 이사들의 보수는 그들의 위험부담 능력을 고려하여 대표이사의 경우보다 고정급 비중을 높이되 상당한 실적급과 주식옵션을 포함토록 한다. 이들 경영진에 대한 실적급은 일종의 경제적 이익의 측정치인 EVA(economic value added) 등 실적 평가기준을 개발하여 시행해야 한다.

(2) 사외이사에 대한 인센티브 급여의 원칙

사외이사가 제역할을 충실히 수행할 수 있도록 하기 위해서는 급여 제공과 관련하여 다음 다섯 가지 원칙을 준수해야 한다.[9)]

첫째, 이사회는 이사의 급여를 객관적인 방법으로 결정할 수 있는 프로세스를 설정해 놓아야 한다. 둘째, 이사의 보상은 주주의 장기적 이해관계와 일치될 수 있어야 한다. 셋째, 보상은 이사의 바람직한 행위를 유인할 수 있도록 이루어져야 한다. 넷째, 보상은 이사가 투입한 시간과 노력을 고려하여 이루어져야 한다. 마지막으로 보상은 개별 요소가 아닌 종합적 기준(overall basis)에 의해 설정되고 집행되어야 한다.

4. 이사회의 효율성 평가 방안 마련

이사회의 효율성을 높이는 방법으로 최근 자율적 평가방식(self-assessment)이 부각되고 있다. 이사회에 의해 고안되고, 실행되는 자율적 평가방식은 이사들로 하여금 그들의 역할을 보다 정확히 파악할 수 있도록 할 뿐만 아니라, 이사회의 응집력과 성과를 높이는 유용한 수단이 된다.

이사회가 주어진 책임을 제대로 수행하고 있는지를 평가하기 위해서는 우선 이사회가 어떤 책임을 지고 있는지를 명확히 이해해야 한다. 따라서, 이사회에 대한 평가과정은 먼저 이사회가 지고 있는 책임의 범위를 검토하는 것으로부터 시작된다.

---

9) NACD, "Blue Libon Commission on Director Compensation", 1995.

기업 지배구조에 있어서 이사회의 책임 범위를 규정할 때에는 이사회의 역할에 대한 이사회 자체의 관점을 반영하는 것 외에 최고경영자가 이사회에 기대하고 있는 사항도 고려해야 한다. 이를 위해 이사회는 최고경영자를 출석시켜 이사회에 바라는 사항을 제시하도록 요구할 필요가 있다. 일단 이사회가 주어진 책임과 소임을 검토하여 과제의 우선순위를 정하게 되면, 경영자에게 요구할 정보가 분명해지고, 성공 경험을 벤치마크로 삼을 수 있으며, 개선의 여지가 있는 중요한 영역을 보다 분명히 파악할 수 있게 된다.

5. 경영진과 주주간의 관계 설정

기업경영에 관한 다양한 견해들을 수렴하여 경영실패의 가능성을 최소화하기 위해서는 이사회 및 경영자들이 주주들의 의견을 듣고 논의하는 것을 공식적인 정책으로 채택하고 협의과정을 조직화할 필요가 있다. 특히 이사회와 주요 주주간의 정기적인 간담회를 개최해야 한다.

예를 들어 IBM, 웨스팅하우스(Westinghouse) 등은 지배구조의 운영 및 주주들의 관심사를 파악하고 이에 대처하기 위한 위원회를 이사회 내에 구성하고 있으며, 록히드(Lockheed)는 향후의 경영정책, 특히 자본시장 관련정책을 이행하기 전에 주주들과 직접 협의하는 관행을 확립해 놓고 있다.

제 4 절 바람직한 지배구조의 형성

1. 우리 나라 기업경영에 주는 의미

지금까지 기업의 경영실패를 방지하고 성과를 높이기 위한 지배구조 전반에 대하여 살펴보았다. 여기서는 이러한 기업 지배구조의 내용을 바탕으로 이것이 우리 나라 기업 경영에서 논란 대상이 되고 있는 계열기업간 주식 보유, 금융기관의 지분 보유 및 경영참여 문제에 주는 의미를 살펴보자.[10)]

(1) 계열기업간 주식 보유

우리 나라의 상호 주식보유는 법적으로 금지되어 있으나 기업집단내 법인출자를 통한 간접적인 지분 보유 관계는 복잡하게 형성되어 있다. 우리 나라의 법인출자를 통한 내부지분 보유는 일본이나 독일과 같이 경영권 독점에 대한 감시와 기회주의적 행위에 대한 견제 목적이라기 보다는 기업집단 지배주주의 경영권 보호 및 기업 확장 차원에서 이용되고 있다.

기업 전체적으로 볼 때 이러한 소유의 집중은 주주와 경영자의 이해관계를 일치시켜 주주의 대리 비용을 절감시키는 장점이 있다.[11)] 즉 주인있는 경영을 통한 효율성 제고가 가능하다는 것이다. 그러나 우리 나라와 같은 기업집단의 소유집중은 여러 가지 폐해를 안고 있다.

첫째, 소유의 집중은 계열기업간 내부거래를 증가시켜 불공정 거래 및 비효율적인 거래를 조장할 수 있다. 개별 기업들 스스로 자율성 및 독립성을 가지고 경쟁적인 거래를 추구할 수 있는 기업 지배구조상의 방편이 제한되기 때문이다. 둘째, 소

10) 최도성, "주요국의 기업통할체제", 정광선 편, 『21세기 한국기업의 통할체제』, 서울대학교 증권 · 금융연구소, 1996.

11) Jensen, M. C. & Meckling, W., "Theory of the Firm: Managerial Behavior, Agency Cost, and Ownership Structure", *Journal of Financial Economics*, 1976, pp.305~360.

유집중은 기업집단의 투명성을 약화시킬 가능성이 높다. 그러나 보다 심각한 문제점은 지배주주의 기업집단에 대한 경영권 독점을 견제할 수 있는 장치가 제기능을 발휘하지 못하는 것이다.

우리 나라 기업집단의 또 다른 특징은 상호 지급보증 관행이다. 상호 지급보증을 통하여 우리 나라 기업집단들은 금융기관 대출을 통한 자금조달을 극대화하였다. 이러한 상호 지급보증은 투자자금의 조달을 용이하게 하며, 특히 대규모 사업에 필요한 투자자금 조달에 있어서는 금융비용을 절감할 수 있는 이점도 있다. 그러나 지나친 상호 지급보증 사용은 불필요한 사업에 대한 과다 투자나 경제성을 상실한 사업에서의 퇴출을 지연시킬 수 있다. 뿐만 아니라 여신 독점 및 경제력 집중을 조장할 수 있고 지급불능으로 인한 연쇄파산 등 금융공황 위험에 대한 노출을 증대시키는 문제를 낳는다.

이러한 제반 문제점들을 제거하기 위해서는 공정거래법의 엄격한 적용과 사외 이사제도의 도입, 기업지배권 시장(M&A 시장)의 활성화, 기업집단 전체의 연결재무제표 작성 등과 같은 제도적 장치를 마련해야 한다.

(2) 금융기관의 지분 보유 및 경영 참여

일본과 독일의 경우 은행 및 금융기관이 기업의 대주주로서 장기적 지분을 보유하고 있다. 이러한 주거래은행은 계열기업 경영의 감시자로서 그리고 자본 공여자로서의 역할을 수행하고 장기투자를 촉진하는 역할을 한다. 즉, 주거래은행은 채권자인 동시에 기업의 주주이므로 경영자 감시 및 대리비용이 절감되고, 채권변제 불능시 적시개입이 가능하여 파산비용을 절감하고 자본비용을 낮게하는 장점이 있다.

은행이 경영감시자로서 이러한 역할을 수행하려면 먼저 경영감시의 인센티브가 은행에 주어져야 한다. 그러기 위해서는 첫째, 은행경영의 자율성과 책임경영이 보장되어야 하며 둘째, 은행이 기업의 주주역할을 수행할 수 있어야 한다. 즉, 주주총회 등에서 기업 지배메커니즘으로서의 기능을 충실히 수행해야 한다는 것이다. 그러나 은행의 경영감시가 제대로 이행되려면 은행의 경영도 주주에 의해 감시되어야만 한다.

2. 바람직한 지배구조의 형성 방향

기업 지배구조의 궁극적인 목표는 기업의 여러 이해관계자들간의 관계를 가치창조에 도움이 되도록 설정하고 유지하는 것이다. 앞에서 살펴본 바에 따르면, 이러한 기업 지배구조의 유형은 네 가지로 세분화 될 수 있다.

첫째 유형은 주주 입장에서 기업 지배구조를 형성하고 있는 미국형으로서, 미국에서는 경영자와 주주간의 계약이 바로 지배구조이다. 둘째 유형은 유럽형으로서, 주주뿐만 아니라 여러 이해관계자들을 포함한 종합적 관점에서 지배구조를 형성하고 있다. 셋째 유형은 일본형으로서, 종업원 중심주의적 관점에서 지배구조를 형성하고 있다. 그리고 넷째 유형은 한국형으로서, 우리 나라에서는 지금까지 소유경영자 관점에서 기업 지배구조가 형성되어 왔다. 정부가 기업을 이끌어가기 위한 수단으로서 소유경영자를 택한 것이라 볼 수 있다.

그 동안 우리 나라 기업의 지배구조는 이해관계자 집단이 너무 좁은 범위로 한정되어 인식되어 왔고 이해관계자들 사이의 균형관계가 유지되지 못하는 등의 문제점을 보여 왔다. 지금까지 기업경영에 대한 정부개입도 부분적으로는 외부주주 등 기업 이해관계자들간의 이해조정 차원에서 그 필요성이 인정될 수도 있었다. 그러나 세계화시대에 있어서 정부의 개입은 긍정적 효과보다는 부정적 효과를 가져올 가능성이 크다. 따라서 기업들은 스스로 지배구조를 개선함으로써 앞에서 제기한 기업경영상의 문제점을 해결해야 한다.

그러면 구체적으로 어떠한 방향으로 지배구조를 형성해 나가야 하는가? 결국 국제적으로 적합성있는 지배구조를 형성하기 위해서는 글로벌 스탠더드(global standard)를 지향하면서 주주관점에서 지배구조를 정립하는 미국식 유형을 우리 나라에 접목시킬 수밖에 없다. 그러나 외국 지배구조의 맹목적인 도입과 실시는 곤란하며, 우리에게 적용 가능하고 효과가 있을 수 있는 것만을 선별적으로 받아들여야 함은 물론이다.

Recommended Readings

정광선, 『기업경쟁력과 지배구조』, 한국금융연구원, 1994.

정광선 편, 『21세기 한국기업의 통합체제』, 서울대학교 증권 · 금융연구소, 1996.

조동성, 『21세기를 위한 전략경영』, 서울경제경영, 2002

_____, 『경제위기에서 벗어나는 길』, 서울경제경영, 1998.

Bethel, J. E. & Liebeskind, J. "The effects of ownership structure on corporate restructuring", *Strategic Management Journal,* Vol. 13, 1993.

Collis, D. J. & Montgomery, C. A., *Corporate Strategy,* Irwin. 1997.

Dodd, P. R. & Warner, J. B., "On Corporate Governance: A Study of Proxy Contests", *Journal of Financial Economics,* Vol. 11, 1983.

Dyer, J. H., "Does Governance Matter? Keiretsu Alliance and Asset Specificity as Sources of Japanese Competitive Advantage", *Organization Science,* Vol. 7, November–December 1996.

Jensen, M. C., "The Modern Industrial Revolution, Exit, and Failure of Internal Control System", *Journal of Finance,* Vol. 48, 1993.

_____ & Meckling, W., "Theory of the Firm: Managerial Behavior, Agency Cost, and Ownership Structure", *Journal of Financial Economics,* 1976, pp.305~360.

Monks, R. A. G. & Minow, N., *Corporate Governance,* Blackwell, 1995.

NACD, "Blue Libon Commission on Director Compensation", 1995.

Pound, J., "The Promise of the Governed Corporation", *Harvard Business Review,* March–April 1995.

Sheridan, T. & Kendal, N., *Corporate Governance: An Action for Profitability and Business Success,* Pitman Publishing, 1992.

Tosi, H. L. & Gomez-Mejia, L. R., "CEO Compensation and Firm Performance", *Academy of Management Journal,* Vol. 37, 1994.

조동성 교수의 경영 · 시사 칼럼
Column

바람직한 대기업의 미래상

20세기 인류사에 가장 큰 영향을 미친 두 사람을 들라면 대부분 카를 마르크스와 앨빈 토플러를 꼽는데 주저하지 않을 것이다. 두 사람은 모두 역사적 시각을 가지고 인류의 과거사를 정리하고 미래를 예측했다.

마르크스는 인류가 원시 공산사회에서 고대 노예사회, 중세 봉건사회를 거쳐 자본주의 사회에 도달했다고 보았다. 그러나 기업의 이기적인 태도를 비롯해서 자본주의가 가지고 있는 생산력이 충분히 발휘되지 못하게 됨에 따라 결국 인류는 자본주의를 버리고 원시 공산사회와 비슷한 공산주의 사회로 회귀하게 될 것이라고 주장했다. 반면 토플러는 인류가 원초적인 노동력에 입각한 유목사회, 토지를 기초로 한 농경사회를 거쳐 자본을 중심축으로 하는 산업사회로 변화해왔다고 보았다. 그러나 자원의 고갈과 자연의 파괴라는 문제점이 현실로 나타나면서 산업사회는 정보를 생산력의 원천으로 하는 정보사회로 변화하리라고 예측했다.

두 사람 모두 지난 2백여년을 자본주의에 입각한 산업사회로 보는 데에는 같은 해석을 했지만 앞으로 나타날 미래에 대해서는 다르게 봤다.

공산사회는 정부가 국가경제를 계획하는 독점체제이지만 정보사회는 정보력을 가진 기업이 시장경제를 주도하는 경쟁체제로서 이 두 체제는 동시에 양립할 수가 없다.

김대중 대통령이 광복절 경축사를 통해 발표한 재벌정책을 놓고 언론과 학계, 그리고 재계는 정부의 진의가 재벌해체인지, 아니면 경쟁력 강화인지를 놓고 지난 한달동안 활발하게 논의를 진행해왔다. 워낙 재벌문제가 한국경제에 큰 영향을 줄 것이기 때문에 여러 사람들이 이 분야에 대해 관심을 보이는 것은 지극히 당연한 일이라 하겠다.

정부가 추구하고 있는 정책은 재벌을 어떤 방향으로 변화시킬 것인가. 이에 대한 정답을 찾으려면 먼저 마르크스와 토플러가 주장하는 미래에서 각각 재벌이 어떤 모습으로 바뀔 것인지에 대해 검토할 필요가 있다.

마르크스의 논리에 의하면 재벌은 해체될 수밖에 없다. 재벌은 자신의 이익을 추구하는 과정에서 국가경제를 염두에 두고 있는 정부 계획과 충돌할 수밖에 없기 때문이다. 공산주의 사회에서는 재벌이 불필요할 뿐 아니라 국가경제의 공산화를 방해하는 존재인 것이다. 토플러의 주장을 받아들이더라도 재벌이 해체되는 것은 피할 길이 없다. 자본력에 기초를 둔 기업, 특히 대기업은 산업사회에서 주체적 역할을 담당하지만 자본력 대신 정보력이 기초가 되는 정보사회가 도래하면 정보력을 가진 주체에게 그 역할을 내놓을 수밖에 없기 때문이다.

다시 말해서 한국경제가 마르크스의 주장을 받아들이건, 토플러의 주장을 받아들이건 관계없이 미래로 나아가는 과정에서 재벌은 해체될 것이다. 다만 누구 주장을 받아들이는가에 따라 재벌을 대체할 세력이 누구인가가 달라질 따름이다. 마르크스의 미래에서는 재벌이 무소불위의 권력을 가진 정부로 대체된다. 반면 토플러의 미래에서는 재벌이 정보력을 가진 탄력적인 소규모 기업, 창업기업에 대체될 것이다.

20세기 후반의 인류사를 반추해볼 때 우리는 인간사회가 마르크스를 버리고 토플러를 택했다는 것을 확인할 수 있다. 소련의 붕괴와 함께 공산주의 사회가 환상에 불과했음을 깨닫게 된 반면, 정보사회는 이미 현실로 우리 앞에 다가온 것이다. 따라서 한국에서도 재벌을 대체할 주체는 공산주의 정부가 아니라 중소기업 창업기업인 것이다.

김 대통령은 재벌체제가 더 이상 현재 모습대로 존재해서는 안된다는 것을 여러 차례 언급한 바 있다.

그렇다고 해서 정부가 재벌의 대안으로 자본주의를 부인하는 공산사회를 주창하는 것은 아닌 듯하다. 한국이 선진화하려면 정보사회로 가야하고, 이를 위해서는 정보력과 탄력적인 조직을 갖춘 중소기업, 창업기업들이 한국경제를 대표해야 한다는 주장을 하고 있는 것이다.

이런 상황에서 재벌이 채택할 대안은 세가지가 있다. 한 가지는 아직 한국경제가 선진화하기 위한 조건이 갖추어지지 않았기 때문에 그러한 때가 올 때가지는 옛날과 같은 재벌체제가 당분간 유지돼야 한다고 주장하는 것이다. 두번째는 재벌도 변해야 한다는데 동의하지만 재벌을 포함한 어떤 조직도 환경변화에 즉각적으로 대응하는 것이 불가능하므로 변화에 필요한 시간을 충분히 달라는 요청을 하는 것이다. 세번째는 변화의 필요성을 절감하고 능동적으로 변화에 앞장서는 것이다.

위의 세가지 대안 중에서 재벌 각자에게 가장 바람직한 길이 무엇인가는 분명하다. 새로운 변화의 물결에 주체적이고 적극적으로 대응하는 것이 재벌이 한국경제의 주역으로 다시 태어나는 길이라고 믿는다.

〈한국경제신문, 1999. 9. 9〉

주주는 과연 기업의 주인인가

지난 주 경영학원론 시간이었다. 그날은 '지도자와 경영자'라는 주제를 가지고 학생들끼리 토론을 하기로 되어있었다. 관례에 따라 학생 중 하나에게 발제를 시켰더니, 다음과 같이 말하는 것이었다.

"지도자는 자신이 속한 조직에게 봉사하는 사람이고, 경영자는 자기 목적을 위해 기업을 이용하는 사람이다. 따라서 지도자와 경영자는 다르다."

예상했던 것과 다른, 어느 학생의 표현대로 다소 황당한 표현이 나오는 바람에 학생들은 웅성거리기 시작했고, 나도 뭔가 개념을 정리해야 할 것 같아서 다음과 같이 말문을 열었다.

"기업의 주인은 과연 누구인가?"

학생들은 망설이면서도 주주, 경영자, 종업원, 소비자 등을 거명했고, 나는 이에 덧붙여 다음과 같이 질문했다.

"회사가 만드는 제품의 소비자가 주인이라면 제품을 만드는 데 들어가는 원자재와 부품의 공급자는 주인이 아닌가? 기업에게 법인격을 부여해주는 주체인 정부는 주인이 아닌가? 정부는 국민을 대변하는 기관이므로 국민 전체가 기업의 주인이라고 보아야 할 것이 아닌가? 국민 중에서도 그 기업이 속한 지역사회의 주민이 진짜 주민이 아닌가?"

이 모든 질문에 대해서 학생들은 긍정적인 반응을 보였다. 이와 같이 기업에 직간접적으로 관련이 있는 주체를 모두 칠판에 써놓고, 나는 강의를 시작했다.

경영학을 미국 교과서로 배우거나 미국에서 공부한 사람들은 주주(shareholder)가 기업의 주인이라고 믿는다. 그러나 서유럽에서는 칠판에 적혀있는 모든 이해관계자(stakeholders)를 주인으로 보는 경향이 있다. 반면 일본에서는 종업원(employee)이 주인이라고 생각한다. 그런데 한국에서는 경영권을 가진 지배주주(major shareholder with management right)만이 기업의 주인이라고 본다. 그러기에 정부나 언론, 심지어는 학자들도 별 생각 없이 경영권보유 지배주주를 오너(owner), 즉 기업소유자라고 표현하는 실정이다.

앞서 발표한 학생도 바로 이러한 시각을 가지고 있었기 때문에 경영자를 자기 목적을 위해 기업을 이용하는 사람이라고 설명한 듯하다. 그 표현 속에는 창업자와 그 가족이 기업의 주인이고, 그 기업은 창업자로부터 2세에게로 상속되는 재산이라는 한국적 선입견이 여실이 드러나 있다.

그러나 기업이 창업자와 그 가족의 재산이라는 시각은 더 이상 정당화할 수 없다. 그 과정에서 선량한 소액주주의 이익이 간과되고, 종업원이 피해를 입으며, 다른 이해관계자들이 손해를 입기 때문이다.

오늘날 주주가 기업의 주인이라는 미국 시각이 널리 통용되는 이유는 단 한가지, 미국식 경영이 유럽식 경영이나 일본식 경영보다 더 높은 경쟁력을 가지고 있기 때문이다.

이러한 발제를 기초로 하여 시작된 학생들의 주장과 논의는 다음과 같았다.

조직의 주인은 미리 정해져 있는 것이 아니다. 조직이 추구하는 목표를 달성하는 데 가장 기여도가 높은 사람이 결국 주인이 되는 것이다. 미국에서도 애초부터 주주가 기업의 주인이었던 것은 아니다. 1970년대 까지만 해도 미국기업에서는 소위 소유와 경영의 분리라는 미명 하에 전문경영자가 주인노릇을 했다. 특히 지배주주가 없는 대기업의 전문경영자는 주주들의 뜻을 무시한 채 독선적으로 기업을 경영했고, 여행경비, 접대비 등 기업과 직접 관련 없는 경비도 무제한으로 쓰는, 소위 도덕적 해이(moral hazard)를 범했다.

그러나 1980년대에 들어와 미국 주주들은 권리를 찾기 위한 노력을 시작했다. 자신의 의견을 대변할 사외이사를 이사회에 참여시켜 경영자를 감독하는 한 편, 경영자들에게 스톡옵션을 비롯한 각종 혜택을 주어 경영자와 주주의 이해가 일치하도록 제도를 보완했다. 이러한 과정 속에 경영자는 주주를 위한 충실한 대리인이 되었고, 그 결과 주주가 기업의 주인이라는 논리를 미국 국민 모두가 받아들이게 된 것이다.

현재 미국 기업이상으로 세계경쟁력을 확보하고 있는 기업은 없다고 해도 과언이 아니다. 따라서 미국식 제도, 즉 주주가 기업의 주인이라는 인식은 당분간 지속할 것이다. 그리하여 미국식 표준(American standard)을 세계 표준(global standard)으로 인정하는 추세는 당분간 유지될 듯하다.

2시간 동안 진행된 토론은 어느 학생의 다음과 같은 발언으로 종결되었다.

한국에서도 주주가 기업의 주인이 될 것인가라는 질문에 대한 답변은 쉽게 구할 수 있다. 주주가 경영자에 대한 감독권과 동기부여권이라는 역할을 스스로 찾아내어 궁극적으로 기업의 경쟁력을 강화하는 데 공헌한다면 주인이 될 것이고, 그런 역할을 수행하지 못한다면 주인의 구실을 못하게 될 것이다.

〈매일경제신문, 1999. 6. 2〉

미국경제에서 배우자

요즈음 미국경제는 '믿기 어려울 정도로 좋다(too good to be true)' 고 한다. 97년 경제성장률은 선진국 중 제일 높은 3.7%이었고, 물가와 실업률은 각각 2.4%와 4.7%로 73년 석유위기 이후 최저수준이었다. 7년째 호황이 계속되고 있고, 주가는 3년 사이에 두 배로 뛰었다. 국가경쟁력으로도 세계 최고 수준이다. 전세계 206개국 56억 인구의 5%도 채 안 되는 2억 6천만 명이 세계 총생산의 26%를 담당하고 있는 것이다. 혹자는 고대 로마제국이나 17세기 대영제국처럼 한 나라가 세계를 지배한 경우가 인류역사에서 몇 차례 있긴 했지만, 오늘날 미국처럼 세계경제를 좌지우지한 나라는 없었다고 평하기도 한다.

1980년대 만 해도 욱일승천의 기세로 세계시장을 주도하던 일본에 눌린 채 미국경제는 밑바닥을 모를 정도로 추락하고 있었다. 자동차산업의 메카인 디트로이트는 제너럴 모터즈 사와 포드 사의 잇단 공장 폐쇄로 유령도시가 되다시피 했고 미국 내 마지막 TV제조공장을 운영하던 지너스 사도 결국 문을 닫고 말았다. 그러하던 미국경제가 불과 10년 사이에 불사조처럼 다시 살아나 일본을 완전히 따돌리고 세계를 주도하는 경쟁력을 갖게 된 원인은 무엇인가?

첫째는 자본주의 원리에 입각한 자유로운 경쟁시장이 존재한다는 사실이다. 미국에서는 누구라도 일한 만큼 수확을 거둘 수 있다. 남다른 아이디어를 갖고 진취적인 기업가정신을 발휘하여 경쟁에서 승리한다면 사업가로 크게 성공할 수도 있다.

둘째는 탄탄한 사회간접자본이다. 세계 최고수준의 반도체, 정보통신 등 과학기술 기반 위에서 미국기업들은 신제품을 끊임없이 개발하고 생산한다. 대학교육도 세계 어느 나라보다 잘 갖추어져 있어, 고도로 훈련되고 첨단기술을 습득한 전문경영자와 기술자들을 끊임없이 배출하고 있다.

세 번째 원인은 정부의 경제정책에서 찾을 수 있다. 미국정부는 1970년대에 잘못된 거시경제정책을 추진했다. 큰 정부, 즉 복지증진과 실업해소를 위한 인위적인 지원정책을 쓴 것이다. 그 결과 세입보다 지출이 많아졌고 대규모 재정 적자가 발생했다. 이와 함께 높은 물가상승, 투자자본 부족, 금리상승을 경험했다. 그러나 1980년대에 이르러 정부가 거시경제정책을 바로잡고 일본을 비롯한 해외로부터의 투자자금이 유입되면서 미국 경제는 되살아나기 시작했다. 작은 정부, 즉 균형예산과 엄격한 통화관리로 물가가 안정되고, 경제성장률이 회복된 것이다.

그러나 가장 중요한 원인은 미시경제 차원에서 일어난 변화이다. 특히 근본적인 변화는 기업지배구조에서 일어났다. 10여 년 전까지만 해도 미국기업의 전문경영자들은 어느 누구의 통제도 없는 가운데 소위 '경영자 천국'을 구가했다. 그 결과 기업은 투하자본의 효율성을 극대화하는 것보다 경영자의 개인적 욕구를 달성하는 수단으로 사용되었다.

1980년대부터 자본시장과 소액주주들은 이러한 기업경영의 문제점을 깨닫고 전문경영자에 대한 감시기능을 강화했다. 이사회에서는 사외이사가 주도적인 위치를 차지하여 사장을 비롯한 내부 경영자들을 보다 적극적으로 감독하기 시작하였다. 경영자에 대한 보상 역시 정액 연봉을 최소한으로 낮추는 대신 주식 옵션에 비중을 두어 이들이 경영성과를 높이는데 노력을 집중하도록 유도했다. 그 결과 미국 경영자들은 생산성을 증대하기 시작했다. 품질을 개선하고 불량률을 줄이는 전사적 품질경영, 효율성이 낮은 근로자를 해고하고 조직을 슬림화하는 다운사이징 등이 도입되었다. 이로서 1979~95년 사이에 총 노동인구의 31%에 해당하는 4,300만 명이 직장을 잃었으나, 그 결과 미국기업의 생산성은 일본 수준을 넘어 세계 제일의 위치를 차지하게 되었다.

이 과정에서 대기업에서 해고당한 근로자들은 창업을 시작했다. 한 기업의 감원에서 수십, 수백 개의 신규기업이 생겨난 것이다. 치열한 다운사이징은 실업자를 양산한 것이 아니라 오히려 실업률을 낮추고 미국 경제에 역동성을 부여했다. 그리하여 미국 경제는 대기업으로부터 창업기업, 벤처기업, 중소기업으로 무게중심을 옮겨갔다. 사회에 첫 발을 내딛는 대학졸업생들의 목표도 이제는 안정된 대기업에 취직하는 것이 아니라 자기 사업을 시작하여 30세가 되기 전에 백만장자가 되는 것으로 바뀌었다. 어느 경영대학원에서는 졸업동기생 가운데 사업으로 가장 먼저 백만달러를 버는 사람에게 상을 준다고 한다.

10년 전이던 80년대말 만해도 우리들은 미국경제와 한국경제가 다르다고 생각했다. 어떤 경제정책이 미국에서 효과를 나타냈다고 해서 이를 한국경제에 그대로 적용할 수는 없다고 믿었다. 그러나 이제 그런 말을 하는 사람은 없다. 한국기업은 세계시장에서는 물론, 한국시장에서도 미국기업과 1대 1로 치열한 경쟁을 벌이고 있다. 미국기업의 생산성 수준에 미달한 한국기업이 버틸 수 있는 시장은 어디에서도 찾아 볼 수 없다. 더구나 IMF 긴급융자에 의존하고 있는 오늘의 총체적 경제난국은 우리에게 내부로부터의 변화를 강요하고 있다.

한국은 세계 최고수준의 경쟁력을 가진 미국을 벤치마킹 해야 한다. 공평하면서도 자유로운 시장을 만들고, 과학기술로 탄탄한 기반을 갖추며, 정부를 작게 해야 한다. 투명한 기업지배구조를 확립하여 대주주나 경영자 개인을 위한 기업이 아니라 모든 주주를 위한 기업, 생산성을 갖춘 기업을 만들어야 한다. 인력시장에 유연성을 도입하여 창업의 열기가 온 나라를 뒤덮는 신나는 기업환경을 만들어야 한다.

비록 IMF구제금융을 받은 신세로 전락한 한국경제이지만, 그렇다고 해서 여기에서 주저앉을 수는 없지 않은가? 이제 다시 한번 전세계를 무대로 우리의 창의력과 근면성, 신바람을 발휘해보자. 후손에게 선진조국을 물려줄 책임이 우리에게 있지 않은가?

〈한국경제신문, 1998. 2. 3〉

기업지배구조와 글로벌 스탠다드

1980년대에 미국에서 경영학을 공부한 후배교수로부터 다음과 같은 얘기를 들었다. 미국 교수들은 강의시간 중에 "미국기업에서는 이런 방식으로 해서 많은 문제를 야기했고, 일본 기업에서는 저런 방식으로 해서 경쟁력이 강해졌다" 하는 식으로 일본 칭찬 일변도의 설명을 늘어놓는다는 것이다. 그리고는 의례 수많은 학생들 사이에 한둘 섞여 앉아 있는 일본 학생 앞에 가서 "내 강의내용이 과연 맞느냐?" 하고 공손히 물어본다는 것이다. 그러면 일본 학생들은 기다렸다는 듯이 서투른 영어로 이러쿵저러쿵 얘기하고, 미국교수는 고개를 끄덕여가며 감동하는 표정을 짓는다는 것이다. 그럴 때마다 후배교수는 부럽기도 하고 질투심도 나는, 미묘한 감정을 느꼈다고 한다.

미국 경영학계에서 유행하던 젠(Zen), 카이젠(Kaisen), 게이레쯔(Geiretsu) 등의 용어가 바로 선(禪), 개선(改善), 계열(系列)에 해당하는 일본어 발음에 대한 표기였던 것처럼, 미국교수들이 자존심을 버리고 기업은 물론이고 학생들로부터도 일본식 경영의 장점을 배워 자기 것으로 만들고자 했던 이러한 자세는 결국 90년대에 들어와서 미국을 세계에서 최고수준의 경쟁력을 자랑하는 나라로 만드는데 밑거름이 되었다. 이러한 미국경영자들의 자세는 건국이래 가장 심각한 경제위기를 맞이하고 있는 한국 기업의 경영자에게 시사하는 바가 크다.

기업지배구조는 선진국과 한국간에 차이가 크고, 따라서 한국 경영자들이 해외로부터 배워야 할 경영기법중 하나이다. 기업지배구조란 기업이 보유한 여러 자원에 대하여 주주, 채권자, 종업원, 공급자, 소비자, 지역사회, 지역정부 등 이해관계자 집단들이 가지고 있는 권한을 설명하는 계약관계이다. 그러나 수많은 이해관계자 집단 중에서도 누가 가장 큰 권한을 가지고 있는가에 대해서는 국가마다 견해를 달리한다. 보다 구체적으로는 4가지 유형으로 나눌 수 있다. 첫째는 주주 자본주의(shareholder capitalism) 라고 불리는 미국형으로서, 여러 이해관계자 중에서 오로지 주주의 권리만을 인정하는 제도이다. 따라서 미국에서는 경영자와 주주간의 계약이 바로 기업지배구조인 셈이다. 둘째는 이해관계자 자본주의(stakeholder capitalism)이라고 불리는 유럽형으로서, 종업원, 주주, 채권자, 지방정부, 중앙정부, 소비자 등 수많은 이해관계자들이 모두 나름대로의 권리를 주장하는 제도이다. 셋째는 종업원 자본주의(employee capitalism)이라고 불리는 일본형으로서, 여러 이해관계자 중에서도 회사를 구성하는 종업원을 가장 중시하는 제도로 사장에게는 종업원에 대한 보호가 주주나 채권자에 대한 보호보다 더 중요한 과제이다. 넷째는 소유경영자 자본주의(owner capitalism)라고 부를 수 있는 한국형으로서, 일반적으로 가장 많은 주식을 보유한 소유경영자가 절대적인 이해관계자로서 기업을 지배하는 제도이다. 한국에서 이러한 기업지배구조가 자리잡게 된 데에는 나름대로의 이유가 있다. 한국 정부는 매 5년마다 경제개발 계획을 통해 순차적으로 석유화학, 자동차, 반도체, 정보통신 등 특정 산업을 집중 육성하는 산업정책을 세우고, 이를 집행하기 위한 수단으로 기업, 특히 재벌그룹을 사용해왔다. 즉, 소유경영자가 정부 기대대로 기업을 경영하는 한 정부는 소액주주들이 감히 넘볼수 없는 절대적인 권한을 소유경영자에게 주었고, 이러한 관행이 전세계에서 유례를 찾기 어려운 독특한 지배구조로 정착한 것이다. 이로서 정부는 정부정책을 따르는 재벌기업들에게 무제한에 가까운 정책금융을 은행융자라는 형태로 제공해주었고, 그 결과 1997년 말 30대 재벌 그룹 평균 518%라는 부채비율이 보여주는 바와 같이 무절제한 자금동원 방법을 통해 파행적인 기업 자본 구조를 야기하여, 결국 IMF 위기의 원인을 제공했다.

지난 1년반 동안 한국기업은 구조조정의 소용돌이 속에서 나름대로 큰 변화를 일궈냈다. 기업매각과 분사, 워크아웃을 통해서 5대그룹재벌을 제외한 대부분의 그룹들은 이제 재벌이라는 표현을 하기가 어려울 정도로 사업내용이 단순화되었다. 그리고, 사외이사제도를 도입하여 미국형의 기업지배구조를 도입하기 위한 발걸음을 내딛었다. 그러나 사외이사의 선정과 제도의 운영에 있어서는 아직도 사외이사제도가 추구하고있는 소액주주의 보호라는 목적을 달성하지 못하고 있는 것이 현실이다. 이제 우리는 앞에서 언급한 미국교수들처럼 우리가 잘 못하고 있는 것에 대해서는 이를 솔직히 인정하고 다른 나라에서 잘하고 있는 것을 빨리 배워, 이를 우리 것으로 만들어야 한다. 그리고 이러한 기반 위에 다른 나라 기업이 가지고 있지 못한 한국 고유의, 그러나 외국의 관행과도 어긋나지 않는, 경영방식을 접목하여 세계경쟁력을 창출해 나가야 한다.

〈한국경제신문, 1999. 4. 15〉

읽을거리

주한 외국인 투자 기업

1. 현황[1]

산업자원부에서 발표한 「2001년 외국인 투자실적 및 2002년 전망」에 따르면, 2001년 말 현재 주한 외국인 투자 기업은 11,515개 사로 1997년의 4,419개 사와 비교하여 약 2.6배 증가하였다.

〈표 1〉
연도별 주한 외국인 투자 기업 수

연 도	주한 외국인 투자 기업 수
1997년	4,419개
1998년	5,139개
1999년	6,491개
2000년	9,420개
2001년	11,515개

주한 외국인 투자 기업들의 국내 투자 규모도 지난 1999년 155억 달러를 기록한 이래 2001년까지 3년 연속 100억 달러를 넘는 성장세를 유지하고 있다.

1) 산업자원부 홈페이지(www.mocie.go.kr) 참조

〈표 2〉
연도별 주한 외국인 투자 기업 투자액

연 도	외국인투자기업 국내 투자액
1962년~1997년	246억불
1998년	89억불
1999년	155억불
2000년	157억불
2001년	119억불

이러한 주한 외국인 투자기업의 투자는 전략적 제휴, 기투자기업의 증액 투자, M&A 및 기업구조조정 부문에서 활발히 이루어지고 있다.

2001년 현재 전략적 제휴는 전자(LG와 필립스간의 CRT 사업부문 합작)와 자동차 분야(현대자동차와 다임러크라이슬러의 중대형 상용차 부문 합작 등)에서, 그리고 기투자 기업의 증액 투자는 전자(한국HP, 시스코 시스템, 동부 전자 등), 유통(한국 까르푸, 월마트 등) 및 금융 부문(알리안츠 제일생명 등)을 중심으로 전개되고 있다.

또한 M&A는 전자상거래(e-Bay의 옥션 인수 등), 화학(Reckitt의 옥시 인수 등) 및 금융 부문(프루덴셜의 영풍생명 인수 등)에서 그리고 기업 구조조정을 위한 외자 유치는 각 개별기업들(두산의 OB 맥주 지분 매각, 해태의 해태제과 매각, LG의 LG 에너지 · LG 파워의 지분매각 등)을 중심으로 전개되고 있다.

이와 더불어 주한 외국인 투자 기업 종사자도 매년 큰 폭으로 증가하고 있다. 노동부 통계에 따르면, 2001년 말 현재 공식 등록된 2000개 주한 외국인 투자 기업 종사자는 20만 300명이다. 하지만 산업자원부는 1만개에 달하는 주한 외국인 투자 기업 종사자 규모를 100만 명이 넘을 것으로 추정하고 있다.

실제로 1999년 현재 외국인 투자 기업이 한국 수출의 15%, 무역흑자의 20% 이상을 차지할 정도로 주한 외국인 투자 기업이 한국 경제에서 차지하는 비중이 날로 커지고 있다.

다음 〈표-3〉은 1999년 매출액 기준으로 상위 10대 주한 외국인 투자기업을 나타내고 있다.

〈표 3〉
1999년 매출액 상위 10대 주한 외국인 투자기업

(단위 : 백만원)

순 위	업 체 명	1999년 매출액
1	노키아티엠씨	1,695,864
2	모토로라코리아	1,144,793
3	한국휴렛팩커드	897,100
4	한국바스프	784,676
5	한국IBM	612,300
6	한국소니전자	504,478
7	텍사스인스트루먼트	472,904
8	칩팩코리아	413,172
9	애그리브랜드퓨리나코리아	347,037
10	듀폰	313,485

2. 주한 외국인 투자 기업을 바라보는 시각

이러한 상황에서 주한 외국인 투자 기업에 대한 긍정적인 시각과 함께 부정적인 우려가 공존하여 왔다.

긍정적인 시각에서는 선진 경영기법의 도입으로 제품과 서비스의 경쟁력이 강화되고 기술력이 향상되며, 외국인 투자 확대로 인해 외환 보유고가 증가되고 고용이 증대된다고 본다. 또한 수출 증대로 인한 무역 수지 개선으로 국내 경제 성장의 밑거름이 된다는 것이다.

부정적인 시각에서는 주한 외국인 투자 기업이 지나치게 본국의 실리와 이익만을 추구하여 국내 자본을 국외로 유출시키고 국내 시장을 잠식하여 국내 기업의 경쟁력 약화와 기술 의존도 심화를 초래한다고 본다. 이러한 이유로 인해 국내 경제가 외국에 경제적으로 예속될 가능성이 커지게 되는 점을 우려하지 않을 수 없다.

3. 주한 외국인 투자 기업을 바라보는 시각의 변화

한국외국기업협회가 2001년 11월 29일부터 12월 3일까지 전국 5대 도시에서 20~59세 남녀 1000명을 대상으로 실시한 「외국기업에 대한 국민의식 조사」 설문을 살펴 보면, 외국기업의 국내 진출에 대한 일반인들의 시각이 많이 달라지고 있음을 알 수가 있다.

국내 진출 외국기업에 대한 선호도 조사에서 조사대상자의 61.8%가 선호한다고 답했으며 연령이 낮을수록 외국기업을 한국경제의 동반자로 인식하는 성향이 높게 나타나 외국기업에 대한 이미지가 갈수록 개선되고 있음을 알 수 있다.

또한 조사대상자의 71%는 외국기업이 우리경제 발전에 크게 기여하고 있다고 생각하며 외국기업이 우리 경제에서 차지하는 비중이 더욱 커질 것으로 보는 이가 전체의 79%에 이르고 있다.

국내 진출 외국기업에서 일하는 것이 국내기업에서 근무하는 것보다 좋다고 생각하느냐는 물음에는 전체의 52.6%가 외국기업 근무를 선호한다고 답한 반면 국내기업을 선호한다는 답은 그 절반인 24.1%에 불과했다.

4. 주한 외국인 투자 기업의 특징

실제로 국내 기업과 구별되는 주한 외국인 투자 기업의 특징을 살펴보면 다음과 같다.

1) 동기부여가 분명한 인사 시스템

개개인의 능력에 따라 공정하게 업무 성과를 평가하고 보상하는 인사 시스템(인센티브 시스템, 연봉제 등)을 통해 구성원들이 철저하게 동기부여된다.

2) 능력과 실적이 좋은 인재를 특별 관리

지도력과 탁월한 기획력, 대외 관계가 좋은 직원은 차기 CEO감으로 육성되어 이들은 회사가 경력이나 학력을 관리해 준다. 즉 체계적인 교육을 통해 개인의 능력을 끊임없이 향상시키는 것이다.

3) 개인의 성장 잠재력을 중요하게 여김

성장 잠재력이 큰 인재일수록 시장 변화에 유연하고 능동적으로 대처할 수 있다. 해당 분야 지식이 부족해도 상황 적응력이 뛰어나다면 성장 가능성이 높다고 판단한다.

4) 보다 나은 근무환경의 제공

일반적으로 격주 토요 휴무제를 실시하고 있는 국내 기업과는 달리 외국기업은 주 5일 근무제를 시행하고 있어 직원들이 자기 계발을 할 수 있는 여건이 마련되어 있다. 뿐만 아니라 결재 체계가 간소화되어 있고 직급에 따라 업무가 명확하게 나뉘어져 있으며 각종 의료비와 휴가 등을 지원하는 복지 시스템이 신축성 있게 운영되고 있다.

5) 세계적인 네트워크의 구축

다국적 기업들이 세계 각국에서의 경영활동을 통해 합리적이고 진취적인 기업경영 기법을 보유하고 있어 세계적 규모의 영업활동이나 경영기법을 배울 수 있다. 또한 외국 경영인들과 함께 일하면서 국제적인 분위기를 익힐 수 있다.

6) 채용시 출신배경과 여성에 대한 차별이 적음

실제로 국내기업들은 신입사원을 뽑을 때 나이, 성별, 출신 대학을 크게 고려하는 경향이 있다. 그러나 외국기업은 이러한 조건들보다는 취업희망자의 능력을 우선한다. 또한 출산으로 인한 휴가나 휴직제도 역시 유급으로 보장하는 등 여성이 근무하기에 보다 유리한 환경을 제공한다. 그 외 결원이 생기면 수시로 채용하는 것이 일반적이다.

실제로 앞서 소개된 설문 조사에서 외국기업을 선호하는 이유로 고임금과 연봉제(30.0%), 근로조건과 대우가 좋아서(16.4%),근무환경과 복리후생이 좋아서(14.1%), 능력과 성과에 대해 높이 평가해 주기 때문에(10.9%)이라는 응답이 많았다.

그러나 아무리 외국기업이라도 대부분의 직원은 한국 사람으로 구성되어 있기 때문에 한국 사회의 문화와 확연히 구분되는 전혀 다른 별개의 기업문화를 가지고 있는 것은 아니다. 대부분의 다국적기업들은 본사의 경영 전략을 따르되 현지국의 실정에 맞게 기업을 운용하므로 본사의 기업문화와 현지국의 문화가 융화되어 그 기업만의 독특한 문화를 형성하게 되는 것이다.

다시 말해서 다른 기업들과 구별되는 그 기업만의 특징을 결정하는 것은 본사의 국적 문제라기보다는 그 기업 각각의 문제인 것이다. 따라서 외국기업이니까 무조건 좋을 것이라는 막연한 선입견에서 벗어나 보다 객관적인 관점에서 개별 외국기업을 바라볼 수 있는 시각을 가져야 할 것이다.

제 6 부

경영혁신론

제 18 장

경영혁신론

기업은 어떻게 새로운 가치를 창출하는가?

끓는 물 속의 개구리가 되지 마라. 조직에 변화의 필요성을 일깨워주는 일은 경영혁신에서 가장 고통스럽고 힘든 부분이다. 혁신을 추진하는 지도자는 조직의 현재 상태에 충격을 가함으로써 경영혁신을 위한 감성에너지(emotional energy)를 불러일으켜야 한다.

– 잭 웰치 –

PRINCIPLES OF MANAGEMENT

제 1 절 경영혁신의 의의[1)]

1. 개념

'경영혁신' 이라는 단어는 경영과 혁신이라는 두 단어의 합성어이다. 우선 각각의 낱말이 지니는 본래 의미를 살펴보자.

경영을 어떻게 전개하는가 하는 '경영방식' 은 학자에 따라 다른 몇 가지의 요소로 나누어 설명되어 왔다. 일반적으로 경영방식은 계획(planning), 조직(organizing), 지령(commanding), 동기부여(motivating), 통제(controlling), 조정(coordinating), 충원(staffing), 기타(others) 활동으로 구성되어 있는데, 학자들의 견해를 종합하여 그 공통점을 찾아보면 크게 P-D-S, 즉 사전적 활동(plan)-현장 활동(do)-사후적 활동(see)의 과정으로 정리할 수 있다.

또한 사후적 활동은 다음 경영의 사전적 활동에 대한 기초가 된다는 점에서 연결고리를 이룬다. 이러한 의미에서 경영이란 여러 가지 경영요소가 수평적으로 분화되어 일어나는 활동이 아니라 이러한 경영요소들의 동태적 결합으로 이루어진 과정이라고 볼 수 있다(〈그림 18-1〉 참조).

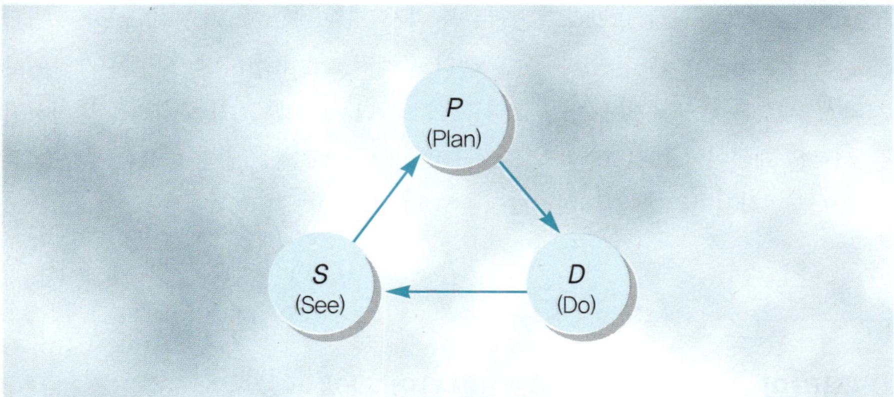

〈그림 18-1〉
경영의 3요소

1) 조동성 · 신철호, 『14가지 경영혁신기법의 통합모델』, 아이비에스, 1996에서 수정인용.

한편, 혁신(innovation)이란 쉽게 말해서 '새로운 것들'을 의미한다. 슘페터의 말을 빌려 교과서적으로 정의하면 '이용가능한 여러 가지 사물이나 힘의 결합방식을 변경하여 새로운 상품의 발명, 새로운 생산방법의 도입, 시장개척, 새로운 자원개발 및 조직개혁 등을 가져오게 하는 것'으로서 흔히 '신결합(new combination)'이라고 한다.

그런데 슘페터는 기존방식에서 출발하여 점진적인 변화를 통해 새로운 방식에 도달하는 지속적인 개선에는 큰 가치를 두지 않았다. 신결합은 비연속적으로만 나타날 수 있는 것으로써 발전을 위한 독특한 조건을 만들어낸다고 하면서 신결합이야말로 창조적 파괴를 통한 경제발전의 원동력이 된다고 하였다.

전통적인 대량생산체제의 목표는 생산성 향상이었다. 표준화를 통한 생산성 증대로 인하여 기업들은 시장점유율을 키울 수 있었으며 가격경쟁으로 이윤을 향유할 수 있었다. 이러한 체제는 혁신을 창출하는 경영풍토로는 적합하지 않다. 왜냐하면 혁신을 위해서는 당사자들에 대한 시간적 · 수량적인 제약을 완화해야 하고 기존의 가치관이 지니는 구속으로부터 해방시켜 줄 필요가 있기 때문이다. 이러한 의미에서 혁신적 경영풍토의 조성을 위해서는 첫째, 새로운 아이디어를 이끌어 낼 수 있는 창조성, 둘째, 참가자가 다양하게 행동할 수 있는 자율성, 셋째, 정형화된 관성을 파괴할 수 있는 유연성 등이 필요하다

사실상 오늘날의 혁신은 기획 · 연구개발 부문에서만 맡고 있는 전문직능이 아니라 아이디어 형성에서 사업화에 이르기까지 각종 관련부문과 조직계층간의 인적접촉 및 물적공유를 통해 이루어진다. 따라서 참가자들의 정보공유와 상호학습은 복합화되고 있는 조직혁신에 불가결한 요소가 되고 있다.

이상을 종합해 볼 때, 경영혁신이란, 조직의 목적을 달성하기 위하여 새로운 생각(idea)이나 방법(method)으로 기존업무를 다시 계획(plan)하고 실천(do)하고 평가(see)하는 것이라고 할 수 있다. 이를 좀더 구체적으로 표현하면, 새로운 제품이나 서비스, 새로운 생산공정기술, 새로운 구조나 관리 시스템, 조직 구성원을 변화시키는 새로운 계획이나 프로그램을 의도적으로 실행함으로써 기업의 중요한 부분을 본질적으로 변화시키는 것을 의미한다.

2. 전략의 수립 및 실행과 경영혁신의 관계

경영혁신은 의도된 전략과 실현된 전략의 갭(gap)을 최소화시키는 토대역할을

수행한다. 즉 당초 계획한 전략적 의도를 실현시키기 위해서는 경영혁신이 뒷받침되어야 하는데, 이는 다음과 같은 경우에 특히 그러하다.

먼저 전략을 수립하고 수립된 전략을 의도한 대로 실행하기 위해 조직의 체질을 바꿀 필요가 있을 때 경영혁신이 필수불가결하게 일어나게 된다. 이 경우 경영혁신은 기업이 우선적으로 중요하다고 생각되는 한 요소에 집중하여 문제를 해결하고 그 다음 다른 요소의 문제점을 해결해 나가도록 하는 유연성도 가질 수 있게 한다.

또 기업이 원하는 전략적 목적을 달성하지 못하고 있는 경우에도 경영혁신이 필요하다. 예컨대, 시장점유율 1위를 목표로 하는 회사가 만년 2~3위 수준에서 멈춘다면 지금까지 사용해 오던 경영방식을 버리고 혁신적인 방식을 도입할 필요가 있다. 이 외에도 기업이 새로운 전략목표를 추구하거나 기업환경이 급변하는 경우에도 경영혁신이 필요하게 된다.

이처럼 수립된 전략을 의도한대로 수행하기 위해서는 그 기반으로써 경영혁신이 뒷받침되어야 할 필요가 있으며, 이 경우 바람직한 혁신 프로세스를 보면 (〈그림 18-2〉 참조)같다. 먼저, 기업의 장기전략을 수립한 후 혁신의 방향을 도출하여 체질혁신 목표를 명확히 한다. 그리고 이러한 혁신 목표에 맞는 적절한 혁신기법을 선택하여 단계적으로 추진해 나가야만 한다.

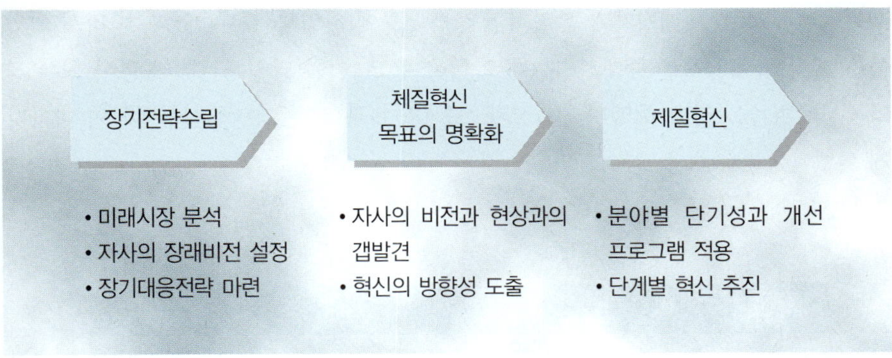

〈그림 18-2〉
바람직한 혁신 프로세스

제 2 절 경영혁신기법의 이해

1. 경영혁신기법의 역사

경영혁신기법은 시대의 흐름에 따라 새롭게 등장하고 사라진다. 1960년대부터 현재에 이르기까지 수많은 경영혁신기법들이 당대 기업들이 처한 상황을 반영하여 나타났다. 각 시기별로 이러한 경영혁신기법들이 등장하게 된 배경과 그 내용에 대해 간략히 살펴보도록 하자.

(1) 1960~1970년대

1960~1970년대는 제2차 세계대전과 한국전쟁, 월남전, 제 1~2차 석유위기 등 우여곡절을 겪은 세계경제가 본격적인 성장궤도에 진입하던 시대였다. 따라서 기업들은 제각기 매출액을 증대시키는데 목적을 두고, 이를 달성하는데 도움이 되는 경영혁신기법들을 찾아 헤맸다. 그 결과 〈표 18-1〉과 같은 경영혁신기법들이 나타나게 되었다.

〈표 18-1〉
80년대 이전의
경영혁신 기법

기 법	내 용
경험곡선(EC) (experience curve)	대량생산을 통해 시장점유율을 높이고자 할 때, 이의 판단근거를 마련해 주는 기법
전략사업단위조직(SBU) (strategic business unit)	제한된 자원을 전략적으로 성장유망산업에 집중시키는 기법
제품포트폴리오 매트릭스(PPM) (product portfolio matrix)	성숙사업, 성장사업, 미래사업 등으로 사업균형을 유도하는 일명 BCG(Boston Consulting Group) 매트릭스라고 불리는 기법

(2) 1980년대

1980년대에 와서는 미국 레이건 행정부가 공급위주의 경제정책을 채택하면서 세율을 낮춤에 따라 증권시장에서 단기이익을 노리는 인수 · 합병이 빈번하게 일어났다. 이같은 상황에서 경영자들은 성장성 대신 수익성을 새로운 목표로 삼게 되었고, 〈표 18-2〉와 같은 경영혁신기법들이 태동하였다.

〈표 18-2〉
80년대의 경영혁신기법

기 법	내 용
재무리스트럭처링(FR) (financial restructuring)	약탈적인 기업인수자(corporate raider)로부터 기업을 보호하기 위해 의도적으로 부채비율을 높이는 기법
전사적 품질경영(TQM) (total quality management)	모든 종업원의 참여속에 원가절감과 품질개선을 추구하는 기법
적시생산시스템(JIT) (just-in-time)	공장에서 부품업체의 협력을 통해 재고비용을 줄이는 기법
경쟁전략(CS) (competitive strategy)	전략사업단위를 중심으로 경쟁기업의 행동에 대응하여 자신이 속한 산업구조에서 독점적 수익성을 확보하는 기법
정보시스템다운사이징(DS) (information system downsizing)	컴퓨터시스템을 분산시켜 비용을 줄이고 효율성을 높이는 기법

그러나 이 시기에 미국 경영자들은 지나치게 단기적인 이익만을 추구하는 재테크에 몰두하면서 자동차, 전자, 기계 등 거의 모든 제조업에서 일본과 독일기업에게 우위를 빼앗기는 결과를 초래하였다.

(3) 1990년대

1990년대에 들어오면서 미국경영자들은 각성을 하게 되었다. 그리하여 보다 장기적으로 경쟁력을 향상시키기 위해 노력했다. 이에 따라 〈표 18-3〉과 같은 새로운 기법이 도입되기 시작했다.

〈표 18-3〉
90년대 경영혁신기법

기 법	내 용
시간기준경쟁(TBC) (time-based competition)	시간을 최대한 효율적으로 활용하는 기법
벤치마킹(BM) (benchmarking)	세계 최고수준의 경쟁력을 갖추기 위한 기법
조직다운사이징(DS) (organizational downsizing)	인력과 시간, 비용을 과감하게 줄이는 기법
아웃소싱(OS) (out-sourcing)	핵심능력이 없는 부분은 과감하게 떼어내어 외주로 돌리는 기법
리엔지니어링(RE) (reengineering)	고객만족을 전제로 경영프로세스를 혁신적으로 단축하는 기법
비전 만들기(VM) (vision making)	무한한 미래를 향하여 진정으로 원하는 바를 마음껏 펼치는 기법

이같이 지난 30여년간 기업경영자들이 사용해 온 경영혁신기법들 중에는 객관적 타당성과 일반적 적용성이 입증되어 경영학 교과서에 일반이론으로 소개된 기법도 있고, 잠시 유행하다가 유성처럼 사라져버린 기업도 있다. 또한 이러한 기법들 중에는 이미 사용되고 있던 기법보다 더 좋은 성과를 내어 이를 대체한 것도 있고, 이미 사용되고 있던 기법과 어우러져 더 큰 효과를 내는 보완적인 것도 있다.

2. 경영혁신기법의 특징

실천적 수단으로서 기업이 선택할 수 있는 경영혁신기법에는 경험곡선(experience curve), 품질관리(quality control), 전략사업단위(strategic business unit), 기업문화(corporate culture) 등 20여년 전부터 소개되어 널리 보급된 것도 있고 리스트럭처링(restructuring), 다운사이징(downsizing), 벤치마킹(benchmarking), 리엔지니어링(reengineering)과 같이 최근에 도입되어 그대로 사용되는 것도 있다. 이들 여러 가지 경영혁신기법은 제각기 다른 목적과 효과를 추구하지만 다음과 같은 세 가지 면에서 공통점이 있다.

첫째, 시대에 따라 유행하는 경영혁신기법이 달라진다는 점이다. 저명한 경영학자인 피터 드럭커 교수는 "경영자는 15세 소녀와 같이 유행에 민감해서 다른 회사들이 새로운 경영혁신기법을 사용하는 것을 보면 이를 자기 회사에도 적용하고 싶어한다"고 지적한 바 있다.

둘째, 경영혁신기법이 비록 유행을 타면서 나타났다 사라지지만, 각 기법은 그 당시 경영환경을 반영한다는 점이다.

셋째, 이 세상에 만병통치약과 같은 경영혁신기법은 없다는 점이다. 소화제를 머리 아픈데 쓸 수 없듯이 기업마다 추구하는 목적과 당면한 문제점, 그리고 내부능력과 조건이 다르다.

따라서 한 기업에서 성공적으로 사용된 경영혁신기법이 목적과 당면문제, 그리고 내부능력이 다른 기업에서도 같은 효과를 내리라는 보장은 없다. 그러므로 경영자는 어떤 기법을 선택할 것인가를 신중하게 판단해야 한다.

제 3 절 경영혁신기법의 활용

우선 경영혁신기법은 실제 경영활동, 즉 프로세스를 변화시키는 기법(아래 그림에서 사각형 안)과 경영활동이 일어나는 장을 변화시키는 기법(아래 그림에서 사각형 밖)으로 나눌 수 있다. 경영활동을 다루는 기법은 다시 생산, 마케팅 등 특정 기능분야에서 활용되는 기법과 특정 제품이나 특정 시장 등 단위사업부에서 활용되는 기법, 그리고 이들 사업부를 전체적으로 조정 · 운영하고 있는 기업전반에 적용될 수 있는 기법으로 나누어진다.

이들 기법은 다시 경영의 내용에 따라 계획, 실행, 평가로 나눌 수 있다. 그리고 이 세 가지 분류기준을 조합하면 〈그림 18-3〉과 같은 모습이 나타난다.

〈그림 18-3〉
경영혁신기법의 분류체계

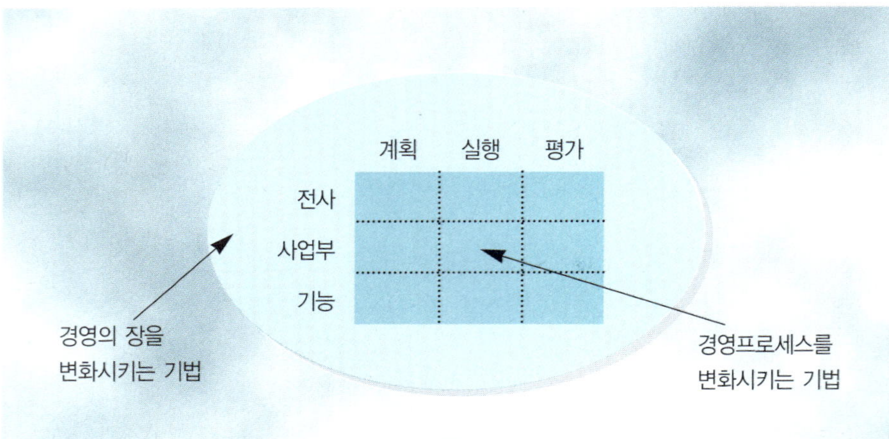

또한 이 그림에 그동안 기업들이 사용해 온 경영혁신 기법을 배치시키면 경영혁신 기법의 통합모델 〈그림 18-4〉가 만들어진다. 경영자는 기업이 추구하는 목적과 적용하고자 하는 대상범위에 따라 〈그림 18-4〉에 있는 여러 가지 기법 중에서 적절한 것을 취사선택할 수 있다.

〈그림 18-4〉
경영혁신 기법의 통합모델

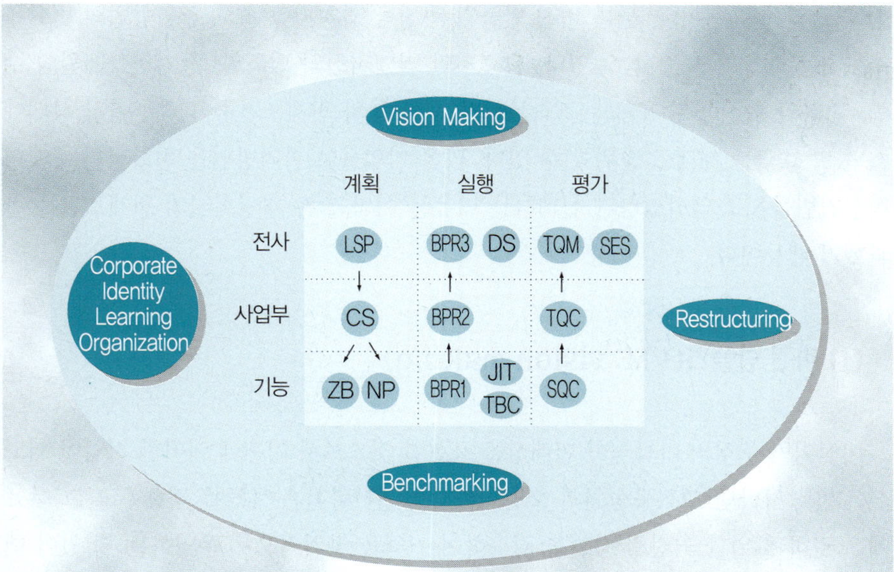

BPR1:Cost Improvement BPR, BPR2; Competitive BPR, BPR3; Break-Point BPR, CS; Competitive Strategy, DS; Downsizing, JIT; Just-In-Time Manufacturing, NP; New Personnel System, SES; Strategy Evaluation System, LSP; Long Strategy Planning, SQC; Statistical Quality Control, TBC; Time-Based Competition, TQC; Total Quality Control, TQM; Total Quality Management, ZB; Zero-based Budgeting.

그림에서와 같이 경영혁신기법들은 경영활동의 장을 변화시키는 비전 만들기(VM), 리스트럭처링(RS), 학습조직(LO), 기업 아이덴티티(CI), 벤치마킹(BM)과 경영 프로세스 자체를 변화시키는 기법인 장기전략계획(LSP), 경쟁전략(CS), 영점기준예산(ZB), 신인사제도(NP), 리엔지니어링(RE), 다운사이징(DS), 시간기준경쟁(TBC), 전사적 품질경영(TQM), 전략평가시스템(SES) 등으로 구분할 수 있다.

1. 경영의 장을 변화시키는 기법들

비전 만들기(VM), 리스트럭처링(RS), 학습조직(LO) 및 기업 아이덴티티(CI), 벤치마킹(BM)은 기업 전반에 영향을 끼치며, 경영활동 가운데 특정부문에 영향을 끼친다기보다 경영 프로세스 조건을 변화시키는 근본적인 경영혁신기법에 속한다.

이 중에서도 비전 만들기(VM)는 혁신의 실천을 위한 전제조건이 되는 동시에 혁신 과정의 첫단계이다. 물론 비전 만들기 과정을 거치지 않고도 관리방법의 변화를 추구하는 기법을 도입할 수 있다. 그렇지만 기업비전의 명확화, 장기전략계획의 수립, 변화와 혁신을 수용하는 조직분위기 형성 등의 전제조건들이 갖추어진 상태에서만 그 효과를 제대로 발휘할 수 있다. 많은 기업들이 관리방법을 변화시키는 경영혁신기법들을 도입하였다가 실패하는 이유는 이와 같은 경영혁신의 전제조건을 간과했기 때문이다.

(1) 비전 만들기(VM; vision making)

비전이란 조직의 바람직한 미래상을 표현한 것으로서 미래에 어떠한 기업이 되고 싶은가를 나타낸 조직구성원의 소망이다. 이러한 비전은 목표를 정해주고 그 목표에 도달하기 위한 최선의 방법을 결정하여 기업을 장기적으로 운영하는 데 있어 핵심적인 역할을 한다.

비전이 있는 기업과 없는 기업의 차이는 원대한 이상을 품고 삶에서 이를 추구하는 사람과 하루하루 아무 생각없이 살아가는 사람의 차이와 같다. 비전을 뚜렷이 갖고 장기간에 걸쳐 지속적으로 이를 추구하는 기업만이 뚜렷한 성과를 성취할 수 있다.

NEC 고지 고바야시 회장의 비전

NEC 회장이었던 고지 고바야시는 대형컴퓨터가 시장을 주도하던 1970년대에, 미래에는 소형컴퓨터를 통한 의사소통이 중요할 것이라고 예측하였다. 그리하여 컴퓨터통신(Computer & Communication:C&C)이라는 비전 즉, 컴퓨터를 통해 정보가 교환되는 사회를 만들자는 방향을 제시했다. 그의 주장에 따라 NEC는 인간의 생활 및 행동양식을 변혁시킬 새로운 제품을 추구하자는 C&C 비전을 추구하였다. 그 결과 NEC는 통신장비, 컴퓨터, 반도체 등 세 분야에서 모두 세계 5대기업 가운데 드는 유일한 회사가 될 수 있었다. 그리고 이제는 다시 '수퍼경영21'이라는 21세기를 향한 새로운 비전을 내놓고 이를 위해 노력하고 있다.

자료: 조동성 · 신철호, 『14가지 경영혁신기법의 통합모델』, 아이비에스, 1996.

근래 들어 비전 만들기가 더욱 각광받고 있는 이유는, 환경의 불확실성이 증가되면서 분석일변도적인 태도로부터 직관이 중시되고, 안정적 환경 아래서 형성된 패러다임에 전환이 필요하게 되었기 때문이다. 위기상황에 직면한 기업이 원대한 비전을 가진 경영자에 의해 위기를 모면했을 뿐만 아니라 커다란 성공을 거두고 앞서 나아가게 된 사례는 도처에 있다.

소니, 아지노모토, 아사히 글라스

대부분 기업의 기본전략은 성장을 추구하는 것이라 할 수 있는데, 비전을 설정하는 것은 새로운 사업으로의 진출을 내포하고 있을 수도 있다. 소니의 경우, 비전을 오디오, 비디오기기 제작사에서 종합오락그룹(total entertainment group)으로 바꾸었기에 미국의 RCA사와 컬럼비아 레코드사 등을 인수하여 소프트웨어 부문으로 진출할 수 있었다. 아지노모토와 아사히 글라스도 각각 비전을 종합식품회사에서 소프트한 종합생활기업으로, 최고품질의 유리제조회사에서 행동적이고 글로벌한 회사(AGC;active global corporation)로 바꾸었기에, 조미료와 유리라는 단일 사업품목에서 생명과학, 의약(아지노모토), 주택설비(아사히 글라스) 등으로 사업구조를 재구축할 수 있었다.

자료: 조동성 · 신철호, 『14가지 경영혁신기법의 통합모델』, 아이비에스, 1996.

성공한 기업의 경영자들이 위기를 오히려 기회로 바꿀 수 있었던 것은 확고한 비전이 있었기 때문이다. 비전이 문제를 해결해 주는 방법 그 자체는 아니나 확고한 비전을 가지고 목표를 향해 나아가는 기업은 어려움을 헤쳐나갈 강력한 추진력을 가진다. 따라서 비전 만들기는 기업에게 있어 경영혁신의 종점이 아니라 출발점이다.

(2) 리스트럭처링(RS; restructuring)

리스트럭처링이란, 급변하는 국제경제환경 속에서 기업이 생존 · 성장해 나가기 위해 기업의 미래상인 '비전'을 사업구조 차원에서 구체화시키는 경영혁신기법이다. 즉, 비전이 추상적인 기업의 미래지향점이라면 리스트럭처링은 어떠한 사업구조를 통해서 비전을 달성할 것인가에 대한 해답을 제시함으로써 구체적으로 기업의 미래상을 그려내는 것이다.

리스트럭처링의 개념은 '사업다각화(business diversification)' 및 '재무리스트럭처링(financial restructuring)'과 혼동되어 사용되고 있는데, 이를 비교하여 보면, 사업다각화는 기업을 둘러싼 외부환경 분석에 입각해 새롭게 나타나는 사업 기회에 자원을 배분함으로써, 기존 사업영역의 확장을 도모하는 일상적인 기획활동의 산물이고, 재무리스트럭처링은 1980년대에 우수한 재무구조를 가진 기업이 기업사냥꾼들에 의해 인수대상으로 선택되던 것을 막기 위해 불필요한 고정자산 및 유가증권 매입, 자사주 확보, 부채규모 증대 등과 같은 방법을 통해 재무구조 내용이 외부에 노출되는 것을 막는 장치이다.

이에 반해 리스트럭처링은 기업 비전을 구체화하기 위해 계획되어지고 의도되어진, 또한 과감하고 급진적인 성격의 사업구조 조정전략으로서 사업다각화 개념이나 재무리스트럭처링과는 근본적으로 다르다. 따라서 리스트럭처링은 제시된 비전을 사업구조 차원에서 구체화하고 비전 달성을 위한 수단적 지침을 제공하는 동시에 전사적 차원에서 미래지향적 자원배분기준을 제공하는데 초점을 둔다.

Compaq과 Citicorp의 리스트럭처링

현재 세계 시장점유율 1위로 고속성장을 거듭하고 있는 Compaq사는 1990년대 초반 경쟁사들의 저가공세로 적자를 기록하며 위기를 맞았으나, 리스트럭처링에 의해 생산성을 향상시키고, 가격경쟁력을 회복해, 94년에는 92년에 비해서 매출을 2배, 이익을 무려 4배로 늘렸다. 자동차의 빅3와 반도체 회사들도 일본기업에 내주었던 시장을 되찾고 있다. 금융 등 서비스업도 예외는 아니어서, 시티뱅크의 지주회사인 시티코프(Citicorp)사의 존 리드 회장은 9만명의 종업원을 8만여명으로 줄이고, 이사 수십명을 퇴임시키는 등 대대적인 감원과 함께, 고수익 · 저위험 사업의 개발 및 확대를 통해 악화되었던 경영상황을 회복해 나가고 있다.

자료 :조동성 · 신철호, 『14가지 경영혁신기법의 통합모델』, 아이비에스, 1996.

(3) 벤치마킹(BM; benchmarking)

벤치마킹이란, 지속적인 개선활동을 지원하고 경쟁상 이점을 확보하는데 필요한 정보를 수집하기 위한 수단으로 기업의 내부 활동 및 기능, 혹은 관리능력을 다른 기업과 비교해 평가 · 판단하는 것이다.

기업의 성과는 시장에서 경쟁기업과 비교되지만 이는 기업활동의 결과물인 제품이나 서비스에 대한 평가이지 제품이나 서비스를 만들어내는 각 프로세스에 대한 평가는 아니다. 제품과 서비스를 만들어내는 각 기업의 프로세스는 비교기준이 없기 때문에 자사의 프로세스가 효율적인지를 판단할 수 없다. 따라서 기업 내부 프로세스에 경쟁개념을 도입하여 경쟁기업 프로세스와 비교하여 지속적으로 자사의 프로세스를 개선하려는 노력이 바로 벤치마킹의 본질이다.

벤치마킹을 함으로써 기업들은 크게 두 가지의 이점을 얻을 수 있다. 첫째, 경쟁적 벤치마킹의 결과로 고객의 필요를 파악하거나 해당 산업의 동태적 변화를 이해할 수 있다. 둘째, 다른 회사가 유사한 프로세스를 더 높은 성과수준에서 실행할 수 있었다는 점을 인정하게 된다. 더 나아가 우수한 회사의 예를 통하여 자사의 유사한 프로세스가 궁극적으로 달성할 수 있었던 개선목표에 대한 비전을 갖게 되며, 이와 함께 이러한 프로세스의 개선을 위해 보다 현실적이고 실현가능한 목표를 세우게 된다.

이같이 벤치마킹은 모든 경영혁신기법에 범용적으로 병행하여 사용할 수 있으며 기업활동의 기준 및 목표를 제공함으로써 계속적인 경영혁신을 지원하는 기법이다.

한편, 성공적인 벤치마킹을 위해서는 최고경영자의 지원, 벤치마킹 대상회사와의 접촉 가능성, 프로세스의 문제점과 그 근본원인을 파악하기 위한 능력을 지닌 유능한 벤치마킹팀, 꾸준한 조사와 강인한 인내력 등이 반드시 필요하다.

포드의 벤치마킹

최근 포드의 비약적인 발전은 포드의 일본 자회사인 마쯔다 자동차에서 배운 것이 많다. 포드의 경영진들은 외상매입계정을 처리하는데 500명의 직원이 매달리는 것은 지나치게 많은 숫자라고 늘 생각하고 있었다. 그러나 10명 미만의 인원으로 그 업무를 더 잘 해낼 수 있다는 마쯔다의 주장을 그들은 믿을 수 없었다. 포드의 벤치마킹 요원들은 구매 및 지불업무를 처리하는 직원들이 복잡한 사무처리, 즉 주문과 구매 송장(invoice) 발급 · 인수증 처리 등을 하는 과정에서 너무 많은 시간을 허비하고 있다는 사실을 발견했다.

마쯔다의 협조와 지도에 따라 포드는 '송장없는 구매체제'를 탄생시켰다. 아예 송장은 없애버리고 인수증이 그 역할을 했다. 포드의 구매 및 지불담당 직원은 이제 200명으로 줄었다. 이 숫자는 비례적으로 마쯔다보다는 아직도 많은 숫자이지만 크게 개선된 것이다. 그리고 더 많은 감축이 예상된다. 이제 더 이상 벤치마킹은 마음 내키지 않는다고 하지 않아도 되는 것이 아니다.

자료: PC통신 천리안 경영혁신정보, 1998. 1. 18.

(4) 학습조직(LO; learning organization)

기업문화를 변화시키는 경영혁신기법인 학습조직이란 스스로 배우는 기업을 말한다. 과거와 같이 몇몇 소수 엘리트가 조직을 이끌고 나머지 구성원은 단순 반복작업만을 해서는 다른 기업과 경쟁할 수 없기 때문에, 모든 구성원이 스스로 자유롭게 생각하고 배울 수 있는 학습능력을 갖추어야 한다. 그리고 이 같은 구성원 개인의 학습과정이 조직학습으로 기업내에 체화될 때 비로소 경쟁력을 갖춘 기업이 되는 것이다.

싱가폴항공의 사례

세계 최고의 기내서비스로 명성을 얻은 싱가폴항공의 필레이(J. Y. Pillay) 회장은 다음과 같이 말했다. "우리는 종업원을 훈련시키고 또 재훈련시킨다. 우리는 종업원을 단순히 경제적인 관점에서만 보지 않는다. 우리의 목표는 훈련과 경력개발을 통해서 종업원 개개인의 잠재력을 개발하는 것이다" 싱가폴항공의 성공요인은 연간 7,000~1억3,000만 달러의 훈련비용을 투입하여 운영하는 인적자원개발 프로그램에 있었던 것이다.

자료: 조동성 · 신철호, 『14가지 경영혁신기법의 통합모델』, 아이비에스, 1996.

그렇다면 학습조직을 만드는 바탕은 무엇인가? 이러한 학습조직은 조직구성원의 지속적인 학습을 진작시키는 기업문화를 배양함으로써 만들어져야 한다. 학습이란 개념자체가 간헐적, 일회적으로 전개되는 활동이 아니라 지속적, 반복적으로 전개되는 활동이기 때문이다.

(5) 기업 아이덴티티(CI; corporate identity)

CI 역시 기업 이미지를 형성하고 내재화시킴으로써 기업문화를 비전과 전략에 맞추어 변화시키는 기법이다. 기업 아이덴티티는 기업 정체성을 확보하자는 것으로, 끊임없이 변화하는 외부환경 속에서 기업의 존재 기반을 구축하기 위해 기업의 개성을 찾아 나름대로의 독특한 존재 이유를 설정해야 한다. 이러한 존재이유를 찾는 과정에서 기업의 사회적 역할, 기업과 종업원간의 공통목표, 비전 등을 명확히 인식하게 된다.

국내기업의 CI를 통한 경영혁신

언제부터인가 대기업의 심볼마크나 로고가 바뀌기 시작하더니 지금은 언제 그랬냐는듯 과거의 심볼마크나 로고가 사라져 버렸다. '三星' 대신 파란색 바탕에 산뜻한 글씨로 쓰여진 'SAMSUNG'이라는 심볼마크가 눈에 띄기 시작했으며, 1995년부터는 '럭키금성' 대신 'LG'가 공식적인 회사명으로 쓰이게 되었다. 한국화약그룹도 한화(HANHWA)를 회사명으로 채택하여 각종 계열사의 명칭에 적용시키고 있다. 이 밖에도 여러 기업들이 회사명을 바꾸는 작업을 계획하거나 진행중에 있다. 이러한 현상은 비단 대기업에만 적용되는 것이 아니다. '오리표싱크대'는 'ENEX'로 이름을 바꾸었으며, 같은 주방업계의 경쟁자인 한샘도 로고 및 심볼마크 등을 새로 단장하였다.

자료: 조동성 · 신철호, 『14가지 경영혁신기법의 통합모델』, 아이비에스, 1996.

CI는 적극적 커뮤니케이션 활동을 통해 자사에 대한 인식 또는 체질을 개선함으로써 보다 나은 시장환경과 경영환경을 만들어 국제경쟁에서 살아남기 위한 전략으로 정의할 수 있게 된다. 즉, CI는 전략경영을 위한 이미지 통합작업이자 적극적 마케팅 활동으로 인식할 수 있다.

2. 경영 프로세스를 변화시키는 기법

경영활동을 변화시키는 기법들인 장기전략계획(LSP), 경쟁전략(CS), 영점기준예산(ZB), 신인사제도(NP), 리엔지니어링(RE), 다운사이징(DS), 시간기준경쟁(TBC), 전사적 품질경영(TQM)은 적용대상인 조직수준에 따라 적용성이 달라지는, 관리와 업무처리의 '방법' 즉 '프로세스'를 변화시키는 기법들이다.

이들 기법들은 기능, 사업부 또는 기업 전체와 같은 특정 적용대상에 영향을 끼치며, 그 내용도 계획, 실행, 평가의 차원으로 구분될 수 있다.

(1) 장기전략계획(LSP; long-term strategy planning)

장기전략계획은 여러 이론들을 바탕으로 기업이 실제로 전략을 수립하고 실행하는 데 활용할 수 있는 계획방법으로 의의를 지닌다.

'장기전략계획'의 의미는 무엇보다 전략이라는 말과 전략계획이라는 말의 본질적인 차이를 비교할 때 명확해진다. 정태적으로 볼 때 전략이 기업활동의 목적 또는 내용이라면 계획은 수단 또는 도구라고 할 수 있으며, 동태적으로는 전략이 정책적인 요소, 기업의 활동방향을 설정하는 것임에 반하여 계획은 이와 같은 기업활동을 언제 실시할 것인가 등을 결정하는 것이라고 할 수 있다. 다시 말해서 전략계획은 보다 개념적이라고 할 수 있는 전략을 현실로 구체화하기 위한 활동인 셈이다.

장기전략계획의 태동

외식산업을 예로 들어 석유위기 영향으로 장기전략계획이 대두하게 된 배경을 살펴보자. 1920년대 이후 자동차 및 도로망의 발달로 도시외곽으로 주거지가 옮겨지는 대신 도심이 빈민촌으로 바뀌면서 도심에 모여 있던 호화스런 고급음식점들 역시 도시외곽으로 이동하였다. 그러나 1973년 석유위기 이후 휘발유 구입도 원활하지 못하고, 가격도 엄청나게 상승하여 자동차를 유지하는 것이 힘들게 되자 이들 고급음식점들은 다시 시내 중심지로 모이게 되었다. 이러한 음식점의 위치변동은 단순히 각 음식점의 매출액 증감에만 영향을 미치는 것이 아니라 그 음식점의 사활을 좌우하게 된 것이다. 따라서 이러한 불확실한 환경변화에 효율적으로 대처하고자 나타난 경영혁신기법이 바로 장기전략계획인 것이다.

자료: 조동성 · 신철호, 『14가지 경영혁신기법의 통합모델』, 아이비에스, 1996.

요약하면, 장기전략계획은 기업목표를 설정하고 전략실행에 필요한 자원을 배분하는 전략적 판단을 포함하며 사업구조나 제품구조와 같은 경영구조 자체의 변혁을 의도하는 전사적, 종합적, 포괄적 성격의 거시적 계획으로 불확실성의 정도가 높은 비계량적, 질적 계획이다. 또한 한번 정해지면 고정된 확정 계획이 아니라 상황변화에 따라 변화하는 연동 계획의 성격을 지닌다.

(2) 경쟁전략(CS; competitive strategy)

경쟁전략이란 1980년대 초반에 등장하여 현재까지도 전략부문에서 가장 많이 사용되는 기법으로써, 경쟁이 일어나는 기본영역이라 할 수 있는 산업 내에서 유리한 경쟁적 지위를 확보하기 위해 기업이 추구하는 전략을 기획하는 기법이라 할 수 있다.

따라서 경쟁전략은 독자적 경쟁대상을 갖는 사업부 수준에 적용되는 경영혁신기법으로 기업의 장기적 수익성을 결정하는 공급자, 구매자, 대체품, 잠재적 진출기업 및 기존기업 등 5개 경쟁요인을 분석하여 산업 내에서 상대적으로 유리한 경쟁지위를 확보하는 기법이다.

경쟁전략: 맥주산업의 사례

경쟁전략을 적용할 수 있는 예를 살펴보자. 맥주산업의 경우, 오랫동안 유지되어 오던 동양맥주와 조선맥주의 안정적인 과점구조는 조선맥주의 하이트 맥주 출시 이후 시작된 경쟁으로 안정성이 깨졌다. 게다가 진로가 카스를 출시하자 이전과 다른 격렬한 경쟁양상을 보이고 있다. 이러한 경우 경쟁전략이라는 사업부 수준의 기획부문에 관련된 경영혁신기법은 특정기업이 산업 내에서 경쟁우위를 창출하는데 커다란 도움을 줄 수 있다.

자료: 조동성 · 신철호, 『14가지 경영혁신기법의 통합모델』, 아이비에스, 1996.

경쟁전략의 수립 및 실행을 위한 올바른 방법을 다음과 같이 정리할 수 있다. 기업의 전략기능이 제대로 실천되기 위해서는 일단 비전을 수립하고 사업구조를 리스트럭처링한 후 구조개편된 사업 내에서 미래의 경쟁을 위한 핵심능력 구축계획인 장기전략계획을 수립하고, 현재 사업에서의 경쟁우위를 위한 경쟁전략을 수립 · 실행하는 것이 논리적으로 올바른 방법이라 할 수 있다.

(3) 영점기준예산(ZB; zero-based budgeting)

영점기준 예산계획이란, 일찌기 회계학분야에서 많이 사용되어 오던 개념이기는 하지만, 1961년 미국 국방성에 도입된 PPBS(planning, programming, budgeting system)제도에서 그 기원을 찾을 수 있다.

영점기준예산은 예산을 편성할 때, 과거 수치를 물가변동률로 조정하여 새로운 예산을 수립하던 종래 방식에서 벗어나 조직이 장래 추구하는 목표를 세우고 이를 달성하기 위해 새롭게 예산을 편성하는 방법이다. 이와 같은 영점기준 예산계획은 그 목적상 경영활동 중 계획활동에 속하는 것으로써 예산이라는 기능차원에 적용할 수 있는 경영기법이다.

Texas Instruments의 영점기준예산

TI사의 전통적인 예산제도는 과거의 연장선상에서 자원소비량을 더욱 늘리는 식으로 편성되었는데, 피어가 제시한 새로운 영점기준 예산편성이 현실화되면서 일대 혁신이 일어났다. 영점기준 예산편성이 도입되면서, 예산편성은 과거와 같이 관리자가 일방적으로 편성해서 전달하는 것이 아니라, 실무자가 앞으로 발생할 것으로 예상되는 예산 규모를 설정하는 식으로 예산편성이 이루어지게 되었다. 물론 과거 자료는 아무런 도움을 줄 수도 없었고, 아무도 과거자료를 기준으로 예산편성을 하지 않았다. 이렇게 아래로부터의 예산편성을 최고경영층 또한 전폭적으로 지원해 주었는데, 이렇게 신뢰에 기초하여 수립된 TI사의 영점기준예산은 실제 발생 원가와의 편차를 5% 미만으로 줄이는 놀라운 예측력을 보였다.

자료: 조동성 · 신철호, 『14가지 경영혁신기법의 통합모델』, 아이비에스, 1996.

(4) 신인사제도(NP; new personnel planning)

신인사제도란 인사제도의 계획부문에서 혁신을 지향하는 기법으로 인재육성, 직능 개발, 적재적소 배치, 적극적 평가 및 공정한 처우제도를 체계화시키는 기법이다. 이 기법은 인격을 존중하고 공정한 경쟁기회와 협력을 조성하면서 개인과 기업이 함께 성장 · 발전하도록 하는 인사를 추구하는 혁신기법이다. 따라서 신인사제도의 기본방침은 기존의 인사 · 노무제도의 구조적인 문제, 특히 비협력적인 차별요인을 쇄신하고 그 바탕 위에 개인과 기업의 발전을 위해서 도전적인 경쟁을 하도록 한다. 그리고 그 결과를 적극적으로 처우와 연계시켜 평가함과 동시에 공정하게 보상하는 것을 기본방침으로 한다.

신인사제도의 기본방향은 능력이나 숙련 등 직무수행 능력의 정도에 따라 인재를 육성하고 활용하는 자격주의와 능력개발을 지향하는 처우중심의 능력주의가 그 기본방향이다.

LG전자의 능력주의 인사체계

LG전자의 인재개발 시스템은 목표체계로부터 시작하여 '육성→평가→보상→활용'으로 연결되고, 인재육성의 주축이 되는 일상업무중심의 부문내 육성을 활성화하기 위해 목표의 명확화, 상하간의 합의 및 도전적인 자기개발목표를 갖도록 하는 목표관리제도를 운영하고 있다.

평가제도 또한 인사관리환경 변화에 적극적으로 대응하기 위해 사정중심의 상대평가에서 육성중심의 절대평가로 인사고과의 기본이념을 변경하였다. 이에 따라 새로운 인사고과의 이념을 바탕으로 자체고과개선팀을 구축하여 1984년부터 시행해 온 기존 인사고과제도를 고과양식, 평가기준 및 활용방법 등에 걸쳐 전면적으로 혁신하고 있다. 또한 개인의 잠재능력과 장래 비전을 정확히 파악, 지원하고자 자기신고를 인사고과제도와 별도로 분리 · 운영하여 직무이동 등 개인의 경력개발에 적극적으로 활용하고 있다.

자료: 조동성 · 신철호, 『14가지 경영혁신기법의 통합모델』, 아이비에스, 1996.

(5) 리엔지니어링(RE; reengineering)

리엔지니어링은 1990년대 초에 등장한 기법으로, 과거와 같은 기능식 위계조직으로는 제품 품질, 서비스, 속도 등에 까다로워진 고객을 만족시킬 수 없다는 사고하에 등장한 기법으로서 기존의 경영활동을 무시하고 기업의 부가가치를 산출하는 활동을 완전히 백지상태에서 새롭게 구성하는 경영혁신기법이다.

이러한 새로운 운영방식은 계층의 복잡성으로 인해 의사결정 지연을 초래하는 기능중심의 수직적 사고에서 고객에게 신속히 반응하는 프로세스중심의 수평적 사고로 전환할 것을 요구한다. 수평적 사고란 '구매→생산→판매→애프터서비스→고객만족'과 같이 부가가치를 창출하는 '가치창출 프로세스'를 중심으로 실행방법을 바꾸는 기법이다.

Concurrent Engineering

컨커런트 엔지니어링(CE; concurrent engineering)이란, 경영 프로세스상의 한 분업과정에서 다른 분업과정으로 넘어가는 데에 많은 시간이 걸리던 것을 통합된 제품설계 데이터베이스를 제품개발과정에 활용하여 해결하는 것을 말한다. 이 데이터베이스는 매일 각 엔지니어들의 작업결과를 모아 개별적인 성과물을 전체적으로 일관되게 결합시킨다. 따라서 만일 문제가 있으면, 이들은 예전처럼 몇 주일 혹은 몇 개월을 기다리지 않고 즉각적으로 문제를 해결할 수 있게 된다. 코닥에서는 CE를 이용하여 70주가 걸리던 신제품 개발 기간이 10주로 줄어드는 엄청난 성과를 거두었다.

CE는 항공우주산업과 자동차산업 등으로 확산되었는데, CE의 핵심은 개발초기부터 동시적, 체계적, 병행적으로 일관성있게 작업을 해 나가는 것이다. 크라이슬러는 소형차 네온(Neon)을 개발하면서 CE를 효과적으로 활용하였다. 크라이슬러는 개발 초기부터 자사의 생산 근로자들과 부품업체를 참여시켜 이들의 의견을 설계에 적극 반영함으로써 기존 개발비용을 40% 절감하고 기간을 5개월 이상 단축시켰다.

자료:조동성 · 신철호, 『14가지 경영혁신기법의 통합모델』, 아이비에스, 1996.

리엔지니어링은 그 적용 대상에 따라 3가지 유형으로 분류할 수 있다. 예컨대, 생산공정과 같은 기능부문에 적용되는 비용절감형 RE1과 특정 사업부의 프로세스에서 경쟁기업과 동등 수준을 유지하는 RE2, 그리고 마지막으로 기업 전체의 프로세스를 새롭게 구성하는 소위 환경창조형 RE3으로 구분할 수 있다. 이와 같은 리엔지니어링은 경영의 내용 중 실행부문에 적용되어 경영활동을 변화시키는 경영혁신기법으로써 기능, 사업부, 기업 전체에 적용할 수 있는 기법이다.

(6) 다운사이징(DS; downsizing)

2차 대전 이후 두 차례의 석유 위기와 1980년 초반의 스태그플레이션, 그리고 일본을 비롯해 가격경쟁력을 갖춘 후발개도국들이 미국 시장을 잠식함에 따라서 미국을 비롯한 서구열강 기업들의 경쟁력은 급속도로 약화되었다. 이러한 위협에 직면한 미국 기업들은 경제환경의 변화 속에서 생존하기 위해 비대한 관리층과 비효율적인 조직을 바꿔야만 했다. 이에 따라 분권화, 슬림화, 프로세스를 통합화하는 다운사이징이 등장했다.

일반적으로 다운사이징이라면 정보시스템 구축의 한 분야라고 인식되나, 광의의 다운사이징 개념은 조직규모 및 조직구성원에 대한 조직 다운사이징도 포함한다. 즉, 다운사이징은 효율적인 네트워크 운영을 위한 정보주권의 분권화인 정보시스템

다운사이징과, 리스트럭처링의 일부분으로 조직의 슬림화 · 재정비차원에서 이루어지는 조직 다운사이징으로 나눌 수 있다. 정보시스템 다운사이징은 경영의 내용 중 실행부문에 관련되는 정보흐름을 기업 전체 차원에서 분산시키는 기법으로, 이를 실현하기 위해서는 PC의 성능 향상 등 하드웨어의 발달, 분산처리기술, 접속기법, 네트워크 기술의 발달 등 성숙된 정보통신 기술이 선행되어야 하는데, 이러한 기술적 장애요소는 이제 대부분 제거되어 다운사이징을 실천하는데 충분한 조건을 마련해 주고 있다.

(7) 시간기준경쟁(TBC; time-based competition)

시간기준경쟁은 시간을 가장 중요한 경쟁자원으로 활용하는 경영혁신기법이다. 시간경쟁력 확보는 경쟁기업이 그 수준에 도달하게 될 경우 의미가 없다. 즉 경쟁기업이 같은 시간내에 성과를 거둘 수 있다면 그 전에 이루어 놓은 혁신은 무용지물이 되고 만다. 따라서 계속적으로 경쟁기업보다 시간을 단축하려면 혁신활동 자체가 시간기준 경쟁의 성격을 가져야 한다.

H-Y War:혼다와 야마하의 전쟁

흔히 'H-Y War'라고 불리는 혼다와 야마하의 전쟁은 1981년 야마하에 의해서 시작되었다. 야마하가 새로운 오토바이 공장을 세움으로써 혼다가 지속적으로 유지해 오던 세계 오토바이 시장의 왕좌 자리를 탈취하겠다고 공언하고 나선 것이다.

자동차 사업에 집중투자를 하고 있던 혼다는 야마하의 도전에 정면대응하기로 하였다. 혼다는 두 가지 측면에서 반격을 하였는데, 그것은 가격과 제품의 다양성이었다. 혼다는 오토바이의 가격을 현저히 인하하였고, 이에 대해 야마하도 가격을 동일한 수준으로 인하하였다. 이러한 가격 인하보다 더욱 중요하였던 것은 혼다가 신제품 개발 속도를 급상승시킨 것이다. 전쟁 초기에 혼다의 제품 종류는 60개 정도였으나 그 후 18개월간 113개의 모델을 신규 개발하거나 대체하였다. 이에 반해 야마하는 혼다와 마찬가지로 60여개의 모델에서 시작하였으나, 같은 기간 37개의 모델만을 새로 도입할 수 있었다. 따라서 혼다에 비하여 야마하의 오토바이는 모양과 기술적인 측면에서 모두 낙후되어 보였다.

이러한 연유에서 야마하는 파산 직전에까지 이르게 된 후에야 공개적인 항복을 하였다. 혼다 측으로서도 단기적으로 많은 비용을 감수해야 했지만, 장기적으로 스즈키나 가와사키 등 기타 오토바이 업체에게 교훈을 줌으로써 더 큰 이익을 볼 수 있었다.

자료: 조동성 · 신철호, 『14가지 경영혁신기법의 통합모델』, 아이비에스, 1996.

그러나 시간기준경쟁은 근본적으로 중간관리자에게 권한을 이양함으로써 고객불편 해소를 위해 반응시간을 줄인 것이지 사업구조를 통째로 뒤집는 급진적 혁신과는 거리가 있다. 이들이 원하는 혁신은 변화하는 고객 욕구에 발맞추기 위하여 제품이나 프로세스를 혁신해 보고자 하는 노력이지 사업 자체를 바꾸는 것이 아니기 때문에 시간기준경쟁은 기업의 기능 차원을 대상으로 제품을 만드는 실행부문에서 변화를 일으키는 기법이라 할 수 있다.

닛산의 Be-1

1986년 닛산(Nissan)자동차는 제26차 도쿄 자동차 전시회에서 Be-1이라고 불리는 모형차를 선보였다. Be-1은 실제 생산준비가 되지 않은 시험적인 모형차였다. 그런데 Be-1의 뛰어난 스타일에 대해 젊은이들의 반응이 워낙 좋아서 닛산은 이 모형차를 실제로 개발하기로 하였다. 이 경우에 있어 중요한 요소는 시간이었다. 현재 잠재고객들의 수요가 사라지기 전에 제품을 출시하여야 하기 때문이었다. 닛산은 Be-1 전담팀을 구성하여 소위 동시 엔지니어링을 활용하여 제품개발에 임하였다. 그로부터 1년이 지난 후, Be-1은 신차로 완성되어 출시되었으며, 1987년 주요 히트제품이 되었다.

자료: 조동성 · 신철호, 『14가지 경영혁신기법의 통합모델』, 아이비에스, 1996.

(8) 전사적 품질경영(TQM; total quality management)

전사적 품질경영은 평가부문에서 경영내용을 변화시키는 기법으로 통계적 품질관리(SQC; statistical quality control), 전사적 품질관리(TQC; total quality control)로부터 발전된 개념이다.

품질관리를 그 적용범위에 따라 세분해 보면 생산부서를 대상으로 하는 통계적 품질관리(SQC), 사업부단위를 대상으로 기획 개발에서 상품이 고객에게 전해지기까지의 모든 부문에서 고객이 만족할 수 있도록 제품과 서비스를 경제적으로 제공하는 전사적 품질관리(TQC), 그리고 전략적인 관점에서 회사 전체를 대상으로 기존 조직문화와 경영관행을 재구축하여 제품과 서비스의 질을 향상시키고 소비자의 만족을 증가시킴으로써 경쟁력을 향상시키는 전사적 품질경영(TQM)으로 나눌 수 있다.

커피여과기 개발 사례

일본에서 어떤 가전회사가 커피여과기를 개발하려고 한 적이 있다. 기존 사고방식으로는 GE가 10분 안에 커피를 끓일 수 있는 여과기를 개발하고 있으니, 우리는 7분 안에 커피를 끓일 수 있는 제품을 만들어 고객을 만족시키고 시장에서 성공을 거두자는 발상이 결코 이상하지 않다. 그러나 시간을 아끼기 위해서라면 인스턴트 커피를 따라갈 수 없는 노릇 아닌가?

오마에 겐이치는 그들에게 조금 다른 관점을 권했다. "전략의 근본으로 돌아가라. 사람들은 왜 커피를 마시는가? 커피를 마실 때 무엇을 원하는가?" 그 대답은 간단한다. '좋은 맛'이 바로 그것이다. 그래서 그는 회사의 기술진에게 물었다. 그렇다면 한 잔의 커피맛을 가장 크게 좌우하는 요소는 무엇입니까?" 그들은 여기에 대해서는 대답할 수 없었다.

조사 결과, 커피원두의 종류, 원두를 가는 방법(알갱이의 직경), 갈아서 뜨거운 물에 붓기까지의 시간, 온도, 수질 등이 중요한 요소로 지적되었고, 그 중에서도 수질이 가장 크게 영향을 끼친다는 사실을 알게 되었다. 그렇다면 어떤 기능이 필요한가? 고객들에게 기쁨을 줄 수 있는 것은 3분을 단축하는 기능을 추가하는 것이 아니라, 수돗물에서 염소를 제거해주는 기능과 원두의 직경을 알맞게 조절해 갈아주는 기능이었다. 이것으로 그들은 커피의 맛을 개선할 수 있었다. 처음부터 올바른 목표와 전략을 수립하고 이에 모든 자원을 집중하여 성과를 이루는 것이 필요하며, 이때 반드시 고객 입장이 되어야 한다는 것이 그의 결론이다.

자료: 조동성 · 신철호, 『14가지 경영혁신기법의 통합모델』, 아이비에스, 1996.

이중에서도 특히 TQM은 기능, 미관은 물론 구성원의 만족감과 긍지, 환경보호, 사회봉사 등을 포괄하는 총체적인 품질(total quality)을 극대화시킴으로써 소비자, 조직구성원, 사회 등 회사의 모든 고객들에게 기쁨을 주고자 노력하는 전사적 접근방법이다.

(9) 전략평가시스템(SES; strategy evaluation system)[2)]

측정과 평가는 모든 경영혁신 노력을 실체화시키는 데 필수불가결한 수단이다. 예컨대 장기 비전과 학습을 위한 조직문화 그리고 수평적 조직을 갖추고 있다 하더라도 평가시스템 자체가 과거와 같이 단기성과 위주의 경직된 것이라면 모든 노력은 물거품으로 돌아가 버리고 말 것이다.

전략평가시스템은 기존의 평가시스템을 개선한 것이 아니라 새로운 그림을 그리는 입장에서 등장한 개념으로써 다음 사항을 반영해야 한다. 첫째, 실행결과치 뿐만 아니라 활동과정까지 포함한다. 둘째, 재무적인 체크리스트(financial checklist)보다는 기업의 장기적 경쟁력을 확보할 수 있는 내용에 중점을 둔다. 셋째, 하위사업부의 부분최적화보다는 기업 전체에 대한 평가요소들을 모두 포함한 전체최적화

2) 전략평가시스템(SES)에 대해서는 이 책 제16장에 자세히 소개되어 있다.

를 추구한다. 넷째, 기존의 산출(output) 중심의 평가요소 외에 투입(input)요소까지 반영한다. 다섯째, 평가시스템이 원활하게 적용될 수 있는 여건까지 고려한다. 여섯째, 적용대상을 기업전체, 사업단위, 기능수준으로 나누어 전체를 연결시킨다. 일곱째, 평가기간은 장기성과를 고려할 수 있도록 한다.

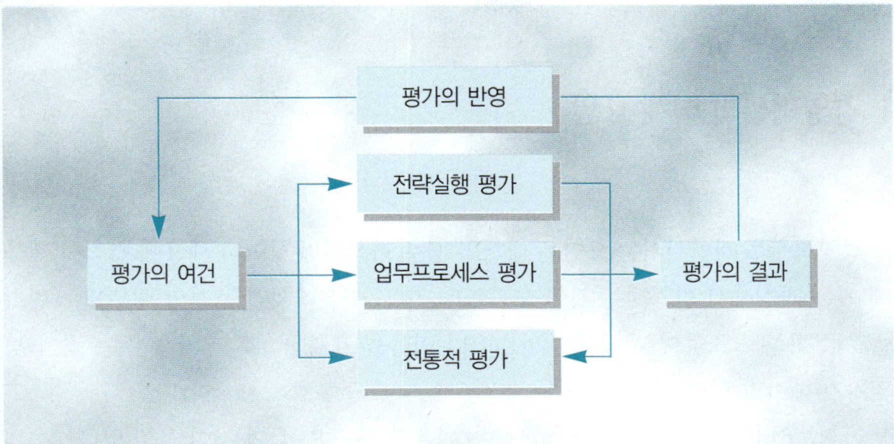

〈그림 18-5〉
전략평가시스템

이렇게 볼 때 전략평가시스템(SES)이란 경영환경의 변화를 고려하여 수립된 전략의 실행 및 결과를 평가해 주고, 조직 전체적인 관점에서 장기적으로 기업의 경쟁력을 향상시킬 수 있도록 평가여건까지 고려한 평가시스템이라 할 수 있다. 이러한 전략평가시스템은 사업부차원에서 사용할 수도 있고, 여러 사업부로 구성된 기업 또는 기업집단에 대해 적용할 수도 있다.

제 4 절 경영혁신의 장애요인과 성공방안

1. 경영혁신의 장애 요인

경영혁신을 지연시키는 요인은 대개의 경우 혁신의 방향이나 내용에 조직이 적응해 가는 과정에서 발견되는 것이 보통이다. 어떤 이유에서건 조직의 내부에는 변화를 거부하는 요소들이 존재하기 마련이며 이들을 효과적으로 제거해 주는 것이 경영자가 해야할 일인 것이다.

한편, 코터는 변화의 노력이 실패하는 이유를 〈표 18-4〉와 같이 들고 있다.

〈표 18-4〉
변화실패이유

항목	실패이유
분위기	혁신이 필요하다는 긴박감을 충분히 조성하지 못하는 경우
능력	충분한 능력의 지도연합체를 구성하지 못하는 경우
비전	혁신을 성공으로 이끌만한 비전이 결여되어 있는 경우
시간	비전을 전달하는데 턱없이 모자라는 시간과 노력을 할애하는 경우
장애물	비전을 전달하는데 나타난 장애물을 제거하지 못하는 경우
계획	단계적 승리를 위한 체계적인 계획과 그 실현이 결여되어 있는 경우
변화	변화를 기업문화 속에 뿌리내리게 하지 못하는 경우

혁신활동이 실패하는 이유는 경영기법을 기법 그 자체로서 인식하기보다는 기법대로 따라서 하기만 하면 원하는 성과를 얻을 수 있다는 잘못된 사고 때문이다. 즉 그 기법의 배경 및 근본사상에 대한 깊은 통찰력 없이, 그리고 기업이 처한 상황에 대한 정확한 문제 인식 없이 단지 책 몇 권만 보고서 그 기법의 실시절차, 사용양식 따위를 인용하여 어떻게 해보려는 식으로 시도하고 있기 때문이다. 이러한 기업들

은 대체로 새로운 기법은 남들보다 먼저 실시해야 한다는 유행선도형, 또는 남들도 했다니까 우리도 따라 해야 한다는 유행추종형 등 모두 뿌리가 허약한 기업들이다. 이런 기업들이 오히려 보수적인 기업들보다 성과가 더 나빴다는 베인의 조사결과는 경영기법 활용의 의미를 다시 한번 생각하게 해준다.

2. 성공 방안

경영혁신이 성공하려면 이를 방해하는 장애요인을 찾아서 제거해 주면 된다. 하지만 이제 경영혁신을 추진하기 시작한 우리 기업들의 경우에는 아직 이러한 분석 · 대응능력이 미흡하므로 다음과 같은 혁신의 성공을 위한 일반적인 지침을 우선적으로 염두에 두는 것도 타산지석이 될 수 있을 것이다.

첫째, 경영혁신의 과정이 어떠하든 그 처음과 끝은 항상 사람이 차지한다는 점이다. 따라서 가장 먼저 변화시켜야 할 것도 사람이요, 최종적으로 변화시켜야 할 것도 사람이라는 생각을 잊어서는 안된다. 경영혁신의 대표적 성공사례로 꼽히는 GE의 경우, 혁신의 실질적인 추진자들이라 할 수 있는 리더의 선정과 이들을 중심으로 한 혁신팀의 활동 및 전파가 혁신의 성공에 결정적인 역할을 한 것으로 분석되고 있다.

둘째, 사업전략과 이를 뒷받침할 수 있는 조직과의 적합성 유지에 무엇보다 노력을 기울여야 한다. 많은 기업전략들이 실패로 끝나고 마는 이유는 대부분 조직이 이것을 충분히 지원해 주지 못하기 때문이다. 예로서 과거 수의계약 위주의 독점적 사업을 전개해 오던 기업들이 경쟁시장에 신규진입하여 실패하는 사례도 과거의 관료적인 조직 체질에서 쉽게 탈피하지 못한다.

셋째, 종업원의 광범위한 공감을 얻기 위해서는 우선 자기 기업이 가진 문제점의 노출을 주저해서는 안된다. 앞서도 언급했듯이 변혁의 추진을 위해서는 조직원의 실질적인 공감이 무엇보다 중요한데, 이를 얻기 위해서는 조직원 스스로 회사의 개혁을 위해 참여하고 있다는 의식을 불러 일으킬 필요가 있다. 이때 가장 효과적인 방법 중의 하나가 바로 스스로 진단자가 되고 스스로 제안자가 되게 하는 것이다.

마지막으로, 혁신은 '변하지 않으면 망한다' 는 위기의식에서 시작된다. 혁신의 적은 외부에 있는 것이 아니라, 바로 내부의 변화에 대한 저항이다. 초일류 기업과의 현격한 수준차가 존재함에도 불구하고 '별 문제 없는데 뭘' 이라는 사고를 갖고서는 혁신은 시작될 수 없다. 그러므로 끊임없이 변하려는 강렬한 혁신의지 조성을 위한 조직 분위기를 만들어 올바른 혁신의 길로 이끌어 가야 한다.

Recommended Readings

조동성 · 신철호, 『14가지 경영혁신기법의 통합모델』, 아이비에스, 1996.

———, 경영혁신: 경쟁과 협력의 패러독스 , 『서강하버드비지니스』, 1992.

Benjamin, R. I. & Blunt, J., "Critical IT Issues: The Next Ten Years", Sloan *Management Reveiw*, Summer 1992.

Kotter, J. P., "Leading Change: Why Transformation Efforts Fail", *Harvard Business Review*, March-April 1995.

Roger, M., "Changing the Mind of the Corporation", *Harvard Business Review*, November-December 1993.

Stata, R., "Organizational Learning—the Key to Management Innovation", *Sloan Management Review*, Spring 1989.

Column 조동성 교수의 경영 · 시사 칼럼

기업이미지 고객이 결정한다

기업경영의 혁신기법중에 'CI(corporate identity) 작업' 이라는 기법이 있다. 이는 '기업의 정체성(正體性)을 구축하는 작업' 으로서, 보다 구체적으로는 VI(visual identity), 즉 기업의 시각적인 정체성을 새로이 확립해서 구성원들의 MI(mind identity), 즉 사고의 정체성을 형성하고, 이를 통하여 이들의 BI(behavior identity), 즉 행동의 정체성을 변화시키는 일련의 과정을 의미한다.

예를 들어 어떤 국내시장에 기반을 둔 전통적인 기업이 글로벌 시대에 대비하여 사업의 국제화를 추구하는 전략을 세웠다고 하자. 이때 이 기업이 추구하는 전략에 장애가 되는 요소 중 하나는 그 기업의 구성원들이 가진 내부지향적이고 전통적인 사고방식이다. 이러한 구성원들을 변화시키기 위해서 기업의 이름이나 로고를 국제화된 모습으로 바꾸고, 그 외에 구성원들의 눈에 보이는 모든 사물이나 대상을 국제화시키는 방법을 쓰게 되는 것이다. 지난 10여 년간 삼성, LG, 쌍용, 동양 등 대부분의 재벌그룹을 포함해서 제일은행, 한일은행 등의 주요 시중은행, 심지어는 체신부에 이르기까지 수많은 민간기업, 공기업, 정부관서에서 로고를 바꾸었는데, 이는 바로 CI를 새로 구축하자는 목적에서 이루어진 것이다.

CI 작업에서 가장 중요한 과제는 회사의 정체성이 무엇에 의하여 형성되고, 좌우되는가에 대한 판단이다. 이에 대해서 대부분의 전문가들은 회사의 CI는 CI(chairman' s identity), 즉 그 회사의 창업자, 또는 회장에 의하여 결정된다는 주장을 하고 있다. 즉 포드 자동차는 창업자 헨리 포드에 의해서 마이크로소프트 회사는 창업자 빌 게이츠에 의해서 정체성이 결정된다는 논리이다.

그런데 회사의 CI는 CI(customers' identity), 즉 그 회사의 고객에 의하여 결정된다는 주장이 최근 설득력을 얻고 있다. 일본에서는 대형 외제 승용차는 연예인들이 주로 타고 다니는 차인 반면, 닛산 자동차의 프레지던트는 대기업의 회장들이 주로 타고 다닌다고 한다. 미국 모건 개런티 은행의 신탁재산운용부가 부동산 재벌인도널드 트럼프가 맡기려고 했던 10억 달러를 그 은행의 보수적인 고객들이 그와 같이 어울리기를 싫어한다는 이유 때문에 거절했다는 일화도 있다. 한국에서도 최근 골프장의 회원권 가격은 시설이나 위치보다도 회원들의 사회적 신분에 의해 더 큰 영향을 받는다고 한다.

한국의 기업은 그 동안 창업자에 의하여 정체성이 좌우되는 모습을 보여왔다. 실제로 창업자가 사회적으로 좋은 이미지를 형성하면 그 기업의 이미지는 같이 올라가고, 그렇지 못하면 같이 나빠지는 현상을 종종 나타냈다. 예컨대 유한양행은 창업자인 유일한 선생이 몸소 실천한 '제약보국'과 개인재산의 '사회환원'이라는 철학을 바탕으로 하여 지금까지도 한국 기업 중에서 가장 좋은 사회적 이미지를 유지하고 있다. 동원그룹 역시 창업자 김재철 회장의 철저한 납세정신으로 말미암아 동원참치캔이 시장에서 절대적인 인기를 유지하고 있다고 한다. 이러한 현상은 소비자들이 가진 기업에 대한 신뢰감 여부가 그 회사의 창업자를 중심으로 형성된다는 논리를 증명하는 것으로 볼 수 있다. 그와 동시에 기업이 국민으로부터 사랑을 받기 위해서는 그 회사의 창업자, 회장이 얼마나 국민으로부터 신뢰를 얻어야 하는가를 단적으로 나타낸다고도 볼 수 있다.

최근 재벌그룹 중 10여 개가 경제위기 속에서 좌초하거나 구조조정의 물결에 휩쓸렸고, 그 과정에서 대부분의 창업자, 또는 그 가족이 경영권을 잃게 되었다. 이제 이러한 기업에서는 정체성을 창업자나 회장에서 찾을 수 없게 된 것이다. 이 같은 최근의 변화로 말미암아 기업은 정체성을 새롭게 정립해야 하는 과제를 안게 되었다. 즉 회장 개인의 성격이나 취향에 의하여 기업의 정체성이 형성되던 시대에서 벗어나, 고객에 의하여 기업의 정체성, 더 나아가 그 기업의 미래 운명이 결정되는 시대가 온 것이다.

앞으로 전문경영자에 의해 경영이 주도되는 기업은 이러한 상황을 특히 유념해서 전략을 세워야 한다. 즉 고객을 정확하게 파악하고, 최고의 서비스를 통해 가장 양질의 고객을 확보하면, 기업의 정체성은 이들 고객에 의하여 자연히 결정되고 그에 따라 그 기업의 미래운명도 결정되기 때문이다.

우리 국민은 모두 한국기업의 잠재고객인 동시에 한국경제의 운명을 좌우하는 기업의 정체성을 결정하는 주체이다. 앞으로 소비자에게 가장 좋은 서비스를 제공하는 기업을 잘 선택해서 이들 기업이 훌륭한 정체성을 확보한 가운데 한국경제의 발전을 향해서 공헌할 수 있도록 열심히 아끼고 사랑하자.

〈매일경제신문, 1999. 1. 4〉

경영혁신과 전문경영자

리엔지니어링, 리스트럭처링, 다운사이징, 벤치마킹, 아웃소싱과 같은 경영혁신기법은 더 이상 혁신적이라고 할 수 없을 정도로 보편화되었다. 민간기업은 말할 것도 없고, 정부기관이나 학교, 병원에서까지 각종 혁신기법이 채택되고 있다. 지난 여름에는 원주에 있는 모 군부대에 가서 뙤약볕 아래 정복을 입은 군인 300여명 앞에서 2시간 동안 경영혁신에 대해 강의한 기억이 난다. 몇몇 회사는 「경영혁신실(經營革新室)」이라는 부서를 따로 만들기까지 하고 있다. 이같이 경영혁신이 일상용어가 되어 가고 있음에도 불구하고 그 의미를 진정으로 이해하고 있는 사람은 별로 많지 않은 듯하다.

이해를 돕기 위해 경영혁신을 약으로 비유해 보자. 어떠한 의사라도 감기 환자에게 소화제를 내 주지는 않는다. 그 뿐 아니라 현명한 의사라면 환자 몸이 얼마나 건강한가를 판단해서 감기약의 강도를 조절한다. 거기에서 한 걸음 더 나아가 진정 훌륭한 의사는 그 환자가 내일 집에서 쉬어도 되는지, 회사에 나가서 일을 해야 하는지 아니면 중요한 시험을 치러야 하는지를 파악해서 적절한 처방을 내린다.

경영자도 마찬가지이다. 조직이 갖고 있는 문제를 정확히 파악해서 이에 맞는 경영혁신기법을 선정해야 한다. 종업원들이 보수적이고 미래에 대해 적극적인 자세를 보이지 않는다면 「장기전략계획」기법을 써야 하고, 의사결정이 지연되고 원가관리가 방만해지면 「리엔지니어링」기법을, 품질관리에 문제가 생기고 고객만족에 구멍이 생기면 「전사적 품질경영」기법을 선택해야 한다. 그 뿐 아니라 현명한 경영자라면 조직이 어느 정도 탄탄한가를 판단해서 같은 경영혁신기법을 적용하는데 있어서도 그 강도를 조절해야 한다. 여기서 한걸음 더 나아가서 진정 훌륭한 경영자는 조직이 어떤 목표를 추구하고 있는지-이익극대화인지, 시장점유율 극대화인지, 아니면 종업원 행복추구인지-를 파악해서, 그 목적을 달성할 수 있는 방향으로 경영혁신기법의 적용대상을 조정해야 한다.

그 뿐 아니다. 의사는 감기환자에게 감기약만을 내 주지 않는다. 감기약 중 대부분은 해열제가 첨가되어 있고, 해열제는 대개 위장장애를 일으킨다. 따라서 의사는 감기약에 위장장애를 막아주는 소화제를 첨가해서 조제해 준다. 각 성분간의 비중을 적절히 유지하는 것은 물론이다.

경영자도 마찬가지이다. 조직이 가진 문제를 해결해 주는 경영혁신기법중에는 눈에 안 보이는 부작용을 일으키는 경우가 흔하다. 예컨대 「리엔지니어링」기법이

의사결정시간 70% 단축, 필요인원 50% 절감등 겉으로는 획기적인 개선을 가져오는 것 같지만, 속으로는 부정방지를 위한 관리체계에 허점이 노출되고 인력감축으로 구성원들의 사기가 저하하는 등 얼른 눈에 띄지 않는 부작용을 유발한다.

따라서 경영자는 조직이 가진 문제를 직접 해결해 주는 기법만을 선택할 것이 아니라, 그 기법이 내포한 부작용을 해소할 수 있는 다른 기법을 같이 써야 한다. 또 여러 가지 기법을 같이 쓰는 경우에는 그 순서와 시간차, 그리고 기법간의 경중을 적절히 고려해야 한다. 「리엔지니어링」의 부작용을 막기 위해서는 그 이전에 「다운사이징」기법을 도입하여 효율적인 정보 시스템을 구축함으로써 관리체계에 만전을 기하고 「리스트럭쳐링」을 채택하여 신규사업으로 진출함으로써 잉여인력을 흡수해야 한다.

이렇듯 기업을 사람 몸에 비유한다면 경영자는 의사이고, 조직이 가진 문제는 병이며, 경영혁신기법은 약에 해당한다. 잘못 사용된 약이 부작용을 유발하는 것처럼 경영혁신기법도 잘못 적용되면 더 나쁜 결과를 초래할 수 있다.

그런데 여러 기업을 관찰해 보면 한가지 경영 기법만으로 회사가 가진 모든 문제를 다 해결할 수 있다는 만병통치형 경영자가 있는가 하면, 비타민은 여러 종류를 많이 먹을수록 좋다고 각종 혁신기법을 부지런히 다 써보는 종합비타민형 경영자가 눈에 띄기도 한다. 그러나 각각의 경영혁신기법은 만병통치약도 아니고, 종합 비타민도 아니다. 현명한 경영자가 이를 적절히 선택하고 조합하여 실행에 옮길 때 비로서 그 효과가 나타날 뿐이다.

경영혁신은 이제 경영자의 핵심과제가 되었다. 경영자는 각종 경영혁신기법을 자유자재로 다루어가면서 조직의 병을 고치고 튼튼하게 키우는 의사가 되어야 한다.

〈중앙일보, 1996. 7. 23〉

한국기업의 경영혁신과 과제

경영혁신이란 조직이 전통적인 사상이나 기존의 방법과 다른 새로운 사상과 방법으로 계획하고 실천하며 평가함으로써 조직목적을 달성하는 것을 의미한다. 또한 경영혁신기법이란 기업이 경영혁신을 구체적으로 추진하기 위한 수단이다. 그런데 지금까지 사용된 경영혁신기법들은 모두 당시의 시대적 요청에 따른 것이었다.

예컨대 1960년대에서 70년대까지 성장성이 강조되던 시대에는 가격인하를 통해 대량생산을 가능케 하는 경험곡선, 성장사업을 중점육성하기 위한 전략사업부제(SBU), 그리고 성장사업과 자금조달사업을 분리해서 운영하자는 포트폴리오 관리와 같은 기법들이 사용되었다. 80년대에 들어와서는 수익성을 높이기 위해 재테크, 흡수 · 합병(M&A), 그리고 원가절감운동이 유행했고, 이러한 수익성 목표를 위해 리스트럭처링, 다운사이징, 총체적품질관리(TQM), 주문적기시스템(JIT)과 같은 기법들이 태동했다. 그리고 90년대에 이르러 기업의 핵심능력이 중시되면서 시간기준경쟁(time-based competition), 벤치마킹, 비즈니스 프로세스 리엔지니어링(BPR), 비전경영(vision management)등이 나타났다.

오늘날 유행하는 경영혁신기법들은 과거 어느 때보다도 급격한 혁신을 추구하고 있고 일부 특정기능보다 기업전체를 대상으로 하고 있다. 이러한 혁명적 변화를 요구하는 기법들의 탄생은 다음과 같은 환경변화 때문이다.

첫째, 국별시장이 사라지고 국경선이 무너지는 세계화현상이 일어나고 있다. 둘째, 정보기술과 컴퓨터 네트워크가 혁신적으로 발전하고 있다. 셋째, 분업 및 전문화 원리가 의미를 잃고 수직적 계층구조가 와해되고 있다. 그리고 이러한 세가지 요인이 상호결합하여 기업의 성공기반을 자본과 노동력에서 지식과 커뮤니케이션으로 변화시키는 지식혁명사회가 도래하고 있다.

앞으로 기업이 살아남기 위해서는 외부적은 혁명에 발맞추어 내부적인 혁신을 일으켜야 한다. 바로 이러한 의미에서 오늘날의 경영혁신기법들은 기업이 새로운 지식혁명사회에 적응하기 위해 기업을 완전히 변화시키는 환골탈태적 성격을 가지고 있다.

최근에 등장한 대부분의 급진적 경영혁신기법들은 미국기업들이 자신을 추월하고 있는 일본기업들로부터 위협을 느끼고 다시 업계의 선도적 위치를 탈환하기 위하여 개발한 것이다. 반면 한국기업의 경우에는 우루과이 라운드(UR) 타결에 따른 해외기업과의 경쟁, 그리고 국내 정치의 민주화에 따른 국내기업간의 경쟁심화라는 과제를 눈앞에 두고 있다.

이러한 시대적 상황하에서 한국기업이 추구하는 경영혁신의 목표는 경쟁시장에서의 생존과 선진기업으로의 도약이라는 두가지로 압축할 수 있다. 예를 들어 LG그룹에서는 리엔지니어링과 벤치마킹등 경영혁신기법을 사용하고 있고, 삼성, 대림산업과 같은 다른 기업들도 이와 유사한 기법을 도입하고 있다.

현재 한국기업이 추구하고 있는 경영혁신의 특징과 문제점은 다음과 같다. 첫째, 고객만족운동, 사무혁신운동, 자기변화운동 등 구성원의 의식구조를 바꾸자는 활발한 운동이 전개되고 있으나 운동간의 상호연계성이 희박하고 대부분 기능적 수준에서 변화를 추구하기 때문에 기업전체의 변화라는 목적을 달성하지 못하고 있다.

둘째, 리엔지니어링과 같은 급진적 기법들을 채택하고 있는 기업들은 기능별 수준에서 비용이나 인력을 절감하는등 지나치게 단기적인 목적을 추구하는 경향을 보인다. 그러나 그 방법만으로는 기업의 가치관이나 신념, 기업문화, 조직구조, 그리고 측정 및 평가시스템의 근본적 변화라는 리엔지니어링의 근본적 목표를 달성하기 어렵다.

셋째 한국기업은 최고경영자가 지속적인 관심과 주도면밀한 계획에 의해 스스로 모범을 보임으로써 경영혁신을 실행하는 주체가 되어야 한다는 생각을 갖지 못하고 있다. 따라서 말로만 변화하고 행동으로는 변화하지 않는 이른바 NATO(no action talking only) 타입의 경영혁신이 될 위험성이 있다. 이같은 잘못이 고쳐지지 않는 한 생존을 위해 기업이 급진적인 변화를 추구하더라도 그것이 일과성 운동으로 끝날 가능성이 있다. 그러므로 한국기업이 급격한 변화를 요구하는 시대에 맞추어 혁신적인 변화를 이룩하기 위해서는 다음과 같은 점을 고려해 경영혁신을 실행해야 한다.

첫째, 혁신기법도 입만으로 변화가 나타나는 것은 아니다. 기업전체를 변화시키겠다는 경영자의 강력한 의지와 이를 실현하는 구체적인 실천계획이 필요하다. 둘째, 혁신기법을 도입하는 경우에도 뚜렷한 목표를 설정해야 한다. 또한 기업의 근본적 변화를 일으키기 위해서는 기능별 수준이 아니라 기업전체수준에서 사용해야 한다. 셋째, 경영혁신운동과 경영혁신기법은 서로 다르면서도 보완적인 효과를 갖는다. 따라서 여러가지 경영혁신운동과 경영기법들을 전략적으로 상호연결시켜 사용해야 한다.

마지막으로 최고경영자는 경영혁신이 자신이 책임져야하는 핵심과제라는 것을 주지하고 주력사업을 운영하듯이 전력을 집중해야 한다. 즉 경영혁신은 최고경영자가 그 결과에 따라 자신 스스로가 평가받겠다는 강한 의지를 갖고 뚜렷한 목적하에 전략적인 프로그램에 의해 꾸준히 실천할때 비로소 그 목적을 달성할 수 있는 것이다.

〈한국경제신문, 1994. 4. 16〉

제 19 장

구조조정론

기업의 비효율을 어떻게 제거할 것인가?

한겨울에도 움트는 새싹이 있는가하면 밤의 장막 뒤에도 미소짓는 새벽이 있다.

- 칼릴 지브란 -

PRINCIPLES OF MANAGEMENT

제 1 절 구조조정의 의의[1)]

1. 개념

(1) 어원

영한사전에서는 'restructuring'을 '재구성, 개조, 개혁'으로 표현하고 있다. 반면, 영영사전(longman dictionary)에서는 'arranging a system or organization in a new way: 시스템이나 조직을 새로운 방법으로 조정하는 것'으로 구조조정을 설명하고 있다. 또한, 'reform(개조, 개혁)'이라는 용어가 리스트럭처링과 함께 사용되기도 하고, 'structural adjustment(구조조정)'이라는 용어도 널리 쓰인다. 따라서, 구조조정에서 '조정'을 동명사로 사용하면 개혁의 결과를 칭하는 "현상"을 의미하고, '조정'을 동사로 표현할 경우에는 '개혁, 개조'로 번역할 수 있을 것이다.

(2) 역사

그렇다면, 리스트럭처링, 즉 구조조정이란 과연 어떻게 시작되었으며, 어떤 의미를 담고 있는 것인가? 이 단어가 경제, 경영 분야에서 쓰이기 시작한 것은 1981년 레이건이 대통령으로 취임하여 '공급 중심의 경제정책(supply-side economic policy)'을 채택하면서부터다. 이 정책은 공급을 늘려 물가를 낮춤으로써 수요를 촉진하자는 것이었다. 특히 소득세율을 떨어뜨려 기업으로 하여금 이익을 더 많이 유보케 하고 이것으로 생산시설에 투자하도록 하자는 것이 바로 이 정책의 골자였다.

그러나, 미국기업들은 낮은 세율로 인한 유보이익을 생산하는데 투자하지 않고 증권시장으로 가져가 단기·투기적이고 약탈적인 M&A를 시작했다.[2)] 이처럼 정부

1) 본장은 조동성, 『경제위기에서 벗어나는 길』, 서울경제경영, 1998을 주로 참고하였음.

2) 만약 재무구조가 상당히 양호한 어떤 회사의 자산가치가 1억 달러인데 반해 증권시장에서 이 회사 주식을 100% 사는데 필요한 돈, 즉 시가총액은 5,000만 달러밖에 안든다면 이 회사의 주식을 모두 사서 조각조각 팔아버림으로써 당장 5,000만 달러를 벌 수 있는 것이다.

에서 전혀 예측하지 못했던 불상사가 생김에 따라 이러한 약탈적 M&A의 대상이 되는 회사는 이를 방어할 대안을 찾아 나섰다. 이러한 과정에서 일부 기업들은 일부러 은행차입을 늘려 부채비율을 증가시키고 불필요한 부동산을 구매함으로써 재무구조를 나쁘게 만드는 방법을 찾아냈다. 여기에서 소위 '재무구조 조정(FR; financial restructuring)' 이라는 표현이 생겨난 것이다. 이렇듯 구조조정이란 단어는 부정적인 이미지가 다분히 담긴 역사를 가지고 있다.

(3) 구조조정을 통한 혁신

1990년대에 들어와서는 M&A와 관계없이 경영을 혁신하는 수단으로써 리스트럭처링이 사용되기 시작했다. 리엔지니어링, 리스트럭처링, 다운사이징, 벤치마킹 등 당시에 유행하던 경영혁신기법 중에서도 1990년대 초반까지는 리엔지니어링이 상당히 유행하였으나, 95년을 전후로 해서 점차 퇴조하기 시작했다. 반면에 이때부터 경영혁신기법의 주류는 점차 리스트럭처링(구조조정)으로 옮겨가기 시작했다.

2. 종류

리스트럭처링이라는 단어는 여러 가지 의미를 가지고 있으며, 기업의 모든 경영분야에 대해 적용할 수 있다. 현재, 우리 기업들은 비용구조, 조직구조에서 많은 변화를 시도하고 있다. 그러나, '구조조정' 이란 '모든 시스템과 모든 조직을 변화시키는 것' 을 의미하므로 보여지는 모든 사회현상이 구조조정의 대상이라고 할 수 있다.

(1) 손익계산서상의 구조조정

손익계산서상에서 일어날 수 있는 구조조정을 살펴보자. 경영자의 성과는 기업이 얼마나 큰 '이익' 또는 '손해' 를 냈느냐에 의해 판가름난다. 여기에서 손해를 줄이거나 이익을 극대화하기 위한 노력이 '손익구조조정' 이고, 그 중에서 비용 항목을 변화시키는 것이 '비용구조조정' 이다.

(2) 조직도표상의 구조조정

조직도표에서도 구조조정이 일어나는데, '인력구조조정'은 채용규모 축소, 임금 삭감, 재교육, 전환배치, 계열사 파견, 명예퇴직, 정리해고 등을 통해 이루어진다. 한편 팀제를 도입하거나 유사한 부 · 과를 통폐합함으로써 조직의 효율성을 높이고, 사장과 사원 사이의 의사결정단계를 7~8단계에서 3~4단계로 줄이는 조직구조 재설계 등은 '조직구조조정'이라고 할 수 있다.

(3) 시장 · 제품 구조조정

여러 제품 중에 매출을 신장시키고 이익을 낼 부문과 전망이 어두운 부문을 구분해 제품포트폴리오를 조정하는 것이 '제품구조조정'이며, 수 · 출입, 현지생산 · 판매 등의 방법을 써서 무차별적으로 진출하던 해외시장 중에서 특화할 지역과 포기할 지역을 선택하는 것이 '시장구조조정'이다.

(4) 대차대조표상의 구조조정

대변항목에 있는 부채와 자기자본의 비율을 건전하게 유지하기 위해서 부채를 줄이고 자기자본을 높여 부채비율을 개선하는 것이 '재무구조조정'이며, 차변 항목에 있는 공장이나 기타시설 등 회사가 보유한 자산이 여러 산업에 투입되어 있을 때, 집중 투자할 사업과 포기할 사업을 구별하는 것이 '사업구조조정'이다. 특히 부채와 자본이 적절한 균형을 이루는 것이 중요한데, 우리 나라는 처음부터 해외차관으로 사업을 벌였기 때문에 이제는 부채비율을 낮추는 것이 가장 큰 과제가 되었다.

3. 수순

일반적으로 회사가 구조조정을 실시할 때는 위에서부터 아래로, 즉 가장 쉽게 변화가 일어날 수 있는 인력이나 조직에 대한 구조조정을 가장 먼저 해나가고, 다음으로 제품이나 시장, 손익구조와 같은 손익계산서상의 구조조정을, 그리고 마지막으로 재무나 사업구조조정 등의 대차대조표상의 구조조정을 실시하는 경향을 보인다.

결국, 제일 먼저 손을 대는 것이 사람을 줄이는 것이고, 다음으로 조직을 통폐합하고, 그 다음에 적자가 나는 제품을 정리하고, 현지생산, 해외수출분야 쪽을 생각하게 된다. 다음으로 원가절감을 하기도 하고, 이 방법이 어려운 경우 부채비율, 사업구조조정까지 확대해 나아가게 된다. 그리하여 실제 기업이 진행하는 방향을 보면 사업구조조정을 제일 마지막으로 수행하는 경향이 있다. 그러나, 구조조정은 이러한 방향으로 일어나는 것이 아니라 거꾸로 일어나야 한다. 즉, 큰 것부터, 그리고 아래에서부터 시작해야 한다.

(1) 기업구조조정의 바람직한 순서

구조조정에는 엄연히 수순이 있다. 올바른 수순은 비용, 인력 등 잔 가지가 아니라 뿌리와 큰 줄기에서부터 시작하는 것이다. 우리가 지금 벌이고 있는 사업 중 무엇을 없애고, 무엇에 집중 투자할 것인가에서부터 구조조정은 시작되어야 한다.

먼저 큰 규모로 사업구조를 조정하고, 한계사업을 정리하여 재원을 확보해야 한다. 그 다음에는 확보한 재원으로 재무구조를 조정하고, 그 수준에 맞는 제품과 시장구조를 조정한다. 그리고 새로운 사업구조에 맞는 조직형태를 갖추고, 인력을 재조정해야 한다. 이렇게 되면 비용구조와 손익구조는 자연스럽게 조정된다.

기업이 임금, 도서인쇄비, 광고선전비, 복리후생비, 유료교육이나 유료사외훈련과 같은 교육훈련비, 여행경비, 연구개발비를 조금 줄인다고 해서 정부와 금융기관이 원하는 부채비율 수준을 달성하기는 어렵다. 먼저 사업구조와 재무구조가 조정되어야, 불필요한 사업에 대한 낭비성 투자가 줄어들고, 부채에 대한 이자부담이 줄어들게 되므로 근본적인 재무구조조정이 이루어지게 되는 것이다. 그러나 우리 기업들은 백년하청(百年河淸)격으로 너무 작은 것, 자질구레한 일에 매달려 있다.

(2) 거시수준의 구조조정

바둑을 둘 때 수순을 그르치면 전혀 다른 결과를 초래하듯이, 사업구조조정에서 시작하여 손익구조조정에 이르는 이 과정도 순서를 정확히 지켜야 한다. 그런데 왜 한국기업의 경영자들은 틀린 수순을 택하고 있는가? 그 이유는 자명하다. 창업을 직접 이루어냈거나 옆에서 보아온, 소위 오너라고 불리는 대주주경영자들은 사업구조조정을 원하고 있지 않기 때문이다. 이들은 기업을 '자신의 것', 즉 '개인의 소유물'로 간주한다. 이 같은 대주주 경영자들의 '의식구조조정'이 일어나지 않는 한, 기업들이 사업구조조정을 스스로 추진하리라고 기대하는 것은 놀부가 적선하기를 바라는 격이다.

대주주 경영자들의 의식구조를 변화시키기 위해서는 정부가 기업의 「지배구조조정」을 통해 소액주주의 권한을 법적으로 뒷받침해주고, 사외이사제도를 활성화하여 대주주경영자들의 독선을 견제해야 한다. 사실 지금까지 정부는 재벌, 즉 몇몇 대기업집단의 회장들을 통해 자동차, 반도체, 정보통신 등 정부가 원하는 정책사업을 추진해 왔다. 따라서 대기업집단의 경영을 다양한 견해를 가진 소액주주들에게 공개하는 것보다는 대주주 경영자들에게 전권을 부여하는 편이 더 바람직하다고 생각했다. 그러나 투명경영을 지향하는 지배구조를 도입하려면 무엇보다도 먼저 정부가 '재벌구조조정', 즉 그 동안 재벌그룹을 정책 수단으로 하여 경제개발을 추진해오던 기존 방식을 포기해야 한다.

그런데 이는 '산업구조조정'에 대한 정부의 개입이 축소되는 것을 전제로 할 때 비로소 가능한 일이다. 정부가 축구선수단의 코치와 같이 능동적으로 기업경영에 개입하는 것이 좋은가, 축구경기의 심판처럼 객관적인 자세를 유지하면서 기업경영에 대한 개입을 최소화하는 것이 좋은가에 대해서는 여러 가지 견해가 상충한다. 지난 30여년간 한국정부는 기업에 대해 심판 역할보다는 코치 역할 쪽에 비중을 두고 국민경제를 이끌어온 것이 사실이다. 따라서 정부가 재벌에 대한 정책을 변경하려면 앞으로는 기업에 대해서 심판 역할만 하겠다는 산업구조 조정정책에 대한 자세 변화가 선결조건인 것이다.

(3) 정부와 국민의 역할

그러면 바람직한 정부 역할은 심판과 코치 중에 어느 쪽이어야 하는가? 이에 대한 정답은 한국경제가 21세기에 어떤 방향으로 나아가야 할 것인가에 대한 국가지도자의 비전이 「경제구조조정」을 통해 가시화될 때 비로소 나타난다. 한국경제가 1970년대처럼 수출주도형 불균형성장을 선택한다면 정부의 능동적인 개입이 필요할 뿐만 아니라 큰 도움을 준다. 이와 달리 한국경제가 시장메커니즘 속에 존재하는 경쟁체제를 받아들이겠다면 정부의 역할은 최소한으로 축소되어야 한다.

그러나 경제구조에 대한 정부의 선택도 보다 근본적으로는 국민의 「가치구조조정」에 의해 좌우된다. 즉, 주주가 기업의 주인인 미국식 자본주의, 모든 이해관계자가 같이 참여하는 유럽식 자본주의, 종업원이 주인인 일본식 자본주의, 그리고 대주주 경영자가 주인인 한국식 자본주의 중에서 국민이 어느 것을 선호하는가에 따라 경제구조가 결정되고, 그에 따라 산업구조도, 기업차원에서의 구조도 영향을 받게되는 것이다.

구조조정의 단계를 14가지로 정리해 본 결과, 결국은 우리가 어떠한 마음의 틀(mind set)을 잡아야 할 것인지가 상당히 중요함을 알 수 있다. 결국 미시적 수준(micro-level)의 기업구조조정은 중간 수준(meso-level)의 산업구조조정, 거시적 수준(macro-level)의 경제구조조정, 그리고 초월적 수준(meta-level)의 국민가치구조조정을 모두 적절하게 달성한 다음에 시도해야 시행의 성공률과 궁극적인 효과를 높일 수 있을 것이다.

〈그림 19-1〉
구조조정(RS)의 종류와 수순

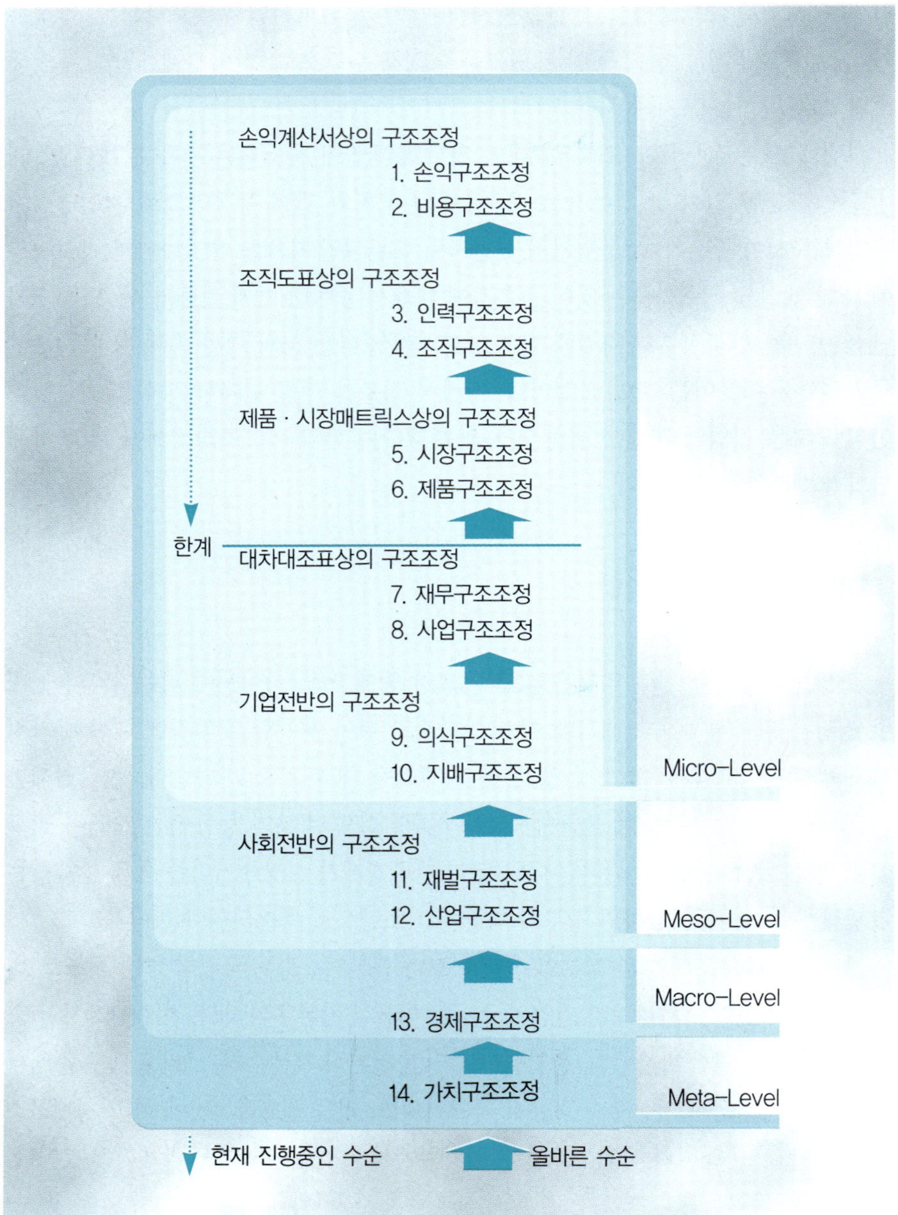

제 2 절 거시수준의 구조조정

1. 가치구조조정

(1) 개념

올바른 구조조정의 수순 가운데 첫 번째는 국민의 가치구조조정이다. 여기서 말하는 '가치' 즉, 국민의 가치라는 것은 국민이 받아들일 수 있는, 그리고 받아들여야 할 자본주의는 과연 어떠한 것인가에 관한 내용이다.

여러 가지 형태의 자본주의를 생각해 볼 수 있지만, 크게 네 가지로 분류할 수 있다. 첫번째는 미국식의 '순수자본주의' 개념으로, 이는 시장에서 살아남지 못하는 기업은 도태될 수밖에 없는 적자생존의 원리가 철저히 지켜지는 자본주의 개념을 의미한다. 두번째는 유럽식의 '수정자본주의' 개념으로, 유럽에서는 일반적으로 기업의 소유주를 주주에게만 한정하지 않는데, 기업은 모든 이해관계자가 소유한다는 것이다. 세번째는 일본식의 '집단자본주의' 개념인데, 이 개념에 따르면 기업은 주주의 것이 아니라 그 기업의 구성원, 즉 종업원의 것이다.[3] 네번째는 한국식의 소위 '변형자본주의' 개념이다. 한국사회에서는 어떤 일을 할 때, 누가 얼마만큼의 능력을 가지고 있는가를 살펴보기에 앞서, 그 일의 결과에 대해 무조건적인 형평을 요구하는 경우가 대부분이다.

이러한 여러 가지 자본주의의 대안 중에서 어느 것을 최적의 대안으로 선택할 것인가의 문제는 매우 근본적이고도 중요한 문제이다. 왜냐하면, 위에서 설명한 네 가지 자본주의의 대안 중에서 어느 안을 택하느냐에 따라 기업의 목표가 달라지는 것이므로, 한국기업의 구조조정은 '국민의 가치구조조정'에서 시작되어야 한다고 주장할 수 있는 것이다.

---

3) 일본의 4대 증권회사 중 하나인 야마이치증권이 무너진 직후, 사장이 인터뷰에서 회사가 이렇게 무너진 것은 모두 나의 잘못이니, 직장을 잃게 된 수많은 근로자들을 사회에서 따뜻하게 받아주기 바란다고 호소하였다. 아마 미국의 경영자라면 주주들에게 잘못했다는 말로 시작해 잘못했다는 말로 끝났을 것이다.

(2) 기업의 목표와 국민의 과제

우선 기업의 목표는 무엇인지에 대해 생각해보자. 이 문제에 대한 해답은 근본적으로 기업의 진정한 주인이 누구인가, 그 사회의 구성원들이 어떻게 받아들이고 있는가에 따라 달라질 수 있다. 한국사회에서는 실제로 대주주경영자가 기업경영에서 가장 중요시된다. 또한 이들 대주주경영자들은 매출액을 가장 중요시한다.

그러나 일본의 경우는 다르다. 기업경영을 평가할 때 매출액이익률을 기준으로 평가한다. 왜냐하면, 일본사회에서 기업은 종업원의 것으로 인식되기 때문이다. 유럽의 경우에는 이해관계자 모두가 공감할 수 있는 여러 가지 기준으로 기업을 평가하기 때문에 기업의 목표 또한 다양하게 설정되는 것이 일반적이다. 미국에서는 운전자본이익률 또는 그 기업의 주식가격, 시가총액 등과 같은 항목들이 주요 평가기준이므로, 기업의 목표 또한 이러한 항목들을 개선하거나 향상시키는 데 있게 된다. 결국 국민들은 어떠한 기준으로 기업을 평가할 것인지, 기업의 목표가 무엇이 되어야 하는지에 대해 분명한 판단을 내릴 수 있어야 하는 것이다. 여기서 중요한 문제는 미래에 대한 비전을 가진 지도자와 사회의 여론 주도층이 제대로 된 길로 국민을 인도해야 한다는 것이다.

2. 경제구조조정

한국경제가 위기를 극복하고 기회를 모색하기 위하여 선택할 수 있는 비전에는 크게 세 가지 대안이 있다. 첫째는 재벌들이 선호하는 정책으로 수출증대를 통해 연간 무역흑자 500억 달러를 달성해 단기간에 외채를 갚자는 것이다. 둘째는 철강, 조선, 자동차, 전자, 반도체, 석유화학산업 등 이미 한국기업들이 큰 규모로 투자해 놓은 자본집약적 산업이 안고 있는 고비용 · 저효율 구조를 구조조정을 통해 저비용 · 고효율 구조로 바꾸어 경쟁력을 회복하자는 주장이다. 셋째는 지식 · 정보집약산업이 중심이 되는 21세기에 대비하여 유통, 금융, 정보통신 등 서비스 부문 중심으로 산업구조를 바꿔야 한다는 것이다.

이상 세 가지 대안은 나름대로 장 · 단점을 가지고 있다. 첫 번째 수출촉진 정책은 현재 우리가 처한 상황을 감안할 때 단기적으로 가장 필요한 대안이지만, 우리 나라는 이미 선진국으로부터 특혜를 받는 대상이 아니다. 또한 대부분의 수출 품목에서 우리는 중국, 말레이시아 등과 치열한 경쟁을 해야하는 처지에 놓여 있다. 두 번째 경쟁력강화 정책은 이미 투자해 놓은 사업에서 조금만 더 노력하면 달성할만한 대안처럼 보이지만 고비용 · 저효율 문제가 계획하는 대로 단기간에 제거되지는 않는다. 세번째 대안은 논리적으로 정답에 가깝다. 그러나 정보산업화를 실현하기 위해서는 국가지도자가 미래에 대한 비전을 가지고 이를 실현해야 하고, 기업은 이러한 산업 추진의 핵심주체가 되어야 하며, 국민은 부가가치를 창출할 수 있는 역할을 해야 한다.

3. 산업구조조정

(1) 개념

경제구조조정의 다음 단계는 바로 산업구조조정인데, 정부의 경제정책을 앞서 설명한 세번째 대안으로 가져가기 위한 구체적인 방법론이 바로 여기서 다루게 될 정부의 역할이다. 기본적으로 정부는 국가경제 및 기업에 대해 5가지 역할을 수행한다.

첫번째는 규칙제정자로서의 역할, 즉, 시장경제가 어떠한 방식으로 운영되어야 하는지에 관한 원칙을 정하는 것을 의미한다. 두번째는 지원자로서의 역할, 즉, 시장경제의 운영에 뛰어들어 기업에게 도움을 주는 역할을 의미한다. 세번째는 규제자로서의 역할이다. 이는 기업이 자국경제에 손해를 가하는 행위, 즉 기업의 이익을 추구하기 위해 국민경제에 손해를 가하는 행위를 막아주는 역할이다. 네번째는 생산자로서의 역할이다. 예를 들어 담배인삼공사와 같은 여러 정부투자기관은 직접 재화를 생산해서 국민에게 제공하는데, 이것이 생산자로서의 정부의 역할이다. 마지막 다섯번째는 소비자로서의 역할이다. 정부는 시장경제에서 여러 가지 재화나 서비스를 제공하기도 하지만, 실제로 재화나 서비스를 소비하는 역할도 수행한다.

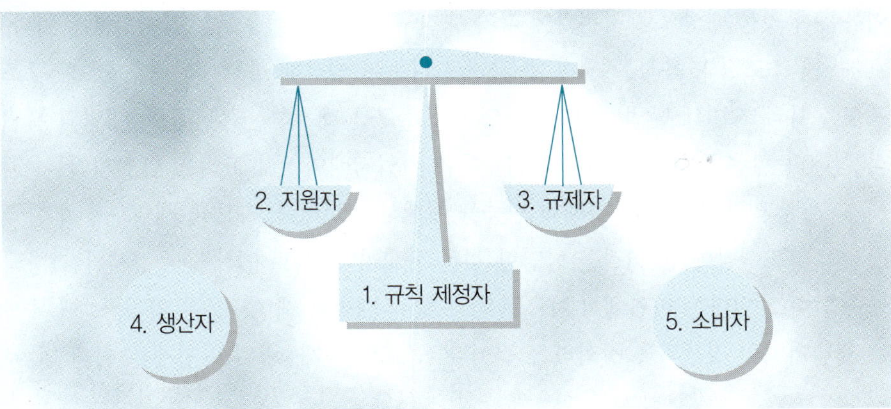

〈그림 19-2〉
정부의 역할

(2) 바람직한 정부의 역할

정부의 다섯 가지 역할 가운데 가장 특징적인 것은 바로 지원자와 규제자의 역할이다. 당근과 채찍으로 비유할 수 있는데, 산업구조조정의 핵심이슈는 바로 경제운용에 정부가 얼마나 적극적으로 개입할 것인가에 관한 문제이다. 즉, 산업정책을 정부가 명시적으로 주도할 것인가 아니면 거시경제정책을 통해 자연스럽게 시장에서 이루어지도록 할 것인가의 문제이다. 산업정책을 편다는 것은 정부가 직접 개입을 한다는 것을 의미하는데, 앞서 설명한 대로 역시 구조조정 정책은 정부가 직접 개입할 것이 아니라 뒤에서 분위기를 만들어주는 방향으로 나가는 것이 보다 더 적절하다.

결국 정부의 산업정책을 통한 시장개입은 기본원칙을 철저히 지켜야하는 것에서 출발한다. 철저한 준비작업, 결정과정에서의 투명성과 일관성, 충분한 사전조율과 검토, 결과를 두려워하지 않고 과감히 시행하는 결단력이 주요한 원칙이다.

4. 재벌구조조정

(1) 개념

재벌구조조정은 기업의 몫이 아니라 정부의 몫이다. 정부가 어떠한 방향으로 재벌정책을 이끌어 갈 것인가가 핵심이기 때문이다. 다시 말하면, 재벌구조조정의 가장 중요한 이슈는 바로 재벌(창업자 및 그 가족), 재벌기업(재벌이 경영권을 행사하는 기업) 및 재벌그룹(재벌기업이 모인 거대 기업군)이 앞으로 어떤 모습으로 바뀌어야 하는지에 관한 것이다. 이렇게 재벌, 재벌기업, 재벌그룹으로 나누어 접근하는 이유는 무엇을 대상으로 하는가에 따라 재벌구조조정의 내용이 달라지기 때문이다.

재벌구조조정의 목적은 크게 네 가지로 나누어 생각해 볼 수 있는데, 첫째, 구조조정을 통해 재벌의 탈법, 범법적 개인이득 추구를 배제하는 것, 둘째, 재벌의 특권적 형태라 할 수 있는 경영권 행사를 통한 기업지배의 연쇄고리를 단절시키는 것, 셋째, 재벌 및 재벌그룹의 경제력 집중을 배제하는 것이다. 재벌과 재벌그룹이 한국경제의 고도성장에 큰 역할을 담당한 것은 사실이나, 이로 인해 한국경제가 기형적 모습을 하고 있다는 비판에서 자유로울 수 있는 재벌과 재벌그룹은 없다. 넷째 목적은 재벌기업의 경쟁력을 강화하는 것이다. 규모의 경제, 범위의 경제는 이제 더 이상 지속적 경쟁우위의 원천이 될 수 없으므로, 재벌기업들이 경쟁력을 갖기 위해서는 기업경영의 투명성, 전문화 등을 반드시 이루어야만 한다.

(2) 과제

그렇다면 과연 재벌구조조정, 즉 정부의 재벌정책은 어떤 방향으로 가야 하는지, 어떤 대안이 있는지 살펴보자.

첫번째 대안은 해체하는 것이다. 재벌을 해체하면, 재벌의 경영권 행사를 원천적으로 봉쇄할 수 있을 뿐만 아니라 재벌 및 재벌그룹에 의한 경제력 집중의 문제는 사라지게 된다. 두번째는 사업구조조정을 통해 전문화된 기업으로 거듭나는 것이다. 이는 재벌의 경제력 집중을 어느 정도 막을 수 있는 동시에 재벌기업의 경쟁력 강화를 추구하려는 대안으로 볼 수 있다. 세번째는 기업지배구조를 개선해 재벌의 자의적 경영을 억제하는 방안이다. 이 방안은 재벌의 개인이득 추구를 효과적으로 방지할 수 있을 뿐만 아니라 재벌의 자의적인 경영권행사를 억제할 수 있는 방안이기도 하다. 네번째는 현 재벌체제는 유지하되 관련법규를 준수하면서 경영활동을 지속하자는 것이다. 이는 현 상태는 유지하면서 재벌그룹의 경쟁력강화를 추구하는 대안이다.

재벌은 과거 우리 나라가 후진국에서 개발도상국, 중진국으로 발전하는 과정에서 새로운 산업으로 진출하는데 필요한 대규모자금을 집적하고 이러한 사업들을 추진하는 경영능력을 제공하는데 결정적인 역할을 담당하였다. 그러나 한국경제가 중진국에서 선진국으로 변화하기 위해서는 재벌이 가지고 있는 구조적 특성이 제약으로 나타날 수 밖에 없다. 이제 정부의 신속하고 과감한 정책결정과 채택된 정책에 대한 일관성 있는 집행으로 한국경제의 여러 주체가 한데 뭉쳐 사는 길을 찾아가야 할 때다.

제 3 절 기업수준의 구조조정

1. 지배구조조정

우리 나라 기업의 경우 최고경영자는 대주주경영자로서 기업경영의 전권을 가지고 있기 때문에, 독단적으로 기업을 경영하고 있는 최고경영자의 의식구조가 변하지 않으면 사업구조조정이 일어나기 어렵다. 결국 사업구조조정 이전에 의식구조조정이 일어나야 하는데, 의식구조조정을 가져오기 위해서는 기업의 지배구조[4] 즉, 최고경영자가 지닌 경영권을 견제하는 제도적 장치가 있어야 한다.

(1) 개념

기업지배구조는 기업이 보유한 자원에 대해 주주, 채권자, 종업원, 공급자, 소비자, 지역사회, 지역정부 등 이해관계자 집단들이 제각기, 그리고 하나의 집합체로서 가지고 있는 권한을 설명하는 계약관계라고 할 수 있다. 기업지배구조에서는 첫째, 누가 주인이고, 누가 대리인인가? 둘째, 주인과 대리인의 이해가 일치하는지, 아니면 상반되는지? 셋째, 대리인은 주인의 부를 극대화하기 위해 최선의 노력을 다하는가? 넷째, 기업경영을 위임받은 대리인에 대한 유인과 통제 사이에 또는 지원과 규제 사이에 균형이 잡혀 있는가? 다섯째, 소유와 경영의 분리가 항상 바람직한가? 등의 이슈가 주로 거론된다.

그러면 왜 우리 나라에서는 지배구조가 제대로 갖추어져 있지 않은 것일까? 수없이 많은 사람들이 목소리를 냈지만 또 다른 이유로 인해 제대로 된 견제장치를 만들 수가 없었기 때문이다. 지배구조조정은 간단히 말해, 경영권을 가진 최고경영자가 주주를 위해 헌신적으로 일할 수 있도록 하기 위한 시스템을 만들어 가는 것이라고 할 수 있다. 제대로 된 견제장치를 만드는 것, 이것이 바로 지배구조조정이다.

4) 조동성, 「경제위기에서 벗어나는 길」, 서울경제경영, 1998, 제13장 지배구조론 참조

(2) 정부 및 기업의 과제

기업지배구조와 관련한 한국기업에 대한 시사점은 크게 세 가지로 나누어 볼 수 있다. 첫번째, 기업지배구조 관점에서 살펴보자. 한국재벌의 다각화전략은 문어발식 확장이 관행을 이루어왔다. 물론 이는 내부 자본시장을 이용함으로써 계약비용을 줄일 수 있으며, 수출시장에서 범위의 경제를 달성할 수 있다는 장점이 있는 반면, 특정사업에 과도한 투자가 집중되며 한계사업으로부터의 퇴출을 지연시키는 단점도 있다.

두번째, 소유집중의 문제이다. 현재 한국재벌은 계열기업간 주식상호보유나 상호지급보증이 관행처럼 되어 있다. 물론 이는 주주의 대리비용을 최소화할 수 있고, 계열기업간 사업관계를 강화할 수 있다는 장점이 있기도 하지만, 기업경영의 투명성이 저하되며, 지배주주가 경영권을 독점함으로써 발생하는 문제점도 지적된다.

세번째, 금융기관의 지분참여 및 경영참여를 일컫는 주거래은행제도에 관한 것이다. 주거래은행제도는 경영자감시 및 대리비용절감, 대칭적 정보소유와 정보의 원활한 흐름을 보장할 수 있고, 계열기업간 이해상충 및 분쟁조정 가능 등 여러 가지 긍정적 기능이 있다. 그러나 이 제도는 산업자본과 금융자본이 결탁하여 독점적 지배력을 행사할 우려가 있고, 계열기업이 파산할 경우 주거래은행의 연쇄도산 위험이 존재하며, 은행의 지급불능사태로 인해 금융공황을 초래할 가능성이 있는 등의 문제점이 있다.

2. 의식구조조정

오늘날과 같이 적자생존의 원리가 그대로 적용되는 냉엄한 기업환경에서 이제 최고경영자는 "주주를 대신하여 선량한 관리자의 역할"을 담당하는 전문경영자의 역할을 해야 한다. 과거에는 소액주주를 배려하지도 않는 경영자들이 자기들 마음대로 기업을 경영할 수 있는 여건을 정부가 앞장서서 만들어 준 것이 사실이었다. 그러나 기업의 경영투명성 확보가 무엇보다 피할 수 없는 과제가 된 지금, 정부는 더 이상 기업을 내 것이라고 생각하는 경영자를 보호해주기란 어려운 시점에 이르렀다.

(1) 개념

이러한 상황변화에 대해 최고경영자들은 또 다른 항변을 하기 시작했다. 구조조정은 하겠는데 기업을 살 사람이 없다는 것이다. 그러나 이 세상에서 살 사람이 없는 거래대상이란 없다. 이것은 단지 기업의 가격(가치)에 대한 인식차이 때문이다. 대주주경영자는 비싸게 팔고자 하고, 외국기업들은 싸게 사고 싶어하는 것이 인지상정인 것이다.

기업의 가격은 자산가치, 수익가치, 경영권으로 구성되어 있다. 먼저, 자산가치에는 부동산, 재고자산, 외상매출금 등 자본, 부채까지 모두 포함된다. 그러나, 최근 들어 우리 나라 기업의 자산가치는 크게 떨어졌다. 선진국에서는 기업의 가치를 자산가치가 아니라 수익가치로 파악한다. 수익가치는 제품이나 서비스를 통해 미래에 올릴 수 있는 기대이익의 현가를 말하는 것이다. 과거 우리 나라는 정부의 보호 아래 기업을 경영하였기 때문에, 이익을 올릴 수 있는 여지가 많았지만 시장이 개방되면서 독점이익을 향유할 가능성이 원천적으로 봉쇄되어 수익가치 역시 현저하게 떨어지고 말았다. 마지막으로 경영권을 보자. 경영권의 매력은 역시 비자금에 있다. 그러나 투명성이 강조되는 흐름 속에서 비자금을 조성해 사용할 수 있는 여지는 매우 줄어들었다. 경영권의 가치 역시 크게 줄어든 것이다.

인통할애의 심정으로.......

중국 고사성어 중에 "인통할애(忍痛割愛)"라는 표현이 있다. 옛날 중국 당(唐)나라 때, 서장(西藏)의 번왕(蕃王)이 군대를 이끌고 서안(西安) 경도(京都)까지 쳐들어와 당나라를 아주 위태로운 지경으로 몰아 넣었다. 그러자 당황한 임금은 정권안정을 위해 '고통을 참고 사랑하는 사람과 이별하는 마음'으로 자기의 딸인 문성공주를 마귀와 같은 번왕과 정략결혼시켰다. 그러자 번왕이 감동하여 평화조약을 맺었으며, 이후 당나라가 안정을 되찾게 되었다는 고사에서 유래한다. 재벌이 사업구조조정을 할 때는 자기가 가장 사랑하는 기업을 처분해서 전체 그룹을 살리겠다는 "인통할애"의 마음이 필요하다.

이 세 가지 사실을 종합해 보면, 사실 그 기업의 현재 경영권자가 생각하고 있는 기업에 대한 가치보다는 시장에서 냉정하게 보고 있는 기업의 가치가 아마도 더 정확한 가치일 것이다. 따라서, 이제는 기업가치에 대한 인식을 바꾸어 사업구조조정을 해야 한다. 최고경영자가 과거에 기업 가치가 높았던 것에 집착하여 현재 시장에서 평가되는 기업의 가격을 받아들이지 않는다면, 절대 구조조정할 수가 없다.

(2) 합리적 전문경영자세

의식구조의 유형은 가부장적 소유경영의식을 가진 유형과 합리적 전문경영자의식을 지닌 유형의 2가지로 나누어 볼 수 있는데, 먼저 가부장적 소유경영의식을 가진 유형의 경영자는 개인의 욕구달성을 최상의 목적으로 하여, 전지전능한 합리성과 기업가적 모험을 지향한다. 또한 노사관계에 있어서는 주인과 머슴간의 관계, 즉 수직적 지배관계를 가진다. 반면, 기업을 사적소유의 대상 또는 개인의 목표수단으로 여겨 소액주주의 권한을 무시한 채, 언제라도 자금을 빌릴 수 있다는 식으로 생각하는 경향이 다분하다.

반면, 합리적인 전문경영자로서의 의식을 지닌 유형의 최고경영자는 주식가치의 극대화를 최고로 여기고 제한된 합리성, 전문적인 평가와 성과를 지향하는 경향이 강하다. 또한 노사관계를 리더와 동반자와의 관계로 인식하고 수평적으로 역할을 분담하는 자세를 보인다. 또한 기업을 사회적 실체로 여기고 소액주주를 기업의 주인으로 인식하여 이들에 대한 보호를 위해 노력하고 있다.

아이아코카 크라이슬러 회장은 크라이슬러가 도산 위기에 처한 80년대 초반에 회장으로 취임하자마자 스톡옵션(stock option)계약을 맺었다. 결과적으로 그는 크라이슬러의 기사회생으로 오히려 수억 달러의 부를 획득할 수 있었다. 실제로 미국의 경우에는 최고경영자로 영입되는 인물이 고정봉급이나 보너스 대신 스톡옵션을 받은 뒤 회사의 실적을 올려 주가를 상승시킨 후 봉급의 수 십배에 달하는 수입을 받는 경우가 많다. 우리 나라에서도 고병우 동아건설 회장으로부터 이와 같은 예를 볼 수 있다. 그는 성과급으로서 '경영이 정상화될 경우에 10만주의 주식을 달라' 고 하는 스톡옵션을 받았다. 결국 그는 보너스를 사양하는 대신 싼값에 주식을 살 수 있는 더 큰 기회를 가지게 되었다.

〈그림 19-3〉
경영자의식의 유형

	제1유형 가부장적 소유경영의식	제2유형 합리적 전문경영자의식
목적	개인의 욕구 달성	주식가치의 극대화
자아의식	전지전능한 합리성 기업가적 모험지향	제한된 합리성 전문적 평가, 성과지향
노사의식	주인-머슴관계 수직적 지배관계	리더-동반자 관계 수평적 역할분담
기업의식	사적소유의 대상 개인목표 수단 가능	사회적 실체 사회적 역할 중요시
소액주주에 대한 의식	봉	주인
금융기관에 대한 의식	돈지갑	불가근(不可近) 불가원(不可遠)의 관계

3. 사업구조조정

(1) 개념

사업구조조정이란 구조조정을 통해 기업이 경쟁력을 강화하고 비전을 달성할 수 있도록 하는 것을 목표로, 전사적인 차원에서 미래의 사업구조를 근본적으로 재구축하는 구조조정을 의미한다.

사업구조조정의 첫번째는 바로 경쟁력강화에 있다. GE의 경영혁신에서도 알 수 있듯이 "세계에서 1등 혹은 2등을 할 수 있는 사업을 제외한 모든 사업을 과감히 포기한다"는 원칙 아래 경쟁력을 강화하는 것을 지상목표로 구조조정을 실시하는 것을 뜻한다. 둘째로 비전달성, 즉 경영자가 원하는 미래를 실현해 내는 것을 의미하는 것으로, 가만히 있어도 다가오는 미래가 아니라, 모든 열정을 다해 노력할 때 비로소 달성할 수 있는 미래를 갖기 위해 과감한 구조조정을 실행에 옮긴다는 것이다. 셋째로 전사적 차원의 혁신 즉, 기업의 본질 그 자체를 변화시키는 것까지 감수한다는 뜻을 내포하고 있다. 넷째로 미래사업구조를 구축하기 위해 일시적인 임시방편의 일환이 아니라 기업의 바람직한 미래상을 기업구성원 스스로가 그려나가는 방향으로 구조조정을 실행에 옮겨야 한다는 의미이다. 다섯째로 "재구축" 즉, 먼저 분해해야 함을 의미한다. 새롭게 경영을 책임지게 된 경영자의 입장에서 아무 것도 없는 상태에서 새로 시작한다는 마음가짐으로 구조조정을 실행에 옮겨야 하는 것이다. 마지막으로 이러한 혁신기법의 적용은 체계적이고도 현실적인 방법과 절차를 반드시 필요로 한다.

핀란드를 대표하는 기업 노키아(Nokia)

노키아(Nokia)는 핀란드에 있는 회사로 요즈음 괄목할만한 성과를 올리고 있어 화제가 되고 있다. 원래 이 회사는 1980년대에 13개의 비관련 사업을 운영하고 있었는데, 각 사업간의 비관련성으로 인해 시너지 효과를 전혀 누리지 못했었다. 따라서, 이 사업들의 국제화 필요성을 느꼈고, 해외에 지사설립을 시도했었다. 그러나 자금이 부족해 몇몇 사업이 쇠퇴하게 되었는데, 노키아의 경영진에서는 사업의 세계화를 위해서 이 사업들을 하나로 통합할 필요성을 절감하게 되었다.

1990년대에 들어서 노키아는 결국 휴대전화(mobile phone)와 통신(telecommunication)을 제외한 모든 사업을 정리하고(당시 통신 사업: 33%, 휴대전화: 54%) 세계화를 실시하였다. 그 결과 1986년 당시 41%에 달하던 내수시장 의존도가 6%로 줄어들었을 뿐만 아니라, 유럽 전역을 포함하여 미주, 아시아 지역으로까지 진출해 전체 매출의 $\frac{1}{3}$씩을 그 지역 시장에서 기록하게 되었다. 결국 통신관련 사업 하나로 세계시장을 주름잡게 된 것이다. 노키아는 모토롤라에 이어 세계 2위로 급부상했고 핀란드를 대표하는 회사가 되었다.

(2) 한국기업에 반드시 필요한 사업구조조정

과연 사업구조조정은 어떤 내용을 담고 있으며, 어떠한 단계를 거쳐 이루어지는 것인가? 우선 사업구조조정이 이루어지려면 구조조정에 대한 필요성을 인식해야만 한다. "변화를 거부하고서도 우리 기업이 과연 살아남을 수 있을 것인가?"라는 기업경영의 가장 근본적인 물음을 자신에게 던져 봄으로써 사업구조조정의 필요성을 인식하게 되는 것이다.

그 다음은 비전을 설정하고 장기계획을 수립하는 단계이다. 그 기준은 기업이 지니고 있는 경쟁력이며, 이를 기준으로 핵심사업을 선정하여 집중육성하고, 불필요한 사업은 과감히 정리해야 한다. 그런 다음 새로운 기업의 모습에 걸맞게 시스템을 재구축해야 한다. 조직구조, 운영시스템, 인적자원시스템, 회계시스템 등 새롭게 태어난 조직을 보다 효율적으로 기능할 수 있도록 지원할 수 있는 조직의 모든 것이 바뀌어야 한다.

소니(Sony)의 구조조정

소니는 Digitalization, AV+IT, Glocalization을 축으로 일본에서 최고의 인기기업으로 부상하였다. 소니 이외의 기업들은 '리스토라(리스트럭처링의 일본식 표현)'를 종업원 해고의 구실로 악용한데 반해 소니의 급부상은 매우 좋은 본보기가 되는 사례라 할 수 있다. 일본의 증시가 지난 10년 동안에 日經(NIKKEI) 종합지수 기준으로 약 30%, 즉 2,000 수준에서 1,500 수준으로 떨어진 반면, 소니의 주가는 3,000엔 대에서 지금 12,000엔 대로 올라가 있다. 다른 기업의 주가가 떨어질 때, 반대로 4배나 올라간 것이다. 이러한 분석에서 주주들이 경영자로부터 과연 무엇을 바라고 있는가에 대한 분명한 대답이 나오지 않겠는가?

사업구조조정을 효율적으로 진행시키기 위한 방법 가운데 대표적인 것으로 외자유치를 통한 사업구조조정을 들 수 있다. 성공적인 외자유치를 위해서는 매각대상기업의 시장가치를 높이는 것이 가장 먼저 해야 할 일이다. 우리 나라에서는 총자산(순자산 및 부채)으로 기업을 평가하지만, 외국에서는 시가총액(미래수익의 잠재력 및 독점력)으로 그 기업의 가치를 평가한다. 따라서 성공적인 외자유치를 위해서는 기업이 기술이나, 브랜드, 유통시스템, 인력, 고객 등 어느 한 부분에서라도 남이 지니지 못한 독점적인 능력을 보유하고 있어야 한다.

외국인들에게 매출액이나 자산은 이제 전혀 관심을 끌만한 요소가 아니다. 경우에 따라서는 없는 편이 훨씬 낫다. 그러나 시장에서 독점력을 가지고 있다는 것은 그들에게 매력적인 요소가 된다. 인수하고 싶어 안달이 날 것이 틀림없다. 무엇이 매력적 요소인지를 먼저 파악한 다음 고객을 경쟁시켜야 한다.

4. 재무구조조정

(1) 개념

기업이 경쟁력을 가지기 위해서는 '미래의 지속적인 현금유입'이 보장되어야 한다. 즉 기업이 성장하는데 필요한 투자재원이 적기에 조달되어야 하고 이를 위해서는 금융기관이 신뢰할 수 있는 재무구조를 가져야 하는 것이다.

그러나 우리 나라 기업의 재무구조를 살펴보면, 부채의존도가 매우 높고 가격위험관리를 위한 부채포트폴리오 구성이 제대로 되어 있지 않은 경우가 많으며, 적정

유동성을 유지 확보하기 위한 유동성위험관리가 제대로 이루어지지 않고 있는 것이 일반적이다.

왜 이러한 결과가 초래되었는가를 살펴보자. 그 동안 우리 나라 기업들은 외국에서 자금을 조달할 때, 정부 또는 다른 방법을 통해서 자금을 조달해 왔었기 때문에 쉽게 자금을 조달할 수 있었다. 또한 재무의사결정 프로세스가 전문가에 의해 합리적으로 이루어져야 하는데, 사실 지금까지는 회장과 사장이 마음먹으면 몇 천만 달러씩 마음대로 쓸 수 있었던 것이다.

(2) 부채비율축소를 위한 정부의 역할

재무구조조정의 핵심은 건실한 재무구조를 갖추는데 있다. 정부는 기업의 부채비율을 200% 이하로 낮추라고 요구하였다. 그러나 기업들이 강한 불만을 내비치고 있다. 분명 기업의 부채비율이 200% 이하로 낮아진다는 것은 바람직한 일이며, 또 그렇게 되어야 기업은 탄탄한 재무구조를 바탕으로 세계무대에서 역동적인 기업활동을 할 수 있다. 그렇다면 기업은 왜 이같은 요구를 거부하고 있을까?

그것은 부채비율이 낮을수록 기업은 건실해지기 때문이다. 그러나 기업의 부채비율은 정부나 은행이 기업에게 강요한다고 해서 쉽게 내려가는 것은 아니다. 바람직한 방향은 은행이 주도적인 위치에서 자율적 판단에 따라 개선시키는 것이다. 즉 보다 구체적으로 부채비율 및 관련정보를 기초로 그 기업의 신용도를 평가하고, 이에 따라 이자율을 차등 적용하는 대출메커니즘을 갖추면 되는 것이다. 부채비율이 일정 한도를 넘어서는 기업은 신용도가 낮아져 은행으로부터 고금리를 적용받게 되므로, 스스로 부채비율을 낮출 수밖에 없게 된다.

그런데 한국기업의 현실을 보면 우리 나라 증권시장을 통째로 외국투자가에게 팔아도 안되는 상황에서 부채비율 200%는 기업 스스로의 능력으로 해결하기에는 역부족이다. 즉, 우리 나라의 증권시장, 경제규모 등을 고려해 볼 때 너무 일을 크게 벌여놓은 셈이 되었다. 따라서 부채비율 200%를 달성하기 위해서는 정부가 나서야 한다. 이 때 정부가 은행 대출금을 출자전환(debt-equity swap)하는 방법을 쓰면, 보다 수월하게 목표를 이룰 수 있다. 1948년의 독일과 1950년대 초반의 일본도 바로 이 방법을 통해서 극도로 악화된 기업의 재무구조를 해결하였다.

5. 제품구조조정

(1) 개념

제품구조조정은 기본적으로 제품포트폴리오 구성을 바꾸는 것으로 고객이 원하는 제품과 서비스의 구성을 세계지향적, 미래지향적으로 가져가는 것을 의미한다. 제품구조조정을 위해 제품믹스, 서비스믹스를 바꾸는 경우에 일반적으로 소비자는 미래지향적인 제품과 서비스 즉, 미래에 자신이 원하는 제품 또는 서비스를 제대로 알지 못하는 경우가 많다. 따라서, 보다 적극적으로 소비자를 계도해 나갈 필요가 있다.

제품개발은 현재화된 고객, 소비자의 욕구를 충족시키는 제품을 만드는 것과 잠재욕구를 충족시켜 줄 수 있는 제품을 개발하는 것, 신제품을 개발하여 존재하지 않던 욕구를 창조하는 것으로 크게 분류할 수 있다. 그러나 제품구조조정은 제품개발에만 국한되는 것은 아니다. 거시적으로 볼 때 제품믹스를 조정하는 것이므로, 과거와 같이 국내 전자업계가 모든 제품을 만들던 것에서 탈피하여, 제품구조를 조정해 나가는 것도 좋은 예가 될 수 있다.

(2) 미래지향적 제품믹스전략

제품믹스를 조정하는 일반적인 방법은 제품라인을 확대하거나, 축소하는 것을 들 수 있다. 제품라인 확대로는 새로운 특징 첨가, 제품계열 확대, 모델 변경, 신제품 개발 등을 들 수 있다. 새로운 특징을 첨가한 예로는 알람기능이 있는 탁상시계, 자동응답기능을 갖춘 전화기, 문자서비스가 가능한 호출기 등이 있다. 제품계열을 확대한 것은 코카콜라가 다이어트콜라를 생산하는 것이라든지, 맥도널드가 김치버거, 불고기버거를 생산하는 것을 예로 들 수 있다. 모델변경의 예는 현대자동차가 소나타 Ⅰ, Ⅱ, Ⅲ 및 EF 소나타 등으로 계속 신형모델을 출시하는 것과, 기아자동차의 세피아, 세피아Ⅱ 등이 있다. 이와는 달리 신제품을 개발하여 제품라인을 확대하는 경우도 있는데, 대우자동차가 누비라, 레간자, 라노스를 생산하는 것과, 제일제당이 직장인들을 대상으로 숙취효과가 있는 기능성음료인 컨디션을 개발한 것, 소니가 기존에 존재하지 않던 제품인 소형 카세트 워크맨(walkman)을 개발한 것 등을 들 수 있다.

제품라인을 축소하는 것은 제품라인 전체를 제거하는 경우와 제품라인의 일부를 제거하는 두 가지 경우를 생각해 볼 수 있다. LG전자가 국내 PC사업을 LG-IBM에 이관한 것은 모든 제품라인 제거에 해당되며, 현대전자가 PC사업부, 미디어사업부, 홈 오토메이션 사업부를 정리한 후, 메모리와 통신시스템에만 주력하기로 한 것은 일부 제품라인 제거로 볼 수 있다. 또한 대우전자 디지털피아노 사업부 소속 직원 일부가 퇴직하여 벨로체라는 전자악기사업 독립법인을 설립하였는데, 이는 분사제도로 분류할 수도 있지만, 일부제품라인 제거와 맥을 같이 하는 것으로도 볼 수 있다.

6. 시장구조조정

(1) 개념

현재 진출해 있는 시장을 새롭게 평가하여 경쟁력 있는 시장인지, 성장가능성은 어느 정도인지를 판단한 다음, 경쟁력 있는 시장에서는 점유율을 증가시키고 성장 잠재력이 큰 시장을 개척하여 장기적 수익기반, 시장기반을 갖추는 것이 시장구조조정이다.

시장을 크게 국내, 국외로 나누어보면 국내시장은 테스트 시장으로서의 역할과 초기 고정비(sunk cost) 회수를 위한 시장으로서의 역할을 수행한다. 해외시장은 국내시장과 직접 연결되어 있으며, 국내시장에서의 경쟁력 향상은 물론 장기적 관점에서 기업의 지역적 경영기반을 제공해 준다. 물론 해외기업이 경영상의 우위를 보이며, 더 나은 성과를 달성하는 이유는 기업특유의 경쟁우위를 바탕으로 본국의 국가경쟁력까지 활용할 수 있기 때문이다. 따라서 활발한 해외진출을 통해 경쟁상대인 외국기업이 의존하고 있는 본국의 국가경쟁력까지 활용할 수 있도록 지역적 기반을 확대시켜 나가는 것이 중요한 이슈 중 하나이며, 이것이 바로 시장구조조정이다.

(2) 글로벌 경쟁과 전략적 제휴

글로벌 시장에 진입하기 위한 대안으로 전략적 제휴를 들 수 있는데, 전략적 제휴가 기업들 사이에서 활발하게 일어나는 이유는 시장, 제품 및 자본을 매개로 생존을 위해 경쟁하고 있기 때문이다. 세계시장을 무대로 펼쳐지는 오늘날의 글로벌 경쟁 환경 하에서, 이 경쟁에 참여하지 못하면 도태되고 말 것이라는 절박한 인식이 기업 경영자들에게 널리 퍼져 있다. 즉, 시장에서 영향력을 행사하는 메이저와 선이 닿아 있지 않으면, 생존자체가 불가능하다고 판단하기 때문이다. 이는 세계 초일류 기업의 우산 밑에서 안정을 취하려는 안정희구전략의 일환으로 볼 수도 있다.

최근의 초대형 합병사례로는 자동차산업에서 독일 다임러벤츠(Daimler Benz)와 미국 크라이슬러(Chrysler)간의 합병을 비롯해, 금융산업에서 미국의 시티코프(Citi Corp)와 역시 미국의 트래블러즈 그룹(Travelers Group)간의 합병, 컴퓨터산업에서 컴팩(Compaq)의 DEC(Digital Equipment Corporation) 인수 등을 예로 들 수 있다.

7. 조직구조조정

(1) 개념

제품구조조정과 시장구조조정이 이루어지면 조정된 제품과 시장에 걸맞은 조직을 갖추어야 하는데, 효율성 향상을 위해 조직의 의사결정단계를 축소하고 조직을 슬림화하는 과정이 조직구조조정이다.

조직구조조정에는 조직을 통폐합하거나 팀제를 도입하는 등의 수평적 조직구조조정, 의사결정단계를 5~8단계에서 2~3단계로 축소하는 수직적 조직구조조정을 고려할 수 있다. 또한 조직 유형을 기능별 및 사업부 조직에서 전략사업단위 조직, 매트릭스 조직으로 변화해 가는 과정까지 포함된다.

(2) 효율적인 조직구조의 설계

조직구조조정의 대안으로 고려될 수 있는 사업부 조직, 전략사업단위 조직, 매트릭스 조직, 수평형 조직, 가상기업조직 등 조직구조의 여러 가지 형태에 대해 살펴보자.[5)]

사업부 조직(divisional organization)은 전통적인 기능적 · 집권적 조직과는 달리 각 사업단위에 독자적인 생산, 마케팅 및 관리 권한을 부여함으로써, 제품별로 이익중심점(profit center)을 설정하여 독립채산제를 실시할 수 있도록 분권적조직의 원리를 이용한 것이다.

사업부 조직이 드러낸 문제점을 해결하기 위하여 전략사업단위(SBU; strategic

5) 조동성, 「경제위기에서 벗어나는 길」, 서울경제경영, 1998, 제4장 조직구조론 참조

business unit) 조직이라고 불려지는 새로운 기업조직이 설계되기 시작했는데, 전략사업단위란 원활한 조정과 통제, 업무의 효율성을 위해 각 단위에 공통적인 주요 전략요소를 기준으로 각 사업단위를 통합한 조직형태이다.

그리고 급변하는 환경변화에 적응하기 위해 과거의 조직유형과는 근본적으로 다른 조직의 설계가 필요하게 되었는데, 제품별 조직과 기능별 조직을 결합하여 이중의 명령체계와 책임, 평가 및 보상체계를 갖춘 매트릭스 조직(matrix organization)이 바로 그것이다. 매트릭스 조직은 프로그램 위주의 조직 라인과 기능 위주의 조직 라인이 겹쳐져서 매트릭스를 형성하기 때문에, 기능 중심의 경영자와 프로그램 위주의 경영자가 조직에 소속된 개인 또는 소수의 그룹에 대한 명령 및 통제 권한을 공유하게 된다.

〈그림 19-4〉 조직구조조정(organizational)이론

그리고 피라미드식 조직의 문제점을 해결하기 위해 피라미드식 계층구조를 없애고 기업활동을 고객의 관점에서 몇 개의 핵심 프로세스로 나누어 프로세스 책임자의 지휘 아래 각 프로세스 별로 팀 활동을 통해서 업무를 수행하는 수평형 조직이

등장하게 되었다.

가상기업조직은 기업조직이 거대하고 복잡해지면 환경변화에 대한 신속한 대응이 어렵고 반대로 소규모 기업일 경우에는 자원 부족 등으로 인해 효과적 사업 추진이 어렵다는 기존의 한계를 극복하고자 하는 데서부터 출발한다. 따라서 가상기업은 환경 및 고객의 욕구변화에 대한 적응력이 뛰어나면서도 외부자원을 효과적으로 활용할 수 있는 유연한 조직형태를 취하게 된다.

〈표 19-5〉
수평형 조직의 도입 사례

실제기업	사례
AmericanExpress Finacial Advisors (AEFA)	• 일선 고객 상담역 조직에 팀제 도입 • General Sales Manager를 없애고 임원들에 대해 수직형 기능역할 이외에 핵심 프로세스별 책임을 부여 • 이를 통해 장기 고객들로부터 서비스 수준에 대해 좋은 평가를 얻고 있음
Ford의 고객 서비스 본부	• 2년 반 동안의 사전 연구 후 워싱턴 및 미네아폴리스 지역에 파일럿 테스트 착수 • 딜러 관리 인력을 과거 기능별 25인의 전문가 대신 통합적 업무를 수행하는 3인의 서비스 인력으로 재편하여 딜러서비스를 향상시킴으로써 큰 호응을 얻음
GE Medical System	• 핵심 프로세스 중심으로 조직 및 인력 재편 • 철저하게 현장 인력에게 권한을 이양하고 불필요한 관리업무를 배제 • 팀제의 도입을 통해 판매된 장비의 설치에 소요되던 시간을 대폭 절감
Karolinska Hospital (스웨덴)	• 전문과 중심으로 세분화되어 있던 조직을 환자 중심으로 통합화 • 'Nurse Coordinator'를 신설하여 환자를 입원에서 치료, 퇴원에 이르기까지 관리, 지원 • 의사일지라도 환자 치료에 관한 한 Nurse Coordinator에 보고하도록 하는 등 기존계층 파괴 • 이를 통해 환자 대기시간 단축 및 경영 개선
AT&T	• 네트워크 시스템 사업부는 프로세스 단위로 전 부분을 재조직화하여 프로세스에 따라 예산을 설정하고 고객평가에 기초해서 종업원에게 보너스를 지급
모토롤라	• Government Electronics Group은 공급관리 조직을 외부고객의 참여하에 프로세스 단위로 재설계, 팀 멤버는 동료들이 평가

8. 인력구조조정

(1) 개념

인력구조조정이란 인력을 감축하고 효율적으로 운영하여 생산성을 향상시키고 인건비를 감소시키는 것을 의미한다. 인력구조조정으로는 크게 생산성 향상, 인건비 감소, 그리고 협력적인 윈-윈 전략의 세 가지 방식을 들 수 있다.

1단계 대책은 '생산성 향상 전략'이다. 즉 해고 이전에 우선 내부에서 '재교육'을 통해 각 구성원의 능력향상을 지원하고, 그 과정에서 '재배치'를 통해 회사 내에서 각자에게 맞는 일자리를 갖게 해주어 생산성을 향상시키는 것이다. '연봉제'도 주어진 보수에 대한 생산성 향상을 목표로 한다는 점에서 여기에 해당한다고 볼 수 있다.

2단계 대책은 '인건비 감소 전략'으로써 '보너스 삭감', '봉급 하향 조정' 그리고 보다 극단적인 방법으로 '일정비율 인력감축'을 들 수 있다. 이 방법은 인력 삭감이라는 보다 근본적인 인건비 감소 전략에 비해서 미봉책이라는 한계를 가지고 있다.

3단계 기업대책은 '협력적인 윈-윈 전략'이다. 이 방식은 인력감축 방법과 같은 결과를 가져오면서도 퇴직자를 위한 협력적인 지원이 존재한다는 점에서 큰 차이를 보인다. 보다 구체적으로는 '협력업체로의 전출', '분사(分社) 제도', '아웃소싱(outsourcing)', 그리고 '창업지원'을 들 수 있다.

과장에서 일약 최고경영자로

과장에서 일약 최고경영자로 변신한 대표적 성공사례로 디지털 피아노 제조업체인 벨로체를 들 수 있다. 대우전자의 과장이었던 양원모 사장은 구조조정의 대상으로 결정된 대우 디지털 피아노사업부 업무를 인수하여 인건비를 감축시키고 해외시장개척을 통해 1998년도에는 1백억원 상당의 매출에 10억원 정도의 흑자를 전망하고 있다.

이 회사에서는 금융기관 대신 평소 거래하던 해외거래선과 50 대 50으로 합작하여 각각 해외마케팅과 국내생산 및 판매를 전담하도록 했다. 또한, 대우 소속 당시 90명이던 직원을 분리과정에서 20명만 이동시키고 나머지는 현장근로자 25명으로 추가 채용하였다. 결국 직원이 절반으로 줄어들었으나, 오히려 디지털 피아노에 대한 애착을 가진 전문가들만 모였기 때문에 생산성이 높은 편이었다. 또한 대우전자로부터 무상으로 공장을 임차했기 때문에 시설투자비에 소요되는 비용도 거의 없었다.

자료 : 한국경제신문, 1998. 6. 5.

'협력업체로의 전출'은 주로 정부관리들이 산하 기관이나 민간 유관기업으로 갈 때 사용하는 방식이다. '분사제도'는 예컨대 일본의 생선초밥 가게에서 일정 기간 봉사한 구성원에게 체인점 형태의 가게를 만들어 주던 방식이다. '아웃소싱' 은 기업이 내부에서 직접 담당하던 부품생산, 청소, 빌딩관리 등의 활동을 외부에서 조달하기로 결정하면서 그 일감을 기존에 기업 내부에서 담당하던 사람들에게 나눠주는 방식이다.

'창업지원' 은 가장 광범위하게 퇴직자들에게 제공해 줄 수 있으면서 큰 도움을 줄 수 있는 방법이다. 이 방법은 기업이 퇴직 대상자에 대하여 일정 기간 재교육의 기회를 제공하고 창업지원 센터를 두어 이들에게 창업에 관한 아이디어와 동업자 소개 및 창업에 대한 행정 지원 등의 도움을 주는 것이다.

분사, 아웃소싱, 창업지원은 구체적 지원 내용에서는 제각기 다르지만 효과 면에서는 모두 퇴직 예정자에게 자립기회를 준다는 점에서 실업대책으로 가장 바람직한 방법이다.

삼영소재산업

경남 함안에 있는 삼영소재산업은 삼성중공업의 주강품 소재사업 분야에서 근무하던 김영식 이사를 비롯하여 기술, 영업, 생산 부문의 30여명이 퇴직하여 1997년 1월에 설립한 회사다. 이들은 퇴직금을 출자하여 총 13억원의 자본금 중 69.2%의 지분을 가진 대주주가 되었고, 나머지는 삼성중공업이 15.4%, 창업에 결정적인 역할을 한 신보창업투자가 15.4% 참여하고 있다. 모든 임직원은 자립을 위해 삼성중공업에서 받던 급여의 70% 수준만 받고 있지만 주인의식을 가진 이들의 사기는 과거 어느 때보다도 높다.

이 회사는 삼성중공업이 어차피 정리하려던 소재사업 관련 설비를 이관받았고, 미국 인닥터썸으로부터 최신 용해설비를 도입하여 최고의 생산성을 유지하고 있으며, 일본 JSW로부터 기술협력을 받아 소재부품의 국산화에 박차를 가하고 있다. 그리하여 창업 첫해에 이미 흑자를 내고 2년째인 올해에는 수출 118억원을 포함한 192억원의 매출액과 35억원의 매출이익, 11억원의 순이익을 예상하고 있다.

자료: 삼영소재산업 사내 자료를 바탕으로 작성하였음.

(2) 인력구조개선 및 경쟁력강화

인력구조조정의 긍정적인 측면으로 불필요한 인력구조를 개선하여 기업의 효율성과 노동비용을 절감함으로써 결국 경영성과를 향상시킨다는 점을 들 수 있다. 반면, 부정적인 측면을 보면 결국 이런 인력감소가 그 구성원들의 단결심 또는 충성심을 깨뜨리게 되고 남는 사람들에게 업무를 과중시키며, 새롭게 교육 · 훈련시키는데 상당한 비용이 낭비될 수 있다. 또한 우수한 신입사원을 채용하기가 어렵다는 점을 들 수 있다.

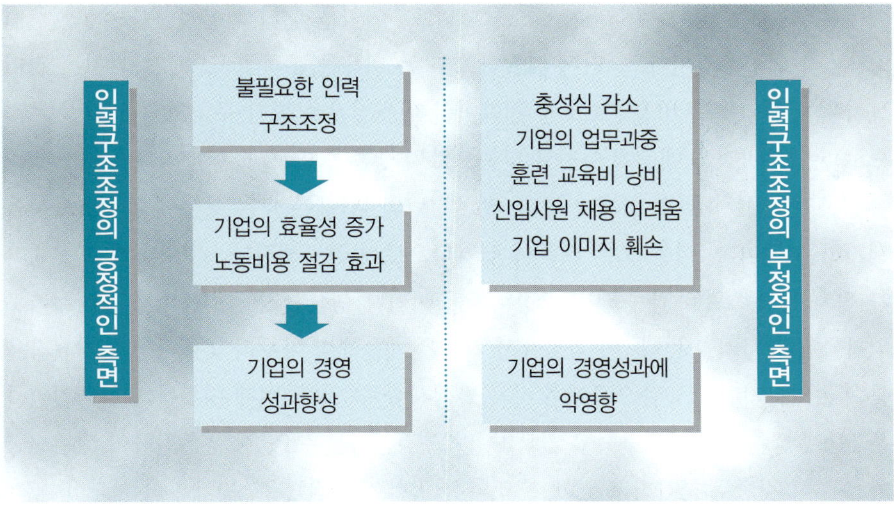

〈그림 19-6〉
인력구조조정의 영향

미국은 경쟁력이 일본 기업 수준 보다 현저하게 떨어졌던 10여 년 전에 생산성을 회복하기 위해 1979~95년 사이에 4,300만 명의 근로자를 해직했다. 만일 오늘날 한국의 경쟁력이 과거 미국의 경쟁력과 같은 수준이라면 한국이 선진국 수준으로 발전하기 위해서는 한국 노동인구인 2,100만 명의 30%인 630만 명이 정리해고 대상인력이라는 계산이 나온다. 이렇게 많은 실업자를 수용해야 하는 상황에서 우리는 모든 가용 자원을 동원하여 국가 차원의 대비에 만전을 기해야 한다.

그 첫번째는 농업부문의 실업자 흡수로, 터키의 경우에는 이 방법으로 순간적인 어려움을 극복할 수 있었다고 한다. 두번째는 국가보험으로 주로 서구 사회주의 국가에서 사용하는 방법이다. 세번째는 사회보험이다. 이 부문에서는 우리 나라만의 독특한 전통을 가지고 있다. 즉 가족, 친지, 친구 등 주변에서 특별한 상황이나 어려운 곤경에 처한 사람들을 도와주는 것이다. 네번째는 가족보험이다. 실업자가 가장으로 있는 가족이 핵가족 형태에서 대가족제도로 회귀함으로써 당장의 어려움은 극복할 수 있을 것이다. 다섯번째 실업대책은 기업이 주도하는 방법으로서 한국에서는 이 방법을 다양하게 개발하는 것이 가장 중요하다. 특히 정리해고를 앞두거나 이미 진행하고 있는 회사에서는 기업 차원의 실업대책을 보다 능동적인 차원에서 개발해야 한다.

9. 비용구조조정

성장의 시대에서 생존의 시대로 옮겨가고 있는 오늘날, 한국기업의 경영자가 풀어야 할 숙제는 비록 매출액이 줄어들더라도 '이익을 내면서 살아남을 수 있는 전략' 을 찾아내는 것이다. 그러나 그렇다고 모든 비용을 무차별적으로 삭감하는 것이 능사는 아니다. 즉, 비용구조조정 전략이란 비용절감을 통한 구조조정을 일컫는 것으로 손익분기점을 매출액 이하로 낮춤으로써 생존을 확보하는 것이다.

생존전략에는 3가지 단계가 있다. 생존전략의 1단계는 모든 부분에서 비효율성을 제거하는 것이다. 이는 모든 비용을 절약함으로써 가능해진다. 기업이 흑자를 내다가 적자 상황으로 바뀌게 되면 고정비를 줄이거나 생산단위당 변동비를 줄여서라도 원가를 절감시켜야 한다. 이 과정에서 기업은 매출액이 아무리 낮더라도 원가절감을 통해 손익분기점을 낮춤으로써 흑자를 발생시킬 수 있다. 현재 대부분의 한국기업들은 1단계 생존전략을 추구하고 있으며, 많은 경영자들은 1단계 생존전략이 생존전략의 전부인 것으로 착각하고 있다. 그러나 진정한 생존전략은 2단계부터 시작한다.

아메리칸 모터즈(AMC) 자동차회사

미국 자동차회사인 아메리칸 모터즈(AMC)를 예로 들어보자. AMC는 1954년 군소 자동차회사들을 합병하여 만든 회사로, 당시 사장으로 취임한 조지 롬니는 3단계 과정을 걸쳐 큰 성공을 거두었다. 먼저, 제1단계에서는 화장실 휴지를 갱지로 바꾸는 등 비용을 절감하고, 2단계에서는 부품자급률을 감소, 직판점을 판매대리점으로 전환, 고정급을 보너스로 지급하는 등 고정비를 변동비로 전환하는 작업을 했으며, 마지막 3단계에서는 부담을 감수하면서도 축소형 자동차를 개발하고 꾸준히 광고비를 투자했다. 그 결과 AMC는 생존확보 후, 축소형 자동차를 가지고 시장점유율을 1%에서 6.4%로 증가시켰다.

그러나 1962년 롬니 사장의 후임으로 취임한 애버내티 사장은 중 · 대형 자동차 생산으로 제품다양화를 시도했다. 그 결과 이 회사는 1964년 파산지경에 이르게 되었다. 그 후 새로 취임한 경영자가 다시 생존을 위한 1, 2단계 전략을 구사했으나, 3단계 전략을 결여한 비용절감 일변도 전략으로 인해 인력, 제품, 소비자 면에서 경쟁력을 잃고 말았고, 결국 1972년 프랑스 르노(Renault)사에 흡수합병 당했다. 이 사례는 생존전략이란 반드시 3단계를 모두 추구했을 때에만 의미를 가진다는 것을 보여주고 있다.

자료: Harvard Business School 사례를 재구성하였음.

1단계를 거쳐 비용항목에서 불필요한 거품을 모두 뺀 기업들은 생존전략의 2단계로 비용구조조정전략을 시작해야 한다. 이 단계의 핵심은 고정비를 변동비로 전환하는 것이다. 기업은 고정비를 변동비로 전환함으로써 손익분기점을 더 낮추어 더 많은 이익을 남길 수 있다. 임금을 기본급 대신 상여금 형식으로 바꾸고 부채비율을 낮추어 고정비 성격인 이자 부담을 줄이는 것도 한 방법이다.

생존전략의 3번째 단계는 경쟁력 향상 전략으로서 생존 이상을 추구하는 말하자면 생존 플러스 알파를 얻자는 전략이다. 생존전략은 기업이 생존에 성공한 후에 본래의 목적으로 돌아가 진정으로 추구하는 비전을 달성하기 위해서 필요한 것이지 단순히 살아남는데 초점이 놓여서는 안 된다.

기업이 오로지 원가절감에만 초점을 두어 1, 2단계를 거쳐 모든 것을 정리해 아무 것도 가진 것이 없는 상태가 된다면 시장 상황이 다시 좋아지더라도 이를 활용할 수 없게 된다. 따라서 진정한 생존전략을 이루기 위해서는 투자성 비용을 증대시켜 가야 한다. 생존전략의 1, 2단계를 통해 얻은 흑자를 3단계에 투자한다면 총비용을 높게 하여 일시적으로는 적자를 낳게 될 지도 모른다. 하지만 지속적인 교육 및 연구개발투자로부터 고객이 품질을 인정하게 되면 단위당 가격을 높일 수 있으며, 지속적인 광고로 소비자의 인지도가 높아지게 되면, 기업은 단기적인 적자상황을 다시 큰 흑자로 전환시킬 수 있다.

이처럼 생존전략이란 모든 것을 줄이는 것이 아니라, 줄일 것은 줄이고 늘릴 것은 제대로 늘리는 전략이다. 한국기업들은 그 동안 추구하던 성장전략으로부터 생존전략으로 초점을 바꾸어 1, 2, 3단계를 효과적으로 연계하는 새로운 전략적 틀을 짜야 한다.

〈그림 19-7〉
생존전략의 3단계

생존전략 1단계-비효율성 제거

- 전제조건:모든 비용항목에 비효율성이 존재할 때
- 방법:모든 비용(고정비, 변동비)를 절약

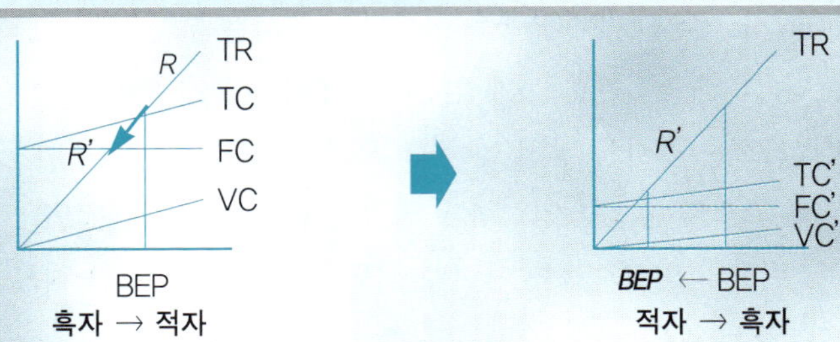

생존전략 2단계-비용구조조정

- 전제조건:모든 비용항목이 각각 효율적으로 사용될 때, 즉 더 이상의 효율성 제고가 불가능할 때
- 방법:고정비를 변동비로 전환

생존전략 3단계-경쟁력 향상(+α)

- 전제조건:생존전략은 기업의 비전을 장기적으로 추구하기 위한 준비작업
- 방법:기업의 장기경쟁력 강화를 위한 투자성 비용(변동비) 증대

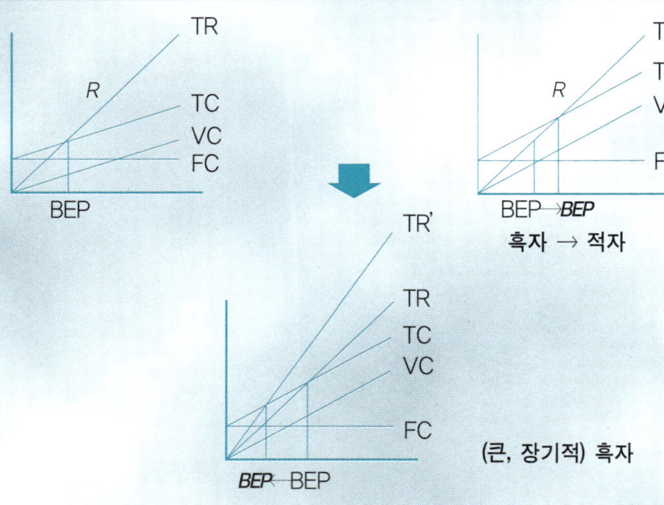

10. 손익구조조정

손익의 판단기준을 명확히 하고, 손익에 영향을 주는 비용요소를 통제함으로써 장기적 이익기반을 어떻게 구축할 것인가 하는 것이 손익구조조정의 주요한 이슈이다. 즉, 이익을 극대화하려는 기업의 목표를 궁극적인 1차 목표라 한다면 구조조정은 기업을 살리는 동시에 이익을 낼 수 있도록 하는 것이기 때문에 손익구조조정이 더욱 중요해진다.

한편 어떤 기준을 가지고 손해인지 이익인지를 판단할 것인지에 대해서도 여러 가지 견해가 있다. 과거에는 매출액 또는 이익의 절대규모, 매출액이익률 등 주로 규모위주의 변수가 평가기준이었던 반면, 최근 들어 선진국에서 도입하고 있는 평가기준은 자본이익률이라든가 총자본이익률 등 기업의 투자효율성을 판단할 수 있는 기준을 손익의 판단기준으로 삼고 있다. 즉 과거의 이익 또는 매출액과 같은 절대규모에서, 매출액 대비 이익률로, 총자본이익률로, 운전자본이익률로 점차 투자효율성 지표가 강조되어 왔고, 최근 들어서는 경제적 부가가치(EVA; economic value added) 개념이 기업가치를 평가하는 주요한 개념으로 자리잡고 있다. 손익판단기준이 명확해지면 기업의 경영성과를 보다 정확히 판단할 수 있게 된다.

손익의 평가기준을 무엇으로 할 것인가는 기업의 자율적 판단에 맡길 문제이지만, 바람직한 기준으로 평가를 하지 않는다면 제대로 된 기업가치를 평가한다고 말할 수 없음은 당연하다.

제 4 절 바람직한 구조조정의 방향

1. 한국경제의 세 가지 대안

한국경제가 오늘의 위기를 극복하고 내일의 기회를 모색하기 위하여 선택할 수 있는 비전에는 크게 세 가지 대안이 있다. '수출촉진 정책', '경쟁력강화 정책', '정보산업화 정책'이 바로 그것이다. 이상 세 가지 대안은 나름대로 장단점을 가지고 있다.

첫 번째 '수출촉진 정책'은 현재 우리가 처한 위기를 감안할 때 단기적으로 가장 필요한 대안이다. 그러나 한국은 이미 선진국으로의 진입과정에 있어 더 이상 선진국으로부터 특혜를 받는 대상이 아니다. 또한 대부분의 수출 품목에서 우리는 중국, 말레이시아 등과 치열한 경쟁을 해야하는 입지에 놓여있다. 그리고 이제 한국 국민의 생활방식은 70년대 수출 지상주의 속에서 국가 발전을 위하여 개인적인 욕구를 희생하던 시절로부터 멀리 떠나 있다.

두 번째 '경쟁력강화 정책'은 이미 우리가 투자해 놓은 사업에서 조금만 더 노력하면 달성할 만한 대안이다. 그러나 고비용 · 저효율 문제가 책상 위에서 계획하는 대로 단기간에 제거되는 것은 아니다. 또한 우리가 투자해 놓은 산업은 대부분 일본을 위시하여 전세계적으로 과잉투자가 일어나 가격경쟁으로 인한 경기위축의 어려움을 겪고 있다.

세 번째 '정보산업화 정책'은 논리적으로 가장 정답에 가깝다. 그러나 정보집약적 산업은 미래사회에 대한 비전과 이에 대한 깊은 이해심을 가지고 이를 실천할 수 있는 능력을 가진 국가지도자, 이러한 산업의 추진주체인 기업 그리고 이 분야에서 부가가치를 생산하는데 핵심적인 역할을 하는 국민들이 충분한 역량을 가져야 하는 점이 과제로 남는다. 어떤 사람들은 세 가지 대안 모두 실행에 옮기면 되지 않느냐고 한다. 하지만 전략이란 그렇게 수립되고 추진되는 것이 아니다. 전략적 선택에는 반드시 포기가 수반된다.

재벌그룹의 구조조정을 예로 들어보자. 정부가 1안을 채택하여 수출을 독려하기 위해서는 종합상사를 다시 가동해야 하고, 이를 위해서는 소위 문어발 식으로 여러 산업에 다각화되어 있는 현 재벌체제를 유지해야 할 뿐 아니라 오히려 강화해야 한다. 반면에 2안대로 경쟁력강화를 위해서는 재벌그룹별로 구조조정을 통한 업종 전문화가 필수적이다. 3안의 핵심산업은 재벌기업들이 할 수 있는 일이 아니므로 재벌정책 자체에 대한 논의가 무의미해진다. 재벌을 동시에 키우고 구조조정하고 없앨 수는 없듯이 위의 세 가지 대안은 모두 나름대로 의미가 있지만 그 중 하나만을 선택해야 하는 것이다.

세 가지 대안 중 최악의 선택은 '충돌과 우왕좌왕' 이다. 한 부서에서는 1안, 다른 부서에서는 2안 하는 식으로 상충하는 견해가 나오거나, 같은 부서에서 오늘은 2안, 내일은 3안 식으로 주장하면 재벌들은 기회주의적인 태도를 보일 수밖에 없다. 그러니 재벌들은 구조조정을 하라고 아무리 정부가 독려해도 진심과 의지가 결여된 보고서만 제출하면서 시늉만 하고 있는 것이다.

세 가지 대안 중 차선책은 '어느 것이든 관계없이 하나를 빨리 선택하고, 국민의 동의를 얻어 적극적으로 추진하는 것' 이다. 세 가지 대안은 이미 언급한대로 나름대로 장단점이 있어 어느 하나라도 제대로 추진하면 소기의 성과를 얻을 수 있다.

2. 한국경제를 위한 최선의 대안

그렇다면 세 가지 대안 중 최선안은 무엇인가? 정답은 국민 경제를 구성하는 각 경제주체가 제각기 하나씩의 대안만을 추진하는 것이다. 그러나 여기에는 올바른 수순이 있다. 정부는 무엇보다도 먼저 스스로의 개혁을 통해 먼저 국민으로부터 신뢰를 회복해야 한다. 오늘날 정부관리가 하는 말을 믿는 기업, 국민은 아무도 없다. 정부가 자율화를 아무리 강조해도 국민들은 공무원들이 자신의 기득권을 절대로 놓지 않을 것이라는 것을 잘 알고 있기 때문이다. 정부가 자기혁신을 통한 구조조정으로 국민의 신뢰를 얻는 것은 그 이후의 모든 구조조정에 절대적인 영향력을 미친다. 대통령이 진정으로 한국을 선진국으로 도약시키기를 원한다면 기업과 근로자에 대한 구조조정보다 한층 강도가 높은 개혁, 즉 한국판 "페레스트로이카"를 정치인과 공무원을 대상으로 진행하여 국민의 신뢰를 획득해야 한다. 이 과정에서 정부가 국민의 신뢰를 얻게 되면 은행을 중심으로 한 금융기관의 구조조정을 주도해야 한다. 반면 기업의 구조조정은 은행의 몫으로 맡겨야 한다.

정부 다음으로 구조조정을 해야 하는 경제주체는 은행이다. 은행은 다른 은행과의 흡수 · 합병 및 재벌기업에 대한 여신 등 합리적 업무의사결정을 통해 스스로의 경쟁력 강화에 주력해야 한다. 은행주도의 구조조정으로 부실기업이 정리된 후, 여기에서 생존하는 기업들은 전문화를 통한 경쟁력강화에 노력해야 한다.

실업문제는 정부, 은행, 재벌그룹의 구조조정이 일어나는 과정에서 필연적으로 발생한다. 문을 닫은 금융기관이나 파산한 기업의 임직원, 그리고 직장을 잃은 근로자들은 이러한 일신상의 변화를 빨리 받아들이고 재교육을 통해 새로운 사회에서 나타나는 정보집약적 산업에서 자신의 길을 찾을 수 있도록 경쟁력을 길러야 한다. 빨리 문을 열고 새로운 사회를 받아들여 21세기(2000~2099년), 제3순세기(2000~2999년)에는 한국을 세계최고의 선진국으로 만들어야 할 것 아닌가?

Recommended Readings

조동성, 『경제위기에서 벗어나는 길』, 서울경제경영, 1998.

Bowman, E. H. & Singh, H. "Corporate restructuring: Reconfiguring the firm", *Strategic Management Journal*, Vol. 13, 1993.

Cornell, B., *Corporate Valuation: Tools for Effective Appraisal and Decision Making*, Richard D. Irwin, 1993.

Weston, J. F., Chung, K. S. & Siu, J. A. *Takeovers, Restructuring and Corporate Governance*, Prentice-Hall, 1998.

조동성 교수의 경영 · 시사 칼럼

Column

빅딜, 어떻게 볼 것인가

대우전자와 삼성자동차의 빅딜이 무산되는 방향으로 가닥이 잡히면서 빅딜 무용론에 대한 논의가 다시 고개를 들었다. 과연 빅딜은 어떤 의미를 갖는가, 빅딜은 한국경제에 필요한 것인가? 그리고 앞으로 대우전자와 삼성자동차는 어떤 운명에 놓일 것인가?

우선 빅딜의 의미를 이해해보자. 빅딜은 기업매각, 인수합병, 분사 등과 더불어 기업의 사업구조를 조정하는 방법 중 하나이다. 다만 다른 방법과 달리 빅딜은 화폐라는 거래의 매개체가 개입되지 않은 물물교환적 성격을 가진 방법이다. 상품시장이 형성되지 않은 상황에서 물물교환이 이루어지듯이, 기업을 매매하는 기업시장이 형성되지 않은 상황에서는 빅딜을 통해서 기업의 거래가 이루어지는 것이다.

우리나라에서 진행되고 있는 빅딜은 이러한 성격에서 파생하는 장점과 단점을 동시에 가지고 있다.

빅딜의 장점은 기업시장이 형성되어 있지 않은 한국경제에서 기업의 거래를 가능케 한다는 점이다. 흔히 빅딜에 대해서 부정적인 견해를 가진 사람들은 기업의 거래를 기업시장에 맡겨야지 정부가 개입하면 왜곡이 일어나서 비효율적인 결과를 가져온다고 주장한다. 이러한 주장은 일견 타당하다. 그러나 경영자는 기업시장이라는 시장 메커니즘이 한국경제에서 자리를 잡기까지 기업매매를 보류할 수 밖에 없다. 그러나 빅딜을 통하게 되면 비록 기업시장에서 이루어지는 것만큼 효율적이지는 않더라도 기업매매가 현실적으로 이루어지게 된다. 어느 재벌그룹 회장은 빅딜이 재벌그룹의 구조조정을 최소한 5년 이상 앞당겨 주었다고 자평한 바 있다.

빅딜의 단점은 물물교환이 가지고 있는 단점을 그대로 반영한다. 즉 물물교환은 화폐가 개입되지 않기 때문에 대상물건의 가치를 객관적으로 평가할 수 없다. 다시 말해서 국외자는 물론, 거래당사자들도 물물교환의 대상이 되는 상품에 대해서 가치를 정확하게 판단하기 어렵다. 그러므로 빅딜은 지극히 예외적인 경우에만 성사되는 것이 보통이다.

빅딜이 가진 또 하나의 단점은 화폐가 개입하지 않기때문에 가치가 비슷한 두개, 또는 그 이상의 기업을 찾기가 어렵고, 따라서 현실적으로 빅딜의 대상이 될 수 있는 기업이 몇 개 되지 않는다는 점이다.

이 같은 단점이 있음에도 불구하고 빅딜은 기업시장을 형성하기 위한 초기단계에 필요한 수단이다. 그리고 이러한 시각을 기초로 하여 작년 정부 주도 하에 8개산업에서 빅딜이 시작되었다. 이 중 정유, 반도체, 철도차량 등에서는 빅딜의 기본원칙에 합의되어 성사되었고, 항공기, 발전설비, 석유화학은 진행되고 있으며, 전자와 자동차는 아직 난항을 겪고있다. 이러한 빅딜의 진행을 물리적으로만 본다면 70% 정도 성사되었다고 볼 수 있고, 그만큼 성공했다고 볼 수도 있다.

얼마전까지 논란이 계속되었던 대우전자와 삼성자동차의 빅딜은 예상대로 이루어지지 않았다. 삼성그룹에서 원하지 않았던 대우전자는 독자적인 외자유치절차나 인수협상과정을 거쳐 해외투자가에게 매각될 가능성이 높다.

삼성자동차는 부산지역의 경제와 직결된다는 정치적 고려때문에 정부가 직접 나서서 대우자동차가 인수, 운영하는 방법을 적극 추진했었다. 그러나 경제성에 기반을 두지 않은 정치적 행위는 결국 시행착오로 끝난다는 역사를 우리는 자주 경험해왔다. 따라서, 최근에 삼성자동차의 처리를 삼성과 채권단회의를 중심으로 논의하고자하는 움직임은 당사자주의라는 측면에서 보았을 때 일단 긍정적으로 볼 수 있다. 만일 대우자동차가 삼성자동차를 인수한다면 그것은 정부의 정치적 판단과 대우그룹의 자금운용 차원에서의 타협이지, 자동차산업의 경쟁력 강화를 위한 합리적 결정은 아니다. 따라서 삼성자동차는 대우자동차가 인수할 것이 아니라, 최근 삼성그룹에서 결정한 바와 같이 법정관리로 가야 한다. 물론 법정관리는 삼성자동차가 구조조정 과정에서 선택하는 임시방편적인 수단이고, 궁극적으로는 자산매각, 또는 보다 창의적인 방법으로 타개책이 모색되어야 한다. 시간은 좀더 걸리겠지만, 삼성자동차의 부산 공장 경영자들이 조직 내부에서 경쟁력원천을 찾아서 사업에 임한다면 부산지역에 보다 큰 공헌을 할 수 있게 될 것이다.

대우전자와 삼성자동차간의 빅딜은 이루어지지 않는다고 해서 실패했다고 볼 일이 아니다. 오히려 여러 산업에 걸친 빅딜을 통해서 이제는 재벌 그룹의 회장들도 기업의 매각이 불가능한 것도 아니고 반드시 불리한 것도 아니라는 깨우침을 얻었다고 보아야 한다. 다시 말해서 그동안의 빅딜을 통해서 재벌그룹의 최고결정자들은 기업 매각을 자존심이 상하는 행위로 보지 않고, 객관적이고 합리적인 판단을 하게 된 것이다.

역설이지만, 재벌그룹 간에 더 이상 빅딜이 이루어지지 않는다는 것은 빅딜이 나름대로 성공한 반증이라고 보아야 한다. 그런 의미에서 정부는 빅딜을 지난 1년 반 동안 수행한 경제 정책 중 가장 큰 업적이라고 자랑할 만하다. 그리고 우리는 빅딜이라는 기업의 물물교환 수단보다 더 합리적인 여러가지 방안을 모색할 수 있게 되었다. 이제 경영자들은 이러한 합리성 위에서 앞으로 남은 재벌그룹 계열사의 구조조정을 시간을 놓치지 말고 이루어내기 바란다.

〈조선일보, 1999. 7. 19〉

대기업 혁신 안전판을 만들라

흔히 경제학은 비관적인 학문(blue science)으로, 경영학은 낙관적인 학문(rosy science)으로 대비한다. 그래서인지는 몰라도 경영학도인 필자는 지난 20여 년간 한국경제를 전망하면서 미래에 대해서 어두운 평가를 해본 적이 한번도 없다. 그런데 올해 하반기에 대해서만은 밝은 전망을 할 근거가 보이지 않아 우울해진다.

흔히 정부의 정책담당자나 학자들은 비관론의 근거로 국제금융시장의 불안과 자금난, 그리고 수출 감소 현상을 든다. 그러나 필자가 걱정하는 것은 경제가 어려운 국면으로 돌입하고 있다는 물리적인 상황이 아니다. 경제란 고무줄같이 탄력이 있어서, 헤어나기 어려운 국면으로부터 순식간에 빠져 나오기도 하고, 반대로 잘나가던 경제가 하루아침에 나락으로 떨어지기도 하기 때문이다.

필자를 진정으로 비관적으로 만드는 것은 우리 경제가 나빠지는 속도에 비해서 정부, 기업, 그리고 국민들이 실상을 객관적으로 파악하면서 이에 대한 대비를 하는 속도가 늦다는 점이다. 98년 8월 수치로는 실업자가 150만 명을 돌파하여 7%대의 실업율이라고 하지만, 전문가들의 견해로는 문을 닫은 자영업자들과 빈사 상태에 빠진 중소기업들을 포함할 때 이미 실업자가 300만명을 돌파했다고 한다. 이제 워크아웃 프로그램을 기다리고 있는 재벌 그룹들이 본격적으로 인력구조조정을 시작하면 실업율 20%는 초읽기 상태로 들어갈 것이다. 한국경제가 이 지경에 이르렀는데도 불구하고, 아직 정부와 재벌그룹, 그리고 근로자들은 서로 상대에 대한 불신속에서 반목과 사보타지를 일삼고 있다. 이런 상황이 계속되는 한 한국경제의 미래에는 희망의 싹이 움틀 수 없다.

우리는 한국경제를 다시 살려내야 한다. 이제 경제위기를 극복하기 위해서 쓸 수 있는 대안에는 두 가지가 있다. 하나는 경제위기로 인해서 나타난 높은 실업율, 막대한 외채부담 등의 증상을 없애주는 단기적인 대증요법(對症療法)이고, 다른 하나는 이러한 증상을 근본적으로 해소해주는 근치요법(根治療法)이다.

높은 실업율을 회피하는 대증요법으로는 근무시간 단축, 임금 삭감 등의 질적 고용조정을 들 수 있다. 반면 근치요법을 쓴다면 과감한 정리해고로 기업. 정부등 경제 관련 조직의 경쟁력을 강화하는 과정에서 퇴출한 실직자들에게 자립할 수 있는 교육과 창업지원 등의 서비스를 제공해야 한다.

외채부담을 경감하기 위해서는 해외기업의 국내투자와 한국기업의 수출증대를 고려할 수 있다. 해외기업의 국내투자에 대해서도 대증요법으로는 국내기업을 저평가하여 싼 값으로 매각하는 것이고, 근치요법으로는 국내시장의 잠재력과 국내기업의 수익가치를 높여 해외투자가들로 하여금 한국의 미래에 대해 투자하게 하는 것이다.

수출 증대에도 두 가지 방법이 있다. 하나는 수출기업에게 국가의 모든 지원을 제공하는 대증요법이고, 다른 하나는 수출기업이 먼저 경쟁력을 갖추도록 도와주고, 수출기업들이 경쟁력에 입각해서 수출을 촉진하도록 하는 근치요법이다.

전자를 택한다면 수출증대를 위해 수단 방법을 가리지 말아야 한다. 필요하다면 외국에서 인정하는 범위 내에서, 경우에 따라서는 외국이 알아차리지 못하도록 정부는 수출 촉진을 위한 각종 지원을 제공하고, 근로자는 열악한 근무조건을 감내하고 희생하며, 소비자는 설령 품질이 낮고 가격이 비싸더라도 국산품을 애용해야 한다.

그러나 후자를 택한다면 정부가 택하는 수출 진작 정책은 우리 나라 기업이 경쟁력을 구축하는데 도움이 되는 범위 내에서 이루어져야 한다. 근로자와 소비자들도 한국경제가 선진화하는 방향으로 힘을 합쳐야 한다. 경우에 따라서는 자극을 주기 위해 법의 테두리 안에서 건전한 노사 협상도 해야 하고, 소비자의 권리를 주장하기도 해야 한다.

어느 길을 선택하는가에 따라 가장 큰 변화를 보이게 될 대상은 기업, 특히 재벌그룹의 구조조정 여부이다. 재벌그룹은 정부의 산업정책의 산물이다. 정부는 제한된 자원을 전략산업에 집중 투자하는 방법으로 재벌을 육성했고, 이들에게 국내시장에 대한 독과점적 지위를 허용했으며, 높은 부채비율을 지탱할 수 있는 신용을 제공해주었다. 또 매 5년마다 전자, 자동차, 반도체, 정보통신 등 신규 전략산업을 육성하는 과정에서 대규모 자본동원능력과 우수한 인재 풀을 가진 재벌그룹을 활용함으로써 이들의 사업다각화를 조장했다. 이러한 재벌그룹의 다각화전략과 부채의존전략은 정부지원에 입각한 수출촉진에는 이바지했지만 홀로서기를 전제로 하는 경쟁력강화에는 역행하는 결과를 초래했다.

한국경제가 전자의 길, 즉 대증요법을 선택한다면 재벌은 구조조정을 할 필요가 없다. 오히려 그 동안의 다각화전략을 계속 유지하면서 새로운 수출품목을 개발하고 종합상사를 활용하여 수출시장을 확대해야 한다. 이 경우 5대 재벌그룹 계열사에 대한 무역금융은 허용해야 할 뿐 아니라 오히려 집중 지원해야 한다.

반면에 한국경제가 후자의 길, 즉 경쟁력강화를 통한 근치요법을 선택한다면 재벌은 구조조정을 통해 전문화된 기업으로 다시 태어나야 한다. 5대재벌그룹 계열사에 대한 무역금융도 구조조정이 끝난 기업에 대해서만 허용한다면 구조조정 일정을 단축하는 효과가 생긴다. 사실 이러한 선구조조정-후수출지원이라는 수순은 5대 재벌그룹 이하의 재벌그룹에 대해서도 동일하게 적용해야 한다.

한국경제는 대증요법보다 근치요법을 선택해야 한다. 실업자 문제에 있어서 궁극적으로 그들을 도와주는 방법은 실업자가 임시변통적인 취업이나 실업수당에 의존하는 것 보다 비록 일시적으로 어려운 시기를 경험하더라도 장기적으로 떳떳한 근로기회를 갖도록 해주는 것이고, 외국기업의 국내기업 인수에 대해서도 싼 값으로 이들을 유혹할 것이 아니라 이들에게 국내시장에 참여하여 국민생활의 향상에 이바지하는 동시에 장기적으로 투자수익을 올릴 수 있도록 여건을 마련해야 한다. 수출에 있어서도 수출지원 보다는 경쟁력을 통해 장기적으로 해외시장을 확대하는 것이 바람직하다.

바둑의 고수는 형세판단과 수순 선택의 전문가이다. 경제정책의 담당자도 마찬가지이다. 현실의 상황에 대해 객관적인 판단과 함께, 정책의 우선순위를 적절하게 선택해야 한다. 한국경제에 있어 선결 과제는 역시 재벌그룹의 구조조정이다.

현재 5대 재벌그룹의 구조조정은 지지부진한 모습을 보이고 있다. 그 이유는 재벌그룹의 경영권을 가진 재벌개인들이 계열사에 대한 경영권을 유지하고 싶어하기 때문이다. 그런 까닭에 재벌들은 경쟁력강화를 추구하는 후자의 정책보다 수출육성을 강조하는 전자의 정책을 선호하는 것이다. 그리고 수출촉진과 함께 현재 진행중인 기아자동차 입찰 사례에서 보듯이 재벌을 앞세워서 특정 산업을 육성하는 기존의 산업정책을 정부에게 종용하고 있다.

따라서 정부가 재벌그룹, 특히 5대 재벌그룹이 구조조정을 필연의 과제로 받아들이도록 하기 위해서는 이들에게 의심의 여지가 없이 분명한 신호(시그널)를 보내야 한다. 즉 정부가 재벌그룹을 통해 특정 산업을 육성해온 기존의 산업정책을 포기하고 경제발전의 초석이 되는 경제 하부구조에 대해서만 정부가 참여한다는 정책의지를 구현해야 한다. 보다 구체적으로는 국가 정보시스템의 구축, 사회간접자본의 확충 등 정부투자가 필요한 내용과 함께, 독과점적 시장구조의 개선, 부당내부거래 근절, 기업투명성 제고를 위한 사외이사제도, 소액주주의 권리 강화, 경영자의 경영책임 추구 등 경제활동에 대한 원칙의 확립, 그리고 기업 흡수합병(M&A) 시장의 활성화, 부채비율이 높은 기업에 대한 차등이자 적용 등 시장 효율성의 제고를 위한 시스템을 도입해야 한다.

정부는 이러한 시장경제적 메커니즘을 도입하되, 각 재벌기업이 추구해야 할 구조조정의 내용에까지 간섭해서는 안 된다. 정부는 각 기업의 고충을 이해하고, 이들이 구조조정을 추구하는데 걸림돌이 되는 요인들을 제거해 주는 역할을 담당해야 한다. 그러나 이러한 과정에서 정부의 정책의지가 뚜렷하다는 것을 보여주고, 구조조정에 앞장서는 기업이 커다란 수확을 얻을 수 있도록 시장경제체제를 갖추어주면 재벌 그룹들은 스스로를 위해서 능동적으로 구조조정에 임할 것이다.

대증요법은 쉽고, 근치요법은 어렵다. 의사의 능력이 부족한 경우에는 허약한 환자라면 죽을 지도 모른다. 그러나 겁이 난다고 해서 대증요법에만 의존할 때, 한국 경제는 선진권으로의 도약을 기대할 수 없다. 그리고 한 나라의 경제는 생명력이 끈질기기 때문에 쉽사리 무너지는 것도 아니다. 더구나 한국국민은 근면하고, 교육열이 높다. 이 두 가지 능력을 가진 국민이 있는 한 한국경제는 건강하다. 이번 기회야말로 우리가 과거의 잘못된 부분을 치유하고 건강하게 다시 태어날 절호의 기회이다.

정부가 기업의 구조조정을 통해 단기처방보다 근본을 치유하는 목적을 추구하되, 정확한 형세판단과 적절한 우선순위에 따라 합리적으로 정책을 펴나간다면, 그리고 재벌그룹이 정부의 경제정책, 산업정책, 그리고 재벌정책이 변했다는 상황인식을 분명히 하여 구조조정을 적극적으로 실천한다면, 우리는 한국경제의 경쟁력 강화와 시장경제체제의 수호라는 두 마리 토끼를 동시에 잡을 수 있을 것이다.

〈한국경제신문, 1998. 8. 24〉

구조조정, 프로만이 할 수 있다.

작년 말 한국 정부가 IMF로부터 구제금융을 받는 과정에서 IMF는 경제 전반에 걸친 과감한 구조조정을 요구했고, 우리는 이를 수용했다. 구조조정의 대상인 정부, 기업, 그리고 근로자 중에서 근로자는 이미 정리해고제도를 받아들였다. 그 결과 실업자가 143만 명을 돌파했고, 실업율은 6.7% 수준으로 상승하였다.

정부의 구조조정은 말과 계획만 무성하여 한국이 NATO에 가입한 것 아니냐는 농담까지도 시정에 나돌 정도이다. 이때 NATO가 '북대서양 방위조약'이 아니라 행동은 없이 말만 하는 'No Action, Talk Only'의 약자임은 물론이다. 정부의 구조조정이 안 되는 이유는 자명하다. 강요된 개혁보다 스스로의 개혁이 더 어렵기 때문이다. 앞으로 한국 경제가 더 나빠지지 않는 한, 절대 권력을 가지고 있는 정부가 자신의 몸에 칼을 대는 구조조정을 하리라고 기대하는 것은 연목구어(緣木求魚)나 다름없다.

구조조정에 있어 기업은 근로자와 정부의 중간쯤에 있는 듯하다. 기업의 사업내용과 경영성과가 정부의 정책결정과 행정개입에 좌우된다는 점에서는 권력의 적용대상이지만, 경영자가 기업의 의사결정권을 가지고 있다는 점에서는 권력의 소유자이다. 작년 말 IMF구제금융 이후 6개월이 지났는데도 불구하고 기업의 구조조정이 제대로 이루어지지 않는 이유는 바로 경영자가 의사결정 주체이기 때문이다. 즉 기업이 본격적으로 구조조정을 시작하려면 계열사 중 일부를 매각해야 하는데, 최고경영자가 이를 거부하고 있는 것이다.

오늘날 한국의 기업환경은 과거 성장을 위해 형평성을 포기하던 20년 전의 개발경제 시대와는 판이하게 다르다. 이제 최고경영자는 '주주를 대신하여 선량한 관리자의 역할'을 담당하는 전문경영자이다. 그러나 창업자와 그 가족으로 구성된 우리나라의 최고경영자들은 기업을 자기 것이라 여긴다. 기업이 자기 것이라는 인식이 앞서면, 소액주주를 포함한 주주 일반에 대한 배려는 소홀히 할 수밖에 없게 된다.

과거에는 최고경영자가 소액주주를 배려하지 않은 채 자의적으로 기업경영을 할 수 있는 경영여건을 정부가 의도적으로 만들어 주었다. 경제정책을 원하는 방향으로 이끌어가려고 하는 정부로서는 소액주주 보다 대주주 최고경영자가 더 나은 파트너이기 때문이다. 그러나 IMF의 요구로 기업경영의 투명성 확보는 피할 수 없는 과제가 되었고, 기업을 자기 것이라고 생각하는 경영자를 정부가 더 이상 보호해 주기 어려운 시대가 된 것이다.

'기업은 내 것'이라는 논리를 더 이상 주장하기 어려운 상황에서 최고경영자는 또 다른 항변을 하기 시작했다. 구조조정은 하겠는데, 시간도 많이 걸리고 살 사람도 없다는 것이다. 시간이 많이 걸린다는 점은 맞다. 자그마한 부동산 하나 매각하는 데에도 2~3개월은 쉽게 걸린다. 하물며 복잡한 채무채권관계가 얽혀있는 기업 매매가 오랜 시간을 걸리는 것은 당연한 일이다. 그러나 천리길도 한걸음부터라는 속담이 있듯이, 구조조정을 끝내는 데에는 오랜 시간이 걸리겠지만 시작은 당장이라도 할 수 있다.

결국 기업의 구조조정이 지지부진한 원인은 '살 사람이 없다'는 최고경영자의 항변에서 찾을 수 있다. 그러나 이 세상에 살 사람이 없는 거래 대상은 없다. 살 사람이 없다면 그 이유는 가격이 맞지 않기 때문이다. 기업을 팔려는 대주주 경영자는 가급적 비싸게 팔고 싶어하고, 사려는 외국기업들은 가장 싸게 사고 싶어하는 것이 인지상정이다. 그러면 누가 부르는 가격이 옳은가?

기업의 가격은 자산가치, 수익가치, 경영권으로 구성되어 있다. 첫째, 자산가치는 부동산, 재고재산, 외상매출금 등을 일컫는다. 그런데 우리나라 기업이 보유한 부동산은 지난 1년간 반값 이하로 떨어져 버렸다. 재고자산은 기업의 부실 요인이 고스란히 숨겨져 있는 곳이다. 외상매출금은 기업들의 연이은 부도로 상당 부분을 대손 처리할 수밖에 없는 지경에 이르렀다. 따라서 한국기업의 자산가치는 지난 1년간 크게 떨어진 셈이다.

선진국에서는 기업의 가치를 자산가치가 아니라 수익가치로 파악하는데, 수익가치는 제품이나 서비스를 통해 미래에 올릴 수 있는 기대이익의 현가를 말한다. 과거 우리 나라는 정부의 극진한 보호 아래서 기업을 경영하였기 때문에, 이익을 올릴 수 있는 여지가 많았다. 그러나 최근에 국내 시장이 전면 개방되면서 앞으로 독점이익을 향유할 가능성이 원천적으로 봉쇄되었다. 그 결과 한국기업의 수익가치 역시 현저하게 떨어지고 말았다.

마지막으로 경영권을 보자. 경영권의 매력은 역시 비자금에 있다. 기업마다 정도의 차이는 있겠지만, 보통 매출액 기준으로 2~3% 정도에서 10% 정도까지의 비자금이 조성되어 있다. 이는 기업에만 잘못이 있는 것이 아니라, 왜곡된 조세제도나 좀처럼 손비를 인정하지 않으려는 정부정책 등에도 그 원인이 있다. 그러나 경영의 투명성이 강조되는 시대 흐름 속에서, 비자금을 조성해 사용할 수 있는 여지는 매우 줄어들었다. 경영권의 가치 역시 크게 줄어든 것이다.

최고경영자가 과거에 기업 가치가 높았던 것에 집착하여 현재 시장에서 평가되는 기업의 가격을 받아들이지 않는다면, 절대 구조조정을 할 수가 없다. 어떤 투자가가 주식을 2만원을 주고 샀는데, 현재 주식이 만원으로 떨어져 있고, 상황은 더욱 악화되고 있다면 어떻게 해야 하는가? 이때 본전을 생각하며, 벌벌 떨고 있는 사람은 아마추어다. 진정한 프로라면 과감하게 결단을 내려, 주식을 팔아버릴 것이다.

우리 나라 경영자들은 지금까지 기업을 사고 파는 구조조정 경험을 갖지 못했다. 즉, 구조조정에 있어서는 아마추어인 것이다. 세계적으로 구조조정의 귀재라 불리는 GE사의 잭 웰치 회장을 한국의 어떤 재벌그룹이 회장으로 선임한다면 어떻게 될까? 과연 잭 웰치도 시간이 없다느니 살 사람이 없다느니 하며 기업을 팔 수 없다고 버틸까? 절대 그렇지 않을 것이다. 그가 구조조정의 귀재라 불리우는 이유는 구조조정 대상 기업을 샀던 정부 가격에 연연하지 않고, 매수 희망기업이 부르는 시장가격으로 과감하게 팔아치우는 결단력을 가지고 있기 때문이다. 웰치 회장이라면 과감하고 신속하게 계열 기업을 정리하여 기업의 집중력을 갖춘 후, 1~2년 내에 그 기업을 경쟁력을 가진 기업으로 변모시켜 놓을 것이다.

메이저 대회 우승을 일궈낸 박세리 골퍼의 승인은 일직선으로 깃대를 향하는 과감한 샷에 있다고 한다. 어려운 시기에 결단을 내려야 하는 우리 나라 기업경영자에게 한 가지만 당부하고 싶다.

"일직선으로 목표지점을 정한 후 과감한 구조조정으로 진정한 '프로'가 되라고…"

〈세계일보, 1998. 6. 5〉

경영기술도 첨단과학

작년의 화두가 미래에 가장 유망한 분야로 지목된 3D, 즉 디지털(Digital), 유전공학(DNA), 디자인(Design)이었다면, 올해의 화두는 단연 7T이다.T는 물론 테크놀러지(Technology)다.

앞으로 한국이 선진국 수준으로 경쟁력을 강화하기 위해서는 7T, 즉 인터넷 기술(IT), 생명공학 기술(BT), 환경 기술(ET), 문화 기술(CT), 미세 기술(NT), 우주 기술(ST), 그리고 경영 기술(MT)로 구성된 첨단기술이 독자적으로, 또 서로 결합해야 한다. 이 중 인터넷 기술은 미래를 열어나가는 시간적 차원의 하부구조에 해당한다.

1960년대에 한국 사회가 개도국으로 발전하는 과정에서 수많은 도로와 교량, 공장과 사무실을 건설하기 위해 건설 기술이라는 하부구조가 필요했던 것처럼, 오늘날 방방곡곡에 초고속 통신망을 건설하고, 이 망을 통해 전국민이 연결되기 위해서는 인터넷 기술이라는 하부구조가 필요한 것이다.

인터넷 기술이 기존의 인간 사회를 미래 사회로 옮겨주는 시간적 차원의 변화를 이끈다면, 그 다음 다섯 가지 기술은 공간적 차원에서 우리 삶을 풍요롭게 해준다. 생명공학 기술은 인간의 수명 연장과 질병퇴치를, 환경 기술은 우리의 생활환경을 개선해주며, 문화 기술은 삶의 질을 향상시켜 준다.

이상 세 가지 기술이 기존의 공간에서 우리의 삶을 변화시켜 준다면, 나노 기술과 우주공학 기술은 현재 우리가 삶을 영위하는 공간을 제각기 축소시키고 확장시키는 변화를 가져다 준다. 위의 여섯 가지 첨단기술은 관련 기술을 개발하고 특허를 받는 데서 끝난다.

따라서 이러한 기술을 이용해서 우리 삶을 개선하려면 이를 실제 사업으로 연결시키는 기술, 즉 경영 기술이 필요하다. 배추를 소금에 절이지 않으면 김치가 되지 않듯이, 어떤 첨단기술도 경영 기술 없이는 사업화할 수 없는 것이다. 경영 기술은 첨단기술을 사업화하는 역할 외에, 사양 기업을 첨단 기업으로 탈바꿈시키는 역할도 수행한다.

최근 사양산업으로 일컬어지는 유리산업에서 파산직전에 있던 한국전기초자를 3년 만에 한국 상장기업 중 최고 수익률을 올리는 기업으로 탈바꿈시킨 서두칠 사장은 "산업간의 수익성 차이보다는 한 산업 안의 기업간 수익성 차이가 더 크다"고 말한다. 사양산업이란 존재하지 않고, 사양기업만 존재한다는 것이다.

같은 은행 중에서도 국민 · 주택 통합은행인 뉴국민은행은 주가가 5만원이 넘는 반면, 주가가 500원밖에 안되는 은행도 있다. 지난 9월의 뉴욕 테러 사태 이후 큰 타격을 받은 세계항공산업을 보면 대부분 회사의 주가가 반토막 나는 와중에서도 사우스웨스트 항공은 오히려 실적이 호조를 보이고 있다고 한다.

그런 의미에서 경영 기술은 여섯 가지 첨단기술을 첨단사업화하는 동시에 기존 산업의 사양기업을 첨단기업으로 만드는 제7의 첨단기술이다.

경영 기술은 삼국지에 비유한다면, 유비나 관우 장비 등 지도자와 장수들의 역할을 부여하고 전략을 세우는 제갈공명이다. 장비나 관우가 아무리 뛰어난 장수라고 해도 제갈공명 없이 전쟁을 승리로 이끌 수 없었을 것이다. 경영 기술이 없이는 어떤 첨단기술도 기술을 위한 기술에 불과하다.

이제 한국이 국가경쟁력을 강화하기 위해서는 경영 기술을 연구대상으로 하는 경영학이 인문 · 사회과학 등의 순수과학 범주에서 빠져 나와 첨단기술을 연구대상으로 하는 공학 · 자연과학과 함께 첨단 학문으로 변신해야 한다.

〈조선일보, 2001. 12. 01〉

제 20 장

E-business : 경영혁명

디지털 경제하의 기업의 대응방안은 무엇인가?

인터넷의 등장으로 인해 근대 경제의 중요한 특성이었던 판매자와 구매자의 재산교환은 네트워크 관계로 이루어지는 서버와 클라이언트의 단기 접속으로 바뀌었다.

– 제레미 리프킨 –

제 1 절 E-business 시대의 도래

1980년 앨빈 토플러가 예언한 정보사회의 도래는 이제 현실이 되었다. 1970년대 컴퓨터의 도입을 계기로 시작된 디지털 혁명은 1990년대 들어와 컴퓨터를 매체로 한 인터넷 혁명으로 연결되었고, 2000년대에는 인터넷이라는 가상공간에서 진행되고 있는 E-business 혁명을 유발하여 우리 삶을 송두리째 바꿔 놓고 있다. 따라서, 오늘날과 같은 초고속 정보사회에 E-business 기업이 생존하고 발전을 거듭하기 위해서는 E-business의 중요한 발생요인이자 정보사회로의 변화라는 미증유 혁명의 단초가 된 디지털 혁명과 정보사회가 나아가고 있는 방향이라 할 수 있는 인터넷 사회가 만들어내는 인터넷 혁명에 대한 이해가 선행되어야만 한다.

오늘날과 같이 E-business가 발전하게 된 가장 주요한 배경은 바로 디지털혁명(Digital Revolution)과 인터넷혁명(Internet Revolution)이다. 디지털혁명을 통하여 정보가 디지털화되면서 정보의 압축, 재생, 반복 및 복사 기능이 발전하게 되었으며, 인터넷혁명을 통하여 이러한 디지털화된 정보가 네트워크를 통하여 효율적으로 유통되게 되었다. 따라서, 이는 곧 E-business의 주요 분야인 인터넷-비즈니스의 발전의 근간이 되었으며, E-business의 핵심 분야인 전자상거래를 가히 혁명적으로 발생시키는 가장 중요한 원인으로 작용하였다. 그리고 인터넷 비지니스와 전자상거래의 급성장은 결과적으로 인터넷 비지니스와 전자상거래 모두를 포함하는 E-business의 발전과 직결되었다. 그러므로 E-business의 발전배경을 폭 넓게 이해하기 위해서는 무엇보다도 디지털혁명과 인터넷혁명에 대한 이해가 선행되어야 한다.

1. 디지털 혁명

인류는 수많은 변화의 물결 속에서 엄청난 발전을 거듭해 왔다. 인류가 그 동안 겪어 왔던 변화 중에는 그 파급효과가 매우 크고, 변화의 속도가 매우 신속하여 가히 혁명이라고 부를 만한 세 가지 변화가 있었다. 그것은 BC 7천 년경 신석기시대의 '농업혁명', 18세기 중반 철기시대의 '산업혁명', 그리고 20세기 후반 정보화시대의 '정보혁명'이다. 위의 세 가지 혁명 가운데에서도 '정보혁명'이 가져온 변화는 기존의 '농업혁명'이나 '산업혁명'이 인류에 가져온 변화에 비해 변화의 속도나 내용 면에서 매우 다른 양상을 보여주고 있다.

위의 세 가지 혁명에는 각각 그 계기가 된 발명이 있었다. 농업혁명에는 가래, 쟁기와 같은 농기구의 발명이, 산업혁명에는 제임스 와트의 증기기관의 발명이 있었다. 마찬가지로 정보혁명에는 반도체의 발명과 이를 이용해서 만들어진 컴퓨터가 있다. 그런 의미에서 반도체와 컴퓨터는 바로 정보혁명이 발생하게 된 계기라 할 수 있으며, 이 두 가지 원인을 디지털이라는 단어로 요약하고 이를 디지털 혁명이라 부르기로 하자.

디지털 혁명은 기존의 아날로그 능력을 통해 형성해 놓은 기존의 정보활용기술에 획기적인 발전의 계기를 마련하였으며 정보가 이용되는 정치 경제 사회 문화 전반에 정보기술 혁명을 가져오는 가장 중요한 요인으로 부각되었는데, 이 중 경제 분야에 일어난 변화 형태를 '디지털 경제'라고 부른다.

디지털 경제는 디지털 혁명이 몰고 온 변화로 인하여 과거의 경제와 다른 모습을 보이고 있다.[1] 따라서 디지털 경제환경 안에서 경영활동을 수행하고 있는 기업들이 디지털 경제구조로의 변화와 이로 인한 주요 경제주체인 소비자 기업 정부의 변화를 파악하고 이해하는 것은 그들이 환경변화에 능동적으로 대처하는 데에 필수 불가결한 요소이다.

우선, 소비자 측면에서의 변화는 소비자 효용의 증대를 들 수 있는데 소비자 효용이 증대된 이유는 다음과 같이 크게 세 가지로 볼 수 있다.

첫째는 선택의 폭이 확대되었다는 점이다. 기존의 경제시장과는 달리 디지털 경제시장의 소비자들은 지역시장에서 세계시장으로 구매 범위가 확대되어 공간의 제한을 극복할 수 있게 되었다.

둘째는 편리성이 확대되었다는 점이다. 디지털 경제에서 소비자의 쇼핑시간은 전자상거래를 통하여 단축되며, 재화와 관련된 더욱 풍부한 부가정보를 얻을 수 있다.

셋째는 가격이 저렴해졌다는 점이다. 디지털 경제시장에서는 시장 진입장벽이 낮아지면서 신규 기업의 참여로 경쟁이 촉진될 뿐만 아니라 기업의 거래비용 및 생산비용이 절감되며, 제품에 대한 정보의 비대칭성, 즉 생산자가 소비자보다 우월한 정보를 가지고 있던 현상이 극복되면서 판매이윤이 감소하여 소비자의 효용이 증대된다.

---

1) 홍동표, 새로운 정책패러다임, 디지털경제 정책토론회 발표자료, 1999

디지털 경제에서 기업 측면에 두드러지는 변화는 기업의 효율적인 경영이 강화된다는 것과 IT 투자에 대한 기업의 인식이 변화되고 있다는 점을 들 수 있다. 기업의 경영효율이 강화되는 원인은 조달 및 물류비용의 절감, 재고비용의 절감, 판매비용의 절감, 유통비용의 절감, A/S 비용의 절감 등을 들 수 있고, IT투자에 대한 기업의 인식이 변화되고 있는 이유는 미국 기업들이 IT중점투자전략을 통해 고성장 저물가의 신경제를 이끌어 나가면서 경쟁우위를 구축했고, 이 과정에서 디지털 경제에서 IT투자는 기업의 생존을 위한 전략적 필수재임을 절실히 깨달았기 때문이다.

디지털 경제에서 나타나는 정부 측면의 변화로는 무엇보다 디지털 경제로의 정부 정책 방향의 급변을 들 수 있다. 주요 선진국들은 디지털 경제로의 변화에 민첩하게 대응하기 위해 다음과 같은 세 가지 정책을 실시하고 있다.

첫째는 디지털 경제로의 이전에 따르는 충격흡수정책이다. 정부는 디지털 혁명에 의한 디지털 경제로의 급속한 변화에 동반하는 충격을 신속하게 흡수하기 위해서, 올바른 정보를 제공할 수 있는 환경을 도모하여 효율적인 자원배분을 유도하고, 디지털 경제에 대비한 법제도의 정비를 꾀하는 등의 변화를 보이고 있다.

둘째는 저렴하고 안전한 전자상거래 이용환경의 정비정책이다. 디지털 경제에서는 불특정 다수와 거래를 하는 전자상거래의 특성상 신뢰도를 높이는 것이 무엇보다 중요하기 때문에 주요 선진국들은 프라이버시 보호, 개인정보 보안, 인증, 소비자 보호 등에 관한 정책을 논의하고 있다.

셋째는 디지털 경제의 기반 확립을 위한 지속적인 정보화정책 추진이다. 디지털 경제의 가장 중요한 기반 중의 하나는 각국의 정보화기술 기반시설이다. 따라서 세계 주요국들은 초고속정보화 사회에 유연하게 대처하며, 디지털 경제의 초석을 잘 다지기 위해 국가 차원의 정보화정책을 지속적으로 추진하고 있다.

2. 인터넷 혁명

우리는 흔히 인터넷을 '정보의 바다'라고 부른다. 이 정보의 바다라는 말은 인터넷이 가지고 있는 특징을 함축적으로 잘 설명해주고 있다. 즉, 우리가 인터넷이라는 정보의 바다에 손을 담그는 순간, 그 바닷물에 손을 담그고 있는 모든 사람들과 시간 및 공간의 제약이 없이 서로 정보네트워크가 형성되어 막대한 정보를 신속하게 교환할 수 있는 것이다.

오늘날과 같은 초고속정보화 사회에 있어서 시간 및 공간의 제약이 없이 풍부한 정보의 신속한 교환은 사회의 변화와 발전에 있어서 가장 중요한 원동력 중 하나이다. 따라서, 인터넷이 몰고 온 혁명적인 변화의 배경과 그 개념을 파악하는 것은 실로 중요하다.

(1) 인터넷의 발전[2)]

인터넷은 미국과 소련간의 냉전상태가 첨예하게 지속되던 1960년 대 말, 미국과 소련간에 핵전쟁과 같은 대규모 전쟁이 일어날 경우 컴퓨터 시스템이 일시에 사용불능에 이르는 것을 막고 전쟁을 계속할 수 있는 분산처리 시스템을 개발하려는 미국 국방성의 연구 프로젝트에서 시작되었다. 이렇게 처음에는 군사적인 목적에서 시작되었던 인터넷은 불과, 약 30년 동안 많은 발전을 거듭하여 오늘날에 이르게 되었다.

인터넷이 일련의 발전을 거쳐오는 과정에서, 인터넷을 통한 변화의 물결을 혁명적으로 변화시킨 계기는 바로, 디지털 기술과 네트워크 기술의 결합이다. 이를 도식화하면 〈그림20-1〉과 같은 데, 정보기술에 있어서 기존의 아날로그 기술이 디지털 기술로 바뀌면서, 정보의 저장, 재구성, 압축 그리고 전송이 획기적으로 편리하게 변하였다. 이러한 디지털기술과, 정보의 확산과 교환을 편리하게 해주는 네트워크 기술의 인터넷을 통한 결합은 엄청난 시너지효과를 발생하게 되었다.

IT측면에서 인터넷을 통한 디지털기술과 네트워크 기술의 시너지효과는 네트워크를 통한 디지털 정보 이용의 효율과 효과를 극대화하게 되고 결국 이것은 인터넷 혁명을 유발하는 가장 주요한 요인이 된 것이다.

〈그림 20-1〉
인터넷 혁명의 배경

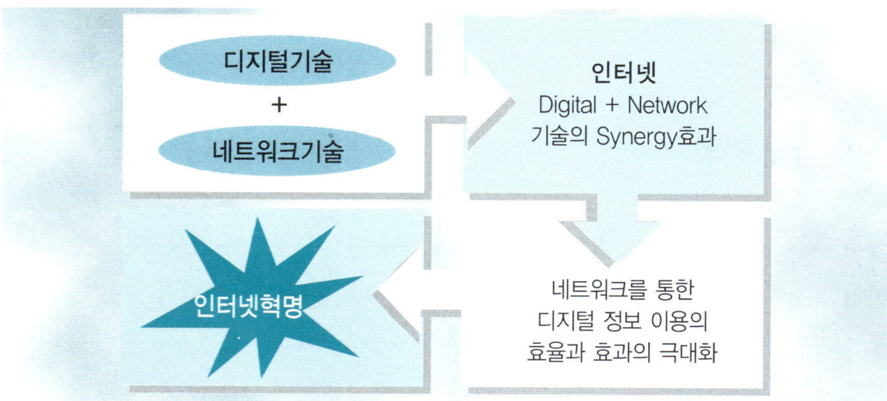

2) 도준호 & 장석준, "인터넷 이용현황", 정보통신정책연구원, 1998

(2) 인터넷 경제의 성장과 현황

'인터넷 경제'란 인터넷 혁명을 배경으로 발생한 새로운 네트워크 경제로서 디지털 경제에 포함되는 개념이다. 인터넷 경제는 현재 유례를 찾아볼 수 없는 급속한 성장을 거듭하고 있으며, 이는 E-business의 핵심 부분 중에 하나인 인터넷-비지니스의 배경을 이루므로 인터넷 경제의 성장과 현황은 E-business 기업이 주시해야만 하는 가장 중요한 것 중 하나이다. 인터넷 경제의 성장과 현황을 세계 및 국내의 두 가지로 나누어 살펴보도록 하자.

1) 세계 인터넷 경제

인터넷의 관점에서 관련사업을 분석한 최초의 보고서인 미 텍사스 대학의 연구보고서에 나타난 인터넷 경제의 주요 현황과 전망 가운데 중요 부분을 요약하면 다음과 같다.

첫째, 인터넷 경제는 현재 놀라운 속도로 성장하고 있다. 1995~98년 세계경제는 연평균 3.8% 성장한 반면, 인터넷 경제는 연평균 174.5% 성장했다. 비록 인터넷 경제 매출지수와 세계 GDP를 직접적으로 비교하는 것은 무리지만, 인터넷 경제가 경이적인 속도로 성장하고 있다는 것을 암시하는 수치이다. 미국 경제에서의 GDP 성장과 인터넷 경제의 성장을 비교하면, GDP는 1995년 6조 7,620억 달러에서 1998년 7조 5,520억 달러로 연평균 2.8% 성장한 반면, 인터넷은 같은 기간 동안 연평균 174.5%씩 성장했다.

둘째, 인터넷 경제는 이미 지난 세기의 전통적인 산업과 대등한 규모로 부상하였다. 월드 와이드 웹(World Wide Web)이 도입된 후 지난 5년 동안, 인터넷 경제는 이미 에너지 산업(2,230억 달러), 자동차 산업(3,500억 달러), 통신 산업(2,700억 달러) 등 20세기의 대표적인 산업과 규모 면에서 대등한 위치로 부상하였다. 또한 인터넷 산업에 근무하는 노동자 일인당 평균매출은 약 25만 달러로 전통적 산업에 비해 65%나 높다.

셋째, 인터넷 경제는 그 자체로도 세계 주요국의 경제규모와 대등한 수준이다. 1998년 미국 인터넷 산업 매출액은 3천억 달러 이상으로 세계 20위 국가의 경제규모와 맞먹는다.

넷째, 인터넷 경제는 고용에 이미 심각한 영향을 미치고 있다. 120만 명을 고용하고 있는 인터넷 경제는 고용시장 자체를 변화시키고 있다. 인터넷 관련 일자리의 대부분은 1994년, 95년 이전에는 존재하지 않던 시장이 새롭게 창출된 것일 뿐만 아니라 인터넷 경제라는 기회와 도전에 대응하기 위하여 이전의 작업구조를 계속 변화시키고 있다. 1998년 현재 590만 명 정도의 미국인이 광의의 하이테크 분야에 고용되어 있는데, 이 중 20% 정도가 인터넷 산업과 관련되어 있다. 인터넷 전문기업이 나날이 증가할 뿐만 아니라, 전통적 비즈니스에서도 인터넷 기술에 대한 의존도가 높아짐에 따라, 인터넷과 관련한 신규 일자리는 계속해서 창출될 것이며 기존 작업구조도 새로운 경제구조에 발맞추어 급속히 재편될 것이다.

2) 국내의 인터넷경제

기본적으로 인터넷 경제에서 가장 중요한 인터넷 인구현황의 경우 국내 인터넷 인구는 세계 각국의 인터넷 증가추세에 발맞추어 빠르게 증가하고 있다. 국내 인터넷 이용인구는 1999년 9월 이후 비약적인 증가세를 보이고 있으며, 2000년 7월 말 현재 국내 인터넷 이용자 수는 1,600만 명을 돌파하여 전 인구의 3분의 1 이상에 달하고 있다. 국내의 인터넷 경제 기반의 발전과정은 국내 인터넷망의 발달과정과 그 궤를 같이한다. 왜냐하면 인터넷망이 인터넷 경제를 떠받쳐주는 가장 기본적인 뼈대가 되기 때문이다.

1995년의 인터넷망은 상대적으로 적은 인터넷 사용인구를 대변하듯 그다지 조밀한 구성을 보여주지 못하였다. 인터넷망을 구성하는 구성요소도 비영리 인터넷 4개와 상용 인터넷 9개, 그리고 PC통신망 5개가 전부였다. 이러한 추세는 1996~97년까지 계속되다가 국내 인터넷 사용인구가 급속한 신장세를 나타내기 시작한 1998년부터 엄청난 변화를 보이는데, 조밀도와 구성요소의 양적 증가에서 많은 발전을 나타낸다. 인터넷망의 연결 정도는 상대적으로 매우 조밀해졌으며 구성요소도 비영리 인터넷의 증가는 없지만, 상용 인터넷이 21개로 증가하였고 PC통신망 또한 7개로 증가하였다. 이러한 증가추세는 지속적으로 이어져 인터넷망의 급속한 발전이 이루어졌다.

인터넷 경제환경에서 기업은 기존의 경제환경에서 경험하지 못했던 엄청난 변화 속에 직면하고 있다. 즉, 기업은 인터넷을 통하여 이전에는 불가능했던 시간적 · 공간적 장벽, 비용 장벽, 그리고 구조적 장벽을 극복할 수 있게 되었다. 기업이 이러한 장벽들을 극복할 수 있었던 가장 중요한 요인은 인터넷을 통하여 기업경영과 직 · 간접적으로 관련된 정보를 신속하게 획득, 활용할 수 있게 된 데 있다. 따라서 기업은 인터넷 네트워크를 통해 교환되는 정보의 가치를 보다 중시하게 되었다. 즉, 이러한 정보자원의 효율적이고 효과적인 관리는 기업 내에서 없어서는 안 될 필수 불가결한 요소가 된 것이다.

제 2 절 E-business의 의의와 중요성

1. E-business의 의의

(1) E-business에 대한 이해

E-business는 21세기의 새로운 메가트랜드(Mega-trend)로서, 전 세계 경제환경에 엄청난 영향을 주고 있다. 그러나 E-business의 개념에 대해서는 아직 통일된 개념이 없으며, 여러 학자들마다 다양한 정의를 내리고 있는 데, 이는 E-business의 막대한 영향에 비하여 그 역사가 상대적으로 매우 짧으므로 E-business에 대한 충분한 연구가 이루어지지 못했기 때문이라고 볼 수 있다.

따라서, 흔히 'E-business'에 대하여 논할 때, '전자상거래(E-commerce)'와 '인터넷-비즈니스(Internet-business)'의 개념을 'E-business'와 혼동하여, 세 가지 모두 동일한 개념으로 사용하는 실수를 자주 볼 수 있는 데, 이러한 문제는 우선적으로 'E-business'에 대한 명확한 이해가 부족하다는 점에 기인한다고 볼 수 있다. 그리고, 또 다른 이유로는 E-business와 전자상거래 및 인터넷-비즈니스의 상호관계를 잘 파악하고 있지 못하는 점을 그 주요원인으로 들 수 있다. 그러므로, E-business의 정확한 개념을 E-business와 전자상거래(E-commerce) 및 인터넷-비즈니스 와의 상호관계 속에서 살펴보도록 하자.[3)]

3) 박용찬, 「e 비지니스 파워」, (주)시그마인사이트컴, 2000, p.28

〈그림 20-2〉
E-business의 개념

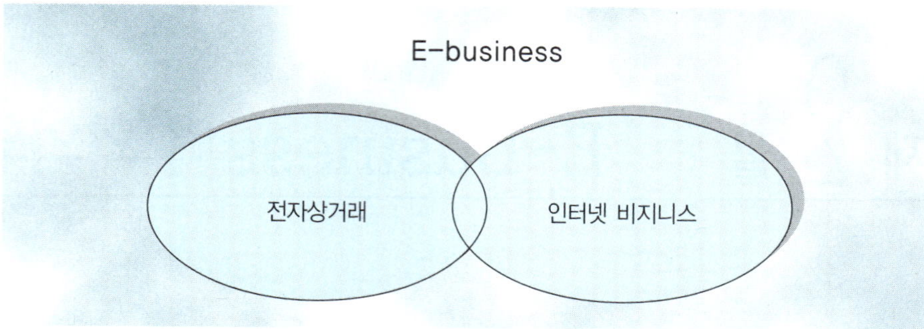

〈그림 20-2〉에서 볼 수 있듯이 E-business는 전자상거래와 인터넷-비지니스를 포괄하는 개념이다. 여기서 인터넷-비즈니스는 인터넷 혁명으로 인하여 급속도로 발전된 네트워크 기술을 비즈니스에 활용하여 업무의 효율성과 효과성을 증폭시킨 비즈니스를 총칭하는 개념으로 볼 수 있다. 반면에, 전자상거래는 기존의 아날로그 방식과 물리적인 방법을 이용하여 이루어지던 모든 상거래 중, 디지털혁명과 인터넷혁명을 통해서, 상거래의 방식이 디지털-네트워크 시스템을 이용하여 이루어지므로, 기존 상거래에 비해 상대적으로 고도의 효율성과 효과성을 창출한 모든 상거래를 가리킨다. 여기서 보다 명확한 이해를 위해 E-business를 중심으로 전자상거래와 인터넷-비즈니스의 상호관계를 살펴 보자.

(2) E-business와 전자상거래

'E-business'라는 말은 '전자적'이라는 뜻의 'electronic'과 '사업'이라는 의미를 가진 'business'의 합성어이다. 따라서, 단어 자체의 본원적인 의미를 통해서 봤을 때, 'E-business'는 '전자적으로 수행되는 사업'을 의미한다. 즉, 기존의 아날로그 방식으로 수행하던 제조 사업방식을 전자화된 사업방식으로 혁신하여 제조업을 수행한다면, 이는 전자 제조로서 E-business의 일종인 것이다.

최근 각광을 받고 있는 '전자경매(E-Auction)'는 사업방식을 전자화된 방식으로 혁신하여 비즈니스를 수행하는 대표적인 E-business의 예라고 할 수 있다. 전통적인 경매 사업의 기본적인 사업방식은 우선, 경매에 붙일 물품을 선정하여 경매장소와 시간을 공고한 후, 정해진 경매 시간과 경매장소에 모인 사람들만을 대상으로 최고 가격을 부른 사람에게 물건을 낙찰시키고, 경매 대금을 받고 물건을 인도하는 방식으로 이루어졌다. 따라서, 이러한 전통적인 경매에서는 제한된 시간과 공간에서만 경매가 이루어질 수밖에 없고 경매의 과정이 굉장히 비효율적으로 수행될 수밖에 없는 근본적인 문제가 있었다. 그러나, 오늘날 전자경매에 있어서 이러한 문제들은 더 이상 문제점으로 작용하지 않는다. 왜냐하면, 전자경매에서는 누구나 자신이 원하는 시간에 디지털화된 사이버 공간에서 경매에 직접 참가할 수 있으며, 경매의 거의 모든 과정이 전자화되어 있기 때문에 고도의 효율적인 방법으로 경매를 할 수 있기 때문이다.

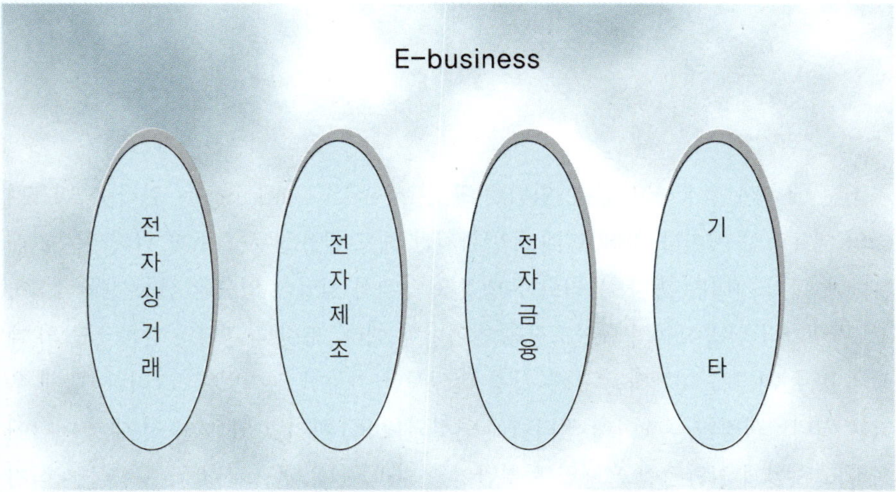

〈그림 20-3〉 E-business와 전자상거래

결론적으로 E-business는 〈그림 20-3〉에서와 같이 전자적으로 수행되는 제조업과 금융업, 그리고 기타의 모든 사업을 의미하는 것이며, 상거래가 전자적으로 수행되는 전자상거래는 이러한 E-business의 중요한 범주 중에 하나인 것이다.

(3) E-business와 인터넷-비지니스

'인터넷-비즈니스(Internet-business)'라는 용어를 앞에서와 같이 단어 자체의 본원적인 의미를 통해 분석해보면, 그 의미는 '인터넷을 통하여 수행되는 사업'을 의미한다. 이러한 인터넷-비즈니스와 E-business의 상호관계는 〈그림 20-4〉을 통하여 쉽게 이해될 수 있다. 즉, 전자적으로 수행되는 사업 중 특히 인터넷이라는 네트워크(network)를 활용하는 사업은 곧 인터넷-비즈니스인 것이다.

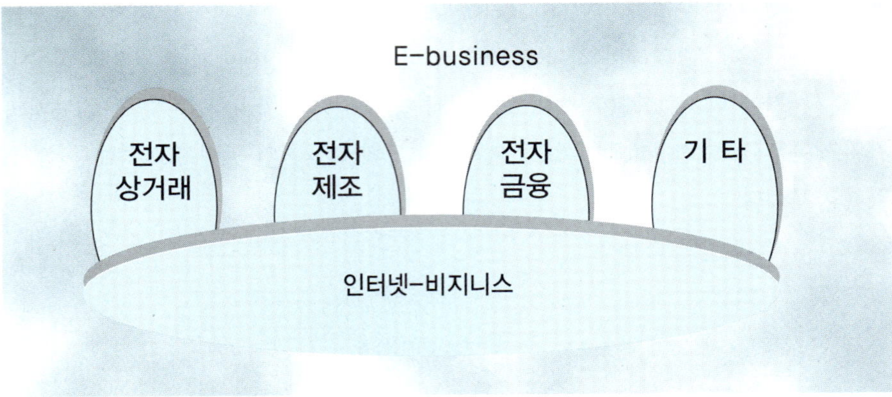

〈그림 20-4〉
E-business와
인터넷-비지니스

최근 급속히 성장하고 있는 '인터넷 뱅킹(Internet Banking)'은 인터넷-비즈니스의 대표적인 예이다. 1980년대 중반까지만 해도 금융업무를 보기 위해서는 거래은행에 직접 가야만 했다. 그리고 은행창구 앞에서 일일이 입출금 신청서를 작성하고, 거래마다 담당직원의 확인도장을 받아야만 했다. 또한 타은행의 다른 사람의 계좌에 바로 자금을 이체하는 것은 상상 속에서만 가능한 일이었다. 그러나, 현재 우리는 인터넷혁명의 후광아래 인터넷에 연결되는 PC 하나만 있으면, 전 세계 어디에서라도 손쉽게 일반적인 은행업무 뿐만이 아니라, 신용카드 관련 업무는 물론 심지어는 대출까지도 받을 수 있게 되었다. 즉, 인터넷이라는 강력한 네트워크가 비즈니스에 활용되면서 비즈니스의 효율과 효과는 증폭되었으며, 이러한 비즈니스가 바로 인터넷-비즈니스인 것이다. 따라서, 인터넷-비즈니스는 넓게 보면 E-business라는 전체 집합에 포함되는 개념으로 좁게는 전자상거래와 상호 교집합을 갖는 관계가 된다.

이러한 이해를 바탕으로 E-business와 전자상거래 및 인터넷-비즈니스의 상호관계를 종합해 보면, 〈그림 20-5〉와 같은 매트릭스를 작성할 수 있다. 모든 비즈니스를 사업의 수행방식이 얼마나 전자화 됐는가, 그리고 얼마나 네트워크화 됐는가의 두 가지 기준으로 나누어보면, 4개의 사분면으로 분류할 수 있다.

여기서 1사분면은 전자화는 강하나 네트워크화는 상대적으로 약한 비즈니스를 말하며, 반대로 3사분면은 전자화는 약하나 네트워크화는 강한 비즈니스를 나타낸다. 마찬가지로 2사분면은 전자화와 네트워크화가 모두 상대적으로 약한 비즈니스를 말하며, 4사분면은 전자화와 네트워크화가 모두 강한 비즈니스를 말한다.

E-business는 앞에서 설명한 바와 같이, 전자적으로 사업을 수행하는 비즈니스와 인터넷을 사업에 활용하는 인터넷-비즈니스를 모두 포함하는 개념이므로, 1사분면과 3사분면, 그리고 이들의 교집합인 4사분면이 모두 E-business의 개념인

것이다. 따라서, E-business화되지 않은 기존의 전통적인 비즈니스는 2사분면으로 볼 수 있다. 그리고, 비즈니스를 수행하는 데 있어서 전자화와 네트워크화가 함께 높은 수준일 때, 상호 시너지(synergy) 효과가 증폭되어 고도의 효율과 효과를 낳을 수 있기 때문에, 현재 급성장하고 있는 E-business의 유형들은 4사분면에 위치하는 것이 대부분이다.

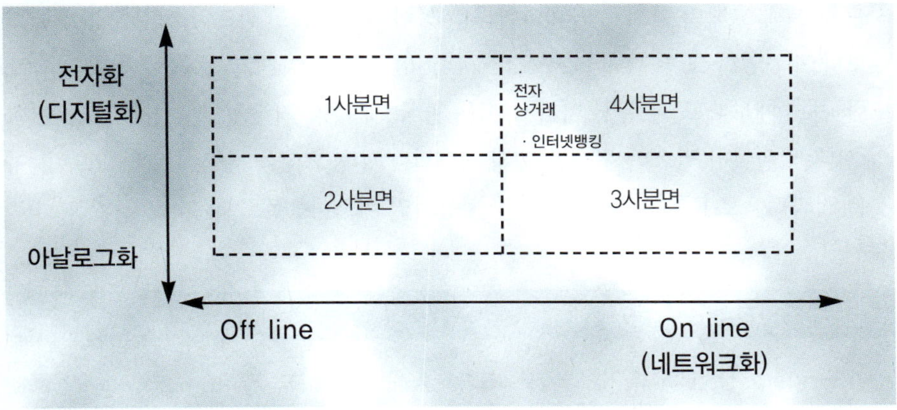

(그림 20-5) E-business의 개념 Matrix

(4) E-business의 정의

그런데, 이상의 설명에 비추어 봤을 때, E-business를 '전자적으로 수행되는' 또는 '인터넷을 활용하는' 비즈니스라고 이해하는 것은 E-business의 개념을 이해하는 데에 충분한 것인가?

그렇지는 않다. 앞에서 우리가 E-business의 개념을 이해하기 위해서 접근한 방법은 '전자적(electronic)' 또는 '인터넷(Internet)의 이용'으로 대변되는 E-business의 가장 큰 특징인 'IT(Information Technology)의 활용' 측면에만 초점을 맞추어 E-business를 이해한 것이다. 따라서, 이것은 E-business의 개념을 50% 정도 밖에 이해하지 못한 것이다. 그렇다면 E-business의 개념을 100% 이해하기 위해 이밖에 어떠한 접근방법이 더 필요한가?

해답은 의외로 간단하고 명료하다. E-business도 일종의 '비즈니스' 즉, '사업'이라는 점을 이해하는 접근방법이 필요하다. 즉, E-business를 포함하여 모든 비즈니스의 핵심은 비즈니스의 성공을 위한 '훌륭한 경영'이다. 여기서 경영이란 계획(plan)-실행(do)-평가(see)의 세 가지 기본적 활동으로 이루어지며, 훌륭한 경영활동이란 이러한 세 가지 기본적인 경영활동이 각 비즈니스의 특성과 환경에 맞게 상호 조화를 이루어 비즈니스의 성공확률을 높이는 경영활동을 말한다. 따라서, E-business의 나머지 50%의 핵심개념을 이해하는 것은 바로 E-business의 특성과 환경에 맞는 훌륭한 경영활동이 무엇인지를 이해하는 것과 같은 것이다.

E-business의 특성과 환경을 E-business의 개념을 정확히 제시하기 위해서 개략적으로 설명하자면, E-business의 대표적인 특성은 바로 고도의 IT를 전략적 활용하여, 기존의 비즈니스 모델을 재정의(redefine) 하거나, 새로운 비즈니스모델의 창출을 통해 고객의 가치를 극대화한다는 점이다. 그리고, 비즈니스의 환경이 어느 때보다도 치열한 초경쟁(Hyper-competition) 구도로 치닫고 있으며, 변화의 속도 또한 어느 때보다도 빠르다. 따라서 이는 결국 세 가지 기본적인 경영활동 중 변화의 시대에 절실히 필요한 훌륭한 계획 즉, '전략'의 중요성을 증폭시키고 있으며, 이것은 결과적으로 E-business를 '전략 지향적인 비즈니스'로 이끌어 가고 있다.

E-business의 종합적 개념

E-business란 디지털기술과 네트워크기술을 기반으로한 고도의 IT를 전략적으로 활용함으로써, 기존의 비즈니스 모델을 재정의(redefine)하거나, 새로운 비즈니스모델의 창출을 통해 고객의 가치를 극대화하는 비즈니스를 총칭하는 개념으로서, 이는 고객의 가치 창출을 위하여 첨단기술의 전략적 활용 뿐만이 아니라 기업의 조직 및 경영방식이 급변하는 시장환경의 변화에 따라 유연하게 전략적으로 변화해야 되는 '전략 지향적(strategy-oriented) 비즈니스'를 의미한다

2. E-business의 특징

E-business는 전통적인 경제환경과는 근본적으로 다른 IT(Information Technology) 중심의 디지털-네트워크 경제환경을 바탕으로 창출된 비즈니스이므로 기존의 비즈니스와는 다른 여러 가지 특징을 가지고 있다. 그리고, 이러한 특징은 효과적으로 E-business를 수행하는 데에 있어서 비즈니스의 전 범위에 걸쳐 많은 영향 요소로 작용한다. 따라서 E-business 경영전략을 수립하고 실행하는 데에 있어서, 다음과 같은 E-business의 특징을 이해하는 것은 매우 중요하다.

(1) 정보기술의 중요성

E-business 전략에 있어서, 기술(technology)은 마치 해안의 모래를 침식시키는 파도에 비유될 수 있다. 대양(大洋)으로부터 밀려오는 파도는 지속적으로 해안의 파도를 침식시켜 결국은 해안의 전체지형을 변화시킨다. 이와 같이 E-business에서 기술은 E-business의 모든 범위 및 과정에 지속적인 영향을 미친다. 특히 신기술혁신(new technology innovation)은 어떠한 형태의 파도로, 그리고 얼마만큼 큰 파도의 물결로 E-business에 밀어닥칠지 예측하기가 매우 어려우며, 그 파급효과 또한 실로 엄청나다. 따라서, E-business 전략의 수립과 실행에 있어서 기술은 우선적으로 고려되어야 할 핵심요소라고 할 수 있다. 실제로 국내 E-business 기업의 IT부문에 대한 막대한 투자는 IT의 중요성을 잘 나타내 주고 있는데, 1000억원 이상을 정보기술에 투자하는 기업수가 계속해서 증가하고 있다.

(2) 정보의 전략적 활용

기존의 전통적인 산업사회에서는 노동, 토지, 자본이 경제적인 부(富)를 창출하는 주요 원천이었다. 그러나 오늘날과 같은 초고속지식-정보화 산업사회에서는 바로 정보, 지식, 기술이 경제적인 부(富)와 가치를 창출하는 주요 원천이다. 따라서 E-business에서는 정보를 전략적으로 활용할 수 있는 능력이 무엇보다도 중요하며, 이러한 정보의 전략적 활용능력은 갈수록 치열해지는 초고속-정보화 산업사회에서 지속적인 경쟁우위(sustainable competitive advantage)를 확보할 수 있도록 하는 가장 중요한 경쟁력의 원천 중 하나이다.

현재 많은 E-business 기업들이 E-business 골격으로 불리는 ERP(enterprise resource planning)와 CIO(chief information officer)직제를 앞 다투어 도입하고 있는 것은 E-business에 있어서, 정보흐름의 효율적인 구조화 및 통제 그리고 정보의 전략적 활용능력이 얼마큼 중요한지를 잘 시사해주고 있다. 특히, 우리가 흔히 알고 있는 초우량 기업인 Microsoft, Coca-Cola, Hershey Foods, Colgate, Eli Lilly, Alcoa, 그리고 Compaq 뿐만 아니라 Fortune 1000의 기업 중 70% 이상이 ERP를 이미 실행하고 있거나 1년 안에 실행할 계획에 있다는 점은 이를 잘 뒷받침해주고 있다.[4)]

---

4) Kalaota & Robinson, *e-Business : Roadmap for Success*, Addison Wesley Longman Inc., 1999, p.166

이렇게 주요 기업들이 ERP를 적극적으로 도입하고 있는 것은 ERP를 통하여, 정보의 흐름을 효율적으로 구조화하고 통제할 수 있으며 정보를 전략적으로 활용함으로써, 재고를 감소시키고 기업의 업무 싸이클을 단축시키며, 비용절감 및 전반적인 기업 운영의 향상을 기할 수 있기 때문이다. CIO직제의 도입도 ERP도입의 경우와 같이, 기업내 정보의 흐름을 효율적으로 구조화하고 통제하기 위해 활발히 도입되고 있으며, 실제로 CIO의 의견이 실제 기업경영에 많이 반영되고 있다.

(3) 협력전략의 중요성

협력(cooperation)과 경쟁(competition)의 합성어인 'co-opetition'으로 대표되는 전략적 제휴(strategic alliance)와 전략적 아웃소싱(strategic outsourcing) 또한 E-business에 있어 매우 중요한 부문이다. E-business의 성공을 위해서는 기업의 모든 부문을 최고로 만들기 위해서 시간과 자원을 각 부분에 투자하기보다는 자사의 부족한 자원이나 부분을 전략적 제휴나 전략적 아웃소싱으로 보완하고 제휴나 아웃소싱 파트너와 시너지효과를 창출하기 위해서 노력하는 것이 훨씬 효과적인 경우가 많다. 최근 공생을 위한 필수기반으로 인식되어, E-business 기업들 사이에서 확산되고 있는 SCM(supply chain management)은 전략적 제휴의 측면에서 그 중요성이 음미될 수 있다.

최근 E-business 기업 사이에 끝없는 논란에도 불구하고, 현재 국내 은행권을 중심으로 공공기관과 민간기업들에 있어서 줄을 이을 것으로 예상되고 있는 IT부문 아웃소싱의 현황은 E-business 기업들 사이의 전략적 제휴 또는 아웃소싱을 통한 시너지효과 창출이 얼마나 중요한 것인지 잘 대변해주고 있다.

(4) 고객지향성의 증대

아무리 훌륭한 정보를 보유하고 있는 기업이라고 하더라도, 오늘날과 같이 정보의 유통이 초고속으로 이루어지는 E-business 환경에서는 고객의 입맛에 정확히 맞는 정보를 제품화하여 고객에게 제공하지 못한다면, 결국 경쟁에서 도태되기 마련이다. 따라서, E-business 시장에서는 고객이 원하는 정보를 신속히 제품화하여 이것이 고객에게 보다 많은 편리(convenience)를 제공할 수 있도록 해야한다.

최근 서비스, 유통, 제조, 금융 등의 산업의 E-business 기업들이 CRM(customer relation management : 이하 CRM)에 집중하고 있는 것은 E-business 시

장이 앞에서 언급한 바와 같이 더욱더 고객위주의 시장으로 지향(customer-oriented market)되고 있는 특성의 필연적인 결과라고 볼 수 있다.

(5) 신속한 의사결정의 중요성

E-business가 수행되는 환경은 E-business를 수행하는 기업에게 급속한 변화를 통하여 많은 위협요인을 제공하며, 이러한 위협요인은 기업의 생존을 위협할 수 있는 정도의 중요요인으로 작용한다. 따라서, E-business 기업의 의사결정은 신속하고 정확하게 이루어져 급변하는 환경 속에서 기업이 나아갈 방향을 제시할 수 있어야만 한다.

최근 삼성카드와 삼성전자 등이 E-business 관련 IT 시스템을 신개념의 개발방법론인 RBMS(rulebase management system)로 구축한 것은 급변하는 E-business 환경에서 E-business기업의 생존여부는 신속하고 정확한 사내의사결정에 달려있다는 것을 인식하고, 이에 유연하게 대처하기 위해 노력하는 좋은 예라 볼 수 있다.

E-business의 특징
E-business의 경우, IT는 사업전략을 수립하는 데에 있어서, 2차원적인 고려요소가 아니며, 오히려 전략수립의 핵심요소이자, 전략실행의 추진동인이다.
E-business에 있어서 정보의 흐름을 효율적으로 구조화하고 통제하여 정보를 전략적으로 활용능력은 물리적인 제품의 유통과 생산능력보다 더 중요하며 이는 경쟁우위(competitive advantage) 확보와 직결된다.
E-business에 있어서 협력전략을 바탕으로 한 기업 간의 전략적 제휴(strategic alliance) 전략적 아웃소싱(strategic outsourcing)은 아무리 강조해도 지나치치 않다.
E-business 시장은 기존의 어떤 시장보다도 고객위주의 시장(customer-oriented market) 이다. 따라서, 고객과 관련된 정보를 효율적으로 관리하고 이를 효과적으로 활용할 수 있는 능력은 E-business기업이 갖추어야 할 가장 중요한 핵심역량(core competence) 중 하나이다.
E-business에서는 E-business 시장의 급속한 변화에 수반하는 주요 문제에 대한 산속한 의사결정이 기업의 생존과 직결된다.

E-business의 경우 IT는 사업전략을 수립하는 데에 있어서 2차적인 고려요소가 아니며, 오히려 전략수립의 핵심 고려요소이자 전략실행의 추진 동인이다.

E-business에 있어서 정보의 흐름을 효율적으로 구조화하고 통제하여 정보를 전략적으로 활용하는 능력은 물리적인 제품의 유통과 생산능력보다 더 중요하며 이는 경쟁우위(competitive advantage) 확보와 직결된다. 또한 협력전략을 바탕으로

한 기업들 사이의 전략적 제휴(strategic alliance) 또는 전략적 아웃소싱(strategic outsourcing)의 중요성은 아무리 강조돼도 지나치지 않다.

E-business 시장은 기존의 어떤 시장보다도 고객위주의 시장(customer-oriented market)을 지향하고 있다. 따라서, 고객과 관련된 정보를 효율적으로 관리하고 이를 효과적으로 활용할 수 있는 능력은 E-business 기업이 갖추어야될 가장 중요한 핵심역량(core competence) 중 하나이다.

E-business에서는 E-business 시장의 급속한 변화에 수반하는 주요 문제에 대한 신속하고 정확한 의사결정이 기업의 생존과 직결된다.

제 3 절 E-business의 성공적인 전개

E-business의 성공을 위해서는 환경의 변화에 대한 전략적 분석과 활용이 굉장히 중요하다. 따라서 본 절에서는 이를 위해서 E-business 기업들이 간과하지 말아야 할 E-business의 변화방향과 E-business의 본원적 전략에 대해 살펴보도록 하자.

1. E-business의 변화방향[5)]

E-business의 성공을 위한 전략패러다임을 이해하기 위해서는 무엇보다도 E-business의 추세(trend)와 패턴(pattern)을 단순한 유행(fad)과 구별하여 명확히 이해하는 것이 필수적이다. 왜냐하면, 유행은 그 속성상 급속히 파급되나 곧 시들어 버리기 마련이며, 추세는 서서히 발전하여 5년이나 10년 이상 지속되다가 급속도로 진보하기 마련이다. '

웹(Web)'은 이러한 추세의 가장 좋은 예 중 하나이다. 웹은 1989년 스위스랜드의 어느 외딴 연구실에서 시작되어, Mosaic 브라우저가 등장하면서 대중에게 급속히 전파되었으며, 아무도 오늘날과 같이 웹이 발전하리라고는 상상조차 하지 못했다. 우수한 경영자는 사업의 주요 흐름을 파악하기 위해서, 사업의 추세를 먼저 이해해야 한다. 만약, 경영자가 추세를 파악하지 못한다면, 그 기업은 거대한 폭풍우 속에서 바람과 물결이 어디로 흘러가는지도 모르고 항해를 계속하는 풍전등화(風前燈火)와 같은 운명에 놓여질 것이다. E-business가 변화되어 가는 방향은 아래와 같이 정리될 수 있다.

5) Kalakota & Robinson, *e-Business: Roadmap for Success*, Addison-Wesley, 1999, pp.30~42, 부분 발췌 인용

(1) 신속한 서비스

고객들은 서비스의 속도를 그들이 특정 기업과 거래하는 주요 요인 중 하나로 여긴다. 고객들은 지연을 싫어하며 엄밀히 말해서, 서비스를 기다리는 것 자체를 매우 싫어한다. 자동차를 운전하면서 오일을 바꾸거나 패스트푸드를 즐길 수 있는 사업이 성공한 가장 큰 이유는 고객들이 서비스를 기다릴 필요가 없기 때문이다. 온라인 상에서 자동차를 구입하고 은행업무를 보는 새로운 추세 또한 마찬가지의 이유이다.

이와 같은 추세가 E-business 기업에게 주는 의미는 명약관화(明若觀火)하다. 즉, E-busienss 기업이 성공하기 위해서는 E-business 기업은 고객이 제품이나 서비스를 고르고 선택한 후, 주문을 하고 이 주문이 이루어질 때까지의 모든 프로세스 상에 사용되는 시간을 단축시켜야만 한다는 것이다. 결국, 어떠한 프로세스 상에서의 지연도 용납될 수 없는 것이다.

그렇다면 왜 이러한 프로세스상의 지연이 일어나는 것인가? 종종 그 원인은 프로세스 상의 업무처리가 중복되기 때문이다. 즉, 고객이 제품을 주문하는 절차에 있어서, 일정양식을 작성하고 이를 다시 확인해야 된다거나 혹은 제품의 생산이나 배달에 있어서 관련부서의 업무가 비효율적으로 중복되어 있는 경우 프로세스상의 지연은 필연적으로 발생할 수밖에 없다. 따라서, 기업들은 업무의 중복으로 인한 프로세스상의 지연을 막기 위해 엄청난 자금을 통합시스템(integrated system)에 사용하고 있다.

결국, 위와 같은 현상이 기업들에게 주는 시사점은 경쟁이 한층 더 치열해지고, 기업의 마진율이 떨어지며, 유사한 제품들이 쏟아져 나오고 있는 시장환경 속에서, 시간에 굶주린 고객들의 욕구를 충족시키기 위해서는 E-business의 적용을 통하여 고객들이 제품이나 서비스를 기다리는 시간을 단축시켜야만 한다는 점이다. 분명히 고객들은 업무상의 실수나 지연 등으로 고객의 시간을 뺏는 기업에게 등을 돌릴 것이며, 자신들의 시간을 절약해 줄 경쟁 기업에게로 갈 것이다.

따라서, 경영자들이 서비스 지연과 관련된 문제를 이해하고 진단하는 것은 굉장히 중요하며, 따라서, 과연 통합시스템이 서비스 속도를 향상시킬 수 있는지 또는 없는지에 대한 충분한 분석이 필요하다. 그러나, 불행하게도 몇몇 E-business 기업의 경영자들은 빠른 서비스의 제공을 요구하는 고객들의 목소리에 늦게 귀를 기울이고 있는 데, 이러한 기업의 사업은 그리 오래가지 못할 것이다.

(2) 셀프서비스의 증대

불편함과 빈약한 서비스는 고객에게 매우 안좋은 이미지를 오랫 동안 남기므로 고객은 자신들의 시간을 가치있게 사용하기 위한 다른 방안을 찾기 마련이다. 오늘날, 구매력이 급속히 신장된 고객들은 구매 프로세스 상에 중개인을 개입시키는 것보다 중간인의 도움이 없이 하루 24시간 이용할 수 있는 시스템을 이용하여 스스로 정보를 탐색하고 제품을 구매하는 Self-service를 선호한다.

E-business 상에 소비자의 Self-service로 인하여 비즈니스에는 실제로 많은 변화가 일어나고 있다. 판매자와 구매자들이 온라인 상에서 직거래들 통하여 스스로 자신들의 욕구를 충분히 충족시킬 수 있다는 것을 인식하기 시작 한 후, 부동산, 보험, 여행, 그리고 자동차 구매에서부터 경매 및 소매에 이르기까지 중개인이 사라지고 있으며, 실제로 몇몇 사업에 있어서는 중개인이 완전히 없어진 것이 확실하다.

전자상거래는 고객의 셀프서비스를 가능하게 만든 가장 큰 원인이며, 시장의 선도주자들은 가능하면 언제나 고객들이 self-service를 할 수 있도록 하는 편리한 수단을 제공해주고 있다. 일 예로, Gateway Computer의 경우, 고객들은 중개인이나 판매사원과는 한마디 말도 할 필요가 없이, 온라인 상에서 자신이 필요한 물품을 결정하고, 결정된 필요품목을 온라인 상으로 주문한 후, 새로운 결제시스템을 이용하여 대금을 지불하고 나면 편리하게 제품의 구매를 끝낼 수 있다.

Self-srervice의 다른 또 하나의 좋은 예는 바로 online trading이다. E*TRADE나 eSchwab과 같은 회사들은 브로커의 도움 없이 고객들이 시간과 장소에 구애받지 않고 자신의 은행계좌에 접근하여 업무를 볼 수 있게 하여 고객의 편의를 증진시킨다.

이러한 self-service의 활용은 온라인 여행산업에서도 급격히 증가하고 있다. 레저나 사업을 위한 여행객들 중 점점 더 많은 사람들이 인터넷을 통하여 호텔이나 숙박시설을 예약하고 있다. 따라서, 결과적으로 Microsoft Expedia, Preview Travel, 그리고 Internet Travel Network(ITN) 등의 서비스가 고객들 사이에 매력적인 선택으로 각광을 받게 되었다. 이러한 서비스를 이용함으로써 고객들은 보다 빠르고 손쉽게 웹싸이트를 통하여 호텔을 예약할 수 있다. 즉, 전자매체를 통하여 기업들은 고객의 여행 및 숙박 예약신청과 확인절차를 자동화 할 수 있으며, 따라서 기존의 물리적인 방법에서 수반되는 많은 비용을 줄일 수 있고, 고객의 욕구를 보다 신속하게 충족시켜 줄 수 있다.

서비스 산업의 기업들에게 이러한 고객의 self-service에 대한 욕구는 많은 영향을 끼치고 있다. 이는 서비스가 현실화되기 위해서는 새로운 기반구조(infrastructure)가 먼저 구축되어야 하며, 새로운 프로세스를 능률적으로 수행하기 위한 새로운 규약(new protocol)이 만들어져야만 되기 때문이다. 그러므로, 이러한 서비스를 제공하지 않던 기존기업들은 굉장히 불리한 위치에 놓여 있다. 왜냐하면, 그들의 기존 어플리케이션, 프로세스, 그리고 시스템을 self-service가 가능하도록 신속히 전환해야만 하는 데, 이는 그리 작은 일이 아니기 때문이다.

(3) 통합솔루션(integrated solution)의 제공

E-business 환경에서 소비자들은 단편적인 소매나 전자 유통채널(electronic distribution channel)을 필요로 하지 않는다. 소비자들은 그들의 one-stop shopping 욕구를 풀어줄 통합된 서비스를 제공하는 비즈니스를 원한다. 이러한 대표적인 예가 바로 one stop, all-under-one-roof 솔루션에 대한 소비자들의 요구이다. 즉, 고객들은 '선택' 의 문제를 풀기 위해서, 점점 더 통합솔루션을 찾고 있다. 왜냐하면, 그들은 자신의 선택과정(decision process)을 훨씬 쉽게 하기를 원하기 때문이다.

월마트는 위에서 언급한 통합솔루션 측면에서 성공한 대표적인 예이다. 월마트는 시간에 쫓기고 가격에 민감한 쇼핑자들을 위하여 통합된 소매상으로 마케팅을 했다. 따라서, 월마트의 one-stop 쇼핑의 실시는 고객의 충성도, 거래당 물품 수, 그리고 평균 거래규모를 크게 증가 시켰다. 따라서, 다른 소매상들은 월마트의 전략을 벤치마킹하여 같은 창고나 웹싸이트를 이용하여 같은 소비자에게 더 많은 판매를 하거나 쇼핑을 좀 더 쉽게 할 수 있게 하는 전략을 수행하고 있다. 또한 Toys는 삶의 경로 통합(life-path integration)의 대표적인 예라고 볼 수 있다. 여기서 삶의 경로(life path)란 기본적으로 고객의 삶의 경로와 함께 성장하는 비즈니스를 의미한다.

결론적으로, 위와 같은 현상이 E-business기업에게 의미하는 것은 E-business 성공을 위해서는 단편적인 제품보다는 소비자의 의사결정을 더욱 쉽게 할 수 있는 통합솔루션을 제공해야 된다는 점이다.

(4) 판매와 서비스의 통합

대부분의 사업에 있어서 고객을 확보하고 유지하는 것은 굉장히 중요하다. 고객의 확보와 유지를 통한 수익의 증대는 여전히 경쟁력 확보의 필수요건이다. 여러 연구에 의하면 보통 기업은 5년마다 자신의 고객의 절반을 잃고 새로운 고객을 확보하는 데에는 기존의 고객을 유지하는 비용의 10배에 가까운 비용이 든다고 한다.

그러므로, 고객을 계속적으로 유지하기 위해서 기업들은 더 잘 정비된 판매와 서비스의 통합과 신기술을 이용하여 고객과의 관계를 발전시키고 관리하고 있다. 경쟁의 차별화 수단으로서, 고객과의 관계를 극대화하는 개념은 1980년대 후반부터 주의를 끌기 시작했는 데, 이때에야 비로소 경영자들은 몇 개의 규격화된 제품으로 모든 고객을 만족시킬 수 없다는 것을 절실히 깨닫게 되었다.

E-business의 경우 고객과의 관계는 사업 성공을 위한 가장 중요한 요소 중에 하나이며, E-business의 판매와 서비스는 각각의 고객에게 알맞게 맞추어져야 한다. 이러한 E-business 시장환경에서 E-business 기업이 고객과의 관계에서 가장 주목해야할 점은 E-business 고객들은 전통적으로 서비스가 제품이 판매된 이후, 구매고객을 서비스 대상그룹에 포함시킨 다음 제공되던 방식과는 달리, 먼저 서비스를 원하며, 그 다음에 구매를 하게 된는 점이다. 그러므로, 오늘날에는 서비스가 판매보다 먼저 시작되어야 하며, 고객이 회사와 갖는 모든 상호작용 속에 그대로 서비스가 내재되어야만 한다.

소비자와의 관계는 E-business 기업 성장의 핵심요소이다. 따라서, E-business 기업은 소비자의 욕구, 행동, 그리고 생활방식을 끊임 없이 연구하여 이를 기업의 가치창출에 활용할 수 있어야 하며, 판매와 서비스의 통합을 통하여 고객과의 지속적이며 우호적인 관계를 형성함으로써, 기업의 가치 뿐만이 아니라 소비자의 가치 또한 창출해야만 한다.

(5) 서비스의 일관성과 신뢰성

E-business는 기본적으로 고객과 직접적인 대면접촉이 없는 인터넷 웹사이트상에서 일어난다. 따라서 E-business 기업들은 고객들이 기존의 물리적인 방식으로 이루어지던 사업에서 육안으로 직접 제품을 보고 서비스를 제공받던 것보다 더 그들의 서비스에 있어서 소비자들에게 일관성과 신뢰성을 제공해야만 한다. 이러한 추세는 E-business 사업에 참가하고 있는 전체 기업들에게 있어서 매우 중요한 의미를 제공한다. 왜냐하면, E-business가 아무리 높은 효용과 비용절감효과를 가져다준다 할지라도, 고객들이 E-business 기업들로부터 제공받는 서비스를 믿을 수 없다면, 궁극적으로 고객들은 E-business 시장에 참여하기 어렵기 때문이다. 즉, E-business 기업들의 서비스에 일관성과 신뢰성이 없다면, 결국 고객없는 E-business 시장만이 남게될 뿐이다.

따라서, E-business 기업들은 기업의 목표를 달성하기 위해서, 고객들에게 제공되는 서비스를 단지 일부 부서에서만 담당할 것이 아니라, 전사적인 차원에서 전략적으로 관리함으로써, 고객에게 신뢰(trust)를 제공해야만 하며, 이는 몇몇 기업들에만 국한되는 것이 아니라, E-business 시장에 참여하는 전체 기업의 과제라고 볼 수 있다.

(6) 서비스의 탄력적인 수행과 편리한 배달의 제공

오늘날 급속히 변화하고 있는 사회환경 속에서 소비자의 다양한 욕구는 E-business 기업들로 하여금 혁신적인 제품과 서비스를 만들 수 밖에 없게 하고 있다. 이에 따라, 가정으로의 직접 배달을 비롯한 여러 다른 방식의 독특한 서비스의 수행은 고객에 대한 직접 판매가 폭증하면서 점점 더 그 중요성이 더해가는 추세이다.

고객에게 정확한 제품을 정확한 시간에 제공하는 서비스를 수행하기 위해서, E-business 기업들은 공급사슬(supply chain)을 효율화해야 하며, E-business기업의 공급사슬 합리화의 대표적인 예가 바로 e-SCM(electronic-Supply Chain Management)이다.

e-SCM은 기업의 제조부분과 유통부분의 중요한 추세로서, 공급사슬에서 시간과 재고를 비롯한 낭비요소를 제거함과 동시에 급속히 진보되고 있는 정보기술을 이용하여 고객과 공급자 사이에 실시간으로 정보접근을 가능하게 함으로써 고객에게 한층 더 가깝게 다가갈 수 있도록 하는 virtual coordination을 통해 긴밀한 파트너쉽을 형성하는 것이다.

(7) Outsourcing의 전략적 활용

현대와 같이 치열한 경쟁 사회에서 E-business기업이 기업의 모든 부분에서 핵심역량(core capability)를 보유하는 것은 사실상 거의 불가능하다고 볼 수 있다. 따라서, E-business기업들은 핵심역량이 있는 비즈니스 프로세스는 보유하고, 나머지는 outsourcing을 함으로써 오히려 모든 것을 보유하고 있는 것보다 많은 효익을 얻고 있는 데, 이러한 outsourcing의 전략적 활용은 E-business 기업 사이의 크게 주목할 만한 추세이다.

전통적으로 outsourcing은 데이터 처리 프로세스, 임금정산 및 지불 프로세스와 같은 프로세스를 외부에서 저렴하고 효율적으로 처리할 수 있는 곳에 맡김으로써 프로세스 상에서 발생하는 비용을 절감하는 데에 주로 사용되었다. 그러나, E-business의 시장환경에서 국제화가 확산되고, 네트워크 기술이 널리 보급됨에 따라, E-business 기업들은 outsourcing이 진정한 가상기업(virtual enterprise)을 창조할 수 있는 하나의 방법이라고 인식하고 있다. 또한, outsourcing은 기업의 문화를 바꾸고, 기업이 세계 수준의 역량과 기술을 수행하게 할 수 있도록 하는 방법으로도 인식되고 있다.

이러한 추세에 비추어 봤을 때, 혼자서 좌충우돌(左衝右突)하는 E-business 기업은 그다지 성공확률이 높다고 볼 수는 없다. Outsourcing은 E-business의 핵심 개념인 가상기업(virtual enterprise)의 기초를 제공하는 매우 중요한 역할을 한다고 볼 수 있다. 그리고, 공정의 복잡성, 시장의 규제 또는 규제해체, 급속한 기술의 진보, 그리고 끊임없는 성장에 대한 필요성은 E-business 기업에게 비즈니스의 모든 기능별 영역에 있어서 핵심능력(core competency)을 요구하고 있다. 그러므로, Outsourcing 전략은 새로운 비즈니스 세계에서 가장 주목받을만한 전략 중 하나라고 볼 수 있다.

(8) 프로세스의 접근성 및 투명성 증대

기업의 생산 프로세스를 시스템접근법(system approach)에 입각하여 분류해보면 투입프로세스(input process), 변형프로세스(transformation process), 그리고 산출프로세스(output process)의 3가지 과정으로 분류할 수 있다.

전통적인 기업의 경우, 고객은 'black box' 라 일컬어지는 데 변형과정에서 자신이 주문한 제품이 어떻게 생산되는 지 전혀 알 수가 없으며, 고객은 아예 제품의 생산 과정에 대한 접근이 불가능하였다. 뿐만 아니라, 제품의 배달서비스에 있어서도 고객은 자신이 주문한 제품이 어디쯤 어떠한 방법으로 배달되고 있는 지 도무지 알 수 있는 방법이 없었다.

그러나, 현재 프로세스에 대한 접근과 프로세스가 어떻게 진행되고 있는 지를 알 수 있는 프로세스의 투명성이 점점 더 요구되고 있는 것은 E-business의 주요한 추세 중 하나이다. 즉, E-business의 소비자들은 자신들이 주문한 제품이나 서비스의 처리 과정이나 배달과정에 대해 실시간으로 정보를 얻고 싶어한다. 따라서 E-business 기업은 기존의 폐쇄적이던 'black box' 를 개방하여야 하며, 뿐만 아니라,

고객이 기업의 프로세스에 대해 쉽게 접근하고 원하는 정보를 얻을 수 있도록 프로세스에 대한 접근성도 높여야 한다. 결국, E-business 기업들은 제품과 서비스의 생산과 배달에 있어서도, 기존 비즈니스 보다 더 긴밀한 관계를 가지고 고객이 원하는 정보를 제공해야만 E-business 시장에서 장기적인 경쟁력을 가질 수 있다.

(9) 학습조직과 조직구성원의 중요성 증대

E-business 기업이 지속적으로 성장을 거듭하고, 더 좋은 서비스를 제공하며, 제품의 가격을 낮추기 위해서는 E-business기업의 전체조직이 빠르게 변화하는 초고속 정보화 시대에도 발전할 수 있는 조직이 되어야만 하는 데, 그것이 바로 학습조직(learning organization)이다. 그리고 이러한 학습조직의 근간은 바로 조직구성원, 다시 말해서 종업원이다. 물론, 학습조직의 필요성은 지식경영과 함께 이미 수년 전부터 얘기 되어왔으나, E-business 기업에게 학습조직의 필요성은 아무리 강조되도 지나치지 않다.

학습조직의 경우 지식의 창출과 끊임없는 혁신은 종업원의 머리 속으로부터 창출된다. 따라서, E-business 기업 경영자들 사이에서는 그 어느 때보다도 종업원의 장기적 보유문제에 대한 문제가 중요한 사항으로 대두되고 있는 추세이며, 이와 함께 합리적인 보상시스템의 확립, 공정한 승진절차, 그리고 효율적인 종업원 동기부여(motivation)도 더욱더 중요해지고 있다.

결국, 이와 같은 추세는 지식노동자들에 대한 과거와 같은 명령과 통제 위주의 관리는 더 이상 아무런 효과가 없으며, 오히려 마이너스만을 낳을 수 밖에 없는 시대적 환경에서 비롯된 것이라고 볼 수 있다. 또한, 신지식을 창조할 수 있는 기업문화와 이의 골격이 되는 조직구조, 그리고 훌륭한 조직구성원은 E-business를 수행하는 기업의 요구조건이기보다는 이제는 전제조건이라고 볼 수 있다.

(10) 기업 전체 시스템 통합의 필요성 증대

E-business 환경에서 기업의 지속적인 경쟁력을 유지하기 위해, 기업전체 시스템 통합의 필요성이 중요한 이슈로 떠오르고 있다. 통합(integration)은 성공의 핵심요소이다. 통합으로 인하여 기업은 정보를 기업의 각 시스템간에 개방하여 공유할 수 있으며, 정보의 사용자에게 어느 때(anytime), 어느 곳(anywhere)에서나 정보를 이용할 수 있게 해준다. 이러한 정보 사용의 즉시성과 편리성은 기업에게 많은

경쟁력을 제공해 줄 수 있다.

그러나, 그 동안 여러 부서로 나뉘어져 정보의 즉각적인 사용과 공유가 어려웠던 기존 시스템을 통합하는 데에는 기본적으로 많은 투자를 수반하게 되는 데, 이는 E-business 기업으로의 발전을 위해서 필수적인 것이라고 할 수 있다. 그리고, 여기서 주의해야할 점은 이러한 기업 전체 시스템의 통합의 목적이 위에서 언급한 학습조직의 효율을 높이기 위한 환경을 정비하는 것이지, 통합자체가 목표가 아니라는 점이다. E-business 기업들 중 종종 시스템 통합 후, 오히려 이전보다 성과와 효율이 떨어지는 것을 볼 수 있는 데, 이것은 통합시스템을 사용하는 조직구성원 중심으로 시스템통합이 이루어진 것이 아니라, 시스템통합 자체에 너무 급급한 결과라고 볼 수 있다.

결론적으로, E-business 기업이 지속적인 경쟁우위(sustainable competitive advantage)를 획득하기 위해서는 기업 전체 시스템통합을 통하여 정보사용의 효율성과 효과성을 증대시켜야하며, 이러한 시스템통합은 학습조직의 본연의 목적인 신지식창출에 연결되어야만 한다

이상에서 우리는 E-business에서 나타나고 있는 주요 10가지 추세에 대하여 알아보았다. 그렇다면 이러한 추세들은 E-business기업에게 어떤 의미를 내포하고 있으며, 궁극적으로 무엇을 요구하고 있는가?

우리는 이에 대한 해답을 찾기 위해 위의 10가지 추세의 공통점에 눈을 돌려야만 한다. 위의 주요 10가지 추세의 공통점은 결국 효율성(efficiency), 효과성(effectiveness), 그리고 통합(integration)의 3가지로 요약될 수 있다. 따라서, 이는 궁극적으로 E-business 기업이 성공하기 위해서는 E-business기업의 모든 조직과 프로세스가 효율성, 효과성, 그리고 통합을 통하여 시너지효과(synergy effect)를 창출함으로써, 기업의 가치와 소비자의 가치를 동시에 창출해야함을 의미한다고 볼 수 있다. 그러므로, E-business기업은 이를 위하여 기업의 모든 유,무형의 자원을 전략적으로 활용함으로써, 장기적으로 E-business고객을 감동시킬 수 있는 감동경영을 이끌어내야 할 것이다.

Recommended Readings

박용찬, 「e 비즈니스 파워」, (주)시그마인사이트컴, 2000.

조동성, 「조동성 교수의 e -비즈니스 파워, e-전략」, 한국경제신문, 2002.

Amit, R. & Zott, C., "Value Creation in E-business", *Strategic Management Journal,* Summer Special Issue, Vol. 22, 2001.

Amor, D., *The E-business (R)evolution,* Prentice Hall PTR, 2000.

Dewett, T. and Jones, G.R., "The Role of Information Technology in the Organization : a Review, Model, and Assessment", *Journal of Management,* Vol. 27, 2001.

Earl, M., "Evolving the e-business", *Business Strategy Review,* Vol. 11, Issue 2, 2001.

Kalakota and Robinson., *e-business : Roadmap for Success,* Addison Wesley Longman Inc., 1999.

Rayport, J.F., and Jaworski, B. J., *e-Commerce,* McGraw-Hill, 2000.

조동성 교수의 경영 · 시사 칼럼

Column

B2B 이후는 C2B?

지난 3월 오토바이텔, 오토웹 등 미국 굴지의 자동차 전자상거래 회사와 업무제휴를 하기 위해 미국을 방문하고 있던 한국의 어떤 인터넷회사 사장은 이들 회사의 주가가 불과 일주일 사이에 반으로 폭락하는 것을 보고 제휴 협상을 포기 한 채 급거 귀국했다. 그는 귀국 즉시 개인을 위한 자동차 구매대행 사업을 중단하고 기업을 위한 온라인 자동차 구매대행, 정비대행, 운영대행 사업으로 방향을 전환했다.

곧 이어 국내 신문들은 인터넷 시장에서 기업(B)이 개인(C)을 고객으로 하는 B2C 시대가 가고, 기업이 기업을 고객으로 하는 B2B시대가 온다는 소식을 전했다. 그러자 B2C를 주로 하던 기존의 전자상거래 관련 벤처 회사 주가는 폭락했다. 그로부터 반년도 안된 오늘날, 신문에는 B2B 사업도 머지않아 인기를 잃고 새로운 사업이 등장할 것이라는 기사가 실리고 있다. 컨설턴트들도 앞으로 어느 분야가 등장할 것인가를 놓고 설왕설래하고 있다. 이에 대한 정답은 과연 무엇인가.

언뜻 보기에 인터넷 사업에는 무한한 사업기회가 있는 듯 하지만, 경제학의 기본틀을 적용하면 가능한 사업기회를 쉽게 파악할 수 있다. 경제이론에서는 시장에서 경제활동을 담당하는 주체로서 기업(B), 가계(C), 정부(G)를 들고 있다. 따라서 이 세 가지 주체를 조합하면 B2C, B2B, B2G, C2C, C2B, C2G, G2C, G2B, G2G이와 같은 9가지 사업 대안이 나온다.

인터넷 시장에서 제일 먼저 선을 보인 사업은 소비자를 고객으로 하는 유통업, 즉 B2C였고 그 선두주자는 1995년 설립된 온라인 서점인 아마존 닷컴이었다. 지난 5년간 봇물 터지듯 나타난 온라인 회사들 역시 주로 일반 소비자를 고객으로 한 전자상거래 기업이었다.

실물시장에서는 물리적 공간을 비롯해서 언어, 국경선 등 수많은 제약으로 인해 세계 시장은 물론 국내시장도 수많은 세부 시장으로 분할된다. 따라서 실물시장에서는 전세계를 지배하는 기업을 찾아보기 어렵고 국가, 지역별로 다수 기업이 경쟁하는 것이 보통이다.

반면에 인터넷 시장은 공간적 한계를 극복하고 있을 뿐 아니라 영어로 언어가 통일되어 있고, 국경선에 존재하는 관세장벽도 적용되지 않는 등 전세계를 하나로 묶는 위력을 발휘하고 있다. 따라서 인터넷 시장, 또는 인터넷을 대상으로 하는 산업에서는 마이크로소프트와 같은 선두주자가 시장을 독점하는 현상이 보편적이다. 이같이 2등, 3등이 의미 없는 인터넷 시장에서는 새로운 회사의 창립이 곧 실패를 의미하게 된 것이다.

따라서 B2C시대가 갔다는 신문기사는 정확한 표현이 아니다. 이보다는 무주공산과 같은 인터넷 시장에 지난 5년간 여러 기업이 진출해서 선도적인 위치를 차지한 결과, 남은 영역이 없어졌고 이제 창업해서는 성공 가능성이 없다는 해석이 더 타당하다.

B2C 다음으로 인터넷 기업들의 관심을 끌게 된 시장은 기업을 고객으로 하는 유통업이었고, 이 시장에서 본격적인 각축전이 벌어진 것이다. 다만 저가, 편의성 등 자신의 이익을 추구하는 소비자가 합리적으로 판단하고 결정하는 B2C 사업과 달리, 구매, 물류 등의 내부 기능을 인터넷 기업이 외부에서 대행해주는 B2B사업은 구매책임자와 같은 내부기능 담당자로부터 거부당할 가능성이 높다. 세무자료의 노출을 꺼리는 경영자도 B2B 사업을 회피하려는 경향을 보인다. B2B사업이 이러한 구조적 한계를 극복하고 자리를 잡으려면 앞으로도 최소한 5년은 필요하다. 그러므로 B2B사업이 한계에 이르렀다는 표현은 옳지 않고, 여러 가지 한계를 극복하면서 본격적으로 사업을 벌일 때가 왔다고 보아야 한다.

다만 인터넷 기업은 B2C, B2B 이외의 새로운 사업 영역에서 선두주자가 되기 위한 노력을 해야 한다. 앞에서 제시한 9가지 영역 중에 세 번째로 각광을 받을 사업은 C2B이다. 앨빈 토플러가 1980년에 이미 갈파했듯이, 정보화시대의 특징은 기업에서 고객으로 나가는 일방적 관계가 아니라 고객에서 기업으로 연결되는 역방향, 그리고 양자를 통합한 쌍방향이다. 따라서 고객 정보를 기업에게 제공해서 새로운 제품과 서비스를 만드는 데이터베이스 마케팅뿐 아니라, 고객과 기업이 함께 새로운 시장, 새로운 산업을 만들어내는 환경창조 경영이 인터넷 시대를 선도하는 전략으로 등장할 것이다.

〈한국일보, 2000. 8. 8〉

인터넷시대의 신 경제론

경영학은 경제학이라는 기초학문을 기반으로 해서 꽃을 피운 실천학문이다. 따라서 경제학의 패러다임이 바뀌면 당연히 경영학 이론도 바뀔 수 밖에 없다. 그 예를 들어보자. 경제학에서 사용하는 개념 중 수요의 가격탄력성이라는 용어가 있다. 가격이 올라가면 수요가 감소하고, 반대로 가격이 내려가면 수요가 증가하는 것을 전제로 해서 가격 변화율에 대비한 수요 변화율의 크기를 보여주는 지수이다.

그런데 우리 주변에는 이러한 상식과 달리 수요와 가격이 같은 방향으로 움직이는 제품이 있다. 언젠가 독일의 어떤 제약회사에서는 새로운 아스피린을 생산하고, 시장을 빨리 장악하기 위해서 가격을 최소 수준인 100정 들이 한 병 당 1달러에 출시했다. 그러나 기대와는 달리 소비자들이 외면하는 것을 보고 가격을 다시 5달러로 올렸더니 예상 외로 높은 판매성과를 올렸다고 한다.

그 외에도 패션제품 등에서 이런 현상이 나타나는 것을 볼 수 있다. 이 같은 현상이 나타나는 사업에서는 경영학 이론도 이에 맞게 수정되거나 전면적으로 개편되어야 한다.

수확 체감의 법칙 역시 기존 경제학에서 널리 수용하는 개념이다. 생산을 계속하다 보면 같은 비용을 쓰는 데에도 불구하고 생산효율이 떨어져 그 이전만큼의 생산량이 나오지 않는 현상을 말한다.

경영학에서는 수확 체감의 법칙을 전제로 해서 조직관리에서의 통제범위 이론, 생산관리에서의 생산시설입지 이론, 마케팅에서의 분할시장 이론 등 수많은 이론이 개발되어 널리 사용되고 있다. 그런데 지난 20년 사이에 수송수단의 발달로 인해 생산비용과 물류비용간의 균형이 깨졌다.

그 과정에서 생산과정에서 일반적으로 받아들여지던 재고관리 이론이 무너지고 이제는 즉시생산(JIT) 시스템 등 새로운 이론이 등장했다. 지난 10년 동안에는 정보통신 기술의 비약적인 진보로 인해 이런 현상이 더욱 가속화하고 있다.

최근에 일어난 가장 커다란 변화는 컴퓨터와 정보통신이 결합한 인터넷 혁명이다. 인터넷은 마치 공기와 같이 사용자에게 다가와서, 정보통신에 관한 일체의 비용을 제로 수준으로 떨어뜨리고 있다.

그 결과 정보통신의 제약으로 인해 발생하던 수확체감의 법칙은 이제 수확불변의 법칙, 즉 생산량이 늘어도 이에 따른 한계비용은 변화가 없는 모습으로 바뀌고 있다.

여기에서 한걸음 더 나아가 생산량이 무한대로 증가함에 따라 생산단위당 초기

투자비용은 점점 줄어드는, 수확체증의 법칙이 나타나고 있는 것이 인터넷 상에서 일어나는 사업의 특징이라 할 수 있다.

수확체증 현상은 기존에 우리가 받아들이던 경영이론에 대해서 모든 것을 한번 뒤집어 보도록 강요하고 있다. 통제범위 이론에 의하면 한 사람이 거느리는 부하의 숫자가 5-10명을 넘으면 안 된다고 한다. 그러나 오늘날 e-메일로 결재를 하는 경영자는 10명이 아니라 100명, 1000명도 능히 관리할 수 있다. 이러한 변화를 받아들이는 기업에서는 피라미드와 같은 수직적 조직을 버리고 수평적 조직을 채택하고 있다.

생산시설입지 이론 역시 새로운 시각을 필요로 한다. 이 이론에 의하면 공장이나 사무실은 근로자를 포함한 생산요소 소재지와 고객이 있는 시장을 연결하는 선 상에 위치하되, 철강산업과 같이 생산이 중요하고 원료의 크기가 최종제품보다 큰 산업에서는 생산요소 소재지, 소비재산업과 같이 마케팅이 중요하거나 석유화학산업과 같이 최종제품의 크기가 원료보다 큰 산업에서는 시장에 가깝게 장소를 결정해야 한다.

그러나 오늘날에는 이 같은 이론이 의미를 잃는다. 특히 마케팅이 중요한 은행산업의 경우 과거에는 사무실을 대도시에 두었으나 요즘은 장소의 제약을 받지 않게 됐다.

분할시장 이론도 마찬가지다. 기존에는 기업이 가지고 있는 능력을 최대한 발휘할 수 있도록 시장을 분할해서 틈새시장에서 독점적인 위치를 차지하는 것이 관건이었다.

그러나 시장간의 장벽이 사라지고, 세계가 한 시장으로 통합되면서 오늘날에는 어떠한 틈새시장에서도 독점적인 위치란 존재할 수 없게 되었다. 따라서 이제는 독점력이 아니라 경쟁력을 기초로 한 시장전략을 세워야 한다.

그러나 경영학 이론 중에서 가장 커다란 변화를 필요로 하는 분야는 경영전략이다. 과거에는 미래에 대해 비전을 가지고 있는 최고경영자가 급격하게 변화하는 경영환경 속에서 그 기업만이 보유하고 있는 핵심역량을 찾아내는데 초점을 두었다.

하지만 오늘날 수확체감을 전제로 한 핵심역량은 의미를 상실하게 되었다. 그 대신 수확체증 현상을 경쟁자보다 앞서서 활용하고, 유지할 수 있는 메커니즘을 갖출 수 있는 경영자가 전략가로서의 평가를 받는 시대가 온 것이다.

〈한국일보, 2000. 8. 22〉

인터넷 벤처의 성공조건

지난 학기에 벤처 경영전략 과목을 수강하는 학생들끼리 만든 전자 게시판에 오른 글 중 몇 편을 소개한다.

1. 아이디어는 누구든지 낼 수 있습니다. 그러나 그 아이디어를 가지고 비즈니스를 실제로 구현해 내는 것은 아이디어보다 훨씬 어렵고, 따라서 훨씬 중요합니다.

'엑스퍼트(www.experts.com)'는 전문가 그룹이 자신의 컨텐츠를 올려놓고 그에 대한 커뮤니티를 형성하여 지속적인 피드백을 제공하는 사이트입니다. 솔직히 말해서 이것이 엄청난 아이디어는 아닙니다. 엑스퍼트를 모르는 사람에게 이 아이디어를 설명하면서 투자 요청을 한다면 '그거 성공하겠군!' 이라는 말을 바로 듣기 어려울 것입니다. 그러나 엑스퍼트의 아이디어는 성공적으로 실현되었습니다. 이 사이트에 가보시면 '시스템이 잘 구축되어 있구나' 라고 느끼실 것입니다. 이러한 시스템은 아이디어만으로 이루어지는 것이 아니라 수많은 시행착오를 거쳐서 나온, 이 회사 직원들의 손때가 묻은 작품입니다. 저는 획기적인 아이디어를 만들어내는 것 보다 그 아이디어를 현실 세계에 부딪쳐보면서 추진해 나가는 과정이 더 중요하다고 생각합니다. 성공적인 아이디어는 결과로만 판단할 수 있는 것이니까요.

2. 컬럼버스는 인도를 찾아 떠났다가 아메리카를 발견했습니다. 아이디어를 완벽하게 짜낸 후에 사업을 시작한다는 것은 이상에 불과합니다. 세상 일에 마음대로 되는 것이 없는 것처럼 완벽한 아이디어를 짜내기 위해 지나치게 노력하는 것보다는 비록 어설프더라도 개발된 아이디어를 실천하는 메커니즘을 만드는 것이 더 중요합니다.

아이디어는 이런 과정 속에서 끊임없이 객관적인 검증을 통해서 걸러지고, 보다 새로운 아이디어와 개선방안도 나오게 됩니다. 즉, 아이디어가 완성될 때까지 기다릴 것이 아니라, 있는 아이디어를 즉각 실천하면서 검증하고 실패라는 과정을 통해서 얻어진 노하우를 통해서 다시 새로운 아이디어를 시도하는 것이 효과적입니다. 머리 속으로는 누구든지 꿈을 꿀 수 있지만, 실행 과정에서 나오는 새로운 아이디어나 지혜는 행동하는 사람 아니고는 가질 수 없는 것이지요.

3. e-비즈니스에서는 먼저 파이를 크게 만들고, 그 다음에 나누어야 합니다. 같은 아이디어라도 원하는 결과를 크게 만들어 내는 것이 중요합니다. 물론 아이디어를 크게 실현하기 위한 메커니즘이 잘 구축되어 있어야 파이도 크게 만들어지겠지요.

이를 위해서는 광범위한 인적 네트워크를 형성해서 필요한 시기에 즉각 아웃소싱을 할 수 있어야 합니다. 만일 컨텐츠 사업이라면 원하는 컨텐츠를 효과적으로 빠르게 만들어낼 수 있는 인력 망을 가지고 있어야 합니다. 그러기 위해서는 여기저기에서 시도되고 있는 벤처 파티 등의 오프라인 모임에 적극적으로 참여해서 관련자들을 만나고 이들과 정보를 나누어야 합니다.

4. 기업이 생산시설만 가지고 이익을 올릴 수 있는 시대는 지났습니다. 기업이 경쟁력을 가지고 있다고 해서 이익을 내는 것은 아닙니다. 경쟁력 있는 기업이 경쟁력이 없는 기업을 시장에서 몰아내어 독점력을 가지게 될 때 비로소 경쟁력이 이익이 되는 것입니다. 그러니 대우자동차같이 공장에 큰 투자를 하고, 수많은 사람들을 채용하는 기업은 구조조정의 대상일 뿐입니다.

반면 야후, 새롬, 다음과 같은 인터넷 벤처 회사를 보십시오. 이 회사들은 제각기 500만 명도 넘는 회원을 확보하고 있습니다. 이들 회원은 인터넷 회사들의 홈페이지에 들어가서 광고를 보고, 정보를 검색하고 다운로드 받으며, 동호인클럽을 구성해서 대화를 나누고 여행, 운동, 오락 활동을 즐깁니다. 이들은 또 자동차에서 전자상품, 생필품, 심지어는 피자에 이르는 여러 제품이나 서비스를 인터넷을 통해 구매하기도 합니다. 이들은 인터넷 회사에게 광고수입, 정보사용료, 동호인 클럽 가입비, 대화방 사용료, 전자상거래에서 오는 수입 등 다양한 방법으로 매출액을 올려주는 고객인 것입니다.

고객은 왕이라고 합니다. 인터넷 회사의 고객은 충성심이 강한 왕입니다. 이러한 왕을 5백만 명이나 확보하고 있는 인터넷 벤처 회사야 말로 황제가 아니고 무엇이겠습니까?

〈한국일보, 2000. 12. 11〉

읽을거리

문화컨텐츠산업

'쥬라기 공원' 이라는 영화 한편이 자동차 150만대를 수출한 것 이상의 효과를 나타낸 사실은 문화컨텐츠산업의 가능성을 보여주는 대표적인 사례이다. 실제로 이러한 사실이 알려지면서 우리 사회에는 문화컨텐츠산업에 대한 관심이 증대되기 시작했으며, 정부와 기업은 문화컨텐츠산업의 발전을 위해 노력하기 시작했다. 이러한 관심 속에서 성장한 문화컨텐츠산업은 세계적으로는 문화컨텐츠산업의 고도성장으로 또 국내에서는 한국 영화의 발전, 엔터테인먼트업계의 아시아 진출이나 주 5일 근무제 등의 도입으로 여가가 증대되는 등 최근의 변화에 의해 다시 주목받고 있다.

1. 문화컨텐츠산업이란 – 정의, 범위, 분류

하지만 이렇게 간단히 말하는 문화컨텐츠산업은 사실 많은 분야를 포함하고 있으며, 정확히 그 영역과 분류를 말하는 것은 쉽지 않다. 원래 문화산업이라는 말은 프랑크프루트 학파에 의해서 이데올로기 중심의 비판 이론을 위해서 사용되기 시작한 것이다. 처음에는 문화에 대한 자본주의적 접근이 가져올 수 있는 폐해를 지적하기 위해 사용되었던 용어인 것이다.

최근의 문화산업에 대한 논의는 이러한 원래의 의미에서 벗어나 문화산업의 현실적인 영향력과 경제적 가치를 인정하는 관점에서 정의되고 있다. 일반적으로 이러한 문화산업은 기존의 '문화'와 '산업'이라는 말의 결합으로 받아들여지고 있다. 즉 기존의 문화 예술의 모든 영역에서 그 내용을 상품화시켜 생산, 유통, 소비하도록 한다는 의미를 가지게 된 것이다. 하지만 이런 넓은 의미의 정의로는 다양한 하부영역을 가진 문화를 구체적으로 파악하여 발전시키기 어렵다. 또한 이것은 우리가 일반적으로 말하는 고부가가치 산업으로서의 문화컨텐츠산업과도 거리가 있다.

일반적으로 문화컨텐츠산업이 의미하는 것은 엔터테인먼트의 요소를 통해서 높은 부가가치를 창출해내는 산업을 의미한다. 이에 대해서도 각 국가나 사회의 배경에 따라 다양한 양상을 보이기 때문에, 각 기관이나 국가들은 나름대로의 정의를 내리고 있다. 우리 나라의 경우 [문화예술진흥법](제 2조 2항)에서는 문화산업을 '문화예술의 창작물 또는 문화예술용품을 산업의 수단에 의하여 제작 · 공연 · 전시 · 판매를 하는 업'이라고 말하며, [문화산업진흥기본법](제 2조 1항)에서는 문화산업을 '문화상품의 생산 · 유통 · 소비와 관련된 산업'이라고 정의하고 있다. 이는 앞에서 말한 광의의 문화산업에 해당되는 흔히 말하는 문화산업의 정의라기 보다는 문화, 예술 전반에 관련을 가진 산업들에 대한 정의일 것이다. 문화산업 자체에 대한 정의는 문화관광부의 문화산업을 21세기 국가기간산업으로 육성하기 위해 영화 · 영상 · 게임 · 음악 · 출판 · 애니메이션 · 방송 · 광고 등 각 분야의 기반시설 확충, 전문인력의 양성, 고부가가치 문화상품 개발, 우리 문화산업의 해외진출 지원확대 등 동 산업의 국가경쟁력 강화를 다각적으로 추진한다는 문화산업국의 개국취지에 잘 드러나 있다.

2. 문화컨텐츠산업의 분야들

앞에서 말한 것처럼 우리 나라는 엔터테인먼트를 주 컨텐츠로 하여 디지털 기술과 인터넷의 영향을 통해 새로운 영역을 개척하거나 더욱 발전하고 있는 분야들을 문화컨텐츠산업의 핵심으로 삼고 있다. 이에는 영상(영화, 방송), 음반, 출판, 애니메이션, 게임 등이 주요한 분야가 될 것이다.

3. 문화컨텐츠산업의 발전

문화컨텐츠산업의 발전이 단순히 일회적인 사건만은 아닌 것으로 보인다. 많은 미래학자들은 문화컨텐츠산업을 미래의 지식기반경제를 이끌어나갈 대표적인 산업의 하나로 꼽는다. 과거 소비를 조장하는 부정적인 산업으로서의 인식이 미래의 창조산업으로 전환되리라는 것이다. 이는 전반적인 경제성장의 기반 하에서 일보다 여가의 중요성이 강조되며, 소수 엘리트에 의한 문화의 개념에서 일반 대중에 의해 향유될 수 있는 문화로 관심이 옮겨지게 될 것이라는 전망에 의한 것이다.

이러한 전망은 이미 현재 문화컨텐츠산업의 세계적인 추세에서 드러나고 있다. 우선 세계적인 문화컨텐츠산업의 전망은 〈표1〉, 〈표2〉에서 볼 수 있는 것처럼 매우 큰 성장가능성과 빠른 성장속도를 보여준다. 세계경제의 침체에도 불구하고 각 지역에서 문화컨텐츠산업은 성장을 보여왔으며, 장기적으로도 낙관적인 전망을 보여주고 있다. 또 대부분의 산업은 6%~12%에 이르는 고도의 성장률과 성장률에 대한 전망을 보여주고 있는 것이다. 이것은 문화컨텐츠산업의 단순한 성장뿐 아니라 그 시장의 규모도 보여주는 것이다.

〈표 1〉
국가별 문화컨텐츠산업 성장률

(단위:백만 달러, %)

구 분	2000	2001	2002	2003	2004	2005	성장률
미 국	352,336	372,775 (5.8)	403,778 (8.3)	432,626 (7.1)	466,747 (7.9)	495,752 (6.2)	(7.2)
캐 나 다	14,712	15,653 (6.4)	16,757 (7.1)	17,986 (7.3)	19,221 (6.9)	20,506 (6.7)	(6.9)
유럽/중동 /아프리카	270,404	288,214 (6.6)	308,121 (6.9)	328,782 (6.7)	351,149 (6.8)	374,667 (6.7)	(6.7)
라틴아메리카	39,329	44,365 (12.8)	50,973 (14.9)	56,727 (11.3)	63,448 (11.8)	70,772 (11.5)	(12.5)
아시아/태평양	153,816	163,088 (6.0)	174,594 (7.1)	186,829 (7.0)	200,264 (7.2)	214,709 (7.2)	(6.9)
종 합	830,598	884,095 (6.4)	954,222 (7.9)	1,022,930 (7.2)	1,100,828 (7.6)	1,176,416 (6.9)	(7.2)

자료: PriceWaterhouseCoopers LLP, Wilkofsky Gruen Associates, 2001.

〈표 2〉
문화컨텐츠산업 분야별 성장률

(단위:백만 달러, %)

구 분	2000	2001	2002	2003	2004	2005	성장률
영화산업시장	67,770	72,858 (7.5)	78,095 (7.2)	83,114 (6.1)	88,243 (6.2)	495.752 (6.2)	(6.6)
TV컨텐츠시장	107,309	115,363 (7.5)	127,714 (10.7)	139,870 (9.5)	154,757 (10.6)	168,003 (8.6)	(9.4)
음반시장	38,430	39,959 (4.0)	41,814 (4.6)	43,794 (4.7)	351.149 (6.8)	19,362 (6.3)	(5.1)
인터넷광고와 접속시장	10,202	50,109 (24.6)	59,399 (18.5)	69,067 (16.3)	63.448 (11.8)	90,078 (13.2)	(17.5)
도서출판	85,321	88,387 (3.6)	91,796 (3.9)	95,543 (4.1)	200.264 (7.2)	101,613 (4.8)	(4.2)
스포츠 시장	35,213	37,165 (5.5)	41,866 (12.6)	41,054 (5.2)	48,078 (9.1)	50,109 (4.8)	(7.4)
종 합	830,598	884,095 (6.4)	954,222 (7.9)	1,022,930 (7.2)	1,100,828 (7.6)	1,176,416 (6.9)	(7.2)

자료: PriceWaterhouseCoopers LLP, Wilkofsky Gruen Associates, 2001.

문화컨텐츠산업의 성장 전망은 한국에 있어서도 마찬가지로 〈표 3〉에서 처럼, 대부분의 분야들은 짧은 기간에도 상당한 성장을 보여주고 있다. 또 앞으로의 전망에 있어서도 전체적으로 산업이 성장할 것이며, 방송이나 영화, 음반등의 산업에 있어서 그 성장률은 두배에 가까울 것이라는 전망이다.

〈표 3〉
한국의 문화컨텐츠산업 성장률

(단위:억원, %)

구 분	1999년	2000년	증가율	2003년(예상)
방 송	30,330	40,505	33.5%	87,820
영 화	3,040	3,295	8.3%	6,000
애니메이션	3,000	3,200	6.6%	4,050
비 디 오	3,634	3,202	-11.8%	5,425
게 임	9,014	8,359	7.8%	13,000
음 반	3,800	4,104	8%	7,360
계	52,818	65,440	23.8%	123,655

자료: 문화관광부, 「2001 문화컨텐츠산업백서」, 2001

문화컨텐츠산업은 직접적인 경제적 효과 외에도 한 나라의 문화적 이미지와 문화적 부가가치를 통해 국가의 산업이나 경쟁력 전반에 걸쳐서 긍정적인 영향을 줄 수 있다.[1] 그리고 문화는 산업의 대상으로서 생산, 유통, 판매되는 대상으로서만이 아니라, 한 나라의 주체성을 만들어주는 것이라는 점에서도 의미를 가진다.

1) 프랑스 문화비평가 '비소르망'은 2000년 7월 7일 전경련과 한국기업메세나협의회가 주최한 "기업과 예술의 연대 심포지엄"에서 다음과 같이 발표했다. 문화의 경제적 가치란 어떤 의미이며, 이 가치를 키우기 위해선 어떻게 해야 하는가? 경제분야에서 선도적 위치에 있는 나라들은 모두 강력한 문화적 이미지를 갖고 있다. 이 문화적 이미지는 계량화할 수는 없지만 단순한 용어로 쉽게 묘사할 수는 있다. 즉 독일은 고품질과 기술, 프랑스는 패션과 삶의 질, 일본은 정밀과 섬세한 아름다움, 미국은 탁월한 품질과 서비스 등. 이런 이미지가 반드시 실제와 일치하는 것은 아니지만 가격 결정에는 강력한 영향을 주고 있는 것이 사실이다. 이렇게 한 나라의 경제력을 평가하는 다른 방법은 문화적 시각을 계량화하는 것이다. 문화적 힘을 갖고 있다는 것은 경제적으로 자산을 많이 갖고 있는 것과 똑같기 때문에 기업들도 예술 분야에 많은 투자를 해야 한다.

4. 문화컨텐츠산업에 대한 문제제기

문화컨텐츠산업이라는 새로운 산업의 등장은 문화와 산업 양 분야에 있어서 모두 환영받으며 관심을 끌고 있다. 하지만 이런 문화컨텐츠산업의 성장에 따라 이에 대한 우려 역시 나타나고 있다.

말하자면 문화컨텐츠산업을 단순히 산업 또는 경제적인 측면만을 보아서는 안 된다는 것이다. 문화컨텐츠산업이 성공하는 것은 고유의 컨텐츠를 가지고 있기 때문이며, 그것을 잊고 순간적이고 투기적인 시각으로 문화컨텐츠산업에 접근할 경우 장기적인 문화컨텐츠산업의 성장기반이 만들어질 수 없을 것이라고 말하고 있다. 단순히 현상적인 효과만을 목표로 하는 것이 아니라 그 기반까지도 투자가 이루어지도록 해야 한다는 것이다.[2)]

또 문화컨텐츠산업이 이에 대한 이해를 가지지 못한 기업들에 의해 단순히 단기적인 투기의 대상으로 사용되는 것에 대해서도 우려를 표시하고 있다, 이미 IMF이전 문화컨텐츠산업에 대거 진출했던 대기업들이 이들 산업을 포기하면서, 오히려 더 큰 어려움을 겪은 경험을 갖고 있기 때문이다. 결국 현재의 몇 가지 성공적인 사례만을 보고 투자하려는 것은 문화나 산업 어느 분야에도 이익이 될 수 없을 것이라는 사실을 지적하는 것이다.[3)]

---

2) 99.12.25 '시월회' 주관 "21세기 문화 산업 정책의 방향과 과제 심포지엄"에서 음악분야를 발표한 탁계석씨(21세기 문화광장 대표)는 음악이 문화컨텐츠산업, 특히 영상산업에서 차지하는 비중이 날로 커지고 있는 현상을 예시한 뒤 "일반 공연 무대의 활성화도 중요하지만 실용음악, 특수음향, 음원개발, 음향 · 녹음 기술력의 제고에 자원이 집중되어야 한다고 말했다. 미술분야를 맡은 최병식교수(경희대)는 "디자인진흥은 순수미술분야의 발전없이 불가능하다"며 양 분야의 분리적 사고를 문제점으로 지적했다.
영화분야의 유지나교수(동국대)는 "현행 영화위주의 자본투자는 산업적 측면에서 보자면 '모 아니면 도'식의 투기성이 강하다"며 "영상계에 불고 있는 제3의 기술혁명이 초래할 노동력 축소와 영상문화환경 변화에 대응할 패러다임의 재구획"을 강조했다.

3) 김문환교수(서울대)는 "문화컨텐츠산업을 일반 시장 논리에 맡기는 것은 문화컨텐츠산업의 공공재적 특수성을 무시한 처라"라며, '쉬리' 나 '명성황후' 같이 1년에 어쩌다 한편 나오는 히트상품을 논의의 배경으로 삼기보다는 전반적인 창작지원책을 구축해야 그 바탕에서 문화상품도 나오는 것"이라고 주장했다.

그리고 우리 나라의 특수한 문제로서 한국 문화컨텐츠산업의 취약점으로 평가받고 있는 제작과 경영이 한 사람에 의해 이루어짐으로써 생기는 비효율적인 구조와 유통망 등의 구조적인 약점들 역시 지속적으로 제기되는 문제들이다. 하지만 이러한 문제점들을 극복할 수 있다면, 문화컨텐츠산업의 새로운 도약을 위한 발판으로 작용할 수도 있을 것이다.

《 참고자료 》

1. 한국문화정책개발원 · 정보통신정책연구원, 문화컨텐츠산업진흥방안, 2000.
2. 문화관광부, 2001년도 문화컨텐츠산업진흥연차보고서, 2001. 1
3. 문화관광부, 콘텐츠 코리아 비전21, 2001. 6
4. 문화관광부, 문화컨텐츠산업발전정책, 2001. 8. 9
5. 한국문화컨텐츠진흥원, 한국문화컨텐츠진흥원 사업계획(안), 2001. 8. 29
6. 문화관광부, 2002년도 문화컨텐츠산업진흥연차보고서, 2002. 1

참고문헌

김명수, 「공공정책평가론」, 박영사, 1993.

김문중, 「경영학원론」, 청목출판사, 1997.

김영진, 「금융기관경영론」, 경문사, 1995.

김원수, 「입문 경영학원론」, 경문사, 1993.

박경규, 「신인사관리」, 홍문사, 1997.

박용찬, 「e-비즈니스 파워」, 시그마인사이트컴, 2000.

백방선, 「경영학원론」, 무역경영사, 1995.

신유근, "한국기업 최고경영자의 행동특성과 리더십 스타일", 인사조직연구, 1996.

______, 「기업윤리와 경영교육」, 세경사, 1992.

신철우, 「경영학원론」, 삼영사, 1997.

심병구외, 「재무관리」, 박영사, 1994.

안상형 외, 「현대품질경영」, 학현사, 1998.

오동임, "사업부 조직의 성과평가를 위한 DEA 모형의 적용가능성에 관한 연구", 서울대학교 박사학위논문, 1991.

유필화, 「현대마케팅론」, 박영사, 1998.

윤주용 · 이영재, 「기업정보시스템」, 생능출판사, 2001.

이동기, 「지주회사의 원리와 경영전략」, 상공회의소, 1997.

이상학, 「굿씽크」, 아이비에스, 1997.

이유재, 「서비스마케팅」, 학현사, 1999.

이윤철, '일본기업의 전략적 해외네트워크 확장에 관한 연구', 서울대학교 박사학위 논문, 1995.

이장우, 「벤처경영」, 매일경제신문사, 1997.

이학종, 「전략경영」, 박영사, 1997.

임종원, 「현대마아케팅관리론」, 무역경영사, 1993.

정광선 편, 「21세기 한국기업의 통합체제」, 서울대학교 증권 · 금융연구소, 1996.

______, "경영체제의 세계화", 서울대학교 Global CEO Program, 1997.

정수영, 「신경영학원론」, 박영사, 1997.

조동성, 「21세기를 위한 전략경영」, 서울경제경영, 2002.
_____, 「e-비즈니스 e-전략」, 한국경제신문, 2002.
_____, 「구조조정, 이렇게 하라」, 서울경제경영, 1998.
_____, 「21세기를 위한 국제경영」, 경문사, 1997.
_____, 「기업의 환경창조 메커니즘」, 아이비에스, 1997.
_____, 「한국재벌」, 매일경제신문사, 1997.
_____, 「알기쉬운 경영전략」, 비봉출판사, 1992.
_____ · 신철호, 「14가지 경영혁신기법의 통합모델」, 아이비에스, 1996.
_____ · 신철호 · 조형기, 「전략평가시스템」, 아이비에스, 1996.
_____ · 신철호 · 조형기, 「전략평가시스템 Ⅱ」, 서울경제경영, 1998.
_____ · 이광현, 「경쟁에서 이기는 길」, 교보문고, 1992.
주재훈, 「인터넷비즈니스, 전자상거래」, 비봉출판사, 1998.
한창희, 「회사법」, 정문사, 1986.

Ansoff, H.I., *Corporate Strategy*, McGraw-Hill, 1965.
Barney, J.B., "Firm Resources and Sustained Competitive Advantage", *Journal of Management*, Vol. 17, 1991.
_____, *Gaining and Sustaining Competitive Advantage*, Addison-Wesley Publishing, 1997.
Beer, M., *Organization Change and Development: A Systems View*, Goodyear Publishing, 1980.
Bittel, L.R. & Ramsey, J.E. (ed.), *Handbook for Professional Manager*, McGraw-Hill, 1985.
Bovee, C.L., Thill, J.V., Wood, M.B. & Dovel, G.P., *Management*, McGraw-Hill, 1993.
Brealey, R. A. & Myers, S. C, *Principles of Corporate Finance*, McGraw-Hill, 1996.
Buckley, J. W., Kircher, P. & Mathews R. L., "Methodology in Accounting Theory", *Accounting Review*, 1968.
Cho, D.S. & Lee, D.H., "A New Paradigm in Strategy Theory: ser-M", *Monash MT Eliza Business Review*, Vol. 1, 1998.
_____, "International Facility Planning: Regarding the Application of Scientific Approaches", Doctoral Dissertation, Graduate School of

Business Administration, Harvard University, 1976.

Clark, K.B. & Fujimoto, T., *Product Development Performance*, Harvard Business School Press, 1991.

Collis, D.J., "A Resource-based Analysis of Global Competitiion: The Case of Bearings Industry", *Strategic Management Journal*, Vol. 15, 1991.

__________ & Montgomery, C.A., *Corporate Strategy*, Richard D. Irwin, 1997.

Cornwall, J. & Perlman, B., *Organizational Entrepreneurship*, Richard D. Irwin, 1990.

David, H. Holt, *Management: Principles and Practices,* Prentice-Hall, 1993.

Dodd, P.R. & Warner, J.B., "On Corporate Governance: A Study of Proxy Contests", *Journal of Financial Economics*, Vol. 11, 1983.

Dollinger, M.J., *Entrepreneurship*, Richard D. Irwin, 1985

Drucker, P.F., *Innovation and Entrepreneurship: Practice and Principles*, Harper & Raw, 1985.

Hambrick, D.C. & Mason, P.A., "Upper Echelous: The Organization as a Reflection of Its Top Managers", *Academy of Management Review*, Vol. 9, 1984.

Hamernesh, R.G. (ed), *Strategic Management*, John Wiley & Sons, 1983.

Hisrich, R.D. & Brush, C.G., *The Woman Entrepreneur: Starting, Financing and Managing a Successful New Business*, Lexington Book, 1985.

Hofstede, G., *Culture's Consequences: International Differences in Work-Related*, Sage Publications, 1980.

Holt, D.H., *Management*, Prentice-Hall, 1993.

Itami, H., Nonaka, I. & Takeuchi, H., "Management the New Product Development Process: How the Japanese Companies Learn and Unlearn" in Clark, D.B., Hayes, R.H. & Lorenz, C. (ed.), *The Uneasy Alliance*, Harvard Business School Press, 1985.

Jensen, M.C., "The Modern Industrial Revolution, Exit, and Failure of Internal Control System", *Journal of Finance*, Vol. 48, 1993.

___________ & Meckling, W., "Theory of the Firm: Managerial Behavior, Agency Cost, and Ownership Structure", *Journal of Financial Economics*, 1976.

Kao, J., *Entrepreneurship, Creativity & Organization*, Prentice-Hall, 1989.

Katz, R.L., "Skills as an Effective Administrator', *Harvard Business Review*, September-October, 1974.

Knight, T. & Silk, D., *Management Information*, McGraw-Hill, 1989.

Koontz, H. & Weihrich, H., *Essentials of Management*, McGraw-Hill. 1990.

Kotler, P., *Marketing Management*, Prentice-Hall, 1997.

Krajewski, L.J. & Ritzman, L.P., *Operations Management Strategy and Analysis*, Addison-Wesley Publishing, 1993.

Kroneke, D., *Management Information Systems,* McGraw-Hill, 1992.

Massie, J.L. & Douglas J., *Managing: A Contemporary Introduction*, Prentice-Hall, 1973.

Martinich, J. S., *Production and Operations Management,* John Wiley & Sons, Inc., 1997.

McConkie, M.L., "A Clarification of the Goal Setting and Appraisal Process in MBO", *Academy of Management Review*, January, 1972.

Mills, P.K., *Managing Service Industries*, Ballinger, 1968.

NACD, "Blue Libon Commission on Director Compensation", 1995.

Nielsen, R., Peters, M. & Hisrich, R., "Intrapreneurship Strategy for Internal Markets: Corporate, Nonprofit and Government Institution Cases", *Strategic Management Journal*, Vo. 6. 1985.

Nonaka, I., "The Knowledge-Creating Company", *Harvard Business Review*, November-December, 1991.

__________ & Takeuchi, H., *The Knowledge Creating Company*, Harvard Business School Press, 1990.

Plunkett, W.R. & Attner, R.F., *Introduction to Management*, International Thomson Publishing, 1994.

Porter, M.E., "Towards a Dynamic Theory of Strategy", *Strategic*

Management Journal, Vol. 12, 1982.

____________, *Competitive Advantage*, Free Press, 1985.

Prahalad, C.K. & Hamel, G., "The Core Competence of the Corporation", *Harvard Business Review*, May–June, 1990.

Ptak, C. A, *ERP Tools, Techniques, and Applications for Integrating the Supply Chain,* The St. Lucie Press, 2000.

Robbins, S.P. & De Cenzo, D.A., *Fundamentals of Management*, Prentice–Hall, 1998.

Ross, S. A., Westerfield, R. W. & Jaffe, J., *Corporate Finance,* McGraw–Hill, 1999.

Schendel, D.E. & Hofer, C.W., *Strategic Management: A New View of Business Policy and Planning*, Little, Brown and Company, 1979.

Scheridan, T. & Kendal, N., *Corporate Governance: An Action Plan for Profitability and Business Success*, Pitman Publishing, 1992.

Schermerhorn, J. R., *Management*, John Wiley & Sons, 1996.

Schleifer, A. & Vishny. R.W., "Large Shareholder and Corporate Control", *Journal of Political Economy*, Vol. 94, 1986.

Schwartz, J.J., *Corporate Strategy*, Prentice–Hall, 1978.

Steinhoff, D. & Burgess, J.F., *Small Business Management Fundamentals*, McGraw–Hill, 1993.

Stevenson, H.H., Roberts, M.J. & Crousbeck, H.I., *New Business Ventures and the Entrepreneur*, Richard D. Irwin, 1989.

Stoner, J.A.F, & Freeman, R.E., *Management*, Prentice–Hall, 1992.

Williams, J.R., "How Sustainable is Your Competitive Advantage?", *California Management Review*, Vol 34, 1992.

Woodward, J., *Industrial Organization: Theory and Practice*, Oxford University Press, 1965.

찾아 보기

저자 소개

■ 학 력

1961 ~ 67 : 경기 중 · 고등학교
1967 ~ 71 : 서울대학교 상과대학 경영학과 졸업
1972 ~ 73 : 미국 오하이오주 보울링그린주립대학 경영학석사
1973 ~ 76 : 미국 매서츄세츠주 하버드 경영대학원 경영학박사

■ 경 력

1976 ~ 1978 : 미국 보스톤컨설팅그룹 컨설턴트로 미국 펜실베니아주 걸프오일 회사
1976 ~ 1978 : 미국 펜실베니아주 피츠버그대학교 경영대학 객원교수
1983 여름 : 일본 아세아 경제연구소 초청연구원
1983 ~ 1984 : 미국 매서츄세츠주 하버드 경영대학원 초청부교수
1985 : 프랑스 구주경영대학원(INSEAD) 초청교수
1988 ~ 1990 : 서울대학교 기획부실장
1990 ~ 1992 : 재단법인 서울대학교발전기금 상임이사
1992 ~ 1993 : 일본 동경대학, 히토츠바시대학 초청교수
1992 ~ 2000: 핀랜드 헬싱키경제경영대학 초청교수 (매년 여름학기)
1993 ~ 1998 : 산업정책연구원 원장
1994 겨울 : 호주 시드니 경영대학원 초청교수
1996 겨울 : 미국 미시건대학 초청교수
1998 겨울 : 미국 듀크대학 초청교수
1978 ~ : 서울대학교 경영대학 조교수, 부교수 및 교수
1998.7 ~ : 금융감독위원회 기업구조조정위원회 위원
1999 ~ 2000: Vice President, Academy of International Business(AIB)
1999 ~ 2001: 서울대학교 국제지역원 원장
2001 ~ 2003: 서울대학교 경영대학 학장
2003~ : 중국 북경대학 초청교수
현 : 서울대학교 경영대학 교수

■ 저 서

경영정책과 장기전략계획(영지문화사): 1980, 1983, 1987, 1993
다국적 기업의 중공시장침투전략(국제경제연구원): 1980
국제자원론(박영사): 1981 * [한국능률협회 경제경영분야 출판대상] 수상
한국의 종합무역상사 上, 下(법문사): 1983, 1986
에너지 정책과 한국경제(박영사): 1983
한국기업의 국제경영사례(경문사): 1984, 1987
국제경영학(경문사): 1985, 1989, 1993
한국의 국제경영제도와 실적(경문사): 1986
석유산업의 구조와 전략(박영사): 1987
The General Trading Company: Concept and Strategy (Lexington Books : Lexington, Mass): 1987
종합상사특강(UCG Press): 1989
한국재벌연구(매일경제신문사): 1990 * 이책의 요약논문으로 [매일경제신문 이코노미스트상] 수상
재미있는 경영이야기(UCG Press): 1990 * [신산업경영원 경영문화대상] 수상
재미있는 경영이야기 Ⅱ: 철학이 있는 경영자들(UCG Press): 1991
南朝鮮企業的國際經營事例(吉林人民出版社): 1991
재미있는 경영이야기 Ⅲ: 사회를 풍요롭게 하는 기업(UCG Press): 1992
국가경쟁력-선진국으로 가는 지름길(매일경제신문사): 1992
알기쉬운 경영전략(비봉출판사): 1992
경쟁에서 이기는 길(교보문고): 1992
재미있는 경영이야기 Ⅳ: 국제화로 성공한 기업들(UCG Press): 1993
장기전략계획(한국경제신문사): 1993
이제는 전략경영시대(민음사): 1993 *[전국경제인연합회 자유경제출판문화상] 수상

재미있는 경영이야기 Ⅳ: 국제화로 성공하는 기업들(UCG Press): 1994
한 · 일 산업정책연구上(IBS Press): 1994
중장기 경영계획수립과 실행(IBS Press): 1994
한국 반도체의 신화—미국과 일본에 도전한 한국기업의 성공(비룡소): 1995
경쟁전략의 이해와 실천방법 상/하(IBS Press): 1995
21세기 경영패러다임(민음사): 1995
14가지 경영혁신기법의 통합모델(IBS Press): 1996
디자인, 디자인산업, 디자인정책(디자인하우스): 1996
전략평가시스템(IBS Press): 1996
한 · 일 산업정책연구下(IBS Press): 1997
한 · 일산업정책비교연구(IBS Press): 1997
기업의 환경창조메카니즘(IBS Press): 1997
한국재벌(매일경제신문사): 1997
전략평가시스템 II(서울경제경영): 1998
조동성 교수의 해법, 구조조정 이렇게 하라: 경제위기에서 벗어나는 길(서울경제경영): 1998
재미있는 경영이야기 V(서울경제경영): 1999
한국경제 더 물러설 곳이 없다(한국경제신문사): 1999
SK그룹의 SUPEX: 최종현 경영론(서울경제경영): 1999
Tiger Technology: The Creation of the Semiconductor Industry in East Asia(Cambridge University Press: Cambridge, UK): 2000
From Adam Smith to Michael Porter: evloution of competitiveness theory(World Scientific): 2000
조동성 교수의 e-비즈니스 e-전략(한국경제신문사): 2002
디자인혁명, 디자인경영(디자인네트): 2005
National Competitiveness Research 2009-2010
21세기를 위한 국제경영(서울경제경영): 2004
21세기를 위한 전략경영(서울경제경영): 2006
지속가능경영(서울경제경영): 2007

개정판

21세기를 위한 경영학

제1판 1쇄 발행 / 2000년 3월 1일
제2판 1쇄 인쇄 / 2003년 2월 25일
제2판 11쇄 발행 / 2011년 1월 10일

지은이 / 조동성
발행인 / 김은중
발행처 / 서울경제경영 출판사
편집디자인 / 정지현

주소 / 120-808 서울시 서대문구 대현동 67-5 대현빌딩 6층
전화 / (02)313-2682
팩스 / (02)313-8860

등록 / 1998년 1월 22일 제5-63호

※ 파본은 바꾸어 드립니다.

정가 32,000원

ISBN 89-88106-16-4 93320